GESCHICHTE WÜRTTEMBERGS

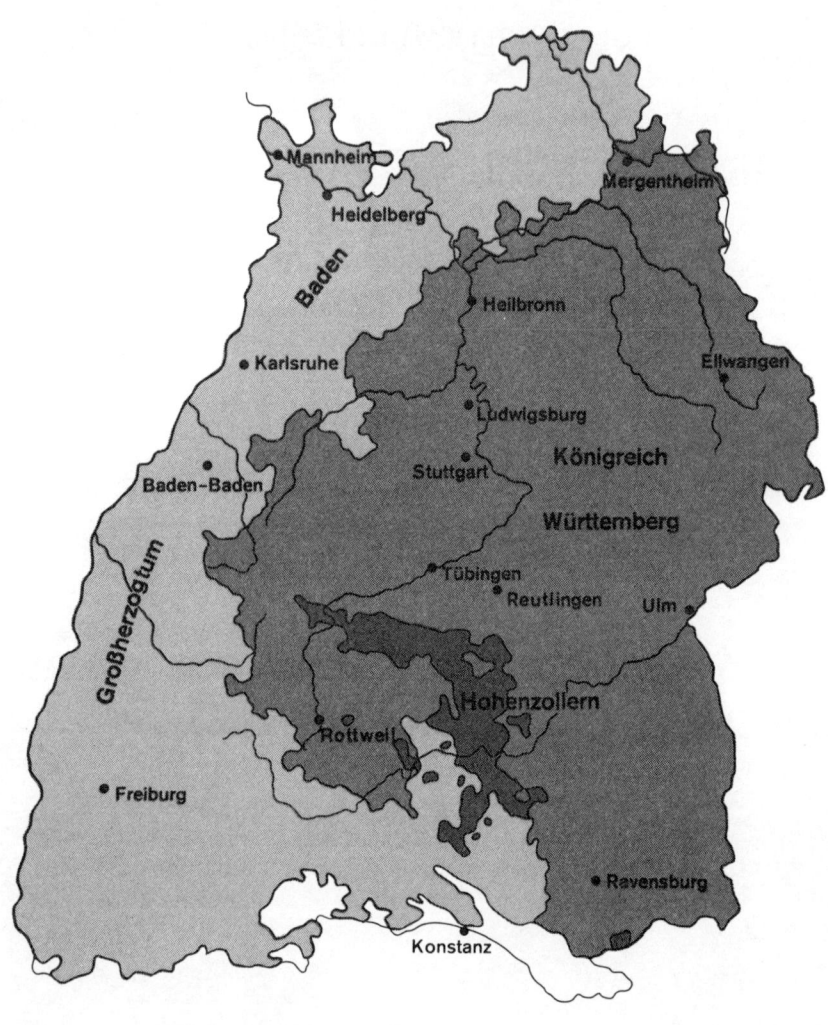

Das Königreich Württemberg 1815

Die Regenten Württembergs
(Fortsetzung)

Ludwig 1568–1593
* 1554 † 1593 ☐ Stiftskirche Tübingen
∞ 1. 1575 Dorothea Ursula, Tochter des Markgrafen Karl II. von Baden-Durlach, † 1583 ☐ Stiftskirche Tübingen
∞ 2. 1585 Ursula, Tochter des Pfalzgrafen Georg Johann von Veldenz

Johann Friedrich 1608–1628
* 1582 † 1628 ☐ Stiftskirche Stuttgart
∞ 1609 Barbara Sophie, Tochter des Kurfürsten Joachim Friedrich von Brandenburg

Eberhard III. 1628/33–1674
* 1614 † 1674 ☐ Stiftskirche Stuttgart
∞ 1. 1637 Anna Dorothea, Tochter des Wild- und Rheingrafen Johann Kasimir von Salm-Kyrburg
∞ 2. 1665 Maria Dorothea Sofie, Tochter des Grafen Joachim Ernst von Öttingen

Wilhelm Ludwig 1674–1677
* 1647 † 1677 ☐ Stiftskirche Stuttgart
∞ 1673 Magdalena Sibylle, Tochter des Landgrafen Ludwig IV. von Hessen-Darmstadt

Friedrich Karl
regiert als Vormund für Eberhard Ludwig 1677—1693
* 1651 † 1698 ☐ Stiftskirche Stuttgart
∞ 1682 Eleonore Juliane, Tochter des Markgrafen Albrecht von Brandenburg-Ansbach

Eberhard Ludwig 1677/93–1733
* 1676 † 1733 ☐ Schloß Ludwigsburg
∞ Johanna Elisabeth, Tochter des Markgrafen Friedrich VII. von Baden-Durlach

Karl Alexander 1733–1737
* 1684 † 1737 ☐ Schloß Ludwigsburg
∞ Maria Auguste, Tochter des Fürsten Anselm Franz von Thurn und Taxis

Karl Eugen 1737/44–1793
* 1728 † 1793 ☐ Ludwigsburg
∞ 1. 1748 Friederike, Tochter des Markgrafen Friedrich von Brandenburg-Bayreuth
∞ 2. 1785 Franziska Therese, Tochter des Ludwig Wilhelm von Bernerdin, Reichsgräfin von Hohenheim 1774, Herzogin 1790

Ludwig Eugen 1793–1795
* 1731 † 1795 ☐ Ludwigsburg
∞ 1762 Sofie, Tochter des Grafen Gottfried Dietrich von Beichlingen

Friedrich Eugen 1795–1797
* 1732 † 1797 ☐ Ludwigsburg
∞ 1753 Dorothea, Tochter des Markgrafen Friedrich Wilhelm von Brandenburg-Schwedt

Friedrich II./I. 1797–1816
1797 Herzog, 1803 Kurfürst, 1805 König
* 1754 † 1816 ☐ Schloß Ludwigsburg
∞ 1. Auguste, Tochter des Herzogs Karl II. Wilhelm Ferdinand von Braunschweig-Wolfenbüttel
∞ 2. 1797 Charlotte, Tochter des Königs Georg III. von Großbritannien

Wilhelm I. 1816–1864
* 1781 † 1864 ☐ Mausoleum auf dem Rotenberg
∞ 1. 1808 (gesch. 1814) Charlotte, Tochter des Königs Maximilian I. von Bayern
∞ 2. 1816 Katharina, Tochter des Kaisers Paul I. von Rußland
∞ 3. 1820 Pauline, Tochter des Herzogs Ludwig von Württemberg

Paul
* 1785 † 1852 ☐ Schloß Ludwigsburg
∞ 1805 Charlotte, Tochter des Herzogs Friedrich von Sachsen-Hildburghausen

Karl I. 1864–1891
* 1823 † 1891 ☐ Gruft unter dem Alten Schloß in Stuttgart
∞ 1846 Olga, Tochter des Kaisers Nikolaus I. von Rußland

Friedrich
* 1808 † 1870 ☐ Schloß Ludwigsburg
∞ 1845 Katharina, Tochter des Königs Wilhelm I. von Württemberg

Wilhelm II. 1891, verzichtet 1918
* 1848 † 1921 ☐ Alter Friedhof Ludwigsburg
∞ 1. 1877 Marie, Tochter des Fürsten Georg Viktor von Waldeck
∞ 2. 1886 Charlotte, Tochter des Prinzen Wilhelm von Schaumburg-Lippe

---

* geboren † gestorben ⚔ gefallen
☐ Ort der Beisetzung ∞ verheiratet

Zusammengestellt von
Dr. Alfons Uhrle, Tübingen

Ernst Marquardt

GESCHICHTE WÜRTTEMBERGS

Erweiterte Neuausgabe
mit einem Rückblick auf die Entstehung des Südweststaats
von Theodor Eschenburg

Deutsche Verlags-Anstalt · Stuttgart

Die 2. Auflage erschien
mit der ISBN 3-8052-0388-8
im Rainer Wunderlich Verlag Hermann Leins
Tübingen

CIP-Kurztitelaufnahme der Deutschen Bibliothek

Marquardt, Ernst:
Geschichte Württembergs / Ernst Marquardt. –
3. Aufl., erw. Neuausg. / mit e. Rückblick
auf d. Entstehung d. Südweststaats von
Theodor Eschenburg.
– Stuttgart : Deutsche Verlags-Anstalt, 1985.
2. Aufl. im Wunderlich-Verl. Leins, Tübingen
ISBN 3-421-06271-4

3. Auflage 1985
© der erweiterten Neuausgabe 1985
Deutsche Verlags-Anstalt GmbH, Stuttgart
Alle Rechte vorbehalten
Druck und Bindearbeit: Friedrich Pustet, Regensburg
Printed in Germany

VORWORT
ZUR ERSTEN AUFLAGE

Diese Darstellung der württembergischen Geschichte möchte das politische Schicksal eines süddeutschen Kleinstaates inmitten der großen deutschen und europäischen Mächte in Umrissen erzählen. Sie bemüht sich, überall den neuesten Stand der wissenschaftlichen Forschung zu geben, will selbst aber nicht als Forschung im eigentlichen Sinn des Wortes gelten.

Wer immer sich mit der württembergischen Geschichte beschäftigt, wird bald auf eine beherrschende Tatsache ihrer Entwicklung stoßen, nämlich auf den Gegensatz zwischen dem Herrscherhaus und den Ständen. Das ständische Wesen ist eine Besonderheit des Landes, die Württemberg einen eigenen Rang in der deutschen Verfassungsgeschichte anweist. Die Regierungsgewalt lag in der Hand der Landesherren; so eifersüchtig die altwürttembergischen Stände über ihr Steuerbewilligungsrecht wachten, politischer Verantwortung gingen sie meist aus dem Wege.

Die heutige Geschichtsauffassung räumt zwar Fragen der Staatsverfassung und des Staatsrechts einen sehr weitgehenden Einfluß auf die Gesamtentwicklung der Völker ein, aber diese Forschung steht noch am Anfang eines langen Weges und ihr Ergebnis läßt sich nicht absehen. Das ausgezeichnete, für die Landesgeschichte sehr aufschlußreiche Werk von Walter Grube »Fünfhundert Jahre Stuttgarter Landtag 1457–1957« (1957) läßt den Bruch zwischen der alten und der neuen Verfassung Württembergs klar erkennen. Diese steht im Zeichen der Demokratie des neun-

zehnten und zwanzigsten Jahrhunderts, jene war bis zu ihrem Ende 1805 eine reine Oligarchie, ausgeübt von evangelischen Kirchenmännern und den Vertretern der privilegierten Familien der Ehrbarkeit. Der beiden gemeinsame Name ›Stuttgarter Landtag‹ verdeckt den Gegensatz zweier grundsätzlich verschiedener verfassungsrechtlicher Tatbestände.

In einer politischen Landesgeschichte kann die kulturelle, wissenschaftliche und künstlerische Entwicklung nur gestreift werden. Um aber den Leser auf das Erbe geistigen Reichtums unserer Heimat wenigstens hinzuweisen, wurde eine von Herrn cand. phil. Ernst Conrad in Tübingen ausgearbeitete und gütigerweise zur Verfügung gestellte synoptische Übersicht dem Buch beigefügt. Die Liste der Regenten Württembergs stellte Herr Dr. Alfons Uhrle in Tübingen zusammen. Verfasser und Verlag danken beiden Herren für ihre Mühe und ihre freundliche Hilfe.

Den Herren Professor Dr. Hansmartin Decker-Hauff und Dr. Rudolf Seigel vom Institut für geschichtliche Landeskunde an der Universität Tübingen und Professor Dr. Heinz Gollwitzer, Direktor des historischen Seminars an der Universität Münster/Westf., bin ich für vielfältigen sachkundigen Rat und jede mögliche Förderung zu Dank verpflichtet, den auch hier auszusprechen mir am Herzen liegt.

Herbst 1960 ERNST MARQUARDT

INHALT

Vorwort

Erstes Kapitel   Seite 1–8

SCHWABEN UNTER DEN SÄCHSISCHEN, SALISCHEN UND STAUFISCHEN KAISERN
Die Sueben – Deutsche Stämme – Zusammenfassende und auseinanderstrebende Kräfte – Das Lehen – Herzöge von Schwaben – Kloster Hirsau – Klosterprivilegien – Das Haus Hohenstaufen – Reichsfriedensordnung – Staufer gegen Welfen – Kaiser und Papst – Romzüge – Schwaben als Hausmacht der Staufer

Zweites Kapitel   Seite 9–26

DIE ERSTEN GRAFEN VON WÜRTTEMBERG
Untergang der Staufer, Aufstieg der Württemberger – ULRICH I. († 1265) ›mit dem Daumen‹ – Gründung von Stuttgart – Rudolf von Habsburg, Deutscher König, sein Versuch einer Wiedererrichtung des Herzogtums Schwaben – EBERHARD I. († 1325) ›der Erlauchte‹ – Belagerung von Stuttgart – Der Sühnevertrag vom 10. November 1286 – Reichskrieg gegen Württemberg – Würdigung des Grafen – ULRICH III. († 1344) ein Mehrer des Hausvermögens – EBERHARD II. (1315–1392) ›der Greiner‹ und ULRICH IV. († 1362) gemeinsame Herrschaft – Verfolgung der Juden und Konfiskation ihres Vermögens – Württemberger als Anwärter auf die Königswürde – Der Ebersteinhandel – Streit mit den Städtern: Waffenentscheidungen von Altheim-Reutlingen-Döffingen – EBERHARD III. (1364–1417) ›der Milde‹ – Die Rittergesellschaft der ›Schlegler‹ – Fünf Generationen: Leistung und Ergebnis

Drittes Kapitel   Seite 27–37

SCHWABENS HANDEL UND GEWERBE AM ENDE DES MITTELALTERS
Die wirtschaftliche Bedeutung der schwäbischen Reichsstädte – Voraussetzungen des Fernhandels – Der Kreditbrief – Juden und Kawerschen – Verkehrsstraßen in Württemberg – Zölle und Geleitbriefe – Handelsgesellschaften – Die Häuser Fugger und Welser, Humpissgesellschaft in Ravensburg – Trust, Syndikat und Monopol – Münzverschlechterung durch das spanische Silber – Krise durch Strukturwandel – Herbst des Mittelalters

Viertes Kapitel   Seite 38–66

VOM TERRITORIALSTAAT ZUM REICHSFÜRSTENTUM
EBERHARD IV. (1388–1419) und Henriette von Mömpelgard – Die Vermögensliste des Hauses Württemberg – Das Böhmische Lehen – Die gemeinsame Herrschaft der Grafen LUDWIG (1412–1450) und ULRICH V. (1413–1480) ›des Vielgeliebten‹ – Mechthild von der Pfalz – Die Teilung der Grafschaft Württemberg: Uracher und Stuttgarter Linie – Die Vormundschaftsregierung – Pfalzgraf Friedrich – Die Pfälzer Fehde – Die Niederlage von Seckenheim – Graf Heinrich von Mömpelgard – EBERHARD V. (1445–1496) ›im Bart‹ – Pilgerfahrt nach Jerusalem – Fehden – Barbara von Gonzaga – Gründung der Universität Tübingen – Verwaltung, Heerwesen, Rechtsprechung – Staat und Kirche – Romfahrt – Finanzen, Steuern, Stände – Wiedervereinigung durch den Münsinger Vertrag – Schwäbischer Bund – Kaiser Maximilian – Reichstag in Worms 1495 – HERZOG EBERHARD I.

Fünftes Kapitel   Seite 67–100

STURM ÜBER WÜRTTEMBERG
EBERHARD II. (1496–1498) – Willkür und Ausschweifung – Absetzung des Herzogs durch die Stände – Schweizer Krieg – HERZOG ULRICH (1487–1550) – Volljährig mit siebzehn Jahren – Erbfolgestreit im Hause Bayern – Austritt aus dem Schwäbischen Bund – Politik im Zickzack – ›Armer Konrad‹ – Die Ehrbarkeit – Konrad Breuning – Tübinger Vertrag – Hans von Huttens Ende – Herzogin Sabina – Hochverratsprozeß, Ambrosius Volland – Kaiserwahl 1519 – Württemberg im Spiel der europäischen Großmächte, Maximilian van Zevenbergen – Vertrieben aus seinem Herzogtum – Ulrichs Charakter – Württemberg unter öster-

reichischer Hoheit – Versuch der Wiedergewinnung der Herrschaft 1524 – ›Bauernkrieg 1525‹ – Jahre der Verbannung – Landgraf Philipp von Hessen – Schlacht bei Lauffen a. N. – Kaadener Vertrag – Evangelische Landeskirche – Karl V. – Schmalkaldischer Bund – Heilbronn Weihnachten 1546 – Der Felonieprozeß – Interim

Sechstes Kapitel Seite 101–124

DES VATERS UNÄHNLICHER SOHN

HERZOG CHRISTOPH (1515–1568) – Jugendjahre – Christoph und seine Mutter – Vor den Bundesräten in Augsburg – In Frankreich – Graf Georg – Ein schweres Erbe – Diplomat zwischen Kaiser Karl und König Ferdinand – Passauer Vertrag – Ein Fazit – Reformen in Kirche und Staat – Landesordnung 1552, Große Kirchenordnung 1559, Förderung von Handwerk und Gewerbe – Schirmherrschaft über die Reichsstadt Eßlingen – Der Herzog und seine Stände – Wahrer seines Rechts – Auswärtige Beziehungen – Ausgleich durch friedliche Verhandlung – Das Augsburger Bekenntnis – HERZOG LUDWIG (1554–1593) – Bauherr und Kunstfreund – Getreidegroßhandel der herzoglichen Verwaltung – Der Abt von Maulbronn über Zwangswirtschaft und Höchstpreise – Vordringen des ständischen Wesens

Siebtes Kapitel Seite 125–142

LANDSTÄNDE GEGEN FÜRSTENMACHT

Graf Friedrich von Württemberg-Mömpelgard (1557–1608) – Regierender Graf 1581 – Unterstützt die Sache der Hugenotten – Absolutist und Merkantilist – FRIEDRICH HERZOG VON WÜRTTEMBERG 1593 – Zwei Regenten in Württemberg – Huldigung der Stände – Matthäus Enzlin – Politischer Protestantismus unter Friedrichs Leitung – Merkantilismus, Uracher Leinwand – Gründung von Freudenstadt – Konflikt mit den Ständen – JOHANN FRIEDRICH (1582–1628) – Prozesse gegen Enzlin und Eßlinger – Union und Liga – Schlacht am Weißen Berg – Herzog Magnus – „Kriegsunternehmer" – Hexenprozesse – Der fürstbrüderliche Vergleich, die Linien Mömpelgard und Weiltingen

Achtes Kapitel Seite 143–163

DAS LAND IN SEINER ÄRGSTEN NOT

EBERHARD III. (1614–1674) – Barbara Sophia von Brandenburg, ›Obervormünderin‹ – Herzog-Administratoren – Das kaiserliche Restitutionsedikt von 1629 – Jakob Löffler, mömpelgardischer Kanzler – Der Kirschenkrieg – Gustav Adolf von Schweden – Württemberg zwischen Kaiser und König – Eberhard III. 1633 volljährig – Der Tag von Nördlingen – In Straßburg – Kampf für das angestammte Land – Friedenskongreß in Münster und Osnabrück, Friedensexekution in Nürnberg – Andreas Burkard, Johann Konrad Varnbüler – Kriegswunden vernarben – Idyll in Héricourt – WILHELM LUDWIG (1647–1677)

Neuntes Kapitel   Seite 164–196

WÜRTTEMBERGISCHES BAROCK

›Mit-Ober-Vormünderin‹ und Herzog-Administrator verwalten das Land 1677–1692 – Gymnasium Illustre – „Lieber Türken als Reformierte" – Franzosen im Land – Tapfere Frauen – Treffen von Oetisheim – EBERHARD LUDWIG (1676–1733) 1693 volljährig – Reform der Reichskreise Franken und Schwaben, Ludwig Wilhelm von Baden und Johann Georg Kulpis – Eberhard Ludwigs militärische Laufbahn – Die Frau Landhofmeisterin Gräfin Würben geb. von Grävenitz – Merkantilistische Wirtschaftspolitik – Schloß Ludwigsburg – Entlastungszeugen: Johannes Osiander und G. B. Bilfinger – KARL ALEXANDER (1684–1737) – Im kaiserlichen Dienst – Glaubenswechsel – Statthalter in Serbien – Regierender Herzog – Die Geschäfte des Hoffaktors Josef Süß Oppenheimer – Umsturzpläne und Legenden

Zehntes Kapitel   Seite 197–222

DESPOTISMUS UND AUFKLÄRUNG

KARL EUGEN (1728–1793) – Der Herzog im Urteil seiner Zeitgenossen – Verheißungsvolle Anfänge – Despotische Neigungen – Werkzeuge fürstlicher Willkür: Rieger und Montmartin – Soldatenspielerei – Landschaftskonsulent J. J. Moser – Der Erbvergleich – Ein Geburtstagserlaß – Württembergs Hohe Schulen – Revolution im Schlafsaal – Regimentsmedicus Friedrich Schiller – Hof- und Theaterdichter C. F. D. Schubart – LUDWIG EUGEN (1731–1795) – Gutgemeinte Reformversuche – Fortschritt und Reaktion in der Landschaft – Ein Landschaftskonsulent als herzoglicher Diplomat – FRIEDRICH EUGEN (1732–1797) – Württembergischer Fürstensohn in preußischen Diensten

Elftes Kapitel Seite 223-271

REVOLUTION IN WÜRTTEMBERG

Umsturz von oben – Kämpfe am Rhein und im Schwarzwald – Herzog und Landschaft auf getrennten Wegen – Wechselnde Fronten – Altes Recht und Neue Zeit – Länderschacher beim Rastatter Kongreß – FRIEDRICH II. (1754-1816) – In Rußland – Ehetragödie – Kaltgestellt – Schreibtischarbeit eines Frondeurs – Übernahme der Regierung – Johann Karl von Zeppelin – Ruhe zwischen Herzog und Landschaft – Wechselndes Kriegsglück – Landflüchtig – Im Unglück ungebeugt – Reichsdeputations-Hauptschluß – Kurfürstentum Württemberg – Kampf mit der Landschaft – 1805 – Aufhebung der Stände – KÖNIG FRIEDRICH – Rheinbund – Befreiungskrieg – Wiener Kongreß – Verfassungskämpfe – Alt- und Neuwürttemberg, politisch und kulturell

Zwölftes Kapitel Seite 272-307

KONSTITUTIONELLE MONARCHIE

Freiheit und Einheit – Metternich – Verfassungskämpfe im Stuttgarter Landtag – KÖNIG WILHELM I. (1782-1864) – Treitschke über die „Zaunkönige" – Triasidee – Friedrich List – Liberalismus in Württemberg – Das Jahr 48 – Leibeigenschaft und Grunddienstbarkeit – Frankfurter Nationalversammlung – Rumpfparlament – Auswärtige Politik, Schleswig-Holsteinsche Frage, Krimkrieg – Bismarck in Stuttgart – Zwei-Kaiser-Zusammenkunft – Umrißzeichnung des Königs – Verwaltung und Verfassung des Königreichs

Dreizehntes Kapitel Seite 308-333

EINGESCHRÄNKTE SOUVERÄNITÄT

Entstehung der Parteien – Zollverein – Der Volkspartei großer Sieg – Karl Mayer – Der Südbund – KÖNIG KARL (1823-1891) – Großfürstin Olga von Rußland – Ein neuer Kurs, Karl von Varnbüler – Vae Victis! – Königgrätz und Tauberbischofsheim – Ministerwechsel, Hermann Mittnacht – Großdeutsche Politik – Vive l'empereur! – casus foederis – Auf dem Weg zur Einigung – Die Minister Mittnacht und Suckow in Versailles – Jubel über das Reich – Des Hauses Württemberg großes Opfer – Diktat oder Verständigung? – Vernunftehe – KÖNIG WILHELM II. (1848-1921)

Vierzehntes Kapitel   Seite 334–346

STREIFZUG DURCH DIE WIRTSCHAFTSGESCHICHTE

Vom Agrarland zum Industriegebiet – Wegbereiter – Unternehmer – Die Calwer Zeughandels-Kompagnie – Die Engelsaitweberei – Unternehmergeist in Calw – Weinausfuhr und Salzeinfuhr – Der König als Förderer des Wirtschaftslebens – Geheimnisvoller Stahlguß – Württembergische Wertarbeit – Freihandel und Schutzzoll – Langsam, aber sicher!

Fünfzehntes Kapitel   Seite 347–358

ENDE DER MONARCHIE

Bundesstaatliche Existenz – Landtagswahl von 1895 – Verfassungsreform, Volkskammer – Große Politik, von Stuttgart aus gesehen – Weizsäckers »Württembergische Erinnerungen«: Vorkriegsjahre, Agadir, Verständigung mit England, Einkreisung, die Schüsse von Sarajewo, Innerer Zusammenhang, Rollenverteilung, U-Bootkrieg, Kanzlerkrise – Württemberger in der Reichsregierung – Umsturz im Land – Wilhelm II. als König und als Mensch

Sechzehntes Kapitel   Seite 359–385

WÜRTTEMBERGISCHE BETRACHTUNGEN ZUR ZEITGESCHICHTE

Generäle in der Politik – Friede von Versailles und innere Unruhen – Kapp-Putsch – Reichsregierung und Nationalversammlung in Stuttgart – Württemberg als friedliche Insel – Die neue Verfassung – Landeskirchliche Ordnung – Rechtsregierung – Das Pendel schwingt zurück – Wirtschaftskrise – Wendung zum Radikalismus – Nationalsozialismus – Machtergreifung – Rückblick auf die wirtschaftliche Entwicklung – Schwäche des Weimarer Staates – Adolf Hitler und der deutsche Einheitsstaat – Widerstandsbewegung – Württembergische Opfer der Rache Hitlers – Wirtschaftswunder und Atomzeitalter – Ausblick

Baden-Württemberg – der Südweststaat   Seite 386–401
Von Theodor Eschenburg
STAMMTAFEL DER REGENTEN WÜRTTEMBERGS (vorderes Vorsatzpapier)
ZEITTAFEL   Seite 402–416
REGISTER   Seite 417

ERSTES KAPITEL

SCHWABEN UNTER DEN SÄCHSISCHEN, SALISCHEN UND STAUFISCHEN KAISERN

DER GERMANISCHE STAMM DER ALEMANNEN oder Sueben, die sich später selbst ›Schwaben‹ nannten, saß nach dem Abschluß der alemannischen Landnahme als freies Bauernvolk im Westen zu beiden Seiten des Rheins, von seiner Quelle bis in die Gegend nördlich von Straßburg; im Osten bildete der Lech die Grenze; seine nördlichen Nachbarn waren die Franken, seine östlichen die Baiern. Dieser Lebensraum blieb bis zur Abtrennung der Schweizerischen Eidgenossenschaft unverändert.

Die erste Einigung der germanischen Stämme war das Werk der Herrscher aus karolingischem Haus. Als das Reich Karls des Großen zerfiel, wurden die Stämme wieder die Träger der staatlichen Gewalt; Herzöge traten an ihre Spitze. Das ostfränkische Reich bestand aus den Stämmen der Baiern, Sachsen, Thüringer, Schwaben, Franken und Lothringer. In dem Zeitraum zwischen dem Zerfall der karolingischen Herrschaft (843) und dem Aufstieg des sächsischen Hauses (919) schieden sich die Deutschen nach Sprache, Recht, Wesensart und bald auch nach ihrer Geschichte von den Welschen. Dem sächsischen Herzogshaus gelang die erste Einigung der Deutschen. König Heinrich I. begründete das regnum teutonicorum und brach den Widerstand der anderen Stammesherzöge. Ihren ersten gemeinsamen Sieg erfochten die Deutschen auf dem Lechfeld bei Augsburg gegen die Ungarn im Jahre 955; ihr Führer war König Otto I., als Kaiser später ›der Große‹ zubenannt.

Die deutsche Geschichte stand immer unter dem Widerstreit der zusammenfassenden Macht des Kaisertums und der auseinanderstrebenden Kräfte zuerst der Stämme, dann der Territorialfürsten. Als dritte Kraft bewahrte sich die Kirche Jahrhunderte hindurch wechselnden Einfluß. Es gelang den großen Herrschern des Mittelalters wohl, diese Kräfte zeitweise zurückzudrängen, nicht aber für die Dauer eine Einigung zu erreichen. Die Kaiser aus dem sächsischen Haus wollten in den Stammesherzögen ihre Statthalter sehen, die ihre Macht als Lehen, als Leihgabe empfingen. Die Herzogswürde sollte deshalb nicht erblich sein. Aber die einmal verliehene Macht kehrte nicht jederzeit nach dem Willen des Kaisers zu der Zentralgewalt zurück und wandte sich in der Hand des Lehensmannes nur zu oft gegen den Lehensherrn. Söhne empörten sich gegen ihre Väter. Die dem deutschen Mittelalter eigene Rechtsform des Lehens zersetzte, auf die Dauer gesehen, die Macht der deutschen Kaiser. Dafür bietet auch Schwaben Beispiele genug.

Der Schwabenherzog BURCHARD I. aus dem Hause der Markgrafen von Rätien erkannte nur gezwungen die Oberhoheit König Heinrichs I. an, blieb aber dann ein ergebener Gefolgsmann. Nach Burchards Tod (926) übertrug der König das Herzogsamt in Schwaben einem ostfränkischen Grafen. Zu dessen Nachfolger ernannte König Otto I. 949 seinen Sohn Liudolf, mußte es aber erleben, daß dieser ihm den Gehorsam verweigerte. Der daraufhin 954 ernannte Herzog war einer der Söhne Burchards, der den Namen seines Vaters trug; seine Gattin war jene Herzogin Hadwig, die später als Witwe auf der Feste Hohentwiel lebte. Hadwig soll eine stolze und strenge Frau gewesen sein; sie hatte Umgang mit den gelehrten Mönchen von St. Gallen und der Reichenau und ist uns durch Scheffels »Ekkehard« vertraut und lieb geworden.

Die Reihe der dem Kaiserhaus getreuen Herzöge von Schwaben wurde unterbrochen durch Herzog ERNST aus dem Geschlecht der Babenberger. Schon sein Vater war zum Herzog von Schwaben ernannt worden. Seine Mutter war Gisela aus dem Geschlecht der Welfen, die in zweiter Ehe den ersten König aus fränkischem (salischem) Hause, Konrad II., geheiratet hatte; sie war eine Nichte des kinderlos verstorbenen Königs Rudolf von Burgund, auf dessen Nachfolge ihr zweiter Gatte Ansprüche erhob. Ihr Sohn, der jugendliche Herzog Ernst, glaubte als Großneffe des verstorbenen Königs bessere Rechte an den burgundischen Thron zu haben, empörte sich gegen seinen Stiefvater, König Konrad II., und schloß sich den deutschen Fürsten an, die sich gegen den seiner Kaiserkrönung wegen in Italien weilenden König erhoben. Konrad verzieh zwar dem 1027 der Reichsacht verfallenen Stiefsohn; aber als dem Herzog Ernst befohlen wurde, gegen seinen Freund und früheren Kampfgenossen Werner von Kyburg die Reichsacht zu vollstrecken, weigerte er sich. Die beiden Freunde fielen im Kampf gegen die kaiserlichen Truppen. Die Sage verknüpfte die beiden jugendlichen Empörer Liudolf und Ernst zu einer einzigen Person. Dichterisch verklärt hat dieses Bild Uhland in seinem Trauerspiel »Ernst, Herzog von Schwaben«.

Das Herzogtum Schwaben hatte als Brücke zwischen Deutschland und Italien an Bedeutung und politischem Einfluß durch die Römerzüge der sächsischen und fränkischen Kaiser gewonnen. ›Waiblinger‹ nannte man die Franken (in Italien hießen sie ›Ghibellinen‹) nach der schwäbischen Stadt Waiblingen im Remstal; so groß war der Besitz des salischen Hauses im Neckar- und Remstal. Das elfte Jahrhundert sah das deutsche Kaisertum in einen Kampf auf Leben und Tod mit dem Papsttum verwickelt. 1077 stand Kaiser Heinrich IV., der Salier, als Büßer vor der Burg zu Canossa, in der sein großer Gegner, Papst Gregor VII., weilte. Nicht Reue über eine kirchliche Schuld hatte ihn dorthin getrieben, sondern staatsmännische Überlegung; der Kaiser erzwang auf diese Weise seine Lösung vom päpstlichen Bann und gewann damit seine Handlungsfreiheit in Deutschland zurück. Heinrich stützte sich wie seine Vorgänger weit mehr auf die deutschen Bischöfe als auf die weltlichen Großen seines Reiches. Galt doch für die geistlichen Herren kein Erbfolgerecht, das die kaiserliche Personalpolitik so oft behindert hat.

Aber auch als Gefolgsleute ihres kaiserlichen Herrn waren die meisten deutschen Bischöfe im Gewissen an ihren kirchlichen Oberhirten gebunden, sie konnten den päpstlichen Bannfluch nicht gleichgültig beiseite schieben. In Rom war Gregor, der die brüchigen Stellen des deutschen Lehensstaates kannte, entschlossen, diesen moralischen Druck wirksam werden zu lassen. Eine wesentliche psychologische Hilfe zog der Papst dabei aus der Stärkung des religiösen Glaubenslebens in Europa durch die Reform, die von dem französischen Kloster Cluny durch die Jünger des heiligen Benedikt ausgegangen war und in dem schwäbischen Kloster Hirsau den stärksten Stützpunkt in Deutschland hatte. Abt WILHELM von Hirsau war ein bedeutender, weithin wirkender Gottesmann, ein Streiter für die Sache des Papstes und ein Feind des Kaisers. Sein politisches Ziel war die Zurückdrängung des kaiserlichen Einflusses auf geistlichem wie auf weltlichem Gebiet. Durch die Kirche zog ein neuer Geist, das straff geregelte Mönchstum wurde zum Vorbild für das Kirchenvolk, und die neue Liturgie ergriff die Gemüter der Gläubigen. Nach außen wirkte die Reform durch großartige Kirchenbauten in romanischem Stil, die den Ruf der Hirsauer Bauschule weithin verbreiteten. Dies alles gewann dem Papst Helfer und Bundesgenossen in seinem Kampf gegen Heinrich IV., sogar in den Reihen der kaiserlichen Gefolgsleute. Nur so wird es für uns verständlich, daß der erste Herzog von Schwaben aus staufischem Hause, FRIEDRICH, der Schwiegersohn des Kaisers und einer seiner treuesten Anhänger, das von ihm gestiftete Kloster Lorch im Remstal dem Apostel Petrus weihte und der Kurie übergab: er hat also offenbar die Förderung des reformierten, durch und durch päpstlich gesinnten Mönchtums nicht für unvereinbar mit seinem kaiserlichen Dienst gehalten.

Der Name Heinrichs ist auch unmittelbar mit dem Kloster Hirsau verbunden. Als nämlich Graf Adalbert II. von Calw das Kloster Hirsau um 1070 erneuerte, erhielt die Abtei von Kaiser Heinrich IV. einen Schutzbrief und von Gregor VII. ein päpstliches Privileg. Die Geschichtsforschung erkannte, daß mittelalterliche Klosterprivilegien vielfach gefälscht worden waren. Heute wissen wir, daß zum Beispiel im Kloster Reichenau damals zahlreiche Fälschungen dieser Art hergestellt wurden. Klöster, zumal die reichen, waren sehr der Begehrlichkeit weltlicher Herren ausgesetzt; gegen solche Absichten konnten nur kaiserliche Schutzbriefe helfen, und wenn diese nicht zu haben waren oder in ihren Formulierungen nicht weit genug gingen, beschaffte man sie sich eben selbst. Es ist kein Zweifel, daß der im Stuttgarter Staatsarchiv aufbewahrte Schutzbrief Kaiser Heinrichs IV. für das Kloster Hirsau gefälscht ist. Nur haben die Hirsauer Mönche sich nicht hilfesuchend an ihre Brüder auf der Insel Reichenau gewandt, sondern die Fälschung selbst gemacht. Ihre Lage war schwierig. Der Nachfolger des Abts Wilhelm, ein Mönch aus dem gräflichen Hause Urach mit Namen Gebhard, hatte von Kaiser Heinrich V. zum Dank für geleistete Dienste das Bistum Speyer und die Reichsabtei Lorsch erhalten, wollte aber auch das Kloster Hirsau nicht aufgeben. Von dieser Regelung konnten sich die gut päpstlich gesinnten Hirsauer Benediktiner nicht viel Gutes für ihr Kloster versprechen. Ihr Abt würde dann fast immer abwesend sein und die Klostereinkünfte für fremde Zwecke verwenden. Vom Kaiser war Hilfe nicht zu erwarten, und der Vogt des Klosters, der Sohn des Stifters und ein vertrauter kaiserlicher Ratgeber, Graf Gottfried von Calw, war dem Kloster und seinen Mönchen nicht gewogen und betrieb die Sache des Bischofs Gebhard von Speyer mit Nachdruck. Was taten nun die Mönche? Sie wählten schnell aus ihrer Mitte einen neuen Abt, vernichteten den kaiserlichen Schutzbrief, der vermutlich nur eine einfache Schenkungsurkunde gewesen war, und verfertigten mit Kunst, Gelehrsamkeit und Schläue an seiner Stelle eine neue Urkunde, die alle Privilegien enthielt, deren das Kloster zur Wahrnehmung seiner damaligen Belange bedurfte, in erster Linie das Recht der Mönche, ihren Abt selbst zu wählen. Man hätte freilich denken sollen, daß die Machthaber leichthin sich über alle noch so klug formulierten Bestimmungen bei der notorischen Rechtlosigkeit jener Zeit hinwegsetzen würden. Welchen Grund sollten Heinrich V. und seine Ratgeber haben, Verfügungen Heinrichs IV. zu achten, da doch der Sohn 1104 den Vater gefangen gesetzt und zur Abdankung gezwungen hatte? Aber nichts dergleichen geschah: die Fälschung hatte vollen Erfolg. Bischof Gebhard verzichtete auf Hirsau, und – eine Ironie des Schicksals – gerade diese gefälschte Urkunde wurde später in der kaiserlichen Kanzlei als Vorlage für weitere Schutzbriefe benutzt. Lange hat man in dieser Fälschung einen peinlichen Fleck auf der verehrungswürdigen Gestalt des Abts Wilhelm sehen zu müssen geglaubt; aber damit hat man ihm wohl unrecht getan, denn es spricht vieles dafür, daß die Fälschung erst nach seinem Tode angefertigt worden ist.

Das Herzogtum des ersten Staufers hatte fast nichts mehr gemein mit dem Stammesherzogtum früherer Art. Was dieser schwäbische Graf und seine Nachfolger erstrebten, war nicht mehr die einflußreiche Stellung des höchsten königlichen Hofbeamten, sondern die Macht eines Landesfürsten. Im elften Jahrhundert verwandelte sich der alte Königsstaat zum aufgelockerten Lehensstaat und entwickelte als Vorläufer des Territorialstaates ein Herzogtum neuen Rechts. Das Königtum der Salier hatte eine unheilbare Schwäche: die Rechtsunsicherheit nämlich, die durch den dreijährigen Kampf der beiden Könige, Heinrichs IV. und Rudolfs von Schwaben, und den Hader mit dem Herzog Welf von Bayern, dem Haupt der päpstlichen Partei in Deutschland, immer mehr um sich griff. Da die Zentralgewalt ihren Anordnungen in dieser Zeit keine Rechtskraft mehr verschaffen konnte, half sich ein jeder, so gut er konnte. Es galt das Recht der Faust; die Fehde beanspruchte eine Rechtsinstitution zu sein, obwohl sie doch nur Ausdruck einer ungeheuerlichen Rechtsnot war. Unter diesen Umständen wurde die Erhaltung des Friedens zur wichtigsten Frage der rechts- und verfassungsgeschichtlichen Entwicklung des Mittelalters. 1085 verkündete Heinrich IV. den ›Gottesfrieden‹, eine Reichsfriedensordnung, die sich aber bei der Spannung zwischen Papst und Kaiser in erster Linie gegen die Bischöfe richtete. Nach dem Scheitern dieses Versuches einer reichsgesetzlichen Ordnung stemmten sich die örtlichen Machthaber der selbstmörderischen Fehdelust entgegen. Die von ihnen geschaffenen Landfriedensordnungen banden aber freilich nur den, der sie beschwor, und liefen deshalb auf eine Art schiedsgerichtlichen Verfahrens hinaus. Aber wer war dann in der Lage, dem Schiedsspruch Achtung zu verschaffen? Den bischöflichen Schiedssprüchen kam vielfach eine besondere Bedeutung zu, weil der kirchliche Bann und das Interdikt, die den Rechtsbrecher treffen konnten, dem Urteil wenigstens den Schein der Rechtskraft verschafften. Selbst dem bedeutendsten Staufer, dem Kaiser Friedrich I. Barbarossa, gelang es auf der Höhe seiner Macht nicht, die von ihm verkündeten drei Reichsfriedensordnungen durchzusetzen. Er mußte sich damit abfinden, daß nur ein beschränktes Fehdeverbot aufrecht zu erhalten war.

Im Herzogtum Schwaben sind auch die Anfänge der Verfassung und staatlichen Verwaltung Württembergs zu finden. Die Stadt- und Landgemeinden verwalteten in eigener Entscheidung ihre Angelegenheiten. Hier war es der auf Lebenszeit gewählte, ehrenamtliche Schultheiß, dort der vom Landesherrn ernannte Vogt, die die Obrigkeit vertraten und sowohl richterliche als auch Verwaltungsbefugnisse hatten. Das ›Gericht‹ war Ortsbehörde und gleichzeitig unterste Stufe der Staatsverwaltung. Die Beisitzer, ›Gerichtsverwandte‹ genannt, waren Bürger ohne gelehrte Bildung, übten ihr Amt lebenslang aus und ergänzten sich selbst aus der Zahl der ›Ratsverwandten‹, den Vertretern der vollbürgerlichen Familien. Die nächste Stufe war das Amt, ein Bezirk, der ländliche Gemeinden und eine befestigte Stadt zu einer staatlichen Verwaltungseinheit zusammenfaßte. Die Ämterverfassung, dieses kostbare Erbstück staufischer Staatskunst, von den württembergischen Grafen übernommen, von den Herzögen und Königen behütet, erhielt sich zum Besten von Volk und Staat jahrhundertelang bis in die Gegenwart.

Der Sohn des ersten Staufers wurde als KONRAD III. zum deutschen König gewählt. Er ist uns Württembergern deshalb lieb, weil er es war, der an einem Königswort nicht deuteln ließ, als die treuen Frauen der welfischen Feste Weinsberg ihn überlisteten und ihre Eheliebsten aus der eroberten Burg trugen. So rührend die Begebenheit ist, scheint sie doch keine Legende, sondern geschichtliche Wahrheit zu sein. Sterbend empfahl Konrad den deutschen Fürsten, seinen Neffen als Nachfolger zu wählen, der dann als Friedrich I. Barbarossa Deutschland auf einen Höhepunkt seiner Geschichte führte. Den Kampf gegen das Papsttum hat dieser Staufer nicht gewollt, er wurde ihm aufgedrängt; er war im Glück so maßvoll, wie stark im Unglück. Sein Sohn, Kaiser Heinrich VI., dem Vater ebenbürtig an Staatsklugheit und Tatkraft, starb schon mit 32 Jahren und mit ihm sein Plan, die Krone des Reiches erblich zu machen. Er hinterließ einen dreijährigen Sohn, den späteren Kaiser Friedrich II. Mit Heinrichs Tod (1197) lebte der alte, unselige Streit zwischen den Welfen und den Staufern wieder auf. Zehn Jahre dauerte der Kriegszustand zwischen den beiden so eng versippten Häusern; Walther von der Vogelweide hat dieses Elend besungen und beklagt. Barbarossas jüngster Sohn PHILIPP, Herzog von Schwaben und deutscher König, fiel 1208 durch Mörderhand; seine Gemahlin, die byzantinische Kaisertochter Irene, die ihn nur kurze Zeit überlebte, fand ihre letzte Ruhestätte an der Seite der Vorfahren ihres Gatten in der Grablege zu Lorch im Remstal. Papst Innozenz III., einer der mächtigsten in der langen Reihe der Päpste, setzte den mündig gewordenen Friedrich II. 1212 auf den deutschen Königsthron; zum Kaiser gekrönt hat diesen dann 1220 Papst Honorius III. Dichter haben seine Kaiserherrlichkeit besungen, die Sage hat sich seiner bemächtigt und ihn nach seinem Tode in den Kyffhäuser versetzt. Deutscher in seinem Aussehen, Südländer in seiner Art, der Geisteswelt der Araber mehr zugewandt als der christlichen Anschauung, ist sein Wesen widerspruchsvoll. Der Eindruck bleibt, er habe sich, ungleich seinem Großvater, die staatsmännische Aufgabe allzuhoch gestellt und die Grenze des Möglichen verkannt. Nach seinem Tode (1250) begannen in Deutschland und in Italien neue Wirren, die zu dem Interregnum, der „kaiserlosen, der schrecklichen Zeit" führten. Der letzte Herzog von Schwaben war Konradin, ein Enkel Friedrichs II., der 1268 siebzehnjährig auf Befehl Karls von Anjou in Neapel enthauptet wurde. Damit endet der Kampf zwischen Rom und den Staufern. Das Papsttum wurde freilich seines Sieges nicht froh; nur wenige Jahrzehnte später führte der französische König den Oberhirten der Christenheit in die Gefangenschaft nach Avignon.

Man hat den Herrschern aus staufischem Hause später den Vorwurf gemacht, aus einer mystischen Sehnsucht heraus, um des romantischen Kaisertraumes willen das angestammte deutsche Land schnöde vernachlässigt zu haben. Schwerlich besteht der Vorwurf zu Recht. Es waren sehr nüchterne, zwingende staatsmännische und nicht zuletzt auch wirtschaftliche Überlegungen, die durch zweieinhalb Jahrhunderte hin den deutschen Kaisern die Romfahrt geboten. Hätte der Welfe Heinrich der Löwe in dem Familienstreit gesiegt, wäre er an Stelle Barbarossas über die Alpen gezogen. Die politische und die wirtschaftliche Macht, Bildung und Wissen ballten sich damals an den Ufern des Mittelmeers zusammen. Deutschland aber war ›das Hinterhaus Europas‹. Aus dieser Enge führten die deutschen Kaiser unser Volk zum Mittelpunkt der großen Entscheidungen; sie hätten sich selbst aufgegeben, wären sie zu Hause geblieben. Daß freilich die Staufer durch ihre sizilische Herrschaft Deutschland und ihrem Stammland Schwaben fremd geworden waren, unterliegt keinem Zweifel. Ein schwerwiegendes Versäumnis fällt wohl den Staufern zur Last: Sie haben sich nicht darum bemüht, ihrem Stammland eine einheitliche Rechtsordnung zu geben. Mit dem Sturz ihrer Herrscher wurde auch ihre Reichsfriedensordnung unwirksam, und darum fehlte Schwaben die rechtliche Grundlage, auf der eine landesherrliche Gewalt hätte errichtet werden können. Der »Schwabenspiegel« war wohl eine Sammlung von Rechtsgedanken und -vorschriften, er hat aber im Lande selbst nie Rechtskraft erlangt. So kam es, daß kein deutsches Land von der kaiserlosen, der schrecklichen Zeit so mitgenommen wurde wie Schwaben. Doch davon wird später zu berichten sein (vergl. Seite 12).

Schwaben war als Kernland und Hausmacht der Staufer unlösbar mit dem Schicksal des Reiches verknüpft. Was die Staufer in Deutschland mit der Städtegründung, der Ansiedlung von freien Bauern und ihrem großartigen Verwaltungsaufbau geleistet hatten, kam auch Schwaben unmittelbar zugute. Auch zur Blüte der ritterlichen Dichtkunst steuerte Schwaben seinen Anteil bei: Schenk Konrad von Limpurg, der urkundlich Herzog Konradin auf seiner ersten und letzten Heerfahrt nach Italien begleitete, ist vermutlich der Dichter der sechs Minnelieder, die die Heidelberger Liederhandschrift verzeichnet; damit wäre sein Vater jener Schenk Walther von Limpurg, der in Heinrichs von Ofterdingen Versdichtung vom Sängerkrieg auf der Wartburg als Sangesrichter genannt ist.

ZWEITES KAPITEL

DIE ERSTEN GRAFEN VON WÜRTTEMBERG

MIT DEM ERBAUER DER FESTE WIRTEMBERG, dem Grafen KONRAD, tritt der erste Württemberger, von dem wir aus Urkunden wissen, um 1080 in das Licht der Geschichte, und zwar als Gegner Kaiser Heinrichs IV. und Anhänger Papst Gregors VII. Suchen wir nach einem politischen Motiv für diese Stellungnahme gegen den Kaiser und dessen Herzog von Schwaben, Friedrich von Staufen, so treffen wir, wie nicht anders zu erwarten, auf das Gesetz der Macht: alle Macht will sich ausdehnen. Ob und wieweit Graf Konrad und seinen nächsten Nachfolgern in solchen Machtkämpfen Erfolge beschieden waren, ist unbekannt. Die gefestigte Herrschaft der Staufer ließ den schwäbischen Herren kaum Spielraum für die Ausdehnung ihrer Hausmacht. Erst mit dem Untergang der Staufer änderte sich die Lage. Als sich deutsche Fürsten gegen den vom Papst geächteten Kaiser Friedrich II. erhoben und Landgraf Heinrich Raspe von Thüringen gegen den jugendlichen Kaisersohn Konrad, der als deutscher König der vierte seines Namens war, kämpfte, verließ Graf Ulrich von Württemberg und mit ihm die Mehrzahl der schwäbischen Herren 1246 die Sache der Staufer. Der Thüringer hatte ihnen wohl einen beträchtlichen Anteil an der staufischen Hinterlassenschaft in Aussicht gestellt. Acht Jahre später allerdings unterstützte diese Gruppe, wiederum unter der Führung des württembergischen Grafen, die Vormundschaftsregierung für Herzog Konradin von Schwaben, den letzten Staufer. Das Interregnum hatte begonnen. Fest steht jedenfalls, daß erst der Untergang der Staufer den Aufstieg der Württemberger ermöglichte.

GRAF ULRICH I.

Graf ULRICH (gest. 1265) ist der Stammvater des Hauses Württemberg; mit ihm beginnt die württembergische Geschichte. Wieviel er an Besitz ererbt, wieviel er dazu erworben hat, wissen wir nicht. Vermutlich ist ein Teil der staufischen Güter schon zu der Zeit, als Philipp von Schwaben mit dem Welfen Otto von Braunschweig, dem Sohn Heinrichs des Löwen, in den Jahren zwischen dem Tod Heinrichs VI. (1197) und den Anfängen Friedrichs II. (1212) um die deutsche Königskrone kämpfte, als Dank für geleistete Waffenhilfe oder in Erwartung einer solchen an die württembergischen Grafen übergegangen. Offenbar ist ihr Besitz als rechtmäßig anerkannt gewesen, denn auch König Rudolf aus dem Hause Habsburg hat ihn später nicht bestritten. Graf Ulrich I. hat klug, rücksichtslos und tatkräftig im Streit mit größeren Machthabern den Besitz seines Hauses vermehrt und gesichert. Mit der Übernahme der herrenlos gewordenen Hoheitsrechte des Reiches für sich und seine Erben wurde er zum Territorialherrn. Er konnte es allerdings nicht hindern, daß die ehemals königlichen Städte innerhalb seiner Grenzen sich ihrer Unabhängigkeit wehrten und für Jahrhunderte die Anerkennung als freie Reichsstädte erkämpften. Die Versuche Ulrichs, sich der Stadt Eßlingen zu bemächtigen, scheiterten; Eßlingen blieb für lange Zeit eine gefährliche Feindin der Grafen von Württemberg.

Woher Ulrichs seltsamer Beiname ›mit dem Daumen‹ stammt, ist nicht bekannt; sein zweiter Beiname lautet ›der Stifter‹: er hatte nämlich das Chorherrenstift in Beutelsbach erneuert, wenn nicht überhaupt gestiftet und es zur Grablege seines Hauses bestimmt. Auch schuf er nach dem Vorbild der Staufer zur Sicherung seines Besitzes die Anfänge einer geordneten obrigkeitlichen Verwaltung. Vermutlich ist er es gewesen, der Stuttgart 1238 befestigte.

Urkundlich wird *Stuttgart* zum erstenmal 1229 erwähnt. Die Geschichte der heutigen Landeshauptstadt geht aber noch weiter zurück. Festzustehen scheint, daß an den Talhängen schon im elften Jahrhundert von Mönchen des Klosters Bebenhausen Weinbau getrieben wurde, und daß sich hier hundert Jahre vorher ein Stutengarten befand, der möglicherweise von dem Herzog Liudolf von Schwaben, dem Sohn Ottos I. des Großen, angelegt war. –

1250 war Kaiser Friedrich II. in Palermo gestorben; der Streit um die Nachfolge zog sich bis 1273 hin. Weltliche und geistliche Fürsten, Grafen, Ritter, Städte, sie alle haben aus dieser führerlosen Zeit Gewinn und

Nutzen gezogen. Der erfolgreichste der schwäbischen Großen war Graf Rudolf von Habsburg. Sein Hausbesitz lag in der Schweiz und im Elsaß. Wie sein älterer Zeitgenosse Ulrich von Württemberg war auch er ein echter Sohn der kampferfüllten Zeit des Interregnums: Das legendäre Bild des schlichten, frommen Ritters entspricht seinem wirklichen Wesen nicht in allen Teilen. Ehrgeizig und rastlos strebte er nach Erweiterung der Macht und Größe seines Hauses und scheute vor keinem Mittel zurück, das ihn seinem Ziel näherbrachte. 1273 zum deutschen König gewählt, setzte er auf seinem ersten Reichstag in Nürnberg den Beschluß der Rückgabe aller ehemaligen Reichsgüter durch. Wäre dieser ausführbar gewesen, hätte das wiederhergestellte Herzogtum Schwaben zusammen mit dem damaligen habsburgischen Hausbesitz im Südwesten Deutschlands dem Königtum eine sichere Grundlage gewährleistet. Aber diesen Weg hatte sich Rudolf selbst durch seine Zusage an die rheinischen großen Herren vor der Königswahl, ihre während des Interregnums gemachten Erwerbungen nicht anzutasten, verbaut. So versuchte er, sich eine ausreichende Hausmacht im Osten des Reiches zu gründen. Mit seinem Sieg auf dem Marchfeld 1278 über den böhmischen König Ottokar erreichte er dort sein Ziel. Eine Landfriedensordnung sollte den Erfolg sichern und ihm die Hände freimachen, auch im Südwesten des Reiches seine Macht zu befestigen. Dabei aber stieß er auf erbitterten Widerstand, dessen Seele Graf EBERHARD I. von Württemberg, der Sohn Graf Ulrichs I. und Bruder Graf Ulrichs II. (gest. 1279), war. Jahrelang versuchte König Rudolf, sein Ziel mit friedlichen Mitteln zu erreichen, und kaufte an Herrschaften auf, was er irgend erwerben konnte. Dabei führte ihn sein Weg häufig in schwäbische königliche Städte wie Ulm, Heilbronn und Eßlingen, die von ihm manche Gnadenbeweise erhielten.

1285 kam es zu bewaffneten Auseinandersetzungen zwischen den Anhängern des Königs und denen des württembergischen Grafen. Es war nichts Geringes, was der zwanzigjährige Eberhard mit seinem Widerstand sich vorgenommen hatte. Er forderte fast tollkühn das Schicksal heraus. Sein Gegner stützte sich auf die Mehrzahl der schwäbischen Herren und Grafen und die Macht der königlichen Städte, während Eberhards eigener Anhang nicht sehr groß war. Aber das Gewicht der Kräfte konnte sich leicht verschieben. Das Glück, das dem Hause Habsburg so freundlich war, würde sich eines Tages auch ihm zuwenden, und dann mußte jeder, der politischen Ehrgeiz hatte, sich ihm und seinem aufgehenden Stern zuwenden. Warum also nicht? Einen Versuch war das lockende Ziel schon wert. Der erste Anlauf mißlang, und Eberhard mußte klein beigeben. Aber schon im Herbst des nächsten Jahres gab es wieder Krieg; an Anlässen war kein Mangel, Schwaben glich einem immer brodelnden Kessel. Dieses Mal wollte der König Ernst machen. Er rückte vor die befestigte Stadt Stuttgart, dem stärksten Stützpunkt Eberhards, und errichtete sein Feldlager auf dem Eßlinger Berg, an der Stelle, die heute noch den Namen ›Wagenburg‹ führt.

Sieben Wochen dauerten die Kämpfe, die König Rudolf keinen durchschlagenden Erfolg brachten; auch die Kraft des Verteidigers ging zu Ende. Rudolf hatte zudem ein anderes, höheres Ziel vor Augen. In Speyer wartete der Kardinallegat auf ihn, um die Frage des Römerzugs, der Kaiserkrönung und die Wahl seines Sohnes zum deutschen König zu besprechen. So kam es zu einem Vergleich, bei dem Eberhard glimpflich wegkam. Der Sühnevertrag vom 10. November 1286 bestimmte die Auslieferung zweier württembergischer Burgen, Wittlingen und Remseck, als Pfand ferneren Wohlverhaltens des Grafen, die Schleifung der Stadtmauer und die Bezahlung der gräflichen Schulden an Christen und Juden. Mit der letztgenannten Bestimmung sollte Eberhard finanziell empfindlich getroffen werden. Es wurde jedoch nicht so schlimm, wie es aussah: was man zum Schein von der Stadtmauer einriß, wurde im nächsten Jahr schon wieder aufgebaut, und über die Bezahlung der Schulden verlautet nichts. Für den König hatte augenscheinlich die Belagerung Stuttgarts schwerwiegendere Folgen. Die Zeit, die Rudolf hier verloren hatte, ließ sich nicht mehr einholen. Über den Verhandlungen des nächsten Winters mit der Kurie starb Papst Honorius IV. im April 1287. Der Stuhl Petri blieb fast ein Jahr verwaist, und der dann gewählte Papst Nikolaus IV. war kein Mann rascher, durchgreifender Entschlüsse. Die Gunst der Stunde war verpaßt. Rudolf erreichte weder die Kaiserkrone noch die Erbfolge im Hause Habsburg.

Schon im nächsten Jahr begannen die Streitigkeiten wieder, vermutlich, weil König Rudolf nach dem Scheitern seiner römischen Pläne mit erneuter Kraft die Wiederherstellung des Herzogtums Schwaben betrieb, während Graf Eberhard, wenn er schon nicht selbst Herzog werden konnte, keinen anderen auf diesem Platz sehen wollte. Der Habsburger leitete das Unternehmen gegen den aufsässigen württembergischen Grafen und seine Helfer persönlich und nötigte sie zu einem Frieden, dessen

Bestimmungen dieses Mal nicht nur auf dem Papier standen. Aber, wie immer mit anderen größeren Aufgaben befaßt, konnte Rudolf auch jetzt nicht die habsburgische Macht in Schwaben völlig sichern. Zu seinen Lebzeiten allerdings blieb der Friedenszustand bewahrt. Kennzeichnend für die innere Lage und Unsicherheit Deutschlands war es, daß König Rudolf noch im Jahr vor seinem Tode einundzwanzig Raubritter enthaupten und mehr als sechzig ihrer Burgen brechen ließ.

Mit dem Tode Rudolfs von Habsburg (1291) war für die Reichspolitik eine neue Lage entstanden. Herzog Albrecht von Österreich und Steier war der würdige Sohn seines Vaters, ihm gleich an militärischer und politischer Begabung, aber ohne die gewinnende Art seines Vaters und dessen Kunst der Menschenbehandlung. Die Kurfürsten mißtrauten Albrechts Zukunftsplänen und fürchteten seine Herrschsucht. So entschieden sie sich unter der Führung des Erzbischofs Gerhard von Mainz für ein lenksameres Reichsoberhaupt, das sie in dem rheinischen Grafen Adolf von Nassau gefunden zu haben glaubten. Albrecht nahm dessen Wahl vom 5. Mai 1292 augenscheinlich gelassen hin. Aber das bedeutete keinen Verzicht; er hatte gelernt, in Geduld abzuwarten und beschränkte sich einstweilen darauf, seine Macht im Osten des Reiches zu befestigen. Dort fand er auch seinen unversöhnlichsten Gegner in seinem eigenen Schwager, in König Wenzel von Böhmen.

Graf Eberhard von Württemberg, zunächst für die Partei des Habsburgers gewonnen, schlug sich in geschickter Ausnutzung der neuen Lage auf die Seite Adolfs von Nassau, der ihm jedoch die angestrebte Landvogtei Schwaben vorenthielt. Für Eberhard war das eine Enttäuschung; denn diese Stellung, die ihm ein Aufsichtsrecht über die Reichsstädte seines Gebiets gegeben hätte, wäre für ihn eine wesentliche Stärkung seiner Macht und seines Einflusses gewesen. Die Rechnung Albrechts, sein Gegner werde sich rasch genug Feinde machen, erwies sich als richtig. Ohne eigene Mittel und mit geringem Anhang mußte der Nassauer versuchen, sich eine Hausmacht zu schaffen, was ihn mit Notwendigkeit in Gegensatz zu den anderen großen Herren bringen mußte. Albrecht sah seine Zeit kommen: Auf dem Fürstentag in Frankfurt am 23. Juni 1298 ließen die Kurfürsten König Adolf fallen und wählten Albrecht von Österreich zu seinem Nachfolger. Zehn Tage später entschied das Kriegsglück: Adolf fiel in der Schlacht bei Göllheim am Donnersberg im Pfälzer Bergland.

Mit seinem rechtzeitigen Übertritt auf die Seite Albrechts hatte Eberhard von Württemberg auf die richtige Karte gesetzt. Sein Lohn war neben anderen königlichen Privilegien die Landvogtei von Niederschwaben, das Ziel seines Ehrgeizes. Die Freundschaft der beiden Fürsten hielt indes nicht lange. Eberhard versuchte zum Ausgleich der schweren Lasten, die ihm durch den Streit mit König Rudolf erwachsen waren, seinen Besitz weiterhin zu vermehren. Die Gelegenheit dazu war günstig, da viele Herren im Wirbel dieser Zeit ihren Besitz nicht länger halten konnten und ihre Herrschaften ganz oder teilweise zu verkaufen gezwungen waren. Dabei sah der Käufer natürlich Angebote von anderer Seite nicht gerne. Nun war es aber gerade Albrecht, der zur Abrundung seiner schwäbischen Besitzungen alle Herrschaften aufkaufte, die irgendwie zu haben waren. Ein offener Ausbruch der Feindseligkeiten wurde dadurch vermieden, daß Albrecht sich mit großen Plänen trug und deshalb vermeidbaren Zwist lieber ruhen ließ. Es war ihm aber nicht entgangen, daß der Württemberger Verbindung mit dem König von Böhmen, Albrechts Feind, gesucht und gefunden hatte. Das böhmische Silber, das ihm aus dieser Quelle zufloß, verwendete Eberhard für seine Landkäufe. Mit der Ermordung König Albrechts durch seinen Neffen Johann, genannt Parricida, war zwar für Eberhard die Gefahr einer bewaffneten Auseinandersetzung mit dem Habsburger beschworen, dafür aber kam es zu neuen Schwierigkeiten mit dessen Nachfolger, König Heinrich VII. aus dem Hause der Grafen von Luxemburg. Diesem, der selbst für seinen Sohn Ansprüche auf den böhmischen Thron erhob, mußte der Bundesgenosse des verstorbenen Königs Wenzel von vornherein verdächtig sein; umgekehrt war es natürlich auch der Fall. Dazu kamen starke Beschwerden, die die schwäbischen Reichsstädte gegen ihren Landvogt erhoben. Kein Wunder, daß solche Stimmen auf Heinrichs VII. erstem Hoftag in Speyer (1309) gerne und aufmerksam angehört wurden. Eberhard, stolz auf seine bisherigen Erfolge, sah im Hieb die beste Parade und erschien in Speyer mit einem Gefolge von siebenhundert Rittern und Knechten, was als Herausforderung gedacht war und auch so empfunden wurde. Der König antwortete mit dem Entzug der schwäbischen Landvogtei, um ein Jahr später die Reichsacht gegen den Grafen Eberhard von Württemberg ›als seinen und des Reiches Feind‹ zu verhängen. Heinrich VII. rüstete zum Zug nach Rom, wo er sich zum Kaiser krönen lassen wollte, beauftragte aber vorher noch die Reichsstädte Eßlingen, Heilbronn, Nördlingen, Ulm und Wimpfen mit der Durchführung des Reichskrieges gegen Württemberg. Zum Heerführer wurde der kaiserliche Landvogt Konrad von Weinsberg bestimmt. Ihm wurden als königlicher Gnadenbeweis alle Judenschulden erlassen. Ein wahrhaft seltsames Verfahren! Der König als oberster Rechtswahrer erließ dem Schuldner Forderungen, auf deren Erfüllung ein ganz anderer, nämlich der Gläubiger, den Rechtsanspruch hatte. Andere Fürsten folgten gerne diesem Beispiel. Wirtschaftlich gesehen erklärt dieses Verfahren die Wucherzinsen der jüdischen Geldgeber; denn wie sollten diese ihre Geschäfte betreiben, wenn nicht mit Zinsen, in denen das fast unträgbare Wagnis zum Ausdruck kam?

Aus Haß und Eifersucht gegen die aufsteigende Grafschaft Württemberg schlossen sich viele Herren und Grafen den Reichsstädten an. Eberhard stand allein, da Böhmen als Bundesgenosse ausfiel, nachdem dort Heinrichs Sohn Johann König und während seines Vaters Abwesenheit in Italien Reichsverweser geworden war. In zweijährigem Kampf wurden fast alle württembergischen Burgen gebrochen, zuerst der Württemberg, dann der Asperg, schließlich die Weißenburg bei Stuttgart, wobei des Grafen erbittertste Feinde, die Eßlinger, sich besonders hervortaten. Die württembergischen Städte ergaben sich eine um die andere. Die Rettung aus der verzweifelten Lage kam durch den unerwarteten Tod Heinrichs VII., den ein Jahr nach der Kaiserkrönung die Malaria in Italien hinwegraffte (24. August 1313).

Die Zügel der Reichsgewalt schleiften am Boden. Von den großen Herren versuchten die einen, eine unverhoffte Ernte schnell in die eigenen Scheunen zu bringen, während andere mit dem Blick auf eine ungeklärte Zukunft sich vorsichtig zurückhielten. So gönnte das Schicksal Eberhard in der Zeit bis zur Königswahl und der darauffolgenden Auseinandersetzung der beiden Gegenkönige, Ludwigs des Bayern und Friedrichs von Österreich, soviel Spielraum, daß er bis 1315 seine Macht in den alten Grenzen wiederherstellen konnte. Seine beiden Städte Stuttgart und Waiblingen blieben bis zuletzt von Eßlingen besetzt. Auch jetzt spielte Graf Eberhard wieder mit gewohntem Geschick sein diplomatisches Spiel. Noch im Herbst 1313 hatte er den nachmaligen König Ludwig mit einer Mannschaft unterstützt. Als aber im weiteren Verlauf König Friedrich seine Herrschaft in Schwaben befestigen konnte, verstand sich bald Eberhard aufs beste mit diesem. Die siegreiche Reichsstadt Eßlingen, im Bestreben durch die königliche Vermittlung zu einem günstigen Frieden mit dem Grafen Eberhard zu kommen, übergab die von ihr besetzten Städte Stuttgart und Waiblingen an König Friedrich zu treuen Händen, aber die Eßlinger grollten dem Vermittler, als er Eberhard seine Städte sofort zurückgab. Sie fühlten sich genarrt und gingen zu König Ludwig über, der ihnen zum Dank „alle Schulden erließ, die sie bei solchen Juden gemacht hatten, die sich von ihm abgewendet und zu des Reiches Feinden gezogen hatten". Erst 1322 fiel die Entscheidung zwischen den Gegenkönigen in der Schlacht bei Mühldorf zugunsten Ludwigs; Friedrich geriet in die Hand seines Gegners. Dem württembergischen Grafen gelang es auch dieses Mal, zu dem bisherigen Feind ohne Schaden für sich und sein Haus gute Beziehungen herzustellen.

Eberhard starb sechzigjährig nach einem stürmischen und kampferfüllten Leben. Er hinterließ seinem Nachfolger ein Gebiet, das um die Hälfte größer war als das ihm von seinem Vater vererbte. Ihn wegen seiner oft verwegenen Politik und deren Mitteln tadeln zu wollen, wäre ungeschichtlich. Gewiß ist er nicht mit den Maßstäben heutiger Moral zu messen. Er war der Sohn einer völlig andersgearteten Umwelt mit ganz verschiedenen Voraussetzungen und Anschauungen. Der rasche Wechsel von einer Partei zur anderen, Verschlagenheit, List, ja Treubruch gehörten zu den politischen Waffen einer Zeit, die vom Kampf aller gegen alle um das herrenlos gewordene Erbe des bedeutendsten Kaisergeschlechts unserer Geschichte erfüllt war. Ausgangspunkt und Ziel seiner Politik hatte er mit Freund und Feind gemeinsam: er wollte die Stärke und Ausdehnung seiner Hausmacht. Wo so viele größere und stärkere Geschlechter ermattet den Kampf aufgeben mußten, ist er kraft seiner Kühnheit, Klugheit und unbändigen Tatkraft Sieger geblieben. Auch menschlich sympathische Züge fehlen seinem Bilde nicht ganz. Der Entschluß seiner letzten, friedlicheren Jahre, die sterblichen Überreste seiner Ahnen aus dem im Reichskrieg zerstörten Erbbegräbnis in Beutelsbach nach Stuttgart, „an einen besser gesicherten Ort", bringen zu lassen, ist ein Akt frommer Pietät, wenn dabei auch die Rücksicht auf den Namen und das Ansehen seines Hauses mitgesprochen haben mag. Sein Beiname ›der Erlauchte‹ ist ihm jedenfalls nicht von den Zeitgenossen gegeben worden. Erst eine spätere Generation, vielleicht einer seiner direkten Nachfahren, mag unter dem Eindruck seiner ungewöhnlichen Persönlichkeit darauf gekommen sein.

Graf ULRICH III. tritt in der Geschichte seines Hauses wenig hervor. Für uns ist er insofern von Bedeutung, als er offenbar ein kluger Rechner und Mehrer des Reichtums des württembergischen Grafenhauses war. Er erweiterte nicht nur durch Kauf wertvoller Herrschaften den alten Besitz, sondern war auch in der Lage, selbst große Summen auszuleihen. Reiche Klöster baten um seine Schirmherrschaft; als kaiserlicher Landvogt in Schwaben dehnte er seinen Einfluß aus und erhöhte seine Einkünfte. Seinen Nutzen scheint er lebenslang auf der Seite Kaiser Ludwigs des Bayern gefunden zu haben, was in der damaligen Zeit immer wechselnder politischer Bindungen erstaunlich war. Fehden hat auch er freilich mit mehr oder weniger Erfolg genug ausgetragen. Nun darf man aber nicht, wie es oft geschieht, die bewaffnete Austragung von Ansprüchen gegen ritterliche Nachbarn oder Städte als ein im besten Fall gehobenes Raubrittertum abtun. In einer Zeit der Rechtlosigkeit, die durch alle Landfriedensordnungen nicht auf die Dauer zu beheben war, wäre es sinnlos gewesen, vom Reich aus Gesetze zu erlassen und zu verkünden, da ja keine Macht da war, ihnen Gesetzeskraft zu verleihen. Nur ›Einungen‹, Schiedsgerichte und freie Vereinbarungen hatten Aussicht, vorübergehend Ordnung zu schaffen, und auch das nur im begrenzten Rahmen. Aber auch diese Regelungen blieben immer schwankend, weil nie vorauszusehen war, wann, wo und auf welche Weise das mühsam erreichte Gleichgewicht durch berechtigte oder unberechtigte Forderungen gestört werden würde. Daher diese verwirrende Fülle von Bündnissen und Vereinbarungen, die die Feinde von gestern schlossen, um sie morgen wieder aufzulösen. Zusammen fanden sich nicht nur die Glieder der einzelnen Reichsstände, es gab auch jederzeit Querverbindungen unter den Angehörigen verschiedener Reichsstände. In diesem Labyrinth von Verträgen, die zu verfolgen so gut wie unmöglich ist, findet sich der Betrachter nur zurecht, wenn er von dem krassen Nützlichkeitsstandpunkt aller Beteiligten ausgeht.

Zu weiterer Macht hat Graf EBERHARD II. das Haus Württemberg geführt. Man kennt ihn unter dem Namen ›der Greiner‹ (d. h. der Zänker). Ein Ehrentitel sollte dies in den Augen seiner Zeitgenossen gewiß nicht sein. Er war streitbar, dabei aber auch klug und staatsmännisch begabt. Ein bequemer Nachbar ist er sicherlich nicht gewesen. In vielen Zügen glich er seinem Großvater, dessen Namen er trug, und hat ihn an Bedeutung erreicht. Jedenfalls hat Ulrich seinem Sohn Eberhard die

Mittel an die Hand gegeben, sich in dem Wirbel seiner Tage zu behaupten, und dieser hat sie für den Weiterbestand seines Hauses trefflich genutzt. Achtzehn Jahre, von 1344 bis 1362, übten Ulrichs III. Söhne, ULRICH IV. und EBERHARD II., gemeinsam die Herrschaft aus. Der Anteil, den sie bei den Judenverfolgungen – man machte die Juden für den Ausbruch der Pest verantwortlich – aus dem großen Raub jüdischen Vermögens erhielten, war ansehnlich. Reichsstädte und landesherrliche Gemeinden beteiligten sich gleichermaßen an der Ermordung der Juden und der Beschlagnahme ihres Vermögens. In Eßlingen versammelten sich die zur Verzweiflung getriebenen Juden in ihrer Synagoge, um diese dann mit eigener Hand anzuzünden; der freiwillige Feuertod schien ihnen immer noch leichter als das Los, das ihrer von der bis zur Tollwut aufgereizten Menge wartete. Von einer menschlichen Regung der regierenden Herren, die doch gegen teures Geld den Juden Schutzbriefe ausgestellt hatten, hört man nichts. Das Verhalten der beiden württembergischen Grafen läßt sich gewiß nicht damit rechtfertigen, daß ihr Anteil aus dem Teil der Beute stammte, den Kaiser Karl IV. den Städten wieder abgejagt hatte, um sich selbst die Taschen zu füllen. Jedenfalls aber taten Ulrich und Eberhard nicht mehr oder Schlimmeres als andere Reichsstände, die sich gegenüber der kaiserlichen Forderung auf Rückgabe des ehemals jüdischen Vermögens zu Bündnissen zusammenschlossen.

Ulrich und Eberhard hatten mit ihren Nachbarn die üblichen Fehden und unterstützten durch Waffenhilfe und Geld die österreichischen Herzöge in deren Kampf gegen die Eidgenossen. Wie diese wehrten sich auch die schwäbischen Städte um ihre Selbständigkeit gegenüber den Territorialherren. Sie taten es mit so viel Erfolg, daß der Kaiser, der doch der Schutzherr der Reichsstädte sein sollte und wollte, die Bildung einer Städtemacht, die seine eigene Politik hätte bedrohen können, mit Sorge betrachtete und den Bund schwäbischer Städte verbot. Aber dadurch ließen sich die aufstrebenden Kräfte nicht hemmen. Bei den Städten wie bei den Fürsten war der Wille, die in der zerfahrenen politischen Lage Deutschlands liegenden Möglichkeiten zum eigenen Vorteil auszunutzen, viel zu stark, als daß sie freiwillig zu einer Verständigung auf einer mittleren Linie bereit gewesen wären. Der Kaiser, mit seiner Hausmacht selbst Partei, schwankte unentschieden zwischen Fürsten und Städten. Zunächst war er stark gegen die württembergischen Grafen eingenommen, weil diese sich mit seinem Schwiegersohn, dem jungen Herzog

Rudolf IV. von Österreich (1339-1365), verbündet hatten. Dieser ebenso begabte wie ehrgeizige Fürst war wie ein Komet am europäischen Himmel aufgetaucht. Mit achtzehn Jahren zur Herrschaft gelangt, mit sechsundzwanzig gestorben, vermochte er fast keinen seiner großartigen Pläne zu verwirklichen. Daß er an die Wiederherstellung des Herzogtums Schwaben dachte, kann man daraus schließen, daß er sich zum Ärger seines Schwiegervaters selbstherrlich den Titel ›Fürst zu Schwaben und Elsaß‹ beilegte. Bald strafend, bald belohnend, aber immer voll Mißtrauen und Sorge verfolgte der Kaiser Rudolfs politischen Werdegang. Das erwähnte Bündnis, das Rudolf 1359 mit seinen württembergischen Vettern (die beiderseitigen Mütter, Gräfinnen von Pfirt, waren Schwestern gewesen) Ulrich und Eberhard schloß, hat keine dauernde Bedeutung gewonnen, ist aber für uns aufschlußreich, weil es die geistige Haltung der beiden Grafen zeigt. In dem Vertrag wird nämlich offen die Frage erörtert, was zu geschehen habe, wenn einer der Verbündeten zum deutschen König gewählt würde. Wer nach der Königskrone greift, fühlt sich den vornehmsten Familien ebenbürtig. Gerade dieses Selbstgefühl mußte aber die württembergischen Brüder dem Kaiser, der die Königswürde für seinen eigenen Sohn erstrebte, verdächtig machen. Bei Eberhard jedenfalls ist diese stolze Einstellung durchaus glaubhaft: er war stets der führende Kopf gewesen und drängte rücksichtslos kraft seines stärkeren Willens den Bruder zurück. Das wird auch der Grund gewesen sein, daß Ulrich die gemeinsame Herrschaft gerne geteilt hätte. Aber Eberhard ließ dies als Schwächung der Macht nicht zu. Der Tod Ulrichs im Jahre 1362 machte der Auseinandersetzung ein Ende.

Eberhards Alleinherrschaft beginnt mit dem Eberstein-Handel. Die Grafen von Eberstein und ihr Spießgeselle Wolf von Wunnenstein wollten eine alte Rechnung, die sie mit dem württembergischen Grafen hatten, begleichen und planten Eberhard während seines Aufenthalts in Wildbad zu überfallen und gefangen zu nehmen. Der Anschlag, der wohl auf die Erpressung eines hohen Lösegeldes hinauslief, mißlang; der Graf konnte sich zur Burg Zavelstein retten. Alles in allem war dies für die damalige Zeit keine große Begebenheit, von der heute kaum jemand mehr wüßte, hätte nicht Ludwig Uhland den Stoff zu einer vaterländischen Ballade geformt. Andere, wichtigere Ereignisse warfen ihre Schatten voraus.

Jahrelang war es Kaiser Karl IV. gelungen, die Städte und die Herren gegeneinander auszuspielen. Die Reichsstädte waren der letzte Rest des Reichsterritoriums und standen deshalb zum Kaiser, ihrem Schutzherrn gegen die Forderungen der Territorialfürsten, in einem Vertrauensverhältnis. Aber dieses Kapital an Vertrauen verwirtschaftete keiner der römischen Kaiser mehr als Karl IV., der in seinem Streben nach eigener Hausmacht und in seinem Bedürfnis nach Unterstützung seiner Außenpolitik durch die Fürsten diese dadurch zu gewinnen suchte, daß er ihnen die bisher den Reichsstädten eingeräumten Privilegien verlieh. Es war ein Spiel mit vielen Bällen, das hier der Kaiser versuchte, da er ja andererseits die Macht der Städte gegen die fürstlichen Wünsche einsetzen wollte. Zur Kennzeichnung der kaiserlichen Schaukelpolitik mag ein Beispiel dienen. Als Karl das Bündnis seines Schwiegersohnes Rudolf von Österreich mit den beiden württembergischen Grafen Ulrich und Eberhard sprengen wollte, forderte er von diesen die Rückgabe einiger ihnen verpfändeter Reichsburgen, darunter der Achalm. Um seinem Verlangen Nachdruck zu verleihen, rückte der Kaiser gegen sie mit bewaffneter Macht und belagerte die württembergischen Städte Göppingen, Markgröningen und Schorndorf. Aber was der Kaiser den Brüdern mit der einen Hand nahm, gab er ihnen mit der anderen wieder; denn er wollte es mit ihnen, die einmal schon recht nützliche Figuren auf seinem Schachbrett gewesen waren und es bald wieder werden konnten, nicht ganz verderben.

Trotz der kaiserlichen Bemühungen für die Erhaltung des Friedens trieben die Dinge einer gewaltsamen Lösung zu. Um sich vor dem Städtebund zu schützen, schlossen sich auch die Ritter zu Gesellschaften zusammen, die sich je nach der Lage zeitweilig den Fürsten zur Verfügung stellten. Zündstoff war genügend vorhanden, es brauchte nur des Funkens, um ihn zur Entladung zu bringen. Der Hauptmann des schwäbischen Landfriedensbundes, des politischen Machtinstruments der schwäbischen Städte, war Graf Ulrich von Helfenstein, zu Zeiten ein Nebenbuhler Eberhards um die kaiserliche Gunst. Als der Helfensteiner zu Beginn des Jahres 1372, noch im tiefen Frieden, von drei schwäbischen Herren überfallen und gefangengesetzt wurde, beschuldigten die Städte in größter Erregung den Grafen Eberhard, Urheber dieser Gewalttat gewesen zu sein. Ob mit oder ohne Grund wissen wir nicht. Bei Altheim auf der Schwäbischen Alb kam es zur Schlacht (7. April 1372). Graf Eberhard überraschte seine Gegner, ehe sie ihre Kräfte versammelt hatten, und schlug sie. Der Feldhauptmann der Städte, der Ulmer Heinrich Besserer, fiel. Der Kaiser brachte wohl einen Ausgleich zustande, aber es konnte im besten Fall ein Waffenstillstand, kein Friede sein. Noch einmal tobten die Städte, als ein unbekannter Täter den Grafen Helfenstein in der Gefangenschaft meuchlings ermordete. Für sie war es eine ausgemachte Sache, daß auch hier der verhaßte Württemberger seine Hand im Spiele gehabt hatte.

In der Tat hatten die Reichsstädte Grund, der kaiserlichen Politik zu mißtrauen. Karl IV. erwarb 1373 zur Mehrung seiner Hausmacht die Mark Brandenburg. Die hierzu benötigten Gelder sollten die schwäbischen Städte zu einem erheblichen Teil aufbringen. Mit deren Beitreibung beauftragte der Kaiser den Grafen Eberhard, von dessen rücksichtsloser Tatkraft er sich den gewünschten Erfolg versprach. Die Städte murrten, aber sie bezahlten. Dem Kaiser eine Umlage zu zahlen, war für sie immer noch das kleinere Übel gegenüber der Verpfändung an einen der großen kaiserlichen Geldgeber. Der Dank des Kaisers an den Grafen Eberhard war die Verleihung des Münzprivilegs an Württemberg. Aber schon nach drei Jahren kam der Kaiser mit neuen Forderungen, die dieses Mal der Wahl des Kaisersohnes, Wenzel von Böhmen, zum deutschen König dienen sollten. Die Zustimmung der Kurfürsten mußte eben teuer bezahlt werden. Die erbitterten Städte verweigerten dem neugewählten König die Huldigung, solange er nicht ihren Beschwerden abhalf. Es kam soweit, daß der Kaiser mit Heeresmacht im Herbst 1376 sich vor Ulm legte, ohne freilich gegen die starken Mauern der Stadt etwas auszurichten. Er zog ab und versuchte es wieder mit Verhandlungen. Die Feindseligkeiten gingen aber mit gegenseitigen Raub- und Plünderungszügen unentschieden weiter, bis der Tag von Reutlingen für die Städte am 21. Mai 1377 einen großen Erfolg brachte.

Eberhards Sohn, Graf ULRICH, saß auf der Burg Achalm, die kurz zuvor in den Besitz des Hauses Württemberg übergegangen war. Auf die Nachricht, daß ein bewaffnetes Aufgebot der Reichsstadt Reutlingen von einem Beutezug in die Gegend von Urach zurückkomme, rückte er mit seiner Mannschaft, Rittern und Knechten, aus. Bald sah er sich von zwei Seiten durch eine Übermacht angegriffen, da die Reutlinger rasch entschlossen ihm ein zweites Aufgebot, das zur Sicherung der Stadt zurückgelassen worden war, in den Rücken führten. Am Abend deckte die Kerntruppe des Grafen Eberhard, die Blüte der württembergischen Ritterschaft, das Schlachtfeld. An dem Treffen werden kaum mehr als zwölfhundert Bewaffnete, beide Seiten zusammengenommen, beteiligt gewesen sein. Die Reutlinger bezifferten ihre Verluste auf zwanzig Mann, Ulrich hatte etwa siebzig zu beklagen. So gering uns heute solche Verlustziffern erscheinen, so weitreichend waren die Folgen des Gefechts. Die Städte jubelten; König Wenzel, in Stellvertretung seines Vaters, schwenkte von der Partei des Adels zu der der Städte um. Am schmerzlichsten war für Eberhard, daß der Kaiser ihm die Landvogtei Schwaben entzog und ihn damit des weitgehenden Einflusses auf die Städte dieses Gebiets beraubte. Auch ließen sich die Lücken in der Front der Ritter nicht schnell schließen. Obwohl die Unruhen und Gewalttätigkeiten nach dem Tod des Kaisers unter der schwächlichen Regierung König Wenzels unvermindert anhielten, zog es Eberhard vor, sich aus größeren Händeln herauszuhalten. Den Verzicht auf die Bereinigung seiner Rechnung mit den Städten sollte diese Tatenlosigkeit allerdings nicht bedeuten.

Am 9. Juli 1386 erlitt das Ritterheer, das Herzog Leopold von Österreich gegen die Eidgenossen führte, bei Sempach eine entscheidende Niederlage. Unter den Toten befanden sich nicht wenige württembergische Herren. Die Nachricht vom Ausgang der Schlacht war geeignet, die Siegesstimmung der schwäbischen Städte noch zu steigern. Die deutschen Fürsten dagegen schlossen sich desto enger zusammen. König Wenzel, wie immer schwankend in seinen Entschlüssen, stützte sich wieder einmal auf die Städte, was ihm von den Fürsten so verübelt wurde, daß sie in aller Offenheit von seiner Absetzung sprachen. Der Bund der schwäbischen Städte mit dem Vorort Ulm hielt, auf der Höhe seiner Macht angelangt, den Augenblick einer Auseinandersetzung mit den Fürsten für gekommen, und richtete seinen Angriff zuerst gegen den Grafen Eberhard von Württemberg, den verhaßtesten seiner Feinde. Eberhard nahm die Herausforderung an und suchte, vom Alter ungebeugt, wie sechzehn Jahre zuvor bei Altheim, die Entscheidung in offener Feldschlacht. Seine Gegner dagegen waren vielmehr auf die in dieser Zeit übliche schleppende und gefahrlosere Kriegführung mit der Belagerung fester Plätze und gegenseitigen Raubzügen eingestellt. Bei Döffingen kam es am 23. August 1388 zur Schlacht. Auf die Nachricht, daß eine gräfliche Truppe, die sich auf dem Kirchhof des Dorfes verschanzt hatte, von den Städtern eingeschlossen sei, brach Eberhard von Leonberg auf, wo er seine und seiner Bundesgenossen Kräfte zusammengezogen hatte, und traf auf einen überraschten Gegner, der, ob er wollte oder nicht, die Schlacht annehmen mußte. Die beiderseitigen Kräfte waren etwa gleich stark. Graf Ulrich, der die Vorhut führte, stürmte an der Spitze seiner Leute gegen die feindliche Front und fiel als das erste Opfer des Tages. Die Sache stand auf des Schwertes Schneide. Da riß Eberhard, der alte Kriegsmann, seine weichenden Reihen wieder nach vorne. Eine auf dem Schlachtfeld neu eintreffende Abteilung des Grafen stieß in die feindliche Flanke und gab damit den Ausschlag. Die Städter flohen und überließen Schlachtfeld und Sieg dem Grafen Eberhard. Ihr schwerster Verlust war der Tod ihres Feldhauptmanns, Konrad Besserer, der nicht nur Soldat, sondern auch im Rat seiner Vaterstadt Ulm und an der Spitze des Bundes der politisch führende Kopf war.

Die Folgen dieses Siegs gingen weit über den Rahmen örtlich gebundener Ereignisse hinaus. Die Städte schieden als selbständige staatliche Macht aus, nicht nur in Schwaben, sondern auch im Reich. Als ein nicht zu überwindendes Hindernis staatlicher Entwicklung erwies sich die räumliche Trennung ihrer Territorien. Die Eidgenossen waren in dieser Hinsicht vom Schicksal begünstigter. Gebrochen war freilich die Kraft der Reichsstädte nicht, denn jetzt erst begann ihre wirtschaftliche Blüte.

Der Nachfolger des Greiners, sein Enkel Graf EBERHARD III., erhielt den Beinamen ›der Milde‹. Damit sollte natürlich der Gegensatz zwischen den beiden Fürsten betont werden. In der Tat verlief die Regierung des Enkels friedlicher als die des Großvaters. So milde allerdings, daß er ganz dem Waffenhandwerk abgesagt hätte, war auch Eberhard III. nicht. Im ersten Jahr seiner Regierung zog er dem deutschen Ritterorden zu Hilfe und machte dessen Zug über die Memel 1393 in das heidnische Land mit. Vielleicht geschah dies in einer Art verspäteter Kreuzzugsstimmung, vielleicht sollte es eine ritterliche Geste für einen schwäbischen Landsmann, den Hochmeister des Ordens Konrad von Jungingen, sein. Vorher hatte Graf Eberhard die übliche Hoffahrt zu König Wenzel nach Prag geleistet, um diesem zu huldigen und sich von ihm die Privilegien seines Hauses bestätigen zu lassen. In den darauffolgenden Jahren machte er sich mit diplomatischem Geschick eine neu aufkommende Stimmung der Städte zunutze. Dort war man des Streits mit den hohen Herren müde geworden und bereit, die neuen Verhältnisse anzuerkennen. So entstanden Bündnisse und Schirmherrschaften. Eberhard suchte

Hilfe für seine Auseinandersetzung mit den ›Schleglern‹, die unausbleiblich zu werden drohte. Die Schlegler waren eine Rittergesellschaft, die, obwohl vom Kaiser verboten, recht anmaßend auftrat. Ihren Namen hatten sie von dem silbernen Schlegel, einem Abzeichen, das sie am Hals trugen. Stolz nannten sich ihre Führer Könige. Das Schwert saß ihnen locker in der Scheide; es gab wohl auch Ritter unter ihnen, andere aber waren nichts Besseres als Straßenräuber und Strauchdiebe. Ihre militärische Kraft wird nicht eben groß gewesen sein, aber zu Überfällen und Plünderungszügen reichte sie aus. Die Städte hatten deshalb Grund, die Schlegler zu fürchten und waren damit die gegebenen Bundesgenossen des württembergischen Grafen. Im Sommer 1395 brachen die Schlegler in das gräflich württembergische und das reichsstädtisch rottweilsche Gebiet ein. In Heimsheim wurden sie von Eberhard gestellt. Der Ort und dessen festes Schloß wurden in Brand geschossen, drei Schleglerkönige und einige ihrer Ritter wurden gefangen. Nach etlichen Monaten erkannten auch die anderen Schlegler den weiteren Widerstand als sinn- und nutzlos und fanden sich zu Verhandlungen bereit, die schließlich zur Auflösung der Gesellschaft führten.

Graf Eberhard war, als er 1417 starb, unter den deutschen großen Herren hoch angesehen. Das verdankte er seiner Klugheit und Mäßigung, andere Gründe kamen hinzu. Seine Mutter Elisabeth von Bayern, eine Tochter Kaiser Ludwigs, hinterließ ihm ein reiches Erbe. In erster Ehe war er verheiratet mit Antonia aus dem Hause Visconti in Mailand, einem sehr reichen Geschlecht, so daß es ihrem Vater, Barnabo Visconti, nicht an hochgeborenen Bewerbern um die Hand seiner Töchter mangelte; eine andere Tochter war die Gemahlin des Herzogs Leopold von Österreich, des Besiegten der Sempacher Schlacht. Reichtum und gute Beziehungen zu den großen Fürstenfamilien kamen dem Grafen zustatten. Die Herrschaft Eberhards des Milden wird uns versinnbildlicht durch ein spätgotisches Tafelbild, das den Grafen inmitten seiner Räte zeigt. Das Gemälde ist etwa 1450 entstanden, also mehr als dreißig Jahre nach dem Tode Eberhards, der sich offenbar auch noch bei der Nachwelt eines hohen Ansehens erfreute. Der Graf sitzt – er thront nicht – als primus inter pares unter den Herren der schwäbischen Ritterschaft, die seine Räte waren. Sie standen nur in einem losen Verhältnis zu ihm, kamen gelegentlich, wohl nur auf kurze Zeit an seinen Hof und stellten sich für Sonderaufträge, Gesandtschaften, Schiedsgerichte und andere

Anlässe zur Verfügung. Man kann sich wohl denken, daß jeder dieser Herren freimütig seine Meinung im gräflichen Rat sagte und jederzeit befähigt und gewillt war, an seinem Teil die Verantwortung für die Geschäfte der Grafschaft zu übernehmen. So wie sie hier abgebildet sind, mögen die Herren bei dem Vormundschaftsrat zusammengesessen sein, der nach dem frühen Tod Eberhards des Jüngeren, des Vierten seines Namens (1419), gemeinsam mit der Gräfinwitwe für seine Söhne Ludwig und Ulrich die Regierung führte. Die Ritterschaft hatte damals eine weit stärkere Stellung als die anderen Stände, die Prälaten und die Städte. Wie es kam, daß die Ritterschaft um ihrer Selbständigkeit willen freiwillig auf ihren Einfluß verzichtete, wird uns später noch mehrfach beschäftigen (vergl. Seite 61, 76).

Die Regierung Eberhards III. bezeichnet einen Höhepunkt in der württembergischen Geschichte. Von nun an vergrößert sich der Besitzstand des Hauses Württemberg nicht mehr wesentlich. Erst vierhundert Jahre später kommt es noch einmal zu einem großen Gebietszuwachs. Schauen wir einen Augenblick zurück: die älteren württembergischen Geschichtswerke führen gewissenhaft alle Erwerbungen der Grafschaft während der ersten zwei Jahrhunderte ihres Bestehens an. Danach stellt sich der Aufstieg des Hauses als das Ergebnis eines zähen und zielbewußten Geschäftssinnes dar, für den der Grundbesitz der einzige volkswirtschaftliche und politische Wert war. Die württembergischen Grafen von Ulrich I. bis Eberhard III. (1238–1417) haben eine Hausmacht geschaffen, zwar nicht so groß wie die des Hauses Habsburg, aber doch genauso alt und dauerhaft wie diese. Das verdankt man nicht nur dem Glück und dem Zufall. Dazu gehören echte staatsmännische Leistungen, die sowohl politischen Sinn und diplomatisches Geschick, als auch gewissenhafte Verwaltung und nüchterne Finanzwirtschaft erfordern. Daß diese Voraussetzungen schon frühzeitig im Hause Württemberg vorhanden waren, beweisen uns die ›Urbare‹ aus der Zeit Eberhards des Greiners. Urbare sind Verzeichnisse von Einkünften und Rechten der Landes- und Grundherrschaften; sie enthalten Aufzeichnungen über Gülten und Zinsen, die Abgaben der Ortsherrschaft und der Vogtei, Aufstellungen über die Einkünfte aus den städtischen Ämtern und Steuern, aus Markt- und Gewerbezinsen, und den Laien- und Kirchenzehnten. Das Bild der Verwaltung steht deutlich vor uns und damit auch der Beweis, daß die württembergischen Grafen eine gute, gewissenhaft arbeitende Kanzlei hatten.

Es mag sein, daß Eberhard der Greiner diese Verwaltung nicht selbst geschaffen, sondern von seinen Vorgängern übernommen hat, aber auch dann ist anzuerkennen, daß er erwarb, was er ererbte. Der ›Greiner‹ war mehr als ein tapferer Haudegen. Dafür spricht auch die Verleihung des Münzprivilegs an Eberhard II. (1374); er erhielt es später als andere Fürsten und Städte. Daß er aber gerade dieses Privileg und kein anderes verlangte, läßt vermuten, daß er den Nutzungswert der Münzprägung erkannte und bewußt den Übergang von der Natural- zur Geldwirtschaft förderte. Eberhard III. ging auf diesem Wege weiter und beteiligte sich während seiner Regierung wiederholt an den Münzeinigungen, die weltliche und geistliche Herren und Reichsstädte zur gegenseitigen Sicherung und gewinnbringenden Auswertung ihres Münzwesens abschlossen.

DRITTES KAPITEL

SCHWABENS HANDEL UND GEWERBE AM ENDE DES MITTELALTERS

WIR MÜSSEN NOCH EINMAL ZURÜCKGEHEN, um zu versuchen, ein Bild der wirtschaftlichen Entwicklung Schwabens nachzuzeichnen, wobei wir freilich den ganzen schwäbischen Raum, nicht nur Württemberg meinen. Auch wird sich nicht vermeiden lassen, in der Darstellung über das vierzehnte Jahrhundert hinauszugreifen.

Die Doppelwahl von 1314 und der jahrelange Streit zwischen Ludwig dem Bayern, dem späteren Kaiser, und dem Herzog Friedrich von Österreich, beide Enkel Rudolfs von Habsburg, beschleunigten den politischen Zerfall des Reiches. Als dann 1346 die Kurfürsten, die sich wenige Jahre zuvor noch für Kaiser Ludwig eingesetzt und im Kurverein zu Rhense erklärt hatten, jeder rechtmäßig gewählte deutsche König sei auch ohne die päpstliche Krönung Römischer Kaiser, des Reiches Oberhaupt kurzerhand absetzten, war die Selbständigkeit der großen Herren, zumal der Kurfürsten, nicht mehr einzudämmen. Das Reichsgut war verschleudert und das Reich verfügte über keine vollziehende Gewalt mehr. Aber nicht nur die Fürsten verbaten sich jede ihnen unerwünschte Einmischung des Reiches, auch die Städte waren auf ihre Unabhängigkeit bedacht und wohl in der Lage, sie gegen landesherrliche und kaiserliche Eingriffe zu schützen. Zur Zeit der Staufer waren sie königliche Städte gewesen, jetzt beriefen sie sich auf ihre Privilegien und wollten nur noch dem Reich untertan sein. Ihre Zahl war im ehemaligen Herzogtum Schwaben, dem Stammland der staufischen Städtegründer, besonders groß. In diesen klein- und kleinststaatlichen Gebilden herrschte reges Leben. Tätiger Genossenschaftsgeist und rührige Selbsthilfe waren überall am Werk.

Die ›freien Reichsstädte‹ waren im vierzehnten Jahrhundert der einzig übriggebliebene Rest des Reichsguts. Der Fall der Staufer hatte sie ihrer machtvollen Stütze beraubt. Einzeln waren sie kraftlos; was war da natürlicher, als daß sie sich, dem genossenschaftlichen Zug der Zeit folgend, zusammentaten? Mit dem Ziel, den Landfrieden zu sichern, traten zweiundzwanzig Reichsstädte, der Bischof von Augsburg und einige Fürsten, darunter die Söhne Kaiser Ludwigs, zum ›Schwäbischen Städtebund‹ zusammen. Ludwig hatte das Bündnis gefördert in der Annahme, in ihm eine Stütze gegen die Ansprüche der Territorialherren zu bekommen. Karl IV. jedoch, von der entgegengesetzten Auffassung der Bedrohung der Zentralgewalt durch den Zusammenschluß der Reichsstädte ausgehend, verbot 1350 den Bund. Mit politischem Mißtrauen und wirtschaftlicher Eifersucht sahen Kaiser und Fürsten, wie die Reichsstädte gerade in den Augen ihrer eigenen Untertanen an Ansehen gewannen, so daß diese unter Beibehaltung ihres Wohnsitzes im landesherrlichen Gebiet das Bürgerrecht in den Reichsstädten erwarben. Das ging soweit, daß die Goldene Bulle das sogenannte Pfahl- oder Ausbürgertum gesetzlich verbot. Viel war mit dieser Bestimmung nicht gewonnen. Die Macht der Städte wuchs, und schließlich hielt es der Kaiser unter dem Eindruck der Niederlage des Herzogs Ulrich von Württemberg bei Reutlingen 1377 für geraten, den Schwäbischen Städtebund anzuerkennen. Mit diesem Sieg hatte die politische Geltung der schwäbischen Reichsstädte ihren Höhepunkt erreicht. Es ist ein eindrucksvolles Zeichen städtischen Machtgefühls, daß im gleichen Jahr die Bürger von Ulm, dem Vorort des Bundes, den Entschluß zur Erbauung des Münsters faßten und dessen Ausmaße von Anfang an so wählten, daß sie das Raumbedürfnis der kirchlichen Gemeinde der Stadt bei weitem überstiegen.

Zwölf Jahre zog sich die Auseinandersetzung zwischen den Städten und den Fürsten im sogenannten Städtekrieg noch hin, bis am 22. August 1388 Graf Eberhard von Württemberg, genannt der Greiner, das Städteheer bei Döffingen vernichtend schlug. Dieser Tag ist für die Geschichte Schwabens und auch Deutschlands von besonderer Bedeutung geworden, denn er bezeichnet die Entstehung einer entscheidenden, verfassungsgeschichtlichen Trennungslinie zwischen dem Süden und dem Norden des Gebiets. Hier wurde mit der Niederlage der Städte über den Aufstieg der landesfürstlichen Macht entschieden, dort waren zwei Jahre vorher durch die Schlacht bei Sempach und die Niederlage des herzoglichen

Hauses Habsburg die Würfel zugunsten der in der Eidgenossenschaft zusammengefaßten schweizerischen Städte gefallen. Die Geschichte Schwabens ist jedoch damit noch keineswegs abgeschlossen. Im Gegenteil, mit diesem Zeitpunkt beginnt auf wirtschaftlichem Gebiet die Blüte der schwäbischen Städte.

Träger des weltweiten Handels am Ausgang des Mittelalters waren ausschließlich die Reichsstädte; die Namen von Städten, die Territorialherren unterstanden, finden sich nicht in den einschlägigen Quellen. Ihre eigene, nicht geringe Macht und der Name des Kaisers, damals freilich nur das Abendrot des glanzvollen Tags deutscher Kaiserherrlichkeit, ermöglichten den Reichsstädten die Vertretung ihrer Belange auch im Ausland, während die Bürger der Territorialstädte keinen ausreichenden Schutz von seiten ihrer Herren zu erwarten hatten. Fürsten und Herren waren noch zu sehr in den Anschauungen der Naturalwirtschaft befangen, und das Verständnis für Handel, Gewerbe und Verkehr fehlte ihnen. Karl IV. war ihnen in diesen Fragen weit voraus, aber sein Beispiel fand keine Nachahmung.

Der Handel einer Stadt war abhängig von dem ortsansässigen Gewerbe, den zu verarbeitenden Rohstoffen und dem Absatz der erzeugten Ware. In Konstanz und Ravensburg blühte die Leinenweberei, deren Rohstoffe aus der näheren oder weiteren Umgebung der Stadt kamen. Ulm und Basel dagegen brauchten zur Herstellung von Barchent Baumwolle aus Zypern, die nur über die italienischen Häfen zu beziehen war. Städte mit einem einseitigen Wirtschaftsaufbau mußten ausführen, Straßburg dagegen, wo alle Handwerke vertreten waren, konnte sich darauf beschränken, die Nachfrage aller Lebensbedürfnisse seines Wirtschaftsgebiets zu befriedigen. Die geographischen Voraussetzungen und die wirtschaftlichen Verhältnisse verwiesen den schwäbischen Handel auf Italien und Spanien. Dort gab es keine bodenständige Leinenerzeugung, und so wimmelte es in diesen Ländern geradezu von Kaufleuten aus schwäbischen Städten. Dagegen waren die wirtschaftlichen Beziehungen zwischen dem Norden und dem Süden Deutschlands recht gering. Das mitteldeutsche Gebirge trennte das Reich in zwei verschiedene Wirtschaftsgebiete.

In Italien, wo der Orienthandel schon lange blühte und die Beförderung von Kreuzrittern und Pilgern der Schiffahrt der Genuesen und Venetianer ungeahnte Verdienstmöglichkeiten eröffnet hatte, wurden die

Formen des internationalen Handelsverkehrs geschaffen. Wer eine Reise tat, beschaffte sich nicht einen Sack voll Geld, der die Habgier von Wegelagerern und Raubrittern nur unnötig gereizt hätte, sondern einen Kreditbrief. Die Lombarden schufen die kaufmännische Buchführung, erfanden den Wechsel und riefen den bargeldlosen Zahlungsverkehr ins Leben. So wie die schwäbischen Kaufleute nach Italien zogen, kamen die italienischen Finanzleute nach Deutschland. Die lombardischen Geldhändler, die ›Kawerschen‹, ein von der französischen Stadt Cahours hergeleiteter Name, waren in allen schwäbischen Reichsstädten zu finden; in Eßlingen zum Beispiel sind sie schon 1322 urkundlich festgestellt. Sie teilten sich mit den Juden in das Kreditgeschäft und gaben meist kurzfristige, kleine Darlehen zu hohem Zinsfuß. Wenn uns aus dem Jahre 1390 in Württemberg für ein wöchentlich kündbares Darlehen eine Verzinsung, die einem Jahressatz von 11 bis 12 Prozent entsprochen hätte, genannt wird, so ist dies gewiß kein Wucher, wenn man bedenkt, daß das geschäftliche Wagnis bedeutend und die Gewinne im Warenhandel dementsprechend reichlich waren. Es wurden freilich damals auch ausgesprochene Wucherzinsen verlangt, aber dabei sollte nicht vergessen werden, daß der größere Teil davon in die Taschen der geistlichen und weltlichen Obrigkeiten floß, die sich ihre Schutzbriefe von Juden und Kawerschen sehr teuer bezahlen ließen, ungeachtet des kirchlichen Verbots der Zinsnahme. Den Juden bereitete die christliche Forderung keine Gewissensnot, während von den Kawerschen als Christen Hemmungen religiöser Art nicht selten berichtet werden. Der Volkshaß verfolgte die lombardischen Geldhändler weit weniger als die Juden. Zu dem schon erwähnten entsetzlichen Ausbruch der Leidenschaft kam es um die Mitte des vierzehnten Jahrhunderts, als der ›schwarze Tod‹, die Pest, in Deutschland wütete, und die Menge die Juden für den Ausbruch und die Verbreitung der Seuche verantwortlich machte. Moralisch spricht es sehr gegen die Machthaber jener Zeit, Kaiser Karl IV. nicht ausgenommen, daß sie gegen die überall verübten Greuel nicht einschritten und dazu noch vielfach versuchten, sich an dem beschlagnahmten jüdischen Vermögen zu bereichern (vergl. Seite 18).

Hatten auch die württembergischen Grafen und ihre Städte keinen direkten Anteil an dem wirtschaftlichen Segen jener Zeit, so fiel doch auch für sie manches von der reichbesetzten Tafel ab. Einige der großen Verkehrsstraßen führten durch württembergisches Gebiet. Die Augsburger und Nürnberger Handelsherren reisten entweder über Nördlingen und das Remstal oder über Ulm, an Fils und Neckar entlang, nach Cannstatt und von dort weiter nach Frankfurt am Main zur Messe.

Wer von Genua, Mailand oder Venedig über den Septimerpaß oder den Brenner zum Bodensee kam, benutzte, wenn er zum Rhein wollte, die Straße über Schwieberdingen, Vaihingen an der Enz, Maulbronn und Bretten. Für die gesicherte Benutzung dieser Straßen, deren Unterhaltung dem Landesherrn ein Anliegen sein mußte, wurden um teures Geld Geleitbriefe ausgestellt, die wir in Württemberg seit 1322 kennen. Auch Zollstellen gab es an jedem passenden Platz. Das waren dann ansehnliche Einnahmen für die gräfliche Kasse.

Vergegenwärtigt man sich die Schwierigkeiten, die vor dem Fernhandel jener Tage sich auftürmten, muß man den Mut der Männer bewundern, die sich auf diesem Gebiet betätigten. Trotz der ungezählten Landfriedensordnungen war die Rechtsunsicherheit für unsere heutigen Begriffe unvorstellbar. Raubritter bedrohten den Kaufmann; die Zollstellen und das Stapelrecht der Städte waren der tägliche Verdruß des Reisenden, die gesetzlichen Vorschriften des deutschen, römischen und mittelalterlich-italienischen Rechts mußten dem Händler vertraut sein, und Unkenntnis des schwer zu übersehenden Münzwesens hätte sich gerächt.

Der Wunsch nach Verteilung des Wagnisses auf viele Schultern und der steigende Kapitalbedarf ließen in den Reichsstädten große Handelshäuser entstehen, die in ihrer Rechtsform Ähnlichkeit mit unseren Aktien- oder offenen Handelsgesellschaften hatten; auch die Beschränkung der Haftung wurde angestrebt. Mit ihrer Finanzkraft konnten sie Schwierigkeiten und Hindernisse überwinden, mit denen der einzelne, ob Kaufmann oder Handwerker, nicht fertig wurde. Die Häuser Fugger und Welser in Augsburg waren die bekanntesten, aber auch in Konstanz, Ravensburg und Memmingen bestanden Unternehmungen mit sehr weitgespannten, zwischenstaatlichen Beziehungen. Die Muntprat in Konstanz, Humpiss in Ravensburg und Vöhlin in Memmingen brauchten den Vergleich mit der Augsburger Konkurrenz nicht zu scheuen.

Der Fernhandel begann damit, daß der schwäbische Kaufmann mit der heimischen Ware auszog, um mit neuen Rohstoffen zurückzukommen. Auf der nächsten Entwicklungsstufe schufen sich die großen Häuser Faktoreien und Gelieger (Handelsniederlassungen, Agenturen) in Italien und Spanien; später, als die Handelswege vom Mittelmeer her verödeten und sich im Zeitalter der Entdeckungen nach dem neuen Weltverkehr ausrichteten, auch in Antwerpen, Lissabon und Saragossa. Wir kennen teilweise den Schriftwechsel der Filialleiter mit der heimatlichen Zentrale. Diese Briefe enthalten neben geschäftlichen Mitteilungen ausgedehnte politische Berichte, die für die Entscheidungen der Firmen in einer Zeit, die noch keinen öffentlichen Nachrichtenverkehr kannte, von hohem Wert waren.

Der innere Aufbau der Handelsgesellschaften war verschieden. Die Fuggergesellschaft war ein reines Familienunternehmen mit einer monarchischen Spitze, beherrscht von dem Willen eines genialen Mannes, den seine Mitwelt ›Jakob den Reichen‹ (1459-1525) nannte. Die Welser dagegen bildeten ein Konsortium sehr verschiedener Elemente. Um so erstaunlicher ist es, daß sie als erste die Verlagerung des Handels vom Mittelmeer zum Atlantischen Ozean erkannten und mit rasch entschlossener Wendigkeit den Schwerpunkt ihrer Geschäfte dementsprechend verlegten. Der Entschluß, von Venezuela aus die Märkte des neu entdeckten Erdteils zu erobern, war großzügig und mutig; wirtschaftlich freilich hatten sich damit die Welser in ein Abenteuer ohne Bestand und Erfolg eingelassen.

Die Große Ravensburger Handelsgesellschaft, kurz nach der Familie Humpiss, die sie in Generationen (von 1426-1530) leitete, die Humpiss-Gesellschaft genannt, hatte immer eine Vielzahl von Teilhabern, einmal waren es dreiundvierzig; weniger als zwanzig waren es nie. In ihren Mannesjahren waren die Teilhaber zur tätigen Mitarbeit verpflichtet. Eine ›stille Teilhaberschaft‹ in der Heimat war nur im Alter und im Ruhestand möglich. Man könnte die Gesellschaft vielleicht einer Genossenschaft in unserem Sinne vergleichen, bei der die ›Gesellen‹, die tätigen Teilhaber, bis zur Höhe ihrer Einlagen hafteten. Offenbar erstrebte die Gesellschaft die Zusammenfassung aller den Fernhandel betreibenden Kaufleute der oberschwäbischen Reichsstadt, ein Ziel, das sie freilich nicht erreichte. Der Gesellschaftsvertrag wurde jeweils auf sechs Jahre geschlossen, was also in den hundertundfünfzig Jahren ihres Bestehens (1380 bis 1530) fünfundzwanzigmal geschehen sein muß. Die Teilhaberschaft bei Humpiss war auch von auswärtigen Kaufleuten begehrt. Wir finden in den Geschäftsbüchern die Namen Muntprat von Konstanz, Besserer und Ehinger von Ulm, aber auch Züricher und Berner Bürger sind vertreten. In den Heimatstädten sah man freilich solche Betätigung nicht gerne.

Der Rat von Ulm wollte seinen Bürgern einmal die Teilhaberschaft an auswärtigen Gesellschaften ganz verbieten, was diese mit dem Verzicht auf ihr Bürgerrecht beantworteten.

Über die Gründungszeit der Großen Ravensburger Handelsgesellschaft sind wir wenig unterrichtet. Zu Beginn des fünfzehnten Jahrhunderts stammten die ›Regierer‹, die in der besten Zeit über dreizehn Gelieger geboten, fast alle aus der Familie Humpiss. Als aber die junge Generation zu Wohlstand, ja Reichtum gekommen war und anfing, Grundbesitz und Herrschaften zu erwerben, die Aufnahme in die Ritterschaft betrieb und auch erreichte, verminderte sich der Einfluß der Familie; dem Ritter stand nach den Anschauungen der Zeit die kaufmännische Erwerbstätigkeit nicht an. Der erste Regierer war schließlich nur noch das Aushängeschild der Gesellschaft. Am Ende des Jahrhunderts begegnet uns noch einmal Onofrius Humpiss als Regierer. An seinen Namen knüpft sich eine bedeutsame Episode. An einem Maitag des Jahres 1497 wurde am Zoll in Mailand eine auf den Namen der Gesellschaft Humpiss eingeschriebene Ladung Zinn angehalten, die in Wirklichkeit aus reinem Silber bestand. Schmuggel und Zollhinterziehung wurden als schwere Vergehen geahndet. Das Ansehen und der Kredit der Gesellschaft waren schwer gefährdet. Aber nun regte sich der schwäbische Gemeinschaftsgeist. Die Züricher und Berner Teilhaber der Gesellschaft setzten ihren ganzen, nicht geringen Einfluß in Mailand bei dem Herzog Ludovico Moro zur Ehrenrettung des Ravensburger Unternehmens ein. Das beschlagnahmte Silber wurde freigegeben.

Die Gesellschaft blieb während ihres ganzen Bestehens, was sie immer war, ein reines Handelsunternehmen. Die Humpiss und ihre Teilhaber betrieben weder das Kredit- und Finanzierungsgeschäft noch versuchten sie durch die Zusammenfassung des heimischen Handwerks als dessen Auftraggeber, Rohstofflieferer und Verkäufer zum gewerblichen Großunternehmer zu werden. Um das Jahr 1530 schloß der letzte Rechnungsführer der Gesellschaft, nachdem der Vertrag nicht mehr erneuert worden war, seine Bücher ab und vertraute sie letztwillig seinem Enkel an, der Mönch im Kloster Salem am Bodensee war. Dort ruhten sie, bis 1803 nach der Säkularisation des kirchlichen Vermögens das Generallandesarchiv in Karlsruhe eine Aufnahme der Salemer Archivbestände vornahm. Die Akten Humpiss und Genossen, als ›unnütze Handelssachen‹ bezeichnet, durften noch ein Jahrhundert am alten Ort weiterschlafen, bis ein sachkundiger Archivdirektor sie ihrem Schlummer entriß und einem großen Gelehrten zur Auswertung übergab. So entstand »Die Geschichte der Großen Ravensburger Handelsgesellschaft 1380–1530« von Aloys Schulte.

Die Handelsgesellschaften des ausgehenden deutschen Mittelalters sind Beispiele einer frühkapitalistischen Wirtschaftsform. Es bildeten sich in dieser Zeit zur Sicherung des Rohstoffbezugs und zur Erhaltung der Preise Trusts, Syndikate und Monopole. Für Rohstoffe und Metalle entstanden stark spekulative Märkte. Ein Beispiel dafür ist die Herstellung und der Absatz des Ulmer Barchents. Ulm war in dieser Zeit das deutsche Mailand. Seine Wollweberei ging zurück, desto besser entwickelte sich die Herstellung des Barchents, bis das Ulmer Erzeugnis in Deutschland unbestritten an der Spitze stand. Die nicht zu übertreffende Güte der Bleichen an der Blau verschaffte den Ulmern ein Monopol. Die auf Zypern erzeugte und über Venedig verladene Baumwolle rief einen lebhaften Handel hervor. War die Baumwolle ein spekulatives Geschäft, so wurde es die Barchentherstellung nicht minder. Der Weber erhielt die Baumwolle und lieferte Rohbarchent ab, trug also das Wagnis der Wertschwankung des Rohstoffs. Der Kauf des Halbfabrikats, nämlich des Rohbarchents, dessen Veredlung auf der Bleiche und der Verkauf des Fertigerzeugnisses waren Gegenstand der Spekulation. Der Barchentwechsel wurde zum vielbegehrten Wertpapier. Wer Geld verdienen wollte, fand es auf der Straße. Alle Welt spekulierte, die Kaufleute, der Adel, die Patrizier, selbst die Geistlichkeit. Das Ende solchen Glücks läßt meist nicht allzulange auf sich warten.

Ein anderes Beispiel bietet der Metallhandel: die Fuggergesellschaft gab schon in der zweiten Hälfte des fünfzehnten Jahrhunderts den Warenhandel auf, beteiligte sich am Silber- und Kupferbergbau und betrieb insbesondere das Bankgeschäft. Jakob Fugger der Reiche wurde der Bankier Maximilians I. und finanzierte 1519 die Kaiserwahl von dessen Enkel Karl V. Fugger strebte ein Handelsmonopol für Kupfer an. Da er es aber zunächst nicht auf einen Preiskampf mit den Bergwerkseignern ankommen lassen konnte, stimmte er, wenn auch widerwillig, der Bildung eines Kupfersyndikats zu, war jedoch entschlossen, es bei der ersten Möglichkeit zu sprengen. Nach drei Jahren schlug er zu. Er ließ, für das Syndikat ganz unerwartet, durch die ihm persönlich und geschäftlich eng verbundene Handelsgesellschaft der ungarischen Familie Thurzo in Venedig den Kupferpreis unterbieten. Formell schien er dadurch gedeckt, daß dieses Unternehmen dem Syndikat nicht angehörte. Aber ein Sturm der Entrüstung nicht nur bei den zunächst Betroffenen, sondern in der ganzen süddeutschen Geschäftswelt und der Vorwurf illoyalen Verhaltens waren die Folge. Jakob Fugger blieb ungerührt.

Es war unter solchen Verhältnissen kein Wunder, daß die öffentliche Meinung in Deutschland, schon lange über die steigenden Preise und die Teuerung aufs stärkste erregt, die Handelshäuser, in erster Linie die Fugger, als Wucherer und Räuber anprangerte. Der ›Fürkauf‹, Kreditwesen und Terminhandel, sollten das Unheil verschuldet haben. Es waren sehr gewichtige Stimmen, die sich in den Chor der Ankläger mischten. Kanzelredner wie Geiler von Kaysersberg, die Reformatoren Luther und Zwingli, Gelehrte wie Erasmus von Rotterdam, Publizisten wie Hutten, sie alle warnten und klagten an. Jene Kreise, die noch der Naturalwirtschaft verhaftet waren, der Adel und die Bauern in erster Linie, verdammten den Handel. Der Reichstag in Köln verfügte 1512 zwar nicht, wie es stürmisch von ihm verlangt wurde, das Verbot des Handels, sprach sich aber scharf gegen die Monopole aus. Sachkenntnis findet man freilich wenig in den Schriften der Ankläger; die Handelsherren und ihre rechts- und wirtschaftskundigen Berater sahen tiefer, aber wer glaubte ihnen schon? Des Übels Wurzel war die rasche Steigerung des Silberumlaufs, um es mit einem neuzeitlichen Wort zu sagen, die Inflation der Geldwährung. Die spanische Krone warf immer mehr Silber auf die europäischen Märkte, das Geld wurde flüssiger, der Kredit reichlicher, die Ansprüche der Verbraucher stiegen, das Angebot blieb weit hinter der Nachfrage zurück. So kletterten die Preise unaufhaltsam in die Höhe. Schließlich konnte sich das Reichsgericht der Forderung auf Abstellung der schreienden Mißstände nicht länger entziehen und ließ durch den Reichsfiskal (wir würden heute sagen: durch den Oberbundesanwalt) öffentliche Anklage gegen die Augsburger Handelshäuser, an deren Spitze das Fuggerunternehmen, wegen Vergehens gegen das Monopolgesetz vom Jahre 1512 erheben. Um die Sache der Angeklagten stand es nicht gut. Da schrieb Jakob Fugger an den in Spanien befindlichen Kaiser, erinnerte ihn an die Dienste, die ihm seit Jahren das Haus Fugger erwiesen habe, und bat um Einstellung des Verfahrens, – und so geschah es. Mit einer kaiserlichen Verfügung, wonach der Handel mit Erzen nicht monopolistisch war und die Handelsgesellschaften von der Schuld an der Teuerung freigesprochen wurden, konnte sich nun zwar der Reichsfiskal bis auf weiteres zufriedengeben, nicht aber die Öffentlichkeit, die wenige Jahre später erneut durch den Zusammenbruch des Handelshauses Ambrosius Höchstetter in Augsburg sehr beunruhigt wurde.

Hinter solchen Wirtschaftskrisen wurden die Anzeichen eines umwälzenden, politischen und wirtschaftlichen Strukturwandels sichtbar. Dies waren die Erstarkung der landesherrlichen Gewalt, die Bildung großer Wirtschaftsgebiete und der Wechsel der Handelswege durch die großen Entdeckungen am Ende des fünfzehnten und Anfang des sechzehnten Jahrhunderts. Die Auswirkungen machten sich zunächst nur langsam fühlbar. Trotz der Herrschaft der Türken in Konstantinopel und der Mameluken in Ägypten blieb den Venetianern der Gewürzhandel, und die schwäbischen Kaufleute übten auf bekannten Wegen weiterhin ihr Vermittlergeschäft aus. Noch fuhren die Genuesen als die ersten an die Westküste Afrikas, die Heimat der Spezereien, aber ihnen folgten schnell die Portugiesen, die mit der Fahrt ums Kap der Guten Hoffnung den Seeweg nach Ostindien fanden. Die Städte und die Stadtrepubliken, unter ihnen in vorderer Linie die schwäbischen, die im Mittelalter die Wirtschaft und den Handel Europas beherrscht hatten, wurden mit der beginnenden Neuzeit abgelöst von den seefahrenden Völkern, die an der Küste des Atlantischen Ozeans saßen. Hinter diesen stand staatliche Macht und ein großes, geschlossenes Wirtschaftsgebiet. Als sie anfingen, eine zielbewußte, nationale Handelspolitik zu treiben, zeigte sich die Schwäche des genossenschaftlichen Wirtschaftssystems. Augsburg hielt sich noch an der Spitze der europäischen Geldmächte während des sechzehnten Jahrhunderts, Ravensburg verschwand aber schon an dessen Beginn von den großen Handelsstraßen, Ulm teilte etwas später sein Schicksal. Konstanz überstand eine schwere Wirtschaftskrise nach dem Konstanzer Konzil (1414–1418) und ebenso eine harte Auseinandersetzung zwischen den Geschlechtern und den Zünften, konnte aber nicht hindern, daß sich darnach das Schwergewicht des Leinwandhandels nach St. Gallen verlagerte. Das Handelshaus der Welser mußte 1614 seinen Konkurs anmelden. Was in Schwaben an wirtschaftlichen Werten noch vorhanden war, versank im Strudel des Dreißigjährigen Krieges, gebrochen aber war die Wirtschaftsmacht der schwäbischen Städte schon im letzten Viertel des sechzehnten Jahrhunderts. Eine deutsche, nationale Handelspolitik hat uns erst das neunzehnte Jahrhundert gebracht.

Früher sprach man vom ›finsteren Mittelalter‹. Wie reich an geistigen und wirtschaftlichen Werten diese Zeit war, hat erst in der Gegenwart die Geschichtswissenschaft gezeigt. Den ›Herbst des Mittelalters‹ nannte sie ein niederländischer Gelehrter. Es war in der Tat ein Herbst, dessen Sonne den Weintrauben die letzte Süße gibt, die schönsten Früchte reifen und vor dem Winter noch einmal die Natur in ihren herrlichsten Farben leuchten läßt. Die Malerschulen von Augsburg, Basel und Ulm, die damals entstandenen profanen und kirchlichen Bauwerke legen noch heute Zeugnis für den Kunstsinn der Schwaben ab. Die Universitäten von Basel (1459), Freiburg (1457) und Tübingen (1477) entstanden nicht nur nach dem Willen ihrer Stifter, sondern mehr noch aus dem amor scientiae, dem Drang nach Wahrheit, Wissen und Forschung, der dem Stamm der Alamannen von je innewohnt. Diese Themen sind jedoch an Umfang und Tiefe viel zu reich, als daß wir sie in unserem Zusammenhang behandeln könnten.

Nur soviel sei darüber gesagt, daß die württembergischen Grafen, die an dem Wirtschaftsleben der schwäbischen Städte nur durch Gebühren und Zolleinnahmen Anteil hatten, von deren künstlerischen Leistungen gewiß nicht unberührt blieben. Dafür sprechen die drei gotischen Kirchen ihrer Hauptstadt und deren plastischer Schmuck. Die Stuttgarter Bauhütte bewies, daß sie im Geist der großen schwäbischen Baumeister Parler und Böblinger zu arbeiten verstand. An der Schwelle einer neuen Zeit krönte Graf Eberhard im Bart mit der Gründung der Universität Tübingen die Bemühungen um das württembergische Bildungsgut.

VIERTES KAPITEL

VOM TERRITORIALSTAAT ZUM REICHSFÜRSTENTUM

EBERHARD IV., der 1417 mit neunundzwanzig Jahren seinem Vater folgte, war nur eine zweijährige Regierung beschieden; er starb an der Pest. Seine Laufbahn hatte vielversprechend begonnen. Am Hofe von König Sigismund in allen höfischen Künsten und ritterlichen Tugenden erzogen, hatte er die Unabhängigkeit seines Denkens und Tuns bewahrt. Der württembergische Erbgraf war sich seines Wertes wohl bewußt. Er begleitete den König auf einer Reise nach Spanien, aber nicht als kleiner Hofmann, sondern an der Spitze eines eigenen großen Gefolges mit dreihundert Pferden. In Perpignan scheint es zu irgendwelchen Unstimmigkeiten gekommen zu sein, in deren Verlauf Eberhard das königliche Hauptquartier verließ, um nach Hause zurückzukehren, ohne von seinem hohen Herrn Abschied genommen zu haben. Weitere Folgen hat dieser Zwischenfall nicht gehabt; denn nach einigen Jahren ließ ihn, der in der Zwischenzeit die Regierung angetreten hatte, der König fragen, ob er der Erhebung des württembergischen Grafenhauses in den Fürstenstand zustimme. Worauf Graf Eberhard die selbstbewußte Antwort gab, er ziehe es vor, ein großer Graf zu bleiben, statt ein kleiner Fürst zu werden. Dank der voraussehenden Heiratspolitik seines Vaters, der seinen Sohn im Alter von neun Jahren mit der Erbin der Grafschaft Mömpelgard verlobt hatte, war Eberhard schon als Erbgraf regierender Herr der mömpelgardschen Herrschaft. Es war das einzige Mal, daß ein größerer Landbesitz durch Heirat an das Haus Württemberg kam. Das Verlöbnis glich einem richtigen Kaufvertrag, aufgesetzt von Juristen, die ihr Handwerk verstanden; jeder der beiden vertragschließenden Teile stellte in Zahlen fest, was er zu geben bereit war und was er forderte.

HENRIETTE VON MÖMPELGARD ist die erste Frau des Hauses Württemberg, die für uns nach ihren menschlichen Anlagen und Fähigkeiten wenigstens in Umrissen erkennbar ist. Sie war eine energische, um nicht zu sagen herrsch- und streitsüchtige Frau, besaß einen klaren Verstand und politisches Verständnis. In ihren Fehden nahm sie es mit jedem Manne auf, und wer sie angriff, konnte sicher sein, daß sie zurückschlagen würde. Das bekam der Graf Friedrich von Zollern zu spüren, als er die Gräfin in einer selbst für die damaligen Anschauungen ungewöhnlich rüden, heute nicht mehr wiederzugebenden Form räuberischer Absichten auf sein Haus verdächtigte. Henriette schrieb ihm mit deutlichen Worten zurück: Jawohl, sie habe nicht nur auf ihn Absichten, sondern auch auf seine Burg Hohenzollern und alles, was ihm sonst noch gehöre; sie lasse ihn dies wissen, damit er nicht sagen könne, er sei von einem schwachen Weib gereizt worden, sondern von seiner Gebieterin. Die Waffen entschieden dann für Henriette. Nach dem frühen Tod ihres Gatten übernahm sie die Vormundschaft für ihre beiden unmündigen Söhne, Ludwig und Ulrich. Sie mußte jedoch diese Rechte mit einem Vormundschaftsrat teilen, der aus dreißig Mitgliedern, vorwiegend aus der württembergischen Ritterschaft, bestand. Die erste Aufgabe der Regierung mußte sein, sich die Bestätigung der Reichslehen und Privilegien erteilen zu lassen. Bei dieser Gelegenheit verlangte König Sigismund die Vorlage eines Verzeichnisses der Lehen- und Eigengüter des Hauses Württemberg. Die Aufstellung dieser Liste dauerte monatelang infolge der Schwierigkeit, für jede Herrschaft das offenbar vielfach in Vergessenheit geratene Rechtsverhältnis klarzustellen. Als Reichslehen wurden unter anderen angeführt die Städte Stuttgart, Cannstatt, Leonberg, Waiblingen und Schorndorf, das Herzogtum Teck, die Pfalzgrafschaft Tübingen, die Grafschaften Urach, Calw, Vaihingen und die elsässischen Herrschaften. Reichslehen war auch der Zoll zu Göppingen, ebenso die Stadt Markgröningen, zu der als ›Fahnlehen‹ das Recht gehörte, die Reichssturmfahne zu führen. Zum Eigenbesitz gehörten Tuttlingen, Nürtingen, Lauffen, Backnang, Winnenden und vieles andere. Mit dem böhmischen Lehen hatte es eine besondere Bewandtnis. Lehensherr von Neuenbürg, Beilstein, Lichtenberg und Bottwar war der König von Böhmen. Das war so gekommen: Eberhard der Greiner und sein Bruder Ulrich hatten sich, um die Gunst des ländergierigen Kaisers Karl IV. zu gewinnen, freiwillig, wie andere Fürsten und Herren es auch getan hatten, als Vasallen der Krone Böhmens erklärt und übertrugen 1361 die genannten Burgen und Städte dem Kaiser in seiner Eigenschaft als böhmischer König zum Eigentum, der sie ihnen als Lehen der böhmischen Krone wieder zurückgab. Vermutlich schien Eberhard, der als der überlegene der beiden Brüder für diesen Akt verantwortlich sein dürfte, der vermögensrechtliche Unterschied zwischen Lehen und freiem Eigentum nicht so wesentlich, aber das Lehensverhältnis bestand weiter und ermöglichte es hundertachtzig Jahre später dem deutschen König Ferdinand, aus diesem Lehensverhältnis eine politische Waffe gegen Herzog Ulrich und seine Nachfolger zu schmieden. Der Felonieprozeß, das ist die Anklage wegen Lehensverrat beim Reichsgericht, den der Habsburger gegen den württembergischen Herzog anstrengte, hing wie ein Damoklesschwert über der Herrschaft des Hauses Württemberg.

Bei dem Charakter der Gräfin Henriette konnte es nicht ausbleiben, daß sie sich mit dem Vormundschaftsrat wegen ihrer Befugnisse als ›Vormünderin‹ gründlich verzankte. Als sie hier nachgeben mußte, ließ sie sich kaltblütig die Verminderung ihrer Vorrechte als Regentin vom Rat mit der Erhöhung ihrer persönlichen Bezüge reichlich bezahlen. Über diesem Streit im eigenen Haus vergaß sie aber keineswegs die Pflege der auswärtigen Beziehungen der Grafschaft. Um sich für ihre Fehden mit verschiedenen Nachbarn den Rücken zu decken, traf sie mit diplomatischem Geschick freundschaftliche ›Einungen‹ mit einer Anzahl von Reichsstädten in ihrer näheren und weiteren Umgebung. Zur Sicherung der Zukunft ihres Hauses vereinbarte sie mit dem Grafen Ludwig von der Pfalz die Verlobung ihres achtjährigen Sohnes Ludwig mit dessen neugeborener Tochter Mechthild, die später als Mutter Eberhards im Bart zum Segen für das Haus Württemberg werden sollte. Die nächsten Jahre gingen mit fast ununterbrochenen Fehden dahin. Die Bemühungen des Kaisers um einen dauernden Landfrieden in Schwaben blieben erfolglos, woran teilweise die Hussitenkriege (1420–1431) schuld waren. Die böhmischen Anhänger des beim Konzil von Konstanz 1415 verbrannten Reformators Johannes Huss kämpften erbittert um ihren Glauben und ihre politische Freiheit gegen den Kaiser Sigismund, den Erbherrn der Krone Böhmens, und führten ihre Kämpfe nicht selten auf deutschem Boden.

Die Vormundschaft der Gräfin Henriette endete mit der Volljährigkeit des Grafen LUDWIG (1426), als dieser sein vierzehntes Lebensjahr vollendete. Die Herrschaft über Mömpelgard gab die auf ihre Selbständigkeit stets eifersüchtig bedachte Gräfinmutter, so lange sie lebte, nicht auf. Ihr Witwensitz war Tübingen, von wo aus sie einmal während einer längeren Abwesenheit ihres Sohnes vertretungsweise das Land regierte.

Der junge Graf nahm trotz seiner Jugend die Geschäfte mit Tatkraft und Umsicht in die Hand. Schon bald sollte ihn eine Familienangelegenheit in schwere Not bringen. Die Halbschwester seines Vaters, aus der zweiten Ehe Eberhards des Milden mit der Burggräfin Elisabeth von Nürnberg, sollte nach einem durch die Vermittlung des Pfalzgrafen Ludwig geschlossenen Ehevertrag den Herzog Albrecht von Bayern heiraten. Wie es bei einem ordentlichen Vertrag nur recht und billig ist: bei Vertragsbruch hatte der schuldige Teil eine Strafe von zehntausend Gulden zu bezahlen. Das war für die damalige Zeit sehr viel Geld. Die Gräfin Elisabeth, wie sie nach ihrer Mutter hieß, hatte jedoch ihre Neigung dem Grafen Johann von Werdenberg geschenkt und ließ sich heimlich mit ihm trauen. Herzog Albrecht, der enttäuschte Bräutigam, verlor sein Herz an die schöne Augsburger Bürgerstochter Agnes Bernauer, deren trauriges Los Friedrich Hebbel in einer Tragödie geschildert hat. Das Haus Württemberg aber mußte bezahlen. Kaum war diese Sache beigelegt, da starb die Gräfinwitwe Elisabeth unter Hinterlassung einer großen Schuldenlast, so daß dem Herrn des Hauses wiederum eine schwere finanzielle Belastung erwuchs. Außenpolitisch gehörte die Aufmerksamkeit des jungen Herrschers den Verhandlungen des Basler Konzils (1431 bis 1448). Militärisch und finanziell war die Grafschaft stark belastet durch die Truppengestellung zu dem für die deutschen Waffen unglücklichen Feldzug gegen die Hussiten (1431). Zwei Jahre später war auch Ludwigs jüngerer Bruder ULRICH volljährig geworden, so daß von da an die beiden Grafen gemeinsam regierten. Nach dem Zeugnis des Kardinals Aeneas Sylvius Piccolomini, des späteren Papstes Pius II., erfreuten sich die Brüder allseits hohen Ansehens und standen den Markgrafen, ja den Herzögen an Einfluß und Bedeutung nicht nach.

Unter Ludwigs kluger Regierung sicherten auf mehrere Jahre abgeschlossene Bündnisse mit Fürsten, Rittern und Städten den Frieden im Lande. 1434 heiratete Ludwig die ihm schon seit Jahren verlobte Pfalzgräfin Mechthild, sieben Jahre später schloß Ulrich die Ehe mit Margarete von Cleve. Da aber wurde dieser der gemeinsamen Herrschaft mit seinem Bruder leid und forderte die Teilung des Landes. Ludwig, der bei aller staatsmännischen Begabung die rücksichtslose Härte seines Vorfahren, Eberhards des Greiners, der damals seinem Bruder denselben Wunsch rundweg abschlug, nicht hatte, gab nach, zumal die Gräfinmutter Henriette das Begehren ihres jüngeren Sohnes sehr unterstützte. Die Teilung des Landes – in den Uracher Teil für Ludwig und den Stuttgarter Teil für Ulrich – geschah 1442 im gegenseitigen friedlichen Einvernehmen der Brüder. Noch im selben Jahre fühlten beide sich benachteiligt durch eine letztwillige Verfügung ihrer Mutter, die diese zugunsten ihrer Tochter, der Gräfin Anna von Katzenellenbogen, getroffen hatte. Die Auseinandersetzung nahm heftige Formen an und endete damit, daß Ludwig und Ulrich ihre Mutter in Nürtingen gefangensetzten. Es dauerte Monate, bis ein Vergleich zustande kam. Zwei Jahre später starb Gräfin Henriette und wurde ihrem Wunsch entsprechend in ihrer Heimat Mömpelgard beigesetzt. Die beiden Söhne wohnten der Leichenfeier bei. Graf Ludwig benützte die Gelegenheit zu einer Reise nach Brüssel, um sich dort von Herzog Philipp dem Guten von Burgund die mit Mömpelgard verbundenen burgundischen Lehen bestätigen zu lassen. Es spricht für das Ansehen, das er persönlich genoß, und für die Achtung vor der Grafschaft Württemberg, daß Ludwig vom burgundischen Hof, der damals, was höfische Sitte, Kunst und Wissenschaft anbelangte, das unbestrittene Vorbild Europas war, mit allen einem Fürsten gebührenden Ehren aufgenommen wurde. Zwei Jahre noch regierten die beiden Brüder gemeinsam die Grafschaft Mömpelgard, dann ließen sie in Erkenntnis der durch die große Entfernung entstehenden Schwierigkeiten einer solchen Aufgabe das Los über den ferneren Besitz der Herrschaft entscheiden. Mömpelgard fiel Ludwig zu.

Im Reich war inzwischen (1440) Herzog Friedrich V. von Steiermark aus dem Hause Habsburg als Friedrich III. zum deutschen König gewählt worden. Es ging damals stürmisch zu in deutschen Landen: im Osten drohten die Türken, in Schwaben versuchte Habsburg seine ihm von den Eidgenossen entrissenen aargauischen Besitzungen wiederzugewinnen, und der Markgraf Albrecht Achilles von Brandenburg, der Herr der fränkischen Besitzungen seines Hauses, führte Krieg gegen Nürnberg und die mit den Nürnbergern verbündeten freien Reichsstädte. In diesen unruhigen Jahren hielt sich Graf Ludwig klug zurück und vermied es, sich in irgendwelche Händel einzumischen. Anders sein Bruder. Ulrich mag etwas von dem unruhigen Geist und der Unternehmungslust Eberhards des Erlauchten und seines Enkels, Eberhards des Greiners, in sich gehabt haben und hoffte wohl, durch die Ausnützung des Streits der großen Herren für sein eigenes Haus etwas gewinnen zu können. Aber ihm fehlte das Fingerspitzengefühl für die politische Entwicklung und auch die Geduld, auf die Gunst der Stunde warten zu können, die Eberhard der Greiner in den zehn Jahren zwischen dem Treffen bei Reutlingen und der Schlacht bei Döffingen gehabt hatte. Mit dem Zug gegen die Eidgenossen 1446, den Herzog Albrecht von Österreich, König Friedrichs III. Bruder, angeführt hatte und bei dem Ulrich beteiligt war, wurde ein großer Aufwand nutzlos vertan. Auch als Ulrich, der Bundesgenosse von Albrecht Achilles im Städtekrieg (1449), diese Gelegenheit zu einer Auseinandersetzung mit Eßlingen benützen wollte, zog er den Kürzeren. Er konnte zufrieden sein, daß er bei einem von seinem Bruder vermittelten Frieden noch glimpflich davonkam. Zur Deckung der gemachten Schulden mußte er die wenige Jahre zuvor erworbene Herrschaft Heidenheim wieder verkaufen und vermochte nicht zu hindern, daß die Stadt Eßlingen, die doch inmitten seines Gebiets lag, sich unter markgräflich badische Schirmherrschaft stellte. Was die politische Entwicklung in Deutschland anbelangte, ist zu sagen, daß die Macht der Städte in diesen Fehden und Kriegen um die Mitte des fünfzehnten Jahrhunderts mehr und mehr dahinschwand. Auch der Einfluß des Adels verminderte sich, die Nutznießer waren die Fürsten.

1450 starb in Urach Graf Ludwig an der Pest unter Hinterlassung zweier männlicher Erben, Ludwig (geboren 1439) und Eberhard (geboren im Schloß zu Urach am 11. Dezember 1445). Die Vormundschaft übernahm das Haupt der Stuttgarter Linie des Hauses Württemberg, Graf ULRICH V. Außerdem wurde ein Vormundschaftsrat von fünf Köpfen ernannt, dessen Vorsitz der Landhofmeister Albrecht von Spät übernahm. Dieser Rat sollte unter Hinzuziehung des Grafen Ulrich bei wichtigen Angelegenheiten die Regierung leiten und alljährlich der Gräfinwitwe Mechthild Rechenschaft ablegen. Diese jedoch verzichtete noch im gleichen Jahr auf den ihr zustehenden Anspruch, da sie sich mit dem Herzog Albrecht VI. von Österreich, dem Bruder des Kaisers, vermählte. Indirekt blieb freilich ihr Einfluß auf ihre Söhne weiterhin bestehen. Schon der verstorbene Graf Ludwig hatte enge Beziehungen unterhalten zu dem kurfürstlichen Hause, dem seine Gattin angehörte, und diese wiederum fühlte sich eng verbunden mit ihrem Bruder, dem Pfalzgrafen Friedrich, der später der Siegreiche genannt wurde, für seine Feinde aber ›der böse Pfälzer Fritz‹ war. Bei der Rolle, die Friedrich von der Pfalz in der württembergischen Geschichte spielte, muß hier einiges über ihn gesagt werden. Der Pfalzgraf selbst war nicht Anwärter auf den Thron und den pfälzischen Kurhut. Er führte nur zunächst für seinen unmündigen Neffen Philipp die Regierung. Politisch sehr begabt, von raschem Entschluß, zugreifend, kühn, ehrgeizig brachte er sich überall zur Geltung und führte das Wort, wohin er kam. Als Herrscher und Soldat von großem Format glich er in vielem den Grafen Eberhard I. und II. Er verstand es, seinen Neffen dahin zu bringen, daß dieser ihm auf Lebenszeit die Regierung übertrug gegen die Zusicherung, daß Friedrich unverehelicht bleiben werde, um nicht durch eigene Söhne die Erbfolge Philipps zu gefährden. Der Kaiser erkannte freilich dieses Abkommen nicht an; trotzdem nahm der Pfälzer die kurfürstlichen Würden und Rechte für sich in Anspruch, ohne in seinem Lande auf tatkräftigen Widerstand zu stoßen.

Unter solchen Verhältnissen war es nicht erstaunlich, daß der Pfalzgraf versuchte, auf die Vormundschaftsregierung von Württemberg-Urach Einfluß zu gewinnen, und daß ihm dies trotz des Widerstands des Grafen Ulrich von Württemberg-Stuttgart auch gelang. In dem Landhofmeister Albrecht von Spät fand der Pfälzer eine zuverlässige Stütze. Für die nächsten Jahre stand deshalb die Uracher Regierung immer zwischen zwei Feuern. 1453 wurde Graf LUDWIG II. mit vierzehn Jahren volljährig. Wenn der Pfalzgraf Friedrich die Erklärung der Mündigkeit durchsetzte, so hoffte er seinen Neffen, der als Epileptiker von schwacher Gesundheit und ohne eigenen Willen war, leicht in seinem Sinne lenken zu können. Durch eine neue »Regimentsordnung«, die unter diesen Umständen nötig wurde, erhielt Friedrich eine Stellung bei der Regierung des Uracher Landesteils, die der des Grafen Ulrich formell entsprach. Da aber der Landhofmeister allezeit gut pfälzisch gesinnt war, sah sich der Stuttgarter Graf immer im Nachteil. Es kam soweit, daß Ulrich, als er auf die Nachricht vom Tode seines Neffen Ludwig (1457) nach Urach ritt, dort vor dem ihm verschlossenen Stadttor stand. Der Kaiser aber, der den Pfälzer haßte, bestätigte Ulrich als Vormund des neuen Landesherrn, des Grafen Eberhard. Zwei Jahre später wurde auch Graf EBERHARD volljährig, und damit fand die Vormundschaft ihr Ende.

Die Lage im Reich war damals von der Frage einer Reform an Haupt und Gliedern beherrscht. Aber wenn auch jedermann überzeugt war, daß die Rechtsunsicherheit im Innern und die immer drohende Türkengefahr eine Zusammenfassung aller reichstreuen Kräfte erforderte, so waren doch Mittel und Wege einer Reform Gegenstand heftigster Auseinandersetzungen; eine Einigung schien ferner als je. Die Kurfürsten hatten einen Plan vorgelegt, der wohl nach der Meinung seiner Urheber die Stellung des Kaisers hätte festigen können. Friedrich III. jedoch wandte sich gegen ihn, zunächst aus Scheu vor Verantwortung und Abneigung gegen alles Neue, Eigenschaften, die diesem Habsburger in besonderem Maße anhafteten, dann aber auch in der Überzeugung, daß es bei dem Plan den Kurfürsten in erster Linie um die Ausdehnung ihrer eigenen Macht ging. So bildeten sich zwei Parteien: die kaiserliche, deren Führer der Markgraf Albrecht Achilles von Brandenburg war, während sich alle, die glaubten, aus der Schwäche des Kaisers ihren eigenen Nutzen ziehen zu können, unter der Fahne des Pfalzgrafen und Kurfürsten Friedrich von der Pfalz sammelten. Vorbehaltlos stand Graf Ulrich von Württemberg auf kaiserlicher Seite. Der gerade erst volljährig gewordene Graf Eberhard, das Haupt der Uracher Linie, hielt sich zurück. Er tat es nicht aus Feindschaft gegen den Kaiser, dem er wie sein Vater und Großvater treu sein wollte, sondern aus politischen Gründen und in der Absicht, sein schwaches Land aus dem Streit der großen Mächte herauszuhalten. Seine persönliche Neigung galt sowohl dem Kurfürsten Friedrich wie dem Markgrafen Albrecht Achilles, die er als Männer von eigenem Wuchs, politischer Klugheit und persönlicher Tapferkeit bewunderte. Die Gegensätze zwischen den beiden Parteien spitzten sich zu und führten zu bewaffneten Auseinandersetzungen, die sich über fünf Jahre (1458–1463) hinzogen und unter dem Namen ›die Pfälzer Fehde‹ bekannt sind. Sie gingen zunächst nicht über den Rahmen zeitüblicher Fehden hinaus. Mehr Gewicht erhielten sie, als der Kaiser gegen seine Feinde die Reichsacht verhängte, den Markgrafen Albrecht Achilles mit der Führung des Reichskrieges beauftragte und diesen sowie den Grafen Ulrich von Württemberg zu ›Reichshauptleuten‹ ernannte (1461). Kurz zuvor hatte noch der jugendliche Eberhard einen Vergleich zwischen seinen beiden Oheimen, dem Grafen Ulrich und dem Pfalzgrafen Friedrich, zustande gebracht, der, wenn er auch bald überholt war, doch zeigte, daß der Neffe die Achtung der beiden fürstlichen Feinde besaß. Zur Entscheidung kam es im Sommer 1462.

Entgegen den Warnungen seiner Räte plante Ulrich, der seinen Gegner anderweitig beschäftigt glaubte, die pfälzische Hauptstadt Heidelberg im Handstreich zu nehmen. Bei Pforzheim versammelte Ulrich seine und seiner Gefolgsleute Truppen und rückte mit achttausend Mann, darunter siebenhundert Rittern und berittenen Knechten, gegen Heidelberg. In der Nacht zum 30. Juni ließ er das Fußvolk im befestigten Lager zurück und stieß mit seiner Reiterei überraschend auf Seckenheim am Neckar vor. Er hatte sich über die Lage beim Feind ein durchaus falsches Bild gemacht. Der Pfalzgraf führte seine Reiterei selbst an und war doppelt so stark, wie Ulrich angenommen hatte. Der Ausgang konnte nicht zweifelhaft sein. Ulrich von Württemberg und seine Kampfgenossen, der Bischof von Metz und der Markgraf von Baden, fielen in Gefangenschaft. Das im Lager zurückgebliebene Fußvolk verlief sich. Nicht lange danach erlitt die kaiserliche Sache einen neuen schweren Schlag. Der Verbündete des Pfalzgrafen, Herzog Ludwig von Bayern-Landshut, durch den Erfolg bei Seckenheim ermutigt, besetzte die jüngste Erwerbung des Grafen Ulrich von Württemberg, Schloß und Stadt Heidenheim. Albrecht Achilles gedachte, die Niederlage von Seckenheim durch die Eroberung Heidenheims wieder gut zu machen. Bei seinem Heer befand sich auch ein starkes Aufgebot von Württemberg-Urach. Graf Eberhard hatte geglaubt, sich der kaiserlichen Aufforderung nicht ganz entziehen zu können, nahm jedoch persönlich an der Unternehmung, die er innerlich ablehnte, nicht teil. Noch nach vielen Jahren warf er dem Grafen Ulrich vor, ihn zu dieser unglücklichen Sache veranlaßt zu haben. Bei der kaiserlich gesinnten Reichsstadt Giengen an der Brenz kam es zur Schlacht. Albrecht Achilles wurde von dem ihm an Zahl überlegenen bayrischen Herzog geschlagen und mußte sich auf Ulm zurückziehen. Eberhards Panier ging verloren, und die blutigen Verluste seiner Truppen waren schwer. Pfalzgraf Friedrich ging daran, diesen Doppelerfolg auszunützen und verlangte für die Freilassung seiner fürstlichen Gefangenen ungewöhnlich hohe Lösegelder. Um seiner Forderung Nachdruck zu geben, verschärfte er deren Gefangenschaft und ließ, als die geforderten Gelder nicht eingingen, Ulrich und seine beiden Genossen in Ketten und dann sogar in den Stock schließen. In Stuttgart brachte man unter den größten Anstrengungen durch steuerliche Sonderumlagen und Verpfändung verschiedener Herrschaften das Lösegeld auf. Die so entstandenen Schulden mußten im Laufe der nächsten Jahrzehnte von den württembergischen Landständen abgetragen werden. Ulrichs Bitte an Kaiser Friedrich III. um einen wenigstens angemessenen Ersatz seiner Kosten für diesen doch auf kaiserliches Geheiß begonnenen Krieg stieß auf taube Ohren. In der Tat wurde Ulrich seine Anhänglichkeit an den Kaiser schlecht gelohnt, so daß er kurz vor seinem Tod erbittert sagte, er habe schließlich ›als gehorsamer Graf des Reichs vollends die übriggebliebenen Scherben seines Vermögens‹ zum Opfer gebracht. Zu den ritterlichen Gebräuchen jener Zeit gehörte es, daß der Pfalzgraf seinen Gefangenen, die er so entwürdigend behandelt hatte, zum Abschied ein festliches Mahl gab und ihnen dazu ein edles Pferd zum Geschenk machte.

Die schweren Schicksalsschläge schwächten Ulrichs Lebenskraft. Dazu kam noch für ihn das seelische Leid über die Entartung seiner Söhne. Der ältere, Eberhard, später zum Unterschied von seinem Uracher Vetter ›der Jüngere‹ genannt, war am Hofe von Burgund erzogen worden und heiratete Elisabeth, die Tochter des Markgrafen Albrecht Achilles, der wohl unter den damaligen Fürsten und Herren die Politik des Ehestiftens mit dem größten Erfolg betrieb. Die Ehe blieb kinderlos. Eberhards Lebenswandel gab Anlaß zu Klagen und Verdruß, er war ein Verschwender, gewissenlos, verschlagen und ernster Arbeit abgeneigt. Bei Heinrich, dem jüngeren Sohn Ulrichs, kam in späteren Jahren eine Geisteskrankheit zum Ausbruch. In seiner Jugend war er für den geistlichen Stand bestimmt worden; er erreichte es auch mit Hilfe seines Vaters und des Markgrafen Albrecht Achilles, daß der Erzbischof von Mainz ihn zu seinem Coadjutor mit dem Recht der Nachfolge ernannte. Die Sache stieß aber dann nicht nur auf den Widerstand des Pfälzer Kurfürsten; auch der Papst, der von der Absicht des Erzbischofs nicht unterrichtet worden war, widersetzte sich der Ernennung. Auf den Rat seines Vaters, sich jetzt um die höheren kirchlichen Weihen zu bemühen, hörte Heinrich nicht und gab die geistliche Laufbahn ganz auf, um nun eine Teilung des Stuttgarter Landesteils zu fordern. Mit vieler Mühe gelang es, ihn zum Verzicht auf diese Forderung zu bewegen, und zwar um den Preis der Übertragung der Grafschaft Mömpelgard (1473), die allerdings im Besitz der Uracher Linie gewesen war. Der Verzicht dürfte dem Grafen Eberhard nicht allzu schwergefallen sein, denn die Verhältnisse im

Westen des Reichs waren durch die Kämpfe der burgundischen Herzöge mit den Eidgenossen recht kritisch geworden. Mit der Übernahme dieser Herrschaft geriet nun Heinrich in die Fänge der großen Politik. Der letzte Herzog von Burgund, Karl der Kühne, hatte zur Ausdehnung seiner Machtstellung am linken Oberrhein einerseits gegen Österreich, andererseits gegen die Eidgenossen sein Auge auf das feste Schloß von Mömpelgard geworfen. Heimtückischerweise ließ er den nichtsahnenden Grafen Heinrich von Württemberg und seine waffenlosen Begleiter auf einem friedlichen Ausritt im April 1474 gefangensetzen und nötigte ihn in der Haft zum Verzicht auf die Grafschaft unter dem kaum ernst gemeinten Versprechen einer angemessenen Entschädigung. Trotzdem scheiterte der hinterlistige Anschlag, weil der unerschrockene und dem Hause Württemberg treu ergebene Landvogt Markward von Stein dem Feind die Tore der Stadt trotz aller Drohungen nicht öffnete. Wenn man dem Grafen Heinrich ruchlos den Kopf abschlage, so ließ er den Burgundern sagen, könne er dies nicht hindern, aber den ihm anvertrauten Platz werde er halten, solange ein Graf von Württemberg lebe. Bis zum Tode Karls des Kühnen (1477) wurde Graf Heinrich in verschiedenen Gefängnissen zurückgehalten. Die Folgen der schweren Haft und die Bedrohungen, denen er ausgesetzt war, mögen nicht wenig zum Ausbruch seiner Geisteskrankheit beigetragen haben. Eine seltsame Laune des Schicksals ist es gewesen, daß gerade der einstmals angehende Kirchenfürst durch die Geburt seines Sohnes 1487 die Erbfolge im Hause Württemberg sicherte. Heinrichs Sohn aus seiner ersten Ehe war Herzog Ulrich; Stammvater des später herzoglichen und dann königlichen Hauses wurde sein Sohn aus zweiter Ehe Georg.

Des Lebens und der Herrschaft müde starb Graf Ulrich 1480 im achtundsechzigsten Lebensjahr. Seine Regierung hatte dem Land kein Glück gebracht. Daß er es durch die Freundlichkeit seines Wesens verstand, die Gunst und Neigung der Menschen zu gewinnen, zeigt sein Beiname ›der Vielgeliebte‹. Unter den württembergischen Grafen hat er seinen besonderen Rang als Bauherr. Aberlin Jörg erbaute für ihn die drei großen Stuttgarter Kirchen und eine Anzahl weltlicher Gebäude.

EBERHARD IM BART (1445–1496), als Graf der fünfte seines Namens und Württembergs erster Herzog, hatte als Kind Elternliebe nicht erfahren: als er fünf Jahre alt war, starb sein Vater, und kurze Zeit darauf verheiratete sich seine Mutter wieder und verließ Württemberg. So blieb er den Vormundschaftsräten überlassen. Er sei in seinen jungen Jahren zügellos gewesen, berichtet sein Erzieher und späterer Ratgeber Johann Vergenhans, gräzisiert Nauklerus genannt, als junger Mann aber habe er alles Spielerische und jede Art von Ausschweifung von sich abgestreift. In seiner »Geschichte Württembergs unter den Grafen« schildert Sattler die Jugendsünden Eberhards viel drastischer. Wie dem auch sei, Eberhard hat, was er in der Jugend verfehlte, später wieder gut gemacht. So, wie die Legende ihn gerne haben möchte, ist er freilich nicht gewesen. Er mußte sich in einer Welt, wo jeder des anderen Feind war, behaupten. Er begann Fehden, war im Gebrauch seiner Mittel rücksichtslos und führte in jedem Fall kein mildes Regiment.

Nachdem er in jungen Jahren Proben einer ungewöhnlichen politischen Reife gegeben hatte, folgte er seinem religiösen Sinn und trat 1468 eine Reise zum Heiligen Grab in Jerusalem an. Dieses Unternehmen war nicht ohne Gefahr. Dementsprechend waren die Anordnungen, die er für die Zeit seiner Abwesenheit traf. Ein fünfköpfiger Regentschaftsrat wurde eingesetzt, der nötigenfalls den Rat des Pfalzgrafen Friedrich, des Grafen Ulrich von der Stuttgarter Linie und der Gräfinmutter einholen sollte. Des Grafen Mutter war nach dem Tode ihres zweiten Gemahls Albrecht VI. von Österreich (1463) wieder in das Land zurückgekehrt und wohnte zumeist in Rottenburg am Neckar. Das Verhältnis zu ihrem Sohn scheint immer eng und herzlich gewesen zu sein, und er bediente sich, wie vielfach bezeugt ist, gerne ihres Rats. Die Reisegesellschaft einschließlich des Hofgesindes umfaßte fünfunddreißig Personen. Der Weg führte über den Brenner nach Venedig und von dort zu Schiff nach Jaffa. Der Aufenthalt in Jerusalem dauerte zehn Tage. Auf der Rückreise hielt sich Eberhard noch einige Zeit in Italien auf. Nach einer nicht ganz halbjährigen Abwesenheit traf er wieder wohlbehalten in der Heimat ein, wo sein erster Besuch der Mutter galt. Es ist anzunehmen, daß Eberhard, dem Beispiel anderer Pilger folgend, am Heiligen Grab das Gelübde, zeitlebens einen Bart zu tragen, getan hat, daß also daher sein Beiname stammt.

Nach seiner Rückkehr stellten sich dem jungen Landesherrn Aufgaben verschiedener Art. Neuerwerbungen mußten bei geschicktem Vorgehen möglich sein. An der Nord- und Ostgrenze des Landes allerdings waren die Dinge geregelt, der Kurfürst von der Pfalz sowohl wie die bayrischen Herzöge hielten ihre Herrschaft in fester Hand; hier konnte die

Aufgabe nur darin bestehen, gute Beziehungen zu den Nachbarn aufrecht zu erhalten. Dasselbe galt auch für die schwäbischen Reichsstädte, nur Rottweil machte eine Ausnahme. Im Westen und Süden aber, in dem Gebiet nördlich des Rheins zwischen Bodensee und Basel und im oberen Neckartal, war alles im Fluß. Hier stießen die Ansprüche der Eidgenossen, des Herzogs Sigmund von Tirol, der als Nutznießer der Einnahmen aus dem Tiroler Silberbergbau ›der Münzreiche‹ genannt wurde, und des Grafen Eberhard im engen Raum aufeinander. Auch die Auseinandersetzungen zwischen Burgund und den Eidgenossen warfen ihre Schatten noch hierher. Die Reichsstadt Rottweil neigte zur eidgenössischen Seite und hatte zu Württemberg-Urach gespannte Beziehungen. Sigmund von Tirol, ein unternehmender, aber etwas sprunghafter Mann, war der Herr der vorderösterreichischen Herrschaften, die als Streubesitz Reibungspunkte genug schufen. Die Eidgenossen, die sich in dem ehemals habsburgischen Besitz noch nicht sicher fühlten, mißtrauten jedem Österreicher, fürchteten aber auch den burgundischen Herzog. Zürich nahm unter den Städten des eidgenössischen Gebiets insofern eine Sonderstellung ein, als es in seiner Lebensmittelversorgung auf das württembergische Getreide angewiesen war.

Der Streit um Stadt und Herrschaft Sulz am Neckar gab Eberhard die Möglichkeit zum Eingreifen. Ein Viertel war schon im Besitz Württembergs, der Rest gehörte, wenn auch stark verschuldet, den Herren von Geroldseck, die Dienstleute des württembergisch-uracher Grafenhauses waren. Unter ihren Gläubigern befanden sich außer Württemberg auch einige Bürger von Sulz. Da war aber auch Graf Alwig von Sulz, der die Herrschaft, die einst seinem Geschlecht gehört hatte, wieder erwerben wollte. Er kaufte also in Sulz alle Forderungen gegen die Herren von Geroldseck auf und klagte sie mit Erfolg beim Rottweiler Hofgericht ein. Ritter Hans von Geroldseck aber wußte die Vollstreckung immer wieder zu hintertreiben, suchte überall Unterstützung, unter anderem auch bei dem Herzog Sigmund, verdarb es aber dadurch mit seinem württembergischen Dienstherrn. Als nun der Kaiser den Grafen Eberhard beauftragte, das Urteil des Rottweiler Gerichts zu vollstrecken, gelang es diesem, sein Spiel meisterhaft zu gewinnen. Er bewog den Grafen von Sulz, ihm seine Forderungen gegen die Geroldsecker abzutreten. Mit diesem Rechtstitel in der Hand schlug Eberhard zu. Er nahm mit Waffengewalt Burg und Stadt, setzte den Ritter von Geroldseck und seine Söhne gefangen und gab sie erst frei, als sie den förmlichen Verzicht auf die Herrschaft ausgesprochen hatten. Als Zeitbild ist der Vorgang lehrreich. Auch diese Erwerbung des württembergischen Grafenhauses war ein Kauf- und Rechtsgeschäft.

Bei anderen Unternehmungen war Graf Eberhard weniger glücklich. Herzog Albrecht von Österreich hatte der Gräfinmutter Mechthild von Württemberg als Sicherung ihres Heiratsgutes die österreichische Herrschaft Hohenberg mit dem Hauptort Rottenburg am Neckar verpfändet. Herzog Sigmund von Tirol als Erbe beabsichtigte nach Albrechts Tod das Pfand auszulösen, um die Grafschaft wieder in seine Hand zu bringen. Die Herzogin wollte den kostbaren Besitz aber ihrem Sohn Eberhard erhalten und erhob Einwände gegen die Einlösung des Pfandes. Der Kaiser, in diesem Fall oberster Richter des Kammergerichts, erkannte gegen die Herzogin und sprach dem Herzog Sigmund die Herrschaft zu, deren Nutznießung aber der Herzogin Mechthild für Lebenszeit blieb. Der Richterspruch des Kaisers war wohlwollend; die Rechtslage sprach nicht für den württembergischen Grafen, dessen Anspruch im Grunde eine Herausforderung des Hauses Habsburg war. Ein weiterer Streitfall zwischen Sigmund und Eberhard betraf den Besitz des Mägdebergs im Hegau. Über der Zuständigkeit für Steuereingänge in dem württembergischen Dorf Mühlhausen am Fuß des Mägdebergs war es zwischen den Herren von Friedingen und dem Grafen Eberhard zu ernsten Händeln gekommen; jene plünderten und brandschatzten das Dorf. Wutentbrannt zog Eberhard mit starkem Aufgebot gegen die Friedinger und belagerte sie in ihrer Burg auf dem Hohenkrähen. Außerdem ließ er, um seine Stellung im Hegau zu verstärken, den Mägdeberg befestigen. Herzog Sigmund nun wollte sich die Gelegenheit, dem alten Gegner eins auszuwischen, nicht entgehen lassen. Er setzte sich für die Friedinger Herren ein, und es gelang ihm auch, während einer vorübergehenden Abwesenheit Eberhards sich des Mägdebergs zu bemächtigen. Die Sache fing an kritisch zu werden; aus der Fehde konnte leicht ein Krieg entstehen, hätte nicht die drohende Einmischung der Eidgenossen beide Gegner zu Vorsicht und Zurückhaltung veranlaßt. So gelang es dem vom Kaiser zum Schiedsrichter bestellten Markgrafen Albrecht Achilles, einen Vergleich zustande zu bringen. Sigmund erhielt den Mägdeberg, mußte aber an Eberhard eine namhafte Entschädigung bezahlen. Später erst wurden in alten Archiven Urkunden gefunden, die bewiesen, daß der Mägdeberg in der Tat österreichischer Besitz, das Haus Württemberg nur Pfandinhaber gewesen war.

Um das Bild des mittelalterlichen Landesherrn abzurunden, sei hier noch an das Auftreten des Grafen Eberhard gegen den Abt des Klosters Zwiefalten erinnert. Dieses Kloster stand unter württembergischem Schutz. Der Abt jedoch, von dem Herzog Sigmund gewonnen, ließ dessen Fahne hissen. Als Graf Eberhard dies hörte, ritt er nach Zwiefalten, ließ die Fahne Tirols herunterreißen und trat sie mit Füßen. Dann erzwang er mit Gewalt die Huldigung des Abts und des Konvents. – Mehr als ein Jahrzehnt hatte sich der Streit der beiden Nachbarn mit wechselndem Erfolg hingezogen, bis es der Diplomatie Eberhards gelang, mit seinem Gegner in Innsbruck zu einer bleibenden ›Einung‹ zu kommen, die in ihren Folgen nicht wenig zur Erhöhung seines persönlichen Ansehens und zur Stärkung der Stellung seines Landes im Reich beitrug. Denkbar ist, daß es bei diesem Besuch zu einer persönlichen Annäherung von Mensch zu Mensch zwischen den beiden Fürsten auf dem Boden der gemeinsamen Neigung zu gelehrten Studien gekommen ist, denn Sigmund von Tirol galt als besonderer Freund der Humanisten. Aber mit dieser Abschweifung sind wir der Entwicklung vorausgeeilt.

Im Sommer 1474 heiratete Graf Eberhard von Württemberg im Alter von neunundzwanzig Jahren Barbara, Tochter des Markgrafen Ludwig von Mantua aus dem Hause Gonzaga und dessen Gemahlin Barbara, geborener Markgräfin von Brandenburg, einer Schwester von Albrecht Achilles. Der Hof von Mantua war berühmt für seine Prachtentfaltung und die Pflege höfischer Sitte; Künstler, Dichter und Gelehrte fanden dort eine Heimat. Die Verbindung war geeignet, das Ansehen des württembergischen Hofs in Urach zu heben. Gestiftet war die Ehe von Albrecht Achilles, der auch bei der Hochzeitsfeier in Urach der hervorragendste Gast war. Gefeiert wurde die Hochzeit mit großem Gepränge, was nicht nur eine Forderung der Zeit war, sondern auch dem Geschmack des Bräutigams entsprach, der zeitlebens das Turnier als den Höhepunkt höfischen Lebens und ritterlicher Haltung liebte.

Mit der *Gründung der Universität Tübingen* hat sich Graf Eberhard ein bleibendes Denkmal gesetzt. Den Gedanken hat er wohl allein gefaßt, zur Ausführung mußte er sich natürlich vertrauter Helfer und Ratgeber bedienen. Zum Gelehrten war Eberhard nicht erzogen. Sein Lehrer Vergenhans schreibt, es sei ihm von dem Vormundschaftsrat ausdrücklich verboten worden, seinen Schüler im Lateinischen, der gelehrten Sprache seiner Zeit, zu unterrichten. Die württembergischen Räte, also die ritterlichen Dienstleute ihres gräflichen Herrn, hätten sich bei diesem Verbot auf den letzten Willen des Grafen Ludwig I., Eberhards Vater, berufen und betont, für eine ritterliche Erziehung bedürfe es der Kenntnis der lateinischen Sprache nicht. Daraus braucht man nicht auf eine bildungsfeindliche Haltung zu schließen. Graf Ludwig kann andere Beweggründe gehabt haben: vielleicht eine begründete Sorge für die Sicherung der Erbfolge. Möglicherweise ahnte oder wußte er von dem Keim eines frühen Todes, den sein älterer Sohn in sich trug. Sein Wunsch, die geistliche Laufbahn, die übliche Versorgung der jüngeren Söhne adeliger Geschlechter für seinen Sohn auszuschließen, wäre sehr begreiflich gewesen, und dieser Werdegang hätte mit der Erlernung der lateinischen Sprache begonnen. Eberhard hat seine Unkenntnis des Lateinischen lebenslang bedauert. Sie hat ihn aber nie gehindert, sich die volle Bildung seiner Zeit zu eigen zu machen. Er war ein geradezu leidenschaftlicher Autodidakt auf vielen Gebieten menschlichen Wissens und Forschens. Mit dieser Neigung stand er in der Reihe seiner Vorfahren allein. Seine Mutter jedoch dürfte ihn wohl zur Gründung der Universität ermuntert haben; ohne gelehrt zu sein, war sie für alles geistige Leben aufgeschlossen. Die Herzogin Mechthild war in Heidelberg an dem bildungsfrohen und -stolzen pfälzischen Hof aufgewachsen; ihren zweiten Gatten, Herzog Albrecht, regte sie zur Gründung der Universität Freiburg im Breisgau an (1457). Aus ihrem Witwensitz in Rottenburg am Neckar machte sie einen Musenhof und war Dichtern und Künstlern Freundin und Gönnerin.

Die Universität konnte am Ausgang des Mittelalters nichts anderes sein als eine Bildungsstätte der Kirche, ein membrum ecclesiae. Darum trat auch Tübingen durch eine päpstliche Bulle ins Leben. Der Brief Kaiser Friedrichs III., der erst sieben Jahre später eintraf, war nur die Bestätigung einer längst vollzogenen Tatsache. Die Aufgabe der mittelalterlichen Universität war, der Kirche gelehrte Streiter für den christlichen Glauben gegen Juden, Heiden und Ketzer zu erziehen, die Ausbildung von Staatsdienern war ihr noch nicht zur Pflicht gemacht. Aber schon kamen aus Italien die Vorboten einer neuen Weltanschauung, die die Lehre des Humanismus mitbrachten. Da die Mitlebenden die Schwelle zwischen zwei Zeitaltern unbewußt überschreiten, gab es in Tübingen keinen Streit zwischen Scholastik und Humanismus: die Gegensätze wurden mit den Waffen des Geistes ausgetragen.

Der erste Rektor der Universität war Johann Vergenhans, den wir schon kennen. Als Kanzler leitete er später für ein Menschenalter die Geschicke Tübingens. Er war ein Mann wie von Gott für seine Aufgabe geschaffen, nicht nur ein Gelehrter von umfassendem Wissen und als Verfasser einer Chronik ein Geschichtsschreiber, sondern auch ein lebenserfahrener, weltkundiger Verwaltungsmann, der rechte Vertreter eines stolzen Gedankens und in jeder Hinsicht befähigt, diesen zu verwirklichen. Seinem gräflichen Herrn trat er mit männlichem Freimut gegenüber. Übrigens war er ein Lobredner seiner Heimat und pries die Schönheit und den Reichtum des württembergischen Landes. Die lange Liste der nach Tübingen berufenen Lehrer kann hier nicht wiedergegeben werden, sie enthält klangvolle Namen: unter den Theologen finden wir Gabriel Biel und Konrad Summenhard, unter den Humanisten Heinrich Bebel und Johannes Reuchlin, der als einer der bedeutendsten Gelehrten Deutschlands galt, und nicht zu vergessen Philipp Melanchthon, Luthers Freund, den aber sein Lebensweg bald nach Wittenberg weiterführte. Als Standort der Neugründung konnte im Uracher Teil nur Tübingen als dessen bedeutendste Stadt in Frage kommen.

Die finanzielle Sicherung der neuen Hochschule machte weniger Schwierigkeiten, als man denken sollte. Es war nicht der immer in Schulden steckende Patrimonialstaat der Zeit, der die Mittel beschaffen mußte, sondern die Kirche; denn die Universität war, wie schon erwähnt, eine kirchliche Anstalt, und die Zustimmung des Papstes konnte, wenn es sich um Bildungsfragen handelte, leicht erlangt werden. Der päpstliche Beauftragte war in diesem Falle Abt Heinrich von Blaubeuren, der für seine Aufgabe volles Verständnis hatte. Vergenhans, der Unermüdliche, der alles machte, wird es wohl gewesen sein, der vorschlug, das weltliche Chorherrnstift St. Martin in Sindelfingen mit seinem großen, landwirtschaftlich genutzten Grundbesitz, Wäldern, Dörfern und Höfen in eine Universität umzuwandeln. Eberhard gab noch fünf reiche Pfarrkirchen, deren Patron er war, dazu. Wenn auch die Organisation im Laufe der Jahre noch mehrfach geändert werden mußte, der finanzielle Unterbau blieb tragfähig und sicher. Der Lehrkörper der Universität, in dessen Händen auch die Verwaltung lag, hatte nun die Güter zu bewirtschaften, die Einkünfte einzuziehen und abzurechnen. Tübingen war dadurch vor anderen Universitäten bevorzugt, daß diese Güter nicht allzuweit von der Stadt entfernt waren, so daß die Bewirtschaftung und Aufsicht keine zu großen Schwierigkeiten verursachte. Freiburg, um ein Beispiel zu nennen, war in einer weniger glücklichen Lage und deshalb oft in schwerer finanzieller Bedrängnis. Trotzdem mag es den Professoren mitunter schwergefallen sein, die landwirtschaftlichen Erzeugnisse zweckentsprechend zu verwerten. Auch müssen ihnen Mißernten, hauptsächlich im Weinbau, oft rechte Sorgen bereitet haben. So sehr Graf Eberhard auf die finanzielle Selbständigkeit seiner Schöpfung bedacht war, so wollte er doch seinen ausschlaggebenden Einfluß nicht aufgeben und behielt sich für Lebenszeit die Ernennung der Professoren vor. Ein Kummer quälte den Stifter der Universität. Wie konnte er das Universitätsvermögen vor dem Zugriff des mutmaßlichen, höchst unzuverlässigen und verschwenderischen Thronerben schützen? Die Sorge war unnötig. Die Gefahr, die den Fortbestand der Universität in den nächsten Jahrzehnten bedrohte, war nicht finanzieller, sondern politischer Art. Doch davon wird später die Rede sein (vergl. Seite 96).

Wir haben uns mit dem streitbaren Grafen beschäftigt, der so viele Fehden führte. Für ihn waren sie ein Mittel staatlicher Aufbauarbeit, während die meisten schwäbischen Ritter und Herren den ›täglichen Krieg‹ um seiner selbst willen und aus reiner Gewinnsucht betrieben. Eberhard warb mit Geschick um Bundesgenossen, trennte sich auch wieder von ihnen, wenn er sich Vorteil davon versprach. Einen mageren Vergleich hat er nicht verschmäht, wenn er nichts Besseres haben konnte. Rückschläge steckte er ein, ehe sie zur Niederlage wurden.

Von seiner liebenswertesten Seite zeigte er sich als Stifter der Universität. Wenn er nach Tübingen kam und dem einfachen Haus seines Kanzlers abstieg, war er im Kreise der Gelehrten ein selbstloser Diener an einem großen Werk, ein Freund unter Freunden und doch ihrer aller Herr und Meister.

Sehen wir uns nun den Organisator und Verwaltungsmann an: Als Eberhard die Regierung übernahm, besaß er infolge der Teilung der Herrschaft nur ein kleines Land, das aber den großen Vorteil eines im wesentlichen geschlossenen Gebietes hatte, es war fruchtbar und mit damaligen Maßstäben gemessen reich. Getreide und Wein fanden inner- und außerhalb der Landesgrenzen Absatz. Die Verkehrslage war günstig und die Verwaltung geordnet. Der Vertreter des Grafen und sein erster politischer Berater war der Landhofmeister. Hans von Bubenhofen, Dietrich von Weiler, Graf Hugo von Werdenberg und Hermann von Sachsenheim, der Sohn des Dichters (und wahrscheinlich der betende Ritter der Stuttgarter Stiftskirche), waren nacheinander Eberhards Landhofmeister, und es scheint, daß er in der Wahl seiner engsten Vertrauten glücklich war. Sie haben ihn nie beherrscht, immer blieb er der Herr seiner Entschlüsse. Die Landhofmeister standen an der Spitze der Regimentsräte, die man sich aber nicht als festes Kollegium vorstellen darf. Wie schon zur Zeit Eberhards des Milden standen sie für gewisse Aufgaben zur Verfügung. Die örtliche Verwaltung der Städte und Ämter lag beim Vogt, der vom Grafen ernannt und ihm allein verantwortlich war. Die Obervögte stammten meist aus adeligen Familien, die Untervögte aus bürgerlichen. Der Steuereinzug und die Finanzverwaltung geschah durch die ›Keller‹, die Beamte waren.

In der Grafenzeit war ursprünglich landesherrliches und staatliches Vermögen nicht getrennt. Das Kammergut, der landesherrliche Grundbesitz, reichte für den Bedarf des Hofes und die staatlichen Ausgaben hin. Der regierende Graf leitete und besorgte mit Hilfe der Ministerialen und Dienstleute, Adeligen und Prälaten, die Verwaltung. Bei schwierigen politischen und rechtlichen Verhandlungen bewiesen die gelehrten Räte ihre besondere Eignung und erhielten damit ein natürliches Übergewicht. Mit der Zeit mußten die Geschäfte getrennt, die Verwaltung systematisch gegliedert werden. In der zweiten Hälfte des vierzehnten Jahrhunderts entwickelte sich so neben der Hofverwaltung, die dem Marschall, später auch Haushofmeister genannt, unterstand, die obere Landesverwaltung, an deren Spitze der Landhofmeister trat. Die landesherrliche Kanzlei, die von dem Kanzler geleitet wurde, war bis 1534 die einzige Regierungsbehörde für Verwaltung, Finanzwesen und Rechtspflege.

Einem Staatsmann von der Art des Grafen Eberhard mußte der Gedanke des Aufbaus einer militärischen Macht als Mittel seiner Politik naheliegen. Dabei ging es in erster Linie um die Ausrüstung mit den neuen Feuerwaffen und die Ausbildung ihrer Träger. Noch zu Beginn des fünfzehnten Jahrhunderts lag die Stärke eines Heeres in seiner Reiterei, die sich aus dem Adel des Landes ergänzte, das Aufgebot des Fußvolks stellte die ländliche und städtische Bevölkerung. Wir haben das Beispiel der Schlacht bei Seckenheim. Als die Reiterei Ulrichs von Württemberg derjenigen Friedrichs von der Pfalz erlegen war, lief das Fußvolk auseinander, obwohl es gar nicht am Gefecht beteiligt gewesen war. Aber die Kriege der Eidgenossen mit Burgund und den Habsburgern lieferten den Beweis einer geänderten Taktik. So erging als Hauptstück der neuen Heeresorganisation im Sommer 1481 der Befehl Eberhards, in allen Teilen des Landes die Ausbildung von Schützen zu betreiben, und die gräfliche Autorität sorgte für tatkräftige Durchführung. Eine taktische Ausbildung hielt man offenbar nicht für nötig, aber an allen Sonntagen wurde landauf, landab mit den Feuerbüchsen geübt. Für die Verbesserung der Waffen geschah viel, der Troß wurde beweglicher gemacht, und die Fahrzeuge baute man so, daß aus ihnen sich leicht Wagenburgen errichten ließen. Deutschlands bestes Heer am Ende des Jahrhunderts waren die Truppen des Schwäbischen Bundes, und deren Kern bildete das württembergische Aufgebot mit 3500 Mann Fußvolk und 400 Reitern. Ein Fünftel des Fußvolks waren Schützen. Diese militärische Macht allein sicherte dem Grafen einen entscheidenden Einfluß auf die politische Haltung des Bundes.

Für die Rechtsprechung errichtete Eberhard das Hofgericht in Tübingen als oberste Instanz der württembergischen Gerichte im Uracher Landesteil. Was er damit bezweckte, war die Abschließung der Gerichtsbarkeit im eigenen Land. Es gelang ihm auch, die Zuständigkeit des Rottweiler Hofgerichts und anderer Landgerichte unter habsburgischem und bayrischem Einfluß in Berufungssachen auszuschließen. Die Möglichkeit der Berufung an das oberste Gericht des Reichs allerdings blieb. Das privilegium de non appellando, das aus dem Tübinger Hofgericht die oberste württembergische Rechtsinstanz gemacht hätte, verweigerte der Kaiser. Daß durch die ›Juristenfakultät‹ der Universität dem Römischen Recht Eingang in die württembergische Rechtsprechung verschafft wurde, entsprach den Absichten des Grafen.

Die Sicherung des Verkehrs auf den württembergischen Straßen war Eberhard aus wirtschaftlichen Gründen ein besonderes Anliegen. Jeder Überfall schädigte den Verkehr und verursachte einen Einnahmeausfall. Natürlich mußte die Sicherheit bezahlt werden, und deshalb galten die gräflich württembergischen Straßen als teuer. Wir wissen auch von einem Verbot der Großen Ravensburger Gesellschaft an ihre Fuhrleute, württembergische Straßen zu benützen. Die Ausfuhr von Getreide nach Zürich wurde nach Möglichkeit gefördert, und württembergischer Wein ging über Ulm die Donau hinunter. Kaufleute aus der Grafschaft Württemberg zeigten sich allmählich neben den reichsstädtischen Handelsherren auf den Messen von Frankfurt und Nördlingen. Die regelmäßige Verlegung der gräflichen Hofhaltung in die verschiedenen Städte des Landes hatte zumindest teilweise wirtschaftliche Gründe, denn die Anwesenheit vieler Hofleute und eines großen Gesindes brachte Geld in die Kassen. Auch die vom Grafen erlassenen Stadtordnungen und die Landesordnung vom Jahre 1495, deren Auswirkung Eberhard nicht mehr erleben sollte, enthielten wirtschaftsfördernde Bestimmungen. Alles in allem hat Eberhard dem Zug der Zeit folgend die landesherrliche Zuständigkeit auf vielen Gebieten erweitert und damit das staatliche Verantwortungsbewußtsein gestärkt. Sein Wunsch sei, so sagte er, nur der getreue Verwalter seines Landes zu sein. Er gab damit allen Staatsdienern ein Vorbild.

Das Verhältnis von Staat und Kirche war für jeden Landesherrn dieser Zeit von besonderer Bedeutung. Als Stifter von Klöstern sind die württembergischen Grafen nicht hervorgetreten, aber sie waren vielfach Klostervögte und verfügten, wie wir es bei der Universitätsgründung hörten, über viele und reiche Pfründen. Daß Eberhard ein überzeugter und frommer Sohn seiner Kirche war, steht außer Zweifel. Aber diese religiöse Ergebenheit hinderte nicht, daß er die großen Kirchen und Klöster seines Landes mit ihrem reichen Einkommen in das Staatsgefüge eingebaut sehen wollte. Das gelang ihm auch und bedeutete eine große kirchenpolitische Leistung. Gegensätze zwischen weltlichen und kirchlichen Auffassungen und Gewissenkonflikte konnten dabei nicht ausbleiben, persönlich jedoch wußte Eberhard den Ausgleich immer zu finden. Da ihm ein Rückhalt in Rom den Verkehr mit widersetzlichen Kirchenherren sehr erleichterte, pflegte er als Politiker und Diplomat sorgfältig die Beziehungen zum päpstlichen Stuhl. Sie waren während Eberhards Regierung nur einmal, dann aber für fünf Jahre, ernstlich getrübt. Der Bischof Hermann von Konstanz hatte sich altershalber mit der Bitte um Ernennung eines Coadjutors mit dem Recht der Nachfolge an Papst Sixtus IV. gewandt, der dem Wunsch auch entsprach. Der Mann seiner Wahl war der von dem Bischof Hermann empfohlene Pfarrherr von Ehingen an der Donau, gleichzeitig Rat des Herzogs Sigmund von Tirol, Ludwig von Freiberg. Damit war schon der Konfliktstoff für Eberhard gegeben, der natürlich eine Machtverschiebung zugunsten seines alten

Gegners sehr ungern sah. Abgelehnt wurde auch Herr von Freiberg als Bischof von Konstanz von Kaiser Friedrich III., der in der päpstlichen Ernennung einen Eingriff in das freie Wahlrecht des Konstanzer Domkapitels sehen wollte. Dieses wählte nun in Ausübung seiner Zuständigkeit den Grafen Otto von Sonnenberg, Truchseß von Waldburg, zum Bischof. Jahrelang ging der Streit hin und her. Der Papst drohte mit dem Kirchenbann, der Kaiser mit der Reichsacht. Dadurch wurden die Fronten so verhärtet, daß ein Ausgleich nur schwer zu finden war. Zu guter Letzt wurde Bischof Otto doch noch vom Papst bestätigt. Bischof Ludwig enthob durch den Tod seinen kirchlichen Oberhirten der Notwendigkeit, für ihn eine andere angemessene Verwendung zu finden. Die sehr erheblichen ›Kriegskosten‹ wurden dem Bistum Konstanz aufgebürdet.

Der wiederhergestellte Friede mit Rom ermöglichte Eberhard zu Beginn des Jahres 1482 die Verwirklichung seiner seit langem geplanten Reise und den Besuch bei Papst Sixtus IV. In der Begleitung des Grafen befanden sich Johann Vergenhans, Gabriel Biel, der Tübinger Theologe, und als Geheimschreiber und Dolmetscher der damals sechsundzwanzigjährige Reuchlin. In Florenz, dem Mittelpunkt der Kultur der Renaissance, wurde zum Besuch im Hause Medici bei Lorenzo dem Prächtigen Halt gemacht. In Rom erhielt Graf Eberhard die päpstliche Auszeichnung der Goldenen Rose. Bei einer Unterredung mit dem Papst habe Eberhard, so berichtet der Chronist, sein ererbtes Recht, geistliche Lehen zu verleihen, mit großem Nachdruck verteidigt, ohne daß Sixtus widersprochen habe. Das war ein wesentlicher politischer Erfolg, der allein schon die ganze Reise wert war. Des Grafen Schwager, der Kardinaldiakon Franz von Gonzaga, war während dieser römischen Tage für Eberhard eine große Stütze. Kennzeichnend für die damals in der Heiligen Stadt herrschende Rechtsunsicherheit war, daß, wie Reuchlin berichtet, einer der beiden Kardinäle, die dem Grafen das Ehrengeleit zu einer Kirche gaben, vor dessen Augen von einem Meuchelmörder erdolcht wurde. Das Jahr, das so hoffnungsvoll begonnen hatte, brachte Eberhard noch einen herben Verlust. Die Herzogin Mechthild starb in Heidelberg. Der Sohn ließ seiner geliebten Mutter ein Denkmal setzen von dem Bildhauer Jörg Stein, der ein Schüler war von Hans Multscher, dem wohl bedeutendsten Bildhauer der Ulmer Schule.

Die Finanzen des Landes Württemberg waren schlecht, und da die Zeit den Unterschied zwischen fürstlichem Privatvermögen und Staatsbesitz nicht kannte, waren es die des gräflichen Hauses auch. Dieses Schicksal teilte zwar Eberhard mit allen anderen Territorialfürsten, die Habsburger eingeschlossen, aber die württembergischen Schulden waren doch größer als der allgemeine Durchschnitt. Die doppelte Hofhaltung während der Zeit der Trennung des Landes mag zu ihrer Erhöhung beigetragen haben. Im Stuttgarter Landesteil waren die Schulden aus der unseligen Pfälzer Fehde noch nicht abgetragen, und die Verschwendungssucht Eberhards des Jüngeren belastete die gräflichen Finanzen sehr.

Die allgemeine Finanznot hatte schon im dreizehnten und vierzehnten Jahrhundert begonnen, als die württembergischen Grafen noch reich waren und Herrschaften aufkaufen konnten, wann und wo es ihnen beliebte. Aber schließlich wurden auch bei ihnen die öffentlichen Aufgaben immer größer, während die Einnahmen gleich blieben. Griff man in solcher Not zu Anleihen und Verpfändungen, brachte man das Staatswesen an den Rand des Ruins, da die Mittel zur Schuldentilgung kaum aufzubringen waren. Der Herzog Sigmund von Tirol konnte für die Sicherung der Zinsen und Rückzahlung einer Anleihe seine Einnahmen aus den Tiroler Silberbergwerken dem Hause Fugger verpfänden, aber des Grafen Eberhard kleines Land trug eben „keine Berge silberschwer". Das Steuersystem war längst veraltet, die Steuereingänge waren von der Ernte abhängig und deshalb sehr schleppend; die ›Bede‹ wurde jährlich in einer feststehenden Summe von den Gemeinden an den Grafen bezahlt, der ›Landschaden‹ war eine Umlage der öffentlichen Lasten auf alle Ämter; das ›Umgeld‹ war eine indirekte Steuer. Außerordentliche Steuern waren ›Hilfen‹ oder ›Schatzungen‹; sie wurden im Kriegsfall oder zur Schuldentilgung oder im Falle völliger Zahlungsunfähigkeit der Staatskasse ausgeschrieben. Graf Eberhard hatte weitgehende Pläne zur Abhilfe dieses lähmenden Zustandes, aber sein früher Tod ließ sie nicht reifen. Offenbar hatte er an eine Art Vermögenssteuer gedacht. Dazu aber hätte er der Zustimmung der Stände, zumindest der Landschaft, bedurft.

Es gab in Württemberg drei *Stände:* den Adel, die Prälaten und die Landschaft. Im ›Landtag‹ berieten die Stände gemeinsam. Der Adel war rechtlich als Korporation nicht mit dem Grafen verbunden, wohl aber durch gemeinsame politische und wirtschaftliche Ziele. Die gräflichen Räte, die bei den Vormundschaften nach dem Tode Eberhards IV. und Ludwigs I. entscheidenden Einfluß auf die Regierung des Landes gewannen, waren von adeliger Geburt. Die Prälaten waren die Äbte der großen Mönchsklöster, die, auf ihre Selbständigkeit bedacht, sich nur ungern dem weltlichen Herrscher beugten. Am stärksten wirkte sich die Verbindung der Landschaft mit dem Landesherrn aus. Bis 1460 war der Einfluß dieser Korporation gering gewesen, dann aber versuchte der Adel, die Landschaft in den Vordergrund zu schieben. Es war die Absicht der Herren, sich von der Landschaft die Kastanien aus dem Feuer holen zu lassen. Während der Regierungszeit Eberhards im Bart setzte sich die Landschaft aus den Vertretern der Städte und der Ämter zusammen; die Dörfer waren nicht vertreten. Der Landesherr berief als Mitglieder der Korporation den Vogt, einen Richter und einen Bürger der Stadt; von einer Wahl ist nie die Rede. Vermutlich war der Vogt ermächtigt, für die Benennung der anderen Vertreter Vorschläge zu machen. Als ausführendes Organ der vielköpfigen Versammlung der vereinigten Stände war ein Ausschuß vorgesehen. Einfluß auf die Entschlüsse des Grafen Eberhard gewannen die Stände nur in Steuerfragen, denn hier war die Mitwirkung der Landschaft unentbehrlich. Eberhard hoffte bei ihr den Gedanken durchsetzen zu können, daß in einem geordneten Staatswesen die Einnahmen sich nach den Ausgaben zu richten haben und nicht umgekehrt. Die Staatshoheit besteht darin, daß die Regierung ihren Bedarf anmeldet und die Gemeinschaft der Steuerzahler, hier vertreten durch die Landschaft, im eigenen wohlverstandenen Interesse für diesen Bedarf aufkommt. Das hätte bedeutet, daß eine Steuer aus dem Vermögen, die einzige, die die benötigten Beträge erbringen konnte, den Ausgleich des Staatshaushalts sicherstellte. Die Folge der Anerkennung dieses Grundsatzes wäre der Verzicht der Landschaft gewesen, durch die Steuerbewilligung für sich Zugeständnisse des Landesherrn herauszuschlagen. Für ein solches Opfer waren die steuerzahlenden Bürger nicht zu haben.

Noch eine andere sehr wesentliche Rolle hatte Eberhard den Ständen bei der Wiedervereinigung der beiden Landesteile zugedacht. Sie sollten ihm nicht nur helfen, diesen Gedanken, der ihn zeitlebens aufs stärkste beschäftigte und die Krönung seiner staatsmännischen Arbeit war, zu verwirklichen, sondern auch nach seinem Tod die Einheit des Landes gewährleisten. In den siebziger Jahren schien die Verwirklichung der Pläne Eberhards im Bart näher zu rücken. In beiden Landesteilen war kein Zweifel mehr, daß die Zukunft Württembergs nur in den Händen des Uracher Grafen sicher war. Die beiden Stuttgarter Grafensöhne waren für das Herrscheramt ungeeignet. Selbst ihr Vater konnte sich dieser Erkenntnis nicht mehr verschließen und fand sich zusammen mit seinen Söhnen 1473 bereit, einen Hausvertrag zu unterzeichnen, in dem erstens die Unteilbarkeit des Stuttgarter Landesteils festgelegt wurde und zweitens Graf Heinrich auf seine Ansprüche in Württemberg verzichtete. 1480 starb Graf Ulrich V., nachdem er zwei Jahre zuvor seinen Sohn und seinen Neffen gemeinsam als Regenten eingesetzt hatte. Der jüngere Eberhard fügte sich zwar zunächst der Führung seines Vetters, gab aber seine verschwenderische Lebensführung nicht auf und war auch zu keiner ernsten Arbeit bereit. Der Uracher Eberhard merkte bald, daß er so nie zum Ziel kommen würde. Er gewann die Räte seines Vetters, die ihrem Herrn solange zusetzten, bis dieser in einen Vertrag willigte, der in Münsingen am 4. Dezember 1482 unterzeichnet wurde. Er ist abgeschlossen ›mit Rat der Prälaten, Ritterschaft und Landschaft‹, legt für alle Zeiten die Unteilbarkeit des Landes fest, gibt die Regierung in die alleinige Hand des Grafen Eberhard V., trifft Bestimmungen über die Erbfolge im Hause Württemberg und regelt die Bezüge der gräflichen Familien. Als Hauptstadt des nunmehr vereinigten Landes wird Stuttgart vorgesehen.

Nicht der Abschluß des Münsinger Vertrags ist die große staatsmännische Leistung des Grafen Eberhard im Bart, sondern dessen Aufrechterhaltung im nächsten Jahrzehnt. Eberhard der Jüngere und Heinrich taten alles, um an dem einmal geschlossenen Vertrag zu rütteln und ihn zu durchlöchern. Der Stuttgarter Eberhard klopfte bei allen Feinden seines Vetters an, suchte und fand Beziehungen zu dem jungen Kurfürsten von der Pfalz und zu den bayrischen Herzögen, bat überall um Hilfe und verdächtigte seinen Vetter, wo er konnte. Graf Heinrich, bei dem sich nach qualvollen Jahren in burgundischen Gefängnissen deutliche Anzeichen geistiger Erkrankung zeigten, ging schließlich soweit, daß er mit dem Pfälzer über den Verkauf seiner elsässischen Herrschaft Reichenweiher verhandelte und die Grafschaft Mömpelgard dem Herzog Sigmund von Tirol vererben wollte. Das war mehr als Eberhard im Bart sich bieten lassen konnte. Mit nachträglicher Billigung des Kaisers wurde Heinrich festgenommen und auf die Feste Hohenurach gebracht; der unglückliche Mann blieb dort bis zu seinem Tode (1519) in Haft. Man wird das Geschick Heinrichs beklagen, aber auch begreifen, daß Eberhard in einer Zwangslage handelte. Aus Gründen der Sicherheit des Staates konnte er einen Geisteskranken, der in solcher Weise über Staatseigentum verfügte, nicht in Freiheit leben lassen.

Der sehr glücklichen Ehe Eberhards im Bart mit Barbara Gonzaga waren Kinder bis auf eine in frühem Alter verstorbene Tochter versagt. Somit konnte der Verzicht Eberhards VI., wie es auch im Münsinger Vertrag vorgesehen war, nur zeitweilig sein und galt bis zum Tode seines Uracher Vetters. Konnte Eberhard im Bart diese Entwicklung nicht hindern, so wollte er doch Vorsorge treffen, daß dieser Tunichtgut als regierender Landesherr nicht alles zerschlagen konnte, was mühsam während sorgenvoller Jahre geschaffen worden war. Hier nach dem Rechten zu sehen, sollte die Aufgabe der Stände des Landes werden. Neue Verträge wurden gemacht. Der nach Eberhards V. Tod zu errichtende Ausschuß erhielt das Recht der Mitbeteiligung an der Regierung. Es ist für die Geschichte der württembergischen Landstände festzuhalten, daß sie sich ihr Recht nicht erkämpft haben, sondern daß es ihnen von dem Landesherrn verliehen, um nicht zu sagen, wider ihren Willen aufgenötigt wurde. Diese Rechte sollten aber auch erst für einen späteren, zeitlich noch nicht festzulegenden Termin, nämlich nach dem Tode Eberhards im Bart gelten. Bis dahin wollte er die Geschäfte allein besorgen. So haftete dieser gekünstelten Konstruktion ein wirklichkeitsfremder Zug an, was auch dazu führte, daß sie nie in dem von ihrem Schöpfer gedachten Sinn wirksam wurde. In der Tat trat der Ausschuß erst in Erscheinung, als zwei Jahre völliger Mißwirtschaft des Herzogs Eberhard II. die Stände zum Eingreifen zwangen. Es ging, wie es gehen mußte: auch die klügsten Testamente können den Dingen ihren Lauf nicht vorschreiben.

Eberhard im Bart war im Herzen reichstreu, kam aber natürlicherweise nicht selten in einen Widerstreit zwischen den Rücksichten auf Kaiser und Reich und den Lebensnotwendigkeiten seines eigenen Landes. Es war so, daß im fünfzehnten Jahrhundert der Gedanke, dem Reich verpflichtet zu sein, bei den Fürsten und Herren noch durchaus lebendig war. Auch der Eigennutz gebot ihnen eine gewisse Rücksicht auf den Kaiser, der doch noch manches an Privilegien und Regalien zu vergeben hatte, Reichsgesetze erließ und Hausverträge genehmigte. So benötigte ja auch Eberhard die kaiserliche Zustimmung zu den Verträgen über die Vereinigung der beiden württembergischen Landesteile. Eberhards Pflichtenkonflikt fing an sich aufzulösen, als er annehmen durfte, mit dem Münsinger Vertrag seine eigentliche innenpolitische Aufgabe erfüllt zu haben. In der Gründung des Schwäbischen Bundes (1488) deckten sich Ziele und Wege des württembergischen Grafen und des Kaisers. Der Ausdehnungsdrang der Herzöge aus dem Hause Wittelsbach, die sich der Führung Albrechts IV. von Bayern anvertraut hatten, brachten den Kaiser, süddeutsche Fürsten, wie Eberhard von Württemberg und Sigmund von Tirol, und die schwäbischen Reichsstädte zu gemeinsamem Widerstand zusammen. Das Vorgehen der bayrischen Herzöge zielte unmißverständlich auf den Erwerb der vorderösterreichischen Besitzungen. Friedrich III., der sich aus seiner Lethargie aufgerafft hatte, berief die schwäbischen Stände im Juni 1487 nach Eßlingen. Die Verhandlungen waren schwierig und beanspruchten viel Zeit, so daß die Satzungen erst im nächsten Frühjahr fertig wurden. Zwei Körperschaften, der Adel und die Städte, bildeten den Kern des Bundes. Die Aufnahme weiterer Mitglieder war vorgesehen. Eberhard, dessen Ansehen gerade bei den Städten sehr gestiegen war, zögerte mit dem Beitritt; nicht, weil er den Bund ablehnte. Er wollte gebeten sein, um seinerseits Ansprüche machen zu können. Ihm schien jetzt der Zeitpunkt der Erhebung der Grafschaft Württemberg zum Herzogtum gekommen zu sein. Der Kaiser aber wollte nicht, vermutlich wurde er den Verdacht nicht los, der württembergische Graf arbeite im stillen gegen die Festigung des Hauses Habsburg im Südwesten des Reichs, womit er wahrscheinlich nicht unrecht hatte. Nach seiner äußeren Form war der Bund ein Zusammenschluß zur Sicherung des Landfriedens, in Wirklichkeit waren seine Ziele nicht rechtlicher, sondern politischer Art. Als Sammelbecken aller Gegner Bayerns und aller Freunde Habsburgs stand er auf der Höhe seiner Macht und war zu jeder selbständigen Politik befähigt. Eberhard war der einflußreichste unter seinen Führern. Solange die bayrische Drohung bestand, hielt der Schwäbische Bund fest zusammen, als aber der äußere Druck nachließ, entspannte sich auch der Gegendruck. So bewirkte der Schwäbische Bund letzten Endes doch nur die weitere Stärkung der Fürstenmacht auf Kosten des Adels und der Städte.

1493 starb Kaiser Friedrich III. Allein schon durch die Dauer seiner Regierung – er stand dreiundfünfzig Jahre, zuerst als König, dann als Kaiser an der Spitze des Reiches – war er eine bestimmende Größe der europäischen Politik gewesen. Mit seinem Namen verbindet sich kein strahlender Sieg, aber auch keine vernichtende Niederlage. Alles war mittelmäßig. Seine Untätigkeit war oft der Hohn seiner Feinde und die

Verzweiflung seiner Freunde. Er ist aber nicht der einzige Herrscher, dem es die Methode des ›Fortwurstelns‹, wie man diese Politik abschätzig in unseren Tagen nennt, ermöglichte, viele und stärkere Feinde zu überleben. Mit zäher Geduld hat er politische Fäden gesponnen, die abgerissenen unverdrossen neu geknüpft und nie einen Anspruch seines Hauses aufgegeben, sei er noch so wirklichkeitsfern gewesen. Vor der Entscheidung der Waffen graute ihm, und da, wo sie gar nicht zu vermeiden war, sollten andere für ihn eintreten. Sein Sohn und Nachfolger, Kaiser Maximilian I., war anders. Ihm flogen die Herzen der Menschen zu, und seltsam mischten sich in seinem Kopf Phantasterei und Realpolitik. Er war der Mann des Übergangs: „der letzte Ritter und der erste Artillerist". Voll Hoffnung sahen die Freunde einer Reichsreform seiner Regierung entgegen. Aber auch die besten Absichten konnten an den rauhen Tatsachen, die bisher alle Versuche hatten scheitern lassen, nichts ändern. Sofort traten die beiden alten Parteien wieder auf den Plan. Die Partei des Kaisers vertrat den Standpunkt einer Stärkung der österreichischen Hausmacht als erste Bedingung zur Besserung der Verhältnisse. Die andere Partei, an ihrer Spitze der Kurfürst Berthold von Mainz, kämpfte für die innere Festigung des Reiches, die dadurch erreicht werden sollte, daß der König sich einer Vertretung der Stände, dem Reichsregiment, unterordnete. Maximilians erster Reichstag in Worms 1495 stand im Zeichen solcher Bestrebungen. Eberhard, der Mann des allgemeinen Vertrauens, obwohl schon schwer erkrankt, versuchte zwischen Maximilian und Berthold zu vermitteln. Der Erfolg blieb ihm versagt. Was im ersten Anlauf nicht gelang, wäre vielleicht später zu erreichen gewesen, aber nach Eberhards Tod fand sich niemand mehr, dessen Autorität ausgereicht hätte, neue Verhandlungen mit Aussicht auf Erfolg aufzunehmen. Wie groß der Anteil Eberhards an den tatsächlichen Ergebnissen dieses Reichstags, dem ›bleibenden Landfrieden‹ und der Errichtung des Kammergerichts, war, läßt sich nicht entscheiden, da die vorbereitenden Verhandlungen wohl nur mündlich geführt worden waren.

Eberhard von Württemberg erreichte in Worms das große Ziel, das er sich gesetzt hatte: die Erhebung seiner Grafschaft zum Herzogtum und die Anerkennung als Reichsfürst. Der Titel eines Herzogs von Schwaben blieb Eberhard versagt. Maximilian wollte wohl den stolzen Namen dem Hause Habsburg vorbehalten.

Die Tage des jungen Reichsfürsten waren gezählt. Am 24. Februar 1496 starb Herzog Eberhard im einundfünfzigsten Jahr seines gesegneten Lebens. Er war ein Mensch mit seinem Widerspruch. Aber alle Gegensätze seines Wesens sind in ihm zur Einheit zusammengefaßt durch den unerschütterlichen Glauben, seine Herrschaft Dei gratia, durch die Gnade Gottes erhalten zu haben und sie zum Besten seines Landes und seiner Untertanen ausüben zu müssen.

FÜNFTES KAPITEL

STURM ÜBER WÜRTTEMBERG

Von der nur zweijährigen Regierung des Herzogs Eberhard II. (1496–1498) ist nur wenig und keinesfalls Erfreuliches zu berichten; denn es zeigte sich, daß die Befürchtungen Eberhards im Bart nur zu berechtigt waren. Der neue Landesherr sah sich bei seinem Regierungsantritt in einer bedrückenden Lage. Er war von seinem Vorgänger durch den Eßlinger Vertrag vom Jahre 1492, einem der Hausverträge Eberhards im Bart, unter die »Vormundschaft des Regiments«, bestehend aus dem Landhofmeister und zwölf noch von dem ersten Herzog ernannten Räten, gestellt. Aber das Regiment blieb nach Eberhards Tod untätig und erfüllte die ihm gestellte Aufgabe nicht. Der bisherige Landhofmeister war infolge hohen Alters amtsmüde, und die Räte konnten sich aus verschiedenen Gründen über ihr Verhalten zu dem neuen Herrn nicht einigen. Sie hatten sich bisher willig dem Herrscher gefügt, jetzt sollten sie selbst Herr sein; wie das zu machen sei, konnte ihnen niemand sagen. So erreichte Eberhard II. von König Maximilian für seine Person die Belehnung mit dem Herzogtum, der Grafschaft Mömpelgard, der Reichssturmfahne und den anderen Regalien sowie die Bestellung als Vormund des geisteskranken Grafen Heinrich. Es dauerte nicht lange, bis Eberhard sein wahres Wesen zeigte. Als das bisher unter württembergischem Schutz stehende Kloster Herrenalb mit kaiserlicher Genehmigung sich unter markgräflich-badische Schirmherrschaft stellen wollte, ging Eberhard in brutalster Weise gegen den Abt und die Mönche vor. Mehr noch wurde ihm die Absicht verübelt, sich von seiner überall geachteten Gemahlin, der Tochter des Markgrafen Albrecht Achilles von Brandenburg, zu trennen. Auch die Ernennung des Dr. Konrad Holzinger zum Kanzler des Herzogtums machte im Lande viel böses Blut; dieser entlaufene Augustinermönch, Günstling des Herzogs, sein Berater bei politischen Intrigen und Genosse seiner sittlichen Ausschweifungen stand im übelsten Ruf. Johannes Reuchlin, der gefeierte Gelehrte, gab sein Amt als württembergischer Rat freiwillig auf und ging außer Landes; er war angewidert von dem Treiben Eberhards, hatte auch wohl mit Recht die Rache des Herzogs, dem er zu Lebzeiten Eberhards im Bart scharf entgegengetreten war, zu befürchten. Andere, wie der Kanzler der Universität Tübingen, Johannes Vergenhans, blieben zwar, hielten sich aber im öffentlichen Dienst ganz zurück. Als dann vollends Eberhard die Absicht äußerte, gegen den Herzog Georg von Bayern zu Felde zu ziehen, weil dieser ihn bei seinen Umtrieben gegen den Grafen Eberhard im Bart nicht genügend unterstützt habe, mußte der Regimentsrat, wollte er sich nicht selbst aufgeben, einschreiten. In dem Grafen Wolfgang von Fürstenberg wurde ein tatkräftiger und umsichtiger Landhofmeister gefunden, in dem rechtskundigen Rat Gregor Lamparter, Professor an der Universität Tübingen, ein neuer Kanzler bestellt. Die treibende Kraft bei alledem war vermutlich Konrad Breuning, der Vogt von Tübingen, der das besondere Vertrauen Eberhards im Bart besessen hatte.

Als nun Eberhard II. in der Furcht, abgesetzt, wenn nicht eingekerkert zu werden, das Land verließ und in Ulm Zuflucht suchte, verkündeten Landhofmeister, Kanzler, Prälaten, Ritterschaft und Landschaft eine Regimentsordnung, auf Grund deren dem Herzog die Regierungsgewalt abgesprochen wurde. König Maximilian (erst von 1508 ab Kaiser) versuchte zwar zunächst, zugunsten des entthronten Fürsten einzugreifen, ließ sich aber dann bei seinem Aufenthalt im Mai 1498 in Württemberg eines anderen belehren und setzte den elfjährigen Herzog Ulrich zunächst unter der Vormundschaft des Regimentsrats als den rechtmäßigen Herrn ein. Dem abtretenden Herzog wurde ein Abfindungsvertrag vorgelegt, den er unterschrieb, nach wenigen Tagen aber widerrief. Durch sein unstetes und intrigantes Wesen verscherzte er sich das Wohlwollen und die Unterstützung seiner Freunde. Trotz eines königlichen Verbots schützte und beherbergte ihn sein Vetter, Pfalzgraf Philipp, aber auch dieser wies schließlich seinem Gast einen Zwangsaufenthalt in Schloß Lindenfels im Odenwald an, wo Eberhard II. 1504 starb. Der zweite

Herzog von Württemberg war für sein Land ein Unglück gewesen. Die Annahme liegt nahe, daß Eberhard, wenn auch in geringerem Maß als sein Bruder Heinrich, geistig erkrankt war.

Der rasche Eingriff Maximilians in die württembergischen Verhältnisse beruhte auf einer sehr berechtigten politischen Überlegung. Der König wollte die Eidgenossen, deren Beziehungen zu Deutschland immer loser und deren Wunsch nach Unabhängigkeit seit ihren Siegen über das Haus Habsburg und über Herzog Karl von Burgund immer stärker geworden waren, wieder näher an das Reich heranziehen. Sollte dies mit friedlichen Mitteln nicht gelingen, war Maximilian entschlossen, Gewalt anzuwenden. Es blieb ihm in der Tat fast keine andere Wahl. Durch seine Ehe mit Maria, der Tochter Karls des Kühnen, der Erbin von Burgund, die im Jahre 1482 durch einen Sturz mit dem Pferd ums Leben kam, hatte er das alte Ziel des Hauses Habsburg, im Westen des Reichs dauernd festen Fuß zu fassen, erreicht; aber es war klar, daß die Krone Frankreichs, deren Vasallen die Herzöge von Burgund gewesen waren, dem Österreicher das kostbare Erbe nicht kampflos überlassen würden. Für diese unausbleibliche Auseinandersetzung wollte sich Maximilian der Eidgenossenschaft als Flankendeckung gegen Frankreich und als Operationsbasis gegen Italien bedienen. Gaben sich die Eidgenossen nicht freiwillig zu dieser Aufgabe her, mußten sie gezwungen werden. Der starke Arm des Kaisers sollte der Schwäbische Bund sein. Aber schon hier begannen die Schwierigkeiten. Mit dem Tode Eberhards im Bart war der Bund seiner stärksten Stütze beraubt; daß Eberhard II. kein zuverlässiger Bundesgenosse sein werde, machte der württembergische Landhofmeister dem König klar; so blieb der junge Herzog mit seiner Vormundschaftsregierung ein Notbehelf, aber doch besser als nichts, da Württemberg unbestreitbar militärisch, politisch und geographisch das Kernstück des Schwäbischen Bundes war. Die Spannung zwischen den Schweizern und den ›Königlichen‹ wurde immer stärker. Die schwäbische Ritterschaft höhnte und spottete über die Eidgenossen, die nur Kühe hüten könnten. Diese lehnten, gestützt auf ihre guten Beziehungen zu Frankreich, die politischen und finanziellen Forderungen des Königs ab. So kam es zum Krieg. Von Anfang an stand Maximilians Sache unter keinem günstigen Stern. Anstatt im Süden, wo ja die Entscheidung fallen mußte, seine Kräfte zusammenzufassen, blieb er diesem Kriegsschauplatz fern, um in Geldern zu fechten. Sein Schwager, Herzog Albrecht von Bayern, dem er den Oberbefehl gegen die Eidgenossenschaft anvertraut hatte, betrieb die Vorbereitungen so lässig, daß er es mit den schwäbischen Herren und Städten völlig verdarb und durch den Markgrafen Friedrich von Brandenburg-Ansbach ersetzt werden mußte. Die Mitglieder des Schwäbischen Bundes waren voll Mißtrauen gegen die habsburgische Hausmachtpolitik und nur mit halbem Herzen bei der Sache. Die Eidgenossen, durch Anfangserfolge ermutigt, griffen an und brachten den Königlichen in der Bodenseegegend einige empfindliche Schlappen bei. Das württembergische Aufgebot unter der Führung des Landhofmeisters focht zwar tapfer, wurde aber in den allgemeinen Rückzug hineingerissen und heftete keinen Ruhm an seine Fahnen. Auf solche Unglücksnachrichten hin kam Maximilian in Eilmärschen an den Bodensee und versuchte mit einem Entlastungsangriff aus Tirol durch den Vintschgau gegen das untere Engadin die Lage wieder herzustellen. Aber das schlecht vorbereitete Unternehmen scheiterte. Ein neuer Kriegsplan, den der König, der ja um Entwürfe nie verlegen war, sich ausgedacht hatte, kam nicht zur Ausführung, da ihm die Fürsten und Städte die Mitwirkung versagten. Wären die Eidgenossen unter sich einig gewesen, hätte ihr Erfolg weit größer sein können. Da ihnen durch die Absperrung von ihrer württembergischen Kornkammer eine Lebensmittelknappheit drohte, wurden auch sie friedenswillig, und so kam es unter mailändischer Vermittlung in Basel im September 1499 zum Frieden oder, besser gesagt, zu einem müden Vergleich. Die Eidgenossen behielten, was sie vorher hatten; Maximilians großer Plan war gescheitert, sein Ansehen hatte einen schweren Schlag erlitten. Im Frieden von Basel wurde das Ausscheiden der Eidgenossenschaft aus dem Verband des Reiches besiegelt. Er setzte den Schlußpunkt unter eine schon lange bestehende, immer stärker werdende Entfremdung. Auch die Einheit des schwäbischen Stammes, politisch nur noch ein Schatten früheren Zusammenhalts, war damit endgültig verloren.

Nach dem Friedensschluß besann sich die württembergische Vormundschaftsregierung wieder auf das frühere freundschaftliche, auf Wirtschaftsbeziehungen gegründete Verhältnis zu den eidgenössischen Städten und schloß mit diesen ein Bündnis auf zwölf Jahre, das zwar jede Art gegenseitiger militärischer Unterstützung ausschloß, aber die Pflege geordneter Handelsbeziehungen und die schiedsgerichtliche Regelung von Streitfragen vorsah.

ULRICH von Württemberg, mit königlicher Zustimmung im Alter von zwölf Jahren als Landesherr anerkannt und fast gleichzeitig mit der Nichte Maximilians, der bayrischen Herzogstochter Sabina, verlobt, erfreute sich der besonderen Gunst des Königs. Als dieser im Juli 1499 in prunkvollem Aufzug in Konstanz einritt – vermutlich um den peinlichen Eindruck seines Mißerfolgs im Schweizer Krieg abzuschwächen –, befand sich in seinem Gefolge auch Ulrich, und zwei Monate später, noch vor dem Friedensschluß, jagte der König mit seinem jungen Freund im Schönbuch. Abgesehen von einer persönlichen Neigung zu dem Herzog Ulrich, der offenbar die Menschen, wenn er wollte, sehr für sich einzunehmen wußte, lag Maximilian viel daran, sich in dem württembergischen Fürsten einen treuen Gefolgsmann zu sichern. Einen weiteren Schritt in dieser Richtung tat er mit der Erklärung der Volljährigkeit Ulrichs in dessen siebzehntem Lebensjahr und der Aufforderung an die württembergische Vormundschaftsregierung, dem jungen Herrn die Geschäfte in eigener Verantwortung zu übertragen. Die Landstände zögerten mit ihrer Zustimmung unter dem Hinweis auf den Eßlinger Vertrag von 1492, in dem Eberhard im Bart mit staatsmännischer Weisheit die Volljährigkeit zukünftiger Landesherren auf das vollendete zwanzigste Lebensjahr festgesetzt hatte, ließen sich aber dann von den herzoglichen Räten überreden, dem Wunsch oder Befehl des Königs zu entsprechen. Die treibende Kraft hierbei war wohl der Kanzler der Vormundschaftsregierung Gregor Lamparter, der hoffen mochte, als erster Berater des Herzogs einen erhöhten Einfluß ausüben zu können.

Die erste Möglichkeit, Württembergs militärische Kraft in die Waagschale zu werfen, ergab sich für Ulrich in einem bayrischen Erbfolgestreit. Der im Dezember 1503 verstorbene Herzog Georg von Bayern-Landshut hatte unter Mißachtung des geltenden Erb- und Lehenrechts seiner Vettern, Albrecht und Wolfgang von Bayern-München, seine Tochter und deren Gemahl, den Pfalzgrafen Ruprecht, als Erben eingesetzt. König Maximilian ergriff Partei gegen den Pfälzer; das gleiche tat Ulrich, Herzog Albrechts zukünftiger Schwiegersohn. Zunächst wurde in Augsburg, wo Maximilian prunkvolle und frohe Feste feierte, im Winter 1503/04 die bayrische Erbangelegenheit von einem königlichen Gericht erfolglos verhandelt. Für den König, der einen Türkenkrieg plante, war eine bewaffnete Auseinandersetzung unter deutschen Reichsfürsten unerwünscht. Sein Versuch einer gütlichen Vereinbarung zwischen der Pfalz und Bayern scheiterte aber daran, daß Maximilian nach alter Gewohnheit seine Vermittlerrolle dazu mißbrauchte, von beiden Teilen Vorteile für seine eigene Hausmacht einzuhandeln. Der Pfalzgraf, und mehr noch seine Gemahlin, verloren die Geduld und schlugen los. Zwar starb das streitbare Ehepaar innerhalb von drei Wochen schon im Spätsommer 1504, aber der Vater des Pfalzgrafen, Kurfürst Philipp von der Pfalz, führte den Krieg gegen die bayrischen Herzöge unter Einsatz seiner eigenen, reichen Mittel weiter. Dieser bayrische Erbfolgekrieg bot Ulrich von Württemberg die Gelegenheit zu einem großen militärischen Aufgebot und kriegerischen Erfolgen, die dem Herzogtum auf Kosten des Pfälzer Kurfürsten einen Landzuwachs brachte, der über das hinausging, was Ulrichs Vorgänger alle zusammen mit Waffengewalt erobert hatten. Das Ansehen Ulrichs stieg so hoch, daß sich die Reichsstädte Weil der Stadt und Reutlingen freiwillig seiner Schirmherrschaft unterstellten. Für einen jungen Mann von zwanzig Jahren waren dies achtbare Erfolge. Dementsprechend war das Auftreten Ulrichs auf dem Reichstag in Konstanz 1507, wo sich König Maximilian der Zustimmung der Reichsstände zu seiner Romfahrt und Kaiserkrönung versichern wollte. Der junge Fürst, stolz auf seine Erfolge, lebensfroh, gescheit, großzügig, gastfrei, ein Freund der Musik, von bezwingenden Umgangsformen, gewann im Sturm die Herzen der Menschen und sicherte sich die Gunst des Königs.

Äußerlich trübte kein Schatten das glänzende Bild, als Herzog Ulrich, fünfundzwanzig Jahre alt, am 8. Februar 1511 die ihm schon seit Jahren verlobte Sabina von Bayern heimführte. Trotz Mißernte und Teuerung im Lande war die Hochzeitsfeier selbst für diese an Festen reiche Zeit von ungewohnter Pracht und dauerte eine Woche. Rückschauend freilich erscheint dieser Höhepunkt gleichzeitig als der Beginn einer bewegten, ja stürmischen Regierung und schwerster persönlicher und politischer Verwicklungen, die mit der Vertreibung des Herzogs und dem Verlust seiner Herrschaft endeten. Politisch begann es mit dem Austritt Ulrichs aus dem Schwäbischen Bund. Der bis dahin gültige Bündnisvertrag war zu Beginn des Jahres 1512 abgelaufen und sollte nun um weitere zehn Jahre verlängert werden. Der Fortbestand des Schwäbischen Bundes war für den Kaiser eine Frage erster Ordnung. Zum Schutz des Landfriedens schien er unentbehrlich, aber auch politisch war er ein bedeutsames Instrument der Reichsführung. Maximilian, der mit seiner Reichsreform wenig Glück gehabt hatte, brauchte allein schon für sein Ansehen den

Erfolg der Verlängerung des Bundes. Empfindlicher konnte das Verhältnis zwischen Kaiser und Herzog nicht gestört werden. Sowohl die Tradition wie die politische Überlegung hätten dem Herzog die Fortsetzung der bisherigen, von Eberhard im Bart eindeutig aufgezeigten Linie geboten. Die Gründe für den Austritt waren persönlicher, nicht sachlicher Art: die Möglichkeit, im Bundesrat überstimmt zu werden; der nach Ulrichs Ansicht zu hohe Anteil des Herzogtums an den Bundeslasten; die Befürchtung, durch seine Mitgliedschaft in Händel verwickelt zu werden, die ihn nichts angingen; das Mißvergnügen, eigene Lehensleute im Bunde als gleichberechtigte Mitglieder anerkennen zu müssen; die Beeinträchtigung seiner Zuständigkeit in Rechtssachen durch das Bundesgericht. Das waren Einwände, die schon zu Eberhards Lebzeiten zu Recht bestanden hatten, aber von diesem dem höheren Zweck zuliebe, jedoch auch um des eigenen, wohlverstandenen Nutzens willen nie geltend gemacht worden waren. Allen Bemühungen des Kaisers zum Trotz beharrte Ulrich eigensinnig auf seinem Entschluß. Ein neues Bündnis Württembergs mit zwei alten Gegnern des Schwäbischen Bundes, dem pfälzischen Hause und dem bischöflichen Stuhl zu Würzburg, erwies sich auf längere Zeit gesehen wenig wirksam.

In die neue politische Linie Herzog Ulrichs paßte dann freilich dessen Teilnahme an dem Feldzug des Kaisers gegen Frankreich im Sommer 1513 recht wenig. Maximilian wollte das Erbe seines Enkels Karl (des späteren Kaisers), die Freigrafschaft Burgund, in Besitz nehmen und stieß dabei auf den Widerstand der französischen Krone. Für diese Unternehmung suchte er sich als Führer der kaiserlichen Reiterei den Herzog Ulrich von Württemberg aus. Vermutlich wollte er mit dieser Auszeichnung Ulrich doch noch umstimmen. Zu dessen widerspruchsvollem Charakter paßte es, daß er aus reinem Geltungsbedürfnis das Angebot annahm. Zunächst verlief die Sache nach Wunsch. Ulrich führte seine Truppe mit Auszeichnung und erwarb sich auch bei der Belagerung von Dijon im Herbst 1513 Verdienste. Es war nicht seine Schuld, daß die schweizerische Fußtruppe im entscheidenden Augenblick die Sache des Kaisers verließ. Der französische Statthalter in Burgund, dem kaiserlichen Heer an militärischer Stärke weit unterlegen, hatte einige der eidgenössischen Führer durch das ›heimliche Kronengeschütz‹ für Frankreich gewonnen. Diese geheimnisvolle Waffe war, wie die ›Handsalbe‹ der Diplomaten, in der damaligen Zeit ebenso verbreitet wie wirksam.

Der Frieden, den dann die Schweizer mit den Franzosen aushandelten, ging zu Lasten des seiner Kerntruppe beraubten Kaisers. Frankreich verpflichtete sich zu einer großen Zahlung an die Eidgenossen, die einen Teil davon an den Herzog von Württemberg weitergeben sollten. Sechs Jahre ließ man diesen warten, dann erhielt er das Geld – es sollen zehntausend Gulden gewesen sein –, als er gegen den Schwäbischen Bund rüstete. Die beste Verwendung für das unerwartete Geschenk schien seinem Empfänger die Anwerbung von Schweizer Söldnern, die Ulrich dann in dem Augenblick wegliefen, als er sie am nötigsten brauchte. Doch davon wird später die Rede sein (vgl. S. 81, 83 u. 88). Ulrichs Ruf als eines Führers im Felde war bei Freund und Feind gewachsen, aber das wird den ehrgeizigen jungen Fürsten nicht über den schließlichen Mißerfolg getröstet haben. Die Aussicht, nach dem Fall von Dijon den Weg nach Paris frei vor sich zu haben, war zu schön gewesen. Eins hatte Ulrich wohl nicht bedacht: sein Siegeszug wäre ja gleichzeitig der Triumph des Kaisers gewesen; wie aber hätte sich das mit Ulrichs neuer politischer Linie vertragen? Würde Eberhard im Bart diesen Zickzackkurs Staatskunst genannt haben?

Das fünfzehnte Jahrhundert ließ in Europa auf allen Lebensgebieten eine tiefgehende Gärung entstehen: der Humanismus traf auf die Scholastik, in den deutschen Städten kämpften die Zünfte gegen die Geschlechter, die landesherrliche Macht erstarkte auf Kosten der Reichsgewalt, aus dem Streben nach einer Reform der Kirche an Haupt und Gliedern entstand die konfessionelle Spaltung. Ein neuer Mensch, ein neuer Staatsgedanke, ein neuer Glaube waren im Werden. Diese Kräfte bekämpften, durchdrangen, steigerten sich gegenseitig. „Die Geister wachen auf, es ist eine Lust zu leben", jubelte Ulrich von Hutten.

War es nun ein Wunder, daß schwäbische Bauern fragten, ob es nach Gottes Weltordnung ihr unabänderliches Schicksal sei, zu darben, während die geistlichen und weltlichen Herren vom Ertrag ihrer Arbeit und ihres Fleißes unbeschwert lebten? Den Wortführern der Bauern gelang es, ihren Forderungen unter Berufung auf das Gebot Gottes und die Heilige Schrift Nachdruck zu verleihen. Herzog Ulrich verkannte die Zeichen der Zeit und sah das Gewitter nicht, das sich über seinem Haupt zusammenzog. Unbewußt schürte er noch das Feuer, bis die Flammen hell auflodderten. Das Herzogtum war mit schweren Schulden belastet. Das war nicht allein der Fehler Ulrichs. Schon Eberhard im Bart konnte ja die Finanzwirtschaft des gräflichen Hauses und des Landes nicht nach seinem Willen ordnen, da die Landschaft ihm die Mitarbeit versagte. Der Aufwand für die üppige Hofhaltung des jungen Herrn hatte freilich die Schulden noch wesentlich gesteigert. Dem Vorwurf der Verschwendung begegneten der Herzog und seine Räte mit dem Hinweis auf die neuen Erwerbungen – unter ihnen das reiche Kloster Maulbronn und die Herrschaft Heidenheim – durch Eroberung und Kauf, die an Wert, wie behauptet wurde, die Schulden bei weitem übersteigen sollten. Diese Beweisführung könnte sich hören lassen, wenn der Neubesitz mehr eingebracht als gekostet hätte. Das festzustellen, war aber für eine Finanzwirtschaft unmöglich, die zwischen Staatsvermögen und herzoglichem Privatbesitz keinen Unterschied machte. Dieser Irrtum fällt aber nicht den herzoglichen Räten zur Last, sondern war der Krebsschaden aller öffenlichen Wirtschaft der Zeit. Wenn der Kaiser die Schuldenlast des württembergischen Herzogtums ›überschwänglich‹ nannte, dann durfte man ihn fragen, ob diese Kennzeichnung nicht ebensogut oder vielleicht noch mehr auf die Finanzen des Hauses Habsburg zuträfe. Es ist ein schwer zu begreifender Widerspruch, daß die Privatwirtschaft, wie wir sie bei dem Hause Fugger und den anderen uns bekannt gewordenen schwäbischen Handelsgesellschaften sahen, so klug und erfolgreich zu arbeiten verstand, die Staatswirtschaft aber in einer hoffnungslosen Verschuldung stecken blieb. Dem herzoglich württembergischen ›Landschreiber‹ (heute würde man Finanzminister sagen) ist kein Vorwurf daraus zu machen, daß er, um die nötigen Gelder für die Auszahlungen der öffentlichen Kasse aufzubringen, den Grundbesitz veräußerte oder verpfändete und so ein Loch aufriß, um das andere zu stopfen; seine Kasse blieb leer, aber seine Bücher waren musterhaft geführt. Gottergeben und unbeteiligt sahen die Landstände diesem Treiben zu, an Abhilfe dachten sie offenbar nicht. Aufregung gab es erst, als die herzoglichen Maßnahmen an den Geldbeutel der ›Ehrbarkeit‹ griffen. Der Herzog glaubte zunächst, durch seinen persönlichen Einfluß auf die Ämter eine Vermögensteuer in der Art, wie sie schon dem Grafen Eberhard im Bart vorgeschwebt hatte, durchsetzen zu können. Aber wie damals scheiterte der Versuch am Widerspruch der Landstände, die nun ihrerseits dem Herzog eine Umsatzsteuer, ein Umgeld nämlich auf Wein und Lebensmittel bei gleichzeitiger Herabsetzung der Maße und Gewichte, unter Festhaltung der Preise, vorschlugen. Diese Verordnung, in der ein Bankrott des Staates zum Ausdruck kam, belastete die ärmeren Schichten weit mehr als die wohlhabenden und mußte die Unruhe unter den Bauern noch schüren. Ihre Auswirkung ließ auch nicht lange auf sich warten. Für die Bauern war sie ein grober Verstoß gegen das Herkommen, der vollends die Lunte an das Pulverfaß legte. Im Remstal kam es Ostern 1514 zu ernsten Unruhen. Im Zeichen des ›Armen Konrad‹, des Sinnbilds eines immer darbenden, immer schuftenden, auf der Schattenseite des Lebens stehenden ›kleinen Manns‹, erhoben sich die Bauern und forderten vom Herzog die Erleichterung ihrer überschweren Last. Der Unwille richtete sich nicht so sehr gegen die Person des Herzogs als gegen die herzoglichen Räte und das wohlhabende Bürgertum, die ›Ehrbarkeit‹, deren Vertreter in der ›Landschaft‹ zusammengeschlossen waren. Die Ehrbarkeit hatte in den Städten ausschlaggebenden, in den Ämtern weitgehenden Einfluß.

Mit der Ausschreibung eines allgemeinen Landtags und der Aufhebung des beanstandeten Gesetzes versuchte der Herzog den Sturm zu beschwichtigen, aber für solche Maßnahmen war es zu spät. Der Ernst der Lage war nicht mehr zu verkennen. Das Staatswesen war von zwei Seiten bedroht: durch den finanziellen Notstand und durch die bäuerlichen Forderungen. Die Ehrbarkeit, vertreten durch die Landschaft, erkannte die Gefahr und war, schon aus Eigennutz, bereit, den Herzog zu stützen. Dieser hätte, getragen von der Anhänglichkeit der Landbevölkerung, die Möglichkeit der Wahl zwischen Ehrbarkeit und Bauern gehabt, kam aber zu keinem Entschluß und vergeudete kostbare Zeit, um sich für den Fall eines bewaffneten Vorgehens gegen den ›Armen Konrad‹ der Hilfe des Kaisers, den er doch so sehr vor den Kopf gestoßen hatte, zu versichern. In diesem Zustand der Ungewißheit und Unentschlossenheit ergriff zum Heil des Hauses Württemberg eine feste Hand das Steuer. Der Vogt von Tübingen, Konrad Breuning, herzoglicher Rat, setzte es durch, daß der nach Stuttgart einberufene Landtag nach Tübingen verlegt wurde. Hier, wo die Ordnung nicht gestört war, verhandelte nun die Regierung mit den Landständen, das waren nur die Prälaten und die Landschaft. Die Ritterschaft, darauf bedacht, ihre Reichsunmittelbarkeit zu wahren, und überzeugt, daß bei der gegebenen Lage für sie nichts zu holen sei, hielt sich fern. Währenddem saßen die Vertreter der Bauern in Stuttgart, ließen sich vertrösten, warteten geduldig, daß ihnen ihr Herzog Gehör gewähre, und versäumten auf diese Weise die Gunst ihrer Stunde.

Breuning war ein überlegener Kopf und hatte eine klare, staatsmännische Auffassung der Lage. Er wollte die Parteien, Herzog und Landschaft, nicht gegeneinander ausspielen, sondern zum Besten des Landes zusammenbringen. Die Aufgabe, die dem Landtag gestellt war, bestand in der Regelung der Schulden, die, auf eine Million Gulden geschätzt, im Verhältnis zu dem steuerlichen Aufkommen des Herzogtums eine schwere Last bedeuteten. Unter der zielsicheren Leitung Breunings kam eine Verständigung zustande, deren Einzelheiten in dem Tübinger Vertrag vom 8. Juli 1514 niedergelegt sind. Die Landschaft übernahm die Schulden des Herzogs und richtete zu deren Rückzahlung eine Tilgungskasse ein. Dafür gestand der Landesherr allen Untertanen die Freizügigkeit zu, räumte der Landschaft das Recht der Steuerverwilligung und der Aufsicht über die Staatsverwaltung ein und versprach, daß die Regierung vor einer Kriegserklärung die Landschaft zu Rate ziehen werde. Das Recht der Einberufung des Landtags verblieb dem Herzog, die Städte Stuttgart und Tübingen erhielten jedoch die Befugnis, dessen Einberufung beim Herzog zu beantragen.

Der Tübinger Vertrag, später gerne als Staatsgrundgesetz Württembergs angesehen, war bei seiner Entstehung nur eine aus der Forderung des Tages entstandene Vereinbarung des Herzogs mit der Landschaft, die man, als ein Stand unter anderen Ständen, nicht als Vertretung des ganzen Landes ansehen kann. Die Ritterschaft hatte sich selbst ausgeschaltet, der Bauernstand war überhaupt nicht gefragt worden. Der Herzog hatte der Landschaft einen Wechsel ausgestellt, und diese zögerte nie, ihn bei jeder passenden Gelegenheit dem jeweiligen Landesherrn zur Einlösung vorzulegen. Daß der Tübinger Vertrag in seinem finanziellen Teil Stückwerk blieb, lag nicht an seinen Vätern, sondern daran, daß die Schaffung einer geordneten staatlichen Finanzwirtschaft einer wesentlich späteren Zeit vorbehalten blieb. Die Anerkennung des Vertrags machte viel Schwierigkeiten; Städte und Prälaten nahmen teilweise die ihnen zugemuteten Lasten nur sehr widerstrebend auf sich. Man hat später den Aufstand des ›Armen Konrad‹ und die Entstehung des Tübinger Vertrags in einen engen, ursächlichen Zusammenhang bringen wollen; aber offenbar trafen hier die Ereignisse nur oder fast nur zeitlich aufeinander.

Mit der Unterzeichnung des Tübinger Vertrags wäre für den Herzog der Augenblick gekommen gewesen, mit den Bauern zu verhandeln. Aber Ulrich war in seiner Selbstherrlichkeit im Grunde seines Herzens der Landschaft ebensowenig geneigt wie den Bauern, und hätte er gekonnt, wäre er gegen beide vorgegangen. So aber hatte er, wenn auch wider Willen, durch die Einigung mit der Landschaft wenigstens einen Arm frei. Damit fand er auch seine Tatkraft wieder und zögerte nicht, als der Aufstand im Sommer von neuem auflodere. Die Niederschlagung des Aufruhrs war eine Sache weniger Wochen. Es wäre wohl überhaupt nicht mehr zu Gewalttaten gekommen, hätte der Herzog sich entschließen können, den Bauern Gehör zu geben, die geduldig darauf gewartet hatten, ihm ihre keineswegs radikalen Forderungen vortragen zu dürfen. Mehr betrübt als zornig hatten sie dem Herzog sagen lassen, mit den Ständen habe er wochenlang verhandelt, für sie habe er nicht einmal eine Stunde Zeit gehabt. Die Landschaft hatte freilich keinen Grund, die Forderungen der Bauern zu vertreten, und Konrad Breuning fühlte sich offenbar nur dem Herzog und der Ehrbarkeit verpflichtet, aber Ulrich hätte es besser wissen sollen. Die Geschichte der nächsten Jahre bewies zur Genüge, wie treu die Bauern an ihrem angestammten Herrscherhaus hingen. So aber kam es bei den Remstäler Bauern, die sich in ihren Hoffnungen bitter getäuscht sahen, zu neuen Gewalttaten. Als der Herzog, der zur Anerkennung des Tübinger Vertrags in Stadt und Land durch seine Räte die Huldigung forderte, selbst zu diesem Zweck nach Schorndorf ritt, fand er bei der dort zusammengeströmten männlichen Bevölkerung wider sein Erwarten eine sehr gereizte Stimmung vor. Man warf ihm Verschwendungssucht, seinen Räten Eigennutz und Willkür vor; die Haltung der Menge wurde so drohend, daß der Herzog und sein Gefolge schnellstens die Stadt verließen. Ulrich sagte später, er sei ernsthaft in seinem Leben bedroht gewesen. Aber schon einige Tage danach erwies sich die innere Schwäche der Bewegung, deren Führer ihrer Aufgabe in keiner Weise gewachsen waren. Des Herzogs eigene Kräfte, unterstützt von Hilfstruppen weltlicher und geistlicher Fürsten, warfen ohne große Mühe den Aufstand nieder. Nach den Anschauungen der Zeit war die Strafe für die Aufrührer milde: nur die Führer, soweit man ihrer habhaft werden konnte, wurden hingerichtet; die Mitläufer kamen mit dem Leben davon.

Schwere Zerwürfnisse, die in der Unbeherrschtheit und im Jähzorn des Herzogs begründet waren, machten die Lage immer unerträglicher. Im Frühjahr 1515 erstach Ulrich seinen Stallmeister und persönlichen Freund, Hans von Hutten, mit eigener Hand. Wenige Monate später entfloh die Herzogin Sabina aus Urach, wo sie sich in der Angst um ihr Leben getrennt vom Herzog aufgehalten hatte, um Schutz und Obdach bei ihren Brüdern, den bayrischen Herzögen, zu suchen.

Hans von Hutten, jung, stattlich und lebenslustig, aus fränkischem Rittergeschlecht, war an den württembergischen Hof gekommen, gewann die Freundschaft des Herzogs, wurde zum Stallmeister ernannt und heiratete Ursula, die Tochter des Erbmarschalls Konrad von Thumb, des einflußreichsten Mannes am Hofe. Herzog Ulrich, in unglücklicher Ehe lebend, verlor sein Herz an die junge, reizvolle Frau, die alle Vorzüge hatte, die er an seiner Gemahlin vermißte. Wie weit die Beziehungen des Herzogs zu Ursula von Hutten gingen, weiß man nicht. Unbesonnen und übermütig erzählte Hutten, der Herzog habe vor ihm auf den Knien gelegen, um ihn um die schöne Ursula zu bitten, von der er, der Herzog, weder lassen könne noch wolle. Der Herzog, durch diese Indiskretion aufs tiefste in seiner Eigenliebe verletzt, beschimpfte seinen Stallmeister in Gegenwart anderer, erlaubte diesem aber nicht, den herzoglichen Dienst zu verlassen. An einem Maimorgen kam es auf der Jagd im Schönbuch zu einem heftigen Wortwechsel zwischen den beiden ehemaligen Freunden, im Verlauf dessen der Herzog den wehrlosen Hutten niederstieß. Dieser war im leichten Jagdanzug, jener in voller Rüstung. Von Stund an stand die große und einflußreiche Familie derer von Hutten in unversöhnlicher Feindschaft gegen Ulrich von Württemberg. Ulrich von Hutten, der bedeutendste Publizist seiner Zeit, ein entfernter Verwandter des Getöteten, lieh dem Rachedurst der Familie Hutten seine scharfe und boshafte Feder. So erregte diese Tat überall in Deutschland großes Aufsehen. Der Kaiser hätte die Sache gerne unter der Hand geregelt und behandelte den Herzog so schonend wie möglich, ja er lud ihn wie viele andere Fürsten zu einem Hoftag und zur Feier des Doppelverlöbnisses zweier seiner Enkel ein. Während dieser Abwesenheit des Herzogs von Stuttgart wandte sich die Familie Hutten mit einer förmlichen Klage an die Landschaft. Dies machte die kaiserlichen Versuche, nach den Anschauungen der Zeit durch eine hohe Geldentschädigung die Tat zu sühnen, aussichtslos. Die Herren von Hutten verlangten des Herzogs Kopf. Ulrich wollte nun den württembergischen Landtag als richterliche Instanz einschalten und bat – freilich vergeblich – den Kaiser um seine Anwesenheit bei der Verhandlung. In diese höchst gespannte Lage platzte die Nachricht, daß die Herzogin Sabina außer

Landes geflohen sei. Als nun auch die bayrischen Herzöge für ihre Schwester in der Öffentlichkeit als Kläger gegen ihren Schwager auftraten, konnte der Kaiser nicht länger untätig bleiben. In einem Verfahren wurde vom Herzog verlangt, er solle der Einsetzung eines Regimentsrats für das Herzogtum Württemberg auf sechs Jahre zustimmen. Das wäre eine Art von zeitweiliger Entmündigung gewesen; durch eine Verwendung im kaiserlichen Dienst außerhalb des Landes sollte dem Herzog seine Einwilligung erleichtert und seine Maßreglung der Öffentlichkeit gegenüber verschleiert werden. Der Herzog ging auf den gutgemeinten Vorschlag nicht ein. Es half ihm sein Widerstand und aller juristischer Scharfsinn seiner Räte nichts mehr. Der Herzog Ulrich von Württemberg verfiel der Acht und Aberacht des Reichs. Aber noch immer war des Kaisers Geduld nicht erschöpft. Die Vollstreckung der Acht wurde ausgesetzt, teils aus Schonung für das Herzogtum, teils in der Hoffnung, die herzoglichen Bundesgenossen, der Kurfürst von der Pfalz und der Bischof von Würzburg, könnten doch noch mäßigend auf Ulrich einwirken. Tatsächlich lenkte dieser wenigstens scheinbar ein, so daß nach zehn Tagen die Acht aufgehoben wurde. Nun aber schürte Ulrich von Hutten aufs neue das Feuer mit allen Mitteln seines Geistes und seines Hasses. Das brachte den Herzog um den letzten Rest seiner Besinnung. Er fing an, seine bisher treuesten Helfer zu verfolgen, indem er ihnen vorwarf, ihn bei den Verhandlungen mit dem Kaiser verräterisch im Stich gelassen und an seiner Absetzung mitgewirkt zu haben. Dem Kanzler Lamparter gelang es, durch die Flucht sich den Nachstellungen des Herzogs zu entziehen. Andere nichts ahnende Räte, die ihr Bestes zur Verteidigung des Herzogs getan hatten, wie die Brüder Breuning, Konrad und Sebastian, den Vogt von Cannstatt Konrad Faut und den Stuttgarter Bürgermeister Hans Stickel, ließ Ulrich unter dem Verdacht des Hochverrats vor Gericht stellen, der stärksten Folter unterwerfen und auf Grund der so erzwungenen Aussagen hinrichten. Der öffentliche Ankläger bei diesen Prozessen war des Herzogs neuer Kanzler, Ambrosius Volland, ein ehrgeiziger Mann und scharfsinniger Jurist, der seine Beweisführung nach Römischem Recht auf das crimen laesae majestatis, das Verbrechen der Majestätsbeleidigung stützte.

Die allgemeine Empörung war so groß, daß dem Kaiser nur eine zweite Ächtung des Herzogs übrig blieb; zur Vollstreckung kam es freilich wiederum nicht. Ulrich spielte dem Kaiser gegenüber den Bußfertigen, während er mit dem König von Frankreich und anderen Feinden Österreichs verhandelte. Eine letzte Frist schien Ulrich mit dem unerwarteten Tod des Kaisers gegeben (Januar 1519), aber er dachte in seiner Verblendung nicht daran einzulenken und war von allen guten Geistern verlassen. Als nämlich in diesen Tagen ein herzoglicher Dienstmann der Burg Achalm bei einem Streit mit Reutlinger Bürgern getötet wurde, legte sich Ulrich, ohne auf den ihm angebotenen friedlichen Vergleich einzugehen, vor die freie Reichsstadt und zwang sie zur Unterwerfung. Das war dem Schwäbischen Bund zuviel. Er rief zu den Waffen, und dieses Mal folgten die Mitglieder mit einer sonst ungewohnten Schnelligkeit. Der Herzog hatte zwar mit dem französischen Gold Schweizer Landsknechte angeworben, aber die Tagsatzung der Schweizer Städte hatte angeordnet, daß alle diese Landsknechte unverzüglich ihren Dienst aufzusagen und in die Heimat zurückzukehren hätten. Diese gehorchten; damit war Ulrich machtlos. Der Feldzug des Bundesheers war ein Spaziergang. Ulrich flüchtete außer Landes; seine beiden Kinder hatte er der ritterlichen Besatzung des festen Schlosses Tübingen anvertraut, die aber nach kurzem Widerstand seine Sache im Stich ließ und die Burg übergab. Mit der Niederlage und Flucht des Herzogs Ulrich mündete die württembergische Geschichte in den Strom der europäischen Politik, die wir zum Verständnis der Dinge kurz betrachten müssen.

Nach dem Tode Maximilians I. war die beherrschende Frage die Kaiserwahl. Der Verstorbene hatte noch zu seinen Lebzeiten seinen Enkel, den Herzog Karl von Burgund und König von Spanien, den Kurfürsten als Nachfolger empfohlen. Aber auch König Franz I. von Frankreich strebte nach der Kaiserkrone des Heiligen Römischen Reichs und hatte gute Gründe dafür. Der Gedanke der Vereinigung der spanischen Königs- und der deutschen Kaiserkrone auf dem Haupte eines Habsburgers konnte einem französischen Herrscher wohl zum Angsttraum werden. Das Mittel, diese Gefahr abzuwenden, war Gold, viel Gold. Es war kein Geheimnis, daß zumindest einige Kurstimmen dafür zu haben waren; zumal von den Kurfürsten von Köln, Mainz und Trier konnte angenommen werden, daß der Meistbietende sie gewinnen würde. Auch die Eidgenossenschaft hatte kraft ihrer militärischen Stärke mehr als durch politische Klugheit eine Trumpfkarte in dem großen Spiel. Ihr Bestreben war, weder das Haus Habsburg noch Frankreich übermächtig werden zu lassen. Wer so dachte, mochte in dem Kurfürsten Friedrich dem Weisen von Sachsen den besten Anwärter auf die deutsche Kaiserkrone sehen. Dieser wäre auch in der Tat gewählt worden, hätte er nur gewollt, aber er ist nie ein Mann großer Entschlüsse gewesen. Seine Weisheit, die die Zeitgenossen an ihm rühmten, war Vorsicht und Scheu vor Verantwortung. So hatte auch eine unverbindliche Anfrage der Schweizer beim sächsischen Kurfürsten keinen Erfolg. Für den in Spanien weilenden König Karl arbeiteten seine österreichischen Räte. Daß sie Sieger in diesem Kampfe blieben, verdankten sie ihrem staatsmännischen Geschick, ihrem politischen Weitblick, ihrem Fleiß und ihrer Zähigkeit. Der bedeutendste unter ihnen war Maximilian van Zevenbergen, Herr von Berghes, ein nordbrabantischer Edelmann im Dienst der Erzherzogin Margarete von Österreich, der geistvollen, staatsklugen Tochter Kaiser Maximilians und dessen Statthalterin in den Niederlanden. An ihrem Hof zu Mecheln, in einer künstlerisch und wissenschaftlich angeregten Umgebung, wurden ihr Neffe Karl und dessen Schwestern, die Kinder ihres verstorbenen Bruders, des Herzogs Philipp des Schönen und der Johanna von Kastilien, erzogen. Die Kurfürsten holten alle Beschwerden, die sie je gegen das Haus Habsburg hatten, zusammen, und das französische Gold half ihren Überlegungen nach. Die französischen Gesandten waren überall in Deutschland zu finden. Wenn auch König Franz nach außen hin mit dem übelbeleumundeten Herzog von Württemberg nichts zu tun haben wollte, so war es doch wohl kein Zufall, daß die so lang zurückbehaltene Kriegsentschädigung gerade jetzt an Ulrich bezahlt worden war. Zunächst schienen die Aussichten Frankreichs auf die Kaiserkrone günstig, aber die österreichischen Räte ließen sich dadurch nicht entmutigen. Da ihr Herr in Spanien war, handelten sie in seinem Namen und setzten sogar eigene finanzielle Mittel für ihre Aufgabe ein. Die politische Entwicklung kam ihnen zu Hilfe. Der Herzog von Württemberg war ein offener Feind Österreichs und, wenn auch kein erklärter Bundesgenosse des französischen Königs, so doch sein geheimer Parteigänger. Solange die politische Lage in Süddeutschland ungeklärt und die Haltung der Kurfürsten zur Kaiserwahl schwankend war, konnte die Waffenentscheidung zwischen Herzog Ulrich und dem Schwäbischen Bund von Bedeutung werden. Das meinte ein kluger Beobachter der Lage, wenn er sagte, der Herzog Ulrich sei König Karls bester Freund, denn der

Württemberger habe dem Habsburger ein ganzes Heer zur Verfügung gestellt. In der Tat, keine Macht der Welt hätte damals so schnell ein Heer auf die Beine gebracht wie Herzog Ulrich mit seinem leichtfertigen Streich gegen Reutlingen. Nie hatten die schwäbischen Städte so rasch gerüstet, nie so entschlossen die nötigen Gelder bewilligt. Zevenbergen erkannte die Gunst der Lage, eilte in die Schweiz und setzte den leitenden Männern der Eidgenossenschaft so lange zu, bis sie ihre Landsknechte nach Hause beorderten. Nachdem die Truppen des Schwäbischen Bundes fast kampflos das Herzogtum besetzt und damit ihre Arbeit getan hatten, war es für die österreichischen Räte nicht schwierig, sie für das Haus Habsburg in Sold zu nehmen. Am Tage der Kaiserwahl (28. Juni 1519) standen sie zum Eingreifen bereit, wenige Meilen von Frankfurt am Main entfernt, wo die deutschen Kurfürsten versammelt waren. Der französische König hatte diesem Heer nichts entgegenzusetzen.

Noch gab Herzog Ulrich seine Sache nicht verloren. Er sammelte in der Pfalz ein kleines Aufgebot und rückte, ohne viel Widerstand zu finden, bis vor Stuttgart und besetzte sogar für kurze Zeit die Stadt (Mitte August 1519). Vom Schwäbischen Bund abgedankte Söldner bildeten einen Teil seiner Streitmacht. Obwohl es sich zeigte, daß das württembergische Landvolk nach wie vor zu seinem Herzog hielt, konnte Ulrich seine Anfangserfolge gegen die Übermacht des Schwäbischen Bundes nicht behaupten. Seine Mittel reichten zur Bezahlung der Söldner nicht aus. Es blieb ihm nichts übrig als der Rückzug. Er verließ das Land, in das er erst fünfzehn Jahre später als Sieger zurückkehrte.

Herzog Ulrich von Württemberg hat sein schweres Schicksal selbst verschuldet. Jähzorn, Brutalität und Rachsucht sind abstoßende Züge seines Wesens. Sein Verhalten gegen Hans von Hutten und Konrad Breuning klagt ihn aufs schwerste an. Das Doppelspiel gegen den Kaiser, der Angriff auf Reutlingen sprechen gegen sein staatsmännisches Urteilsvermögen. Demgegenüber stehen Eigenschaften, die ihm die Liebe und Anhänglichkeit seiner Untertanen auch in der Zeit seiner tiefsten Erniedrigung sicherten, wie es Wilhelm Hauff in seinem »Lichtenstein« beschrieben hat. Dieses widerspruchsvolle Bild reizt zum Versuch einer psychologischen Einfühlung in den Charakter Ulrichs von Württemberg.

Die Schattenseiten seines Wesens sind auf eine vererbte Anlage und seine unglückliche Jugend zurückzuführen. Einer verständigen und liebevollen Erziehung hätte es vielleicht gelingen können, die unselige Hinterlassenschaft eines geisteskranken Vaters, aufbrausenden Jähzorn und nachtragende Empfindlichkeit, zu mildern, aber der frühe Tod Eberhards im Bart überließ den achtjährigen Knaben einer Vormundschaftsregierung, die ihre Aufgabe in der Führung der politischen Geschäfte erblickte und nicht in der Erziehung eines jungen Menschen, der, vielseitig begabt, von Natur tapfer, hochherzig und stolz, von den Begierden eines unbändigen Temperaments hin und her gerissen und darüber äußerst mißtrauisch geworden war. Noch fast im Kindesalter ritt Ulrich im Gefolge des Kaisers, der ihn verwöhnte, und genoß das Schauspiel eines in Prachtliebe und Verschwendungssucht schwelgenden Zeitalters. So mußten sich in ihm die Maßstäbe verschieben, Herrschsucht und Rücksichtslosigkeit überhandnehmen. Die leicht errungenen Erfolge im bayrischen Erbfolgestreit, die vorzeitige Erklärung der Mündigkeit waren geeignet, ihn seine Fähigkeiten überschätzen zu lassen. War es ein Wunder, daß Ulrich keine Kritik ertrug und seine Grenzen nicht zu erkennen wußte? Er verrannte sich eigensinnig in vorgefaßte Meinungen und witterte Verrat, wo man sein Bestes wollte. Seine schon in früher Jugend beschlossene Ehe war am allerwenigsten dazu angetan, die Widersprüche seines Wesens auszugleichen. Die Kinderverlöbnisse zwischen fürstlichen Familien, ein vielgebrauchtes, politisches Mittel jener Zeit, mußte gerade auf vollblütige Naturen als lästiger Zwang wirken. Dem lebensdurstigen Menschen der Renaissance wurden auf dem Gebiet des Gefühlslebens Fesseln angelegt, und das Gebot der Politik verweigerte ihm die Freiheit der Wahl da, wo er sie am meisten begehrte. Ulrich von Württemberg und die bayrische Sabina paßten zueinander wie die Faust auf das Auge. Er, dessen jugendliches Herz leicht entflammt war, der seiner Liebsten Ständchen im Mondschein brachte, wußte genug von dem schroffen und ungebärdigen Wesen der ihm zugedachten Braut und versuchte jahrelang, sich dieser Fessel zu entledigen, bis er sich unter dem Druck politischer Forderungen entschloß, die eheliche Verbindung einzugehen. Sabina, die sich über die Gründe des langen Zögerns ihres Bräutigams nicht im Unklaren war, machte aus ihrer Abneigung keinen Hehl und zeigte ihm ihre unliebenswürdigste, ja boshafte Seite. Man wird ihr freilich manches nachsehen, wenn man aus ihrem eigenen Munde hört, Ulrich habe die Gewohnheit gehabt, das eheliche Schlafgemach mit dem blanken Schwert in der Faust zu betreten. Dies alles zusammen bildete den Boden, in dem die Taten, die wir kennen, keimten.

War nun Hans von Huttens Ende ein beabsichtigter Mord oder ein in der Erregung verübter Totschlag? Vieles spricht für eine wohlüberlegte Tat. Auch zeugt Ulrichs Verhalten nicht von Reue, sondern von zynischer Rechthaberei. Verschieden war der Widerhall, den die Tat fand. Von Ulrich von Huttens Haß hörten wir schon. Ein Ritter, so wird überliefert, habe dem Herzog auf einer Reise die erbetene Unterkunft verweigert mit der Erklärung, für einen Mörder sei bei ihm kein Platz, andererseits zog der Kaiser den Herzog nicht zur Verantwortung, sondern bat ihn zum Hoffest, auf dem Ulrich Seite an Seite mit seinen bayrischen Verwandten erschien. Hätte aber, wird man fragen, der Kaiser die Einladung ergehen lassen, wenn er gefürchtet hätte, daß auch nur einer von seinen fürstlichen Gästen in Ulrich von Württemberg einen Verbrecher sehen würde? Was taten die Männer aus der nächsten Umgebung des Herzogs? Der Erbmarschall von Thumb, Hans von Huttens Schwiegervater, blieb, als sei nichts geschehen, im herzoglichen Dienst. Ist das Treue oder Charakterlosigkeit? Und wer erklärt die Einstellung des württembergischen Landvolks, dem die Tat ja nicht unbekannt geblieben sein kann? Die Behauptung, der Stallmeister von Hutten sei Sabinas Geliebter gewesen, und der Herzog der Rächer seiner verletzten Ehre, kann nicht überzeugen, denn sie ist eine sehr viel spätere Sage. Auch die Hochverratsprozesse gegen Breuning und Genossen werfen Fragen auf. Von Ambrosius Volland, dem Kanzler, der diese Prozesse leitete, sagt sein Biograph Ludwig Friedrich Heyd, der beste Kenner der württembergischen Geschichte jener Zeit, er habe ehrlich versucht, in versöhnlichem Sinne auf den Herzog einzuwirken, aber wie könnten wir einem Mann, der ein durch grausamste Folter erpreßtes Geständnis gegen sein besseres Wissen zur Grundlage eines Todesurteils macht, den guten Willen zubilligen? Muß das Urteil nicht vielmehr lauten, Volland habe bereitwillig der Rachsucht seines Herrn Vorschub geleistet? Fragen über Fragen, die unbeantwortet bleiben. Hier scheitert jeder Versuch einer Wertung oder psychologischen Einfühlung. Uns bleibt nur die Erkenntnis, daß unsere sittlichen Maßstäbe für ein moralisches Urteil untauglich sind; sie reichen nicht hin, um uns zu lehren, was jene Zeit für Recht und Unrecht hielt, wieviel ihr das Gebot der Kirche und des christlichen Glaubens galt.

Herzog Ulrichs Mut und Wille waren ungebrochen. Besonnen erwog er seine Möglichkeiten. An Beratern, die ihm, soviel wir sehen können, treu und uneigennützig zur Seite standen, fehlte es ihm nicht. Unterstützung fand er bei allen Feinden des Kaisers, in erster Linie beim französischen König, dann bei den Eidgenossen, die jede Stärkung des habsburgischen Einflusses in ihrer Nachbarschaft mit Mißtrauen beobachteten und zu verhindern suchten. Dem Herzog blieben Stützpunkte in Mömpelgard und auf dem Hohentwiel, wohin der starke Arm des Schwäbischen Bundes nicht reichte. Als die Waffen ruhten, wurden die Federn lebendig. Die württembergische Landschaft versuchte durch Flugschriften auf die Schweizer einzuwirken. Ambrosius Volland antwortete für den Herzog mit gewandter und spitziger Feder. Auch dem Kaiser gegenüber wollte sich der Herzog rechtfertigen. Das württembergische Landvolk blieb seinem angestammten Fürsten treu und bekräftigte seine Anhänglichkeit mit dem Gruß: »hie gut Württemberg allewege«.

Im Schwäbischen Bund erwog man die Frage, was mit dem besetzten Land zu geschehen habe. Der Bund selbst war nach seinem Gefüge für eine dauernde Verwaltung zu unbeholfen, es fehlten ihm dafür die nötigen Organe. Maximilian van Zevenbergen wußte einen Rat. Der Kaiser, als österreichischer Erzherzog Mitglied des Schwäbischen Bundes, brauchte nur den Ersatz seines kriegerischen Aufwands zu beanspruchen. Man einigte sich unschwer darauf, daß der Kaiser dem Schwäbischen Bund dessen Kriegskosten in Höhe von etwas mehr als zweihunderttausend Gulden ersetzte und dafür das Land erhielt. In dem Vertrag waren unter anderem auch die geldlichen Ansprüche der Herzogin Sabina, ihrer Kinder und anderer Angehöriger des herzoglichen Hauses gewahrt (was freilich nicht bedeutete, daß die zugesagten Summen voll und zielgerecht bezahlt wurden), nicht dagegen das Erbrecht des jungen Herzogs Christoph, geschweige denn der Rechtsanspruch des Herzogs selbst. Es war nicht schwer für den Kanzler Volland, unter solchen Umständen im Herzogtum gegen den Kaiser, der bei dem ganzen Handel offenkundig als Richter in eigener Sache auftrat, Stimmung zu machen, wenn auch die Regierung des kaiserlichen ›Gubernators im Fürstentum Württemberg‹, des Herrn van Zevenbergen, in geschickter Weise den Prälaten und der Landschaft Zugeständnisse machte; gegen die Anhänger des vertriebenen Herzogs dagegen wurde mit Schärfe vorgegangen. Die nach der Vertreibung des Herzogs in Stuttgart eingetroffenen österreichischen Beamten stammten aus der Schule der hochentwickelten burgundischen Verwaltung. Sie führten in Württemberg einige Neuerungen ein, die sich ausgezeichnet und für lange Zeit bewährten. Die Schuldenwirtschaft des Herzogs nahm ein Ende, das Finanzwesen wurde von der allgemeinen Landesverwaltung getrennt und erhielt in der Rentkammer ihre selbständige Spitze. Außerdem wurde der ›Rat bei der Kanzlei‹, bestehend aus Landhofmeister, Kanzler und einem rechtskundigen Rat, in ein Kollegium verwandelt, dessen Mitglieder alle Gesetze und Verordnungen ›kollegial‹ zu beraten und beschließen hatten. Rechtssicherheit und Schutz vor landesherrlicher Eigenmächtigkeit sollten damit erreicht werden.

Zevenbergen hatte sehr weitgehende politische Pläne. Er wollte aus Württemberg das Kernstück der habsburgischen Hausmacht in Süddeutschland machen, auf diese Weise den vorderösterreichischen Streubesitz zusammenfassen, das Herzogtum Schwaben neu begründen und die Verbindungen Habsburgs nach Tirol, Italien und Burgund endgültig sichern. Wäre es nach ihm gegangen, hätte der kaiserliche Bruder, Erzherzog Ferdinand von Österreich, seinen Sitz für die Dauer nach Württemberg verlegt. Die habsburgischen Brüder folgten aber hierin ihrem Berater nicht. Zevenbergen, enttäuscht und verärgert, legte sein Amt nach wenigen Jahren nieder und verließ Württemberg.

Wenn auch der junge Kaiser bei seiner ersten Anwesenheit in Deutschland dem Herzog Ulrich Gehör zu schenken versprach, so blieb es doch bei schönen Worten; in der Sache machte Karl V. nicht das geringste Zugeständnis. Aber auch die Freunde ließen ihren Versprechungen keine Taten folgen. Luzern und Solothurn, wo Ulrich Anhänger hatte, forderten den Kaiser auf, dem ›frommen Fürsten‹ das Seine wieder zuzustellen, aber dabei blieb es auch, während der französische König den Wunsch des Herzogs, dessen Mittel immer knapper wurden, ihn in den königlichen Dienst zu übernehmen, überhörte und den Bittsteller mit einer Geldüberweisung abspeiste. Es war das harte Brot der Fremde, das der vertriebene Herzog zu kosten bekam. Bei der Erbteilung der habsburgischen Brüder erhielt Ferdinand 1525 das ihm vorher schon insgeheim zugesicherte Herzogtum und nannte sich von da an Herzog von Württemberg. Er hatte die schöne Beute billig erhalten, denn die dem

Schwäbischen Bund zugesagte Entschädigung war nur zum geringsten Teil bezahlt. Herzog Ulrich aber mußte die Hoffnung aufgeben, je wieder auf gütlichem Wege in den Besitz seiner Herrschaft zu kommen.

Teils von Mömpelgard, teils vom Hohentwiel aus beobachtete der vertriebene Fürst die Entwicklung der politischen Lage. Unterstützung für ein bewaffnetes Unternehmen konnte er nur von Frankreich erhoffen. In der Schweiz waren ihm zwar einige der einflußreichen Städte wohlgesinnt, die Eidgenossenschaft aber war nur ein loser Staatenbund, in dem sich selten alle Mitglieder zu einem einstimmigen Entschluß zusammenfanden. Auf diese Weise war es Ulrich möglich, trotz des heftigen Einspruchs des Erzherzogs Ferdinand in einigen Teilen der Schweiz Landsknechte zu werben.

Im Herbst 1524 schien die politisch-militärische Entwicklung in Europa Ulrichs Pläne zu begünstigen. In Oberitalien kämpfte der Kaiser mit seinen besten deutschen Truppen gegen König Franz I. von Frankreich. Was an kampfkräftigen Verbänden noch in Deutschland stand, war durch die aufständischen Bauern gebunden. Als der Herzog zu Beginn des neuen Jahres losschlug, verfügte er über sechs- bis siebentausend Mann. Verstärkungen hoffte er in genügender Zahl aus dem ihm ergebenen württembergischen Landvolk zu erhalten. Im Herzogtum hatte die Reformation allen Bemühungen der österreichischen Regierung zum Trotz im geheimen viele Anhänger, die wußten, daß Ulrich dem Kreise des Schweizer Reformators Ulrich Zwingli eng verbunden war. Von dem Feldherrn des Schwäbischen Bundes, dem Truchseß Georg von Waldburg, war bekannt, daß er zunächst nur über schwache Kräfte verfügte. Ein erster schwerer Schlag für Ulrich war die Niederlage Franz I. bei Pavia am 24. Februar 1524, die den württembergischen Herzog seiner stärksten Stütze beraubte und gleichzeitig Truppen für den Schwäbischen Bund freimachte. Trotzdem war noch nichts verloren, als Ulrich am 9. März vor Stuttgart erschien und die Vorstädte besetzte. Aber nun erfuhr der Herzog wiederum die Untreue der Schweizer. Österreichisches Gold und ein Befehl der eidgenössischen Tagsatzung bewirkten den sofortigen Abzug der schweizerischen Söldner. Der Eindruck der Niederlage der für unbesiegbar gehaltenen Landsknechte bei Pavia hatte in deren Heimat eine Panik ausgelöst. Es fehlte nicht viel, daß die Schweizer den Herzog gefangengesetzt und dem feindlichen Feldherrn ausgeliefert hätten. Von Rottweil aus entließ Ulrich sein Gefolge nach Mömpelgard; seinen Anhängern empfahl er, es möge jeder für sich sorgen, so gut er könne. Er selbst ritt zum Hohentwiel; der Versuch, von dort aus die aufständischen Bauern der herzoglichen Sache dienstbar zu machen, mußte nach wenigen Tagen schon als völlig aussichtslos aufgegeben werden.

Mit der Flucht Herzog Ulrichs hatte der Truchseß die Hände zur Bekämpfung des Aufstandes frei. Die Bauern waren einem gut bewaffneten und entschlossen geführten Heer nicht gewachsen. Operativ sehr geschickt verhinderte Georg von Waldburg die Vereinigung der einzelnen Haufen seiner Gegner und vernichtete einen nach dem anderen. Freilich konnte er nicht verhindern, daß diese in sinnlosem Fanatismus durch Mord, Plünderung und wüste Ausschreitungen noch großes Unheil anrichteten, am schlimmsten an dem blutigen Osterfest (16. April 1525) in Weinsberg, wo die Bauern den Grafen Helfenstein und seine Ritter durch die Spieße jagten. Die Rache des ›Bauernjörg‹, des Truchseß Georg, war nicht weniger schrecklich. Der Bauernkrieg, eine unzutreffende Benennung für eine tiefgehende und berechtigte Volksbewegung, hatte viele, teils recht widersprechende, wirtschaftliche, soziale und gefühlsmäßige Gründe, die noch durch mißverstandene religiöse Gebote gesteigert wurden. Über die letzten Ursachen dieser ›Revolution‹ gehen auch heute noch die Ansichten weit auseinander. Sicher ist, daß die Bewegung sich rasch und kräftig in Süd- und Mitteldeutschland ausbreitete; tragisch aber war, daß ihr kein Führer von geschichtlichem Ausmaß erstand. Für Württemberg ist es ein Unglück gewesen, daß durch diesen furchtbaren Aderlaß das Bauerntum für Jahrhunderte als Kulturträger ausfiel.

In den folgenden Jahren herrschte Ruhe im Lande, jedoch nur äußerlich. Die habsburgische Regierung und die Stände, Prälaten und Landschaft, lebten in der dauernden Angst vor Herzog Ulrich, von dem man nach allem, was von ihm zu erfahren war, annehmen mußte, daß er die Pläne zur Wiedergewinnung seiner Herrschaft keineswegs aufgegeben hatte. Wie groß diese Sorge war, zeigt eine Äußerung der Landschaft, die, aufgefordert, ihren Beitrag zu einem Türkenfeldzug zu leisten, dies mit der Begründung ablehnte, die Württemberger hätten ihren eigenen Türken, den Herzog Ulrich nämlich, dessen Abwehr alle ihre Mittel beanspruche. Trotz der schärfsten Maßnahmen breitete sich die Reformation im Lande weiter aus, und nicht wenige Glaubenszeugen bezahlten ihre Treue mit dem Tod auf dem Scheiterhaufen. Von den innerhalb des Herzogtums liegenden oder diesem benachbarten Reichsstädten bekannten sich viele offen zum neuen Glauben, teils nach der Lehre Ulrich Zwinglis, teils nach der des Wittenberger Reformators. Neben den kirchlichen Formen evangelischer Frömmigkeit entwickelte sich der politische Protestantismus. Fürsten und Städte schlossen sich auf dem Reichstag zu Speyer 1529 zur Verteidigung ihres Glaubens zusammen. Gemeinsam protestierten sie gegen den Entwurf des Reichstagsabschieds, der ihnen das drei Jahre vorher in derselben Stadt eingeräumte Recht kirchlicher Neuerungen wieder absprechen wollte. Der Protest ist vom 19. April 1529 und trägt die Unterschrift von fünf Fürsten und sechzehn Städten, die von Stund an ›Protestanten‹ genannt wurden. Dem politisch-militärischen Schutz- und Trutzbündnis, das drei Tage später geschlossen wurde, traten jedoch nur Kursachsen, Hessen, Straßburg, Ulm und Nürnberg bei. Es war in der Tat „ein Häuflein klein". Die stärkste politische Kraft der protestantischen Sache ging von dem jungen, klar blickenden und tatkräftigen Landgrafen Philipp von Hessen aus.

Der nächste Schritt geschah auf dem Reichstag zu Augsburg 1530. Der konfessionelle Gegensatz wurde stärker und bald unüberbrückbar. Der Kaiser, in seinem katholischen Glauben nie wankend, griff in der ehrlichen Absicht, einen Ausgleich zwischen der alten und neuen Lehre zu finden, und in der Erkenntnis, daß die nicht zu leugnende Verweltlichung des Papsttums viel, wenn nicht alles zur Verhärtung der beiderseitigen Standpunkte beigetragen hatte, den alten Gedanken eines Konzils mit der Absicht einer Reform der Kirche an Haupt und Gliedern wieder auf, stieß aber dabei auf den Widerstand der römischen Kurie. Der Kampf gegen zwei Fronten bestimmte von nun an die Kirchenpolitik Kaiser Karls V.

Die offene Drohung der Altkirchlichen auf dem Reichstag veranlaßte die Protestanten zu dem Versuch, die Lehrsätze ihrer Bekenntnisse einander anzugleichen. Der Kurfürst von Sachsen und der Landgraf von Hessen trafen sich mit ihren geistlichen und weltlichen Beratern in Schmalkalden, der Stadt im Grenzbezirk ihrer Länder, bereinigten, zunächst jedenfalls, ihre Auffassungen, so daß protestantische Fürsten und Städte ihr ›Verständnis von Schmalkalden‹ unterzeichnen konnten. Das geschah am 27. Februar 1531. Zur Erklärung des Ganges der Dinge in Württemberg ist noch zu sagen, daß nach Überwindung großer, auch staatsrechtlicher Hindernisse und gegen den Widerspruch des Kurfürsten von Sachsen der Bruder des Kaisers, Ferdinand, Erzherzog von Österreich, Herzog von Württemberg, in Aachen zu Beginn des Jahres zum Römischen König gewählt wurde und daß wegen der konfessionellen Gegensätze der Schwäbische Bund trotz aller Bemühungen der habsburgischen Brüder um die Erneuerung dieses ihnen so wertvollen politischen Instruments sich auflöste (1533).

Nach seinem Mißerfolg vor Stuttgarts Toren traf Herzog Ulrich wieder das bittere Los des Flüchtlings. Er bestürmte Fürsten, die ihm geneigt waren, mit der Bitte, sich tatkräftig für seine Sache einzusetzen, schickte Vertrauensleute zu den Reichstagen, um dort für sich Stimmung zu machen, und fand auch in der Tat manche Gönner. Um den lästigen Mahner loszuwerden, machte man dem Herzog das Angebot, gegen eine ansehnliche Abfindung in Geld und Grundbesitz auf seinen Thron zu verzichten – zugunsten seines Sohnes Christoph, nicht etwa für das Haus Habsburg. Aber solche Ansinnen lehnte Ulrich aufs entschiedenste ab. Einstweilen pflegte er seine politischen Beziehungen mit Klugheit und Umsicht, wobei er sein Bekenntnis zum neuen Glauben bewußt in den Vordergrund stellte. Man täte ihm unrecht, darin eine Heuchelei zu sehen. Es war ihm offenbar durchaus Ernst mit seiner religiösen Überzeugung. Bei einem Aufenthalt in der Schweiz machte er die Bekanntschaft von Ulrich Zwingli. Die beiden Männer scheinen Gefallen aneinander gefunden zu haben. Der Herzog galt als überzeugter ›Zwinglianer‹, während der Schweizer Reformator dem französischen Gesandten bei der Eidgenossenschaft den Herzog als „einen Mann des Scharfblicks, der Entschlossenheit und des unbeugsamen Muts" rühmte. Auch mit dem französischen König nahm Ulrich die Beziehungen wieder auf und erhielt von diesem finanzielle Zuwendungen, obwohl Franz I. im Frieden von Madrid (1526) sich Karl V. gegenüber verpflichtet hatte, dem Herzog Ulrich von Württemberg keine irgendwie geartete Hilfe zukommen zu lassen.

Eine glückliche Wendung nahm Ulrichs Schicksal, als 1527 Landgraf Philipp von Hessen seinem württembergischen Vetter ein Asyl anbot. Damit war endlich ein Freund und Helfer gewonnen, der in Deutschland über so viel Macht und Einfluß gebot, daß selbst der Kaiser Rücksicht auf ihn nehmen mußte. Freilich war es auch für den Landgrafen kein geringes Wagnis, wenn er sich vor aller Welt zu dem geächteten

Herzog bekannte. Die Hilfe galt unverkennbar nicht nur dem in Not befindlichen Glaubensbruder, sondern auch, vielleicht mehr noch, dem zukünftigen politischen Bundesgenossen. So unlösbar waren in diesen Tagen die politischen und religiösen Fragen miteinander verknüpft. Die Wiedereinsetzung des vertriebenen Fürsten in sein Herzogtum war für den Landgrafen zu einer Frage seines Ansehens und seiner Geltung im Reich geworden. Es handelte sich nur noch darum, ob das Ziel auf friedlichem Wege oder mit Waffengewalt zu erreichen war. Im Schwäbischen Bund rechnete man schon seit dem Frühjahr 1528 mit einer kriegerischen Lösung. Inzwischen bewegte sich Ulrich frei in den Ländern der protestantischen Fürsten, nahm an ihren Festen und Turnieren teil und saß an der Seite seines Gönners bei dem Marburger Religionsgespräch (Oktober 1529), wo Luther und Zwingli ihre Thesen zur Abendmahlslehre vortrugen. Der Schweizer Reformator erhoffte sich vom Einfluß Ulrichs auf den Landgrafen viel für die Ausbreitung seiner Lehre in Süddeutschland.

Keine Hilfe fand Ulrich bei seinen bayrischen Schwägern, die im besten Fall für die Ansprüche ihres Neffen, des Herzogs Christoph von Württemberg, sich einzusetzen bereit waren. Dagegen fand der Vater den treuesten und uneigennützigsten Helfer in seinem Sohn, der nach einer harten Jugend und schweren Schicksalen sich zum Staatsmann und Diplomaten entwickelt hatte und die Sache seines Hauses so geschickt vertrat, daß er sich überall Achtung und Zuneigung erwarb. Ulrich nahm die Dienste Christophs an, stellte ihm auch als Rechtsbeistand Ambrosius Volland zur Verfügung, konnte aber, trotzdem die Gegenbeweise auf der Hand lagen, den Argwohn nie loswerden, Christoph betreibe mit Hilfe der bayrischen Herzöge eigene Pläne und spinne Intrigen gegen ihn. Ulrich hat seinen Sohn in den sechzehn Jahren, die er noch lebte, fast immer von sich ferngehalten und ihm kaum je Einfluß auf seine Überlegungen und Entschlüsse eingeräumt.

So freundlich sich die Lage für Ulrich gestaltet hatte, von seinem Ziel war er immer noch weit entfernt. Die Jahre des Wartens in Hessen müssen ihm lang geworden sein. Wohl war der Landgraf entschlossen, für die protestantische Sache das Schwert zu ziehen, aber doch nur, wenn dem kühlen Rechner die politischen und militärischen Voraussetzungen günstig erschienen. Endlich, man schrieb das Jahr 1533, schien ihm dies der Fall zu sein. Der Schwäbische Bund war seiner Auflösung nahe, der

Kaiser war in Spanien, König Ferdinand in Böhmen festgehalten. Die katholischen Mächte, Habsburg, der Papst und die altkirchlichen deutschen Fürsten, in ihren Zielen auseinanderstrebend, hielten sich gegenseitig die Hände gebunden, so daß Frankreich sie im Schach halten konnte. Das mußte die Stunde des Protestantismus sein. Einmal entschlossen zur Tat, handelte der Landgraf rasch, besonnen und gründlich. Er versicherte sich der finanziellen Unterstützung des französischen Königs. Mit einer wohlwollenden Haltung der ›Schmalkaldener‹ konnte gerechnet werden, wenn sich auch der Kurfürst Johann Friedrich von Sachsen abseits hielt und nur zu einer politischen, keiner militärischen Hilfe bereit war. Der württembergische Herzog verkaufte, mit dem Recht späterer Wiedererwerbs, die Grafschaft Mömpelgard an Frankreich, um mit dem Erlös die Kriegsrüstungen aus eigenen Mitteln tatkräftig fördern zu können. Der erste Schlag raubte den Habsburgern ihre neugewonnene Stellung in Württemberg. Wie stolz war damals Maximilian van Zevenbergen auf diese Erwerbung gewesen, wieviel Hoffnungen und Entwürfe hatte er an den Raum zwischen Tirol, dem Elsaß und Burgund geknüpft; und jetzt ließen die habsburgischen Brüder das Land fahren, als sei es keiner Anstrengung wert. Ferdinand anerkannte den Verlust Württembergs rasch, und Karl, der noch beim Hause Welser hunderttausend Gulden zur Finanzierung der Verteidigung Württembergs flüssig machen wollte, war es auch zufrieden, als er damit zu spät kam. In Württemberg hatte man die Gefahr kommen sehen, war aber nicht in der Lage, wirksame Gegenmaßnahmen zu treffen. König Ferdinand war weit vom Schuß und seine von Prag aus erlassenen Befehle kamen zu spät oder verkannten die Lage an Ort und Stelle, auch fehlte es wie üblich in den österreichischen Kassen an Geld. Der königliche Statthalter, Pfalzgraf Philipp von Neuburg, ein tapferer Soldat und tüchtiger Truppenführer, stand vor der unlösbaren Aufgabe, das Land gegen einen weit überlegenen Feind zu verteidigen. So brachte die Schlacht bei Lauffen am Neckar (13. Mai 1534), an deren Vorabend der Pfalzgraf, bei einem Vorpostengefecht schwer verwundet, den Oberbefehl niederlegen mußte, den Angreifern einen leicht errungenen Erfolg. Die Festungen Asperg, Neuffen, Urach, Tübingen und Albeck bei Sulz am Neckar ergaben sich rasch hintereinander. Herzog Ulrich von Württemberg war wieder Herr in seinem angestammten Lande und wurde, wo er sich zeigte, mit Jubel empfangen. Die Herzogin Sabine allerdings, die während der österreichischen Zeit wieder in Urach gelebt hatte, verließ erneut das Land, ehe es ihr Gemahl betrat.

Zur Vermittlung des Friedens boten die Kurfürsten ihre guten Dienste an, geschlossen wurde er sechs Wochen später weitab vom Kriegsschauplatz. In Kaaden an der Eger, unweit der Grenze zwischen Böhmen und Kursachsen, begegneten sich zwei alte Feinde, Ferdinand von Österreich und Johann Friedrich von Sachsen. Der Kurfürst von Mainz diente als Vermittler. Ferdinand ging es in erster Linie um seine Anerkennung als Römischer König, die ihm bis dahin der sächsische Kurfürst beharrlich verweigert hatte. Bei den schwierigen Verhandlungen, die wiederholt vor dem Abbruch standen, vertrat Johann Friedrich auch seine Glaubensgenossen, den Landgrafen von Hessen und den Herzog von Württemberg. Gegen Zugeständnisse auf kirchlichem Gebiet, die sich auf die Auslegung und Durchführung des Nürnberger Religionsfriedens von 1532 bezogen, und die Anerkennung des in Württemberg gewonnenen Zustandes, nahm der Sachse seinen Einspruch gegen die Königswahl zurück. Ferdinand sah in dem Kaadener Vertrag einen Erfolg, mußte aber erleben, daß sein kaiserlicher Bruder entgegengesetzter Meinung war. Landgraf Philipp nahm die Friedensbedingungen ohne weiteres an, Herzog Ulrich jedoch wehrte sich verzweifelt gegen eine Bedingung des Vertrags, in der bestimmt war, daß das Herzogtum Württemberg ein Afterlehen der Erzherzöge von Österreich wurde. Damit war gesagt, daß beim Aussterben des Mannesstammes des Hauses Württemberg das Lehen an den Lehensherrn, also an Habsburg, zurückfallen sollte. Ferdinand bestand hartnäckig auf dieser Klausel in der Hoffnung, das soeben von Habsburg verlorene Land vielleicht doch noch eines Tages für sein eigenes Haus retten zu können. Lehensrechtlich war diese Bedingung unmöglich, denn ein Reichslehen konnte nicht auf diese Weise landesherrliches Lehen werden. Diese Ansicht vertrat auch der Kaiser als der oberste Herr aller Reichslehen, aber nun war's einmal geschehen und ließ sich nicht mehr ändern. Die Bundesgenossen des Herzogs jedenfalls zeigten keine Neigung, an diesem Punkt die Friedensverhandlungen scheitern zu lassen. Am meisten enttäuscht von allen war Franz I., der gehofft hatte, die Sieger würden, anstatt Frieden zu machen, ihren Angriff gegen die österreichischen Erblande fortsetzen und damit das Haus Habsburg entscheidend schwächen.

Auf Herzog Ulrich warteten bei seiner Rückkehr in das Land harte

Aufgaben: die Rückerwerbung Mömpelgards ging zwar ohne weitere Schwierigkeit vor sich, aber die Aufbringung der Kriegskosten war mühsam und brachte viel Verdruß nicht nur im eigenen Land, sondern auch mit dem großen Freund aus Hessen. An der inneren Verwaltung des Landes wurde nicht viel geändert. Die alte Landesordnung von 1515 wurde unter Belassung der zweckmäßigen österreichischen Zusätze bestätigt. Auch andere österreichische Verwaltungsanordnungen wurden beibehalten, soweit sie nicht den protestantischen Anschauungen und der Überzeugung des Herzogs zuwiderliefen. Die Anhänger Österreichs wurden aus leitenden Stellen entfernt, aber nicht weiter verfolgt. Den Tübinger Vertrag ließ Ulrich zwar fortbestehen, gestattete der Landschaft aber keinen Einfluß. Die Außenpolitik war bestimmt durch den Beitritt des Herzogtums zum Schmalkaldischen Bund (1536). Bei dessen zweitem Bundestag in Frankfurt erschien Ulrich – ganz anders als früher – ohne Prunk und ritterliches Gefolge, nur in Begleitung seines Landhofmeisters, seines' Hofpredigers und der beiden Reformatoren Blarer und Schnepf. Politisch schloß er sich dem Landgrafen Philipp an; führend ist er im Bunde nicht hervorgetreten, bei Schwierigkeiten war er um einen tragbaren Ausgleich bemüht.

Bei der Durchführung der neuen kirchlichen Ordnung bewies Ulrich viel Verständnis und Toleranz und vermittelte zwischen den verschiedenen Auffassungen in der Abendmahlslehre. Theologische Disputationen liebte er nicht. Ob der Herzog über Luthers und Zwinglis Lehre einen Gewissenskonflikt auszukämpfen hatte, wird niemand sagen können; die Entwicklung der protestantischen Landeskirche in Württemberg ist hinlänglich bekannt. Philipp Melanchthon, den ehemaligen Schüler der Landesuniversität, nach Stuttgart zu ziehen, gelang dem Herzog zwar nicht, aber in dem Zwinglianer Ambrosius Blarer und dem Lutheraner Eberhard Schnepf gewann er glaubensstarke Männer von großem Ansehen, und es spricht für seine Klugheit als Regent, daß er den beiden Reformatoren getrennte Wirkungskreise zuwies und damit den theologischen Streit im wesentlichen vermied. Die Klöster wurden aufgehoben, aber gegen Welt- und Ordensgeistliche ließ man Rücksicht walten. Gewissenszwang wurde nicht ausgeübt. Das Kirchenvermögen wurde zugunsten des fürstlichen Kammerguts eingezogen, und dabei allerdings griff der Herzog hart zu, denn durch die Erstattung der Kriegskosten an Hessen war Ulrich in eine finanzielle Notlage geraten.

Schwierig war die Durchführung der Reformation an der Universität Tübingen, wo die meisten Professoren zu Österreich und zur alten Kirche neigten. Zunächst war Blarer mit dieser Aufgabe befaßt; vollendet hat sie 1537 Johannes Brenz, Württembergs eigentlicher Reformator. Der Aufbau der Universität mußte der geistigen und kirchlichen Entwicklung Württembergs angepaßt werden. Neue Lehrkräfte wurden berufen, an die Stelle der mittelalterlichen Lehrbücher traten Aristoteles, das Alte und das Neue Testament. Die Universität war kein membrum ecclesiae mehr, sondern eine landesherrliche Bildungsanstalt und ihre Lehrer waren Staatsbeamte. Die Reform der Universität kam einer Neugründung gleich, die dem Herzog Ulrich zu danken ist. Auch hier wurde nicht schroff gegen die Anhänger des alten Glaubens vorgegangen, und diejenigen, die durch Alter oder Krankheit verhindert waren, sich einem anderen Lebenskreis einzufügen, erhielten Unterstützungen, teilweise sogar auf Lebenszeit.

Nach jahrelanger Abwesenheit war Kaiser Karl V. nach Deutschland zurückgekehrt. Er sah in der Befestigung seiner Macht im Reich und der Beendigung des konfessionellen Zwiespalts seine großen Aufgaben. Er begann sie voll Zuversicht auf dem Reichstag in Regensburg 1541. Der Erfolg so vieler Mühe jedoch war enttäuschend. Die Umstände riefen den Kaiser wieder in andere Länder. Nachdem er aber seinen vierten Krieg gegen Franz I. von Frankreich mit dem Frieden zu Crespy (1544) erfolgreich abgeschlossen hatte, glaubte er, die Hände für eine Regelung der deutschen Verhältnisse frei zu haben. Auch mochte er hoffen, daß die deutschen Fürsten in der Unterwerfung des Herzogs von Kleve, des Bundesgenossen des französischen Königs, eine Warnung und heilsame Lehre sehen würden. Wann Karl V. zur Überzeugung kam, daß die Wiederherstellung der Einheit der christlichen Kirche in Deutschland auf friedlichem Weg nicht zu erreichen und deshalb der Appell an die Waffen unvermeidlich sei, ist mit Sicherheit nicht zu sagen. Im Sommer jedenfalls, als die deutschen Fürsten zum Reichstag in Regensburg versammelt waren, trieb die Entwicklung zum Kriege. Während der Kaiser mit dem Papst über Waffenhilfe und Geldzahlung verhandelte, versuchte er, die protestantischen Fürsten und Städte hinzuhalten und zu täuschen. Es war ihm gelungen, zwischen die Protestanten einen Keil zu treiben, indem er den Herzog Moritz von Sachsen, die Markgrafen Hans und Albrecht Alcibiades von Brandenburg durch Versprechungen auf seine Seite zog. Er versuchte dies auch bei dem Herzog von Württemberg durch den Hinweis, er, der Kaiser, habe doch den Herzog in dessen bösester Zeit recht wohlwollend behandelt. Ulrich wurde nachdenklich und versuchte in den kritischen Sommerwochen mehrfach, zwischen dem Kaiser und seinen schmalkaldischen Freunden, Hessen und Sachsen, zu vermitteln. Als aber die Würfel gefallen waren, hielt er mit Entschiedenheit zu seinen Bundesgenossen, rüstete das württembergische Aufgebot bestens aus und veranlaßte auch den Pfalzgrafen zur Stellung von Hilfstruppen. Er selbst, stark gealtert und schwer von der Gicht geplagt, mußte dem Kriegsschauplatz fernbleiben.

Wenn auch die Hilfsmittel Karls V. weit stärker waren als die der Schmalkaldener, standen sie ihm doch zunächst nicht zur Verfügung, so daß bei raschem Zugriff die Aussichten der Protestanten keineswegs schlecht waren. Der Kaiser wartete in Regensburg auf das Eintreffen seiner Hilfstruppen aus Italien und den Niederlanden. Der Augsburger Schertlin von Burtenbach, Soldat von großer Begabung, eröffnete mangels Ausrüstung für eine Belagerung Regensburgs den Feldzug mit einem Marsch auf Füssen und Lermoos und besetzte die Ehrenberger Klause in der Absicht, seinen Gegner abzufangen, in jedem Fall ihm den Austritt aus den Bergen zu verwehren. Dieser glückverheißende Auftakt verklang wirkungslos, da die oberschwäbischen Städte sich ohne Schutz und Deckung bedroht fühlten und bei der Leitung des Schmalkaldischen Bundes die Rückberufung Schertlins und seines Heeres durchsetzten. Auch fernerhin stand infolge der Unstimmigkeiten zwischen dem vorwärtsdrängenden Landgrafen Philipp und dem bedächtigen Kurfürsten Johann Friedrich ein Unstern über der protestantischen Sache. Der Hesse wollte gegen den Kaiser ziehen, am liebsten ihn in Regensburg überfallen; der Sachse hatte den strategisch richtigen Gedanken, an den Rhein zu marschieren, um den mit den niederländischen Truppen heranziehenden Grafen Büren an der Vereinigung mit dem Kaiser zu verhindern. Da sich die beiden Feldherrn nicht einigen konnten, geschah nichts. Am 13. August trafen die päpstlichen, Anfang September die niederländischen Truppen ein, und Graf Büren brachte zudem noch Geld zur Truppenlöhnung mit. In dem Herbstfeldzug an der oberen Donau kam es zu keiner Schlacht und doch zu einer Entscheidung: nach endlosen Märschen und großen Verlusten durch Krankheit und Seuchen verließ die Städte und die Fürsten der Mut. Sie begannen einzeln zu verhandeln, politisch war damit der Kaiser im Vorteil. Der militärische Umschwung begann, nachdem der Kaiser den Herzog Moritz durch das Versprechen des sächsischen Kurhuts, den bis dahin Johann Friedrich trug, bewogen hatte, in das ernestinische Sachsen einzufallen. Also bedroht marschierte der Kurfürst zum Schutz seines Stammlandes von der Donau so schnell wie möglich zur Elbe.

Karl V. hatte damit im Süden das Spiel gewonnen und zeigte sich durchaus nicht als großmütiger Sieger. Ulrich von Württemberg bekam dies in erster Linie zu spüren. Der Herzog hatte versucht, als die Front seiner Freunde ins Wanken geriet, Verbindung mit dem Kaiser aufzunehmen und ließ es an Bitten und Versicherungen von zukünftiger Besserung nicht fehlen; es blieb ihm schließlich ja auch nichts anderes übrig, als den reuigen Sünder zu spielen. Der Kaiser ließ ihn warten. Endlich in Heilbronn um die Weihnachtszeit 1546 vorgelassen, bekam der Herzog nichts als Vorwürfe und Beschwerden zu hören; es war schon viel der Gnade, daß der alte, vor Gicht fast bewegungsunfähige Mann nicht selbst kniefällig seine Abbitte verlesen mußte, sondern sich bei diesem Akt der Demütigung durch seine Räte vertreten lassen durfte. Eine Buße von dreihunderttausend Gulden und die Räumung der württembergischen Festungen, die dann spanische Besatzungen erhielten, waren für Ulrich der Preis des Friedens. Immerhin, der Kaiser wollte es offenbar nicht zum äußersten treiben. Weit schlimmer konnten die Folgen des Felonieprozesses werden, den König Ferdinand wegen Verletzung der Lehenspflicht gegen den Herzog von Württemberg, seinen Lehensmann auf Grund des Kaadener Vertrags, beim Reichskammergericht anhängig machte. Der schlaue Habsburger dachte ein Mittel gefunden zu haben, um sich wieder in den Besitz des schönen Herzogtums zu setzen.

Die letzten Jahre des vielgeprüften Ulrich sollten noch sorgenvoller werden. Karl V. sah sich nach dem Sieg bei Mühlberg an der Elbe (24. April 1547) über Johann Friedrich von Sachsen auf der Höhe seiner Macht. Nun glaubte er den Zeitpunkt gekommen, sein Ziel der Regelung der Kirchenfrage in Deutschland verwirklichen zu können. Der Papst hatte seinen Widerstand gegen das allgemeine Konzil aufgegeben und die große Kirchenversammlung 1545 nach Trient einberufen. Aber auch damit blieb die Lösung der kirchlichen Streitfragen noch in weiter Ferne, um so mehr, als die protestantischen Reichsstände sich beharrlich weigerten, das Konzil zu beschicken. Ungeduldig kamen der Kaiser und seine Räte auf den Gedanken, durch einen Erlaß der weltlichen Regierung wenigstens vorläufig einen modus vivendi zwischen den beiden Konfessionen herzustellen. Das Ergebnis war das kaiserliche Interim oder die »Erklärung wie es der Religion halben im heiligen Reich bis zu Austrag des gemeinsamen Konzils gehalten werden soll«. Mit dieser vorläufigen, papierenen Ordnung war niemand gedient. Der Papst, der sich wieder einmal politisch auf die Seite Frankreichs geschlagen hatte, lehnte das Interim ab, weil er dazu gar nicht gehört worden war; die Protestanten, denen nur Priesterehe und Laienkelch zugestanden waren, sahen darin einen lähmenden Schlag gegen ihre Sache, während den Altgläubigen das den Protestanten gemachte Zugeständnis viel zu weit ging. Wo des Kaisers Macht nicht hinreichte, blieb das Interim unbeachtet, aber Ulrich, mit der spanischen Besatzung im Lande, wollte sich nicht nochmals die kaiserliche Ungnade zuziehen. Er versuchte, wenigstens äußerlich, den Forderungen des Interims nachzukommen, half jedoch im geheimen seinen protestantischen Predigern und geistlichen Beratern, in erster Linie dem Reformator Johannes Brenz, soviel er irgend konnte, was aber am Hofe Karls V. nicht unbekannt blieb und dem Herzog heftigen Tadel eintrug.

Es dauerte nicht mehr lange und Ulrich von Württemberg war für immer dem irdischen Richter entzogen. Am 6. November 1550 erlöste ihn der Tod von seinem Leiden.

Das Ableben des Herzogs wurde im Volk aufrichtig betrauert. Bei dem Treueverhältnis, das in Württemberg zwischen Fürst und Untertan bestand und selbst durch Belastungen wie den gewaltsamen Tod Hans von Huttens oder den Aufstand des ›Armen Konrad‹ nicht ernsthaft erschüttert werden konnte, war es nicht anders denkbar. Hat aber des Herzogs Tod menschlich eine Lücke hinterlassen? Auf seiner engeren Umgebung lag das Wesen Ulrichs von Württemberg als schwere Last. Nie war man vor dem Ausbruch seiner Willkür und seines Jähzorns sicher. Jeder fühlte sich verfolgt von seinem Mißtrauen, wenn der Herzog auch in seinen letzten Jahren unter dem Einfluß seiner geistlichen Berater manchmal sich bereit fand, eine übereilte Maßnahme zurückzunehmen und wieder gutzumachen. Mürrisch, in sich verschlossen, sprunghaft, kaum je einer menschlichen Regung fähig, versperrte er sich den Weg zum Herzen der Seinen. Ein Familienleben blieb ihm aus eigenem Entschluß versagt. Die Versöhnung mit seiner Gemahlin lehnte er schroff ab und von dem Verdacht, sein Sohn arbeite ihm entgegen, konnte er sich nie befreien. Mit seinen kirchlichen Pflichten nahm er es offenbar ernst. Es wird erzählt, er habe sich zuletzt jeden Tag von seinem Hofgeistlichen eine Predigt halten lassen, aber es ist nicht zu sehen, daß er christliche Ethik zur Richtschnur seines täglichen Lebens gemacht hätte. So gibt es offenbar nur die Erklärung, daß er seine krankhafte Erbanlage und sein schweres Schicksal nicht überwinden konnte. Staatsmännisch freilich bleibt ihm der Ruhm, das Schiff seines Staates mit starker Hand durch die Stürme seines Lebens und seiner Zeit gesteuert zu haben.

SECHSTES KAPITEL

DES VATERS UNÄHNLICHER SOHN

Herzog Christoph von Württemberg wurde am 12. Mai 1515 geboren, vier Tage nach dem gewaltsamen Ende Hans von Huttens. Seine Jugend blieb durch diese unselige Tat verdüstert. Die Neigung seines Vaters konnte er nie erwerben, die Liebe der Mutter blieb ihm in den Jahren, da der Mensch am meisten ihrer bedarf, versagt; desto heller strahlt die Lauterkeit seines Charakters. Wer sich des Knaben und seiner zwei Jahre älteren Schwester Anna nach der Flucht ihrer Mutter, der Herzogin Sabina, angenommen hat, wissen wir nicht. Sabina setzte es nach der Vertreibung Herzog Ulrichs durch, daß sie ihren Wohnsitz wieder in Württemberg nehmen und wenigstens ihre Tochter Anna bei sich behalten durfte. Ihre Lage blieb bedrängt, da der neue Landesherr, Erzherzog Ferdinand von Österreich, nur gezwungen ihre Anwesenheit in Württemberg duldete, und die ihr ausgesetzten Bezüge nur schleppend und dann nicht in der zugesagten Höhe überwiesen wurden. Ihr Sohn wurde ihr trotz heftigsten Widerstandes durch den Machtspruch des Siegers genommen. Sie blieb aber Christoph treu verbunden und trat für ihn ein, wo immer sie konnte. Nach der siegreichen Rückkehr ihres Gatten mußte Sabina, durch den frühen Tod ihrer Tochter noch mehr vereinsamt, das Land wiederum verlassen, ohne zu wissen, wo sie eine Heimat finden würde. Der einzige, der für sie besorgt war, scheint ihr Bruder Ludwig gewesen zu sein. Die Herzogin Sabina nahm auch jetzt nicht die Unbilden des Lebens und die Willkür ihrer Widersacher ergeben hin. Wenn es hart auf hart ging, sprühten bei ihr die Funken, und sie schenkte im Streit der Worte ihren Gegnern nichts. Als ihr Bruder Ludwig unverehelicht starb, glaubte sie Anspruch auf sein Erbe zu haben, stieß aber dabei auf den Einspruch ihres Bruders Wilhelm, des Oberhaupts des bayrischen Herzogshauses. Sabina, deren Ansprüche dem Hausgesetz widersprachen, war trotzdem nicht gesonnen nachzugeben und beschimpfte ihren Bruder und dessen Räte so hemmungslos, daß Wilhelm seine Schwester monatelang in ihre Zimmer einsperrte, bis sie sich eines Besseren besann. Nach dem Tode Herzog Ulrichs holte Christoph seine Mutter nach Württemberg zurück und wies ihr in Nürtingen einen standesgemäßen Witwensitz mit angemessenen Einkünften zu. Dort lebte sie, als Wohltäterin der Armen und Bedürftigen verehrt, von ihrem Sohn geliebt und nicht selten von ihm in Staatsgeschäften um ihre Ansicht gefragt und um ihren Rat gebeten, bis zu ihrem Tode (1564). An ihrem Lebensabend gewannen die freundlichen Seiten ihres Wesens die Oberhand, wenn es auch hieß, in die Liebe der Ihrigen habe sich ein wenig Furcht gemischt, denn ihre äußere Hülle sei allezeit etwas stachelig geblieben.

Kehren wir zu dem jugendlichen Christoph zurück. Sein Dasein schon bedeutete für den Erzherzog ein Problem. Das Legitimitätsprinzip wurde damals ernst genommen. Christophs Erbanspruch war schlechterdings nicht zu übersehen und wurde natürlich von allen Feinden des Hauses Habsburg nachdrücklich geltend gemacht. In einem wesentlichen Punkt hat der Erzherzog seine Pflicht als Vormund erfüllt: er gab dem jungen Prinzen, der zuerst an seinem Hof in Innsbruck, dann in der Nähe von Wien aufwuchs, tüchtige und wohlmeinende Erzieher. Einer von ihnen, Michael von Tybein, latinisiert Tiffernus genannt, begleitete seinen Zögling als getreuer Freund und Helfer durch alle Fährlichkeiten seiner Jugend- und Mannesjahre. Auf Reisen im Gefolge des Erzherzogs Ferdinand kam Christoph einmal – es muß wohl im Herbst 1530 gewesen sein – nach Urach zum Besuch seiner Mutter. Als der Erzherzog sah, mit welchem Jubel der junge Fürst im Lande seiner Väter begrüßt wurde, brach er den Aufenthalt sofort ab. Ein Jahr später finden wir Christoph bei der kaiserlichen Hofhaltung in Brüssel. Erzherzog, oder jetzt richtiger gesagt, König Ferdinand mag geglaubt haben, der flügge werdende Vogel sei beim Kaiser in einem sicheren Käfig besser aufgehoben. In dieser Hoffnung sah er sich freilich bald getäuscht. Christoph hat offenen Auges, gescheit, lernbegierig und gewiß nicht ohne Ehrgeiz, seine Zeit an diesem Schwerpunkt europäischer Politik gut genützt. Dabei hat ihn aber das Bewußtsein seiner drückenden Lage nie verlassen. Weder der Kaiser noch der König kamen für den persönlichen Unterhalt des jungen Fürsten auf, so daß Christoph gezwungen war, Schulden zu machen. Schlimmer noch war das Gefühl, in dieser Umgebung mehr Gefangener als Hofkavalier zu sein. Als er vollends hörte, er solle den Kaiser nach Spanien begleiten, verließ er in der Furcht, man werde ihn dort in einem Kloster verschwinden lassen, in Begleitung des getreuen Tiffernus den Kaiserhof, und zwar so „unverdachtlich und in so groß Geheim, daß er mit Hilf Gottes des Allmächtigen glücklich und unvermerkt an einen sicheren Ort kam". Trotz aller Mühe konnten die Beauftragten König Ferdinands sein Versteck nicht ausfindig machen, während Christoph seiner besorgten Mutter und dem Herzog Ernst von Bayern, seinem Onkel, ein Lebenszeichen zukommen ließ.

An die Öffentlichkeit trat der junge Herzog, mit achtzehn Jahren selbstsicher und weltgewandt, vor dem Rat des Schwäbischen Bundes in Augsburg Ende 1533. Seine Sache war aufs beste vorbereitet. Im vorhergegangenen Sommer war eine Denkschrift erschienen, in der Christoph vom Hause Habsburg die Rückgabe seines ihm wider göttliches und menschliches Recht entrissenen Erbes forderte. Die »Ansuchung Herzog Christophs von Württemberg bei den Ständen des Bundes im Lande zu Schwaben« vom 31. Juli 1533 war bald überall bekannt und wurde an alle europäischen Höfe verteilt. Ihr Erfolg war groß; Unterstützung wurde von vielen Seiten dem jungen Herzog zugesichert: sein Vater hatte, wenn auch zögernd, dem Schritt zugestimmt; die bayrischen Herzöge leisteten, schon aus Haß gegen Österreich, Vorspann, und der französische König unterstützte „ce pauvre innocent", wie Christoph in dem königlichen Sendschreiben an den Bundesrat genannt wurde.

In Augsburg stand Christoph vor dem kritischen und sachkundigen Ausschuß von achtundzwanzig ›Bundesräten‹. Staatsrechtlich auf den Universitäten des In- und Auslands ausgebildete Berater waren bei den ungezählten Verhandlungen der Reichs- und Bundestage und der Landfriedensbünde für die Fürsten und Städte unentbehrlich geworden. Sachkenntnis war die Voraussetzung ihres Einflusses. In ihren Händen lagen Vorbereitung und Durchführung der Sitzungen. Sie formulierten die Entschlüsse, die ›Abschiede‹, die ihre Auftraggeber unterschrieben und rechtskräftig machten. Soweit sie im landesherrlichen Dienst standen, waren sie wie Ambrosius Volland, der Kanzler Ulrichs von Württemberg, Wegbereiter des fürstlichen Absolutismus, aber auch schon Staatsdiener, Vorläufer der heutigen Beamten. Die Herren Räte kannten sich, wußten, was sie voneinander zu halten hatten, und bildeten trotz aller Verschiedenheit der politischen Ziele eine namenlose, aber eng verbundene Gemeinschaft mit einem starken Korpsgeist. Wer vor ihrem Kreise in Ehren bestand, hatte seine staatsmännische Prüfung abgelegt.

Dem jungen Herzog war als rechtskundiger Rat Dr. Ambrosius Volland beigegeben, der nach seinem Ausscheiden aus dem württembergischen Dienst an verschiedenen Fürstenhöfen tätig gewesen war. Er hatte den Auftrag auf Veranlassung des Landgrafen von Hessen und der bayrischen Herzöge angenommen, wohl in der Hoffnung, auf diese Weise wieder nach Württemberg zurückkehren zu können. Es zeigte sich bald, daß weithin die Absicht bestand, Christoph zu seinem Recht zu verhelfen. König Ferdinand bot eine Entschädigung durch nicht-württembergische, weit von Neckar und Rems entfernte Besitzungen an, was Christoph jedoch ablehnte. Die Bayern traten für Christophs Erbrecht ein, freilich mit der Einschränkung: „aber Euern vattern kinden wir nit leiden". Der König von Frankreich ließ Vater und Sohn gleichermaßen seiner Unterstützung versichern. Die Verhandlungen führten zu keinem endgültigen Ergebnis. Aber zwei Tatsachen standen fest: Habsburg gegenüber war Christoph unbestrittener, moralischer Sieger, und für eine etwaige gewaltsame Lösung der württembergischen Frage stand dem König Ferdinand der Schwäbische Bund nicht mehr zur Verfügung. Die protestantischen Stände, Fürsten und Städte, waren nicht gewillt, für solche habsburgischen Wünsche ins Feld zu ziehen. Es bedurfte keiner Sehergabe, um zu wissen, daß der Schwäbische Bund nach Ablauf der vertraglich vereinbarten Frist nicht mehr zu erneuern war. Aber bald waren solche Überlegungen gegenstandslos. Das Schicksal des Herzogtums Württemberg wurde nicht vor dem Bundestag in Augsburg, sondern auf dem Schlachtfeld bei Lauffen am Neckar entschieden.

Offenbar glaubte Herzog Ulrich seinem Sohn keinen Dank für dessen Bemühungen um den Fortbestand des Hauses Württemberg schuldig zu sein. Jedenfalls wünschte er ihn nicht in seiner Umgebung zu haben. Der junge Mann war ihm zu selbständig geworden, und die Beziehungen seines Sohnes zu den verhaßten Brüdern seiner Frau waren Ulrich sehr verdächtig. Außerdem war Christoph immer noch katholischen Glaubens.

So schickte Ulrich seinen Halbbruder Georg zu König Franz I. mit der Bitte, Christoph in französische Dienste zu nehmen. Der Wunsch wurde sofort erfüllt. Im Spätherbst 1534 reiste der junge Herzog mit dem Grafen Georg nach Frankreich. Als Haushofmeister begleitete ihn Tiffernus. In der Heimat sah man den Prinzen nur ungern an dem als leichtfertig und sittenlos bekannten Hof des französischen Königs. Der Kaiser und König Ferdinand ließen unter Hinweis auf das Lehensverhältnis des Herzogs wissen, daß sie mit dieser Maßnahme Ulrichs durchaus nicht einverstanden waren. Den Herzog kümmerte das wenig. Zunächst glänzte der junge Kavalier bei Festen und Turnieren und bewährte sich später auch als militärischer Führer auf dem italienischen Kriegsschauplatz, wo Franz I. und Karl V. zum dritten Male (1536–1538) die Waffen kreuzten. Bei der Zusammenkunft der beiden Herrscher nach geschlossenem Waffenstillstand sah Christoph im Gefolge des französischen Königs zum erstenmal nach seiner Flucht aus dem kaiserlichen Hoflager Karl V. wieder und wurde von diesem gnädig behandelt. Der Kaiser ließ den jungen Fürsten wissen, er werde das Herzogtum Württemberg nicht als österreichisches Afterlehen anerkennen, da dadurch die Rechte des Reiches geschmälert würden; er sei auch bereit, Christoph in den kaiserlichen Dienst zu übernehmen. An das erste Anerbieten erinnerte sich der Kaiser später nicht mehr, das zweite lehnte Christoph ab, da er sich nicht dem Zwang aussetzen wollte, eines Tages für den Kaiser gegen seine eigenen Verwandten kämpfen zu müssen. Ulrichs ewiges Mißtrauen wurde auch dadurch nicht beschwichtigt. Ein ähnlicher Vorschlag, der etliche Jahre später angeblich Christoph gemacht wurde, rief einen Wutausbruch Ulrichs hervor, und Christoph hatte Mühe, seinem Vater nachzuweisen, daß hier eine Verdächtigung vorlag.

Der junge Prinz hat in seinen französischen Jahren politisch und diplomatisch viel gelernt und persönliche Beziehungen angeknüpft, die ihm später sehr nützlich werden sollten. Die beiden Granvella, Vater und Sohn, vertraute Räte des Kaisers, und die Königin Marie von Ungarn, Karls V. Schwester und dessen Statthalterin in den Niederlanden, machten mehrmals ihren Einfluß zugunsten Christophs in kritischen Tagen geltend. Die großen Schulden allerdings, die Christoph in jener Zeit machen mußte, da die ihm vom französischen König zugesagten Bezüge nicht bezahlt wurden und Herzog Ulrich zeitweise ihm alle Mittel sperrte, bedrückten ihn jahrelang aufs schwerste. Wohlgemeinte Versuche des französischen Königs und des hessischen Landgrafen, zugunsten Christophs zu vermitteln, waren erfolglos. Ulrich dachte sogar daran, seinen Sohn zugunsten seines Bruders Georg zu enterben. Die Geschichte dieser Enterbung ist zwar etwas verwickelt, verdient aber als kennzeichnend für alle Beteiligten eine kurze Darstellung.

In Bezug auf die alten württembergischen Gebiete waren Herzog Ulrich die Hände gebunden durch den Vertrag Eberhards im Bart über die Unteilbarkeit des Landes, aber über die von ihm in dem bayrischen Erbstreit (1504) eroberten Herrschaften glaubte er frei verfügen zu können. Herzog Ulrich hätte auch in der Tat Grund gehabt, seinem Bruder Georg dankbar zu sein, denn dieser hatte in den Jahren von Ulrichs Verbannung als Statthalter Mömpelgard und die elsässischen Herrschaften trefflich verwaltet und die Reformation duldsam, aber tatkräftig durchgeführt. Graf Georg war von lauterem Charakter, klug, musikalisch begabt, verfaßte geistliche Lieder und galt als Vorbild eines Edelmanns; ganz frei von dem Erbe seines Vaters scheint auch er nicht gewesen zu sein, denn er war reizbar und litt zuweilen unter Depressionen. Der Beweggrund für die Schenkung, die Ulrich Georg zugedacht hatte, war aber weder Dankbarkeit noch brüderliche Liebe, sondern der Wunsch, Christoph zu strafen. Daß es soweit nicht kam, lag nun wiederum an dem Grafen Georg. Dieser war nämlich ein guter und sparsamer Hausvater und deshalb nicht gesonnen, auf ihm zustehende Bezüge zu verzichten. Gegen seinen Bruder Ulrich hatte er einen wohlbegründeten Rechtsanspruch. Nach der Flucht Herzog Ulrichs hatte der neue Landesherr, Erzherzog Ferdinand, den verschiedenen Angehörigen des württembergischen Herzogshauses als Abfindung jährlich zu bezahlende Renten ausgesetzt. In dem Vertrag von Kaaden hatte Ulrich diese Verpflichtungen übernehmen müssen. Ob es von Georg klug war, gerade in diesem Augenblick seine Forderung, zu der noch ein Darlehen kam, das dieser seinem Bruder Ulrich in dessen ärgster Bedrängnis gegeben hatte, geltend zu machen, mag man bezweifeln, jedenfalls war sie rechtlich unanfechtbar. Das aber kümmerte Ulrich wenig. Er war wütend über seinen Bruder, nannte ihn habgierig und anmaßend, schalt ihn einen „falschen Geldmann", entsetzte Georg seines Amts als Statthalter in Mömpelgard und ernannte statt seiner Christoph. Den Landgrafen Philipp, der auch jetzt wieder seinem alten Bundesgenossen gut zureden wollte, ließ Ulrich abfahren. Die weitere Entwicklung dieses Familienstreites im Hause Württemberg enbehrt nicht einer bitteren Ironie. Als nämlich Ulrich, vermutlich unter dem Einfluß seiner geistlichen Berater, schließlich einlenkte und seinen Bruder durch die Befriedigung seiner Ansprüche abfand, belastete er mit diesem Aufwand die Grafschaft Mömpelgard, so daß für den Unterhalt des neuen Statthalters kaum noch etwas übrig blieb. Auf diese Weise wurden Christophs Verpflichtungen immer höher. Als Schuldenmacher glich also der Sohn dem Vater, nur mit dem Unterschied, daß Ulrichs Schulden dem fröhlichen Leben seiner Jugend zuzuschreiben waren, während Christoph sich der seinigen trotz aller Sparsamkeit nicht erwehren konnte.

Herzog Christoph heiratete 1544 Maria Anna, Tochter des Markgrafen Georg von Brandenburg-Ansbach. Diese Verbindung entsprach dem Wunsche Herzog Ulrichs, da die junge Frau einem streng protestantischen Hause angehörte. Wann Christoph förmlich zum Luthertum übertrat, ist nicht genau bekannt. Im Reichenweiher Vertrag (18. Mai 1542), in dem Ulrich sein Verhältnis zu seinem Bruder und seinem Sohn rechtlich regelte, wurde Christoph für sich und seine Erben verpflichtet, nach dem Tode seines Vaters „die Religion und Ceremonien des wahren Evangeliums und Wortes Gottes beizubehalten und nicht davon abzuweichen". Warum er mit dem Übertritt so lange wartete, da er doch wußte, daß Ulrich gerade in seiner Zugehörigkeit zum alten Bekenntnis sein Mißtrauen immer wieder bestätigt fand, ist nicht zu erkennen. Vielleicht war es die Rücksicht auf die bayrischen Herzöge Wilhelm und Ludwig, die Brüder seiner Mutter, von denen er manche Förderung erfahren hatte und weitere erhoffte. Vielleicht waren es rein politische Erwägungen, die ihn zögern ließen. Wer würde ihm einmal helfen, sein schwer bedrohtes Erbe zu sichern? Franz I. war zwar durch religiöse Fragen nie beeinflußt, desto mehr der Kaiser, auf dessen Unterstützung zu zählen Christoph trotz mancher Enttäuschungen nie aufgab. Die beiden Granvella waren ihm wohlgeneigt, betonten aber, schon damals und später immer wieder, wie sehr das Beharren beim alten Glauben seine politischen Ziele fördern könnte. Vielleicht folgte der junge Herzog einem Instinkt, der ihm seit seiner frühesten Jugend gesagt hatte, seine innerste Überzeugung zu verschweigen und sich alle Wege offenzuhalten. Wie dem auch sei, nachdem er einmal sich zum Übertritt entschlossen hatte, wurde und blieb er der treueste Diener seines Glaubens und seiner Kirche. Das Verhältnis zu seinem Vater zu verbessern, gelang ihm freilich auch damit nicht. Herzog Ulrich von einer vorgefaßten Meinung abzubringen, war eben unmöglich. So ertrug der Sohn die Launen, den Jähzorn und die Ungerechtigkeit seines tyrannischen Vaters mit einer wahrhaft christlichen Geduld, ohne sich je gegen diesen und die ihm aufgezwungene, oft genug entwürdigende Lage aufzulehnen.

Das Erbe, das Herzog Christoph beim Tod seines Vaters (6. November 1550) übernahm, war schwer. Die Aussicht des Hauses Württemberg auf Fortbestand seiner Herrschaft konnte nicht mehr schlechter werden. König Ferdinand dachte nicht daran, die Anklage auf Felonie des Herzogs von Württemberg zurückzunehmen. Wenn Christoph gehofft hatte, seinen Kopf mit dem Hinweis, er sei am Schmalkaldischen Krieg unbeteiligt gewesen, aus der Schlinge ziehen zu können, so mußte er sich bald von der Unwirksamkeit einer solchen Beweisführung überzeugen. Der Prozeß vor dem Reichskammergericht in Speyer lief weiter, und die Anträge der Beauftragten Christophs, die im Grunde nur die Verschleppung des Prozesses bezweckten, wurden einer um den anderen abgewiesen. Christoph verzagte jedoch nicht und spielte die wenigen Trümpfe, die er in der Hand hatte, klug und politisch gewandt aus. Er setzte auf den Kaiser, den er als Gegner weniger fürchtete als König Ferdinand. Darin täuschte er sich auch nicht, und die politische Entwicklung half ihm. Nie war Karl V. den deutschen Fürsten so verhaßt wie damals. Der Versuch, seinen Sohn, den Prinzen Philipp von Spanien, zu seinem Nachfolger als Kaiser in Deutschland zu machen, stieß auf den erbitterten Widerstand der Fürsten, am meisten aber bei seinem Bruder Ferdinand, der seiner Linie die Kaiserwürde erhalten wollte.

Im engsten Familienkreis der Habsburger kam es darüber zu schweren Auseinandersetzungen. Es sah so aus, als sollte über der Frage der kaiserlichen Nachfolge das großartige Zusammenspiel der burgundischen Geschwister, der Kinder Philipps des Schönen und der Johanna von Kastilien auseinanderbrechen. Die Schwestern Eleonore und Marie beschworen ihren Bruder Ferdinand, sich den höheren Zielen des Familienoberhauptes zu fügen. In dieser kritischen Lage wollte sich der Kaiser nicht noch einen weiteren Feind schaffen und bewies in der württembergischen Frage ein Entgegenkommen, das er sonst sicher nicht gezeigt hätte. Christoph erhielt Mömpelgard zurück und erreichte, daß die spanischen Truppen Württemberg bis auf die Festung Asperg räumten; der Kaiser benötigte den letzten Mann gegen Frankreich, wo Heinrich II. seinem

Vater, Franz I., 1547 auf dem Thron gefolgt war. Ferdinand, dem sein Bruder die Unterstützung zu einem Vorgehen gegen Christoph verweigerte, mußte seine Absicht der Wiedererwerbung Württembergs zurückstellen, betrieb aber den Prozeß vor dem Reichskammergericht weiter. Christoph hatte in seinem gewagten Spiel die erste Runde gewonnen. Nun schickte er, wohl wissend, wie großen Wert der Kaiser gerade auf diesen Punkt legte, zum Beweise seines guten Willens Gesandte, unter ihnen Johannes Brenz, zum Kirchenkonzil nach Trient. Sie nahmen die von Brenz und seinen Helfern aufgesetzte confessio Virtembergica vom Jahre 1551 mit. Das württembergische Bekenntnis war eine mutige Tat und eine theologisch ausgezeichnete Leistung, der jedoch unter den in Trient gegebenen Verhältnissen der Erfolg versagt bleiben mußte. Nie hatte Karl V. den Gedanken aufgegeben, durch eine allgemeine Kirchenversammlung die Beschwerden gegen das Papsttum und dessen Verweltlichung abstellen zu können. Er hoffte, damit die Rückkehr der Protestanten in den Schoß der Kirche erreichen zu können oder, wenn das nicht möglich wäre, sich einen Rechtstitel für ein gewaltsames Vorgehen gegen die ›Abtrünnigen‹ zu verschaffen. Voraussetzung des Erfolgs war, daß die Protestanten auf dem Konzil erschienen, daran aber dachte die Mehrzahl der neugläubigen Reichsstände nicht, in der Überzeugung, bei einer derartigen Versammlung entweder überstimmt oder vergewaltigt zu werden. Christoph jedoch machte die loyale Geste, mehr war es nicht, da damals schon zu erkennen war, daß es zwischen den widersprechenden Auffassungen sowenig wie bei den früheren Versuchen zu einer Einigung kommen würde.

Bald sollte sich Herzog Christoph vor eine neue Probe seiner Staatskunst gestellt sehen. Moritz von Sachsen, getrieben von seinem grenzenlosen Ehrgeiz, dachte die Mißstimmung der deutschen Fürsten und Städte zu einem vernichtenden Schlag gegen den Kaiser, der ihm vor wenigen Jahren erst den sächsischen Kurhut verschafft hatte, zu benützen. Viele Reichsstände, evangelische wie katholische, mögen insgeheim den Plan gutgeheißen haben, aber sie überließen doch lieber den anderen das Wagnis. Moritz und seine Bundesgenossen, der junge Landgraf von Hessen und der Herzog von Mecklenburg, zu denen sich noch der Markgraf Albrecht Alcibiades von Brandenburg gesellte, focht dies wenig an, da sie einen mächtigen Bundesgenossen, nämlich den französischen König, hinter sich wußten. Die deutschen Bistümer Metz, Toul und Verdun sollten der Siegespreis für Frankreich werden. Der Kaiser saß im Winter 1551 auf 1552 untätig in Innsbruck und wollte die Gefahr, die ihm drohte, trotz aller Warnungen nicht sehen. Christoph, der es an Hinweisen nicht hatte fehlen lassen, wollte, wenn irgend möglich, keine der kämpfenden Parteien unterstützen und versuchte, zur Verstärkung seiner Stellung sich mit anderen Fürsten zum Zweck der Wiederherstellung des Friedens zu verbünden. Es gelang ihm auch durch eine Vereinbarung mit den Erzbischöfen von Mainz und Köln. Dieses Abkommen ist der erste Beweis für Christophs unermüdliche, wenn auch nur zu oft erfolglose Tätigkeit zur Erhaltung des Friedens. Die Neutralen wurden aufs stärkste von den kriegführenden Parteien bedrängt, konnten aber an ihrer Stellungnahme festhalten, da weder der Kaiser noch Kurfürst Moritz sie durch Gewaltakte in das feindliche Lager treiben wollte. Erst als Moritz mit seinen Truppen von Sachsen südwärts zog, sich die meisten Städte ihm freiwillig unterwarfen und König Heinrich von Frankreich bis Zabern vorrückte, sah der Kaiser, daß es auf seine Vernichtung abgesehen war. Es kennzeichnet die Zwiespältigkeit im Wesen des Kurfürsten von Sachsen, daß er trotz des Kriegzustandes die Fäden zu König Ferdinand nicht abreißen ließ und sich mit diesem in Linz an der Donau traf. Es kam auch zu der Vereinbarung, daß die Verhandlungen über eine Beilegung der Gravamina (Beschwerden) der deutschen Fürsten nach einer Frist von einigen Wochen, während der aber jede Partei freie Hand haben sollte, in Passau wieder aufzunehmen seien. Diese Pause wollte Moritz ausnützen, um vollendete Tatsachen zu schaffen. Er dachte, „den Fuchs in seinem Bau zu fangen". Das gelang ihm aber nicht. Als er nach der Erstürmung der Ehrenberger Klause Innsbruck erreichte, war der Kaiser schon über den Brenner ausgewichen und saß in Villach in Sicherheit. Von hier aus betrieb Karl V. mit Nachdruck und Umsicht seine Gegenmaßnahmen mit der Gewißheit, daß er über ganz andere und stärkere Hilfsmittel verfügte als seine Gegner. Dem konnte sich auch Moritz nicht verschließen und war trotz des Widerspruchs seiner Kampfgenossen zu Verhandlungen bereit. In König Ferdinand fand er einen willigen Gegenspieler, der ja selbst etliche Gravamina auf dem Herzen hatte und mit der deutschen Politik seines Bruders durchaus nicht immer einverstanden war. Das Ergebnis der Besprechungen, die sich von Mai bis Juli 1552 hinzogen, wurde im Passauer Vertrag festgelegt.

Für Christophs Ziele war diese Entwicklung sehr unerfreulich. Der siegreiche Sturm des Kurfürsten Moritz auf die Ehrenberger Klause hatte den württembergischen Herzog seiner stärksten Stütze beraubt. König Ferdinand sah sich nunmehr in der günstigeren Lage, denn der Kaiser war, zumindest vorübergehend, aller Machtmittel beraubt und hatte andere und größere Sorgen als die Zukunft des Hauses Württemberg. Jetzt mußte der Kaiser auf Ferdinand Rücksicht nehmen. Dieser war zwar gerne bereit, den Reichsständen Zugeständnisse zu machen, aber Württemberg war für ihn kein politisches Handelsobjekt, sondern sein anerkannter Rechtsanspruch. Schließlich ließ aber auch er mit sich handeln. Christoph schwenkte mit aller Vorsicht auf die Linie des Königs ein. Seine Hoffnungen mußte er allerdings erheblich einschränken. In seinem Vetter, dem bayrischen Albrecht, fand er einen Fürsprecher. Der mühsam gefundene Ausgleich brachte dem württembergischen Herzog schwere finanzielle Lasten und hielt die österreichische Afterlehenschaft des Herzogtums Württemberg aufrecht.

Der Kaiser stimmte trotz stärkster Bedenken – die konfessionellen Zugeständnisse seines Bruders an die protestantischen Reichsstände gingen ihm viel zu weit – am 15. August 1552 dem Passauer Vertrag zu. Er tat es, weil er schon wieder mit großen Plänen umging: Dem König von Frankreich sollten Metz, Toul und Verdun wieder entrissen werden. Aber dieses Vorhaben drängte ihn, wie schon so oft, zu Abmachungen, die sein Gewissen arg beschwerten. Das Heer des Markgrafen Albrecht Alcibiades, der in seinem Verhalten ein Raubritter, nach seiner Begabung ein guter Soldat und trefflicher Heerführer war, schien dem Kaiser für seinen Feldzug gegen Frankreich so unentbehrlich, daß er der erpresserischen Forderung des Markgrafen nachgab und die von ihm noch vor kurzer Zeit als null und nichtig erklärten Verträge Albrechts mit Würzburg und Bamberg – Zeugnisse der schamlosesten Gewaltpolitik – anerkannte. Das Opfer seiner Überzeugung brachte dem Kaiser keinen Gewinn. Der Feldzug, den Karl V. im Herbst 1552 gegen den Rat seiner engsten Umgebung, in erster Linie seiner Schwester, der Königin Marie, nur auf die unbegründete Zuversicht des Herzogs von Alba bauend, begann, endete infolge des verfrühten Wintereinbruchs durch Nässe, Kälte, Schlamm und Seuchen in einem Rückzug, der einer Flucht verzweifelt ähnlich sah. In der Politik heiligt der Erfolg die Mittel und läßt die Menschen schnell vergessen, was sie vorher getadelt hatten;

der Fehlschlag aber stellt alle Sünden bloß. Der Kaiser stand vor dem Trümmerfeld seiner Politik; sein Herrscherwille, den schon die Flucht aus Innsbruck erschüttert hatte, wurde vollends durch die Niederlage von Metz gebrochen. Keines seiner Ziele hatte er erreicht: das Kaisertum war geschwächt, der Kirchenstreit nicht beendet, die Frage der Nachfolge nicht in seinem Sinne gelöst.

Auch Herzog Christoph war in der Lage, ein Fazit zu ziehen. Es war so übel nicht. Er hatte in die große Auseinandersetzung zwischen Karl V. und den deutschen Fürsten nicht maßgebend eingegriffen, sich aber in den Wirren jener Zeit erfolgreich behauptet. Der Felonieprozeß Ferdinands war gegenstandslos geworden. Er hatte Zeit und Bewegungsfreiheit gewonnen: als Mensch stand er ungebeugt zu seinem religiösen Bekenntnis und als Reichsfürst hatte er eine bedeutende Stellung im politischen Protestantismus errungen.

Nun konnte sich Christoph innenpolitischen Aufgaben zuwenden. In Verwaltung und Gesetzgebung wurde seine Regierung fruchtbar wie kaum eine andere Epoche der württembergischen Geschichte. Der Herzog erweiterte gleich bei Beginn seiner Regierung den ›Rat bei der Kanzlei‹ unter Bezeichnung ›Oberrat‹ (später auch ›Regierungsrat‹) zum ausführenden Organ seines Herrscherwillens; die Rentkammer wurde ausgebaut und der ›Kirchenrat‹ ins Leben gerufen. Diese drei herzoglichen Landeskollegien blieben bis zur Gründung des Königreichs Mittelpunkt und treibende Kraft der Landesverwaltung. Wenigstens andeutungsweise sei versucht, die Entwicklung dieser Jahre zu schildern. Alles, was noch an das Interim erinnerte, sollte so gründlich wie möglich verschwinden; der Aufbau der evangelischen Landeskirche wurde fortgeführt. Gerade auf diesem Gebiet liegen Christophs größte Leistungen als Verwaltungsmann.

Das Kirchengut, das sein Vater zum fürstlichen Kammergut geschlagen hatte, nahm Christoph aus der Verwaltung der weltlichen Finanzbehörde heraus, faßte es unter dem Namen ›Gemeiner Kirchenkasten‹ organisatorisch zusammen und entzog es dem freien Ermessen des Landesherrn. Der ›Kirchenrat‹ verfügte selbständig und nur dem Landesherrn unterstellt über die Verwaltung und die Einkünfte des Kirchenkastens kraft Gesetzes zum Besten der Kirche und der Schulen. Das Klostergut, der Besitz der früheren vierzehn Mönchsklöster, wurde vom Kirchenkasten ausgenommen und zur Heranbildung des geistlichen Standes bestimmt. Die (evangelischen) Klosterschulen bildeten zusammen mit den Lateinschulen als Unterstufe und dem ›Tübinger Stift‹ als Spitze der Pyramide den eindrucksvollen Bau des gelehrten Schulwesens und der wissenschaftlichen Bildung in Württemberg, drückten den Kirchen- und Staatsdienern des Landes ihren Stempel auf und bestimmten letztlich das kulturelle Gesicht Württembergs. Alle gesetzlichen Bestimmungen und Verordnungen, die das Kirchen- und Schulwesen betrafen, wurden kodifiziert in Herzog Christophs »Großer Kirchenordnung« vom Jahre 1559.

Auch auf dem Gebiet der Verwaltung und des Rechtswesens versuchte Christoph den Anforderungen eines gesunden Gemeinwesens gerecht zu werden. Die Zeit des mittelalterlichen Ständestaates schien vorbei, die des fürstlichen Absolutismus noch nicht erreicht. Die Landesordnung 1552 legte den Grund für die weitere Entwicklung des Staates. Zölle und Steuern wurden geregelt, und zwar nicht mehr aus rein fiskalischen Gesichtspunkten, sondern in bewußter Förderung wirtschaftlicher Ziele. Unter Herzog Ulrich hatte sich die Ehrbarkeit erbittert gegen den Wettbewerb der nach Fuggerschem Muster in Stuttgart errichteten Handelsgesellschaft des Ulmers Hans Besserer gewehrt und im Tübinger Vertrag erreicht, daß das Unternehmen geschlossen und der verhaßte „Ausländer" des Landes verwiesen wurde; Christoph bediente sich für seine Finanzgeschäfte unbehindert des Rats und der Vermittlung eines anderen Ulmers, des Finanzmanns Eitel Besserer. So hatten sich die Zeiten gewandelt. Der Getreideausfuhrhandel wurde neu geregelt; die ›Fruchtkästen‹ – Getreidelager, wie sie schon Eberhard im Bart erbaut hatte, – wurden wieder angelegt und schufen die Möglichkeit einer staatlichen Getreideversorgung in Notzeiten. Die zielbewußte Förderung des heimischen Handwerks und die Schaffung von Landeszünften in der Art, wie sie schon in den Reichsstädten bestanden, schufen eine Organisation, die für lange Zeit Bestand hatte. Dem Silber- und Kupferbergbau im Schwarzwald, den Christoph aufnahm, blieb freilich der volle Erfolg versagt, da das Erzvorkommen nicht so ergiebig war, wie man gehofft hatte. Dagegen entwickelten sich die Heidenheimer Eisenwerke, die der Herzog aus Ulmer Besitz zurückkaufte, sehr erfreulich. Viel Sorgfalt wurde auf die Verbesserung der handwerklichen Erzeugnisse verwendet, um ihnen auch außerhalb der württembergischen Grenzen Absatz zu verschaffen. Die Einführung eines einheitlichen Maßsystems förderte den wirtschaftlichen Aufschwung.

In seinen ersten Regierungsjahren gelang es Christoph auch, in hartem Ringen mit der Reichsstadt Eßlingen die staatliche Forderung durchzusetzen. Eßlingen, rings von herzoglichem Gebiet eingeschlossen, hatte sich immer erbittert gegen jede Schmälerung seiner Unabhängigkeit gewehrt. Herzog Ulrich hatte versucht, seinen standhaften Gegner durch einen Wirtschaftskampf mürbe zu machen und 1541 gegen die Stadt eine Lieferungssperre für Lebensmittel aller Art verhängt, aber erst nach sechzehn Jahren gaben die trotzigen Eßlinger soweit nach, daß sie die Schirmherrschaft Herzog Christophs anerkannten. Die Kräfte waren bei dieser Auseinandersetzung so ungleich verteilt, daß der Ausgang nicht zweifelhaft sein konnte. Die Reichsstädter aber durften sich sagen, daß sie weniger der Herzogsmacht, als vielmehr einer unausweichlichen wirtschaftlich-politischen Entwicklung unterlegen waren.

Das Finanzwesen allerdings war und blieb ein wunder Punkt, obwohl der Herzog sich um dessen bleibende Regelung während seiner ganzen Regierungszeit bemühte. Immerhin ist zu sagen, daß Christoph nicht in allen Dingen ein sparsamer Hausvater war. Er liebte in seinen guten Jahren Feste und Turniere und war ein geradezu fanatischer Bauherr, Neigungen freilich, die er mit anderen weltlichen und geistlichen Fürsten seiner Zeit teilte. Seine Stände haben ihm solche Ausgaben öfters vorgehalten. Zu den Verpflichtungen, die er von seinem Vater übernommen hatte, kamen die Schulden, die er zu dessen Lebzeiten hatte machen müssen; sie wurden vermehrt durch die Aufwendungen für die Landesverteidigung, die umfangreicher werdende Verwaltung und andere Staatsbedürfnisse. Da das herzogliche Kammergut und seine Einkünfte mit dieser Entwicklung nicht Schritt hielten, mußte Christoph die Zustimmung der Stände für Steuererhöhungen gewinnen. Natürlich wuchs der Einfluß der Stände durch dieses Steuerbewilligungsrecht, der Errungenschaft des Tübinger Vertrags, immer mehr. Grundsätzlich verschloß sich Herzog Christoph, im Gegensatz zu seinem Vater, dieser Entwicklung keineswegs, er förderte sie sogar, machte den Landtag durch die Errichtung des engeren und des großen Ausschusses arbeitsfähiger und ordnete ihm aus den Reihen seiner eigenen rechtskundigen Räte einen ›Landschaftsadvokaten‹, später ›Landschaftskonsulent‹ genannt, bei. Aber das Kind, dessen erste Schritte er so sorgsam betreute, machte ihm nicht nur Freude. Die im Landtag sitzenden Vertreter der Städte gehörten zur Ehrbarkeit und vertraten dort deren eigennützige Gesichtspunkte, jedenfalls immer dann, wenn sie glaubten, eine Maßnahme könnte ihren Einfluß in der Stadt zugunsten der herzoglichen Regierung vermindern. Bei den ersten Landtagen in der Regierungszeit des Herzogs Christoph gaben die ehrbaren Herren sich noch sehr bescheiden. Als nämlich der Herzog die Kosten der fürstlichen Hofhaltung und der Regierung unter der verantwortlichen Mitwirkung der Stände ordnen wollte, antworteten ihm diese, für eine solche Aufgabe seien sie „zu unverständig, schlecht und gering und überließen solches dem Herzog und seinen hochverständigen Räten". Eine Bescheidenheit, die sehr nach Scheu vor Verantwortung aussieht. Beim nächsten Landtag wurde dem Herzog auf sein Ersuchen um die Bewilligung der nötigen Mittel für die Landesverteidigung bedeutet, wenn er Soldaten haben wolle, möge er sie selbst bezahlen. Christoph schickte sehr erzürnt den Landtag nach Hause. In der Ausdrucksweise der Zeit hieß dies so: „der Herzog erlaube gnädiglich den Prälaten und der Landschaft diesmal anheim zu ziehen". Das änderte sich auch in Zukunft nicht mehr. Herzog und Landschaft zankten sich über das Geld und vertrugen sich wieder. Was dabei herauskam, war im besten Falle Flickwerk. Ein Regent wie Christoph konnte die Selbstsucht der Landschaft in erträglichen Grenzen halten, unter seinen Nachfolgern jedoch rissen die ernsthaften Schwierigkeiten nicht ab, so daß der Gegensatz zwischen Herzog und Landschaft zu dem beherrschenden Merkmal der württembergischen Geschichte wurde. Festzuhalten bleibt, daß Herzog Christoph am Ende seiner Tage zu der Erkenntnis kam, mit dem Tübinger Vertrag könne kein württembergischer Herzog regieren.

Der Vater des Landes und das Ideal eines Herrschers gewesen zu sein, ist Herzog Christophs bleibender Ruhm. Daneben steht, für uns weit weniger klar und voll von Widersprüchen, das Bild eines Staatsmannes, der versuchte, seine Regentenpflichten mit einem fast überempfindlichen, religiösen Gewissen in Einklang zu bringen.

Herzog Christoph von Württemberg trug in einer Zeit, wo die Schwerter locker in der Scheide saßen, den Namen eines Friedensfürsten. Nur zweimal während seiner Regierung griff er um der Verteidigung seines Rechtes willen zu den Waffen. Da der eine Fall für die Rechtsauffassung der Zeit bezeichnend, der andere familiengeschichtlich für das Haus Württemberg von Bedeutung ist, mögen sie hier kurz erwähnt sein. Christoph mußte sich als Schutzherr der gefürsteten Propstei Ellwangen getroffen fühlen, als Ende 1552 der Deutschmeister Wolfgang Schutzbar von Milchling ohne Ankündigung Schloß und Stadt Ellwangen überfiel und die Huldigung des Kapitels und der Einwohnerschaft erzwang. Der Rechtsanspruch des Deutschmeisters stand auf schwachen Füßen. Der letzte Propst von Ellwangen, Pfalzgraf Heinrich bei Rhein, Bischof von Worms, hatte den Deutschmeister schon lange vor seinem Tod zum Nachfolger und Coadjutor cum jure succedendi ernannt, gab aber, in Verletzung kanonischen Rechts, seinem Kapitel davon keine Kenntnis. Gegen solche Eingriffe in ihre Zuständigkeit reagierten die Kapitel fast immer sehr gereizt. Die Ellwanger Kapitulare gingen deshalb auch ohne weiteres über den Willen ihres verstorbenen Propstes hinweg und wählten den Kardinalbischof von Augsburg, Otto Truchseß von Waldburg. Die römische Kurie entschied für diesen. Der Deutschmeister, der sich monatelang gütlichen Verhandlungen entzogen hatte, griff zur Gewalt. Der Augsburger Kirchenfürst rief den Schutzherrn der Propstei um Hilfe an. Dieser kam damit in eine kritische Lage. Ein Erfolg des Angreifers hätte das noch keineswegs gesicherte Ansehen Christophs erschüttert. So antwortete der Herzog auf die schroffe Herausforderung mit Entschlossenheit; er brachte einige tausend Mann auf die Beine, während sein Gegner den Handstreich mit zweihundert Reitern unternommen hatte. Der Erfolg war sicher. Der Deutschmeister ließ es nicht auf eine Waffenentscheidung ankommen und räumte die Stellung. Der Herzog gehorchte der kaiserlichen Weisung, die Entscheidung des Reichskammergerichts abzuwarten, die dann zugunsten des Kardinalbischofs ausfiel. Neun Jahre später kam es zum Streit um die Herrschaft Héricourt, die zur Grafschaft Mömpelgard gehörte. Christoph hatte, sobald er die Hände einigermaßen freibekam – es war im dritten Jahr seiner Regierung (1553) –, dem Halbbruder seines Vaters, dem Grafen Georg, die Grafschaft Mömpelgard mit den dazugehörenden Herrschaften, darunter Héricourt, als Sekundogenitur des Hauses Württemberg mit allen Rechten übereignet. Großer Ehestifter, der Christoph war, hatte er seinen Onkel auch noch veranlaßt zu heiraten. Für den fünfundfünfzigjährigen Junggesellen gewiß ein großer Entschluß, der übrigens dem Haus Württemberg zum Heil gereichte; denn als mit dem Tode des kinderlosen Herzogs Ludwig, des Sohnes und Nachfolgers Christophs, die Hauptlinie im Mannesstamm ausstarb, wäre das Herzogtum als ›eröffnetes Lehen‹ an das Haus Österreich heimgefallen, hätte nicht Graf

Georg von Württemberg-Mömpelgard einen Sohn, den nachmaligen Herzog Friedrich, gehabt. Im fünften Lebensjahr des zukünftigen Landesherrn war beim Reichskammergericht in Speyer ein Erbschaftsprozeß um die Herrschaft Héricourt anhängig, bei dem der junge Prinz durch seinen Vormund, den Herzog Christoph, vertreten war. Auch hier wollte Herzog Christophs Gegner das Recht selbst in die Hand nehmen, doch brauchte für diesen Waffengang der Württemberger keine so große Streitmacht aufzubieten wie seinerzeit in Ellwangen. „Sieben Fähnlein Fußknechte, zweihundertfünfzig Reisige und einiges scharfes Geschütz" genügten, um nach kurzer Belagerung den zeitweiligen Herrn von Héricourt zu bezwingen. Von da an gehörte das Städtchen zum gesicherten Bestand Mömpelgards.

In allen anderen Taten seiner Regierung lehnte Christoph die Waffenentscheidung ab und verlegte sich auf Ausgleich und friedliche Verhandlung. Der Grund hierfür lag nicht nur in seiner religiösen Einstellung, sondern wohl auch in einer passiven Veranlagung, die ihn in der Abwehr stark machte, aber einen Drang zur Durchsetzung eigener weitreichender Pläne nicht aufkommen ließ. In den Jahren bis zum Regierungsantritt trat diese Eigenschaft nicht so zutage wie später bei dem Regenten. Auf den Reichstagen, die Christoph anfänglich noch selbst besuchte, vertrat er mit großem Eifer seinen Plan einer Einigung aller protestantischen Reichsstände, immer unter dem Vorzeichen religiöser, nicht politischer Gesichtspunkte. Sein evangelischer Glaube und seine Auffassung von der göttlichen Berufung des Reichsfürsten veranlaßten ihn, seine vornehmste Pflicht in der Schaffung der reinen Kirche zu sehen, deren Grundlage für ihn nur das Augsburger Bekenntnis sein konnte. Seine ›Religionsverwandten‹ teilten solche Meinungen nicht. Für Christoph aber konnte es in religiösen Dingen kein Zugeständnis geben. Das aber mußte ihn, der in Luthers Glaubenslehre das alleinige Heil sah, in einen immer schrofferen Gegensatz zu den Anhängern Zwinglis und Calvins bringen. Daß er damit selbst die Kluft zwischen den Protestanten vertiefte, die er doch überbrücken wollte, war die Tragik seines selbstlosen Strebens. So seltsam das klingt, in einer Kampfstimmung gegen den politischen Katholizismus befand sich Christoph fast nie, während er den politischen Protestantismus als wider Gottes Gebot gerichtet verneinte. Als seine Räte ihn nach dem Augsburger Reichstag im Jahre 1555 auf die Ergebnisse des vereinbarten Religionsfriedens für die protestantische

Sache hinwiesen und ihn baten, den religiösen Gesichtspunkt, von dem aus Christoph den Reichstagsabschied ablehnte, nicht als alleinentscheidend anzusehen, fertigte Christoph sie schroff ab mit den Worten, in göttlichen Dingen dürfe man nicht heucheln. Auch in Zukunft mußten seine Räte Reichstagsabschiede, die nicht in Christophs Sinn waren, unter Hinweis auf das Augsburgische Bekenntnis ablehnen, obwohl diese ihren Herrn darauf hinwiesen, solche Proteste seien in ihrer Wiederholung nicht mehr als „Tinte und Papier"; dem Herzog genügte es, seinen Standpunkt auf diese Weise gewahrt zu haben. In württembergischen Geschichtswerken wird die innere Entwicklung Christophs meist so geschildert, als sei er langsam immer mehr unter den Einfluß einseitiger und engherziger geistlicher Berater gekommen. Aber diese Auffassung geht doch wohl fehl. Christoph war nach allem, was wir wissen, eine in sich gefestigte Natur und äußeren Einflüssen nur bedingt zugänglich.

Daß der Herzog unter solchen Umständen die Schicksalsstunde des politischen Protestantismus nicht erkannte, darf uns nicht wundern. Nach der Niederlage des Kaisers vor Metz waren die katholischen Reichsstände ohne Führung. Wäre damals den Protestanten ein Oberhaupt erstanden, das ihre Reihen einte und festigte, hätte sich die Reformation wahrscheinlich in Deutschland ganz durchgesetzt. Moritz von Sachsen fehlte zum Führer der protestantischen Sache die sittliche Kraft, und ob des Frühverstorbenen unstetes Wesen sich im Laufe der Jahre noch geläutert hätte, vermag niemand zu sagen. Das Ende Albrechts von Brandenburg war traurig und beschämend und wurde weithin als Niederlage des Protestantismus angesehen. Es hätte eines Mannes von der Art Gustav Adolfs von Schweden bedurft, um in diesem entscheidenden Augenblick die Führung des Protestantismus zu übernehmen. Mittlerweile aber erwuchsen aus der Gegenreformation der alten Kirche neue geistige und sittliche Kräfte, die sich alsbald auch auf den politischen Katholizismus in Deutschland auswirkten.

Seine Enttäuschungen und Mißerfolge auf politischem Gebiet haben Christoph weder bitter gemacht noch resignieren lassen. Er stand mit seinem Rat gerne jedem zur Verfügung, der ihn darum bat, und deren waren es bei dem Ansehen, das er außerhalb und innerhalb der Grenzen Deutschlands genoß, nicht wenige. Das Vertrauen in die Lauterkeit seines Charakters und seine bezwingende Persönlichkeit werden es gewesen sein, die den Mangel an staatsmännischer Durchschlagskraft übersehen ließen. Freilich blieben ihm auch auf diplomatischem Gebiet Rückschläge nicht erspart. Erzherzog Maximilian von Österreich, ältester Sohn Kaiser Ferdinands I., galt in seiner Jugend als ein Freund der Reformation. Das waren vor ihm schon andere Habsburger gewesen. Auch die Königin Marie von Ungarn war einmal dieser Neigung verdächtig, aber als sie von ihrem Bruder, Kaiser Karl V., zur Ordnung gerufen wurde, fügte sie sich. Wie tief dieses Gefühl Maximilians ging, bleibt dahingestellt, vielleicht war es gerade Christoph gegenüber etwas zweckbestimmt. Dieser jedenfalls war dem jüngeren Freund wohlgesinnt und hoffte, durch Maximilian Kaiser Ferdinand für eine Verständigung mit König Heinrich II. von Frankreich gewinnen zu können. Maximilian stimmte unter dem persönlichen Einfluß Christophs dem Gedanken begeistert zu, stieß aber dann bei seinem Vater mit solchen Plänen auf entschiedenen Widerstand. Die Wochen vergingen, in Württemberg wartete der französische Gesandte auf den kaiserlichen Geleitbrief, der nie kam. Christoph drängte, Maximilian antwortete ausweichend. Nach zwei Monaten reiste der Gesandte unverrichteter Dinge nach Frankreich zurück. Christoph mußte eine schmerzhafte diplomatische Niederlage hinnehmen. Lange Zeit ruhten die Beziehungen zwischen den beiden Freunden ganz und erreichten, wieder aufgenommen, die alte Herzlichkeit nicht mehr. Bezeichnend für Christophs Auffassung des Herrscherberufs war es auch, daß er, gleichfalls über Maximilian, ein gutes Wort beim Kaiser für den Markgrafen Albrecht Alcibiades einlegen wollte, obwohl dieser, geächtet und heimatlos umherirrend, nirgendwo mehr Hilfe und Mitleid fand. Christoph verschloß selbst ihm nicht sein Ohr. So ist es auch nicht erstaunlich, daß er sich mit dem Gedanken quälte, ob er moralisch berechtigt sei, seinen Glaubensbrüdern, den Hugenotten und den Niederländern, zu helfen, da sie doch als Rebellen gegen ihre angestammten Landesherren kämpften.

Bei der politischen Lage Europas lag es für die Herren aller nicht deutschen Länder nahe, sich der Unterstützung entweder der katholischen oder der protestantischen Partei zu bedienen. Das moralische Haupt der letzteren war unbestritten Herzog Christoph von Württemberg. Offenbar schmeichelte diese Stellung seiner Seele, gab sie ihm doch Gelegenheit, überall für das Augsburgische Bekenntnis einzutreten. Sein Versuch, den französischen Calvinisten zu helfen, konnte diese freilich vor Verfolgung und schließlicher Vernichtung nicht retten. Christoph hatte am französischen Hof mit der Königinmutter Katharina von Medici und den Führern der calvinistischen und katholischen Partei Gaspard Coligny und Franz Guise verhandelt und überall zur gütlichen Verständigung, zum Frieden im Sinne des Augsburgischen Bekenntnisses geraten. Aber was wollte dies bedeuten gegenüber der Härte und fanatischen Wut, mit denen sich in Frankreich die Anhänger der neuen und der alten Kirche bekämpften? Auch Königin Elisabeth von England konnte in den Augen Christophs nichts Besseres tun, als England nach dem Augsburgischen Bekenntnis zu reformieren. Dies legte er ihr dringend ans Herz und riet ihr auch zu heiraten, wobei er nicht vergaß, einen sehr empfehlenswerten Bewerber um ihre Hand zu benennen. Der jungfräulichen Königin war es bei ihren Bemühungen um die deutschen Protestanten weniger um die Reinheit des Bekenntnisses zu tun als um Bundesgenossen und Waffen gegen Frankreich. So oft Christoph mit einem anderen Fürsten verhandelte, es war immer dasselbe: er sprach von Religion, der andere von Politik. Äußerlich gesehen hatten Christophs Räte schon recht, nichts als „Papier und Tinte" erbrachten solche Verhandlungen. Am praktischen Ergebnis läßt sich der Erfolg eines derartigen Strebens nicht messen. Das Verdienst Christophs ist, daß er den Zusammenschluß aller Protestanten und die Einheit ihres Glaubens zu einer bleibenden, sittlichen Forderung und zur Richtschnur ihres praktischen Handelns erhob. Was im Laufe der Jahrhunderte für diesen Gedanken in der evangelischen Kirche geschah, geht letztlich auf ihn zurück.

Herzog Christoph war früh gealtert und starb mit dreiundfünfzig Jahren am 28. Dezember 1568. Zu seinem frühen Tod hat wohl die für unsere Begriffe menschlicher Ernährung geradezu unfaßbare Lebensweise jener Zeit beigetragen. Die Mengen, die damals gegessen und getrunken wurden, sind unvorstellbar. Bei Christoph zeigten sich die gesundheitlichen Folgen dieser Unmäßigkeit bald. Sein Körperumfang wurde so groß, daß er in seinen letzten Jahren nicht mehr fähig war, zu Pferde zu steigen und sich in einer Sänfte tragen lassen mußte. Seine Ehe war mit Kindern reich gesegnet, er hatte acht Töchter und zwei Söhne. Der frühzeitige, durch ein ausschweifendes Leben verschuldete Tod des Thronfolgers (1568) verdüsterte seines Vaters letzte Tage. Der zweite Sohn Ludwig war von schwächlicher Gesundheit und ließ wenig von den Anlagen eines künftigen Herrschers erkennen. Christoph hatte noch die Vormünder dieses Sohnes, der beim Tode seines Vaters vierzehn Jahre alt war, bestimmt, aber auch damit waren die der Vormundschaftsregierung durch drei landesfremde Fürsten anhaftenden Mängel nicht abzustellen. Am Hofe in Stuttgart bildeten sich Gruppen, die um den Einfluß auf die Herzoginwitwe kämpften und intrigierten, und diese war nicht die gefestigte Persönlichkeit, die dem Sohn den Vater hätte ersetzen können. Ludwigs Erziehung wurde vernachlässigt, die schwachen Seiten seines Charakters traten immer mehr hervor, und es zeigte sich bald auch eine Neigung zum Trunk. Den Versuch, die Leitung der Staatsgeschäfte in die eigene Hand zu nehmen, machte er nie. Die Regierung überließ er seinen Räten. Als echter Choleriker konnte er zwar aufbrausen und sagte dann den ehrbaren Herren seine Meinung unverblümt ins Gesicht, sank aber schnell wieder in seine Gleichgültigkeit zurück und lebte seinen Neigungen, mit denen er sich einen bleibenden Namen schuf. Was ihm der Wein von der Tatkraft des Staatsmanns nahm, das schenkte er ihm an künstlerischer Phantasie. Er suchte und fand Künstler, die seine Träume Wirklichkeit werden ließen. Georg Beer baute für ihn in Stuttgart das neue Lusthaus, das zu den Perlen der deutschen Renaissance-Architektur zählte, und es ist nicht seine Schuld, daß spätere Zeiten, die aus praktischen Erwägungen anderen Ideen huldigten, das Juwel opferten. Kunstfreude und Familienstolz veranlaßten die Schaffung der Grafenstandbilder in der Stuttgarter Stiftskirche durch den Bildhauer Simon Schloer. Schließlich bleibt dem Herzog Ludwig der Ruhm, durch die Aufstellung von römischen Funden im neuen Lusthaus die Anfänge einer Kunst- und Altertümersammlung begründet zu haben.

Auch sonst kann seine Regierungszeit, vielleicht nicht wegen, sondern trotz des Landesherrn manche Leistung aufweisen. Die Universität Tübingen erlebte unter der Leitung ihres Kanzlers, des Theologen Jakob Andreä, eine Blütezeit. Auch spricht die Errichtung des collegium illustre, einer an die Universität Tübingen angeschlossenen, schon von Herzog Christoph geplanten Fürstenschule dafür, daß Ludwig für Bildungsfragen Verständnis hatte. In Stuttgart begegnen uns die Familien Osiander und Bidenbach, die in Generationen dem Herzogtum treffliche, teilweise aber auch ehrgeizige und machthungrige Diener des Staates und der Landeskirche stellten. Man war auch landfremden Männern gegenüber nicht engherzig und ließ ihre Leistungen gelten. Ludwig Gadner war als – übrigens protestantischer – Hofprokurator des Herzogs Albrecht von Bayern von Christoph in den württembergischen Dienst übernommen worden und leitete als Rentkammerprokurator die Rechtsabteilung der herzoglichen Verwaltung. Herzog Ludwig berief ihn als Berater bei der künstlerischen Ausgestaltung des Lusthauses. Auch ist der Name Gadner für alle Zeiten verbunden mit der »Chorographia Ducatus Virtembergici«, der ersten Landesaufnahme des Herzogtums, die in zwanzig auf Pergament gemalten Karten dargestellt und im neuen Lusthaus aufgehängt war.

In der Zeit der Teuerung und schweren Not der Jahre von 1570 bis 1573 erwies sich Ludwig als fürsorgender Landesvater und ließ freigebig Getreide aus seinen Fruchtkästen an die darbende Bevölkerung verteilen. Er wollte dies aber nicht, wie es die Landstände forderten, als Verpflichtung angesehen wissen, sondern als eine seinem eigenen freien Willen entsprungene Leistung. Da die dem Herzog zustehenden Abgaben und Steuern meist in Naturalleistungen bestanden, betrieb seine Verwaltung zur Verwertung der Getreidebestände den Großhandel; zum Vertrieb im Kleinen, wie ihn die Stände haben wollten, hätte es einer weitverzweigten kostspieligen Organisation bedurft. Bei der Bekämpfung der Teuerung suchte man natürlich zuerst den, der an dem Unglück schuld sein sollte, glaubte ihn im Händler gefunden zu haben, und erinnerte sich gerne an das sonst vergessene kirchliche Verbot der Zinsnahme und des Fürkaufs. Damit dachte man am besten den außerhalb der württembergischen Grenzen sitzenden, des Wettbewerbs wegen der Ehrbarkeit verhaßten Getreidehandel zu treffen. Verbot des Handels und Festsetzung der Preise waren das Rezept, das die Heilung bringen sollte. Die herzoglichen Räte trauten der Sache nicht und fragten vorsichtshalber den (protestantischen) Abt des Klosters Maulbronn um seine Meinung. Die dortige, sehr waldreiche und daher getreidearme Gegend litt besonders unter der Teuerung, während im nahen Pforzheim die Händler wohnten, die bisher die Hintersassen des Klosters mit dem Getreide beliefert hatten, das sie in württembergischen Überschußgebieten mit Hilfe des Fürkaufs erwarben. Der Abt, offenbar ein Mann von klarem Blick und wirtschaftlichem Verständnis, ließ die Herren in Stuttgart wissen, seiner Meinung nach sei von einem Verbot des Getreidehandels und der Festsetzung der Preise keine Besserung zu erhoffen, dabei werde nur der letzte Rest an Getreide auch noch verschwinden. Es sei auch falsch, von einem Mangel zu reden; wer Geld habe, könne genug Getreide kaufen. Der geistliche Herr hatte wohl verstanden, daß bei der Ausschaltung des Handels die

Getreide bauenden Gegenden in ihrem Segen ersticken, alle anderen aber hungern würden. Seiner Weisheit letzter Schluß war, solange die commercia zwischen Pforzheim und Maulbronn frei gewesen seien, habe es nie einen Grund zur Klage gegeben. Die Räte in Stuttgart glaubten dem klugen Gottesmann und erließen das von den Ständen gewünschte Verbot nicht. Als zehn Jahre später die Not wiederkehrte, setzte die Landschaft ihren eigensüchtigen Standpunkt durch. Der Handel kam zum Erliegen. Die Regierung mußte mit ihrem Getreide helfen, was die Ehrbarkeit nichts kostete. Den Schaden hatte das Volk. Es sei auch einer die Volkswirtschaft fördernden, bis heute segensreichen Schöpfung des Herzogs Ludwig gedacht: 1573 rief er das Haupt- und Landgestüt in Marbach an der Lauter, den Mittelpunkt der württembergischen Pferdezucht, ins Leben; des zum Zeichen ist das Hauptgebäude des Gestütshofs mit dem Wappen des Herzogshauses, den Hirschhörnern, der Reichssturmfahne, den Wecken von Teck und den Fischen von Mömpelgard geschmückt.

Während der Regierung Herzog Ludwigs wurden sich die Stände ihrer Macht bewußt. Eberhard im Bart und Christoph hatten sie zur Mitverantwortung im Staat gezwungen und nahmen es hin, daß an der Ablehnung der Prälaten und der Landschaft ihre Pläne eines geordneten Finanzwesens scheiterten, aber selbst in ihrem Widerspruch betonten die Stände ihre Devotion. Das wurde anders, als die nach dem Tode Christophs eingerissene Mißwirtschaft am Hofe ihren selbstsüchtigen Wünschen Raum gab. Die Sterne der Ehrbarkeit hielten die Macht fest in ihren Händen. In Tübingen gebot Andreä, in Stuttgart führte dessen Schwager, der Hofprediger Lukas Osiander, das Regiment und der dritte im Bunde war der keineswegs selbstlose Geheime Rat Melchior Jäger, der besondere Vertraute des Herzogs. Der Umgangston wurde ein anderer: da Herzog Christoph die Stände zu Taufpaten seines Sohnes gemacht hatte, glaubten diese sich berechtigt, ihren Herzog in nicht gerade taktvoller Weise darauf hinzuweisen, es sei allmählich Zeit, daß er für Nachwuchs im Hause Württemberg sorge. Als Ludwig sich einmal bei seinen Ständen für ihre Mitwirkung und Hilfe aus Anlaß einer Schuldenreglung bedankte und hinzusetzte, jetzt sollten sie aber auch in Zukunft „fein sparen und zu Rathe halten", antworteten sie ihm grob, mit der Sparsamkeit würde besser er anfangen.

Die Stände hatten sich ein warmes Bett gemacht, in dem sie sich wohlfühlten und das sie nicht aufgeben wollten, aber mit den Jahren drückte sie die Sorge, was nach dem Tod des kinderlosen Ludwig geschehen solle: denn da lebte in Mömpelgard der böse Friedrich, von dem man in Stuttgart wußte, daß er als Nachfolger nicht so lenkbar sein würde, wie es sein Vorgänger gewesen war. Ludwig hatte Herz und Verständnis für solche Nöte, machte ein Testament, in dem er seinem Nachfolger aufgab, bei seinem Regierungsantritt hübsch alles beim alten zu lassen, und ließ es von dem Grafen Friedrich von Württemberg-Mömpelgard beschwören. Was aus diesem Schwur wurde, werden wir noch sehen.

Warum Ludwig noch zu Lebzeiten ›der Fromme‹ genannt wurde, ist nicht einzusehen. Vielleicht haben ihm seine geistlichen Räte diesen ehrenden Beinamen verschafft zum Dank, daß er sie in allen Dingen großzügig gewähren ließ. Seinem eigenen Lebenswandel, in dem der Wein und derbe Späße so viel bedeuteten, kann er diese Auszeichnung nicht wohl verdankt haben.

SIEBTES KAPITEL

LANDSTÄNDE GEGEN FÜRSTENMACHT

Als Friedrich Graf von Württemberg-Mömpelgard im Alter von sechsunddreißig Jahren 1593 in Stuttgart die Nachfolge Herzog Ludwigs übernahm, hatte er eine klar durchdachte Vorstellung von den Rechten und Aufgaben eines Herrschers. Eine Vorstellung, die ihn unausbleiblich in einen scharfen Gegensatz zu den württembergischen Ständen bringen mußte. Das war beiden Seiten wohl bewußt.

Graf Friedrich wurde nach dem Tod seines Vaters, des Grafen Georg, und der Wiederverheiratung seiner Mutter durch Herzog Christoph, der sein Vormund war, an den Stuttgarter Hof gezogen. Hier blieb er auch nach Christophs Tod, bis er mit vierzehn Jahren das Studium auf der Universität Tübingen begann. Als Zögling des collegium illustre nahm er in sechs Jahren an Wissen und Bildung in sich auf, was für einen Fürstensohn nach der Auffassung der Zeit sich ziemte. Dann wurde er auf Reisen geschickt. Die Residenzen in Dänemark, Schlesien, Mähren, Ungarn und Österreich waren die Stationen. Vierundzwanzigjährig übernahm Friedrich die Regierung in Mömpelgard (1581). Er hatte viel gesehen und gelernt und verlangte nach Ruhm und Taten. In Mömpelgard lebte noch die Erinnerung an die große Zeit Burgunds, und Paris, wo seit Jahrzehnten die Religionskämpfe tobten, war nicht weit. Das ist für Friedrich die hohe Schule der Staatskunst gewesen. So unscheinbar sein Herrschaftsbereich war, nur auf eine Zuschauerrolle ließ er sich nicht ein. Das Lehrgeld, das er bezahlen mußte, war beträchtlich. Als deutsche protestantische Fürsten zum Beistand der bedrängten Hugenotten eine

Gesandtschaft an König Heinrich III. von Frankreich sandten, war der junge Friedrich von Mömpelgard einer ihrer Führer, was ihm die Guisen, die katholische Partei in Frankreich, nicht vergaßen. Um den bekenntnismäßigen Gegensatz zwischen den französischen Calvinisten und deutschen Lutheranern wenn nicht zu beseitigen, so doch wenigstens soweit zu mildern, daß eine politische Verständigung möglich würde, berief Friedrich ein Religionsgespräch nach Mömpelgard (1586). Das Ende war freilich „ohne allen erquicklichen Erfolg". Ein Jahr später rückte ein in den protestantischen Teilen Deutschlands und der Schweiz geworbenes Heer zur Unterstützung der hugenottischen Sache in Frankreich ein, wurde geschlagen und mußte froh sein, frei abziehen zu dürfen. Damit war die Grafschaft Mömpelgard schutzlos und wurde von den Guisen fünf Wochen lang in entsetzlicher Weise ausgeraubt und verwüstet. Die politischen Beziehungen zwischen Friedrich und dem calvinistischen König von Navarra, dem als Heinrich IV. von Frankreich einige Jahre später „Paris eine Messe wert war", bestanden fort, und so stark fühlte Graf Friedrich sich seinem Bundesgenossen verpflichtet, daß er, obschon mit Schulden überlastet, diesem große Summen gegen zweifelhafte Sicherheit vorstreckte. Politische Überlegungen waren es auch, die Friedrich 1592 nach England an den Hof der Königin Elisabeth führten, die ihrerseits die Hugenotten unterstützte. Bezeichnend für die schroffe und selbstherrliche Art Friedrichs ist sein Vorgehen gegen die ständische Vertretung Mömpelgards. Als er auf ihren Widerstand stieß, löste er sie kurzerhand auf und ließ einige ihrer Mitglieder verhaften.

Der Zeitabschnitt, in dem Friedrich von Mömpelgard groß geworden war, wird in der heutigen Geschichtswissenschaft als Anfang des fürstlichen Absolutismus bezeichnet. Er war erfüllt von hartem und rücksichtslosem Streit um die Macht gegen die äußeren und inneren Feinde der Fürsten. Der religiöse Gegensatz steigerte die Kampfstimmung zum Fanatismus. Diese Lage erforderte rasche Entschlüsse und die Zusammenfassung aller staatlichen Mittel in einer Hand. Ein stehendes Heer war für die Landesherren die erste Voraussetzung. Die Staatsbedürfnisse stiegen; um sie zu befriedigen, mußten neue Einkommensquellen gefunden werden – nicht zur Hebung des Wohlstands des einzelnen, sondern zur Vermehrung der Hausmacht. Diese planmäßige Förderung der wirtschaftlichen Kräfte des Landes wird das System des Merkantilismus genannt. Der fürstliche Absolutismus und mit ihm der Merkantilismus haben in späterer Zeit viel Kritik erfahren; die liberale Auffassung des neunzehnten Jahrhunderts ließ nichts Gutes an ihnen. Zu Unrecht, sie waren als Herrschafts- und Wirtschaftsformen natürlich keine absoluten Werte, aber damals hatten sie ihre volle, geschichtliche Berechtigung. Wenn Friedrich Absolutist und Merkantilist war, so folgte er nur den Zeichen seiner Zeit.

In Württemberg traf der fürstliche Absolutismus auf den nicht zu überwindenden Widerstand der Stände. Ob dies ein Gewinn für das Land war, ist eine in diesem Zusammenhang nicht zu erörternde Frage, jedenfalls ist es eine Besonderheit unserer Landesgeschichte, daß diese Herrschaftsform, anders als in den übrigen deutschen Staaten, in Württemberg nie zur vollen Entfaltung kam. Zweimal, unter der Regierung Friedrichs und hundertunddreißig Jahre später unter der des Herzogs Karl Alexander, hat das fürstliche Haus einen Anlauf genommen, das Steuerbewilligungsrecht der Stände zwar nicht zu brechen, aber einzuschränken. Der Versuch scheiterte an dem frühzeitigen Tod der beiden Herrscher, deren Nachfolger sich beeilten, die ständischen Rechte wieder herzustellen und in den alten Kurs einzuschwenken. Institutionen haben eben ein zäheres Leben als Menschen. Wenn in dieser Entwicklung ein Erfolg des ständischen Wesens gesehen wird, ist gegen diese Ansicht nichts einzuwenden; falsch aber ist es, in dieser Tatsache, wie es die Liberalen des letztvergangenen Jahrhunderts wollten, einen frühen Triumph des demokratischen Sinnes der Württemberger zu sehen. Die Landschaft hatte nicht einen demokratischen Zug an sich und fühlte sich nie als Vertreterin des Volkes. Sie wahrte eifersüchtig, tatkräftig und zu Zeiten brutal die Vorrechte einer kleinen, einflußreichen Schicht, der Ehrbarkeit, deren Hauptanliegen die Steuerbewilligung war. Die Privilegien wurden so gehandhabt, daß der eigene Geldbeutel geschont wurde. Nur diesen Maßstab legte der engere Ausschuß an die ihm von der herzoglichen Regierung vorgelegten Pläne und Forderungen.

Württemberg hatte zwei Regenten, einen monarchischen und einen oligarchischen. Dieser verfügte über die Steuerkraft des Landes, jener hatte sein Kammergut, das, obwohl nicht unbeträchtlich, für die großen landesfürstlichen Aufgaben nicht ausreichte. Die Folgen waren ewiges Feilschen und unaufhörlicher Streit. Die Sparsamkeit der ehrbaren Herren wirkte sich gewiß manchmal heilsam gegenüber allzu weitgreifenden Plänen der Regierung aus, häufiger aber lähmte sie die guten Absichten der Fürsten. Staatsbedürfnisse lassen sich nicht immer unter dem Gesichtspunkt bürgerlicher Sparsamkeit befriedigen. Diesen Zustand nannte man später ›das gute alte Recht‹, für das Dichter schwärmten und aufrechte Männer ins Gefängnis, ja aufs Schafott zu gehen bereit waren. Der nüchternen, politischen Vernunft will dieser Gefühlsüberschwang nicht einleuchten. Nicht wegen, sondern trotz dieser seltsamen Verfassung überstand das württembergische Staatswesen alle Wirren und Gefahren. In württembergischen Geschichtsbüchern wird gerne und mit Stolz auf den Ausspruch des englischen Staatsmanns Charles James Fox (gest. 1806) hingewiesen: er kenne nur zwei Verfassungen in Europa, die britische und die württembergische. Ob Mr. Fox sich einmal die württembergische Verfassung näher angesehen hat? Die englische Verfassung, obschon nie schriftlich festgelegt, hat britischen Staatsmännern die Möglichkeit einer weltumspannenden Politik gegeben, die württembergische beruhte auf einer Vereinbarung, die von ihren Vätern jedenfalls nicht als Verfassung gedacht war. Der Tübinger Vertrag vom Jahre 1514 war, um es in der Sprache unserer Tage auszudrücken, eine Art von Vergleichsverfahren zwischen einem Schuldner und dem Ausschuß seiner Gläubiger. Absichtliche oder unbeabsichtigte Unklarheiten gaben beiden Parteien die Möglichkeit eigener Auslegung, über die dann jahrhundertelang gestritten wurde. Friedrichs Auffassung deckte sich mit der seines Vorgängers Christoph in dessen späteren Jahren.

Als Friedrich nach Stuttgart kam, erwarteten ihn dort seine Hoftheologen, die in ihm einen hassenswerten Calvinisten vermuteten, die Landschaft, die entschlossen war, ihm jede mögliche Fessel anzulegen, und schließlich die Räte seines Vorgängers, bereit, mit allen erlaubten und unerlaubten Mitteln für ihre Ämter zu fechten. Zunächst dachte man daran, dem Herzog finanzielle Daumenschrauben anzulegen. Die Landstände nämlich übernahmen Schulden der Regierung immer nur in der Form von Darlehen, die beim Tode des Schuldners fällig wurden. Eine Fiktion freilich, wie alle Beteiligten wußten, von der sich aber im gegebenen Fall Gebrauch machen ließ. Die Stände forderten also zunächst einmal die sechshunderttausend Gulden zurück, die sie dem Herzog Ludwig nicht lange vor dessen Tod „geliehen" hatten. So wollten sie den neuen Herrn die Macht der Landstände fühlen lassen. Außerdem hatten sie noch einen weiteren Trumpf in Händen: nach dem von Herzog Friedrich beschworenen Testament seines Vorgängers mußte er vor der Huldigung der Stände deren Freiheiten anerkennen. Es kam jedoch anders, Herzog Friedrich nahm das Gesetz des Handelns in seine Hand. Die Huldigung der Stände erzwang er, und von der Fälligkeit von Schulden seines Vorgängers wurde gar nicht gesprochen. Der alte Hofprediger Lukas Osiander, von Amts wegen Friedrichs Beichtvater, glaubte, dem Herzog ins Gewissen reden zu dürfen; er wurde abgesetzt, und Melchior Jäger, Herzog Ludwigs vertrautester Berater, fand überhaupt kein Gehör. Der neue Herr umgab sich mit neuen Räten, deren erster Matthäus Enzlin war. Dieser hatte an der Universität Tübingen den Lehrstuhl für Römisches Recht inne und galt als scharfsinniger Jurist und ausgezeichneter Lehrer. Es war kein Zufall, daß Herzog Friedrich gerade diesen Mann auswählte. Er erwartete von ihm die staatsrechtliche Begründung des fürstlichen Absolutismus auf Grund des Römischen Rechts, in dem die Staatsraison und das dominium eminens, das Staatsnotrecht, vorgebildet waren. Mit seiner Ernennung zum herzoglichen Geheimen Rat hatte der Tübinger Staatsrechtslehrer über die herzoglichen Räte, die in den Anschauungen des Württembergischen Landrechts lebten, gesiegt. Soweit ging die Selbstherrlichkeit Friedrichs jedoch nicht, daß er sich über das Gesetz, den Tübinger Vertrag, weggesetzt hätte, wie er ja auch nie versuchte, die Landstände aufzuheben. Noch in seinem letzten Kampf mit der Landschaft wahrte er die Form und tastete die Rechtsgrundlage des ständischen Wesens nicht an. Vom ersten Tag seiner Amtstätigkeit an vertrat Enzlin den Rechtsgrundsatz, daß die herzogliche Gewalt auf dem von Kaiser Maximilian Eberhard im Bart erteilten Herzogsbrief beruhe. Was die Nachfolger des ersten Herzogs von Rechten an die Landstände abgetreten hätten, binde den jetzt regierenden Fürsten nicht. Unter diesem Gesichtspunkt wurde auch der Vertrag von Kaaden im Jahre 1534 nicht anerkannt. Diese Ansicht durchzusetzen, gelang Herzog Friedrich bei seinen Verhandlungen mit dem Kaiser über die Aufhebung der Afterlehenschaft Württembergs gegenüber dem Hause Österreich. Der Erfolg allerdings mußte hart erkämpft und teuer genug bezahlt werden. Der Kaiser verlangte vierhunderttausend Gulden, deren Aufbringung der Herzog von seinen Ständen erzwang. Aber auch so haftete dem Prager Vertrag vom Jahre 1599 noch der Schönheitsfehler an, daß zwar die Afterlehenschaft aufgehoben wurde, aber im Falle des Erlöschens des Mannesstammes im Hause Württemberg das Herzogtum nicht an das Reich, sondern an Österreich fallen sollte. Der Grund, daß der Vertragsabschluß fast sechs Jahre auf sich warten ließ, ist nicht zum wenigsten darin zu suchen, daß Melchior Jäger, vermutlich mit dem stillschweigenden Einverständnis des engeren Landschaftsausschusses, seine guten Beziehungen zur kaiserlichen Umgebung zu Quertreibereien gegen seinen Landesherrn benutzte.

Die Erweiterung seiner Herrschaft betrieb der Herzog getreu der Tradition des Hauses Württemberg durch den Kauf größerer und kleinerer Besitzungen, die er, um dem Vorwurf persönlicher Bereicherung durch die Landstände zu begegnen, zumindest teilweise dem Land und nicht dem herzoglichen Kammergut zuschlug. Lange beschäftigte den Herzog der Plan, einem seiner Söhne den Straßburger Bischofssitz zu verschaffen; ein bleibender Erfolg war ihm dabei allerdings nicht beschieden, sofern man nicht die Gründung von Freudenstadt als solchen ansehen will. Bitter gekränkt und in seinen politischen Zielen stark behindert fühlte sich der Herzog, als er in Sachen der in die Acht erklärten Reichsstadt Donauwörth nicht vom Kaiser mit deren Vollstreckung beauftragt wurde, worauf er als Direktor des Schwäbischen Kreises Anspruch gehabt hätte. Die vorwiegend protestantischen Einwohner der Stadt hatten, gereizt durch eine herausfordernd veranstaltete katholische Prozession, diese auseinandergesprengt und mehrere ihrer Teilnehmer mißhandelt. Herzog Maximilian von Bayern, als der vom Kaiser bestellte Vollstrecker der Acht, behielt mit dessen Zustimmung trotz schärfster Beschwerde des württembergischen Herzogs die Stadt. Das war eine protestantische Niederlage. Der Vorfall war nur ein allerdings besonders schwerwiegendes Beispiel der immer feindseliger werdenden Haltung der beiden konfessionellen Gegner. Dem politischen Scharfblick Friedrichs entging diese Entwicklung nicht, die früher oder später zum Krieg führen mußte. Für den Tag der Entscheidung wollte er gerüstet sein, aber auch, was noch viel wichtiger war, seine Religionsverwandten politisch geeinigt sehen. Gerade hier jedoch stieß er auf den schroffsten Widerstand der Landstände. Diesen war es immer unerwünscht, wenn sich ihre Fürsten um die große Politik kümmerten. Ruhe halten, sich nirgends einmischen und der fromme Glaube, die Großen würden die Kleinen ungeschoren lassen, wenn diese nur artig seien, das war die außenpolitische Weisheit der württembergischen Landschaft. Herzog Friedrich aber sah das Gewitter, das sich drohend über Deutschland zusammenzog. Die katholische Kirche hatte bei und nach dem Konzil von

Trient dank der Arbeit der Jesuiten neue und unerwartet starke religiöse und ethische Kräfte gewonnen, die sich bald auch in der Politik der katholischen Reichsstände auswirkten. Papst Clemens VIII. glaubte die Zeit für die Abrechnung mit den Ketzern gekommen, und dem politischen Katholizismus erstand in dem bayrischen Herzog Maximilian ein ebenso befähigter wie entschlossener Führer. Friedrich von Württemberg dagegen sah auf der protestantischen Seite nur geschäftige Untätigkeit und Zwietracht. Calvinisten und Lutheraner verabscheuten sich gegenseitig so, daß sie darüber die gemeinsame Bedrohung durch ihre katholischen Gegner vergaßen. Durch keine Enttäuschung ließ sich Friedrich in seinem Einigungsstreben beirren, und schließlich gelang es ihm, sich einerseits mit dem calvinistischen Kurfürsten von der Pfalz zu verständigen, andererseits aber auch mit einigen lutherisch gesinnten Fürsten zu einer festen Bindung zu kommen, so daß er hoffen konnte, die beiden Gruppen unter seiner Leitung zusammenzubringen und auch zusammenzuhalten. Das immer abseitsstehende Kursachsen zu gewinnen, war freilich aussichtslos. Es mag sein, daß die Toleranz Friedrichs auf Gleichgültigkeit gegenüber konfessionellen Fragen beruhte, trotzdem war er ein überzeugter Anhänger der protestantischen Sache, jedenfalls ihrer politischen Seite, und widerstand allen Bemühungen, ihn zur alten Kirche zurückzuführen, die insbesondere während seines Aufenthalts in Italien im päpstlichen Jubeljahr (1600) gemacht wurden. Als Herzog Friedrich das erstrebte Ziel der politischen Einigung seiner deutschen Glaubensbrüder greifbar vor sich sah, ereilte ihn der Tod im Alter von einundfünfzig Jahren am 29. Januar 1608.

Wie auf seinen politischen Wegen fand Herzog Friedrich auch bei seinen wirtschaftlichen Versuchen immer und überall die Landschaft als Hindernis vor. Die Ehrbarkeit wollte keinen wirtschaftlichen Fortschritt, der letztlich dem Herzog und der Regierung zugute kommen mußte. Wie leicht konnte dabei der engere Ausschuß sein bestes Druckmittel verlieren. Der Merkantilismus scheute natürlich vor der Mitarbeit der Juden als den geborenen Händlern nicht zurück, die Landschaft aber und die Hofprediger glaubten, der Untergang der Welt stehe bevor, als Friedrich einigen jüdischen Handelsleuten die Aufenthaltserlaubnis in Württemberg gab. Mit Mißtrauen verfolgten die ehrbaren Herren die wirtschaftlichen Versuche des Herzogs und waren über jeden Fehlschlag voll Schadenfreude. Die Hast und Ungeduld Friedrichs, der immer ernten wollte, bevor gesät war, ließen manchen guten Plan scheitern. Trotzdem bleibt ihm ein großes Verdienst. So wie die Dinge standen, brauchte das wirtschaftliche Leben einen starken Antrieb, der nur von außen her kommen konnte. Vergegenwärtigen wir uns den Zustand. Die staatliche Wirtschaftspolitik mußte ganz von vorne beginnen. Der Großhandel mit ausländischen Waren ging über die Reichsstädte, die aber auch den Kleinhandel innerhalb der herzoglichen Grenzen in Händen hatten. Württemberg war Agrarland, aber die Landwirtschaft war wenig ergiebig, der Viehbestand gering; auf den württembergischen Getreidemärkten erschien der reichsstädtische Händler als Aufkäufer, so daß der ganze Handelsverdienst außer Landes ging. Das einzige Ausfuhrgut ist der Wein gewesen, der, trefflich gepflegt, billiger war als das rheinische und elsässische Gewächs. Aber auch für den Wein war die Reichsstadt Ulm der große Umschlagplatz. Ein bodenständiges Gewerbe, das ausfuhrfähige Waren hätte herstellen können, gab es in Württemberg nicht. Einheimische Fachkräfte waren nicht vorhanden und die im Ausland geworbenen taugten nicht viel; die schönen ererbten oder ersparten Gulden dem Herzog für seine Hirngespinste zur Verfügung zu stellen, konnte keinem ehrbaren Bürger in den Sinn kommen. Ja, wenn das Land Naturschätze, wenn es Gold gehabt hätte! Aber es waren doch so viele Erfindungen gemacht worden, da mußte es doch möglich sein, Gold künstlich zu erzeugen. Für uns ist es sehr einfach, über die Alchimie, über die goldhungrigen Fürsten und ihren kindlichen Glauben an die Goldmacher zu lächeln; damals wagten sich auch sehr ernsthafte Leute an dieses Experiment, und nicht jeder Alchimist hat als Betrüger angefangen, sondern ist erst aus Angst vor dem Eingeständnis seines Unvermögens auf den Weg arglistiger Täuschung seines Auftraggebers gedrängt worden. Der Herzog war freilich nicht der Mann, solche Betrugsversuche hinzunehmen; drei seiner Alchimisten endeten am Galgen. Von dem Glauben an die Alchimie ließ Friedrich aber nicht ab.

Einen wirtschaftlichen Berater mit klarem Blick, viel Verständnis und reicher Erfahrung, der zuletzt freilich auch als Betrüger endete, fand der Herzog in Jesaias Huldenreich. In einer Denkschrift legte dieser dem Herzog die Vorteile der Leineweberei dar. Auf der Schwäbischen Alb bei Urach würden auf dem Boden, der zu mager für den Getreideanbau sei, Hanf und Flachs von bester Beschaffenheit gewonnen. Die Ulmer Weber brauchten mehr davon, als auf dem stadtulmischen Gebiet erzeugt werde. Warum aber, fragte Huldenreich, sollte der Rohstoff außer Landes gehen, um als Fertigware wieder eingeführt zu werden, wenn Württemberg diesen Gewinn selber machen könne? Bei wachsender Nachfrage, die das Ulmer Beispiel überzeugend bewies, war der Absatz gesichert. Alle Vorteile dieses Plans in wirtschaftlicher, fiskalischer und sozialer Beziehung wurden verlockend geschildert. Zehntausend Müßiggeher (wir sagen Arbeitslose) wollte Huldenreich in Arbeit bringen. Ganz so schön sah dann die Wirklichkeit in Urach nicht aus. Die Leineweberzunft arbeitete nicht wie erwartet. Die Weber, für die man Häuser hatte bauen müssen, fühlten sich bei der Mietfestsetzung übervorteilt. Es gelang ihnen auch nicht, den Absatz ihrer Ware, den man ihnen überlassen hatte, in Gang zu bringen, da sie das zum Aufbau einer Verkaufsorganisation unerläßliche Kapital nicht zur Verfügung hatten. Die Reichsstädte wehrten sich gegen den herzoglichen Wettbewerb, und wo Händler bereit waren, die württembergische Ware zu vertreiben, geschah es, daß sie das Uracher Warenzeichen herausschnitten und die Leinwand als niederländisches Erzeugnis verkauften. Huldenreich, von dem ungeduldigen Herzog hart angelassen, verschlechterte zur größten Erbitterung der Weber die Arbeitsbedingungen, und als auch dies keine Überschüsse brachte, täuschte er Erfolge vor, die er nicht hatte. Besser wurde die Sache, als eine Faktorei errichtet wurde, die im Verlagssystem arbeitete. Der Verleger beschaffte die Rohstoffe, wies sie jedem Weber zu und sorgte für den Absatz der Fertigware. Uracher Leinwand war jetzt in Mailand, Genua und Venedig viel begehrt. Die zweihundertjährige Geschichte der Uracher Leineweberei, die allen wirtschaftlichen und politischen Stürmen trotzte, bewies die Lebensfähigkeit der Schöpfung Herzog Friedrichs, der damit sozusagen der Ahnherr der württembergischen Industrie wurde.

Auch mit seiner Städtegründung im Schwarzwald hatte Friedrich eine glückliche Hand. Im Streit um den Straßburger Bischofssitz hatte er Stadt und Amt Oberkirch im Renchtal erworben. Um dieses Gebiet zu sichern und möglichst eng mit Württemberg zu verbinden, legte er die Straße über den Kniebis an, die auch dem Ausbau und Absatz des Bergwerks Christophstal dienen sollte. Die 1599 aus Kärnten, Krain und der Steiermark von dem Herzog Friedrich von Österreich, dem Vorkämpfer der Gegenreformation, vertriebenen Protestanten sollten hier als Bergknappen eine neue Heimat finden. Freudenstadt war der Name der neuen

Siedlung, für alle damaligen und künftigen Bewohner ein hoffnungsvolles Vorzeichen. Den Lageplan der Stadt und die ersten öffentlichen Gebäude, Kirche und Kaufhaus, schuf des kunstsinnigen Herzogs großer Baumeister Heinrich Schickhardt. Der Anfang war schwer, die Siedler hatten in dem unwirtlichen Waldgelände ein hartes, entbehrungsvolles Leben und wollten an ihrer Aufgabe fast verzweifeln. Die Hilfe des Herzogs verhinderte das Schlimmste, das übrige vollbrachte die Arbeit und die Geduld der Einwanderer, die damit ihrem neuen Landesherrn den schuldigen Dank hundertfach zurückerstatteten.

Der Universität Tübingen wandte Friedrich seine besondere Sorgfalt zu. Wenn er nach seiner Staatsauffassung ihr in erster Linie die Aufgabe stellte, dem Staat und der Kirche ergebene und fähige Diener heranzubilden, so war er doch auch nicht ohne Verständnis für die wissenschaftliche Forschung. Dies sind einzelne Züge, die zusammengesetzt das Bild eines Herrschers des fürstlichen Absolutismus ergeben, der sich als erster Diener des Staates fühlt, aber durch ständische Vorrechte nicht eingeengt sein will. Man hat Friedrich von Württemberg den Aufwand für seine Hofhaltung als Verschwendungssucht vorgehalten und sein Streben nach äußeren Ehrungen, das sich in seinen zähen Bemühungen um die Verleihung des englischen Hosenbandordens zeigte, als kindische Schwäche belächelt. Vergessen wurde aber darüber, daß äußere Prachtentfaltung, hinter der sich, bei den Kaisern des späten Mittelalters angefangen, nur zu oft Schwäche und Unsicherheit verbargen, für den Absolutismus wesentlicher Ausdruck fürstlicher Majestät war.

Es waren nicht Gewalttätigkeit, Übermut oder Größenwahn, die Friedrich in seinen letzten Konflikt mit den Ständen trieben. Wer sich das schon zu Beginn des Jahrhunderts in zwei feindliche Lager gespaltene Deutschland vergegenwärtigt – ein offenes Pulverfaß, in das jeden Augenblick ein Funke fallen konnte –, versteht, warum der Herzog mit weitgehenden Forderungen für die Landesverteidigung vor seine Stände trat. Er verlangte die Mittel zur Aufstellung eines stehenden Heeres und die Zusicherung, daß in Zukunft die Landschaft drei Viertel der Kosten eines ›Hauptkrieges‹ tragen werde, mit dem Zugeständnis, daß ein Hauptkrieg nur mit Einverständnis der Stände begonnen werden dürfe. Im übrigen ließ der Herzog erklären, er denke nicht an eine Aufhebung des Tübinger Vertrags, er wolle ihn nur „nach den Zeitbedürfnissen erläutern lassen". Das Vorgehen des Herzogs war schroff und unverbindlich; mit seinen Ständen diplomatisch umzugehen, lag nicht in seiner Art. Ihm saß die Sorge um seine Herrschaft im Nacken, und er war überzeugt, daß die Zeit nicht für den Protestantismus arbeite. Dementsprechend führte der Geheime Rat Enzlin die Verhandlungen, die damit endeten, daß der Landschaftskonsulent Ulrich Broll, ein tapferer und überzeugungstreuer Mann, mit einigen anderen Mitgliedern des engeren Ausschusses des Amts entsetzt wurde. Das Gewölbe, in dem die Amtssiegel, die Bücher und das Geld der Landschaft aufbewahrt waren, wurde erbrochen. Den Landtag schickte man nach Hause. Das sollte aber nicht die Aufhebung der Stände bedeuten. Den Städten wurde aufgegeben, neue Vertreter zu bestimmen, nicht erwünschte Personen wurden namentlich bezeichnet. Der Erfolg war, daß der so gebildete Landtag die Forderungen des Herzogs bewilligte. Ob Friedrich, an der Spitze seiner Glaubensgenossen, zum Feldherrn und Staatsmann gereift, die Sache des Protestantismus erfolgreich hätte vertreten können und ob es ihm gelungen wäre, sein Land vor den Greueln des Dreißigjährigen Krieges zu bewahren, vermag niemand zu sagen. Das Schicksal hat dem Herzog versagt, die Richtigkeit seiner Politik zu beweisen. Zehn Monate nach der Verabschiedung des Landtags hat ihn der Tod am 29. Januar 1608 ereilt.

Herzog JOHANN FRIEDRICH (geboren 1582) war nicht der Mann, den Wegen seines Vaters zu folgen. Er wich vor der geschlossenen Front der Gegner seines Vorgängers zurück, und seine Versuche, dessen Andenken gegen Vorwürfe, Entstellungen und Verleumdungen zu schützen, waren schwächlich. Die von Friedrich entlassenen Räte und die Wortführer des alten Landtags kehrten racheforderd zurück und stürzten sich auf ihr Opfer. Es gibt kein Verbrechen und keine Schändlichkeit, die dem Geheimen Rat Enzlin in dem folgenden Prozeß, der erst 1613 mit dessen Enthauptung in Urach endete, nicht vorgeworfen wurden. Wer versucht, mit geschichtlichem Sinn sich in diese Zeit und ihre führenden Männer einzufühlen, findet in der Überlieferung wenig sachliche und überzeugende Berichte. Die Chronik jener Tage wurde von Feinden und Hassern des Herzogs Friedrich und seiner Leute geschrieben. Zu deren Verteidigung erhob sich keine Stimme. Wer hätte es auch tun sollen, wo doch der eigene Sohn schwieg. Die Richter Enzlins urteilten in eigener Sache und waren keineswegs gesonnen, dem Angeklagten den Rechtsschutz zu gewähren, der im Tübinger Vertrag jedem Württemberger zugesichert war. Die mit der Folter erpreßten Geständnisse können uns nicht überzeugen. Auch der Vorwurf eigennütziger Bereicherung durch Mißbrauch der Dienstgewalt wiegt nicht allzu schwer, wenn man sich an ›Handsalbe‹ und ›Verehrung‹ der Diplomaten und Staatsmänner erinnert, die zur Genüge beweisen, daß die Ehrbegriffe jener Zeit dehnbar waren. Fast fünf Jahre brauchten die Jäger, bis sie das Wild soweit eingekreist hatten, daß sie ihm den Fangstoß geben konnten, eine lange Zeit für die Vollstreckung des Urteils, das schon am Todestag Herzog Friedrichs gefällt war. Als der zu lebenslänglicher Haft verurteilte Enzlin versuchte, aus dem Gefängnis in Urach mit Hilfe seiner Frau und seiner Söhne beim Reichskammergericht in Speyer die Wiederaufnahme seines Prozesses zu erreichen, mußte der daraufhin von diesem Gericht gegen Herzog Johann Friedrich erlassene Arrest dazu dienen, gegen Enzlin die Anklage wegen Hochverrats zu erheben! So fadenscheinig die Begründung war, bei solchen Richtern reichte sie für ein Todesurteil aus.

Auch der Prozeß gegen Georg Esslinger war eine Rechtsbeugung schlimmer Art. Esslinger war von Herzog Friedrich zum Landprokurator gemacht worden. Jetzt warf man ihm vor, er habe seine Stellung zu persönlicher Bereicherung mißbraucht. Das ist möglich, ja wahrscheinlich. Andere, Ankläger und Angeklagte, hatten dies, wenn sich die Gelegenheit bot, auch getan; nach der Anschauung der Zeit mußte das Amt seinen Mann ernähren. Von diesem Standpunkt ausgehend hatte man auch in der Tat viele der Günstlinge Friedrichs unbehelligt gelassen, aber Esslinger hatte das Unglück, sich in dem Prälaten Felix Bidenbach, einem der früheren Hoftheologen, einen Todfeind gemacht zu haben. Es ging um den Kopf des Landprokurators. Esslinger verteidigte sich sehr geschickt, aber wahrscheinlich wäre es weder seiner Zähigkeit noch der aufopfernden Hilfe seiner Frau gelungen, sein Leben zu retten, wäre der rachsüchtige Gottesmann nicht 1612 gestorben. Die tapfere Frau, die in Württemberg keinen Rechtsbeistand gegen die allmächtige Landschaft finden konnte, schlug sich nach Speyer durch und alarmierte das Reichskammergericht, das über die württembergische Rechtspflege seit dem Verfahren gegen Enzlin sehr entrüstet war. Zuletzt schien es auch in Württemberg nicht länger ratsam, die öffentliche Meinung Deutschlands noch mehr gegen Herzog Johann Friedrich, der das Vorgehen der Landschaft und seiner Räte deckte, aufzubringen. 1615 wurde das Verfahren gegen Esslinger eingestellt.

Unter den württembergischen Regenten ist Johann Friedrich der unglücklichste, jedenfalls der erfolgloseste; vielleicht war aber auch seine Aufgabe die schwierigste, die je einem von ihnen gestellt wurde. In ruhigen Zeiten hätte er es einem Herzog Ludwig gleichtun können; in die Katastrophe des großen Krieges hineingestellt, versagte er. Daraus sollte man ihm keinen Vorwurf machen. Er war hilfsbereit, umgänglich und gütig bis zur Schwäche, zu gut für diese Welt und wurde daher vielfach mißbraucht. Vielleicht hätte ein besserer Erzieher, als sein Vater es war, sein schwaches Selbstvertrauen gestärkt; Herzog Friedrich in seiner schroffen Art hatte es offenbar zerbrochen. Politisch keineswegs unbegabt, besaß er, obschon kein geborener Soldat, einen Blick für militärische Dinge. In der Auswahl seiner Leute, deren Rat er zu seinem Unheil gerade in entscheidenden Augenblicken nicht folgte, bewies er eine glückliche Hand. Den Grafen Krafft von Hohenlohe-Langenburg, der in früheren und späteren Stellungen als militärischer Führer und als Diplomat die besten Dienste geleistet hatte, machte er zum Generalleutnant und Vorsitzenden des herzoglichen Kriegsrats, während ihm in dem mömpelgardschen Kanzler Jakob Löffler eine staatsmännische Begabung erster Ordnung zur Seite stand. Des Herzogs und seines Landes Unglück war, daß dieser von solchen Helfern nicht den richtigen Gebrauch zu machen verstand und oft am falschen Ort eigensinnig wurde. Es lag nur am Herzog, daß Württemberg in den zwanzig Jahren seiner Regierung ein Spielball in den Händen seiner Feinde und Freunde war, obwohl das Land eine führende Rolle hätte spielen können.

Der Beitritt Württembergs zu der 1608 von dem Kurfürsten Friedrich IV. von der Pfalz gegründeten Union der protestantischen Reichsstände entsprach der von Herzog Friedrich vorgezeichneten politischen Linie. Der Bund, dem ein Jahr später Herzog Maximilian von Bayern die katholische Liga gegenüberstellte, begann sein Wirken unter günstigen Vorzeichen. In dem Streit um die Jülich-Clevesche Erbfolge (1614) hatte die Union ihre Stellung gegenüber der Liga mit Erfolg gewahrt, so daß der Ausbruch der Feindseligkeiten noch einmal verhindert wurde. Vier Jahre später entzündete sich der schreckliche Brand an dem Aufstand der Böhmen gegen das Haus Habsburg. Die Aufständischen setzten den soeben, mit Zustimmung protestantischer Reichsstände, zum Kaiser gewählten Erzherzog Ferdinand von Österreich als König von Böhmen ab und wählten statt seiner den jungen Kurfürsten Friedrich V. von der Pfalz. Kaiser Ferdinand II. schloß ein Bündnis mit dem bayrischen Herzog, dem König von Spanien und dem protestantischen Kurfürsten von Sachsen. Die vereinigten Heere des Kaisers und der Liga schlugen den pfälzischen Kurfürsten, den ›Winterkönig‹, in der Schlacht auf dem Weißen Berge bei Prag am 8. November 1620 vernichtend. In die Kurpfalz rückten spanische Truppen ein. Von da ab kämpfte die Union infolge ihrer Uneinigkeit in aussichtsloser Verteidigung. Die Sieger rotteten mit Feuer und Schwert in Böhmen den Protestantismus aus und ließen die Führer des Aufstands hinrichten. Kurfürst Friedrich verfiel der Reichsacht, die von dem bayrischen Heerführer, dem Grafen Tilly, vollstreckt wurde. Als sich auf diese Weise die süddeutschen protestantischen Fürsten und Städte vom Krieg unmittelbar bedroht sahen, löste sich die Union auf und teilte damit das Schicksal des Schmalkaldischen Bundes unseligen Angedenkens. Der tapfere Markgraf Georg Friedrich von Baden-Durlach gab jedoch den Kampf nicht auf. Zusammen mit den Kräften des Grafen Ernst von Mansfeld hätte er vielleicht die Lage meistern können, aber dieser, ein ebenso fähiger Soldat wie unsicherer Bundesgenosse, ging seine eigenen Wege. Württemberg stand neutral beiseite. So vollendete sich das Schicksal des süddeutschen Protestantismus. Tilly siegte bei Wimpfen am Neckar über den badischen Markgrafen (6. Mai 1622). Nach der Schlacht äußerte der Feldherr der Liga, er habe nur der Neutralität Württembergs seinen Erfolg verdankt. Für die Württemberger ist der blutige Tag dadurch von Bedeutung, daß unter seinen Opfern Herzog Magnus von Württemberg, der jüngste Bruder Johann Friedrichs, war; er wenigstens hatte die Ehre der württembergischen Waffen gerettet.

Der junge Prinz verdient ein Wort der Erinnerung. Herzog Magnus hatte wie seine Brüder die Universität Tübingen bezogen und dann die übliche Bildungsreise gemacht. Heimgekehrt genoß er das Leben am Hofe seines älteren Bruders unbekümmert um die über Deutschland aufziehenden Gewitterwolken so sehr, daß es dem Chef des Hauses zuviel werden wollte. Neben Stuttgart nahm sich der Magnus zugewiesene Wohnsitz im Schloß von Neuenbürg im Schwarzwald mit einer recht bescheidenen Hofhaltung fast wie eine Verbannung aus, so daß dem jungen Herrn eine diplomatische Mission nach Venedig sehr willkommen war. Die Republik von San Marco war damals noch eine bedeutsame Figur auf dem europäischen Schachbrett und verdiente die Aufmerksamkeit der Fürsten der protestantischen Union insofern, als Venedig zu dieser Zeit in scharfem Gegensatz zu Österreich stand. Das war ein Anknüpfungspunkt für diplomatische Verhandlungen. Außerdem gab Johann Friedrich seinem Bruder noch den Auftrag mit, Umschau nach geeigneten militärischen Kräften zu halten; denn die Lagunenstadt war eine Art europäischer Börse, wo Soldaten und Offiziere ihre Dienste anboten und die »Kriegsunternehmer« Truppen warben. Unter den Soldaten, die Magnus für den württembergischen Dienst gewann, war auch ein Mann, der unserem Land noch viel Ehre machen sollte: Konrad Wiederhold, der spätere Kommandant der Feste Hohentwiel. In die Heimat zurückgekehrt besuchte Magnus im Gefolge seines Bruders verschiedene Unionstage. Was er dort sah, konnte das Herz eines Soldaten nicht mit Stolz und Zuversicht erfüllen: viel Gerede, wenig Taten, bis dann die Schreckensnachricht von der Niederlage auf dem Weißen Berg jede Entschlußkraft der protestantischen Fürsten lähmte. Das Regiment des Herzogs Magnus wurde abgedankt; der junge tatendurstige Oberst zögerte nicht, dem Ruf des Markgrafen von Baden zu folgen. Dem Herzog Johann Friedrich, der sich für die Neutralität entschieden hatte, sagte dies nicht zu, und als vollends der Kaiser in Stuttgart wissen ließ, er sehe die Anwesenheit des herzoglichen Bruders im markgräflichen Heer als eine gegen ihn, den Kaiser, gerichtete Parteinahme an, ging ein Eilbote aus der Hauptstadt in das Feldlager des Markgrafen mit der Forderung, Herzog Magnus habe sofort zu einer dringenden Besprechung nach Stuttgart zu kommen. Es war am Vorabend der Schlacht bei Wimpfen. Magnus Antwort lautete, seine Ehre verbiete ihm, in diesem Augenblick das Heer zu verlassen. So ging das Schicksal seinen Weg: Herzog Magnus fiel an der Spitze seines Regiments.

Herzog Johann Friedrich war politisch geschult genug, um die Verwicklungen, die aus der Wahl des Pfälzer Kurfürsten zum böhmischen König entstehen mußten, zu erkennen. Er riet deshalb Friedrich von der Pfalz ernstlich von diesem Schritt ab, hielt sich jedoch soweit an die gemeinsame Sache gebunden, daß er dem geschlagenen Fürsten Unterstützung bei der Verteidigung der Pfalz zusagte, besann sich aber schließlich anders. Gerade jetzt, wo politische Einsicht und das gegebene Wort nur noch die Waffenentscheidung zuließen, versicherte der württembergische Herzog den Kaiser seiner „gehorsamsten Affektion" und versuchte zugunsten des Pfälzers, der seinen Kurhut schon an den bayrischen Herzog verloren hatte, zu vermitteln. Daß diese Absicht mißlang, konnte niemand, ausgenommen den Vermittler selbst, erstaunen. Johann Friedrichs Gedanke einer bewaffneten Neutralität war seinen Ständen immer noch lieber als der Krieg, und so bewilligten sie ihrem Landesherrn die benötigten Mittel. Die Führung der geworbenen Truppen wurde dem Grafen von Hohenlohe übertragen. Es war eine unlösbare Aufgabe, die dem tapferen Soldaten damit gestellt war. Ein stehendes Heer, das nicht zum Einsatz kam, mußte in einer Zeit, wo „der Krieg den Krieg ernährte", ein kostspieliger Unsinn sein. Diese Erkenntnis, die Schiller dem Grafen Isolani in den Mund legt, war unumstößlich. Kriegsunternehmer wie Tilly und Wallenstein handelten danach. Jeder Feldherr bemühte sich, den Krieg in Feindesland zu führen, damit zur Schonung der eigenen Kriegskasse die Heere durch Auflagen an den fremden Landesherrn, die Städte und Klöster und, wenn's nicht anders ging, durch Plünderung sich selbst unterhielten. Auch Gustav Adolf von Schweden, der auf strengste Manneszucht hielt und seine nordischen Feldzüge mit gezogenen Landeskindern geführt hatte, wurde zum Kriegsunternehmer, als er in Deutschland eingriff. Das menschen- und rohstoffarme Schweden konnte weder den nötigen Mannschaftsersatz noch den Sold aufbringen, und des Königs deutsche Truppen führten den Krieg so, wie sie es gewohnt waren, und was noch schlimmer war, seine Schweden machten es dann keineswegs anders. Es bedeutete einen schweren Schlag gegen das Ansehen Gustav Adolfs, als seine schwedischen Regimenter unter den Augen ihres Königs, kaum auf dem deutschen Boden angelangt, das eroberte Frankfurt an der Oder ausraubten und ihm auf seine empörten Vorhaltungen antworteten: Sold oder Plünderung sei des Soldaten gutes Recht! So war es kein Wunder, daß die an den württembergischen Landesgrenzen untätig stehenden Truppen des Grafen Hohenlohe anfingen zu plündern, als der Sold ausblieb. Wenn das der Nutzen einer bewaffneten Neutralität sein sollte, dann wollten die empörten Stände lieber ihre schönen Gulden sparen und verlangten vom Herzog, er solle seine Söldner sofort abdanken; die Landesauswahl, das war das Aufgebot der Städte und Ämter, leiste bessere Dienste als diese Plünderer. Johann Friedrich gehorchte. Man nannte ihn daraufhin den ›Friedfertigen‹, ein Beiname, in dem wohl ein Unterton von Hohn mitschwingt. In der Tat blieb Württemberg in den nächsten Jahren von kriegerischen Ereignissen verschont, da sich infolge des Eingreifens des dänischen Königs die Operationen nach Mittel- und

Norddeutschland verlagerten. Aber auch so fühlte das Land den Krieg schwer auf sich lasten. Einquartierung und Durchzug kaiserlicher Truppen nahmen kein Ende. Die Teuerung stieg und die Münzverschlechterung, zu der die Ausprägung minderwertigen Geldes durch die herzogliche Regierung nicht wenig beitrug, machte die Not noch größer. Aber all dies war nur das Vorspiel weit schlimmeren Elends. Johann Friedrich sollte es nicht mehr erleben; er starb am 18. Juli 1628. Was Herzog Friedrich den Ständen an Einfluß genommen hatte, holten sich diese von Herzog Johann Friedrich zurück, aber sie sollten ihres Sieges nicht froh werden.

Wo Herzog Friedrich in der Verwaltung des Landes mit brutaler Hand zugegriffen hatte, versuchte es sein Sohn mit Güte. Damit aber war den immer mehr einreißenden Mißständen nicht abzuhelfen. Mit den Dienststellen wurde ein schwunghafter Handel getrieben; wo aber einer sich auf diese Weise ein Amt erworben hatte, suchte er durch den Mißbrauch seiner Dienstgewalt sich schadlos zu halten. Die entrüsteten Stände warfen dem Herzog pharisäerhaft vor, er sei schuld „an den Schmieralien" der Regierung, an deren Verbreitung sie doch selbst mit verantwortlich waren, denn in der ihnen unterstellten Verwaltung sah es nicht besser aus. Die oft gescholtene schwäbische Vetterleswirtschaft und der Übermut der württembergischen Schreiber nahmen hier ihren Anfang. Der arme Herzog hatte zum Schaden noch den Spott, als ihm die Stände sagten, Sparsamkeit werde man von ihm nicht erwarten dürfen, da er ja in bekannter Herzensgüte lieber zwei Diener einstelle als einen entlasse.

Ein besonders schlimmes Zeichen dieser Zeit war die Ausbreitung der Hexenprozesse in Württemberg. Aberglaube, Mißgunst und Neid kamen zusammen und stürzten unschuldige Menschen ins Elend. Ein Beispiel für viele, weil es einen der größten Geister deutschen Wesens betraf: Der in Weil der Stadt geborene Astronom Johannes Kepler mußte viel Mühe und Zeit darauf verwenden, seine Mutter von der Anklage der Hexerei zu befreien. Wie es zu diesem Prozeß gekommen ist, läßt sich nicht mehr feststellen. Die konfessionellen Verhältnisse in der kleinen Reichsstadt, die vorwiegend katholisch war, mögen dazu beigetragen haben. Schuld hatte wohl auch die alte Frau selbst, die sich durch Schwatzhaftigkeit und üble Nachrede Feinde gemacht hatte. Kepler hat sein Elternhaus wenig günstig geschildert. Die Familie Kepler bekannte sich zum Protestantismus, der große Gelehrte neigte zur Auffassung Calvins. Diese Tatsache war, nebenbei bemerkt, auch in Stuttgart bekannt geworden und genügte den dortigen Hoftheologen, um gegen die von Herzog Johann Friedrich beabsichtigte Berufung Keplers an die Universität Tübingen erfolgreich Sturm zu laufen. Zweimal kam Kepler nach Württemberg zurück, um für das Leben seiner Mutter zu kämpfen. Die Entscheidung in dem Prozeß gab ein Gutachten der Tübinger juristischen Fakultät, das Kepler angefordert hatte. Es ist versöhnlich zu wissen, daß es in jener gesetzlosen Kriegszeit im Lande immer noch eine Stelle gab, wo das Recht eine Heimat hatte, und es spricht für die Autorität der Tübinger Rechtslehrer, daß ihre Gutachten, ohne rechtsverbindlich zu sein, fast immer die Haltung der Gerichte bestimmten.

Eines staatsrechtlichen Akts des herzoglichen Hauses von Württemberg ist hier noch zu gedenken. Es ist ›der fürstbrüderliche Vergleich‹, den Herzog Johann Friedrich 1617 mit seinen Brüdern schloß. Dieser Hausvertrag, bei dem der zweitgeborene Bruder Mömpelgard, der drittgeborene die Herrschaften Brenz und Weiltingen mit eigenen Hoheitsrechten erhielten, während die beiden jüngsten Brüder mit Geld abgefunden wurden, spricht zwar für die hilfsbereite Gesinnung des Familienoberhaupts, verstößt jedoch gegen das Gesetz von der Unteilbarkeit der Grafschaft und des Herzogtums, das Eberhard der Greiner erlassen und Eberhard im Bart bestätigt hatte. Im Laufe der Zeit geriet das Gesetz in Vergessenheit und privatrechtliche Anschauungen setzten sich durch; so hatte ja auch Herzog Christoph schon Mömpelgard an seines Vaters Bruder, den Grafen Georg, abgetreten. Es ist das geschichtliche Verdienst der Herzöge Eberhard III. und Eberhard Ludwigs, daß sie die Unteilbarkeit des Landes später wieder zum Gesetz erhoben.

ACHTES KAPITEL

DAS LAND IN SEINER ÄRGSTEN NOT

BEIM TODE JOHANN FRIEDRICHS war sein ältester Sohn Eberhard vierzehn Jahre alt. Zu dessen Vormund wurde seines Vaters Bruder, Herzog LUDWIG FRIEDRICH, das Oberhaupt der Mömpelgarder Linie, ein tüchtiger, wohlmeinender Regent und charaktervoller Mann, bestellt. Ihm zur Seite stand ein Vormundschaftsrat, dem auch der mömpelgardische Kanzler Jakob Löffler angehörte, der sofort daranging, in Stuttgart den Beamtenkörper zu säubern und die eingerissenen Mißbräuche in der Verwaltung abzustellen. Eine treue Helferin hatte der jugendliche Herzog in seiner zur ›Obervormünderin‹ ernannten Mutter Barbara Sophia von Brandenburg, die, fromm und klug, für ihren Sohn tapfer eintrat. Sie wußte jederzeit ihre Rechte zu wahren und duldete nie, daß man sie bei der Beschlußfassung in Regierungsgeschäften überging. Die Herren von der Landschaft liebten Ludwig Friedrich nicht und versuchten, ihre Rechte gegenüber der Vormundschaftsregierung auszudehnen. Das gelang ihnen auch durch die Einrichtung des Geheimen Regimentsrates, der eine wesentliche Einschränkung der Befugnisse des Herzog-Administrators bedeutete. Die Stände hätten sich besser um andere Dinge gekümmert, denn die politische Lage Württembergs war nahezu verzweifelt.

Der Kaiser stand nach dem Siegeszug Wallensteins und Tillys auf der Höhe seiner Macht. In Ausnutzung seiner übermächtigen Stellung erließ er das Restitutionsedikt vom 6. März 1629, wonach die protestantischen Reichsstände alle seit dem Passauer Vertrag vom Jahr 1552 in ihren Besitz übergegangenen geistlichen Güter den früheren Besitzern herauszugeben hatten. Nun reichte freilich auch jetzt noch des Kaisers Arm nicht überall hin, Württemberg jedoch lag in seinem Machtbereich. Ein bewaffneter Widerstand war unmöglich, da große Teile des Landes von wallensteinschen Regimentern besetzt waren, die jederzeit den Forderungen des Kaisers den nötigen Nachdruck geben konnten. So blieb nur der Rechtsweg, der, hätte das Gesetz gegolten, nicht aussichtslos gewesen wäre. Vergeblich wies Jakob Löffler als Anwalt der protestantischen Sache darauf hin, daß der klare Wortlaut des Edikts dessen Anwendung auf Württemberg ausschließe, da die württembergischen Klöster lange vor dem Passauer Vertrag in den Besitz des Herzogtums übergegangen seien. Die deutschen Hochschulen, einschließlich der katholischen, wurden in der Sache um Gutachten gebeten, die bis auf eine den Standpunkt der württembergischen Regierung vertraten. Diese eine war Tübingen, deren Juristenfakultät dem Kaiser recht gab. Verfasser dieses Gutachtens war der erste Rechtslehrer der Universität, Professor Christoph Besold, der, obwohl protestantisch geboren und erzogen, zur katholischen Lehre neigte, dies aber verheimlichte und erst später seinen Übertritt öffentlich vollzog. Der Versuch der herzoglichen Regierung, dieses Gutachten zu unterdrücken, scheiterte. Die Beweisführung Besolds, wonach die württembergischen Klöster Reichsgut sein sollten, war juristisch so gut, daß sie, lange nach Besolds Tod, bei den Friedensverhandlungen in Münster den württembergischen Vertretern entgegengehalten wurde. Kein Land litt unter der Durchführung des Edikts so wie Württemberg, und dies um so mehr, als die neuen Besitzer der Klöster sich weigerten, irgendwelche Abgaben an die Regierung zu machen oder auch nur sich an den für die kaiserlichen Truppen zu leistenden Quartierlasten zu beteiligen.

In Leipzig traten, von dem sächsischen Kurfürsten Johann Georg eingeladen, die protestantischen Reichsstände zusammen, um sich, wenn nötig mit bewaffneter Hand, der weiteren Durchführung des Restitutionsedikts zu widersetzen. Württemberg war dort durch Jakob Löffler vertreten, der mit Umsicht und Tatkraft die Dinge vorwärtszutreiben sich bemühte, aber an der unsicheren und zögernden Haltung des Kurfürsten scheiterte. Im Sommer 1630 verlangten die katholischen Reichsstände auf dem Kurfürstentag in Regensburg vom Kaiser die Entlassung Wallensteins. Wohl hatte der siegreiche Feldherr durch sein selbstbewußtes Auftreten, sein Streben nach eigener reichsfürstlicher Stellung und seine rücksichtslosen Forderungen, die wiederum das gequälte Württemberg besonders zu spüren bekam, sich überall Feinde gemacht, aber gerade von Kaiser Ferdinand II., den Wallenstein auf die Höhe seiner kaiserlichen Macht geführt hatte, konnte schwerlich erwartet werden, daß er seinen Feldherrn fallen ließ. Trotzdem gab Ferdinand, dem das dämonische Genie des Friedländers unheimlich zu werden anfing, dem Drängen Maximilians von Bayern nach. Der Haß gegen den Emporkömmling, aber wohl mehr noch die Furcht vor einer Mehrung und Stärkung der kaiserlichen Macht waren die Beweggründe des bayrischen Kurfürsten.

Von solchen Geschehnissen war die Aufmerksamkeit der Deutschen so gefesselt, daß sie von der Landung des Königs Gustav Adolf von Schweden auf deutschem Boden kaum Kenntnis nahmen. Der Kaiser sprach verächtlich von dem ›Schneekönig‹. Es waren nicht nur religiöse, sondern auch sehr schwerwiegende politische Gründe, die den schwedischen König zum Sprung über die Ostsee veranlaßten. Gewiß war ihm die Rettung des tödlich bedrohten deutschen Protestantismus Herzenssache, aber das Bündnis Polens mit dem Kaiser und das Erscheinen Wallensteins vor Stralsund gefährdeten die schwedische Vormachtstellung im Ostseeraum, und − Gustav Adolf sah stets im Hieb die beste Parade. Schon kurz nach der Landung ließ sich erkennen, daß die protestantischen Reichsfürsten das schwedische Vordringen mit geteilten Gefühlen sahen. Die Rettung ihrer Sache begrüßten sie, aber dieser Helfer in der höchsten Not stellte sehr bald politische Forderungen, die befürchten ließen, der neue Herr werde ihre Selbständigkeit, ›die Libertät der deutschen Fürsten‹, weit mehr gefährden als der Sieg des Kaisers. Die Eroberung Magdeburgs durch Tilly (Mai 1631), die Gustav Adolf nicht hindern konnte, war für dessen Ansehen ein schwerer Rückschlag, aber der Sieg bei Breitenfeld (September 1631) öffnete dem schwedischen Heer den Weg an den Rhein und nach Süddeutschland.

In Württemberg hatte währenddessen die Entwicklung eine sehr gefährliche Wendung genommen. Herzog Ludwig Friedrich war im Januar 1631 gestorben. Die Vormundschaft des minderjährigen Herzogs Eberhard ging damit auf Herzog JULIUS FRIEDRICH, Ludwigs jüngeren Bruder, über, der jedoch das gefährliche Amt nur widerstrebend annahm. Er tat es schließlich, nachdem ihm die Landstände die volle Entschädigung für etwaige Verluste an seinem Besitz und seinem Geldvermögen zugesagt hatten. Diese Sicherheiten sollten sich jedoch nur zu bald als wirkungslos erweisen. Das Unglück ließ nicht lange auf sich warten. Gestützt auf die Zusagen und Bindungen, die sich die protestantischen Reichsstände in Leipzig gegenseitig gegeben hatten, wollte sich Julius Friedrich dem Durchzug kaiserlicher Truppen, die aus Italien heranmarschierten, mit Gewalt widersetzen. Er brachte im Frühjahr 1631 mit Hilfe der Stände ein kleines Heer auf die Beine, war auch selbst kein schlechter Soldat, beurteilte aber das Stärkeverhältnis falsch. Sein Gegner, Graf Egon von Fürstenberg, war ein erfahrener Heerführer und stand an der Spitze der besten kaiserlichen Regimenter. Als der Württemberger seinen Fehler einsah, war es zu spät. Der Fall von Magdeburg hatte das dünne Flämmchen protestantischer Zuversicht ausgeblasen, so daß nicht einer der Leipziger Bundesgenossen daran dachte, seine Zusage gegenseitiger Hilfeleistung wahrzumachen. Julius Friedrich wagte die Waffenentscheidung nicht und kam in seiner Ratlosigkeit auf den absonderlichen Gedanken, die Verantwortung mit den Landständen teilen zu wollen. Deren Antwort war vorauszusehen, sie empfahlen Verhandlungen mit dem Gegner, das aber bedeutete bedingungslose Unterwerfung unter den Willen des Siegers. Der Herzog mußte von den Beschlüssen der Leipziger Versammlung zurücktreten und seine Truppen entlassen. Fürchterlich hausten die kaiserlichen Truppen in dem schon vorher ausgesogenen Land. Schließlich gelang es, den Grafen Fürstenberg durch eine ›Verehrung‹ zum Weitermarsch zu bewegen. Mit bitterer Ironie nannte der Volksmund das trostlose Unternehmen, das gerade in die Zeit der reifenden Kirschen fiel, den ›Kirschenkrieg‹. Die Kritik an seiner militärischen Führung nahm Julius Friedrich so übel, daß er von seinem Amt als Vormund zurücktreten wollte, ließ sich aber dann doch bestimmen, zu bleiben. Ein gewiß nicht unangebrachter Vorwurf gegen den Administrator war, daß er selbst in den schwierigsten Lagen seine Jagdleidenschaft nicht bezähmen konnte und in Augenblicken, als die Staatsgeschäfte seine Anwesenheit in Stuttgart erfordert hätten, irgendwo im finstersten Schwarzwald auf Hirsche und Wildschweine pirschte.

Mit der Schlacht bei Breitenfeld änderte sich auch in Süddeutschland die Lage. Die Protestanten atmeten auf. Trotzdem war die Entscheidung für Julius Friedrich nicht leicht. Für ihn war die Frage, sollte er die Partei des Schweden oder die des Kaisers ergreifen? Noch immer waren Ferdinands Truppen im Land und hielten die württembergischen Festungen besetzt. Aber auch andere als militärische und politische Erwägungen spielten hier mit. Der Abfall vom Kaiser belastete noch immer das Gewissen eines Reichsfürsten. So stark war die Tradition, und die Reichstreue eine moralische Verpflichtung, die man nicht gerne, jedenfalls nicht offen verletzen wollte. Was tauschte man durch einen Übertritt vom Kaiser zum schwedischen König ein? Gustav Adolf war mit seinem Schwager, dem Markgrafen Georg Wilhelm von Brandenburg, recht hart umgegangen, als dieser bei den Vertragsverhandlungen zögerte. Der Kaiser hatte freilich bei der Durchführung des Restitutionsedikts das Herzogtum grausam behandelt, aber man hatte als Reichsfürst, wenn nicht von diesem Kaiser, so doch von seinen Vorgängern manches Gute erfahren. Ein Privileg nach dem anderen war dem Kaiser in vielen Generationen abgerungen worden; sollten solche Freiheiten jetzt dem landfremden Eroberer geopfert werden, selbst wenn er als Retter des Protestantismus kam? Noch war das schwedische Heer weit entfernt von den württembergischen Grenzen, als ein Schreiben des Kaisers in Stuttgart eintraf, in dem dieser mit sehr deutlichen Worten den Herzog-Administrator an seine Pflichten als deutscher Reichsfürst mahnte und mit Vergeltung drohte. So versuchte die württembergische Regierung, auf beiden Schultern Wasser zu tragen. Acht Tage später schrieb die Herzogin-Mutter der schwedischen Königin – die beiden hohen Frauen stammten ja aus dem Hause Brandenburg – einen diplomatischen Brief, der natürlich für Gustav Adolfs Augen bestimmt war, wie gerne man in Stuttgart auf die Seite Schwedens treten würde, könnte man nur, wie man wollte. Noch ehe die schwere Wahl endgültig getroffen wurde, kam das waffen- und schutzlose Land noch einmal in schwere Not infolge des Durchzugs der Armee des Herzogs Karl von Lothringen, die im November 1631 die Einwohner erbarmungslos ausplünderte. Um die Weihnachtszeit erschienen endlich die Schweden unter Feldmarschall Horn in Heilbronn, im darauffolgenden Januar schickte Herzog Julius Friedrich seinen besten Mann, den Geheimen Rat Jakob Löffler, in das königlich schwedische Hauptquartier. Auch die Landstände neigten, wenn schon zögernd und vorsichtig, auf die Seite Schwedens, lehnten aber ein Waffenbündnis mit Gustav Adolf in Rücksicht auf den Kaiser entschieden ab. Eine Atempause war jedenfalls gewonnen.

Die politische Lage wird sich Herzog Julius und der Obervormünderin so dargestellt haben: Frankreich betrachtet die Bewegungen des schwedischen Heers auf dem östlichen Rheinufer mit stärkstem Mißtrauen. Jedenfalls will Richelieu seinen schwedischen Bundesgenossen nicht zu mächtig werden lassen, schließlich ist doch Frankreich eine katholische Macht, die die deutschen Glaubensgenossen, soweit sie als Hilfskräfte gegen den Kaiser in Frage kommen, pfleglich behandelt sehen will. So ist Richelieus Absicht zu erklären, zwischen Gustav Adolf, Bayern, der Liga und den geistlichen Fürstentümern einen Neutralitätsvertrag zustande zu bringen. In der Tat wurde auch Anfang Januar 1631 ein vierzehntägiger Waffenstillstand unter diesen Mächten abgeschlossen, dessen Verlängerung jedoch trotz aller französischen Bemühungen an der Verschiedenheit der Ziele der Parteien scheiterte. Gustav Adolf wollte sich die Bevormundung durch Richelieu nicht gefallen lassen, während Maximilian von Bayern die Bindung an den protestantischen König scheute. So ging der Krieg weiter. Im Februar räumten die kaiserlichen Truppen Württemberg. Unterdessen trafen Meldungen von Jakob Löffler in Stuttgart ein, wonach die Verhandlungen mit dem König sich nur langsam und unter Schwierigkeiten mannigfacher Art entwickelten. Aber bald traten diese Dinge gegenüber anderen, wichtigeren Ereignissen in den Hintergrund. Der Feldmarschall Horn hatte in Bayern nicht glücklich operiert und war von Tilly aus Bamberg vertrieben worden. Der König eilte ihm zu Hilfe. Der Marsch des königlichen Heeres berührte zwar Württemberg nur an seinen Grenzen; aber was in Bayern vorging, ging auch das Haus Württemberg an. Maximilian war mehrmals zugunsten des Herzogtums beim Kaiser vorstellig geworden, so daß man jetzt seine Vorwürfe, die sich mit denen des Kaisers deckten, in Stuttgart nicht wohl überhören konnte. Was war zu tun? Die Entscheidung war schwierig und wurde dadurch nicht leichter, daß der Herzog gerade in den kritischen Tagen seine Jagdgenossen im Schwarzwald weit lieber sah als die sorgenvollen Gesichter seiner Räte in Stuttgart. Scheinbar hatte Julius Friedrich recht, denn die Waage senkte sich zugunsten Schwedens. Mit einem Seufzer der Erleichterung ließen die vereinigten Vormünder die Rücksicht auf den Kaiser und den bayrischen Kurfürsten endgültig fallen und erklärten sich für den protestantischen Freund und Retter. Jetzt wurde auch die geforderte Waffenhilfe zugesagt: Ein Hilfskorps von sechstausend Württembergern wurde aufgestellt. Auch andere Maßnahmen waren auf Grund der geklärten Lage zu treffen: Die Verfügungen des Restitutionsedikts wurden rückgängig gemacht oder als wirkungslos erklärt, alle Zahlungen an den Kaiser eingestellt. Über den Besitz der katholischen Kirche in Württemberg verfügte der schwedische König zugunsten seiner politischen Freunde und Anhänger. Löffler wurde zum Kanzler des Herzogtums ernannt und in das schwedische Hauptquartier abgeordnet. Man hatte bei den Schweden die besondere Begabung des württembergischen Geheimen Rats während der schwierigen Verhandlungen mit den deutschen Fürsten schätzen gelernt. Gustav Adolf aber war mit dieser Vereinbarung nicht einverstanden, er hätte lieber Löffler zu seiner alleinigen Verfügung gehabt. Es war schon nahezu ein Befehl, den er in der Sache an die württembergische Regierung richtete. Die Herzogin-Mutter bat trotzdem inständig, Löffler ihrem Sohn als unentbehrlichen Berater zu belassen.

Im Juni 1632 schien Barbara Sophia die Lage soweit beruhigt, daß sie ihre Söhne, die sich der Sicherheit halber in der kritischen Zeit außer Landes aufgehalten hatten, wieder nach Hause rief. Dabei dachte sie, ihren ältesten Sohn Eberhard als volljährig erklären zu lassen. Die Entspannung hielt jedoch nicht an. Im November 1632 schenkte das Schicksal den Schweden bei Lützen den Sieg auf dem Schlachtfeld, raubte ihnen aber den königlichen Feldherrn. Das Heer der Protestanten unter dem Herzog Bernhard von Weimar und den schwedischen Generälen Horn und Banèr beherrschte zunächst die Lage. Die politische Führung übernahm der schwedische Reichskanzler Axel Oxenstierna; ihm gelang das schwere Werk der Einigung der süddeutschen Protestanten, die sich im Heilbronner Bund, dem ›consilium formatum‹, zusammenschlossen. Frankreich machte nach dem Tode Gustav Adolfs seinen Einfluß verstärkt geltend und bekannte sich offen zu seinem Ziel: der Bekämpfung des Kaisers. Aber auch die Gegenseite war nicht müßig. Wallenstein war nach Tillys Tod vom Kurfürsten von Bayern, seinem ärgsten Feind, als der einzige, von dem man sich noch die Rettung aus der schwedischen Gefahr versprach, wieder gerufen worden. Am Wiener Hof jedoch traute man dem herrschsüchtigen Friedländer mit seinen undurchsichtigen Plänen nicht. Es fand sich der Mörder, der die geheimen Wünsche des Kaisers erriet und Wien von diesem Alpdruck befreite. Der schwarze Tag des deutschen Protestantismus war der 6. September 1634, an dem die Kaiserlichen und die Bayern bei Nördlingen über die Schweden siegten. Tausende von württembergischen Bauern, die in den Reihen der Schweden gekämpft hatten, deckten das Schlachtfeld. Die Rache der unbarmherzigen Sieger traf Württemberg, das von dem Prager Frieden (1635), den der Kaiser mit dem sächsischen Kurfürsten vereinbarte, ausgeschlossen wurde.

Als Herzog EBERHARD III. hatte Johann Friedrichs ältester Sohn (geboren 1614) im Mai 1633 gegen den starken Widerstand des Herzog-Administrators die Regierung angetreten. Seiner Mutter und den Geheimen Räten war es nicht schwergefallen, die Zustimmung der Stände zu diesem Wechsel zu gewinnen, da Julius Friedrich durch eine lässige Führung der Staatsgeschäfte Grund zur Beschwerde gegeben hatte. Das erste Jahr der Regierung des jungen Herzogs ließ sich vielversprechend an. Oxenstierna und der Herzog von Weimar wollten ihm wohl, ermöglichten Württemberg Neuerwerbungen und stellten weitere in Aussicht. Der Tag von Nördlingen machte allen Hoffnungen ein jähes Ende. Die Herzogin-Mutter verließ das Land und ging nach Straßburg, wo sie auf dem linken Rheinufer im Schutze Frankreichs sicher war; Herzog Eberhard folgte ihr. Im Lande wurde ihm „diese kopflose Flucht" zum schweren Vorwurf gemacht. Das vernichtende Urteil ging in die Geschichte ein. Ob es jedoch in vollem Umfang berechtigt ist, darf bezweifelt werden. Es ist verständlich, daß in Stuttgart beim Herannahen des feindlichen Heeres eine Panik entstand und niemand bereit war, die Zügel, die dem jungen Herzog entfallen waren, aufzunehmen; ebenso wird man begreifen, daß sich unter den Zeitgenossen, den wehrlosen Opfern feindlicher Willkür, keine Stimme zur Verteidigung des unglücklichen jungen Mannes erhob. Aber von späteren Generationen hätte man eine unbefangene und sachliche Prüfung der Vorgänge erwarten dürfen. Wie immer finden sich auch hier in den Akten nur Tatsachen, aber keine Beurteilung der Beweggründe der handelnden Personen. Ohne Zweifel hatte das Beispiel der Herzogin Barbara Sophia auf den Entschluß ihres Sohnes eingewirkt. In den Jahren seiner Unmündigkeit wird Eberhard empfunden haben, wie sehr seine Mutter für ihn gegenüber dem gewiß nicht immer selbstlosen Verhalten der beiden Vormünder und der Landschaft eingetreten war. Tapfer und umsichtig hatte sie in den schweren Tagen des Restitutionsedikts ihres Amtes gewaltet, und als Julius Friedrich zwischen dem Kaiser und dem Schwedenkönig unschlüssig schwankte, mit kluger weiblicher Diplomatie in den Gang der Dinge eingegriffen. Nichts spricht dafür, daß die Herzogin durch die Nachricht von der Nördlinger Katastrophe völlig den Kopf verlor. Weit eher wird man annehmen dürfen, daß sie die Lage richtig sah. Vom Kaiser war Gnade nicht zu erwarten.

Wenn nicht ihr, so doch Eberhard drohte der Verlust des Herzogtums und langjährige Gefangenschaft, vielleicht Schlimmeres. Österreichs Absichten auf Württemberg kannte man seit einem Jahrhundert zur Genüge. Was konnte man hier von Unterwerfung und einem Kniefall erwarten? Jetzt handelte es sich nicht mehr um die Wahl zwischen mehreren Übeln, sondern um das Überleben. Gelang es, sich dem tödlichen Griff des Siegers zu entziehen, blieb die Hoffnung, unter anderen Vorzeichen die verlorene Macht zurückzugewinnen. Der Gefangene des Kaisers hatte den letzten Trumpf verspielt. Auszuhalten bei seinem treuen Volk bis zum bitteren Ende, ist gewiß eine ehrenwerte Haltung, aber dem Staatsmann muß mehr als an seinem guten Ruf daran gelegen sein, die Freiheit des Handelns zurückzugewinnen. Erst nach anderthalb Jahrzehnten war Eberhard III. wieder im Besitz seines ungeteilten Erbes. Hell strahlt das Licht seiner tapferen Berater und Helfer: Jakob Löfflers, seines Kanzlers und treuesten Helfers in der Zeit der Verbannung, Konrad Wiederholds, des Helden vom Hohentwiel, Andreas Burkards und Johann Konrad Varnbülers, seiner Räte und bevollmächtigten Vertreter beim Friedenskongreß von Münster und Osnabrück. Man nimmt diesen Männern nichts an Ruhm und Verdienst, wenn man die Frage stellt, ob denn zu diesem großen Erfolg nicht auch Eberhard entscheidend beigetragen hat.

Während des vierjährigen Aufenthalts des Herzogs in Straßburg wurde von mehr als einer Seite dessen Wiedereinsetzung betrieben. Wenn man der Chronik glauben will, so hat der junge Fürst daran keinen Anteil genommen; er habe, so heißt es, die wohlgemeinten Ratschläge in den Wind geschlagen und nur an die Freuden der Jagd gedacht, sich aber sonst um nichts gekümmert. Soviel wir wissen, hat es an sachlichen und wohlüberlegten politischen Plänen nicht gefehlt. Löffler stand dem jungen Herzog zur Seite und machte seine guten Beziehungen zum schwedischen Hauptquartier nutzbar, allerdings ohne greifbaren Erfolg. Sowohl Oxenstierna wie Bernhard von Weimar versicherten die Württemberger ihrer besten Absichten, aber dabei blieb es zunächst. Solange noch die Aussicht auf eine Verständigung mit dem Kaiser bestand, hielt sich Herzog Eberhard Frankreich gegenüber zurück. Erst als man in Wien zu erkennen gab, daß der Kaiser nicht an ein Entgegenkommen gegenüber Eberhard denke, bemühte sich dieser ernsthaft um französische Hilfe.

Die Staatskunst der kleinen Reichsfürsten im Westen Deutschlands bestand darin, daß sie es weder mit dem Kaiser noch mit Frankreich verdarben und versuchten, sich nach beiden Seiten die Wege offenzuhalten. Wer das als Schaukelpolitik abtun will, verkennt, daß die Verteilung der Macht in Mitteleuropa den kleineren Staaten keine andere Möglichkeit ließ. Das zeigt als klassisches Beispiel der Aufstieg Brandenburgs und die Politik des Großen Kurfürsten. Unter diesem Zwang stand auch Herzog Eberhard, dessen Politik noch dadurch erschwert wurde, daß er Jakob Löffler bei Verhandlungen mit dem Wiener Hof nicht verwenden konnte, da dieser in den letzten Jahren die Seele des protestantischen Widerstands gegen den Kaiser gewesen war. Den alten, treuen Diener wieder in württembergische Dienste zu nehmen, konnte Eberhard nicht wagen, da der Kaiser jede weitere Verhandlung von der Auslieferung Löfflers abhängig machte. Wie es zu dem Zerwürfnis Löfflers mit Oxenstierna und zu dessen Entlassung aus dem schwedischen Dienst kam, wissen wir im einzelnen nicht. Löffler, heimatlos geworden, ging nach Basel, wo er wenige Jahre später starb und mit vielen Ehren bestattet wurde. An seine Stelle als Berater des württembergischen Herzogs trat Johann Konrad Varnbüler, aber auch er war durch seine Tätigkeit als Löfflers rechte Hand in den Augen des Kaisers zu sehr belastet, um als Gesandter in Wien tätig sein zu können. So fiel Eberhards Wahl auf seinen Kanzler Andreas Burkard. Der Widerstand, den Burkard in Wien antraf, war unüberwindlich, weil Ferdinand II. das eroberte Württemberg teilweise seinem eigenen Kammergut zuschlug und von den restlichen Herrschaften die schönsten freigebig an seine Berater und Günstlinge verschenkte. Diese neuen Besitzer waren es dann, die als natürliche Feinde Herzog Eberhards dessen Wiedereinsetzung aufs heftigste bekämpften.

Nach der Nördlinger Schlacht ernannte Herzog Eberhard den Oberst Konrad Wiederhold zum Kommandanten der Festung Hohentwiel. Eine bessere Wahl hätte er nicht treffen können. Sechzehn Jahre lang verteidigte dieser tapfere Mann den ihm anvertrauten Platz, der zuzeiten der einzige militärische Rückhalt war, den das württembergische Herzogshaus noch besaß. Als der Oberst seinen Posten antrat, waren die Festungswerke verwahrlost, die Lebensmittelvorräte ungenügend, und die artilleristische Ausrüstung ließ alles zu wünschen übrig. Wiederhold, ein rauher Krieger, nahm, was er brauchte und wo er es bekommen konnte, und war gewiß nicht wählerisch in seinen Mitteln, davon wußte man in den Dörfern des Hegau mancherlei zu erzählen, aber wenn je ein Soldat berechtigt war, zu sagen, Not kenne kein Gebot, so war er es. Er hat den ihm erteilten Befehl, die Festung bis zum äußersten zu halten und sie niemals ohne den ausdrücklichen Befehl des Herzogs zu übergeben, auch dann befolgt, als ihm sein Landesherr, dem der Kaiser die Übergabe des Hohentwiels als unwiderrufliche Bedingung seiner Wiedereinsetzung gestellt hatte, die Unterwerfung befahl. Der standhafte Mann glaubte seines Herzogs wahre Meinung besser zu kennen, verweigerte die Übergabe des Hohentwiels, unterstellte sich dem Herzog von Weimar und nach dessen Tod dem König von Frankreich, wobei er jedesmal die Anerkennung der Hoheitsrechte des Hauses Württemberg zur Voraussetzung der abgeschlossenen Verträge machte.

Betrachtet man die vier Jahre von Eberhards Straßburger Aufenthalt unbefangen, so scheint uns die Schlußfolgerung berechtigt, daß alle Maßnahmen zur Wiedergewinnung der verlorenen Herrschaft politisch sinnvoll geplant und umsichtig durchgeführt waren. Daß es dabei Fehlschläge und Irrtümer in der Beurteilung der Möglichkeiten gab, kann niemand erstaunen. Zu Lebzeiten Ferdinands II. scheiterten alle Versuche an dessen Unversöhnlichkeit. Mit dem Regierungsantritt Ferdinands III. (1637) stiegen die Aussichten einer Verständigung, und ein Jahr später war es dann soweit, daß Eberhard als rechtmäßiger Herr nach Stuttgart zurückkehren konnte. Damit verstummten aber die kritischen Stimmen in der Heimat über das bisherige, leichtfertige Verhalten des Herzogs nicht. Eberhard war jung und wollte, wie es scheint, seine Tage in dem lebensfrohen und vom Krieg bisher wenig berührten Straßburg genießen. Es mag sein, daß er hierbei die ihm durch Herrscherpflicht und Taktgefühl gezogenen Grenzen überschritten hat. Mit dem Tod seiner Mutter, der Herzogin Barbara Sophia († 1636) war ihm wohl auch sein guter Geist genommen. Trotzdem sind nicht alle Vorwürfe, die gegen ihn erhoben wurden, berechtigt. Man hat ihm seine Ehe mit Anna Katharina, der Tochter des Wild- und Rheingrafen Johann Kasimir von Salm, verübelt. Er hätte besser daran getan, sagte man, ins Feld zu ziehen als im Frieden einer leichtfertigen Stadt die Freuden des ehelichen Lebens zu genießen. Läßt man die persönlichen Gefühle zweier junger Menschen beiseite, so kann man vom politischen Standpunkt aus nur sagen, der junge Herzog hätte Dümmeres tun können, als sich mit der

Tochter eines schwedischen Heerführers zu verheiraten. Eine Ehe im Sinne des Kaisers wäre gleichbedeutend mit dem Übertritt zum Katholizismus gewesen, und ob Eberhard als Soldat unter schwedischen oder französischen Fahnen seiner Sache besser gedient hätte, darf man bezweifeln, zumal er entgegen der Tradition seines Hauses weder Lust noch Begabung zum militärischen Handwerk zeigte. Vollends dem Meistbietenden seine Dienste als Soldat zur Verfügung zu stellen, wie es sein jüngerer Bruder Friedrich tat, hätte eine politisch wertlose Geste bedeutet. Ein letzter, wahrscheinlich der wichtigste Gesichtspunkt ist noch zu erwähnen: weder Oxenstierna noch Richelieu konnten unter den damaligen Verhältnissen die ernsthafte Absicht haben, dem Kaiser das eroberte Württemberg mit Waffengewalt abzunehmen. Der Schwede hatte ganz andere Pläne, und der Franzose hielt an dem Gedanken fest, bis auf weiteres seine Ziele in Deutschland mit politischen, nicht mit militärischen Mitteln zu verfolgen. Unter diesen Umständen war für Eberhard Straßburg als politisch-diplomatischer Beobachtungsposten vorzüglich geeignet. Man hat auch über seine Schäbigkeit gehöhnt, als er auf die Anregung des Kaisers, einen Gesandten nach Wien zu schicken, antwortete, er bitte aus Ersparnisgründen die Verhandlungen schriftlich führen zu dürfen. Es gibt Lagen, in denen sich der schriftliche Weg mehr empfiehlt als der mündliche. Wenn aber der vielgescholtene Herzog sich bemühte, die Mittel zum Unterhalt der recht zahlreichen Familie und des Gesindes, das mit ihm in die Verbannung gezogen war, auf irgendeine Weise zu beschaffen, hieß es, er sei ein Schuldenmacher und Verschwender.

Solchen Vorwürfen gegenüber sei versucht, nach den positiven Seiten Herzog Eberhards III. zu fragen. Damit ist keine Ehrenrettung und keine Aufwertung dieses Fürsten beabsichtigt; er hat sie nicht nötig. Jeder Angeklagte erhält vor Gericht einen Anwalt, der darauf hinweist, was zugunsten seines Mandanten spricht. Darf sich der Historiker nicht zuzeiten als Anwalt fühlen?

Bei seiner Rückkehr fand Eberhard sein Herzogtum in einem trostlosen Zustand vor. Die Städte lagen in Trümmern, das Land war entvölkert, Not und bitterste Armut herrschten. Man schätzte, daß von vierhunderttausend Einwohnern vor dem Kriege nur noch sechzigtausend übrig waren. Trotzdem verlangte der Lebenstrieb der Menschen sein Recht. Man tanzte auf Ruinen und suchte in Vergnügungen wenig edler

Art das Elend und den Jammer zu vergessen. Offenbar machte auch der herzogliche Hof keine Ausnahme. Eberhards Jagdleidenschaft und seine frohen Feste erregten unter der Bevölkerung viel böses Blut. Es fehlte aber auch nicht der gute Wille, Leiden zu mildern und Schäden zu bessern. Der Herzog war klug, stritt sich in solcher Lage nicht mit seinen Ständen herum, sondern suchte im Guten mit ihnen auszukommen. So gelang es, der schlimmsten Not zu steuern. Aber gegen die unausgesetzten Truppendurchzüge gab es für das wehrlose Land keine Hilfe, und für die unglücklichen Bewohner machte es keinen Unterschied, ob die Plünderer kaiserlich, bayrisch, schwedisch oder später auch französisch waren. Für den einen Heerführer war die Plünderung methodisches Mittel zur Zerstörung der feindlichen Wehrkraft, der andere ließ sie geschehen, um seine Söldner bei guter Laune zu erhalten. In dieser Lage fand Herzog Eberhard in dem Geheimen Rat Ferdinand Geitzkofler einen befähigten und entschlossenen Verwaltungsmann, aber es war wohl unausbleiblich, daß es zwischen dem zum Landhofmeister ernannten Geitzkofler und der Landschaft zu Auseinandersetzungen kam. Das Ende vom Liede war, daß jener nach mehrjähriger, erfolgreicher Tätigkeit, von der Landschaft in der üblichen Weise mit den Merkmalen eines habgierigen und ehrgeizigen Schurken versehen, um seine Entlassung aus dem württembergischen Dienst bat. Der Herzog, der es auf einen Kampf mit der Landschaft nicht ankommen lassen wollte, hielt ihn nicht. Unter den um das Land verdienten Männern ist auch der Hofprediger und Konsistorialrat Johann Valentin Andreä zu nennen. Das evangelische Kirchen- und Schulwesen und die Universität Tübingen verdanken ihm ihren Wiederaufbau.

Vom ersten Tage seiner neuerstandenen Regierung an versuchte der Herzog zäh und zielbewußt seine landesherrlichen Rechte auch über die in der Zeit seiner Abwesenheit an die Günstlinge des Kaisers vergebenen Herrschaften geltend zu machen. Jahrelang blieb ihm der Erfolg versagt, da die neuen Besitzer bei ihrem Widerstand gegen solche Absichten das Ohr des Kaisers besaßen. Ein neuer Rechtsweg eröffnete sich erst, als im Jahre 1645 nach endlosen Verhandlungen der Friedenskongreß in Münster in Westfalen und Osnabrück zusammentrat. Da die konfessionellen Gegensätze eine gemeinsame Kongreßstadt unmöglich machten, verhandelte der Kaiser mit den Franzosen in Münster, in Osnabrück mit den Schweden. Hier war Württemberg durch den Geheimen Rat Varnbüler, dort durch den Kanzler Burkard vertreten. Der Kaiser wollte zunächst allein mit den Großmächten unter Ausschluß der deutschen Reichsstände verhandeln. Abgesehen von dem Widerstand, den Ferdinand III. mit dieser Absicht bei den deutschen Fürsten fand, waren auch Schweden und Frankreich nicht gesonnen, auf die Anwesenheit der Reichsstände zu verzichten, da sie mit der Libertät der deutschen Fürsten ihre diplomatischen Geschäfte betreiben wollten, was ihnen dann auch mit bestem Erfolg gelang, zu ihrem Nutzen und des Deutschen Reiches bleibendem Schaden. Der kaiserliche Gesandte, Graf Maximilian von Trautmannsdorf, ein überlegener staatsmännischer Kopf und seines vornehmen Wesens wegen von Freund und Feind geschätzt, dachte anfänglich die protestantischen und katholischen Reichsstände zu einigen, um so geschlossen den beiden Großmächten entgegenzutreten; als dies nicht gelang, wollte er den Schweden und ihren deutschen Verbündeten Zugeständnisse machen, um Frankreich zu isolieren. In Wien dagegen glaubte sich der Kaiser in völliger Verkennung der Lage unter spanisch-jesuitischem Einfluß stark genug, um nicht nur Frankreich und Schweden entgegenzutreten, sondern auch alle Forderungen der deutschen Protestanten ablehnen und die kaiserliche Macht über die Libertät der deutschen Reichsstände triumphieren lassen zu können. So kam es, wie es kommen mußte: am Ende des Kongresses stand die Niederlage des Kaisers und des Reiches fest.

Beim Beginn der Verhandlungen waren Württembergs Aussichten nicht schlecht. Es handelte sich darum, in Osnabrück die Unterstützung der Schweden zu gewinnen und in Münster die Franzosen zu überzeugen, daß auch ein protestantisches Württemberg kein Feind Frankreichs sein werde. Es ist Varnbülers geschichtliches Verdienst, daß er es verstand, trotz aller Krisen und Wandlungen des Kongresses die Schweden bei der einmal vorgezeichneten Linie der völligen ›Restitution‹ des Herzogtums Württemberg festzuhalten. Die Schaffung und Erhaltung eines protestantischen Bollwerks in Süddeutschland war der politische Wille Schwedens. Die Aufgabe Burkards in Münster war vielleicht noch schwieriger, denn Frankreich nahm weitgehend Rücksicht auf die deutschen katholischen Staaten, in erster Linie auf Bayern, das Württemberg nicht freundlich gesinnt war. In Münster kämpfte auch als Agent der katholischen Äbte und Prälaten für deren Ansprüche auf die württembergischen Klöster der streitbare, beim Kongreß bekannte und gefürchtete Publizist Adam

Adami. Zum guten Ende jedoch wurde, was in dem Vertrag von Osnabrück über die Restitution Württembergs gesagt war, auch in das instrumentum pacis des Kaisers mit dem König von Frankreich aufgenommen. In Stuttgart herrschte Freude und Genugtuung über diesen Erfolg, der zunächst freilich nur auf dem Papier stand. Was der eine zu fordern hatte, mußte ein anderer aufgeben, aber wer konnte die beati possidentes zwingen, dem Friedensvertrag zu gehorchen? Graf Trautmannsdorf, den Ferdinand II., der Vater Kaiser Ferdinands III., mit zwei württembergischen Herrschaften beschenkt hatte, blieb eine Ausnahme, als er in der Überzeugung, das, was nun doch einmal getan werden müsse, geschähe am besten sofort und freiwillig, dem württembergischen Herzog sein rechtmäßiges Eigentum zurückgab.

Die Friedensexekution, die Durchführung der Bestimmungen der Verträge von Osnabrück und Münster, erwies sich als eine sehr schwierige Sache. Über die Einsprüche Spaniens und des Papstes gegen den Friedensvertrag kam das politische Deutschland leicht hinweg, aber die anderen Hindernisse schienen unüberwindlich. Frankreich und Schweden hatten sich selbst zu Garanten des Friedensvertrages bestimmt, jenes zeigte jedoch wenig Eifer für die Aufgabe seiner Ausführung. Einerseits hielt es die Gebiete, die es nach dem Vertrag zu fordern hatte, schon längst militärisch besetzt, andererseits war es durch innerpolitischen Streit und seine Auseinandersetzung mit Spanien stark in Anspruch genommen. Sollten die andern ruhig streiten und sehen, wie sie zurechtkamen! Diese Auffassung paßte ausgezeichnet zu dem Glaubenssatz aller französischen Staatsmänner von Richelieu bis Napoleon III., die beste französische Politik sei, „die deutschen Angelegenheiten in der größtmöglichen Unordnung zu halten". So blieb die Aufgabe an Schweden hängen. Die Königin Christine beauftragte mit der Friedensexekution ihren Vetter, den jungen Pfalzgrafen Karl Gustav von Zweibrücken, Generalissimus der schwedischen Truppen in Deutschland, der wenige Jahre später als Karl X. Gustav schwedischer König wurde. Das schwedische Hauptquartier wurde in Nürnberg aufgeschlagen. Alle Versuche des Kaisers, für die katholische Sache und sein Haus noch zu retten, was irgend möglich war, scheiterten an der Entschlossenheit des Pfalzgrafen und der Stärke seines Heeres, dem damals keine europäische Macht etwas Gleichwertiges entgegenzusetzen hatte. Für Württemberg bedeutete die Restitution die Wiederherstellung des Herzogtums in den Grenzen von 1624. Manches wurde freilich nicht restituiert. So zum Beispiel die kostbare ›Liberei des Herzogs Ludwig von Württemberg‹. Am Ende des sechzehnten Jahrhunderts war das Verständnis für Geschichte erwacht, und die Fürsten sahen eine Verpflichtung darin, historische Werke zu sammeln. Dies tat auch Herzog Ludwig, der Erbauer des Lusthauses in Stuttgart, und erwarb eine Sammlung von etwa dreihundert wertvollen Werken geschichtlichen und staatswissenschaftlichen Inhalts, die der protestantische Abt des Klosters Maulbronn zusammengebracht hatte; ihr Verzeichnis ist noch vorhanden. Der Herzog überwies die ›Liberei‹ dem collegium illustre in Tübingen. Im Mai 1635, als die Bayern im Lande hausten, ließ Kurfürst Maximilian die Bücherei teils nach München, teils in die Bibliothek des lothringischen Jesuitenkollegs in Pont-à-Mousson bringen. Württemberg hat diesen Schatz nie wiedergesehen. Auch große Archivbestände waren im Kriege verschleppt worden, teilweise wurden sie zurückgegeben, einige von ihnen erst im neunzehnten Jahrhundert.

Die materiellen Schäden und die Menschenverluste des Landes ließen sich nach dem Dreißigjährigen Kriege kaum abschätzen; der moralische Niedergang entsprach der Kriegsdauer und deren unausbleiblichen Folgen. Unter diesen Umständen ist die Regenerationsfähigkeit der deutschen Stämme fast ein Wunder zu nennen. Die Wiedergeburt des geistigen Lebens läßt sich an dem Phänomen des Universalgenies von Gottfried Wilhelm Leibniz ermessen, der ein Menschenalter nach dem Krieg die Möglichkeit der Entfaltung seines großen Geistes fand und damit Deutschlands klassisches Zeitalter einleitete. In Württemberg ging man tatkräftig daran, die Kriegsschäden auf allen Gebieten zu beheben. Verwaltung, Gerichtsbarkeit, Kirchen- und Schulwesen wurden verbessert. Starke Antriebe gingen von dem ›Geheimen Rat‹ aus. Das neu errichtete Zentralorgan der Landesregierung hatte schon eine alte Geschichte; seine Anfänge reichen bis auf den Herzog Ulrich zurück. Damals hatte er nur eine beratende Stimme, jetzt aber wurde er zur treibenden Kraft des Staatswesens, ausgestattet mit dem Aufsichtsrecht über die Landeskollegien. Er war auch zum Hüter der Verfassung und Vermittler zwischen Landesherr und Landtag bestellt. Das geistige Leben erholte sich, die Universität Tübingen suchte ihren alten Ruf wiederzugewinnen. Die beiden Souveräne Württembergs arbeiteten Hand in Hand zum Besten des Landes. Auch hierbei fand Eberhard mit seiner Menschenkenntnis die richtigen Männer. Herzog und Landschaft vertrugen sich friedlich schiedlich, bis über der Frage der Landesverteidigung der alte Hader wieder losging.

Mehr als je zuvor stand die auswärtige Politik Württembergs unter dem Zwang der geographischen Lage des Landes. Frankreich unter Mazarins Leitung begann seine Stellung in Europa zu festigen und schloß in dieser Absicht mit einer Anzahl deutscher Fürsten die ›Rheinische Allianz‹, den ersten Rheinbund (1654). Nach langer Überlegung und starkem Drängen der Bundesmitglieder entschied sich Eberhard zum Beitritt. Es war ihm aber auch mit seiner Pflicht als Reichsfürst ernst; er bewies es in dem Krieg Leopolds I. gegen die Türken. Dieser Kaiser ließ zwar nach seiner Wahl die Dinge im Reich treiben, befestigte aber im Osten Deutschlands Grenzen. Württembergische Truppen kämpften im Heer des kaiserlichen Feldherrn Graf Montecuccoli mit Auszeichnung in der Schlacht bei St. Gotthardt an der Raab. Die württembergischen Stände jedoch konnten auch jetzt nicht durch ihren Herzog von der Notwendigkeit einer schlagkräftigen Landesverteidigung überzeugt werden und lehnten hartnäckig die Übernahme finanzieller Leistungen solcher Art ab. Eberhard war über diese Haltung sehr entrüstet und schickte den Landtag nach Hause, fügte sich aber dann trotz besseren Wissens dem Willen der Stände. Er war nun einmal nicht der Mann entschlossenen Handelns und schroffer Maßregeln.

Die Entwicklung der europäischen Lage im Zeitalter Ludwigs XIV. bewies die Richtigkeit der politischen Auffassung Herzog Eberhards. Es verlohnt sich, einmal kurz einen Blick über die Grenzen Württembergs hinaus zu werfen, wie anders das Schicksal unseres Landes ohne den unseligen Zwiespalt zwischen Herzog und Ständen sich hätte gestalten lassen. Friedrich Wilhelm, Kurfürst von Brandenburg, war beim Antritt seiner Regierung 1640 nicht sehr viel besser daran als Herzog Eberhard von Württemberg bei seiner Rückkehr aus Straßburg. Kein Beispiel zeigt so klar die geschichtliche Aufgabe des fürstlichen Absolutismus wie der Aufstieg des Hauses Brandenburg. Friedrich Wilhelm verfügte über alle politischen und wirtschaftlichen Kräfte des Staatswesens. Er schuf einen Beamtenstand mit einer einheitlichen Berufsauffassung und schützte den Staat durch ein stehendes Heer, den miles perpetuus, dessen Offiziere kein anderes Gebot kannten als den Willen ihres obersten Kriegsherrn. Brandenburg konnte sich an Macht weder mit Frankreich noch mit dem Hause Habsburg messen, aber es war immer ein gesuchter Bundesgenosse und bestimmte selbst den Weg, den es gehen wollte. Krisen und Rückschläge blieben Friedrich Wilhelm nicht erspart, aber er behauptete sich und wurde nie zum Spielball größerer Mächte. Mit seiner Herrscheraufgabe vor Augen war der Kurfürst ein sparsamer, ja geiziger Haushalter und wußte, warum er mit jedem Kreuzer rechnete und in erster Linie an seinem persönlichen Aufwand und an seiner Hofhaltung sparte. Diesen Staatsbegriff kannten die württembergischen Herzöge nicht.

Fassen wir das Urteil über Herzog Eberhard III. und seine vierzigjährige Regierungszeit zusammen. Der achte regierende Herzog des Hauses Württemberg war kein Herrscher, aber er besaß einige Fürstentugenden: er hatte Menschenkenntnis, die ihm in der Auswahl seiner Diener sehr zustatten kam. Er ließ seinen Leuten freie Hand und schützte sie vor den Intrigen ihrer Gegner. Unglück überwand er mit zäher Geduld, im Glück übermütig zu werden gab ihm das Schicksal nie Gelegenheit. Eine Kämpfernatur war er nicht und ging deshalb ernsten Auseinandersetzungen mit seinen Landständen aus dem Wege; für diese Schwäche mußte das Land büßen. Man hat ihm seine Freude an der Jagd vorgeworfen; aber warum sollte er nicht seiner Liebhaberei, vielleicht auch seiner Leidenschaft nachgehen, wenn seine Räte für ihn und in seinem Sinne die Geschäfte leiteten? Andere für sich mit dem Vorbehalt der letzten Entscheidung arbeiten zu lassen, darauf bedacht sein, daß nicht Nebensächlichkeiten den Blick für das Ganze trüben, sind Herrschereigenschaften. Sparsamkeit als Endzweck ziemt vielleicht dem Bürger, dem Fürsten sicher nicht. Außerdem hätte bei der württembergischen Verfassung die Sparsamkeit der Herzöge eine unerwartete Folge gehabt. In Friedenszeiten war es nämlich möglich, bei sparsamer Wirtschaft die ganzen Staatsbedürfnisse aus den Mitteln des herzoglichen Kammerguts zu decken. Das Land hätte dann keine Steuern aufzubringen gehabt, die Aufsicht der Landschaft wäre überflüssig geworden, der Wohlstand des Einzelnen wie der Gesamtheit wäre gestiegen und die Begehrlichkeit der neidischen Nachbarn noch mehr gereizt worden. Für sein Haus hat übrigens Eberhard gespart. Da das herzogliche Kammergut mehr und mehr zum Staatsbesitz wurde, sonderte er als Eigenvermögen der herzoglichen Familie das Kammerschreibereigut aus, den späteren Hofkammerbesitz.

Unter dem Hinweis auf Wiederhold, Varnbüler und Burkard wurde gesagt, es sei ein Glück für Württemberg gewesen, daß in der Zeit der größten Not sich Männer gefunden hätten, die dem Herzog das Gesetz des Handelns aus der Hand nahmen. Aber ganz so einfach können die Dinge nun auch wieder nicht gewesen sein. Die Verteidigung des Hohentwiels und die diplomatischen Erfolge der württembergischen Gesandten in Osnabrück, Münster und Nürnberg waren gewiß Leistungen, die aller Anerkennung und Ehren wert sind, aber sie wurden doch erst durch eine sinnvolle Zusammenfassung wirksam. Wo anders als in Stuttgart hätte diese zustande kommen können, und wer anders als der Herzog sollte sie veranlaßt und durchgeführt haben? Wäre einer der herzoglichen Räte oder der landständischen Vertreter als leitender Kopf aufgetreten, hätte uns die Chronik seinen Namen nicht verschwiegen. Eberhard bleibt auch das Verdienst, den Fortbestand des Herzogtums staatsrechtlich gesichert zu haben. In seinem Testament vom Jahre 1653, das zum Hausgesetz erhoben wurde, verfügte er die Unteilbarkeit des Landes und bekundete damit eine Auffassung, die den Staatsbesitz jedem privatrechtlichen Anspruch landesfürstlicher Erben entzogen wissen wollte. In diesem Sinne verordnete er auch, daß zukünftig die Versorgung fürstlicher Töchter und nachgeborener Söhne nur durch jährliche Zuschüsse, nicht aber durch staatlichen Grundbesitz erfolgen dürfe.

So muß es wohl dabei bleiben: Eberhard III. hat sein Herzogtum verloren und wiedergewonnen. Geschenkt wurde es ihm nicht, er hat hart und zäh um das Erbe seiner Väter gerungen, ohne Waffen, aber mit nicht geringer staatsmännischer Kraft und diplomatischem Geschick.

Der gewissenhafte Chronist darf nicht vergessen zu erwähnen, daß Herzog Eberhard ein rühmenswerter Familienvater war, denn er hatte aus zwei Ehen insgesamt fünfundzwanzig Kinder, von denen ihn acht Söhne und sechs Töchter überlebten. Einen Beweis liebenswerter Herzensgüte gibt uns eine der Schwestern Eberhards, Sibylle, die einen Vetter aus der mömpelgardischen Linie geheiratet hatte. Sie starb, geliebt und verehrt von allen, die ihr nahestanden, im siebenundachtzigsten Jahr ihres gesegneten Lebens, im einundvierzigsten ihres Witwenstandes. Gewohnt hat sie in dem Städtchen Héricourt, unweit Montbéliard (Mömpelgard). Zwei ihrer unverheirateten Schwestern galten als sehr gelehrt. Die eine, Anna Johanna, glänzte in Mathematik, die andere, Antonia, war berühmt für ihre Kenntnis der hebräischen Sprache und Literatur. Sibylle liebte die Musik. So fügte es sich, daß eines Tages, am Ende der stürmischen Pilgerfahrt seines Lebens, der Musiker und Komponist

Johann Jakob Froberger, der, in Stuttgart geboren und erzogen, lange Jahre in Wien als kaiserlicher Kammerorganist tätig, in den Wirren des großen Kriegs vom Schicksal umhergestoßen, nach Héricourt kam und die Schloßherrin um ein Asyl für seine alten Tage bat. Sibylle hat „ihren lieben, getreuen, ehrlichen und fleißigen Lehrmeister", wie sie ihn in einem ihrer reizenden Briefe nannte, treulich zu Tode gepflegt und war dann die Hüterin seines künstlerischen Nachlasses. Wir besitzen aus ihrer Feder eine Schilderung Frobergers, die soviel Wärme und Herzlichkeit ausstrahlt, daß man die Prinzessin nicht weniger lieb gewinnt als den Künstler. In Héricourt und Montbéliard erwarb sich Froberger viele Freunde, die ihn, nach Sibylles Worten, wegen seines guten Humors geliebt haben, „ob sie eben seine Kunst nit verstanden".

Über Eberhards III. Sohn und Nachfolger, WILHELM LUDWIG (geboren 1647), ist nicht viel mehr zu sagen, als daß er so recht ein Landesherr nach den Wünschen der Landschaft war, die ihm diese, ihre gute Meinung durch zwei ›Verehrungen‹ von zusammen fünfzigtausend Gulden bestätigte. Es ist kein Zweifel, daß Wilhelm Ludwig in der kurzen Zeit seiner Regierung (1674–1677) bestrebt war, die im Testament seines Vaters ausgesprochene Mahnung, seine Herrscherpflichten getreulich zu erfüllen, beherzigte und stets den festen Willen hatte, seines Volkes Wohl zu fördern; aber man wird fragen dürfen, ob dieses Ziel zu erreichen war durch eine unbewaffnete Neutralität in den Stürmen, die sich ankündigten, kaum, daß die Kriegsfurie durch den westfälischen Frieden zur Ruhe gebracht war. Ludwig XIV. von Frankreich hatte die Absicht, seine Herrschaft über Europa zu errichten, durch den Angriff auf die spanischen Niederlande bekundet. Dank dem Widerstand der von dem niederländischen Ratspensionär Jan de Witt zusammengebrachten Tripelallianz von England, den Niederlanden und Schweden mußte er jedoch, mindestens vorläufig, seine Ansprüche auf die spanischen Niederlande zurückstellen (1668). Vier Jahre später überfiel der französische König nach einer überaus geschickten diplomatischen Vorbereitung die ihm besonders verhaßte Republik der Vereinigten Niederlande, die ganz allein den ersten Stoß der weit überlegenen feindlichen Armee aushalten mußte. Wilhelm III. von Oranien, Ludwigs XIV. erbittertster Gegner, trat als Statthalter an die Spitze der Republik, und die Öffnung der Schleusen brachte den französischen Vormarsch zum Stillstand. Jetzt griffen der Kaiser und der Kurfürst von Brandenburg in den Krieg gegen Frankreich ein, dessen Wogen auch an die württembergischen Grenzen brandeten. Herzog Wilhelm Ludwig, der es weder mit dem Kaiser noch mit dem König verderben wollte, wurde von beiden schlecht behandelt. Der Kaiser bedrückte das wehrlose Land mit schwerer Einquartierung. Schließlich aber bewahrten die geschickten Operationen des Grafen Montecuccoli den württembergischen Herzog vor dem schlimmsten: sein Land wurde wenigstens nicht zum Kriegsschauplatz.

Aber auch solche Erfahrungen konnten die Landschaft von ihrem Standpunkt nicht abbringen, dem Landesherrn die Mittel zu einem wirksamen Schutz der Landesgrenzen zu verweigern. Nach ihrer Ansicht war es ja gut gegangen, was für sie die Richtigkeit ihrer Haltung zur Genüge bewies. Ob Wilhelm Ludwig diese Meinung teilte, wissen wir nicht, jedenfalls trat er nach außen nicht gegen sie auf. Hätte er den Fortgang der Dinge erlebt, wäre ihm vermutlich das Schicksal des Kurfürsten von Brandenburg als Rechtfertigung seiner eigenen Haltung erschienen. Denn was hatte dieser im Kriege erreicht? Friedrich Wilhelm wurde, nachdem ihn seine Bundesgenossen im Stich gelassen hatten, von Ludwig XIV. zum Frieden von St. Germain en Laye gezwungen, in dem er fast alle seine Erwerbungen wieder verlor. Das kam nach der Überzeugung des Herzogs und seiner Stände heraus, wenn sich die Kleinen in die Händel der Großen mischten.

Ein Schlaganfall machte dem Leben Wilhelm Ludwigs ein Ende. Er war nur dreißig Jahre alt geworden. Seine Witwe, Magdalene Sibylle, Tochter des Landgrafen Ludwig von Hessen-Darmstadt, war eine ebenso kluge wie tapfere Frau. Sein Sohn und Nachfolger, Eberhard Ludwig (geboren 1676), stand beim Tode des Vaters im ersten Jahr seines Lebens.

NEUNTES KAPITEL

WÜRTTEMBERGISCHES BAROCK

AUF EIN MENSCHENALTER VON TOD, Verwüstung und Greueln antwortete Europas unverwüstliche Lebenskraft mit einem Stil, dessen Kennzeichen auf allen Gebieten menschlichen Daseins die Bejahung des Lebens ist. Der Barockstil ist nicht auf das Gebiet der Kunst beschränkt, er rückt vielmehr, die Renaissance fortsetzend, „in der besten aller möglichen Welten" (Leibniz) den Menschen immer mehr in den Mittelpunkt jeder Welt- und Lebensauffassung. Die Machtansprüche Ludwigs XIV. von Frankreich sorgten dafür, daß diese Entwicklung sich keineswegs in einer friedlichen Zeit vollzog. Die Sprache Luthers, in den Jahren des Großen Krieges verroht und vergröbert, war wenig geeignet zum Ausdruck dieses neuen Lebensgefühls; so griff man auch in Deutschland zur französischen Sprache, die über die Ausdrucksformen der begrifflichen Schärfe, der Eleganz und des Schliffs verfügte und die Biegsamkeit des Stahls mit dessen Schärfe verband. Lateinisch waren noch die Verträge von Osnabrück und Münster geschrieben, jetzt bedienten sich die Diplomaten des Französischen.

Für die Fürsten des Barock galt es als guter Ton, der Wissenschaft und den Künsten zu huldigen. Nun lebt der Humanismus von je in einer Spannung zur Lehre der christlichen Kirche. Diesen Gegensatz zu überwinden, ist für das christliche Abendland eine immer neu gestellte, nie gelöste Aufgabe. Im Zeichen des Barock wurden die Menschen weltlicher. Diese Wandlung fand auch in der künstlerischen Darstellung des Menschen ihren Ausdruck. Wie anders sehen im Bilde die Fürsten des Barock aus als ihre Vorgänger in der Zeit des Großen Krieges! Diese neue Kunst der Menschendarstellung entstand im Zeitalter und im Lande des Sonnenkönigs. Mit der Allongeperücke, mit Panzern, die zum Schmuck, nicht für die Schlacht gemacht waren, in der Haltung des grand seigneur ließen sich die württembergischen Herzöge gerne malen. Der erste von ihnen war FRIEDRICH KARL von Württemberg-Winnenthal, der Stammvater der späteren herzoglichen, kurfürstlichen und königlichen Linie. Er regierte nicht, er war nur Vormund des minderjährigen Sohnes seines Bruders, aber er leitete fünfzehn Jahre lang die Geschicke des Herzogtums und drückte ihm in mancher Hinsicht seinen Stempel auf.

Nach württembergischem Hausgesetz sollte Vormund eines minderjährigen, zur Herrschaft berufenen Herzogs der nächste Agnat sein. Das war Friedrich Karl, dem jedoch zur eigenen Volljährigkeit etliche Wochen fehlten. Nach dem Testament Eberhards III. erhob dessen jüngerer Bruder, Herzog Friedrich, Anspruch auf die Vormundschaft; dies tat aber auch auf Grund einer letztwilligen Verfügung ihres Gemahls die Herzogin MAGDALENE SIBYLLE. Die Stände – und später auch die kaiserlichen Räte – entschieden zugunsten Friedrich Karls, indem sie dem Hausgesetz den Vorrang vor testamentarischen Bestimmungen gaben. Der neue Vormund einigte sich dann mit der Herzogin-Mutter dahin, daß sie als ›Mit-Ober-Vormünderin‹ an der Regierung teilhaben sollte. Für den Regenten war es nachteilig, daß ihm die volle Autorität des Landesherrn fehlte, sowohl in seiner Innenpolitik den Ständen gegenüber wie in der Vertretung des Herzogtums nach außen. Friedrich Karl war nach der Tradition seines Hauses sorgfältig erzogen worden, hatte auf der Universität Tübingen studiert und dann fünf Jahre lang Europa bereist, wobei seine Besuche nicht nur den fürstlichen Höfen, sondern auch den verschiedenen Hochschulen galten. So war er für die Tätigkeit eines Administrators trefflich vorbereitet. Tatenfroh und verantwortungsbewußt ging er an seine Aufgabe heran. Zunächst war er vollauf damit beschäftigt, die Quartier- und Geldforderungen des Kaisers bei Beginn des Feldzugs 1678 abzuwehren, da das Land völlig erschöpft war. Streit gab es auch mit dem badischen Nachbarn, der die Gelegenheit benutzen wollte, der württembergischen Vormundschaftsregierung das Direktorium des Schwäbischen Kreises streitig zu machen. Das nächste Jahr brachte mit dem Frieden von Nijmwegen dem viel geschundenen Württemberg Ruhe. So kurz und trügerisch diese war, reichte sie doch aus, um an die Wohlfahrt des Landes, an Neuerwerbungen für das herzogliche Haus und die Förderung des Kirchen- und Schulwesens zu denken. Im Vordergrund der Bemühungen Friedrich Karls stand die Gründung des Stuttgarter Gymnasiums. Der Wunsch nach einer im Gegensatz zu den Klosterschulen weltlichen Bildungsstätte, die auf den Besuch der Universität vorbereiten sollte, ging schon auf Eberhard III. zurück. Das Pädagogium, eine Vorstufe des Gymnasiums, war nach dem Großen Krieg in seinen Leistungen verkümmert und genügte höheren Anforderungen nicht mehr. Aber die damalige Zeit war schlecht gewesen und hatte keine Reformen erlaubt. Mit dem Friedensschluß des Jahres 1679 eröffneten sich jedoch bessere Aussichten, die Friedrich Karl für sein Ziel ausnützen wollte. Um einen Anfang zu machen, forderte eine fürstliche Resolution die Einführung eines verbesserten Lehrplans der Lateinschulen. Aber schon dabei wollte die oberste Schulbehörde nicht mittun. Warum an den Dingen etwas ändern, wo doch alles in der schönsten Ordnung war? Für angehende Theologen gab es die Universität, und diesen war mit den Lateinschulen der Weg bereitet. Aber auch in Tübingen hatten die Herren Professoren ihre Zweifel, die Universität witterte in dem geplanten Gymnasium für sich selbst eine Gefahr, denn wer konnte wissen, wie die neue Bildungsstätte sich auswachsen würde. Der Herzog-Administrator ließ nicht locker, trieb an, mahnte und fand auch die Schulmänner, die seinem Plan die richtige Form zu geben verstanden. Nach langer Mühe und vielem Ärger konnte 1686 die neue Anstalt eröffnet werden. Es waren die Gedanken der Zeit, nicht die des Herzogs, die verwirklicht wurden, aber Friedrich Karl hat das Verdienst, diese gegen den offenen und versteckten Widerstand seiner Theologen und Räte, diesen eigensinnigen Hütern der geheiligten und unantastbaren Großen Kirchenordnung vom Jahre 1559, durchgesetzt zu haben. Der Name des Herzogs Eberhard Ludwig wurde erst im neunzehnten Jahrhundert mit der Schule verbunden. Das gymnasium illustre zu Stuttgart verdankt seine Entstehung dem Herzog Friedrich Karl. Nach der aus den Sprüchen Salomos genommenen Widmung sollte das Gymnasium auf sieben Säulen ruhen. Damit sind die ›sieben freien Künste‹ des Altertums gemeint. Man wird dem humanistisch gebildeten Herzog zutrauen dürfen, daß er den tieferen Sinn der Widmung, die Versöhnung des klassischen mit dem christlichen Geist, erfaßt und gebilligt hat. Gelang es Friedrich Karl, das Gymnasium seinem im religiös-dogmatischen Streit erstarrten Konsistorium abzutrotzen, so scheiterte er jedoch an dessen

Widerstand mit seiner Absicht, den durch die Aufhebung des Toleranzedikts von Nantes aus Frankreich vertriebenen Protestanten in Württemberg eine neue Heimat zu bieten. „Lieber die Türken im Land als die Reformierten!" war der Standpunkt der württembergischen Kirchenmänner. Den Schaden hatte das Land, denn diese glaubensstarken Menschen stammten aus einer geistig wie wirtschaftlich regsamen Schicht und erwarben sich rasch durch ihre Tüchtigkeit anderswo den Dank und die Anerkennung ihrer Gastgeber und Wohltäter.

Von den Beziehungen Friedrich Karls zu den geistigen Größen seiner Zeit spricht ein Gutachten, das Leibniz ihm über die geographische Lage seiner Residenzstadt machte. In diesem rät ihm der große Philosoph, Stuttgart und die Landesuniversität an einen geeigneteren Ort zu verlegen, und empfiehlt dafür Cannstatt. Man mag daraus ersehen, daß Städteplanung und Standortforschung ehrwürdige Ahnen haben.

Durch seine Lage dazu verurteilt, im Kampf der europäischen Großmächte Aufmarsch- und Etappengebiet der kämpfenden Armeen zu sein, erlebte Württemberg unter der Vormundschaftsregierung Friedrich Karls harte Zeiten. Unmittelbar nach dem Frieden von Nijmwegen zeigte sich, daß Ludwig XIV. sein Ziel der Eroberung des linken Rheinufers weiterverfolgte. Sein erster Schritt war die Errichtung der Reunionskammern, der Gerichtshöfe, in denen französische Kronjuristen mit dem Schein eines geordneten Rechtsverfahrens die Machtansprüche ihres Herrn vertraten und Urteile fällten, die die Truppen Ludwigs sofort vollstreckten. So wurde 1681 Straßburg besetzt, zwei Jahre darauf ereilte die spanischen Niederlande und wenig später Luxemburg und Trier dasselbe Schicksal. Das wehrlose Reich protestierte vergeblich und schloß unter Anerkennung des schmählichen Raubs einen zwanzigjährigen Waffenstillstand mit Frankreich. Vom Kaiser war Hilfe nicht zu erwarten, denn dieser war an der Ostgrenze des Reiches durch die aufs höchste gestiegene Türkengefahr festgehalten. Die Belagerung Wiens 1683 durch die Osmanen bedeutete deren Höhe- und Wendepunkt. Drei Jahre später stießen im Gegenangriff kaiserliche und brandenburgische Truppen nach Ungarn vor. Aber weder damit noch durch die Bildung der Großen Allianz, in der sich alle europäischen Mächte gegen Ludwig XIV. vereinigten, war die Westgrenze des Reiches gesichert. In dieser Lage blieb Friedrich Karl, der sich auch noch um Mömpelgard sorgte, nichts anderes übrig als der Versuch, die Gunst des französischen Königs zu gewinnen, was freilich nur zur Folge hatte, daß der französische Gesandte in Stuttgart noch anmaßender auftrat als zuvor.

Trotz des Waffenstillstandes eröffnete Ludwig XIV. die Feindseligkeiten. Den passenden Vorwand lieferte ihm der angebliche Erbanspruch der Herzogin Elisabeth Charlotte von Orléans, der Gemahlin seines Bruders Philipp, auf das Pfalz-Neuburgische Gebiet. Wir kennen diese Fürstin besser unter ihrem deutschen Namen als Liselotte von der Pfalz. Nach bewährtem Muster ließ der französische König alsbald seine Truppen in das Rheinland einrücken. Streifkorps unter General Mélac drangen im Herbst 1688 bis Württemberg vor. Hier dachte niemand an Widerstand. Die Kreistruppen kämpften im Osten, geworbene Regimenter standen im venetianischen Dienst. Aber selbst unter diesen Umständen wäre eine hinhaltende Verteidigung möglich gewesen, da der Gegner zahlenmäßig schwach war; auch war bekannt, daß einige Kreisregimenter sich auf dem Marsch von Wien in die Heimat befanden, mit deren baldigem Eintreffen gerechnet werden konnte. Die Kommandanten der württembergischen Festungen hatten gemessenen Befehl, dem herannahenden Feind die Tore freiwillig zu öffnen. Die Regierung war nur darauf bedacht, den übermütigen Sieger nicht noch mehr zu reizen. Warum in dieser Lage der Herzog-Administrator das Land verlassen hatte, ist nicht geklärt, jedenfalls findet sich in den Quellen keine hinreichende Begründung. Feigheit kann nicht der Grund gewesen sein, denn Friedrich Karl war ein Soldat von erprobter Tapferkeit. Da man seiner Sicherheit wegen den jungen Herzog Eberhard Ludwig nach Regensburg geschickt hatte, war die Herzogin-Mutter Magdalene Sibylle allein in Stuttgart; man ist versucht zu sagen, der einzige Mann am württembergischen Hof sei damals diese tapfere Frau gewesen. Einen bewaffneten Widerstand freilich konnte auch sie nicht organisieren, aber ihre Haltung den französischen Gesandten und Offizieren gegenüber war so aufrecht, mutig und hoheitsvoll, daß keiner von ihnen wagte, ihr den schuldigen Respekt zu versagen. Das Schlimmste konnte sie wenigstens von der gefährdeten Stadt abwenden. Auch Tübingen fand einen Retter in der Person des Professors der Theologie, Johannes Osiander. Er war der begabteste und liebenswerteste unter den vielen Osianders, die dem Lande Württemberg treulich gedient haben. Weitgereist, weltkundig und weltklug, sprachgewandt, mit vollendeten Umgangsformen trat der junge Mann dem französischen General Peysonel mit so viel Sicherheit gegenüber, daß dieser ihm persönlich die Schonung der Stadt Tübingen zusicherte und dieses Versprechen auch hielt. Wir werden später noch von Osiander hören (vergl. Seite 180).

Im Remstal endlich fand General Mélac seinen Meister. Die tapferen Frauen von Schorndorf drohten den Vertretern der Stuttgarter Regierung, die dem unerschrockenen Kommandanten des festen Platzes, Peter Krumhaar, den Befehl zur Übergabe bringen sollten, Prügel an, wenn sie sich bei ihnen sehen ließen. Die Stadttore waren und blieben geschlossen, die Franzosen wagten den Sturm auf Schorndorf nicht und zogen in Richtung auf Stuttgart ab. Inzwischen waren die Kreistruppen auf ihrem Marsch von Wien bis Ulm gekommen. Prinz Ludwig von Württemberg, Friedrich Karls jüngster Bruder, der eines der Kreisregimenter kommandierte, riß seinen zögernden Oberbefehlshaber zu kühnem Entschluß fort. Die Franzosen, die sich jetzt dem Kampf nicht stellen wollten, räumten Stuttgart und zogen sich unbehelligt über den Schwarzwald zurück. Die württembergischen Kriegsräte, die ihrem Titel wenig Ehre machten, hatten die Verfolgung des Feindes verhindert. Das erbitterte Landvolk traute sich an die geschlossenen Verbände nicht heran, machte aber alles nieder, was sich dahinter an Fußkranken, Nachzüglern und Marodeuren bewegte.

Die Weihnachtstage 1688 waren für Württemberg noch sehr schwer, aber mit Beginn des neuen Jahres konnte man aufatmen. Der Herzog-Administrator kam zurück und stellte dem Kaiser an Kräften zur Verfügung, was das arme Land herzugeben in der Lage war. Im Februar 1689 raffte sich das Reich auf und erklärte Frankreich den Krieg. Noch einmal drohte Württemberg Gefahr, als die Franzosen im Frühjahr die Pfalz entsetzlich verheerten und das Heidelberger Schloß niederbrannten. Die Eroberung von Mainz durch das Reichsheer brachte dann die Entlastung.

In den folgenden Jahren setzte Friedrich Karl die Aufstellung stehender Truppenverbände in Württemberg mit Hilfe des Kaisers gegen den starken Widerstand der Landstände durch, obwohl diese den Plan als verfassungswidrig erklärt hatten. Mit dem Rückhalt eigener bewaffneter Macht trat der Herzog-Administrator als ›armierter Fürst‹ der Großen Allianz bei, aber gerade die Selbständigkeit seiner Politik und die Verstärkung seines Einflusses steigerten das Mißtrauen der Landschaft und die Eifersucht katholischer und protestantischer Fürsten, die mit ihm dem Schwäbischen Kreis angehörten.

Den Feldzug des Jahres 1692 gegen Frankreich wollte man in Wien angriffsweise führen. Die kaiserliche Armee wurde von dem Markgrafen von Brandenburg-Bayreuth und dem Landgrafen von Hessen geführt und hatte den Auftrag, über den Rhein zu gehen. Dies geschah auch, aber bei der Uneinigkeit der beiden Heerführer waren militärische Erfolge nicht zu erzielen. Der Markgraf sah seine Aufgabe in der Deckung der beiden Kreise Franken und Schwaben, fürchtete einen feindlichen Vorstoß und ging deshalb wieder über den Rhein zurück. Die Franzosen folgten. Der württembergische Herzog-Administrator, der unter dem Markgrafen ein Kommando hatte, wurde mit einigen Reiterregimentern weggeschickt, um Württemberg gegen feindliche Streifzüge zu decken. In Erfüllung dieses Auftrags bezog er eine feste Stellung bei Oetisheim unweit von Maulbronn. In seiner linken Flanke glaubte er sich durch das befestigte Pforzheim hinreichend gesichert. Den Franzosen gelang jedoch ein Handstreich gegen diese Stadt, ohne daß es der Herzog erfuhr. Die militärische Aufklärung und der Kundschafterdienst hatten völlig versagt. Am Morgen des 27. September 1692 konnte Friedrich Karl noch mit Recht vermuten, es nur mit Streifbanden zu tun zu haben, in Wirklichkeit hatte er die feindlichen Hauptkräfte vor sich. Seine Regimenter wurden trotz tapferen Widerstandes versprengt; er selbst geriet in Gefangenschaft.

Für das Land waren die Folgen des unglücklichen Treffens sehr schlimm. Sengend und plündernd drangen die Franzosen bis zum Neckar vor. Sie erschienen auch vor Stuttgart und forderten von der Herzogin-Mutter, die an Stelle des kriegsgefangenen Administrators die Vormundschaft übernommen hatte, die vor drei Jahren nicht bezahlte Brandschatzung und weitere, unerschwingliche Summen. Magdalene Sibylle blieb auch dieses Mal standhaft. Ehe der französische General seine Drohungen wahr machen konnte, mußte er infolge eines Umschwungs der militärischen Lage abziehen.

Der Herzog wurde von dem französischen König aus politischen Gründen freundlich behandelt und schon nach wenigen Monaten aus der Kriegsgefangenschaft entlassen. Bei seiner Rückkehr in die Heimat fand er sich zu seiner großen Erbitterung der Vormundschaft entsetzt. Die Landstände, die ihm seine selbständige Politik nicht verziehen, hatten seine Absetzung als Administrator und die Erklärung der Volljährigkeit des Herzogs Eberhard Ludwig beim Kaiser durchgesetzt. In Wien hatte diese Forderung willige Ohren gefunden. Das Entgegenkommen, das

Ludwig XIV. dem württembergischen Herzog bewies, erregte das Mißtrauen des Kaisers. Er war überzeugt, Friedrich Karl habe sich seine rasche Entlassung durch das Versprechen der Neutralität gegenüber Frankreich erkauft. Als man in Wien vom Gegenteil überzeugt wurde, war es zu spät, das Geschehene rückgängig zu machen. Das militärische Ansehen des tapferen Soldaten litt jedoch nicht unter seinem Mißerfolg bei Oetisheim. Der Kaiser machte ihn noch zu seinem Generalfeldmarschall und vertraute ihm während des Krieges gegen Frankreich ein höheres Truppenkommando und die Vertretung des Reichsfeldherrn, Markgraf Ludwig Wilhelm von Baden, an. Aber die Tage des Herzogs Friedrich Karl waren gezählt. Er starb im Alter von sechsundvierzig Jahren Ende 1698.

Mehr als einmal soll Friedrich Karl verärgert über die immer ablehnende und manchmal gehässige Haltung der Landschaft daran gedacht haben, die Vormundschaft niederzulegen, um in den kaiserlichen Dienst zu treten. Seine Brüder und die Vettern aus der neustädtischen Linie führten ein unabhängiges Leben, kämpften in fremden Diensten auf allen europäischen Kriegsschauplätzen und erwarben sich Anerkennung, Ruhm und Vermögen; er blieb in der Heimat, gebunden an eine undankbare, wenn auch einst sehr erstrebte Aufgabe. In seiner Jugend hatte Friedrich Karl Münzen schlagen lassen, die seinen Wahlspruch trugen: Dura placent fortibus; in freier Übertragung deckt sich diese Aussage mit Schillers Wort: „Unrecht leiden schmeichelt großen Seelen". Es ist zu bedauern, daß die württembergische Geschichtsschreibung sich nicht eingehender mit diesem Mann beschäftigt hat.

1693 übernahm Herzog EBERHARD LUDWIG in seinem siebzehnten Lebensjahr die Regierung, die er vierzig Jahre lang führte; sie hat, wenn man der Chronik glauben will, nichts als Kummer und Schande über das Land gebracht. Aber sehen wir zunächst einmal nach den Zeichen der Zeit.

Die kleindeutsch-preußische Geschichtsauffassung, die das Bild unserer historischen Vergangenheit während des ganzen neunzehnten Jahrhunderts zeichnete, schilderte die Entwicklung des Reiches vom Ende des Großen Krieges bis zur Auflösung als den rettungslosen Zerfall seiner Kraft. Das hat uns den Blick getrübt für die Zeiten, wo es noch in Deutschland einen echten Reichspatriotismus voll Schwung und Opferbereitschaft gab. Die deutsche Partei, die sich am Wiener Hof zuerst um den Markgrafen von Baden, später um den Prinzen Eugen sammelte, hatte Freunde und Anhänger überall im Reich. Daß dieser Bewegung der Erfolg versagt blieb, sollte nicht hindern, sie nach ihrem ideellen Wert zu würdigen. Die Württemberger haben allen Grund, unter diesem Gesichtspunkt die letzten Jahrzehnte des siebzehnten und die ersten des achtzehnten Jahrhunderts zu betrachten.

Die Türkenkriege der Kaiser aus dem Hause Habsburg und deren Kampf gegen die Machtansprüche Ludwigs XIV. sind auch ein Ehrenblatt der württembergischen Wehrgeschichte. Die drei Fürsten des württembergischen Barock waren aufrichtige Reichspatrioten. Friedrich Karl, der Herzog-Administrator, beginnt die Reihe, Eberhard Ludwig setzt sie in den ersten Jahren seiner Regierung fort und Karl Alexander beschließt sie. Freilich bekam Württemberg das doppelte Gesicht des Hauses Habsburg oft genug zu sehen. Während man dem nationalen und christlichen Vorkämpfer gegen den Vormachtanspruch Frankreichs und die Türkengefähr ohne Vorbehalt zu folgen bereit war, sah sich das protestantische Bollwerk im südlichen Deutschland oft genug durch die österreichische Hausmachtpolitik und den jesuitisch-spanisch beeinflußten Wiener Hof bedroht: ein Zwiespalt, aus dem es im Grunde keinen Ausweg gab.

Im Reichskrieg 1693–1697 gegen Frankreich war der Schutz der deutschen Südwestgrenze dem kaiserlichen Generalfeldmarschall Markgraf Ludwig Wilhelm von Baden, dem erfolgreichen Führer im letztvergangenen Türkenkrieg anvertraut. Sein Heer setzte sich zusammen aus den Truppen des Schwäbischen und Fränkischen Kreises und einigen kaiserlichen Regimentern, Einheiten, die, von Ausnahmen abgesehen, gegenüber den kampferprobten französischen Heeren nicht als vollwertig anzusehen waren. So blieb dem ›Türkenlouis‹ nur die hinhaltende Verteidigung übrig, mit der er den ihm zugewiesenen Abschnitt nicht dauernd wirksam schützen konnte. Es gelang ihm deshalb auch nicht, im ersten Kriegssommer den Einfall der Franzosen in die Pfalz und Württemberg zu verhindern. In Württemberg waren die Hoffnungen, die man auf den berühmten Heerführer gesetzt hatte, aufs bitterste enttäuscht worden. Die Vorwürfe waren gegen den badischen Markgrafen, aber auch gegen die eigene Regierung gerichtet, die sich leichtfertig auf solche Wagnisse eingelassen habe. Unter diesen Verhältnissen war es militärisch und staatsmännisch eine große Leistung des Markgrafen Ludwig Wilhelm und des württembergischen Geheimen Rats Johann Georg Kulpis, daß sie in dem darauffolgenden Winter in gemeinsamer Arbeit die beiden Kreise Schwaben und Franken so zusammenschlossen, daß sie eine festgefügte und leistungsfähige Einheit bildeten. Feldherr und Staatsmann ergänzten sich aufs glücklichste. Die Kreisstände stellten ihren Eigennutz zurück und brachten für die Verteidigung der Reichsgrenze im südwestlichen Deutschland jedes von ihnen verlangte Opfer. Die von Kulpis entworfene Kreis-Kriegsverfassung war so zweckmäßig, daß die Hoffnung, das schwäbisch-fränkische Muster werde vom ganzen Reich übernommen werden, berechtigt erschien. Der Schwäbische Kreis wurde unter der Leitung von Kulpis zur treibenden Kraft der Reform des altersschwachen Reiches. Der ehemalige Straßburger Staatsrechtslehrer war, von Herzog Friedrich Karl berufen, 1686 in den württembergischen Dienst getreten, zunächst als rechtskundiger Oberrat und Vizedirektor des Kirchenrats, um nach einigen Jahren zum Leiter dieser Behörde und Geheimen Rat befördert zu werden. In dieser Eigenschaft bearbeitete er auch die Fragen, die die Beziehungen des Herzogtums zu Kaiser und Reich und zum Schwäbischen Kreis betrafen. Der Schwung und die mitreißende Tatkraft von Kulpis drängte sogar den Widerstand der württembergischen Landschaft, die für den Reichspatriotismus nie etwas übrig hatte, zeitweise zurück. Die ›Schreiber‹, das waren die nichtstudierten württembergischen Beamten, machten ihren ganzen, nicht geringen Einfluß gegen den verhaßten Mann geltend, der zudem nicht einmal geborener Württemberger, sondern Hesse war. Kulpis, der seine Pläne immer wieder durch den engstirnigen Eigennutz der Schreiber gehemmt sah, nannte Württemberg ingrimmig das „regnum scribarum et pharisaeorum". Nicht viel anders klingen die Worte, mit denen Shakespeares Coriolan verächtlich die römischen Bürger verabschiedet: „go get you home, you fragments" („Geht, schert euch nach Hause, ihr – Überbleibsel")! Die Schreiber haben dann dem Geheimen Rat sein Urteil vergolten. Ihre Zeit war gekommen, als Kulpis vom Friedenskongreß in Rijswijk (1697), wo er als Gesandter den Schwäbischen Kreis und den Herzog Eberhard Ludwig als ›minister plenipotentarius‹ vertreten hatte, zurückkehrte. Sein Auftrag hatte gelautet, auf dem Kongreß für Württemberg die Rückgabe Mömpelgards, eine angemessene Entschädigung für die Ausplünderung der Grafschaft und des Herzogtums während des Krieges durch die Franzosen und die Räumung Straßburgs zu verlangen. Die letzte Forderung war nach Ansicht Eberhard Ludwigs der einzig wirkliche Siegespreis für das Reich. Persönlich hoffte Kulpis bei den Friedensverhandlungen die ›Assoziation‹ der Reichskreise nach dem schwäbisch-fränkischen Vorbild erreichen zu können, um dann gestützt auf diese militärische Macht die Rückgabe Straßburgs durchzusetzen.

Die überlegene französische Diplomatie hatte es aber wiederum nicht schwer, die Große Allianz zu spalten. England und die niederländischen Generalstaaten glaubten ihre Kriegsziele erreicht zu haben. Das Schicksal des Kaisers und des Reiches kümmerte die bisherigen Bundesgenossen wenig. Der Kaiser und die deutschen Fürsten waren ihrer Stützen beraubt und mußten annehmen, was ihnen der im Felde besiegte französische König vorschrieb. Unter solchen Verhältnissen war für Württemberg schon der Verzicht Ludwigs XIV. auf seine Hoheitsrechte in Mömpelgard ein Erfolg, aber dieser galt in den Augen der Stuttgarter Schreiber nichts, sie zeigten schadenfroh mit Fingern auf den herzoglichen Unterhändler, der leichtfertig und freventlich das Recht der protestantischen Kirche preisgegeben habe. In dem vierten Artikel des Friedensvertrags von Rijswijk war nämlich bestimmt worden, daß alle ehemals protestantischen Gemeinden, in denen Frankreich während des Krieges den katholischen Gottesdienst wieder eingeführt hatte, ihn beizubehalten hätten. Die Bestimmung traf auf Mömpelgard zu und an diesem Verrat des Protestantismus sollte allein Kulpis schuld sein. Völlig betrunken habe er, so behaupteten die einen, seine Unterschrift geleistet, die anderen beschuldigten ihn, nur aus Eitelkeit, um sein neues kaiserliches Adelsprädikat unter den Vertrag setzen zu können, sei dies geschehen. Die Wirklichkeit war ganz anders gewesen. Unter dem Eindruck des Mißerfolgs dachte man wie so oft in Wien nur noch an die Belange des Hauses Habsburg; was galt dort das Reich? Wie es ein Reichsgesandter ausdrückte: „der Kaiser betrügt das Reich" („L'empire est la dupe de l'empereur"). In Süddeutschland war man über den Frieden von Rijswijk aufs tiefste niedergeschlagen. Der große Plan, den der Markgraf und Kulpis verfolgt hatten, aus Straßburg das deutsche Bollwerk gegen Frankreich zu machen, dort den Markgrafen als Gouverneur einzusetzen und ihm mit dem Heer der verbündeten Reichskreise einen sicheren Rückhalt zu geben, war gescheitert. Herzog Eberhard Ludwig von Württemberg, der sich der ›französischen‹ Willkür schutzlos ausgeliefert sah, wollte Ludwig XIV. nicht auch noch reizen und wies seinen Gesandten an, den Vertrag einschließlich der Religionsklausel zu unterschreiben. Der Herzog ließ trotz des Sturms der Entrüstung im Lande seinen Rat nicht fallen, aber Kulpis nahm sich die ungerechtfertigten Angriffe und die ihm angetane Schmach so zu Herzen, daß er schon im nächsten Jahr (1698) starb. Wenige Jahre später folgte ihm auch Markgraf Ludwig Wilhelm von Baden; er hatte sein ganzes Herz und seinen Feldherrnruhm für die Erstarkung des Reichs eingesetzt und starb, mit dem Kaiser, für den er seine schönsten Siege errungen hatte, zerfallen, verbittert, vergrämt, von seinen Zeitgenossen wie von der Nachwelt vergessen.

Knappe drei Friedensjahre waren Württemberg beschieden, die der junge Landesfürst zur Heilung der Kriegswunden benutzte. Um die schweren Menschenverluste auszugleichen, wurden die aus ihrer Heimat in Oberitalien vertriebenen, protestantischen Waldenser im Lande aufgenommen. Als Wohnsitz wies man ihnen die von den Franzosen besonders mitgenommene Umgebung von Maulbronn an. Die ›welschen Dörfer‹ Pinache, Serres, Groß- und Klein-Villars und Perouse weisen noch heute auf einen Akt christlicher Nächstenliebe, aber auch landesherrlicher Fürsorge hin. Soweit allerdings, seinen eigenen Aufwand zugunsten des notleidenden Landes einzuschränken, ging der gute Wille Eberhard Ludwigs nicht. Seine Hochzeit (1697) mit der Markgräfin Johanna Elisabeth von Baden-Durlach wurde mit dem größten Prunk gefeiert.

1701 brannte die Kriegsfackel in Europa wieder lichterloh. Diesmal hatte sie der glorreiche Türkensieger von Zenta (1697), Prinz Eugen von Savoyen, entzündet. Nach dem Tode König Karls II., des letzten Habsburgers auf dem spanischen Thron, der keinen männlichen Erben hinterließ, machte Ludwig XIV. Anspruch auf das Madrider Erbe und berief sich dabei auf ein Testament des verstorbenen Königs. Für Kaiser Leopold I. war diese letztwillige Verfügung nichts anderes als ein Rechtsbruch, da nach den Hausverträgen der spanische Thron innerhalb der habsburgischen Familie zu vererben war. Prinz Eugen riet seinem kaiserlichen Herrn zur bewaffneten Abwehr dieses neuerlichen Übergriffs des französischen Herrschers, obwohl der Stand der Rüstungen durch die chronische Geldnot Österreichs so schlecht war, daß er jede militärische Operation verbot. Auch waren die geldstarken Seemächte, England und die Niederlande, die bisherigen Verbündeten des Kaisers, nicht gesonnen, für die Erbansprüche Leopolds zu Felde zu ziehen, selbst dann nicht, wenn der gemeinsame Feind Ludwig XIV. von Frankreich hieß. Prinz

Eugen begegnete allen Einwänden mit der Versicherung, ein Sieg werde Verbündete und Geld bringen. Der Überraschungsangriff der Österreicher aus dem Etschtal gegen das Herzogtum Mailand, das beste Stück der spanischen Erbschaft, war eine der glänzendsten Waffentaten der europäischen Kriegsgeschichte. So begann der spanische Erbfolgekrieg, der vierzehn Jahre lang die Welt in Atem hielt. Prinz Eugen hatte recht gehabt. Nach den ersten Erfolgen der Österreicher gegen die Franzosen in Oberitalien unterschrieben der Herzog von Marlborough für England und für die Niederlande der Ratspensionär Heinsius den Bündnisvertrag mit dem Kaiser.

Eberhard Ludwig wollte zunächst, wie auch der Fränkische und der Schwäbische Kreis, in dieser Auseinandersetzung der Großmächte neutral bleiben, sie hatten mit dem Kaiser auf dem Kongreß von Rijswijk zu schlechte Erfahrungen gemacht, aber als der mit Frankreich verbündete Kurfürst Max Emanuel von Bayern drohend an der württembergischen Grenze stand, war die Neutralität nicht mehr geboten. Entscheidungen auf dem Schlachtfeld fielen in den nächsten Jahren nicht. 1704 aber gefährdete ein an der Donau versammeltes bayrisch-französisches Heer Wien und den Kaiser. Gestützt auf das Ansehen des Prinzen Eugen gelang es dem kaiserlichen Gesandten in London, den Herzog von Marlborough und den Ratspensionär in den Winterquartieren am Niederrhein davon zu überzeugen, daß an der Donau der Sache der Großen Allianz die größte Gefahr drohe. Die englische Königin und die niederländischen Generalstaaten waren so weitreichenden Operationen völlig abgeneigt, aber als sie von dem Entschluß der beiden Staatsmänner Kenntnis erhielten, waren die Truppenbewegungen schon in vollem Gang.

Der heimattreue Württemberger merkt sich gerne, daß die Führer der verbündeten Heere – ein englischer Herzog, ein badischer Markgraf und ein Prinz von Savoyen, der, von Geburt Italiener, nach seiner Erziehung Franzose, ein Held der deutschen Geschichte wurde – sich an einer der großen europäischen Heerstraßen von West nach Ost im Remstal, in der Herberge ›Zum Lamm‹ in Großheppach trafen, um ihre weiteren Pläne zu besprechen. Es war am 13. Juni 1704.

Am Schellenberg bei Donauwörth warfen Marlborough und Markgraf Ludwig Wilhelm von Baden die Bayern aus ihrer befestigten Stellung. Eberhard Ludwig hatte seine Truppen zu dem englisch-niederländischen

Heer stoßen lassen, er selbst führte als kaiserlicher Feldmarschalleutnant die Reiterei, die ruhmvollen Anteil an der Verfolgung der Bayern hatte; Kurfürst Max Emanuel sah nur Trümmer seiner schönen Regimenter wieder. Damit war aber die Arbeit erst zur Hälfte getan. Marlborough und Prinz Eugen wußten, daß weder London noch Den Haag das Heer an der Donau überwintern lassen würden. Im feindlichen Hauptquartier war dies auch bekannt, und deshalb wollte der französische Marschall Zeit gewinnen und höchstens hinhaltend fechten. Sein Mitfeldherr, der bayrische Kurfürst, aber wollte sich rächen für die Verwüstung seines Landes, die aus demselben Grund wie die der Pfalz und Württembergs angeordnet worden war (vergl. Seite 172). Sein Ehrgeiz und seine Ungeduld drängten auf die Entscheidung, zum Glück für die kaiserliche Sache, die keinen Aufschub duldete.

Am 13. August 1704 kam es bei Höchstädt zur Schlacht, die lange unentschieden schwankte, bis sie mit einer entscheidenden Niederlage der verbündeten Bayern und Franzosen endete. Die Ehre des Tages gehörte den Engländern, die in dem Dorf Blindheim, das sie Blenheim nennen, den französischen Feldherrn mit seiner Kerntruppe einschlossen und zur Übergabe zwangen; auf dem vom Prinzen Eugen geführten rechten Flügel entschieden die preußischen Bataillone des Herzogs Leopold von Anhalt-Dessau über den Sieg. Ruhm und Anerkennung erwarben sich hier aber auch die Württemberger. Eberhard Ludwig stürzte sich mit seiner Kavallerie wiederholt in den Nahkampf, während sein Fußvolk im Verband des englischen Heeres stritt. An den großen Entscheidungsschlachten der nächsten Jahre in Oberitalien und in den Niederlanden nahm Eberhard Ludwig nicht teil. Ihm war die undankbare Aufgabe zugefallen, die Wacht an der Südwestgrenze des Reiches zu halten, was bei der Schwäche der zur Verfügung stehenden Verbände nicht immer gelang. Die gegenseitige Eifersucht der Fürsten erschwerte die Führung, Geldnot rief Mißmut in der kämpfenden Truppe hervor. So war es nicht verwunderlich, daß im Frühjahr 1707 den Franzosen ein Vorstoß über den Schwarzwald nach Württemberg gelang. Nach wenigen Monaten mußten sie zwar infolge der veränderten Kriegslage das Land wieder räumen, aber der Schaden, den sie angerichtet hatten, war doch empfindlich gewesen. Hier, wie auch in den folgenden Jahren bis zu den Friedensschlüssen von Rastatt und Baden hatte sich Eberhard Ludwig tapfer für Kaiser und Reich eingesetzt, immer bedacht auf die Stärkung der Verteidigung gegen Frankreich. Seine Vorschläge waren zweckmäßig und erfolgversprechend; es war nicht des Herzogs Schuld, daß alle Versuche dieser Art an der deutschen Zwietracht scheiterten. Zum Dank für seine Leistungen ernannte der Kaiser den württembergischen Herzog zum Reichsfeldmarschall, aber die Hoffnung, beim Friedensschluß für die schweren Schäden Württembergs ausgiebig entschädigt zu werden, wurde enttäuscht. Auch jetzt brach nach so vielen Siegen die Allianz beim Friedensschluß auseinander, und wiederum hatten der Kaiser und das Reich den Schaden. Der Kaiser mußte unter anderem den geächteten Kurfürsten von Bayern in seine alten Rechte einsetzen. Für Württemberg hatte dies eine sehr unerfreuliche Folge. Der bayrische Kurfürst forderte nämlich auf Grund der Friedensbestimmungen die ursprünglich bayrische Herrschaft Wiesensteig wieder zurück, die, ganz von württembergischem Gebiet umschlossen, von Herzog Eberhard Ludwig nach dem Donaufeldzug 1704 besetzt worden war. Der endgültige Besitz Wiesensteigs war das mindeste, was Eberhard Ludwig als Entschädigung für all die Dienste, all die Opfer, die er dem Kaiser geleistet und gebracht hatte, erwarten zu dürfen glaubte. „Dank vom Haus Östreich" murrte man in Württemberg, diesmal wohl nicht mit Recht. Die Wiederherstellung des bayrischen Kurfürstentums war eine staatsrechtliche Verpflichtung, und man konnte schwerlich vom Kaiser erwarten, daß er dem Herzog von Württemberg zuliebe vertragsbrüchig wurde.

Die Feldzüge der damaligen Zeit wurden immer nur in der guten Jahreszeit geführt, in der schlechten gingen die Heere in die Winterquartiere. So kehrte auch Eberhard Ludwig mit Beginn der ruhigen Monate wieder in die Heimat zurück, um seine Regierungsgeschäfte in Stuttgart zu erledigen. Nebenbei betrieb er dort Dinge, die seinen guten Ruf als Ehemann und Landesvater empfindlich schädigten und seinen Namen leider bis auf den heutigen Tag überschatten.

Zunächst die Tatsachen: 1706 kam, von ihrem Bruder, der als Kammerjunker am württembergischen Hof lebte, gerufen, das mecklenburgische Edelfräulein Christiane Wilhelmine von Grävenitz nach Stuttgart. Der Herzog, der nach damaligem dynastischem Brauch mit zwanzig Jahren verheiratet worden war und in einer wenig glücklichen Ehe lebte, sah das schöne junge Mädchen und verliebte sich in sie. Die Mätresse hatte damals in der Rangordnung der europäischen Höfe eine fast legitime Stellung. Die fürstliche Gemahlin mußte sich damit abfinden, und auch die Kirche duldete manches und schwieg zu vielem, was ihrem Gebot zuwiderlief. Eine Doppelehe jedoch ging über das erträgliche Maß hinaus. Mag es reine Blasphemie gewesen sein oder nur der naive Ausdruck einer grenzenlosen Selbstherrlichkeit, Eberhard Ludwig antwortete auf alle Vorhaltungen schroff und hochfahrend, er sei niemand Rechenschaft schuldig und fühle sich als protestantischer Fürst nur Gott und seinem Gewissen verantwortlich. Die Warnung des Kaisers, der Kummer seiner Mutter, die Vorwürfe seiner Räte und die Beschwörungen seiner Theologen kümmerten ihn wenig. Es war, als habe sich der Herzog aus überschäumendem Kraftgefühl, aus Trotz und Freude am Widerspruch in den Kopf gesetzt, alle Welt gegen sich aufzubringen. Er verzichtete stillschweigend auf die schon vollzogene Eheschließung erst, als ihm findige und gewissenlose Berater einen Weg zeigten, der seiner Geliebten den Schein der Legitimität geben sollte. Ein hochverschuldeter, ehemaliger kaiserlicher Rat, Graf von Würben, erklärte sich bereit, mit der Grävenitz eine Scheinehe einzugehen. Dafür und gegen die Verpflichtung, Württemberg nie wieder zu betreten, wurde er zum ersten Beamten des Herzogtums, zum Landhofmeister ernannt. Daß die Frau Landhofmeisterin am herzoglichen Hof lebte, war, wie man dachte, eine Sache, die – Moral hin oder her – nirgendwo Widerspruch erregen könne. Zwanzig Jahre dauerte diese offenbar monogame Verbindung zwischen Eberhard Ludwig und Christiane Wilhelmine. Ein Schmetterling, der von Blüte zu Blüte flatterte, wie Ludwig XV. von Frankreich, war der württembergische Herzog nicht. Mit moralischen Begriffen ist das Verhalten Eberhard Ludwigs in keiner Weise zu rechtfertigen, zu erklären allenfalls aus dem Zeitgeist, der bei fürstlichen Ehen jeden Seitensprung, wenn nicht billigte, so doch rasch verzieh. Die Herzogin Johanna Elisabeth ließ sich aus dem Stuttgarter Schloß durch keine Machenschaft der fürstlichen Mätresse vertreiben und hatte schließlich die Genugtuung, daß ihr Herr Gemahl der langjährigen Genossin seines Lebens den Abschied erteilte und die eheliche Gemeinschaft wieder herstellte.

Herzog Eberhard Ludwig lag die Staatsauffassung des aufgeklärten Absolutismus völlig fern, er glich vielmehr einem mittelalterlichen Patrimonialherrn, der in seinem Land und Volk seinen persönlichen Besitz sah, mit dem er schalten und walten konnte, wie er wollte. In seinen jungen Jahren lag ihm das Soldatentum im Blut. Er war ein Draufgänger und setzte in den Feldzügen, an denen er teilnahm, sein Leben rücksichtslos aufs Spiel. Der Kaiser hatte keinen besseren Gefolgsmann als ihn. Turniere gab es damals nicht mehr, aber er liebte es bis ins hohe Alter, acht Pferde in einer Hand zu fahren, wozu ohne Zweifel Eigenschaften gehören, die heute für einen Sportsmann unerläßlich sind. Sicher ist es falsch, in ihm einen schwächlichen, innerlich haltlosen und in den Fesseln seiner Geliebten schmachtenden Lüstling zu sehen, viel eher war er eine Kraftnatur, die sich hemmungslos austoben wollte. Eberhard Ludwig war ein großer Herr seiner Zeit, der sich nach französischem Muster mit einem Hofstaat umgab, so groß und glänzend, wie ihn keiner seiner Vorfahren je hatte, unbekümmert um die Meinung seiner Umwelt, großzügig, freigebig bis zur Verschwendung, voll Geist und Witz, ein Mann, der die Menschen bezaubern konnte, wenn er wollte, aber auch rücksichtslos und hochfahrend war, wenn ihm etwas nicht paßte. Selbst die allmächtige Favoritin wurde hin und wieder in ihre Grenzen verwiesen. Die Landhofmeisterin, die in der Geistlichkeit ihre große Widersacherin sah, dachte dieser eines auszuwischen und verlangte deshalb als Herrin des Landes in die Fürbitte des Gottesdienstes aufgenommen zu werden. Der Herzog verwies die Freundin mit diesem Anliegen an den Prälaten Osiander, der ihr antwortete, dies geschehe ja schon mit der Bitte des Vaterunsers »und erlöse uns von dem Übel«. Wie mag die eitle, herrschsüchtige Frau vor Zorn gebebt haben! Der Vorfall ist verbürgt. Der Herzog, der Witz und Geist zu schätzen wußte, bewahrte Osiander seine Gunst.

Eberhard Ludwig gilt in der Geschichte des Hauses Württemberg unter seinesgleichen als der größte Verschwender, aber die glückliche Vollendung des prachtvollen Schloßbaues in Ludwigsburg scheint zu beweisen, daß er die wirtschaftliche Ertragfähigkeit seines Besitzes richtig abzuschätzen wußte. Da es im Lande keinen alteingesessenen, grundbesitzenden Adel gab, war der württembergische Herzog der größte, jedenfalls der reichste Grund- und Waldbesitzer des Landes. Den Bauern kam dies zugute, da sie nicht wie anderswo auch noch die Last des Unterhalts des grundbesitzenden Adels zu tragen hatten. Auch die Ämter brauchten in Friedenszeiten nicht unter ihren Verpflichtungen zu seufzen, denn die Regalien und Gefälle wurden, wie wir heute sagen, netto abgerechnet, das heißt, die steuerpflichtigen Körperschaften deckten von ihren Einnahmen zunächst ihre eigenen Unkosten und lieferten nur die Überschüsse ab. Daß die Steuern nicht zu hoch wurden, war das besondere Anliegen der Landschaft. Die Güter und Wälder waren, soweit wir sehen, gut bewirtschaftet und lieferten hohe Erträge ab, ungeordnet aber war das Kreditwesen. Wer Geld verleihen wollte, tat dies nur kurzfristig und hochverzinslich. Was wir Hypothekarkredit nennen, gab es nicht, das erschwerte natürlich Planungen auf lange Sicht und führte leicht zu Kassenschwierigkeiten, bedeutete aber noch keine Überschuldung des Besitzes. So brauchte sich der Herzog nicht allzu viele Sorgen zu machen. Daß er dies gar nicht tat, warf man ihm freilich als unverzeihlichen Leichtsinn vor.

Seltsamerweise erwies sich nun, daß dieser Leichtsinn zu einem guten Geschäft des herzoglichen Kammerguts wurde. Die wertvollsten Geschenke, die Eberhard Ludwig seiner Freundin machte, waren einige große Güter. Die Gräfin Christiane Wilhelmine von Würben, geborene von Grävenitz, war gescheit, ehrgeizig und bewandert in allen Tücken und Listen des menschlichen Herzens, mußte es wohl auch sein; als Unschuldsengel hält man sich nicht zwanzig Jahre lang an einem intriganten Hof. Überdies war sie tüchtig und geschäftsgewandt und wußte das ihrige zu vermehren. Einen Wirkungskreis, wie ihn später Jeanne Antoinette Marquise de Pompadour als langjähriger Außenminister Frankreichs hatte, konnte ihr freilich der württembergische Herzog nicht bieten, das Zeug dazu hätte die Grävenitz wohl gehabt. So mußte sich die Landhofmeisterin mit bescheideneren Aufgaben begnügen. Sie führte in den Sitzungen des Geheimen Kabinetts den Vorsitz, wobei sie gar keine schlechte Figur machte, und verwaltete ihre Güter selbständig wie ein kleines Reich, und zwar mit unleugbarem Geschick. Als der Herzog endlich der alten Freundin überdrüssig wurde und ihr in rüder Weise den Laufpaß gab, mußte eine Generalabrechnung gemacht werden, denn Christiane Wilhelmine war so klug gewesen, sich für ihren Güterbesitz unanfechtbare Rechtstitel zu verschaffen. Wollte also der Herzog seine Herrschaften wiederhaben, mußte er sie auslösen. Die Abfindung fiel mit mehr als zweihunderttausend Gulden recht hoch aus, und doch war der innere Wert dieser Güter unter der Verwaltung der Landhofmeisterin so hoch gestiegen, daß auch nach Abzug der Abfindung immer noch ein recht beträchtlicher Überschuß zugunsten des herzoglichen Kammerguts sich ergab. Der Schmuck, das Barvermögen und die Abfindung zusammen machten die Gräfin Würben bei ihrem Abschied aus Württemberg zu einer reichen Frau.

In der langen Regierungszeit des Herzogs Eberhard Ludwig finden sich entsprechend dem Zug der Zeit viele Versuche einer staatlich gelenkten Wirtschaft. Ein leitendes Organ wurde unter dem Namen ›Commercienrath‹ geschaffen. Die ins Auge gefaßten Pläne betrafen unter anderen die Schiffbarmachung des Neckars, die Errichtung einer Tuchmanufaktur, die Förderung der Leinenerzeugung und die Einrichtung einer eigenen Postverwaltung. Der Leiter der herzoglichen Rentkammer wurde beauftragt, die Satzung der neuen Körperschaft aufzustellen. Als diese ins Leben trat, blieben jedoch die für die landständischen Vertreter bestimmten Sitze leer. Die Landschaft war zwar merkantilistischen Versuchen nicht abgeneigt, lehnte es jedoch ab, den Herzog bei wirtschaftlichen Unternehmungen zu unterstützen, die zu einem Staatsmonopol führen konnten. So schlief der Commercienrath nach hoffnungsvollen Anfängen wieder ein. Abgesehen von dem kostspieligen Luxus einer Paradetruppe beschäftigte sich Eberhard Ludwig auch mit einer Reform des Heerwesens. Das Verdienst, die Stände endlich von der Notwendigkeit stehender militärischer Verbände überzeugt zu haben, gebührt einem Theologen. Johannes Osiander konnte eben alles und bestätigte die alte Erfahrung, daß der württembergische ›Stiftler‹ zur Lösung jeglicher Aufgabe, auf welchem Gebiet auch immer, befähigt ist. Der Stiftler war und ist – für den, der dies noch nicht weiß, sei es gesagt – der im Tübinger Stift erzogene württembergische Theologe. Osiander war Prälat von Hirsau und als solcher Mitglied des größeren, dann des engeren Landschaftsausschusses, aber er verwandte seinen großen Einfluß selten im Sinne der Forderungen und Wünsche der Landschaft. Bitten und Tränen, so belehrte der Herr Prälat die ehrbaren Landboten, seien ihre einzige Waffe gegenüber dem Landesherrn, auf den freilich solche Mittel keinen Eindruck machten. 1699 berief Eberhard Ludwig seinen ersten und letzten Landtag. So ist es gar nicht verwunderlich, daß Prälat Osiander auch noch den Titel eines Geheimen Rats führte und das Kriegsamt leitete. Die politische Entwicklung hatte dazu geführt, daß nirgendwo mehr die Notwendigkeit stehender Heere bestritten wurde, aber es bedurfte nicht nur der Einsicht und der Überzeugungskraft, sondern auch eines besonderen Geschicks, um in die harten Köpfe württembergischer, landständischer Vertreter einen Gedanken hineinzubringen, den ihre Väter und Großväter jahrhundertelang abgelehnt hatten. Überhaupt will es scheinen, daß in Osiander wohl ein Entlastungszeuge in dem Verfahren gegen

Eberhard Ludwig gesehen werden kann. Osiander stand fünfundzwanzig Jahre im herzoglichen Dienst, er war ein Mann nicht nur von außerordentlichen Fähigkeiten, sondern auch von erprobtem Charakter, nie wankender Rechtlichkeit und unbezweifelter Integrität. Und er sollte nicht gewußt haben, wem er diente? In derselben Eigenschaft könnte man auch noch den Philosophen Georg Bernhard Bilfinger heranziehen. Er war geborener Württemberger, Mathematiker, Lehrer Leibnizscher Philosophie, von der Pariser Akademie preisgekrönt, nach St. Petersburg berufen. Eberhard Ludwig hatte ihn damals ungern ziehen lassen, rief dann den weitberühmten Gelehrten in die Heimat zurück an die Stätte, wo Bilfinger erzogen und auch als Repetent vor seiner Fahrt in die große Welt gewirkt hatte, in das Tübinger Stift als dessen Vorstand und Professor der Theologie. Die Theologen galten als die wichtigsten Männer des Herzogtums, und das Stift war ihre Nährmutter. „Sage mir, mit wem du umgehst, und ich will dir sagen, wer du bist", das gilt wohl auch für Fürsten. Man hat oft gesagt, nur auswärtige Kreaturen hätten dem Herzog Eberhard Ludwig gedient, kein Württemberger habe sich bereit gefunden, sein Brot zu essen. Das stimmt nicht.

Noch einen Zeugen rufen wir auf: sprechen doch auch die Steine für diesen Herzog, der mit seinem Schloß Ludwigsburg so trefflich im Guten wie im Bösen, mit all seinen vielen Fehlern, aber auch mit einigen Vorzügen in das galante Zeitalter paßt. Aber Mißgunst und üble Nachrede wollten nicht einmal diesen Bau als geistiges Eigentum Eberhard Ludwigs gelten lassen. Das Fräulein von Grävenitz habe das Schloß geplant, weil ihr der Aufenthalt in Stuttgart durch die Anwesenheit der herzoglichen Gemahlin verleidet gewesen sei. Daran ist aber nichts Wahres. Als der Herzog seine spätere Geliebte noch gar nicht kannte, spielte er schon mit dem Gedanken, auf dem Fleck Erde, den er liebte, ein Schloß zu errichten, als Ausdruck seines künstlerischen Willens und seiner Fürstenherrlichkeit. Aus den Bauakten wissen wir, wie er gegen Schwierigkeiten aller Art und ewige Geldnot für die Verwirklichung seines Traumes gekämpft hat. Eine Künstlerseele muß doch wohl in diesem Bauherrn gelebt haben. Das hat auch sein Vetter, Friedrich August von der Linie Württemberg-Neustadt, gewußt, als er ihm seine kostbare Bücherei und seine Kunst- und Münzensammlung letztwillig vermachte. Das Lob, das wir heute so freigebig anderen fürstlichen Bauherren jener Zeit spenden, dem Prinzen Eugen, den Wittelsbachern am Rhein, den Schönborns, sollte dem Erbauer des Ludwigsburger Schlosses nicht vorenthalten werden. Aber selbst gesetzt den Fall, dieses Juwel barocker Baukunst wäre nicht mehr als die Laune eines fürstlichen Verschwenders gewesen, bliebe immer noch sein großer volkswirtschaftlicher Nutzen. Der Bau des Schlosses und die Gründung der Stadt hatte segensreiche Folgen: Künstler fanden ihren Gönner, Tausende von Menschen Brot und Arbeit, der Straßenbau hob den Verkehr. Diese Millionen, mögen sie gekommen sein, woher sie wollten, waren nutzbringend angelegt und sind es jetzt noch, da die Stadt Ludwigsburg ihre Lebensberechtigung längst bewiesen hat. Bis zum heutigen Tag ist ihr Erbe ›Blühendes Barock‹.

Es ist gar nicht so verwunderlich, daß die damaligen Württemberger den Herzog liebten und voll Stolz auf ihren Landesherrn sahen, der so prächtige Soldaten hatte, und eine Hofhaltung führte, um die ihn Kaiser und Könige beneideten.

Anzumerken ist in diesem Zusammenhang noch, daß die Kunst des Barock im Herzogtum Württemberg nur am landesherrlichen Hof auf Verständnis und Widerhall stieß. Der Ehrbarkeit fehlte der künstlerische Fühler, und dem schwäbischen Pietismus in seiner württembergischen Prägung war Ludwigsburg und alles, was mit dieser Schöpfung Eberhard Ludwigs zusammenhing, ein Greuel und Spuck des Teufels.

Herzog KARL ALEXANDER (geboren 1684) folgte seinem Vetter Eberhard Ludwig in der Regierung; am 27. Januar 1734 nahm er in Stuttgart die Huldigung der Stände entgegen. Beider Großvater war Herzog Eberhard III. gewesen. Seinen Vater, den Herzog-Administrator Friedrich Karl, kennen wir; seine Mutter war Eleonore Juliane von Brandenburg-Ansbach. Zunächst war Karl Alexander kein Thronanwärter, denn ein Sohn, Friedrich Ludwig (1698–1731), und ein Enkel, Eberhard Friedrich († 1728), schienen dem regierenden Herzog nach menschlichem Ermessen die direkte Thronfolge zu sichern; es kam jedoch anders. Eberhard Ludwig überlebte beide und starb ohne männliche Erben am 31. Oktober 1733.

Karl Alexander ist der dritte der württembergischen Herzöge, die – eine Ironie der Geschichte – das seltsame Los traf, in die Annalen des Landes als schwankende Charaktere beeinflußt von bösen Ratgebern einzugehen, obwohl sie als entschiedene Vertreter des fürstlichen Absolutismus, politisch gesehen, die kraftvollsten Herrscher des Hauses Württemberg gewesen sind. Psychologisch läßt sich die Entstehung dieser Legenden wohl erklären. Vom ›Alten Recht‹ ging in Württemberg zu allen Zeiten eine starke, gefühlsmäßige Wirkung aus, die Ehrbarkeit machte es zur Grundlage ihres Machtanspruchs; schon der Verdacht, es anzutasten, hatte den Vorwurf eines vollzogenen Verfassungsbruchs zur Folge. Die Masse des Volkes, dem Herzogshaus treu ergeben, aber politisch ungeschult, war nicht in der Lage, das Urteil der Ehrbarkeit zu widerlegen, aber auch nicht bereit, die Schuld des Fürsten anzuerkennen. Dem Herrn vergab man, der Diener wurde als Sündenbock in die Wüste geschickt. Die Ehrbarkeit, zufrieden, ein Opfer ihres Zorns und ihrer Rache gefunden zu haben, stimmte zu. Daß der Kanzler Ambrosius Volland zum bösen Geist des Herzogs Ulrich gemacht wurde, ist nicht einer Eingebung der schriftstellerischen Phantasie Wilhelm Hauffs zuzuschreiben, sondern der zeitgenössischen Legende. Der Geheime Rat Matthäus Enzlin wurde für Taten aufs Schafott geschickt, die Herzog Friedrich sicherlich ohne weiteres verantwortet hätte. Josef Süß Oppenheimer starb am Galgen als Opfer einer wütenden Judenfeindschaft, die das gewiß nicht kleine Sündenregister des Geheimen Finanzienrats ins maßlose verzerrte und selbst vor einem Justizmord nicht zurückschreckte. Sein Gefühl für Gerechtigkeit und fürstliche Würde hätte es Herzog Karl Alexander nie erlaubt, sich um seines Rufes willen hinter einem seiner Diener zu verstecken. Durch Quellenforschung und Aktenstudium sind wir heute in der Lage, die Dinge sachlicher und unbefangener darzustellen als frühere Generationen, die nur über Chroniken verfügten, die für die Ehrbarkeit geschrieben waren.

Der erst dreizehnjährige Karl Alexander tat Dienst während des Reichskrieges gegen Frankreich am Rhein im Stabe des Markgrafen Ludwig Wilhelm von Baden, dessen Stellvertreter des Prinzen Vater war. 1699 kam der junge Prinz zum erstenmal nach Wien, wo er bald die Aufmerksamkeit des Prinzen Eugen erregte. Seine erfolgreiche Laufbahn verdankte Karl Alexander seinen militärischen Fähigkeiten, seine fürstliche Abkunft verbürgte ihm keine Vorteile, denn junge deutsche Prinzen, die im kaiserlichen Heer ein Unterkommen suchten, gab es damals genug. Wir finden ihn während des spanischen Erbfolgekrieges meist in einem der vom Prinzen Eugen geführten Heere auf allen europäischen Kriegsschauplätzen. Am Schellenberg bei Donauwörth im Sommer 1704 wurde Karl Alexander ernsthaft verletzt, ein Jahr später in Oberitalien erhielt er eine Wunde am Fuß, die ihm lebenslang Beschwerden machte. Er zog mit dem kaiserlichen Heer nach Toulon, dann führte den rasch zu höheren Stellen aufrückenden Offizier sein Weg in die Niederlande. Im Sommer 1712 kämpften die beiden württembergischen Vettern Eberhard Ludwig und Karl Alexander Seite an Seite am Rhein. Wieder ein Jahr später war Karl Alexander Kommandant der Festung Landau, die er rühmlich verteidigte, freilich ohne die Übergabe des Platzes an die Franzosen hindern zu können. Die besondere Anerkennung seines Oberfeldherrn findet der mit dreiunddreißig Jahren zum Feldmarschall ernannte Herzog in dem Feldzug gegen die Türken (1716–1718). Nach dem Friedensschluß von Passarowitz erhält er auf Fürsprache des Prinzen Eugen die Stellung eines kommandierenden Generals und Präses der Landesverteidigung in Serbien, wird zum kaiserlichen Rat ernannt und leitet von nun an dreizehn Jahre lang bis zu seinem Regierungsantritt in Württemberg die militärische und zivile Verwaltung des eroberten Landes.

Wien und Eugen von Savoyen, sein Idealbild als Mensch, Staatsmann und Soldat, bestimmten Wesen und Schicksal des württembergischen Prinzen. In der Kaiserstadt schloß Karl Alexander mit dem Grafen Friedrich Karl von Schönborn eine lebenslange Freundschaft. Dieser war ein Neffe des Reichserzkanzlers und Kurfürsten von Mainz, des Grafen Lothar Franz von Schönborn, und jahrelang als Reichserzvizekanzler dessen Vertreter am Kaiserhof. Die Stellung des Reichsoberhauptes in Deutschland zu stärken, ohne sich für die Belange der habsburgischen Hausmacht in Neapel und Sizilien einspannen zu lassen, war das große Anliegen der Reichspatrioten, die sich als ›Deutsche Partei‹ um den Prinzen Eugen scharten. Konfessionell tolerant lehnte dieser Kreis eine Einmischung des römischen Stuhls in deutsche Verhältnisse ab. Schönborn war politisch begabt, aufgeschlossen für Kunst und Wissenschaft und vereinigte in sich den vollendeten Weltmann mit dem überzeugten Sohn der katholischen Kirche. Ein Mann also, zu dem der um zehn Jahre jüngere Freund sehr wohl als Vorbild aufsehen konnte. Trotz der langen Kriegsjahre war Wien damals in der Blüte des österreichischen Barock eine bezaubernde Stadt. Der Vergleich zwischen der heimatlichen, starr protestantischen Lehre und dem weltoffenen, toleranten katholischen Glauben, wie er ihn in Wien kennenlernte, mag Karl Alexander den Übertritt nahegelegt haben. Schönborn gab den Ausschlag; Proselyten zu machen, war seine Sache nicht, aber wer freiwillig und aus eigener Überzeugung kam, sollte willkommen sein. Vetter Eberhard Ludwig warnte dringend, die Mutter war über die Absicht ihres ältesten Sohnes aufs tiefste bekümmert. Karl Alexander blieb jedoch bei seinem Entschluß. Der Übertritt wurde am 21. Oktober 1712 in der Kapelle der Hofburg in Anwesenheit des Kaisers vollzogen. In der Heimat forschte man nach den Beweggründen dieses Entschlusses überall, nur nicht in der religiösen Überzeugung. Trotzdem sind sie hier zu finden. Selbstsucht oder Eigennutz sind dem Herzog nicht nachzuweisen. Das protestantische Bekenntnis war zu jener Zeit, wie andere Laufbahnen beweisen, in der kaiserlichen Armee keine Belastung. Heiratsabsichten, die an seinem kirchlichen Glauben hätten scheitern können, hatte Karl Alexander damals nicht; er heiratete erst fünfzehn Jahre später. Geldliche Vorteile brachte ihm sein Übertritt auch nicht. Warum sollte man nicht dem Wort des Herzogs trauen, der immer betonte, sein Glaubenswechsel sei aus innerer Überzeugung geschehen?

Als kaiserlicher Statthalter in Belgrad zeigte sich Karl Alexander auf der Höhe seiner Aufgabe; er arbeitete am Wiederaufbau Serbiens großzügig und geschickt; die orthodoxe Kirche wurde geschont, ja sogar gefördert, aber auch die römisch-katholische Religionsübung erhielt volle Freiheit. Der zivilen Verwaltung nahm der eigenwillige und selbstherrliche Herzog die Zügel aus der Hand, was die Beamten dem Soldaten nicht wenig verübelten. Vorwürfe mangelnder Menschenkenntnis, die auch später gegen Karl Alexander auftauchten, sind wohl aus diesem Ressentiment zu erklären. Aus seinen wirtschaftlichen Anordnungen schaut der Merkantilist. Die staatliche Förderung des Handels und Verkehrs war in dem vom Krieg schwer mitgenommenen und wirtschaftlich wenig entwickelten Land selbstverständlich. Soldatische Tugenden zeichneten den Herzog aus, er war offen, zuverlässig und seinen Freunden treu, im übrigen war er ein echter Sohn des Barock: leidenschaftlicher Jäger, Sammler kostbarer Steine, den Freuden des Lebens zugetan. Frauen gegenüber fehlte ihm der asketische Zug, der sein großes Vorbild auszeichnete. Persönlich wie amtlich war er ein genauer Rechner; für sich selbst hatte er vor seinem Regierungsantritt nie über große Mittel verfügt. Prinz Eugen hatte seine Ernennung zum Statthalter in Serbien unter anderem auch damit befürwortet, daß dem verdienten Offizier finanziell etwas geholfen werden solle.

In Württemberg sahen Geistlichkeit und Landschaft dem etwaigen

Thronanwärter mit großem Mißtrauen entgegen. Schon 1725, zu einer Zeit also, wo die direkte Erbfolge im Herzogshaus noch durchaus möglich, ja wahrscheinlich war, veranlaßte Eberhard Ludwig seinen Vetter zur Ausstellung einer feierlichen Erklärung, daß er, Karl Alexander, bei einer etwaigen Regierungsübernahme die kirchliche Verfassung in Württemberg unangetastet lassen werde. Später, und auch noch als Landesherr, hat er solche Zusicherungen noch mehrfach abgegeben und sie offenbar auch durchaus ernst gemeint. Auch in seinen politischen Zugeständnissen war er der Landschaft gegenüber großzügig. Jedenfalls ging keiner seiner Vorgänger in der Anerkennung des Alten Rechts so weit wie Karl Alexander in seiner Bestätigung der württembergischen Landes- und Kirchenverfassung, den sogenannten Reversalien vom 17. Dezember 1733. Dies ist um so bemerkenswerter, als Karl Alexander erfahren hatte, daß die Landstände in Mißachtung seines Erbrechts noch während seines Aufenthalts in Serbien mit dem zweitgeborenen, protestantischen Prinzen, Heinrich Friedrich, über die Thronfolge verhandelt hatten. Auf Vorhalt seines älteren Bruders lehnte dieser das landständische Angebot ab, aber offenbar waren die Verhandlungen schon recht weit gediehen. Denn als Heinrich Friedrich kurz nach dem Regierungsantritt Karl Alexanders starb, hetzte der landständische Ausschuß auf die Todesnachricht hin zwei reitende Bevollmächtigte nach Neustadt, um dort aus dem Nachlaß des verstorbenen Prinzen alle die Landschaft kompromittierenden Schriftstücke zu entnehmen und zu verbrennen. Dem neuen Landesherrn blieb es auch nicht lange verborgen, daß es den Landständen nicht so sehr um die kirchliche Verfassung ging, als um ihre Freiheiten, und in erster Linie um die Verfügung über die Einkünfte des Kirchenguts, des sogenannten Kirchenkastens, der ergiebigsten Geldquelle des Landes. Daß sich unter solchen Umständen die Haltung des Herzogs gegenüber den Landständen versteifte, ist verständlich.

Im polnischen Thronfolgekrieg (1733–1735) kämpfte ein kaiserliches Heer unter Führung des Prinzen Eugen von Savoyen am Oberrhein, ohne Ruhm zu ernten. Bei der schwankenden Kriegslage war Karl Alexander für den Kaiser eine große Stütze. Dem württembergischen Herzog war es seiner ganzen Vergangenheit nach eine Selbstverständlichkeit, mit allen ihm zur Verfügung stehenden Kräften für die kaiserliche Sache, die sich hier mit den Belangen des Reiches deckte, einzutreten. Daß er damit auf den heftigsten Widerstand seiner Landstände stoßen würde, mußte ihm klar sein. Wie man die finanzielle und wirtschaftliche Kraft eines Landes ausnützen konnte, hatte der Herzog in Serbien gelernt. Hier konnte nur straffe Organisation und rücksichtsloser Zugriff helfen. Eine brauchbare Kraft auf finanziellem Gebiet glaubte er in seinem Frankfurter Agenten Josef Süß Oppenheimer zu haben. Ihn berief er deshalb nach Stuttgart mit dem Auftrag, die württembergischen Finanzen zu verbessern und die Wirtschaft des Landes durch staatliche Lenkung zu heben.

Süß Oppenheimer war nun keineswegs, wie die württembergische Legende es will, der allmächtige Mann im Lande und seines Herzogs böser Geist, sondern eben ein Hoffaktor oder Hofbankier, wie es ihn an jedem deutschen, geistlichen oder weltlichen Fürstenhof gab. Dessen Aufgabe war es, auf dem Kreditwege für die Staats- und Hofbedürfnisse flüssige Mittel zu beschaffen, wenn infolge der häufigen kriegerischen Wirren jener Zeit die Steuern und andere Einkünfte schleppend oder gar nicht eingingen. Die hierfür benötigten Kapitalien befanden sich in der Hand jüdischer Finanzleute. Neben den Geschäften, die Süß im Auftrag des württembergischen Herzogs betrieb, war er auch als kurkölnischer Heereslieferant tätig und als solcher hat er aller Wahrscheinlichkeit nach den größeren Teil seines sagenhaften Reichtums erworben. Einen weitgehenden Einfluß auf die politische Leitung des Herzogtums Württemberg, den man ihm zuschrieb, hatte er in Wirklichkeit nie. Er war immer nur ein Werkzeug in der Hand des Herzogs, der sich vermutlich leichten Herzens von ihm getrennt hätte, wäre seine Entlassung nicht als eine Schwäche gegenüber der Landschaft erschienen. Noch eine andere Legende ist hier zu zerstören. Die Stimmen, die sich damals schon und später zur Verteidigung von Süß Oppenheimer erhoben, wiesen immer darauf hin, daß der Hofbankier beim Beginn seiner Tätigkeit die Landes- und Finanzverwaltung in einem völlig zerrütteten Zustand angetroffen habe. Davon kann nicht die Rede sein. Die in den Archiven aufbewahrten Belege zeugen von einer durchaus geordneten Rechnungsführung der Ämter, der Zentralkasse, der Rentkammer und des Kirchenkastens. Aus zahlreichen Rechnungsinstruktionen und Generalreskripten geht hervor, mit welcher Sorgfalt die Regierung ihrer Aufsichtspflicht nachgekommen war. Es ist der Erwähnung wert, daß die Verwaltung Karl Alexanders so sparsam wirtschaftete, daß sie in vier Jahren bei einer eigenen Schuldaufnahme von etwas mehr als hunderttausend Gulden Verbindlichkeiten des Herzogs Eberhard Ludwig in fast der doppelten Höhe ablöste. Auch in der staatlichen Verwaltung ist das Bild nicht anders. Als Eberhard Ludwig 1723 nach dem Tode des Grafen Leopold Eberhard von Mömpelgard, der der letzte seiner Linie und ein höchst unwürdiges Glied des Hauses Württemberg war, die Grafschaft übernahm, erwies sich, daß diese Erbschaft infolge völliger Mißwirtschaft des verstorbenen Grafen politisch und wirtschaftlich ein recht zweifelhafter Zuwachs für das Herzogtum war. Als jedoch zehn Jahre später Karl Alexander an die Regierung kam, war Mömpelgard ein wohlgeordneter Teil des herzoglichen Besitzes, und die Abteilung Mömpelgard der Stuttgarter Verwaltung konnte als musterhafte Behörde gelten.

Um die Person von Josef Süß Oppenheimer hat sich ein solches Gestrüpp von Legenden geschlungen, daß man einen klaren Überblick über seine Geschäfte nicht gewinnen kann. Von einigen jedoch können wir uns ein Bild machen. Da ist der berüchtigte Münzkontrakt zwischen dem Herzog und Süß vom Jahr 1734. Die Münzausprägung versprach glänzende Gewinne, so daß Karl Alexander, geschäftstüchtig wie er war, sie auf Anraten seines Hoffaktors trotz des reichsrechtlichen Verbots als willkommene Einnahme für sich ausnützen wollte. Süß erhielt also von der Zentralkasse, die zunächst protestierte, sich dann aber fügte, ein unverzinsliches Darlehen von 75 000 Gulden gegen die Verpflichtung, an die Münzverwaltung in jeder Woche 100 Mark Gold und 600 Mark Silber (die Mark als Gewichtsmaß) zur Ausprägung abzuliefern. Dieses Darlehen beschaffte die Zentralkasse ihrerseits bei verschiedenen Handelshäusern, verzinste es pünktlich und zahlte es auch planmäßig zurück. Durch die guten Beziehungen des Hoffaktors kamen nun von niederländischen, Frankfurter und Augsburger Geldleuten Gold und Silber in Barren zur Stuttgarter Münze und wurden von dort in neu ausgeprägten Stücken bezahlt. Der Gesamtumsatz betrug in fünfzehn Monaten – solang bestand der Kontrakt – zehn Millionen Gulden. Die aus Wien kommenden Rechtsverwarnungen wurden in Stuttgart überhört. Zunächst ging alles gut. Da man aber auch anderswo, in Bayern, der Pfalz, Kurköln und Darmstadt, an dem schönen Geschäft Gefallen fand, stieg die Nachfrage nach Edelmetall gewaltig, und der Wert der Goldeinheit schnellte von 295 auf 305 Gulden. Damit wurde die Sache unlohnend, und Süß bat den Herzog, den Kontrakt aufzuheben. Dieser aber dachte nicht daran, dem Wunsch zu entsprechen. Der Hoffaktor hatte am Herzog genug verdient, mochte er jetzt ruhig etwas von seinem Gewinn einbüßen. Karl Alexander mußte aber schließlich doch nachgeben, als die schlecht ausgeprägten Münzen zu ihrem Ursprungsort zurückkamen. Trotzdem war für die Münzverwaltung das Geschäft nicht schlecht gewesen. Die Gebühren, die sie für die Ausprägung einzog, beliefen sich wie geplant auf 55 000 Gulden. Das war eine beträchtliche Summe, aber schließlich doch nicht mehr als zehn vom Hundert der ordentlichen Einnahmen der Landesfinanzverwaltung in zwei Jahren. Wieviel Süß an diesem Geschäft verdient hat, steht natürlich nicht in den Abrechnungen der staatlichen Finanzverwaltung und kam erst bei seinem Prozeß zur Sprache. Alles in allem war der Münzkontrakt ein etwas anrüchiges Unternehmen, aber das, was sich der Herzog und sein Hoffaktor hierbei an Münzverschlechterung geleistet haben, verblaßt gegenüber dem, was andere Fürsten, insbesondere Friedrich II. von Preußen, auf diesem Gebiet noch für erlaubt hielten.

So sehr Süß bemüht war, den Herzog durch die Lieferung der geliebten kostbaren Steine bei guter Laune zu halten, konnte er doch nicht hindern, daß Karl Alexander ihn, um den Günstling seine Abhängigkeit fühlen zu lassen, bei manchem lohnenden Geschäft überging. Das war besonders bei der Verwertung der Hausjuwelen der Fall. Dieser Kronschatz war während der ganzen Regierungszeit Eberhard Ludwigs für Darlehen verpfändet gewesen. Karl Alexander schien dies eine ganz unzweckmäßige Verwendung eines so großen Wertes zu sein, er löste deshalb den Schatz ein, ließ die Steine ausbrechen, behielt einen Teil lose für sich, verkaufte den Rest, während die unzeitgemäßen Goldfassungen in der Münze eingeschmolzen wurden. Für den Vermittler war das sicherlich eine gute Sache, aber Süß hatte das Nachsehen. Von den zahllosen Plänen, die Süß im Auftrag des Herzogs für eine staatlich gelenkte Wirtschaft in übertriebener Geschäftigkeit ausarbeitete, kamen nur wenige zur Ausführung, und auch diese hatten ein kurzes Leben. Das Gratialamt und das Fiskalatsamt waren zwei Erfindungen des Hoffaktors. Das erste erzielte aus den Sporteln, die für die Gnadensachen des Herzogs erhoben wurden, hohe Erträge, die in die herzogliche Privatschatulle flossen, während die vom Fiskalatsamt eingezogenen Konfiskations- und Strafgelder ebenfalls in beträchtlicher Höhe der Zentralkasse überwiesen wurden.

Mit welchen Übergriffen und Mißbräuchen Süß Oppenheimer sich beim Volk verhaßt machte, zeigt ein Vorgang, der in den Büchern der Uracher Leinwandhandelskompagnie festgehalten ist. Gegen diese Gesellschaft wurde beim Fiskalatsamt eine Anzeige wegen Unterschlagung von Zoll und Akzise erstattet. Die Untersuchung verlief ergebnislos. Daraufhin wurde auf anderem Weg gegen die Besitzer vorgegangen. Sie hatten die bisher im herzoglichen Besitz befindliche Bleiche von der Rentkammer rechtmäßig unter dem Vorbehalt des Rückkaufs erworben. Nun hieß es plötzlich, die Bleichsozietät habe übermäßige Gewinne erzielt. Diesen Vorwurf zu entkräften war schwierig, denn was heißt ›übermäßig‹? Unter den stärksten Druck gesetzt, erklärten sich die rechtmäßigen Besitzer bereit, die Bleiche kostenlos der Rentkammer zurückzugeben, die dann umgehend mit ihnen einen zwanzigjährigen Pachtvertrag abschloß! Außerdem bezahlte die Gesellschaft eine ›freiwillige‹ Buße und machte zudem noch dem Stuttgarter Waisenhaus eine Stiftung von hundert Gulden. Auch der Herr Kabinettsfiskal (ein weiterer Titel Süß Oppenheimers) erhielt zum Dank für die wohlwollende Behandlung des Falles ein Geschenk von einigen hundert Gulden und dazu kostenlos zwei Stück feinster Leinwand nebst einer Bescheinigung über die Bezahlung dieser Ware!! Es ist fast überflüssig zu sagen, daß das Fiskalatsamt nur vollwertige Münze annahm, während Süß Oppenheimer und die Staatskassen nur mit dem minderwertigen Alexander-d'or zahlten.

Über all diesen Sünden darf aber die wirkliche Leistung von Süß Oppenheimer nicht vergessen werden. Wenn die Einnahmen der Zentralkasse aus den Überschüssen der Ämter, Güter und Forsten und der staatlichen Wirtschaftsbetriebe in vier Jahren von 138 000 auf 299 000 Gulden und im Todesjahr des Herzogs sogar auf 320 000 Gulden stiegen, so war dies, mindestens teilweise, dem Hoffaktor zu verdanken, der die straffere Verwaltungsorganisation, eine schnellere Ablieferung der vorhandenen Gelder an die Zentralkasse und die bessere Auswertung der Staatsbetriebe durchgesetzt hatte.

Zusammengenommen wird man dem Urteil aus berufener Feder (Karl Otto Müller in »Württembergische Vierteljahrshefte für Landesgeschichte«, 1932) nicht widersprechen dürfen: „Man kann in diesem Zeitraum (der Regierungszeit des Herzogs Karl Alexander) weder von ungeordneter Schuldenwirtschaft noch von unübersichtlicher Rechnungsführung, geschweige denn von heilloser Unordnung im Rechnungswesen des Landes überhaupt sprechen." An anderer Stelle heißt es: „alles in allem läßt sich sagen, daß die Hofhaltung des Herzogs Karl Alexander zwar der Tradition gemäß prunkvoll, aber nicht wie zeitweise unter Herzog Eberhard Ludwig und später unter Herzog Karl Eugen übertrieben war und über die Finanzlage des Landes und die Vermögensverhältnisse des Fürsten hinausging".

Politisch hatte Karl Alexander eindeutig die Partei des Kaisers gewählt, während sein Vorgänger mit Rücksicht auf das 1723 wieder in das Herzogtum eingegliederte Mömpelgard auf gute Beziehungen zu Frankreich bedacht war. Viele protestantische Reichsstände, aber auch Bayern und Kurköln, blieben im polnischen Thronfolgekrieg neutral, mit anderen Worten, sie waren franzosenfreundlich. Eine Haltung, zu der bekanntlich auch der preußische Kronprinz, spätere König Friedrich II. im Gegensatz zu seinem Vater Friedrich Wilhelm I., neigte. Der württembergische Herzog hatte Gelegenheit, die Auffassung des jungen Prinzen aus dessen eigenem Munde im Hauptquartier des Prinzen Eugen am Rhein zu hören und wird vermutlich nicht gezögert haben, seine Überzeugung nachdrücklich zu vertreten, daß eine starke französische Stellung in Polen, an der Ostgrenze Deutschlands, eine dauernde Gefahr für das Reich bedeute.

Daß bei dem für Österreich unerfreulichen Ausgang des Krieges Karl Alexander in der Aufrechterhaltung eines stehenden Heeres eine Staatsnotwendigkeit sah, war begreiflich, andererseits konnte über die gegenteilige Auffassung der Landschaft auch kein Zweifel sein. Der Konflikt verschärfte sich noch, als der Verdacht immer mehr um sich griff, der Herzog plane einen Staatsstreich, einmal zur Abschaffung des Alten Rechts, das heißt des Tübinger Vertrags, zum anderen, um das Land katholisch zu machen. Wohl hatte Karl Alexander einmal, sehr verärgert über die dauernden Hinweise der Landschaft auf das Alte Recht den Ständen erwidert, was bei dem Abschluß des Tübinger Vertrags gut und nützlich gewesen sei, brauche es in der jetzigen Zeit nicht auch zu sein. Es spricht aber nichts dafür, daß er im Ernst an mehr als eine von der üblichen Norm abweichende Auslegung der einen oder anderen Bestimmung gedacht hat. Noch weniger Berechtigung hatte der auf die konfessionellen Verhältnisse zielende Verdacht. Nach allen vorhandenen Unterlagen wollte Karl Alexander für sich, seine Familie und seine nächste Umgebung freie Religionsübung, mehr nicht. Auch die innere Wahrscheinlichkeit spricht durchaus gegen Pläne einer gewaltsamen Änderung der Kirchenverfassung. Die Einführung der katholischen Religion in Württemberg wäre ein Verstoß gegen die Bestimmungen des Westfälischen Friedens gewesen, dessen Garanten bekanntlich auch zwei fremde Großmächte waren: Frankreich und Schweden. Frankreich hätte sich die Gelegenheit, in Süddeutschland mit einem Schein des Rechts Unruhe zu stiften, nicht entgehen lassen. Aber auch die Reichsexekution wäre dem Herzog sicher gewesen, ohne daß der Kaiser ihn davor hätte schützen können. Dies alles wußte Karl Alexander, und hätte er es je vergessen, würde ihn der Bischof von Würzburg, sein Jugendfreund, Graf Schönborn, daran erinnert haben. Der kluge Diplomat hätte den im Zorn rasch aufbrausenden Soldaten an einem so unheilvollen Entschluß gehindert, immer vorausgesetzt, dieser wäre dazu fähig gewesen.

Aber ehe es zum offenen Konflikt kam, starb, für seine Umgebung ganz unerwartet, Karl Alexander, an einem Schlaganfall im Schloß zu Ludwigsburg. Als der Herzog vier Jahre zuvor die Regierung übernahm, schien er ein Mann auf der Höhe seines Lebens zu sein. Der Schein war trügerisch. Er war wohl damals schon nicht mehr gesund. Die Strapazen so vieler Feldzüge, die schweren Verwundungen zehrten an den Kräften seines Körpers. Für den Tag nach seinem Tod war die Abreise nach Danzig festgesetzt, wo der Herzog einen ihm empfohlenen Arzt aufsuchen wollte. Daß ihm der Gedanke an den Tod nicht fern lag, kann man aus dem Testament schließen, das er eingehend mit dem Bischof von Würzburg besprochen und wenige Tage vor seinem Tod unterzeichnet hatte. Der Aberglaube im Volk wollte wissen, der Herzog sei keines natürlichen Todes gestorben, es habe vielmehr der Teufel ihn zur Strafe für seinen Abfall vom alten Glauben bei lebendigem Leib geholt. Die Soldaten dachten anders, sie kamen zu Tausenden nach Ludwigsburg, um ihrem Feldherrn die letzte Ehre zu erweisen.

Karl Alexander hinterließ eine Witwe, eine Tochter und drei Söhne. Im Jahre 1727 hatte er die Ehe mit Maria Augusta, Prinzessin von Thurn und Taxis, geschlossen. Die Herzogin hatte einen lebhaften Geist und genoß gerne die Freuden des Lebens; Klugheit und Takt, Eigenschaften, die für die schwierige Aufgabe der Erziehung ihrer Kinder nach dem Tode des Gatten förderlich gewesen wären, besaß sie nicht. Auf die Nachricht vom Tode des Herzogs kam eiligst der älteste, volljährige Agnat, der Herzog Karl Rudolf von Württemberg-Neustadt, angereist und machte seinen Anspruch auf die alleinige Vormundschaft geltend. Der siebzigjährige, unverehelichte Fürst hatte eine ruhmvolle militärische Laufbahn hinter sich und galt als Vorbild eines Edelmanns. Zuerst hatte er der Republik Venedig, dann dem dänischen König gedient. Der vergötterte, für kugelsicher gehaltene Führer seiner Soldaten hatte rühmlichen Anteil an den Siegen des Prinzen Eugen und des Herzogs von Marlborough. Feldmarschall des dänischen Königs wie des Kaisers und des Reichs besaß er die höchsten militärischen Ehren, die in Europa zu vergeben waren. Nach dem spanischen Erbfolgekrieg aus gesundheitlichen Gründen in den Ruhestand getreten, lebte er, von der Bevölkerung hoch geehrt, als Grandseigneur und Freund von Kunst und Wissenschaft in Neustadt an der Linde. Jetzt reizte es ihn, nachdem er zwei Jahre zuvor im kaiserlichen Dienst am Rhein gestanden hatte, als Administrator während der Minderjährigkeit des Thronerben sein heimatliches Land zu regieren. Die Voraussetzungen zu diesem schwierigen Amt fehlten ihm. In diesem Hexenkessel widerstreitender Kräfte fand er sich nicht zurecht. Die Zügel der Regierung schleiften am Boden. Wer würde sie ergreifen? Der Administrator ohne eigene Erfahrung, auf seine Räte angewiesen, blieb unschlüssig. Die Vertrauten des verstorbenen Herzogs, Räte wie Offiziere, kämpften ebenso verbissen wie ungeschickt um ihre Stellungen. Die Herzogin suchte Schutz und Hilfe beim Kaiser und dem Bischof von Würzburg, die jedoch weit vom Schuß keinen entscheidenden Einfluß hatten, und fragte jeden, selbst den jüngsten Leutnant bei Hofe, um seinen Rat, um das Gegenteil davon zu tun. Der engere landständische Ausschuß wollte seine alten, ihm vom verstorbenen Herzog bestrittenen Freiheiten möglichst in noch höherem Ausmaße bestätigt erhalten, aber er sann auch auf Rache; zu lange war er kaltgestellt gewesen. In erster Linie griff er sich den verhaßten Juden, um ihm den Prozeß zu machen. Süß Oppenheimer hatte sich völlig gedeckt geglaubt durch das ›Absolutorium‹, eine von Herzog Karl Alexander unterzeichnete Urkunde, die ihren Besitzer von jeder Verantwortung in Finanzfragen und anderen Staatsgeschäften freisprach.

Verhaftet und vor Gericht gestellt, verteidigte sich der Geheime Finanzienrat und Kabinettsfiskal recht gewandt, und es gelang ihm auch, die Anklageschrift in vielen Punkten zu widerlegen. Dieser lag ein Gutachten bei, das von den Münzbeamten und einer eigens für die Untersuchung gegen Süß aufgestellten Kommission ausgearbeitet war. Es macht zwar den Eindruck einer recht flüchtigen Arbeit, beleuchtet aber manche Einzelheit des Süßschen Geschäftsgebarens. Gegenüber des ihm nachgewiesenen Gewinns aus dem Münzkontrakt von 168 000 Gulden konnte der Angeklagte darauf hinweisen, daß bei einem Gesamtumsatz von zehn Millionen Gulden und dem anerkannt hohen Wagnis des Edelmetallgeschäfts einunddreiviertel vom Hundert ein recht bescheidener Gewinn sei. Nach der Herkunft seines ungeheuren Vermögens gefragt, nannte er als dessen Hauptquelle seine Heereslieferungen für den Kurfürsten von Köln. Es konnte ihm auch die Behauptung nicht widerlegt werden, nicht er trage die Schuld für die minderwertige Ausprägung vor der Beendigung des Münzkontraktes, sondern die Münzdeputation und die von dieser bestellten Beamten und Arbeiter, denn er sei nur Lieferant des Edelmetalls gewesen. Auch der Versuch, den Hoffaktor als den Alleinschuldigen hinzustellen, der arglistig den Herzog getäuscht und mißbraucht habe, mußte scheitern, da Karl Alexander der Öffentlichkeit hinreichend als durchaus geschäftstüchtiger Mann, in der Verwaltung bewandert und mit Finanzgeschäften vertraut, bekannt war. Was von der vierfachen Anklage auf Bestechung, Betrug, Majestätsverletzung und Hochverrat als bewiesen übrig blieb, hätte allenfalls für eine Geld- oder Gefängnisstrafe und die Landesverweisung oder eine Vermögenskonfiskation ausgereicht, aber nicht für die Todesstrafe, auf die es den Ständen allein ankam. Der abgrundtiefe Judenhaß deckte schließlich auch noch den Justizmord. Unverständlich dabei ist nur die Haltung des Herzog-Administrators, der diesen Prozeß geschehen ließ, obwohl er doch offenbar in erster Linie ein Schlag gegen das Ansehen des Herzogshauses war.

Josef Süß Oppenheimer wurde in einem eisernen Käfig an den Galgen gehängt, nachdem man ihm in grausiger Ironie zuvor seinen Staatsfrack, auf den er so stolz gewesen war, angezogen hatte. Zu dem Schauspiel, für das die ganze Garnison Stuttgart aufgeboten war, strömten Tausende von Neugierigen herbei. Es war ein Festtag für das Volk. Flugblätter wurden gedruckt und Münzen geschlagen, die die Kunde dieses Paradestücks württembergischer Justiz in alle Welt trugen.

ZEHNTES KAPITEL

DESPOTISMUS UND AUFKLÄRUNG

KARL EUGEN VON WÜRTTEMBERG, der älteste Sohn Karl Alexanders und sein Nachfolger, war beim Tode seines Vaters neun Jahre alt, er lebte fünfundsechzig Jahre, davon fast fünfzig als regierender Herzog. Daß er überdurchschnittlich begabt war, bestätigen für seine Jugend Friedrich der Große, Goethe für sein Alter. Schiller äußerte, als er den Leichenzug Karl Eugens unter den Fenstern seiner Wohnung in Ludwigsburg vorüberziehen sah, mit Tränen in den Augen: „Ach Gott, nun ist er auch dahin – ich habe ihm doch auch vieles zu danken." So erzählt seine Schwester Christophine. Schillers Freund und Altersgenosse, der Ludwigsburger Arzt Friedrich Wilhelm von Hoven, überliefert den Ausspruch des Dichters: „Da ruht er also (dies waren seine eigenen Worte), dieser rastlos tätig gewesene Mann! Er hatte große Fehler als Regent, größere als Mensch; aber die ersteren wurden von seinen großen Eigenschaften weit überwogen, und das Andenken an die letzteren muß mit dem Tod begraben werden." Aus Schiller, der in seiner Jugend von Karl Eugen gefördert wurde, aber auch viel von ihm zu leiden hatte, sprach die ethische Haltung des Humanisten: von Toten soll man nur das Gute berichten; der Historiker aber möchte wissen, wie diese Toten waren. Worin bestanden Karl Eugens große Fehler als Regent und Mensch, und was waren seine großen Eigenschaften?

Rastlos tätig sein? Nach allem, was wir von Karl Eugen wissen, ist er es bis zum Ende seiner Erdentage gewesen. Aber diese Eigenschaft kann nicht uneingeschränkt als Tugend gelten. Tätigkeit ist nicht immer sachliche, selbstlose Arbeit. Als Fürst und Mensch – das muß um der geschichtlichen Wahrheit willen gesagt werden – strebte Karl Eugen weniger nach der Erfüllung seiner Pflichten als nach der Geltung seiner Person. Mit rascher Auffassungsgabe und scharfem Verstand ergriff er alles, was ihm das Leben bot, was er an Kunst und Wissenschaft an seinem Wege fand, aber ihm fehlte der Charakter, der seine guten Gaben und Eigenschaften zusammenfaßte und nutzbar machte, ihm fehlte der Ernst, um nochmals mit Schiller zu sprechen, den keine Mühe bleichet, darum rauschte ihm auch nicht der Wahrheit tief versteckter Born. Er wollte nicht selbstlos der Kunst und der Wissenschaft dienen, sie sollten seiner Person, seiner Herrschaft Glanz und Ruhm verleihen. Sein Leben war ihm ein Spiel, das er genießen wollte. So zerstob wie ein Feuerwerk, was als gesammelte Kraft Licht und Wärme gespendet hätte. Sein Wille war stark, aber wo er in der Sache Widerstand fand, mühte er sich nicht um dessen Überwindung, sondern wandte sich rasch anderen Zielen zu. Wo ihm aufrechte Männer entgegentraten, wurde er brutal.

Sein Kraftgefühl, dem das kleine Land keine Herrscheraufgaben stellte, tobte sich in seiner Jugend in Äußerlichkeiten, großen Festen, Prunkbauten und militärischer Spielerei aus und fand in seinen späteren Mannesjahren ein Wirkungsfeld in der Hohen Karlsschule. Eine imponierende Gestalt und ein königliches Auftreten zeichneten ihn aus, seine Kunst der Menschenbehandlung und seine Leutseligkeit verschafften ihm im Volk große Beliebtheit. Er sonnte sich in seiner Bedeutung und dem Gefühl, den Seinen ein Vater zu sein. Geltungsbedürfnis war die Triebfeder seines ungemessenen Tätigkeitsdrangs. Voll Wohlgefallen sah er sich im Spiegel seiner Eitelkeit in der Rolle, die er sich selbst vorschrieb. Friedrich der Große sagte von Karl Eugen, er sei im Kleinen groß, im Großen klein gewesen.

Während der Regierungszeit des Herzogs Karl Eugen sind in Württemberg hohe und bleibende Werte geschaffen worden. Es war deshalb durchaus berechtigt, daß Freunde der Landesgeschichte zu Beginn unseres Jahrhunderts versuchten, in einem großen Sammelwerk (»Herzog Karl Eugen und seine Zeit« 1905) darzustellen, wie das kleine Land zu einem Mittelpunkt deutscher Kultur wurde. Als Goethe vier Jahre nach Karl Eugens Tod nach Württemberg kam, schrieb er von Tübingen aus am 11. September 1797 an den Herzog Karl August von Weimar: „Es ist sehr interessant zu beobachten, auf welchem Punkt die Künste gegenwärtig in Stuttgart stehen. Herzog Karl, dem man bei seinen Unternehmungen eine gewisse Großheit nicht absprechen kann, wirkte doch nur zur Befriedigung seiner augenblicklichen Leidenschaften und zur Realisierung abwechselnder Phantasien. Indem er aber auf Schein, Repräsentation, Effekt arbeitete, so bedurfte er besonders der Künstler, und indem er nur den niederen Zweck im Auge hatte, mußte er doch die höheren befördern." Das ist es: Herzog Karl Eugen hat, wenn auch unbewußt, die höheren Zwecke gefördert, und dies muß ihm zum Verdienst angerechnet werden. Vieles ist in dieser Zeit im schroffen Gegensatz zum Landesherrn geschehen. Daß die Geister erwachten, ist nicht dem Herzog zu danken. Braucht man in diesem Zusammenhang an Schiller zu erinnern? Aber auch das reiche wissenschaftliche Leben, das in und aus Württemberg in diesen Jahrzehnten erblühte, ist nur zum Teil der herzoglichen Anregung und Fürsorge entsprungen. Nach des Herzogs Willen sollte auch die Wissenschaft seinem höheren Ruhm dienen. Karl Eugen wollte und konnte nicht einsehen, daß diese nur ihren eigenen Gesetzen folgt und sich ihre Ziele nicht von außen her setzen läßt. So ist es kein Wunder, daß gerade die bedeutenden und selbständigen Geister sich seinem Einfluß entzogen und außer Landes gingen.

Bei der Geschichtsschreibung wird dies, um ein Beispiel zu nennen, deutlich. Der Regierungsrat und Archivar Christian Friedrich Sattler durfte sich bei der Abfassung seiner »Geschichte des Herzogtums Württemberg« nicht der Förderung des Landesherrn erfreuen und schloß seine Arbeit mit dem Jahr 1714 ab mit der Begründung, die Tätigkeit des Fräuleins von Grävenitz dürfe er ja doch nicht so erzählen, wie sie sich in Wirklichkeit zugetragen habe. Zwei jüngere Zeitgenossen Sattlers saßen als jugendliche Professoren auf Lehrstühlen der Universität Göttingen. Der eine war Gottlieb Jakob Blank, Theologe und Kirchenhistoriker von Ruf, der andere Ludwig Timotheus Spittler, ein geborener Stuttgarter, als Philosoph. Sie hatten miteinander im Tübinger Stift studiert. Der Dritte im Bunde war damals Jakob Friedrich Abel, der als Professor an der Hohen Karlsschule auf Schillers geistige Entwicklung einen großen Einfluß hatte. Spittler, der mit der Kirchengeschichte begann, wandte sich bald der politischen Historie zu und schrieb unter anderem eine von Geist und kritischer Schärfe funkelnde württembergische Geschichte, die man in ihrer knappen und spritzigen Art heute noch mit Vergnügen liest. Spittler gehörte übrigens zu jenen Württembergern, die nicht von ihrer Heimat loskamen. Wir treffen ihn später als Geheimen Rat und Minister König Friedrichs.

Das Schicksal wollte Karl Eugen wohl: eine lange Friedenszeit segnete das Land unter seiner Regierung. Gustav Rümelin, der kluge Kenner der württembergischen Geschichte, sah deren Ablauf in einem hübschen Bild: „Wenn das Schiff (des Herzogshauses) zwischen Klippen fuhr, war die See ruhig; wenn der Sturm losbrach, waren keine Felsen in der Nähe." Als die französische Revolution und der jugendliche Feldherr Napoleon Bonaparte mit Europa auch unser Land in den Strudel der Geschichte rissen, starb Karl Eugen und überließ anderen das Steuer.

Karl Eugen wurde in Brüssel in dem großelterlichen Palais Thurn und Taxis am 11. Februar 1728 geboren. Der regierende Herzog ließ ihn und seine Geschwister erst 1736 auf dringende Vorstellung des engeren Ausschusses nach Stuttgart kommen. So kam es, daß die fürstlichen Kinder fließend französisch sprachen und schrieben und sich lebenslang gerne in dieser Sprache ausdrückten. In Stuttgart legte sich der Streit, der nach Karl Alexanders Tod zwischen der Herzogin-Witwe, der Landschaft und dem Herzog-Administrator Karl Rudolf im Gang gewesen war, mit dem Rücktritt des letzteren. Nachfolger als ›Vormünder‹ wurde Herzog Karl Friedrich von Württemberg-Oels, ein kluger und umsichtiger Regent. Friedrich August von Hardenberg leitete als Präsident die Rentkammer und hielt die Finanzen in trefflicher Ordnung; im Geheime-Rats-Kollegium hatte der philosophisch-theologisch gebildete Staatsmann Georg Bernhard Bilfinger den maßgebenden Einfluß. Der Herzog-Administrator mag manchesmal innerlich belustigt gewesen sein über die Art, wie die Herzogin-Witwe Maria Augusta mit den Herren des engeren landständischen Ausschusses umzugehen verstand. Wurden diese da, wo es ihrer Eitelkeit wohltat, gestreichelt, öffneten sie ihre sonst eifersüchtig gehütete Kasse und rückten für die lebenslustige Frau recht ansehnliche ›Geschenke‹ heraus. Maria Augusta tafelte dann nach der Sitte der Zeit öffentlich mit den Landboten, und der Bürger hatte seine Freude an der Harmonie, die sonst selten zwischen Herzogshaus und Landschaft herrschte. Geldbedarf hatte die hohe Frau immer, weshalb sie sich später des öfteren mit ihrem Sohn zankte.

Als nach dem Tode Kaiser Karls VI. (1740) König Friedrich von Preußen von Maria Theresia, Königin von Böhmen und Ungarn, Erzherzogin von Österreich, sein schlesisches Erbe mit zweifelhaftem Recht, aber starken Waffen forderte und sich dazu rechtzeitig der französischen Hilfe versicherte, entstand auch für Württemberg, das nun einmal an der Vormarschstraße der französischen und der österreichischen Heere lag, die Gefahr des Krieges. Die württembergische Regierung überlegte sich deshalb, wie der ›Landprinz‹ und seine Brüder aus der Schußlinie zu bringen seien. Dem Administrator schien Berlin ein empfehlenswerter Aufenthalt für seine Mündel. Auch war der Gedanke der Erziehung der katholischen Prinzen an einem protestantischen Hof für das Gemüt des lutherischen Württembergers beruhigend. Die Herzogin wollte gerne tolerant erscheinen und stimmte dem Plan zu, schließlich gab auch der engere Ausschuß nach. Der große Freigeist in Berlin galt gern als Vorkämpfer des Protestantismus, so etwas half ja auch gegen das katholische Wien. Friedrich II. nahm seine Pflicht als Erzieher ernst, bestellte gute Lehrer und tat alles, was für die Bildung und Erziehung eines künftigen Herrschers geschehen kann. Daß er dabei auch seine eigenen politischen Fernziele im Auge hatte, wird man ihm nicht verübeln. Nicht alle Kreise Württembergs waren mit diesem großangelegten Erziehungsversuch einverstanden. Mit der Zeit gewann die Opposition das Ohr der württembergischen Prinzen, die anfänglich mit ihrem Los sehr zufrieden waren, aber dann unter dem Einfluß der heimatlichen Einflüsterungen zurückzukehren begehrten. Als der preußische König sah, daß er seine Pflegebefohlenen nicht länger werde halten können, versuchte er, sich die Herzogin-Mutter und ihren ältesten Sohn dadurch zu verpflichten, daß er Karl Eugen vom Kaiser für volljährig erklären ließ. Trotz der Jugend des Herzogs setzte Friedrich II. dies bei Kaiser Karl VII. unschwer durch, denn dieser, der frühere Kurfürst Karl Albert von Bayern, war ja mit Hilfe des Preußenkönigs (1742) zum Ärger des Hauses Habsburg zu seiner hohen Würde gekommen. Bei seiner Abreise von Berlin erhielt Karl Eugen noch ein Schreiben von König Friedrich; es war ein ›Fürstenspiegel oder Anweisung des Königs für den jungen Herzog Karl Eugen von Württemberg‹, in dem der ältere Fürst dem jüngeren treffliche Ratschläge für dessen Haltung als Mann und Herrscher im Sinne des aufgeklärten Absolutismus gibt. Wenn darin Friedrich seinen ehemaligen Zögling zur Treue für Kaiser und Reich ermahnt, so meint er damit nicht den Herrn aus dem Hause Habsburg, sondern den Wittelsbacher, Karl VII. Daher auch die Warnung vor den Räten Hardenberg und Bilfinger, die der preußische König im Verdacht hatte, gut habsburgisch gesinnt zu sein.

Auf der Heimreise verlobte sich Karl Eugen in Bayreuth mit Elisabeth Friederike von Brandenburg-Bayreuth, Tochter der Markgräfin Wilhelmine, der Lieblingsschwester Friedrichs II. Die protestantische Braut konnte einmal einer herzlichen Aufnahme im Lande Württemberg gewiß sein.

So war 1744 der erst sechzehnjährige Karl Eugen regierender Herzog von Württemberg geworden. Zunächst hatte das Land allen Grund, für diese Lösung dankbar zu sein. Der jugendliche Landesherr regierte im Einvernehmen mit den alten bewährten Räten und der Landschaft, die 1751 Johann Jakob Moser, den berühmten Staats- und Völkerrechtslehrer als Konsulenten berief. Mit zwanzig Jahren schloß Karl Eugen die Ehe mit der Brandenburgerin. Das junge Paar hatte eine gemeinsame Liebhaberei, Theater und Oper. 1753 wurde der italienische Kapellmeister und Komponist Niccolo Jomelli nach Stuttgart verpflichtet. Der Musiker, der sich schon vor seiner Berufung eines guten Rufs erfreute, erreichte am württembergischen Hof den Höhepunkt seines künstlerischen Schaffens und erwies sich als „Tonsetzer von staunenswert vielseitiger Bildung und vor allem von hohem künstlerischem Ernst" (vgl. Herm. Abert »Die dramatische Musik« in »Herzog Karl Eugen und seine Zeit«, 1905). Unter allen Künstlern, die Karl Eugen je an seinen Hof holte, hat er wohl mit Jomelli seinen besten Griff getan.

Dem nach Schönheit und Lebensgenuß verlangenden herzoglichen Paar schien das Schloß in Stuttgart mit seiner düsteren Wucht kein ansprechender Wohnsitz zu sein, und so gab Karl Eugen dem fürstlichen Oberbaudirektor Leopoldo Retti den Auftrag, Pläne für ein neues Schloß auszuarbeiten, das allen Ansprüchen an großartige Repräsentation genügen sollte. Die Landschaft, in der Sorge, der Herzog könnte seine Residenz nach Ludwigsburg verlegen, gab für den Neubau einen hohen Zuschuß. Aber dem ehelichen Glück des Herzogspaares war keine lange Dauer beschieden. Karl Eugen begehrte andere Freuden, als die kalte, temperamentlose Schönheit Elisabeth Friederikes ihm bieten konnte. Die Herzogin, tief gekränkt, verließ den württembergischen Hof, um nie mehr zurückzukehren. Für ihren Gemahl war dies der Auftakt zu einem Leben voll Ausschweifung und Verschwendungssucht.

Die heitersten Feste konnten dem Herzog die bittere Notwendigkeit nicht ersparen, politische Entschlüsse von großer Tragweite zu fassen. Theater und Jagden, Prunkbauten und Soldaten kosteten viel mehr, als das Land auf geordnetem Weg aufbringen konnte. Da nahte sich die Regierung Ludwigs XV. von Frankreich als Verführerin und bot dem württembergischen Herzog einen Subsidienvertrag an mit der Verpflichtung, im Kriegsfall Frankreich ein Hilfskorps von sechstausend Mann zu stellen. Karl Eugen nahm gerne die jährlichen Zahlungen an, ohne sie für den vereinbarten Zweck zu verwenden. Das ging einige Jahre gut, solange in Europa Frieden herrschte. Nun zog sich aber im Osten ein Gewitter zusammen, das man in Württemberg nicht sah. Die Kaiserin Maria Theresia wollte sich mit dem Verlust Schlesiens nicht abfinden und suchte Bundesgenossen für den Kampf mit ihrem großen Gegner. Die alte Feindschaft zwischen den Häusern Bourbon und Habsburg wurde begraben. Die Stuttgarter Regierung mußte sich entscheiden, ob sie Partei ergreifen oder neutral bleiben wollte. In Wirklichkeit hatte der Herzog die Wahl nicht mehr frei. Vor Ausbruch der Feindseligkeiten erschien ein französischer Kriegskommissar, um sich von dem Stand des zugesagten Hilfskorps zu überzeugen. Außerdem waren auch die Haus- und die Kreistruppen aufzustellen, aber es fehlte an allem, an Mannschaften und Pferden, an Munition und Ausrüstung.

Guter Rat war teuer. Die alten Räte waren längst nicht mehr da. Bilfinger starb 1750. Was einst der Theologe Osiander als Kriegsrat für das Heerwesen Eberhard Ludwigs war, war Bilfinger für Karl Eugen in dessen ersten Regierungsjahren. Württembergische Konsistorialpräsidenten konnten, wenn nötig, sich klug und sachverständig auch mit den Fragen der Heeresorganisation und den Fragen der Landesverteidigung beschäftigen. Hardenberg war als unerwünschter Mahner verabschiedet worden. Die von ihm geschaffene Ordnung der herzoglichen Finanzen war in kurzer Zeit aus den Fugen gegangen. In dieser schwierigen Lage fand der Herzog zwei Männer als Werkzeuge seiner fürstlichen Willkür: den Kriegsrat Friedrich Philipp Rieger und den Grafen Friedrich Samuel von Montmartin. Es konnte nicht ausbleiben, daß spätere Lobredner Karl Eugens alles, was in den folgenden Jahren geschah, der Bosheit und der Niedertracht der Gehilfen zuschrieben, die das Vertrauen des armen, unschuldigen Herzogs schmählich mißbrauchten. So aber war es bei Karl Eugen ebensowenig wie früher bei Eberhard Ludwig. Jener war viel zu klug, um sich etwas vormachen zu lassen, und ein viel zu guter Menschenkenner, um nicht die Männer seiner nächsten Umgebung richtig beurteilen zu können. Außerdem gilt von den Fürsten des aufgeklärten Absolutismus der Satz, daß sie die Ratgeber hatten, die sie verdienten. Man kann nicht in einem Atemzug sagen, Karl Eugen habe zwar mit sicherem Instinkt jeden Mann entsprechend seinen Fähigkeiten auf den richtigen Platz gestellt, sich aber leider von seinen politischen Räten an der Nase herumziehen lassen.

Rieger und Graf Montmartin waren sich in manchen Wesenszügen ähnlich: beide vollendete Hofleute, gewandt im gesellschaftlichen Umgang, in der Unterhaltung nicht ohne Geist, jedes Winks ihres Gebieters gewärtig, bedenkenlos alle Befehle ausführend und geschickt genug, nicht ausgesprochene Wünsche zu erraten und zu erfüllen. Mit der Staatslehre, die die unbeschränkte Macht des Fürsten bis zur letzten Auswirkung rechtfertigte, waren sie vertraut und fühlten sich durch diese jederzeit in ihrem Gewissen beruhigt. Das Wissen Montmartins blieb an der Oberfläche, aber er hatte über alles eine fertige Meinung und wußte sie geschickt vorzutragen. Riegers Bildung war von gediegener, württembergischer Gründlichkeit – er stammte aus einem Stuttgarter Pfarrhaus –, dazu kam ein fanatischer, häufig pedantischer Arbeitswille und – fast ein Wunder in jener Zeit – eine völlige Unbestechlichkeit. Machthungrig waren natürlich beide. Der Herzog verstand es, großzügig zu belohnen: Montmartin wurde zum leitenden Minister gemacht, Rieger zum Oberkriegsrat und Obersten befördert, wobei jedoch zeitweise sein Einfluß auf alle Gebiete der Staatsverwaltung weit über seinen Rang hinausging. Fünf Jahre dauerte die Zusammenarbeit der beiden Männer, zwischen denen die vom Herzog nicht ungern gesehene Feindschaft immer größer wurde, bis sich Montmartin als der gerissenere Intrigant erwies und das herzogliche Vertrauen zu Rieger so erschütterte, daß dieser in der kränkendsten Form seines Dienstes enthoben und jahrelang gefangengesetzt wurde. Später wieder angestellt, begegnet er uns als General und Kommandant der Festung Asperg, zur Zeit als der Dichter Schubart dort gefangen saß. Warum freilich Karl Eugen den als Verbrecher öffentlich gebrandmarkten Rieger wieder zu Gnaden annahm, und was andererseits einen in seiner Ehre so schwer gekränkten Mann bewogen haben kann, wieder in den Dienst seines Peinigers zu gehen, ist wohl nur dadurch zu erklären, daß die Menschen – Herr und Diener – im Zeichen des fürstlichen Absolutismus eben so und nicht anders waren. Im übrigen scheint Rieger doch auch wertvolle menschliche Eigenschaften gehabt zu haben; anders wäre Schillers Leichencarmen vom Jahre 1782 auf Rieger unerklärlich. Selbst wenn man die Einseitigkeit und Übertreibung, die mit dieser Art von Poesie verknüpft war, abzieht, griff doch der junge Dichter sehr hoch in seiner Würdigung dieses Toten. Manche Zeile dieses Gedichts erklärt sich freilich auch aus Schillers Wunsch, den „Erdengöttern", dem Herzog Karl Eugen nämlich, seines Herzens Meinung zu sagen.

Da an Riegers Namen auch der Fluch ›des Verkaufs von Landeskindern‹ hängt, ist hierüber ein Wort zu sagen. In erster Linie muß man bei diesem Thema zwischen der Aushebung und der Werbung von Soldaten unterscheiden. Ein stehendes Heer – ›miles perpetuus‹ in der Ausdrucksweise der damaligen Zeit – mußte, in Württemberg jedenfalls, aus freiwillig dienenden, wir sagen heute Berufssoldaten, bestehen, denn der Bürger und Bauer konnte nach der Verfassung nur im Landesaufgebot, in der Miliz, zur Verteidigung innerhalb der Landesgrenzen zum Dienst mit der Waffe verpflichtet werden. Nun galt der Württemberger immer als ausgezeichneter Soldat, so daß das Land ein bevorzugtes Jagdrevier der Werbeoffiziere der Großmächte war. Es gab auch keinen Mangel an Bauernsöhnen, die ohne Aussicht auf Eigenbesitz und in der Hoffnung auf guten Verdienst und Abenteuer das gebotene Handgeld gerne nahmen. Der Verdienst des Soldaten war im Vergleich zur Lebenshaltung des Bauern nicht schlecht, die Mannszucht im Söldnerheer mußte zu allen Zeiten und in allen Ländern streng, ja eisern sein, aber die Behandlung im allgemeinen war gut. Der Kriegsherr war ja darauf bedacht, den Soldaten bei guter Laune zu erhalten, denn die Fahnenflucht war für ihn, den Arbeitgeber, in erster Linie ein schlechtes Geschäft, und ein widerwillig gepreßter Soldat war im Kampf nicht zuverlässig. Die Gefahr für das Leben konnte freilich niemand dem Soldaten abnehmen. In guten Regimentern herrschte Korpsgeist, und es galt das Wort: „Der Soldat allein ist der freie Mann!" Anders war es natürlich, wenn während der großen Kriege die Nachfrage nach Soldaten das Angebot überstieg. Dann war den Werbeoffizieren jedes Mittel recht, um die verlangte Anzahl von Rekruten zusammenzubringen. Ihre Sache war es dann nicht, wenn diese bei der ersten Gelegenheit desertierten. Im achtzehnten Jahrhundert kamen deutsche, kleinstaatliche Regierungen auf den Gedanken, zur Behebung ihrer ewigen Geldnot das Werbegeschäft selbst in die Hand zu nehmen und es nicht mehr den fremdherrlichen Werbern zu überlassen. So stellte der Markgraf von Ansbach für den englischen König zur Verwendung im nordamerikanischen Freiheitskrieg ein Regiment auf, in dem der spätere preußische Generalfeldmarschall Neidthardt von Gneisenau als Unterleutnant diente und für sein späteres Leben reiche Erfahrungen sammelte, ohne sich dabei als Opfer landesherrlicher Willkür zu fühlen. Der Herzog von Württemberg folgte diesem Beispiel und rüstete einmal auf Grund eines mit der niederländischen Regierung abgeschlossenen Vertrags, in dem die Pflichten, Rechte und Ansprüche von Offizier und Mann genau festgelegt waren, das sogenannte Kapregiment aus; der Name rührte daher, daß das Regiment zunächst in die Kapkolonie verlegt wurde. Bei der Aufstellung war von Zwang keine Rede oder nur insoweit, als manche Familien auf diese Weise ihre Tunichtgute loswerden wollten. Schiller hat in dichterischer Freiheit, aber geschichtlich nicht ganz zulässiger Weise in seinem Trauerspiel »Kabale und Liebe« die verwerflichen Mittel Riegers, von denen sofort die Rede sein wird, und die ›Vermietung von Truppen‹, in der die damalige Zeit nichts Arges sah, zusammengefaßt.

Wir kehren nach dieser Abschweifung wieder zur Lage des Jahres 1756 zurück. Rieger wußte Rat. Er befahl, da Aushebungen durch die Verfassung verboten waren, Freiwillige zu werben und ging dabei soweit, daß er, wo andere Druckmittel versagten, Dörfer bei Nacht von Soldaten umstellen, die jungen Burschen aus ihren Betten oder Verstecken holen ließ und sie dann zwang, den Werbevertrag ›freiwillig‹ zu unterschreiben. Auf diese Weise brachte er es fertig, die verlangte Zahl von Rekruten zu ›werben‹. Der Erfolg zeigte sich beim Ausmarsch, wo massenweise Fahnenflucht und offene Meuterei vorkamen. Es kennzeichnet die sorglose Art des Herzogs, daß er, ehe seine Truppen marschbereit waren, voll Ungeduld und Tatendrang ins österreichische Hauptquartier vorauseilte, so sehr gelüstete es ihn nach dem Lorbeer des siegreichen Feldherrn. Die eigenen und seiner Regimenter Leistungen entsprachen dann keineswegs seinem großspurigen Auftreten und der Forderung nach selbständiger Führung. Nach der erfolgreichen Belagerung von Schweidnitz, im Herbst 1757, die übrigens keine besondere Heldentat war, glaubte Karl Eugen genug geleistet zu haben und ging nach Hause. Kaum war er weg, brach über das österreichische Heer, zu dem das württembergische Hilfskorps gehörte, die Katastrophe von Leuthen herein (5. Dezember 1757), nachdem einen Monat vorher die den schwäbischen Kreistruppen zugeteilten herzoglichen Regimenter in die Niederlage der Franzosen und der Reichsarmee bei Roßbach hineingezogen worden waren. Das nächste Jahr brachte für Württemberg keine militärischen Ereignisse, dann aber übermannte den Herzog sein kriegerischer Ehrgeiz. Er schloß einen neuen Vertrag mit Frankreich, erhielt die Subsidien und zog mit zwölftausend Mann, die wiederum mit Riegerschen Methoden zusammengebracht waren, zu Felde. Der Erfolg entsprach keineswegs dem Aufwand. In einem Lager bei Fulda wurde Karl Eugen am 21. November 1759 von den Preußen unter dem Erbprinzen von Braunschweig überfallen. Der Herzog rettete sich von einem Ballfest weg und meldete in die Heimat, sechshundert Grenadiere habe er opfern müssen, um achttausend zu retten – und „dieser Streich sei ihm gelungen". Dabei hatte er außer den nicht unerheblichen blutigen Verlusten zwölfhundert Gefangene eingebüßt. Weil danach die Franzosen nicht mehr geneigt waren, den Vertrag mit dem ruhmgekrönten Herzog zu erneuern, bot dieser seine Streitkräfte anderen kriegführenden Mächten an; schließlich hatte er in Wien Erfolg. Dieses Mal aber wollte es das Unglück, daß Herzog Karl Eugen bei Magdeburg auf einen preußischen Verband stieß, der unter der Führung seines jüngsten Bruders Friedrich Eugen stand. Die Preußen verfuhren nicht gerade säuberlich mit den Landsleuten ihres Kommandeurs, der allerdings mehr vom württembergischen Soldatengeist mitbekommen hatte als sein Herr Bruder. Nunmehr hielt es Karl Eugen für besser, sich anderen Aufgaben zuzuwenden. In Zukunft genügte ihm das Spiel mit seinen Paradesoldaten, von denen ein Zeitgenosse erzählt, sie seien so in ihre schönen Uniformen eingezwängt gewesen, daß, wenn einer das Unglück gehabt habe zu fallen, er nur durch die Anstrengungen von vier seiner Kameraden wieder auf die Beine gestellt werden konnte.

In seinen innenpolitischen Maßnahmen war Karl Eugen nicht viel glücklicher als im Kriege. Sein nie zu stillender Geldhunger mußte ihn unausbleiblich in scharfen Gegensatz zur Landschaft bringen. Zwar gelang es der gerissenen Diplomatie des Grafen Montmartin „mit Zuckerbrot und Peitsche" den engeren Ausschuß so zu bearbeiten, daß es lange Zeit zu keinem offenen Konflikt kam. Aber schließlich wollte der Ausschuß die Verantwortung für die uferlose Ausgabenwirtschaft nicht mehr allein tragen und bat den Herzog um die Einberufung des Landtags. Johann Jakob Moser war dabei die treibende Kraft. Was diesen in allen Ländern deutscher Zunge hoch angesehenen Staats- und Völkerrechtslehrer bewogen hatte, auf der Höhe seines Lebens dem Ruf der Landschaft zu folgen, ist wohl nur mit dem den Württembergern eigenen Zug in die

Heimat zu erklären. Moser mußte die Verhältnisse, den ewigen Zank um das leidige Geld, soweit kennen, um zu wissen, welch undankbare Aufgabe er übernahm, undankbar selbst dann, wenn der Herzog so verständig und folgsam geblieben wäre, wie es zunächst den Anschein hatte. Mosers Einstellung zum Alten Recht war ja ganz anders, als die der meisten Mitglieder der Landschaft. Für ihn war der Tübinger Vertrag das kostbare Erbe württembergischen Staatsrechts, das rein und unangetastet zu bewahren seine Aufgabe sein sollte; die anderen sahen darin die geduldige Milchkuh, die zu melken das bleibende Vorrecht einiger Familien des Landes war.

1759 war der Zusammenstoß zwischen Herzog und engerem Ausschuß da. Karl Eugen machte Moser allein dafür verantwortlich. In einer Unterredung zwischen den beiden Männern blieb der Landschaftskonsulent unbeugsam; Herzog Karl ließ ihn vom Fleck weg verhaften und auf den Hohentwiel bringen, wo Moser sich mit der Kraft des guten Gewissens, ungebrochen trotz schwerster Haftbedingungen, aufrecht hielt. Es bedurfte der nachdrücklichen Vorstellungen der Landstände, des preußischen Königs und des Kaisers, bis sich Karl Eugen endlich bereit fand, Moser nach fünfjähriger Gefangenschaft zu entlassen. Im Lande gab die Verhaftung des Landschaftskonsulenten das Zeichen zum Widerstand gegen die Willkür des Herzogs. Als der Landtag weitere Steuern verweigerte, versuchte Karl Eugen, deren Beitreibung durch die bewaffnete Macht zu erzwingen. In Tübingen forderte der Oberamtmann Johann Ludwig Huber die Amtsversammlung auf, die Zustimmung zu dem ungesetzlichen Vorgehen des Herzogs zu verweigern ohne Rücksicht auf die Folgen, die diese Auflehnung für ihn als den Leiter der Versammlung haben werde. Damals war es, daß Karl Eugen eine Abordnung Tübinger Bürger anfuhr: „Was Vaterland! Ich bin das Vaterland!" Die Tübinger aber ließen sich nicht einschüchtern, andere Städte folgten ihrem Beispiel, obwohl Huber gefangen auf die Festung Asperg abgeführt wurde. Die Verschwendungssucht und der Übermut des Herzogs kannten keine Grenzen. Um zu sparen, ging, wie er wissen ließ, Karl Eugen auf Reisen. Das Ziel war Venedig, wo Karneval gefeiert werden sollte. Dazu wurde ein Hofstaat von insgesamt hundertundvierundzwanzig Personen mitgenommen. Als die herzogliche Kasse von Stuttgart aus nicht mehr genügend Geld schickte, fand der Herzog zwischen all den rauschenden Festen doch schnell die Zeit, die Streichung von Beamten- und Offizierspensionen und die Entlassung von Hofbediensteten zu verfügen. Bei der Abreise von Venedig mußte, zur Befriedigung der zudringlichsten Gläubiger, der Schmuck der herzoglichen Damen versetzt werden. Selbst der Kaiser glaubte, von Wien aus den Stuttgarter Hof zur Einschränkung seines riesigen Aufwands ermahnen zu sollen.

Nach langem Zögern wandte sich die Landschaft in ihrer Not an die drei ›Garanten‹ der Religionsreversalien des Herzogs Karl Alexander. Der preußische König, der englische König in seiner Eigenschaft als Kurfürst von Hannover und der dänische König, der als Herzog von Holstein Reichsfürst war, hatten als protestantische Mächte die staats- und kirchenrechtlichen Verpflichtungen, die Herzog Karl Alexander dem württembergischen Land gegenüber übernommen hatte, vertraglich gewährleistet. Die Landschaft sah ihre Rechte durch das Vorgehen des jetzt regierenden Herzogs als verletzt an und wandte sich darum mit der Bitte um Vermittlung an die Garanten. So ungern Karl Eugen die Einmischung der drei Könige sah und so sehr er die Anwesenheit von königlichen Gesandten in Stuttgart übelnahm, konnte er es doch nicht hindern, daß vor dem Reichshofrat in Wien der Prozeß in Gang gesetzt wurde. Die erheblichen Summen, die von Stuttgart zur Verteilung an die kaiserlichen Räte ›als Geschenke‹ nach Wien geschickt wurden, waren umsonst ausgegeben. Der Tatbestand sprach zu sehr gegen Karl Eugen, selbst die beiden Brüder des Herzogs traten in dem Prozeß für die Landschaft ein. Entscheidend war schließlich, daß Kaiser Josef II., der bekanntlich ein Bewunderer Friedrichs des Großen war, dem energischen Eintreten Preußens für die Landschaft nachgab und dem württembergischen Herzog den bis dahin gewährten Rückhalt entzog. So konnte Anfang 1770 nach mehr als sechsjährigen Verhandlungen der sogenannte Erbvergleich unterzeichnet werden. In sechs Abschnitten über die Verfassung des Landes, der Kirche, des Heeres und der Gemeinden, das Finanz- und das Forstwesen wurde das Alte Recht bestätigt. Der herzoglichen Zuständigkeit waren damit feste Grenzen gezogen; der Erfolg der Landstände war unbestreitbar. Das, was dem Herzog an Rechten blieb, hätte er vor sechs Jahren schon und wesentlich billiger haben können. Hauptsächlich wäre ihm die kränkende Einmischung der Garanten erspart geblieben. Das Ansehen Karl Eugens bei den Reichsständen war tief gesunken. Es war in der Tat eine miserable, von Eigensinn, Eitelkeit und Großmannssucht bestimmte Politik, die er getrieben hatte. Graf Montmartin, der an ihr weitgehend beteiligt war, hatte schon 1766 den Kopf aus der Schlinge gezogen, indem er sich vom Herzog seine Entlassung aus dem Ministeramt erbat, was nicht hinderte, daß Herzog Karl Eugen sich von dem alten Fuchs noch lange beraten ließ. Erst zu Beginn der siebziger Jahre verließ des Herzogs böser Geist in allen Ehren das Land.

So wie der Herzog nie im rechten Augenblick nachzugeben verstand, so verletzte er auch jetzt wieder die klaren Bestimmungen des Erbvergleichs oder versuchte, sie in seinem Sinne auszulegen, abzuschwächen oder umzubiegen. Ein Gegner des Erbvergleichs war aber auch Johann Jakob Moser, der den Ausschüssen vorwarf, ihre Forderungen in überspanntem Machtgefühl zu weit getrieben und damit ihrerseits das Alte Recht verletzt zu haben. Die Landschaft hatte schon vor der Verhaftung ihres Konsulenten dessen unbeugsamen Rechtsstandpunkt als unbequem empfunden und nach seiner Rückkehr aus der Gefangenschaft seine Wiedereinstellung immer hinauszuschieben verstanden, was Moser natürlich sehr verdroß. Andererseits gab die Geschäftsführung der beiden landständischen Ausschüsse nicht selten Anlaß zu Beanstandungen. Im Volk verstummten auch in der Zeit des schärfsten Kampfs gegen den Herzog die Stimmen nicht, die die Ausschußmitglieder der gegenseitigen Begünstigung, der Bereicherung und Förderung ihrer persönlichen Belange in jeder Hinsicht, kurz eben der ›Vetterleswirtschaft‹ beschuldigten. In einem berühmt gewordenen »Promemoria« vom 17. Mai 1770 rechnete Moser in äußerst scharfer Weise mit der Landschaft ab. Es haben sich damals und auch noch in unserer Zeit Zeugen gefunden, die die Vorwürfe Mosers als weit über das Ziel hinausreichend zurückwiesen. Tatsache jedoch ist, daß die Landschaft auf jeden Versuch ihrer Entlastung in der Öffentlichkeit verzichtete und ihrem früheren Konsulenten ein Ruhegehalt von fünfzehnhundert Gulden aussetzte.

Am 11. Februar 1778 wurde von allen Kanzeln des Herzogtums aus Anlaß des fünfzigsten Geburtstages des Landesherrn ein Erlaß verlesen, der auch außerhalb Württembergs großes Aufsehen erregte. Er beginnt mit dem Dank an Gott, der ihm, dem Herzog, die Gnade verliehen habe, nicht allein seine Regentenpflichten zu erfüllen, „sondern auch was wir zum wahren Besten unserer lieben und getreuen Untertanen nach unserer landesväterlichen Obliegenheit von Zeit zu Zeit für dienlich befunden". Alles, was in den letzten zwanzig Jahren geschehen war, wird mit einem inhaltsschweren Satz erklärt, entschuldigt und – abgetan: „Da wir aber Mensch sind und unter diesem Wort von dem so vorzüglichen Grad der Vollkommenheit beständig weit entfernt geblieben und auch für das Künftige bleiben müssen, so hat es nicht anders sein können, als daß teils aus angeborener menschlicher Schwachheit, teils aus nicht genugsamer Kenntnis und sonstigen Umständen sich viele Ereignisse ergeben, die, wenn sie nicht geschehen, wohl für jetzt und das Künftige eine andere Wendung genommen hätten. Wir bekennen es freimütig, denn dies ist die Schuldigkeit eines Rechtschaffenen, und entladen uns damit einer Pflicht, die jedem Rechtdenkenden, besonders aber den Gesalbten dieser Erde, beständig heilig sein und bleiben sollte." Das weiß Herzog Karl Eugen über sich zu sagen, die weit größere Hälfte des Erlasses dient dann der Ermahnung der rechtschaffenen, getreuen Untertanen, die „ihre Regenten lieben, in ihnen die göttliche Vorsehung verehren, die ihnen diese ihre Regenten zu ihrem Schutz, zu ihrer Sicherheit und zu ihrem Besten gegeben und vorgesetzt hat". An seine Diener wendet sich der Herzog mit den Worten: „Wer ein rechtschaffener, wer ein echter Vorsteher der Untertanen ist, der gehe ihnen mit Gehorsam, mit Liebe gegen den Landesherrn als das beste Beispiel voran, der räume von sich alle Gesinnungen, die dem entgegenlaufen, und zeige in der Tat, daß er das Wort Gottes verstehe, das ihm sagt, der Obrigkeit gehorsam zu sein, aber aus Liebe, aus Überzeugung."

Der Erlaß hatte, so sagt uns ein neuzeitlicher württembergischer Historiker, durch die Ungewöhnlichkeit des Vorgangs und die Wärme der Sprache großes Aufsehen erregt und dem Herzog viele Herzen gewonnen. Das mag sein, wie es will; es fällt ja schwer, sich in die Gefühlswelt früherer Zeiten zu versetzen. Wüßte man, was der Spötter von Sanssouci zu diesem Elaborat seines früheren Zöglings gesagt hat, wäre es leichter, sich eine Meinung darüber zu bilden. Jedenfalls ist dieser Erlaß nicht, wie man es darstellen wollte, der Beweis eines völligen Gesinnungswandels des Herzogs, dessen Wesen vielmehr unverändert aus jedem Satz spricht. Es ist die Sprache eines Menschen, der sich nie die Mühe macht, zu überlegen, welchen Eindruck seine Äußerungen, seine Befehle und seine Taten auf seine Umwelt hervorrufen. Gewiß, wenn man die Regierungszeit Karl Eugens in zwei Teile trennen will, mag man seinen fünfzigsten Geburtstag als Wendepunkt ansehen, aber man sollte nicht glauben, von hier ab sei er ein anderer Mensch gewesen. Sieht man näher zu, ist nicht zu verkennen, daß bei Karl Eugen nicht anders als bei allen Menschen dieselben Wesenszüge bald stärker, bald schwächer hervortreten, in der Jugend sich anders äußern als im Alter, aber doch im Grunde von der Wiege bis zum Grabe dieselben bleiben.

Allmählich war Karl Eugen der Mätressen, von denen der herzogliche Hofkalender einmal sechs gleichzeitig aufführte, überdrüssig geworden, seinem alternden Herzen genügte eine Freundin, Franziska von Leutrum, geborene von Bernerdin, die vom Kaiser zur Reichsgräfin von Hohenheim gemacht, schließlich als Herzogin von Württemberg seine angetraute Gemahlin wurde. Franziska lehrte ihren Freund, an Stelle der rauschenden Feste die Ruhe des häuslichen Lebens im Schloß Hohenheim zu genießen. Aber auch hier blieb Karl Eugen der selbstherrliche Gebieter, der sich in allem die Entscheidung vorbehielt. Es war das Glück des Landes, daß ›des Herzogs Franzel‹ eine ebenso kluge wie gütige Frau war, die es verstand, dem eigenwilligen Manne ihre Vorschläge als eigene Entschlüsse zu suggerieren. Nur ihr allein verdankte es Karl Eugen, daß er nach seinem wilden Leben verehrt und geliebt als Vater seines Volkes starb.

Nach den vielen Fehlschlägen auf militärischem und politischem Gebiet versuchte sich Karl Eugens unbändiger Tätigkeitsdrang auf dem weiten Feld der Erziehung der Jugend. Staatsdiener heranzubilden war seine Absicht, zu diesen rechnete er auch Künstler und Gelehrte, die ein Staat nach der Meinung der Zeit zu seinem höheren Ruhm nicht entbehren konnte. Karl Eugen war der Mann der Aufklärung. Eine geistige Bewegung, die ihre Aufgabe darin sah, den Menschen über sich selbst und über die irdische und jenseitige Welt aufzuklären, mußte von Unterricht und Bildung alles erwarten. So entstanden Akademien, Hohe Schulen und Universitäten allüberall. Der Zug der Zeit und die pädagogische Begabung des württembergischen Herzogs vereinigten sich. Die Landschaft sah diese Tätigkeit des Landesherrn nicht ungern. Karl Eugen von seiner neuen Aufgabe in Anspruch genommen, mischte sich weniger als früher in die Zuständigkeit der durch ihren Erfolg machthungrig gewordenen landständischen Ausschüsse. Die ehrbaren Herren murrten wohl über die hohen Ausgaben für des Herzogs neue Liebhaberei, aber sie bezahlten, dankbar für die gewonnene Bewegungsfreiheit.

Die Anfänge der Hohen Karlsschule gehen auf das Jahr 1770 zurück. Zunächst wurde eine Militärschule eingerichtet und auf dem Schloß Solitude bei Stuttgart untergebracht. Der Lehrplan der Anstalt umfaßte auch Bildungsfächer, die nicht zur eigentlichen Offiziersausbildung gehörten. Dies war beabsichtigt, weil damals der Offizier als der eigentliche Staatsdiener galt; ihm standen, wenn er tüchtig und vielseitig gebildet war, fast alle Beamtenstellen offen. In dem Intendanten Christoph Dionysius Seeger fand der Herzog einen ausgezeichneten Schulleiter. Um nach außen zu zeigen, welcher Rang dem neuen Institut zukam, verlieh ihm der Herzog den Namen einer Militärakademie. Je mehr sich Karl Eugen seiner jüngsten Schöpfung widmete, desto geringer wurde seine Fürsorge für die Universität Tübingen, der er noch wenige Jahre zuvor einen besonderen Beweis seiner Gnade dadurch gegeben hatte, daß er sich zu ihrem „rector magnificentissimus" hatte wählen lassen.

Nach fünf Jahren wurde die Militärakademie aus Gründen der Zweckmäßigkeit nach Stuttgart verlegt und in einer Kaserne hinter dem neuen Residenzschloß, die von da an »die Akademie« hieß, untergebracht. Auch jetzt noch war der Herzog die vorwärtstreibende Kraft, er ordnete alles an, überwachte jede Kleinigkeit, erweiterte den Lehrplan, berief die Lehrkräfte und ersann Verbesserungen. Seine in der Akademie gehaltenen Reden, in denen er sich über Erziehungsgrundsätze, Staatsauffassung und seine Stellung zu den geistigen Bewegungen der Zeit aussprach, würden ein Buch füllen. Andere Gründungen, wie die école des demoiselles und das Militärwaisenhaus, gingen nebenher. Der Ruf der Militärakademie wuchs und verbreitete sich weit über die Grenzen Württembergs und Deutschlands hinaus. Besucher aus aller Herren Länder stellten sich ein. 1777 kam Kaiser Joseph II., zwei Jahre später Herzog Karl August von Weimar und in seiner Begleitung Goethe. Ein sachkundiger, hochstehender Besucher bekannte, daß der Unterricht nicht so sehr den ähnlicher Anstalten übertreffe, „aber was ich bewundere, ist la tenue". Damit konnte nur der Gesamteindruck, die militärische Ordnung und Zucht, gemeint sein. Seiner Anerkennung gab der Kaiser einen sichtbaren Ausdruck durch die Erhebung der Militärakademie zur Hohen Schule. So sehr der Herzog über diese Würdigung seiner Schöpfung erfreut war, stellte sie ihn doch auch vor eine schwere Entscheidung. Die Hohe Schule konnte im Grunde nur eine Universität sein, das aber hätte ihre völlige Neugestaltung bedeutet. Selbstverwaltung für die Schule und akademische Freiheit für die Eleven – das eine war für den alten Despoten so unannehmbar wie das andere! Es wurden zwar zum Ausbau der Organisation der »Carls-Hohen-Schule«, wie ihr amtlicher

Name von da an lautete, den bisherigen Fakultäten, der juristischen, medizinischen und philosophischen, noch drei weitere, eine militärische, ökonomische und die Künstlerfakultät hinzugefügt. Aber dabei blieb es.

Wie nun die Tübinger Universität und die Stuttgarter Hohe Schule nebeneinander gleichberechtigt bestehen sollten, darüber konnte eine Einigung zwischen Herzog und Landschaftsausschuß nicht erzielt werden. Die Tatsache, daß die Hohe Karlsschule aus diesem Grunde nie einen Stiftungsbrief erhielt und ihr deshalb die Anerkennung der Landesverfassung fehlte, erleichterte ihre spätere Auflösung. Es kam soweit, daß die Universität Tübingen der Auszehrung zu erliegen drohte, und doch bewahrte sie ihr stolzes Privileg der freien Forschung. Im Tübinger Stift konnten sich junge Menschen auf Grund einer vorzüglichen Ausbildung, oft genug gegen die vorgeschriebene Lehrmeinung, selbständig und frei ihre Lebens- und Weltanschauung erarbeiten. Im Jahre 1795 verließ die ›Geniepromotion‹ Hegel, Hölderlin und Schelling die Universität Tübingen. Was hätte demgegenüber die Hohe Karlsschule aufzuweisen gehabt? Eine Feststellung darf hier nebenbei getroffen werden: den Ruhm verdankt das Tübinger Stift nicht nur seinen Theologen. Am Himmel der württembergischen Geistesgeschichte ist ›das Stift‹ das schönste Sternbild, in dem jedoch bisweilen das Gestirn der Philosophie heller strahlt als das der Theologie. Das wird verständlich, wenn man daran denkt, daß die ersten Studienjahre des Stiftlers ganz der klassischen Philologie und Philosophie gehörten; die Theologie kam später. Manch einer freilich taugte nach solcher Vorbereitung nicht mehr so recht für Kanzel und christliche Seelsorge.

Der 17. September 1782 ist ein denkwürdiger Tag in der Geschichte der Hohen Karlsschule. Der Großfürst Paul von Rußland war mit seiner Gemahlin Maria Feodorowna, die mit ihrem Mädchennamen Sophie Dorothee hieß und die Tochter des Herzogs Friedrich Eugen von Württemberg, des jüngsten Bruders Karl Eugens, war, zu Besuch nach Stuttgart gekommen. Zu Ehren der hohen Gäste wurden Feste von einer Großartigkeit gefeiert, daß die Landschaft voll Entsetzen sich fragte, ob der Herzog wohl wieder in alte Sünden zurückgefallen sei. Während Karl Eugen seine Gäste aufs beste unterhielt, trugen sich Dinge zu, die freilich in den fürstlichen Unterhaltungen unerwähnt blieben. In den Schlafsälen der militärischen und ökonomischen Fakultät kam es nämlich zu einer kleinen Revolte. Die Eleven machten ihrem Unwillen und ihrer

Enttäuschung darüber, daß bei der Neuordnung der Schule die starre Regel nicht im geringsten gelockert worden war, in der Weise Luft, daß sie Einrichtungsgegenstände aus den Fenstern warfen und die herbeigeeilten Aufseher mit Kegelkugeln empfingen. Gewiß keine weltbewegende Begebenheit. Wer aber wollte, konnte hören, wie eine neue Zeit an die Türen dieser Musteranstalt des fürstlichen Absolutismus pochte. Das prunkvolle Fest, das am Abend des genannten Tages auf Schloß Solitude stattfand, schien dem Regimentsmedicus Friedrich Schiller die beste Gelegenheit, heimlich das Land zu verlassen. Schiller hatte wohl als Eleve der Akademie nicht unter dem Zwang der militärischen Ordnung, die er als gegeben hinnahm, gelitten. Seine Auflehnung gegen die Willkür des Herzogs begann erst, als er, aus der Anstalt entlassen und als Militärarzt angestellt, durch manche versteckte Kritik aufgefallen war. Zum endgültigen Bruch kam es, als der Herzog von der unerlaubten Reise Schillers zu der Aufführung seines Trauerspiels »Die Räuber« in Mannheim hörte und daraufhin dem jungen Dichter jede schriftstellerische Tätigkeit verbot. Im übrigen darf das Beispiel Schillers nicht verallgemeinert werden, es gibt unverdächtige Zeugnisse genug dafür, daß junge, begabte und fähige Menschen sich in der Hohen Karlsschule keinesfalls an der freien Entfaltung ihres Wesens gehindert fühlten, vielmehr lebenslang den Herzog als ihren Förderer und Wohltäter aufrichtig verehrten. Offenbar hat der Herzog seinen Ärger über den fahnenflüchtigen Untertanen rasch überwunden, jedenfalls nach außen nicht gezeigt. Der Dichter des »Don Carlos«, der Professor der Geschichte, der Philosoph, war für den Fürsten eben nicht da, und als der gefeierte Mann elf Jahre später in die Heimat kam, äußerte Karl Eugen gleichgültig, er werde von dessen Anwesenheit keine Notiz nehmen. Der Schöpfer der Hohen Karlsschule hatte viele gute, teilweise glänzende Anlagen; zum Mäzen, zum Kunstkenner fehlten ihm so gut wie alle Voraussetzungen. Von diesem Mangel sprechen auch die Kunstgegenstände, die er von seinen italienischen Reisen mitbrachte; Kenner sagen, für das Geld, das Karl Eugen für seine Kunstkäufe ausgab, hätte er besseres bekommen können. Ist es nicht dasselbe gewesen mit den Künstlern und Gelehrten, die er in seinen Dienst berief? Sie waren tüchtige, in ihrem Fach vielleicht hervorragende Männer, aber doch keine Sterne erster Ordnung in einer Zeit, wo an großen Begabungen wirklich kein Mangel war. Stuttgart war nicht Weimar.

Es würde vielleicht als eine Lücke empfunden, wäre nicht auch der Name Christian Friedrich Daniel Schubart erwähnt. Hier geht es freilich nur um sein äußeres Schicksal. Schubart war als Musiker, Dichter und Publizist eine geniale, angriffslustige Natur und schrieb einen glänzenden Stil. Sein Unglück war seine innere Haltlosigkeit, die ihn beinahe im Elend verkommen ließ, jedenfalls mit dem Strafgesetzbuch in Berührung brachte. Vor dem Schlimmsten bewahrte ihn seine tapfere Frau. Mehr als einmal machte sich Schubart durch sein loses Mundwerk bittere Feinde. So, als er seinen Hohn an dem württembergischen Herzog und seiner Franziska übte. Darüber ergrimmte Karl Eugen und wollte sich an dem Spötter rächen. Er gab deshalb Befehl, Schubart aus Ulm, wo er in Sicherheit saß, auf württembergischen Boden zu locken und zu verhaften. Arglos ging der Dichter, der allen Grund gehabt hätte, herzogliches Gebiet sorgfältig zu meiden, in die ihm gestellte Falle. So geschehen in der zweiten, also besseren Lebenshälfte Karl Eugens! Schubart mußte seinen Leichtsinn mit einer mehr als zehnjährigen Haft auf der Festung Asperg büßen. Als ihm nach Jahren das Leben im Gefängnis etwas erleichtert wurde, pilgerten viele zu seiner Zelle, die ihn als Dichter verehrten und in ihm ein unschuldiges Opfer fürstlicher Willkür sahen. Schubart, der ein glühender Verehrer Friedrichs des Großen war, verdankte seine endliche Freilassung in erster Linie der Fürsprache des preußischen Hofes. Später finden wir ihn in Verbindung mit der Hohen Karlsschule, der sein Sohn als Eleve angehörte, in der Stellung eines Hof- und Theaterdichters. Der Gefangene vom Asperg, der seinen Herrn und Gebieter von Amts wegen in den höchsten Tönen besingt, ist ein absonderliches Bild. Was kann Schubart zur Annahme eines solchen Dienstes bewogen haben? Vermutlich war es die Sorge ums tägliche Brot. Der durch die lange Haft körperlich gebrochene Mann fand nicht mehr den Mut und die Schwungkraft, außerhalb Württembergs ein neues Leben zu beginnen. Es scheint uns, daß hier Menschenwürde empfindlich gekränkt wurde – und zwar nicht nur von seiten Schubarts.

Ob es dem Herzog gelungen wäre, seine Lieblingsschöpfung in die neue Zeit hinüberzuführen, wird man bezweifeln dürfen. Nicht als ob Karl Eugen die geschichtliche und geistige Entwicklung Europas außer acht gelassen hätte, er war in seinen letzten Lebensjahren wiederholt in Paris. Aber er vermied es, öffentlich für oder wider die französische Revolution Stellung zu nehmen. Was er aber versuchte, war, deren Geist von seiner Schule fernzuhalten. Seine letzten Reden an ›seine Söhne‹, die Eleven der Hohen Karlsschule, zeigen eine merkliche Änderung des Tons. Es ist nicht mehr der strenge, unbedingten Gehorsam fordernde Vater, der spricht, sondern der ältere Freund, der überreden, lieber noch überzeugen möchte. Aber es waren doch eben nur die Bildungsziele einer ausgehenden Zeit, die er seinen Zuhörern vor Augen halten konnte, und die Mittel, die Herzog Karl Eugen kannte und beherrschte, waren wenig geeignet, die verführerischen Ideen von Freiheit, Gleichheit und Brüderlichkeit den Köpfen junger Menschen fernzuhalten.

Der Tod, der ihn in seinem geliebten Hohenheim am 24. Oktober 1793 ereilte, ersparte ihm die bittere Erkenntnis der Lebensunfähigkeit seines großen Werkes. So wie die Hohe Karlsschule war, konnte sie nicht fortbestehen, und anders wollte er sie nicht haben, darum ging sie in die Geschichte ein als eine geniale, fürstliche Laune.

Das Erbe, das des Herzogs Bruder LUDWIG EUGEN (1731–1795) übernahm, war schwer. Auch schien der neue Herr wenig vorgebildet für seine Aufgabe. Er hatte als französischer Offizier bis zum Generalleutnant gedient und dann im österreichischen Dienst den siebenjährigen Krieg mitgemacht. Danach lebte er mit seiner Familie als Privatmann für etliche Jahre am Genfer See und verkehrte mit einigen hervorragenden französischen Emigranten. Der dort herrschende Calvinismus mag ihm, der ein überzeugter Katholik war, nicht die richtige Atmosphäre für die Erziehung seiner Töchter gewesen sein, und so zog er wieder nach Süddeutschland zurück; ein unruhiges Wanderleben mit ein wenig Philosophie, etwas Wissenschaft, etwas Kunst, aber nichts Ernsthaftem. Im November 1793 hielt er in Stuttgart seinen feierlichen Einzug. Aus seiner Ehe mit Sophie Albertine Reichsgräfin von Beichlingen hatte er drei Töchter, aber keinen Sohn. Die Beziehungen zu seinem regierenden Bruder waren nie gut gewesen, und er hatte es aus religiösen Gründen immer abgelehnt, Karl Eugens zweite Ehe anzuerkennen. Wenn er sich auch nach der Übernahme der Regierung nicht dazu verstehen konnte, der Herzogin Franziska seine Aufwartung zu machen, so legte er ihr doch als Edelmann, der er war, keinerlei Schwierigkeiten in den Weg und regelte ihre Unterhaltsansprüche rasch und großzügig. Die Hohe Karlsschule war für Ludwig Eugen kein Problem; ihre Auflösung war bei ihm beschlossene Sache, schon ehe er nach Stuttgart kam. Dieser Entschluß wurde ihm von der einen Seite verübelt, von der anderen erhielt er dafür Lob. Die Universität Tübingen war ihre Nebenbuhlerin und damit eine große Sorge los. Die Landschaft billigte die Auflösung aus finanziellen Gründen.

Ludwig Eugen, wohlmeinend und gerecht, war nach Stuttgart gekommen mit den besten Absichten, die vielfachen Mißstände, die in der langen Regierungszeit seines Bruders eingerissen waren, abzuschaffen. Da war in erster Linie der Ämterkauf, ein Krebsschaden des öffentlichen Lebens, der übrigens damals auch in anderen Ländern zu finden war. Das Arge daran war, daß Beamte, die für ihre Stellung viel Geld hatten zahlen müssen, ihre Unkosten irgendwie decken wollten. Dieses höchst korrupte System war mit herzoglicher Billigung von einem früheren Unteroffizier namens Wittleder zu einer ergiebigen, staatlichen Einnahmequelle ausgebaut worden, ein Erfolg, der diesem Herrn durch seine Ernennung zum Wirklichen Expeditionsrat und Leiter des Kirchenkastens gedankt wurde. Aber schon hier mußte der Herzog seinen ersten Mißerfolg buchen. Die Beamten erhoben sich wie ein Mann zum Schutze ihrer Ämter, auf die sie kraft ihrer Zahlungen einen unzweifelhaften Rechtsanspruch zu haben überzeugt waren. Die Drohung hatte einen durchschlagenden Erfolg. Die vom Herzog angeordnete Überprüfung der Beamtenverhältnisse unterblieb.

Zu Lebzeiten seines Bruders war Ludwig Eugens Verhältnis zur Landschaft nicht schlecht gewesen. Er hatte ja gegen jenen für diese, wie auch der dritte Bruder Friedrich Eugen, mehrfach Partei ergriffen. Ganz uneigennützig war freilich diese Stellungnahme nicht gewesen. Die landschaftliche Kasse hatte den beiden jüngeren Brüdern freundlicherweise gerne ausgeholfen, wenn der älteste die Tasche zuhielt. Jetzt war das plötzlich anders. Der neue Herr machte keinen Hehl aus seiner Feindschaft gegen die Revolution und aus seiner Anhänglichkeit an den Kaiser. Das paßte der Landschaft gar nicht. Ludwig Eugen mußte sich von ihr sagen lassen, er sei ein schlechter Württemberger, wenn er die Belange des Reiches höher stelle als die des Herzogtums. Der engere Ausschuß war nicht mehr der, den Ludwig Eugen gekannt hatte. Vom Jahre 1770 an war der leitende Mann in den beiden Ausschüssen der Landschaftsadvokat Friedrich Amandus Stockmayer, der die verschiedenen Beamtenstellen der Landschaft als das Erbgut seiner Familie ansah. Nicht als ob er bedeutende Anlagen gehabt hätte, aber er war ebenso schlau wie eigennützig, trug Wasser auf allen Schultern, hatte den Ständen gedient und für die Brüder des Herzogs gesorgt. Er, nicht der Konsulent, hütete eifersüchtig die Schlüssel der Landschaftskasse. Durch Geschenke war er reich geworden, lebte aber äußerst einfach und bekannte sich als eifriger Pietist. Auch verstand er es meisterhaft, sich nie festzulegen, so daß er den einen gegen den anderen auszuspielen vermochte, ohne je seinen eigenen Vorteil zu vergessen. An dem Leitseil einer verschwiegenen Korruption hatte der verstorbene Herzog die Ausschüsse viel mehr geführt, als nach außen sichtbar geworden war.

Das änderte sich, als Johann Georg Kerner, Bürgermeister von Ludwigsburg, sich gegen Stockmayers Wunsch den Eintritt in den engeren Ausschuß erzwang (1792). Nun ergriff ein Mann von echtem, politischem Ehrgeiz die Zügel; ihm war es nicht um Geld und seinen persönlichen Vorteil zu tun, sondern um die Macht im Staat. Das war in der Geschichte der Landschaft etwas ganz neues. Bisher war das Alte Recht entweder eine ideale Forderung gewesen oder ein Mittel zur Befriedigung eigennütziger Zwecke, jetzt sollte es als Werkzeug eines politischen Machtanspruchs benützt werden. Neben Kerner traten zwei Männer, die wie dieser politischen Ehrgeiz hatten: der Konsulent Johann Heinrich Hochstetter, der als ausgezeichneter Jurist einer der besten Lehrer der Karlsschule gewesen war, und Konradin Abel, den sein Schwiegervater Stockmayer in den engeren Ausschuß gebracht hatte. Auch er war zeitweise Konsulent, ein weitgereister Mann und befähigter Diplomat; als württembergischer Gesandter in Paris sammelte er mit feinem Kunstverständnis Gemälde, die Goethe bei seinem zweiten Besuch in Stuttgart sehr bewunderte. Ludwig Eugen sah in diesen Männern verkappte Revolutionäre, was sie sicher nicht waren, und beschuldigte sie eines „feinen Demokratismus". Daß sie freiheitliche Ideen kultivierten, wird man nicht bezweifeln können, aber politischer Umsturz, der sie wohl als erste in den Abgrund gerissen hätte, lag ihnen ferne. Sie versuchten, beharrlich und zielbewußt, dem Herzog die politische Führung aus der Hand zu nehmen.

Es sei hier kurz an die politische Lage Europas erinnert: Der Kaiser und der König von Preußen hatten 1792 ohne Glück gegen die französische Republik gekämpft. Der Feldzug dieses Jahres hatte für sie nach der Kanonade von Valmy mit dem sehr verlustreichen Rückzug aus Frankreich geendet. Wenige Monate später wurde Ludwig XVI., dessen Befreiung das Ziel dieses Feldzugs gewesen war, enthauptet. In den nächsten zwei Jahren ging der Krieg mit wechselndem Erfolg weiter; Preußen fühlte sich von der Wiener Politik mehr und mehr mißbraucht und wollte sich nicht nur aus dem aussichtslosen Krieg herauswinden, sondern auch noch den Ruhm des europäischen Friedensstifters erwerben. Der Friedensvertrag, den Preußen zu Basel am 5. April 1795 mit Frankreich abschloß, galt in Wien als schändlicher Verrat an der gemeinsamen Sache. Die im Vertrag vereinbarte Demarkationslinie trennte Deutschland in zwei Teile, einen neutralen unter der politischen Führung Preußens und einen anderen, in dem der Kaiser den Krieg fortsetzte. Württemberg war nicht in den neutralen Teil einbezogen.

Dem Herzogtum drohte, wie schon so oft in seiner Geschichte, die Gefahr, wehrlos zum Kampfgebiet zweier kriegführender Großmächte zu werden. In dieser schwierigen Lage war für Ludwig Eugen die Stellungnahme gegeben: er stand zu Kaiser und Reich und wollte, für ihn als alten Soldaten selbstverständlich, wenn es sein mußte, die Grenzen des Landes gegen einen Einfall der Franzosen verteidigen. Weite Kreise der Bevölkerung stimmten ihm zu. Die Landschaft war zwar für große Werbungen nicht zu haben, aber mit der Aufstellung einer Miliz, wie sie das Alte Recht vorsah, war auch sie einverstanden. Durch das Land ging eine Welle der Begeisterung. Damals entstand das Lied von der ›Landmiliz‹:

„Meintweg ging's morgen vor Tag ins Feld,
Bruder, Soldat sein ist schön.
's gibt halt ein Württemberg in der Welt,
's gibt halt ein'n Ludwig Eugen."

Aber dieser vaterländische Aufschwung war nur ein Strohfeuer. Der engere Ausschuß kam schnell wieder auf seine alten Bedenken zurück, die stehenden Truppen murrten über die Bevorzugung der neuaufgestellten Verbände, und die Rekruten der Landmiliz ließen sich in ihrem Übermut arge Ausschreitungen zuschulden kommen. Als die Bauernburschen mit den Gewehren, die man ihnen zur Verteidigung des Landes gegeben hatte, in den herzoglichen Forsten auf Jagd gingen, kamen auch dem Herzog schwere Bedenken.

In Stuttgart gab es kein Halten mehr, als bekannt wurde, daß in Basel Preußen mit den Beauftragten der französischen Republik über den Frieden verhandelte. Alles schrie nach Frieden. Der Herzog blieb kühl und ablehnend. Für ihn galt noch immer die Reichsverfassung, nach der nur dem Kaiser das Recht zustand, im Namen des Reiches über den Frieden zu verhandeln. Er ließ sich auch nicht durch die Drohung eines bevorstehenden französischen Einfalls einschüchtern, womit er recht behielt. Demgegenüber beharrte der engere Ausschuß auf seinem Standpunkt, daß die Friedensverhandlungen ohne Rücksicht auf den Kaiser sofort entweder durch die Vermittlung Preußens oder direkt mit der französischen Regierung aufzunehmen seien. Erstaunlich bleibt es, daß die Mitglieder des engeren Ausschusses im Ernst glaubten, sie könnten als Hüter der württembergischen Verfassung gegenüber dem ›reaktionären‹ Herzog auf die Regierungen in Paris und Berlin Eindruck machen. Gerade in Paris kannte man den Unterschied zwischen einem privilegierten Stand und einer Volksvertretung recht genau, und auch aus Berlin kam die ironische Antwort, man habe Wichtigeres zu tun als über die Einzelheiten des Erbvergleichs zu grübeln. Aber das kümmerte die landständischen Herren recht wenig, sie trotzten dem Herzog, der zu schwach, zu alt und zu müde zum Widerstand war, ein Zugeständnis um das andere ab. Am meisten aber kränkte es diesen, daß auch sein Neffe, Herzog Friedrich Eugens ältester Sohn, Friedrich Wilhelm Karl, von dem er sich anfänglich gerne hatte beraten lassen, auf die Seite der Landschaft trat, und ihn, den regierenden Herzog, in aller Öffentlichkeit aufs schärfste kritisierte. Schließlich machte der Fürst das letzte ihm mögliche Zugeständnis und gab die Erlaubnis zur Entsendung des Landschaftskonsulenten Konradin Abel nach Basel – als herzoglicher Gesandter. Fünf Tage später, am 20. Mai 1795, starb Herzog Ludwig Eugen bei seinem täglichen Ausritt an einem Schlaganfall.

Ihm folgte als vierzehnter regierender Herzog der jüngste der drei Söhne Karl Alexanders, FRIEDRICH EUGEN. Dieser hatte, ursprünglich für den geistlichen Stand bestimmt, seine Berufswahl in jungen Jahren getroffen. Er wurde Soldat, trat in preußische Dienste, wo eine glänzende Laufbahn auf ihn wartete. An seine Verdienste erinnerte, solange es eine preußische Armee gab, das Kürassierregiment Herzog Friedrich Eugen von Württemberg (Westpreußisches) Nr. 5. Er war verheiratet mit Friederike Sophie Dorothee Prinzessin von Brandenburg-Schwedt, einer Nichte Friedrichs des Großen. Dieser sehr glücklichen Ehe entstammten drei Töchter und acht Söhne. Nach seinem Abschied aus dem preußischen Heer lebte er in Mömpelgard, wo er sich als Statthalter seines Bruders

Karl Eugen allgemeiner Hochachtung und Beliebtheit erfreute, bis er zum Schmerz der Bevölkerung 1791 von den Franzosen vertrieben wurde. Nach dem Tode Karl Eugens überließ Ludwig Eugen das Schloß Hohenheim seinem Bruder. Die Württemberger rechneten es Friedrich Eugen hoch an, daß er seine Kinder im evangelischen Glauben erziehen ließ. Von besonderer Bedeutung für die Geschicke des Herzogtums wurden die Beziehungen, die durch die Heirat der ältesten Herzogstochter mit dem russischen Thronfolger zum Zarenhof entstanden.

ELFTES KAPITEL

REVOLUTION IN WÜRTTEMBERG

Der Ständestaat Württemberg war ein Fremdkörper in der deutschen und europäischen Staatenwelt des achtzehnten Jahrhunderts, auch die Revolution verlief daher in unserem Land nicht nach dem französischen Muster. Äußerlich zwar ähnelt sich das Ergebnis: am 2. Oktober 1805 trafen sich in Ludwigsburg zwei Herrscher: Kaiser Napoleon I. und Kurfürst Friedrich von Württemberg. So groß der Unterschied ihrer Macht war, in ihrem Wesen waren verwandte Züge. Sie begegneten sich mit einer gewissen Hochachtung und hatten beide eine Revolution zum Abschluß gebracht.

Die politische Entwicklung Württembergs zwischen 1795 und 1805 nennt man im allgemeinen nicht ›Revolution‹. Ein Umsturz, eine Revolution von oben, jedoch war es sicherlich, als am Ende dieses Zeitraums die württembergische Verfassung, die fast dreihundert Jahre bestanden hatte, mit einem Federstrich außer Kraft gesetzt wurde. Daß die französische Revolution den Gang der Dinge in Württemberg stark beeinflußte, steht außer Zweifel.

Im Sommer 1795 fuhr das württembergische Staatsschiff zwischen Klippen, und böse Stürme kamen auf. Der Arm, der das Steuer führte, war schwach. Herzog Friedrich Eugen, der tapfere Reiterführer, der so manches Mal seine Schwadronen siegreich gegen den Feind geführt hatte, war ein müder, kranker Mann, der nichts sehnlicher wünschte, als im Frieden seinen Untertanen ein wohlwollender Landesvater zu sein. Aber die Erfüllung dieses Traums lag in weiter Ferne. Wohl drängten die Stände auf Frieden, und der württembergische, diplomatische Vertreter in Paris, Konradin Abel, der herzogliche Gesandte, der seine Weisungen von der Landschaft erhielt, schrieb Berichte, in denen er die von Frankreich drohende Kriegsgefahr in den düstersten Farben schilderte. Aber auch die Gegenkräfte waren stark. Des Herzogs eigener Sohn und voraussichtlicher Thronfolger hielt an der österreichischen Politik fest, und aus Petersburg schrieb die Tochter, die Großfürstin Maria Feodorowna, Briefe, die vor einer Verständigung mit Frankreich dringend warnten. Schließlich aber entschied sich der Herzog unter dem Druck der Stände für einen Sonderfrieden. Der Erbprinz, der gegen die amtlichen Berater seines Vaters nicht aufkommen konnte, zog sich verstimmt zurück. Zu einem Abschluß der württembergisch-französischen Verhandlungen kam es nicht, aber schon der Versuch dazu stellte Württemberg in Wien und Petersburg bloß und dies um so mehr, als die österreichischen Waffen im Herbst des Jahres siegreich waren. Nun hatte Württemberg keinen zuverlässigen Freund mehr und stand allein. Frankreich war an dem kleinen Land unter diesen Verhältnissen nichts gelegen, auch war ein Friedensschluß der Republik damals sowieso nur ein kurzer Waffenstillstand. Preußen verzichtete auf jede Einflußnahme auf die süddeutschen Staaten und beschränkte sich auf die innerhalb der Demarkationslinie des Baseler Friedens liegenden Gebiete. Das Mißtrauen Wiens, das überall Verrat witterte, steigerte sich noch mehr. Die Landschaft freilich wollte diese Lage nicht anerkennen, sie hatte ihren Willen durchgesetzt und hielt die Leitung der inneren und äußeren Angelegenheiten Württembergs fest in der Hand. Die Einsicht, daß die von ihr verfolgten Ziele ihre Mittel und Möglichkeiten bei weitem überstiegen und daß zur Führung einer selbständigen Außenpolitik wirkliche Macht unerläßlich ist, hatte sie nicht gewonnen. Im Hintergrund der Schaubühne jedoch stand ein Mann, der, mit politischem Willen und staatsmännischer Klugheit begabt, auf den Augenblick wartete, der ihm die Möglichkeit zu eigenem Handeln bringen sollte: der Erbprinz. Das Schicksal legte ihm aber noch eine Wartezeit von mehr als zwei Jahren auf. Auch so war er der Angsttraum der landständischen Vertreter.

Im Winter 1795/96 wollte das Direktorium in Paris die süddeutschen Fürsten mit einer neuen Taktik als Bundesgenossen gewinnen. Diesen wurden freigiebig Entschädigungen für alle Verluste auf linksrheinischem Gebiet und Erweiterung ihrer Machtbereiche angeboten, andererseits aber schickte Paris Emissäre los, die außerhalb Frankreichs für die Revolution werben sollten. Die Wirkung in Deutschland war zunächst gering. Am anfälligsten für die revolutionäre Propaganda waren die gebildeten Schichten, aber im wesentlichen sahen die Württemberger, stolz auf ihre ›glückliche Verfassung‹, keine Veranlassung zum gewaltsamen Umsturz der politischen Verhältnisse ihrer Heimat. Im Sommer 1796 waren dann auch die feurigsten Vertreter der aus dem Westen kommenden Heilsverkündung durch das Auftreten der Revolutionstruppen sehr ernüchtert.

Der Verlauf der militärischen Ereignisse dieses Jahres ist rasch erzählt. Die kaiserliche Regierung in Wien kündigte den mit Frankreich bestehenden Waffenstillstand auf den 1. Juni. Der Stand der österreichischen Rüstungen rechtfertigte allerdings diesen Entschluß nicht; so wurde auch der geplante Angriff über den Rhein nicht durchgeführt. Der Schwäbische Kreis hatte in den vergangenen Jahren sich bemüht, etwas für die Landesverteidigung zu tun. Die Kreisstände wurden an die Erfüllung ihrer militärischen Verpflichtungen erinnert; neben der Aufstellung neuer und der Verstärkung alter Verbände legte man auf dem Roßbühl an der großen Straße von Freudenstadt nach Oppenau beim Kniebis als Sperre eine Schanze an. Der Kreis hatte auch in dem Generalfeldmarschalleutnant vom Stain einen organisatorisch tüchtigen und militärisch umsichtigen Truppenführer. Aber der Mangel an Mitteln und das Schwanken zwischen Widerstandswillen und Friedenssehnsucht ließen es zu keinem befriedigenden Ergebnis kommen. Die Ausrüstung und Bekleidung der kämpfenden Truppe war mangelhaft, die Munition unzureichend und die Manneszucht lässig. Die Fahnenflucht nahm beängstigend zu. Beim Ausbruch der Feindseligkeiten Anfang Juni 1796 lag das Kreiskorps unter General vom Stain in und bei der Reichsfestung Kehl in Stellung, angelehnt südlich und nördlich an österreichische Verbände. Schlimm und für die Führung des Kreiskorps niederdrückend war das Mißtrauen, das die österreichische Heeresleitung den Kreistruppen entgegenbrachte. Bei der unzuverlässigen Haltung der württembergischen Regierung – Herzog Friedrich Eugen war kreisausschreibender Fürst – war dies, mit österreichischen Augen gesehen, begreiflich. Wieweit der Argwohn und die Beaufsichtigung gingen, zeigt die Meldung des württembergischen Kommandanten in Kehl noch aus der Zeit des Waffenstillstandes an die Stuttgarter Regierung, in der es heißt, es sei für ihn unmöglich, einem württembergischen Gesandten oder Agenten einen Paß zur Überschreitung des Rheins auszustellen, ohne daß nicht am nächsten Morgen von österreichischer Seite angefragt werde, was der Paßinhaber auf der anderen Rheinseite zu suchen habe.

Drei Wochen nach der Kündigung des Waffenstillstandes ging die französische Rheinarmee unter Moreau überraschend bei Kehl über den Rhein. Die Behauptung, die Kreistruppen hätten sich überrumpeln lassen und seien beim ersten Schuß weggelaufen, ist eine erwiesene Verleumdung. Sie leisteten vielmehr der Übermacht kräftigen Widerstand. Es wurde auch nach zweitägiger Verteidigung ein ernsthafter Versuch zur Wiedergewinnung der verlorengegangenen Stadt Kehl unternommen. Als aber die Verbindung zwischen den österreichischen und den Kreistruppen abriß, blieb, um nicht umgangen zu werden, dem Kommandeur des Kreiskorps keine andere Wahl, als den Rückzug durch das Kinzigtal anzuordnen. Am 30. Juni erhielt in Biberach das württembergische Kontingent des Kreiskorps, drei Bataillone, zwei Eskadrons Dragoner mit einigen Geschützen, den Auftrag, von Hausach aus das Wolfachtal aufwärts über Rippoldsau den Kniebis zu erreichen und dort die zur Sperrung der Paßstraße angelegte Roßbühlschanze zu besetzen. Infolge eines Dauerregens war der Marsch beschwerlich und schleppend. Für schweres Geschütz war die befohlene Straße überhaupt nicht passierbar. Am 2. Juli war das Marschziel erreicht. Zur Besetzung der Schanze wurde ein Bataillon bestimmt, ein zweites lag dahinter in Wartestellung. Der Rest der Abteilung befand sich weiter zurück im Quartier. Die Schanze war in nicht verteidigungsfähigem Zustand. Feindberührung bestand zunächst nicht und wurde auch nicht erwartet. Der Nachschub an Verpflegung und Munition war ausgeblieben. Das Wetter hatte sich nicht gebessert. Am Abend des 2. Juli, als sich die beiden Bataillone vorderster Linie gegenseitig ablösten, traf die Meldung vom Anmarsch weit überlegener französischer Kräfte aller Waffen bei dem Führer der württembergischen Abteilung ein. Beim Zustand der Schanze und dem Stärkeverhältnis der beiden Gegner war Widerstand aussichtslos, aber auch eine Lösung vom Feind schien nicht mehr möglich. Der Ausgang des Treffens war nicht zweifelhaft. Die rückwärts liegenden Truppen zogen über Freudenstadt ab, um sich mit dem bei Hornberg im Gutachtal stehenden Kreiskorps zu vereinigen. Die Roßbühlschanze wurde nach etwa einstündigem Kampf eingeschlossen, worauf sich deren Besatzung ergab. Die Franzosen setzten erst zwei Tage später ihren Vormarsch bis Freudenstadt fort, um dort bis auf weiteres stehenzubleiben. Erbprinz Friedrich, der von Freudenstadt aus die Verbindung mit dem württembergischen Kontingent hatte aufnehmen wollen, um den Widerstand fester zu organisieren, eilte auf die Nachricht von der Niederlage am Roßbühl nach Stuttgart zurück. Die Schilderung, die er von dem unglücklichen Treffen gab, tat der Truppe unrecht. Auch hier hatten die beiden Bataillone tapfer gekämpft, die erheblichen blutigen Verluste der Württemberger widerlegen die Behauptung, sie hätten die Waffen weggeworfen. Eine gerechte Beurteilung des damaligen württembergischen Soldaten wird nicht vergessen dürfen, daß er – von den herzoglichen Paradetruppen abgesehen – fast immer schlecht ausgerüstet, verpflegt und besoldet, von der Heimat unfreundlich behandelt, vielfach vergessen war und einem Feind gegenüberstand, der von revolutionärem Schwung beseelt, auf vielen Schlachtfeldern erprobt, sich für Europas besten Soldaten hielt und mit Begeisterung für Frankreichs Ruhm focht. Die Landschaft ihrerseits tat wenig, um in ihren Soldaten Vaterlandsliebe zu wecken.

In Stuttgart erwartete man die Rettung von einem Waffenerfolg des kaiserlichen Heeres, das Erzherzog Karl, von den Niederlanden kommend, an die Schwarzwaldfront führte, aber mit der Schlacht bei Malsch in der Gegend von Rastatt am 9. Juli 1796, die für die Österreicher unglücklich verlief, mußte auch diese Hoffnung aufgegeben werden.

Schon am 23. Juni hatte Herzog Friedrich Eugen dem Kaiser mitgeteilt, er müsse sich unter den obwaltenden Umständen eine direkte Verhandlung mit Frankreich vorbehalten. Jetzt, nach den Hiobsbotschaften vom Kniebis und von Malsch ließ sich die Landschaft nicht mehr halten und schickte Gesandte nach Paris und in das Hauptquartier des französischen Oberbefehlshabers. Außerdem versuchte man in Stuttgart, was von dem württembergischen Kontingent noch übrig war, aus dem Kreiskorps herauszuziehen, worüber sich Erzherzog Karl erboste. Dieser hatte sich vom Feind in östlicher Richtung abgesetzt, mit der Absicht, am Neckar das Herzogtum Württemberg zu decken. Der Plan mißlang, da eine österreichische Abteilung am 18. Juli bei Cannstatt von den Franzosen geschlagen wurde. Am Tag zuvor hatten die württembergischen Unterhändler mit Moreau einen Waffenstillstand unter drückenden Bedingungen geschlossen. In Wien und im Hauptquartier des Erzherzogs sprach man erbittert von dem Verrat Württembergs.

Nun begann ein gefährliches Spiel um den Fortbestand des Herzogtums. In Paris verhandelten Konradin Abel im Auftrag der Landschaft, Geheimer Rat von Wöllwarth für den Herzog in den Vorzimmern der französischen Machthaber teils mit-, teils neben- und gegeneinander über einen Friedensvertrag. In Wien versuchte der Erbprinz als der einzige Mann am württembergischen Hof, der noch hoffen konnte, am kaiserlichen Hof angehört zu werden, die abgerissenen Fäden wieder anzuknüpfen. In der französischen Hauptstadt fanden sich im Auswärtigen Amt einige Räte bereit, gegen ›reiche Geschenke‹ für den süddeutschen Kleinstaat etwas zu tun. Eine Gebietsentschädigung für die Grafschaft Mömpelgard und die anderen linksrheinischen, württembergischen Besitzungen, die schon seit Jahren von Frankreich besetzt und jetzt förmlich abgetreten worden waren, wurde in Aussicht gestellt. Es war auch einmal von einer Erleichterung der ärgsten Härten des Waffenstillstandvertrages die Rede. Herzog Friedrich Eugen, der nach einem Schlaganfall apathisch geworden war, schwankte zwischen Annahme und Ablehnung des Vertrags. Die Landschaft stimmte ihm zu.

Schließlich lehnte der Herzog den Vertrag ab, gab jedoch seinen Unterhändlern eine geheime Vollmacht zu dessen Unterzeichnung mit. Damit war die Entscheidung in das Ermessen der Gesandten gelegt. Durch die Ernennung des Herrn von Mandelsloh, der Wöllwarth ersetzen sollte, waren nun zeitweise drei bevollmächtigte Gesandte in Paris. So wie sich in der französischen Hauptstadt die Lage darstellte, waren sie alle drei für die Unterzeichnung, aber in Stuttgart war man zu einer ganz anderen Beurteilung der Dinge gekommen und wollte infolge des Umschwungs auf dem Kriegsschauplatz das Heil auf der österreichischen Seite suchen. Mittlerweile hatte Wöllwarth unterschrieben. Abel, der der Sache nicht ganz traute, versteckte sich hinter der Zuständigkeitsfrage und überließ großmütig dem Kollegen die Ehre der Unterzeichnung; Mandelsloh, raffinierter Diplomat, der er war, entzog sich mit einer fadenscheinigen Entschuldigung der Verantwortung. Als Wöllwarth mit dem am 7. August 1796 unterschriebenen Vertrag zu Hause ankam, wurde er unwirsch empfangen und in Ungnade seines Dienstes entlassen, was er nicht verdient hatte; der Herzog verweigerte die Ratifizierung des Vertrages.

In Wien gelang es dem Erbprinzen, das Mißtrauen des Kaisers und seiner Räte langsam und mühselig zu überwinden, wobei ihm seine Beziehungen zu England und Rußland zugute kamen. Dieser Erfolg schien ihm das Zugeständnis der Stellung eines württembergischen Hilfskorps von fünftausend Mann wohl zu rechtfertigen. Mit seinen weiteren Forderungen hatte er nicht viel Glück. Die Kurwürde wurde ihm nur bedingt zugesichert, und von einer Gebietsentschädigung für Mömpelgard wollte man in Wien nichts wissen; in Paris wäre es leichter gewesen, ein offenes Ohr für diesen Wunsch zu finden. Die Franzosen machten solche Geschenke auf anderer Leute Kosten, der Kaiser hätte eine seiner vorderösterreichischen Besitzungen opfern müssen.

Der Vertrag, den der Erbprinz in Wien unterschrieb, zeigt sehr deutlich eine Besonderheit seiner politischen Linie, an der er bis zur Aufhebung der Landschaft im Jahre 1805 festhielt. Seine auswärtigen Beziehungen waren stets von den Gesichtspunkten bestimmt, die ihm durch seinen Kampf mit den württembergischen Ständen vorgeschrieben wurden. Da es nach Lage der Dinge für den Erbprinzen unmöglich war, die französische Republik für eine Ablehnung der Landschaft zu gewinnen, trat er auf die Seite des Kaisers, wo er hoffen konnte, gegen jede Art ständischer Ansprüche Unterstützung zu finden. Der erste Schachzug allerdings, eben dieser Wiener Vertrag, mißlang ihm gründlich. Seine eigene Mutter war es, die ihm das Konzept verdarb. Als preußische Prinzessin haßte sie den kaiserlichen Hof und ließ dem engeren landschaftlichen Ausschuß, der bisher über die Wiener Verhandlungen nichts Genaues wußte, sagen, was der Erbprinz und der Kaiser verabredet hatten. Die Landschaft traf sofort Gegenmaßregeln und schüchterte den Herzog dadurch so ein, daß er die Anerkennung der Abmachung verweigerte. Diese Nachricht erhielt der Erbprinz noch in Wien. Er sah sich von seinem Vater im Stich gelassen und fühlte sich aufs schwerste gekränkt. Gerüchte jedoch, die wissen wollten, er habe daraufhin einen Staatsstreich in Württemberg geplant, bewahrheiteten sich nicht; der Erbprinz ließ sich vor seiner Abreise von Wien vom Kaiser bestätigen, daß er nie eine auf die Absetzung seines Vaters zielende Äußerung getan habe. Seine Gedanken über das, was er einmal bei der Regierungsübernahme zu tun haben werde, behielt er für sich. An einen Vertrauten schrieb er, die Zeit werde kommen, wo man auch in Württemberg einsähe, daß er bei seinen Wiener Verhandlungen nur das Beste für das Land gewollt habe. Der Erbprinz reiste dann, ohne Württemberg zu berühren, nach London, um dort in zweiter Ehe Charlotte Mathilde, Prinzessin von Großbritannien, Tochter König Georgs III. von England aus dem Hause Hannover, zu heiraten. Im Sommer 1797 nach Württemberg zurückgekehrt, vermied er jede Einmischung in die Regierungsgeschäfte seines Vaters.

Die auf dem Herzogtum liegenden schweren Kriegslasten waren irgendwie zu ordnen. Das herzogliche Kammergut reichte hierfür nicht aus, so daß das Land zu deren Bereinigung herangezogen werden mußte. Die Einberufung des Landtags war also unumgänglich, so ungern sich die Regierung dazu entschloß. Bei dessen Zusammentritt zu Beginn des Jahres 1797 ergab sich, daß die Abgeordneten eine Aussprache über den Umbruch der Zeit für weit wichtiger hielten als die Regelung der Kriegsschulden. Es schien, als habe das kleine Land im Schutz der hohen Mauern seiner Selbstgenügsamkeit in idyllischer Ruhe gelebt und jetzt erst das Erdbeben, das Europa erschütterte, verspürt. Die geistige Entwicklung stand im Zeichen der Aufklärung, die politische unter den Auswirkungen der französischen Revolution. Mit diesen Maßstäben wollten die Mitglieder des württembergischen Landtags die Leistungen der Regierung, aber auch die der landschaftlichen Ausschüsse in den letzten Jahrzehnten messen und zunächst einmal alles vorbringen, was sich an Unzufriedenheit und Groll in ihren Herzen angesammelt hatte. Die Beschwerden dieses Landtags häuften sich zu Bergen.

Bisher hatten sich die Ausschüsse herzlich wenig um die öffentliche Meinung gekümmert, aber das änderte sich mit dem ›Reform-Landtag‹. Die alten Ausschüsse, deren ›Vetterleswirtschaft‹ die Grenzen des Erträglichen weit überschritten hatten, mußten unter dem Druck des allgemeinen Unwillens zurücktreten. Die neuen erhielten das Recht der Selbstergänzung, das jeder Willkür Tür und Tor geöffnet hatte, nicht mehr. Die Wahl der Ausschußmitglieder blieb den Amtskörperschaften vorbehalten. Andererseits war der Landtag bestrebt, seine Vorrechte auf Kosten des Herzogshauses noch zu erweitern. Dem Landesherrn gegenüber war sich der Landtag einig, in allen anderen Fragen war er es nicht. Friedrich Eugen glaubte, in Ludwig Timotheus Spittler, der während seiner Göttinger Zeit sich auch in der Heimat großen Ansehens erfreute, einen Vermittler gefunden zu haben, und berief den Gelehrten als Geheimen Rat in die Regierung mit dem Auftrag, im Landtag eine angemessene Verteilung der Kriegsschulden durchzubringen. Spittler scheiterte mit seinen Bemühungen und konnte sich nur damit trösten, daß ihm eine Sisyphusarbeit aufgebürdet worden war.

Das große Ziel eines Ausgleichs zwischen dem Alten Recht und den Ideen einer neuen Zeit blieb unerreichbar. Der Tübinger Vertrag vom Jahre 1514 hatte sich im Lauf der Jahrhunderte vielerlei Auslegungen gefallen lassen müssen, aber sein Grundgedanke, das Sonderrecht der Ehrbarkeit, war unangetastet geblieben. Für dieses Privileg setzten sich auch jetzt die Männer des Alten Rechts ein und erwiesen sich stärker als die Reformer, die die Lehre der neuen Staatswissenschaft von der Teilung der Gewalten verfochten; mit dem Alten Recht war die Trennung in eine vollziehende und eine gesetzgebende Gewalt nicht zu vereinigen. Die neuen Ausschüsse fanden wie ihre Vorgänger Geschmack an der auswärtigen Politik und suchten, sie allein zu bestimmen. Die altrechtlichen Führer des Landtags waren keine Revolutionäre und wollten keinen Umsturz. Ein Herzog an der Spitze des Staates war ihnen ganz lieb, solange dieser sich ihren Wünschen fügte. In dem Reformlandtag saßen neben Männern mit sehr starken Ellbogen auch solche von Bildung, uneigennützigem Charakter und dem besten Willen, aber die kleine Welt, in der sie fast alle lebten, nahm ihnen den unbefangenen Blick für die politische Wirklichkeit, der allein den Politiker ausmacht. Sie sahen die Dinge, wie sie sie wünschten, nicht wie sie waren, sie erwachten nie aus dem beglückenden Traum, der ihnen die unvergleichliche württembergische Verfassung als einen wirksamen Faktor im politischen Kraftfeld vorspiegelte.

Inzwischen war auf den Schlachtfeldern Italiens durch die Feldherrnkunst Napoleon Bonapartes die geschichtliche Entscheidung gefallen. Frankreich forderte und erhielt das linke Rheinufer, sein altes heißerstrebtes Ziel. Auf dem Kongreß von Rastatt (1797/99) wurde über die Entschädigung der deutschen Fürsten für die an Frankreich abzutretenden linksrheinischen Gebiete verhandelt. Der Sieger hatte dafür den weltlichen Besitz der katholischen Kirche bestimmt. Diese entschädigungslose Enteignung war ein ungeheuerlicher, rechtlich in keiner Weise zu vertretender Raubzug, dem eine schon seit Jahrzehnten betriebene, publizistische Auseinandersetzung vorausgegangen war, die den französischen Machthabern alle gewünschten Argumente lieferte.

Um bei der Verteilung nicht leer auszugehen, bestimmte der ständische Ausschuß zwei seiner Mitglieder als Gesandte. Der eine, Christian Friedrich Baz, der radikalste der Radikalen, ging nach Paris, Eberhard Friedrich Georgii, der damalige Landschaftskonsulent, nach Rastatt. Später nannte man Georgii den letzten Altwürttemberger, er war ein sehr fähiger Kopf, aber von einer an verbohrten Eigensinn grenzenden Charakterstärke. Damit hatte die Landschaft gesiegt und stand auf der Höhe ihrer Macht; aber auch der Gegensatz zwischen Herzog und Landtag wurde auf diese Weise so offenkundig, daß die Stellung württembergischer Vertreter im Ausland von vornherein empfindlich geschwächt war.

Mit dem Tode Herzog Friedrich Eugens am 23. Dezember 1797 brach für Württemberg eine neue Zeit an.

Der neue Herr war bei seiner Regierungsübernahme mit dreiundvierzig Jahren gewiß kein unbeschriebenes Blatt. Schon mit der Wahl seines Namens ›Herzog Friedrich II.‹ gab er Richtung und Ziel seines Strebens an. Mit der Erinnerung an den Absolutisten unter seinen Vorgängern ließ er erkennen, welchen Kurs er steuern werde. Die Landschaft verstand den Hinweis und erwartete nichts Gutes von den kommenden Zeiten, war aber trotzig bereit, den Fehdehandschuh aufzuheben. Wie der erste dieses Namens war auch der zweite nicht in Württemberg aufgewachsen und stand den besonderen Verhältnissen des Landes fremd gegenüber. FRIEDRICH II. hatte den Absolutismus an den Höfen von Berlin und St. Petersburg kennengelernt; in seiner Jugend hatte er das königliche Frankreich geliebt: „J'aime la France et tout ce qui en vient" hatte der Dreiundzwanzigjährige an einen seiner Erzieher geschrieben.

Das Leben hatte den Prinzen hart mitgenommen. Seiner Anlage nach war schon der Knabe reizbar, eigenwillig und jähzornig, und die Erlebnisse seiner Jugend waren dazu angetan, diese Eigenschaften zu steigern. Die Wesensart des Jünglings stellte seine Erzieher, die anfänglich jedenfalls nicht glücklich ausgewählt waren, vor eine schwere Aufgabe. Das Lernen freilich fiel ihrem Schüler leicht, denn er besaß einen scharfen Verstand und die Gabe einer raschen, ja blitzschnellen Auffassung. In der Ausbildung Friedrichs trat die Philosophie hinter die Naturwissenschaft zurück. Religiös-moralische Anschauungen, die er von seinen Lehrern übernahm, und ein strenger Gerechtigkeitssinn blieben bis in seine letzten Jahre in dem Skeptiker und Menschenverächter lebendig und führten dazu, daß Friedrich manche Maßnahme einer übereilten Fürstenlaune zurücknahm und wieder gutzumachen suchte. Dazu kam ein ausgesprochener Stolz und ein Hang zu Prunk und Pracht. Dieser letzte Zug steigerte sich später wohl auch dadurch, daß er glaubte, seine Würde als Kurfürst und König nach außen stark betonen zu müssen.

Mit zwanzig Jahren trat der junge Prinz, den Spuren seines Vaters folgend, in das preußische Heer ein. Friedrich der Große zog ihn bald in seine persönliche Umgebung und beförderte ihn zum Regimentskommandeur. Aber die aussichtsvolle Laufbahn des jungen Offiziers ging wegen eines diplomatischen Auftrags jäh zu Ende. Der Preußenkönig war bekanntlich ein Stifter vieler politischer Fürstenehen; so hatte er auch die Verbindung der Prinzessin Sophie Dorothee, der Schwester Friedrichs von Württemberg, mit dem russischen Thronfolger in die Wege geleitet. Nun sollte die Freundschaft zwischen Preußen und Rußland noch weiter gestärkt werden, und dazu dachte König Friedrich II. an die jüngere Tochter Herzog Friedrich Eugens, Elisabeth. Die Zarin Katharina aber ließ, gleichfalls aus politischen Erwägungen, den Plan scheitern. Der König suchte jedoch die Ursache seines Mißerfolgs nicht in Petersburg, sondern bei dem württembergischen Herzogspaar, beschuldigte, wohl zu Unrecht, Friedrich, durch eine Intrige seine Absicht zum Scheitern gebracht zu haben; er entließ ihn in verletzender Form aus dem preußischen Dienst.

Friedrich von Württemberg hätte im kaiserlichen Heer ein Unterkommen finden können, verzichtete aber auf diese aussichtsreiche Laufbahn, um seinen bisherigen Dienstherrn nicht zu kränken. Eine andere Möglichkeit bot sich im russischen Dienst. Aber gerade hier, wo er hoffen konnte, mit Hilfe seiner Schwester bald festen Fuß zu fassen, erwartete ihn ein schreckliches Geschick. 1780 hatte er, auf ausdrücklichen Wunsch König Friedrichs von Preußen, Augusta Karoline, Prinzessin von Braunschweig-Wolfenbüttel, die Tochter Herzog Ferdinands, des bekannten preußischen Heerführers, geheiratet. Die Braunschweigerin war viel jünger als ihr Gatte, mit ihren kaum sechzehn Jahren noch beinahe ein Kind. Zunächst ließ sich alles aufs beste an. Die Zarin ernannte den württembergischen Herzog zum Gouverneur von Finnland und versetzte ihn während des Krimkrieges in gleicher Eigenschaft nach Cherson. In beiden Stellungen lernte Friedrich große Verhältnisse kennen, in denen sich Herrscherwille und Drang nach Entfaltung seiner Persönlichkeit frei entwickeln konnten. Aber diese Aufträge entfernten ihn für lange Zeit von der Hauptstadt. Augusta Karoline war lebenslustig und von verführerischer Schönheit. Der Petersburger Hof war frivol und intrigant; die Launen der Kaiserin machten das Leben der Hofgesellschaft zum ständigen Wagnis, denn ihre Gunst und ihre Ungnade lagen nahe beieinander. Friedrich, der über die Ehe sehr streng dachte, warf seiner Gattin Vernachlässigung ihrer häuslichen Pflichten vor und wurde böse, als diese, auf die Gunst der Zarin vertrauend, im Trotz verharrte. Augusta wandte sich hilfesuchend an Katharina, bei der Friedrich überdies seit seiner Tätigkeit in Finnland landesverräterischer Beziehungen zu dem schwedischen König verdächtigt worden war. Der Herzog wurde 1787 des Landes verwiesen, die Herzogin behielt die Zarin an ihrem Hof zurück. Was dann geschah, wurde nie völlig aufgeklärt. Die Zarin entsprach der Bitte der Eltern um Freilassung ihrer Tochter nicht, entfernte diese jedoch aus ihrer Umgebung und wies ihr im Schloß Lohde in Estland einen Zwangsaufenthalt an, wo Augusta Karoline nach zwei Jahren starb, wie es heißt an der Geburt eines Kindes, dessen Vater der Gouverneur des Schlosses gewesen sein soll. Dieser hatte die Herzogin wie eine Gefangene gehalten und völlig von der Außenwelt abgesperrt. Ob es auf Befehl der Zarin geschehen war, weiß man nicht. Den Eltern wurde der Tod ihrer Tochter mitgeteilt, die Herausgabe ihrer Leiche jedoch und jegliche Erklärung über ihr tragisches Ende verweigert.

Bei der Beurteilung des Charakters Herzog Friedrichs ist nicht zu vergessen, daß ein hartes Schicksal ihn verschlossen und einsam, in seinem Urteil scharf und nicht selten ungerecht gemacht hat. Hier wird auch der Grund seiner Skepsis und Menschenverachtung zu suchen sein. Mit seinen Söhnen verband ihn keine Neigung. Nur die Tochter Katharina stand dem väterlichen Herzen nahe. Alles, was in ihm noch an menschlicher Wärme war, galt seinem einzigen, wesentlich jüngeren Freund, Johann Karl von Zeppelin, der, einer mecklenburgischen Familie entstammend, ihm in den russischen Jahren nahegetreten war und in allen Stürmen die Treue gehalten hat. Aber auch dieses Band wurde vorzeitig zerrissen. Zeppelin starb schon 1801 im Alter von nur vierunddreißig Jahren. Die Mit- und Nachwelt vermutete hinter dieser Freundschaft widernatürliche Neigungen. Solche Nachrede erhielt neue Nahrung, als Friedrich später junge Männer, an deren frivolem Treiben die Öffentlichkeit Anstoß nahm, in seine Umgebung zog. Einfluß auf seine Entscheidungen hat der König diesen ›Freunden‹ nie eingeräumt. Es ist hinlänglich bekannt, daß auch am Bild Friedrichs des Großen solche oder ähnliche Unterstellungen haften.

Lange Jahre lebte Friedrich, teilweise unter drückenden materiellen Verhältnissen, zurückgezogen und fern der politischen Welt, auf die bestimmenden Einfluß zu haben, sein ganzes Bestreben war. Was er in

Württemberg als unbeteiligter Zuschauer zu sehen bekam, konnte freilich einem staatsmännischen Kopf jämmerlich erscheinen. Die Versuche Herzog Karl Eugens, die geistigen und politischen Einflüsse der französischen Revolution von seinem Land fernzuhalten, waren für seinen Neffen nichts als hohle Phrasen. Für die ›stille Korruption‹, mit der sich der regierende Herzog die Mitglieder der Landschaft, die seit dem Erbvergleich von 1770 den überragenden Einfluß im Staat hatten, dienstbar machte, hatte Friedrich nur Verachtung und sagte dies auch. Man kann es dem scharfsinnigen Kritiker nicht verübeln, daß er Karl Eugens listig verschlagene Art, den Gegner hinters Licht zu führen und gleichzeitig sich selbst etwas vorzumachen, als Außenpolitik nicht gelten ließ. Dazu ein Beispiel für viele: 1792 hatte die Reichsfestung Kehl eine Besatzung von schwäbischen Kreistruppen. Auf der anderen Rheinseite lagen Franzosen. Die Rheinbrücke bei Kehl war aus militärischen Gründen unbrauchbar gemacht worden und sollte es auch nach Ansicht der kaiserlichen und der Kreisoffiziere bleiben. Der französische Oberkommandierende in Straßburg war natürlich anderer Meinung und wollte die Brücke wieder instand setzen. Die Verhandlungen zwischen den Ausschüssen des schwäbischen Kreises, den vorderösterreichischen Behörden, dem Herzog von Württemberg als dem kreisausschreibenden Fürsten und dem französischen Hauptquartier gingen endlos hin und her. Im Grunde ihres Herzens wußten alle Beteiligten, Karl Eugen von Württemberg nicht ausgenommen, was der französische General wollte: die für einen Rheinübergang seiner Truppen unentbehrliche Brücke. Man fand den so lange gesuchten Ausweg, als der Kehler Stadtrat aus wirtschaftlichen Gründen die Wiederherstellung der Brücke forderte. Wenn nun alle, die es anging, fest versprachen, die Brücke nur für die ›Commerzien‹ zu benutzen, war ja keine Gefahr mehr. Selbstverständlich teilte auch das französische Hauptquartier diese Ansicht und gab jede gewünschte Zusicherung. Der Neffe fragte sich, ob es Dummheit oder Schwäche von seinem Onkel war, so zu handeln.

Bei dem Regierungswechsel im Jahre 1793 mag Friedrich gehofft haben, auf den Herzog Ludwig Eugen im Sinne einer zielbewußten Außenpolitik einwirken zu können; aber hier war alle Mühe vergebens. Der neue Herr hatte wohl ein sicheres Gefühl für fürstliche Würde und besaß auch politische Einsicht, aber ihm fehlte die Kraft, sich gegen die Machtansprüche der Landschaft durchzusetzen, und sein Stolz ließ es nicht zu, daß er sich seinem Neffen auf Gedeih und Verderb anvertraute.

Friedrich, der Mann der Tat, setzte sich an den Schreibtisch und schrieb mit sehr gewandter Feder in ebenso geistvoller wie bissiger Ironie, die er an des großen Königs Tafelrunde gelernt haben mag, einen Schlüsselroman. Unter einer durchsichtigen Hülle, die die leitenden Personen leicht erkennen läßt, werden die Schwäche und Verlogenheit der landständischen wie der herzoglichen Politik und deren Werdegang geschildert. Seinen Vater schont der Autor, aber Ludwig Eugen kommt schlecht weg – zu Unrecht; mag dieser auch in der Jugend ein recht munteres Leben geführt haben, ehe er ein braver Sohn seiner Kirche wurde, so war er doch als Regent voll guten Willens und in seiner ritterlichen Haltung trotz seiner Hilflosigkeit im Wirbel der politischen Ereignisse eine einnehmende Persönlichkeit. Daß hier der Thronfolger den regierenden Herrn lächerlich machte, war weder menschlich schön noch dem Ansehen des Herzogshauses zuträglich. So muß es wohl dabei bleiben, daß wir in Friedrich von Württemberg als Herzog, Kurfürst und König wenig von Liebe, Güte und wohltuender Wärme spüren, suchen wir aber nach Eigenschaften des Willens, der Kraft, der Einsicht und Entschlußfähigkeit, so finden wir in ihm einen Staatsmann, der unter den Zeitgenossen nicht viele seinesgleichen hatte.

Herzog Friedrich II. bereitete den württembergischen Ständen unmittelbar nach seiner Regierungsübernahme eine Überraschung. Die Landschaft hörte keine Posaunenstöße, sondern Flötentöne. Der Herzog bestätigte, was niemand zu erwarten gewagt hatte, die landständischen Freiheiten ohne jeden Vorbehalt und traf nur wenige Personal- und Organisationsänderungen. Er ernannte Zeppelin, den treuen Freund, zum ersten Staats- und Konferenzminister und Mitglied des Geheimen Rats. Abgesehen von der persönlichen Seite war diese Wahl auch sachlich die beste, die er treffen konnte, denn der Mecklenburger erwies sich als klarer, weitblickender staatsmännischer Kopf und gewandter Diplomat, der nur ein Ziel kannte, selbstlos seinem Herrn, nicht allerdings dem Lande, zu dem er ja keine Beziehung hatte, zu dienen. Sein erster Auftrag führte Zeppelin nach Wien, wo er die kaiserliche Unterstützung der Entschädigungsansprüche Württembergs für die verlorenen linksrheinischen Besitzungen beim Kongreß in Rastatt und womöglich auch die Kurwürde für das Herzogtum erreichen sollte. Der herzogliche Unterhändler kehrte unverrichteter Dinge in die Heimat zurück, obwohl Zar Paul, des Herzogs Schwager, die württembergischen

Wünsche in Wien nachdrücklich unterstützt hatte. Schlimmer noch als dieser Fehlschlag war, daß darnach Friedrich bei seinem Hauptanliegen, dem Vorgehen gegen die Landschaft, nicht mehr auf die Rückendeckung des Kaisers hoffen konnte. Ohne diese aber war der Herzog machtlos. So blieb, wollte er nicht wie seine Vorgänger resignieren, nichts anderes übrig als der Versuch einer Verständigung mit Frankreich. Gelingen konnte dieser nur, wenn der Riß zwischen dem Herzog und dem Landtag wenigstens oberflächlich geflickt erschien. Daß Friedrich nicht im Ernst diese Verständigung erstrebte, war klar, aber um des Zieles willen mußte ihm auch das Mittel recht sein. Die Grundzüge dieser Politik sahen etwa so aus: Der Herzog würde den Frieden vom 7. August 1796 ratifizieren und Frankreich für den Fall eines französisch-österreichischen Konflikts seine Neutralität zusichern – beide Punkte waren schon lange Forderungen der Landschaft –, als Gegenleistung hätte sich die Republik zur Unterstützung der württembergischen Entschädigungsansprüche, die Herzog und Landtag nicht gerade bescheiden ansetzten, zu verpflichten. Von Frankreich sollte auch noch auf das ihm zugestandene Recht des freien Durchmarschs durch Württemberg verzichtet werden. Mit der Landschaft wollte sich der Herzog auf der Grundlage einigen, daß er den Herrn von Wöllwarth, der wegen der vorschnellen Unterzeichnung des Friedensvertrages von Herzog Friedrich Eugen in Ungnaden entlassen worden war, wieder einstellte, außerdem war er bereit, der ›Inkorporation‹ der Entschädigungsgebiete zuzustimmen. Damit war der Forderung der Landschaft, daß alle neuerworbenen Gebiete und Herrschaften ›inkorporiert‹, das heißt der landständischen, nicht der herzoglichen Verwaltung unterstellt werden sollten, Genüge getan. Dieser landschaftliche Anspruch war bisher immer mit dem rechtlich unanfechtbaren Hinweis abgewiesen worden: da Mömpelgard und die anderen linksrheinischen Besitzungen nicht inkorporiert gewesen seien, könne dies jetzt auch nicht für die Entschädigungsgebiete beansprucht werden.

Umsonst machte freilich Friedrich so große Zugeständnisse nicht. Was er von dem Landtag erwartete, war die Bewilligung seiner militärpolitischen Forderungen. Die Frankreich versprochene Neutralität sollte durch starke militärische Kräfte gesichert werden. Über diese Frage war die Landschaft geteilter Meinung. Konradin Abel mit der gemäßigten Gruppe war zum Entgegenkommen bereit, Georgii und seine Freunde wollten, wenn überhaupt, nur der Einberufung der Miliz zustimmen, an der aber Friedrich nichts gelegen war, Baz vollends vertrat von Paris aus unverhüllt revolutionäre Forderungen, die in der Heimat, wo 1798 die Wogen des Umsturzes so hoch wie noch nie gingen, manchen Anklang fanden. Auch der Geheime Rat stand bei der Opposition. Im Sommer dieses kritischen Jahres war dann der Traum eines Ausgleichs zwischen Herzog und Landschaft ausgeträumt. Jener hatte wenigstens den Vorteil, seiner eigenen Linie folgen zu können, während die Gruppen des Landtags uneins waren. Aber bald kam es auch nicht mehr auf Verhandlungen an.

Der Ausbruch des zweiten Koalitionskrieges (1799) zeigte Friedrich den Weg, den er gehen sollte. Die Franzosen selbst halfen dem württembergischen Herzog bei seiner Entscheidung für den Kaiser, denn bei der Eröffnung der Feindseligkeiten hausten die in Württemberg eingedrungenen Grenadiere des Generals Vandamme in dem angeblich befreundeten Land so, daß überall die Sympathien für die Österreicher stiegen. Nach den ersten Erfolgen des Erzherzogs Karl konnte Friedrich die Maske gegenüber Frankreich abwerfen. Jetzt war der württembergische Herzog dem Kaiser ein erwünschter Bundesgenosse; Rußland und England halfen in Wien noch nach, so daß von dort aus Friedrich die gewünschte Rückendeckung beim Kaiser und am Reichshofgericht gegen die Landschaft zugesagt wurde. Die Vertreter der Landschaft fanden plötzlich bei den amtlichen Wiener Stellen kein Gehör mehr, während die Verbindung nach Paris abgerissen war. Zunächst ging Herzog Friedrich gegen den Geheimen Rat vor, der ihm im entscheidenden Augenblick bei der Militärfrage im Landtag die Gefolgschaft verweigert hatte. Die Räte, die sich die Stellungnahme der Landschaft zu eigen gemacht, den Bruch mit Frankreich und die Beteiligung am Reichskrieg widerraten hatten, unter ihnen auch Herr von Wöllwarth zum zweitenmal, wurden entlassen. Spittler durfte zwar auf Bitten Zeppelins bleiben, wurde aber von nun an nur noch in Stellungen verwendet, die mit außenpolitischen Fragen nicht befaßt waren. In diesen Tagen berief Friedrich den Regierungsrat Philipp Christian von Normann, der aus einer pommerschen Adelsfamilie stammte und Eleve und Lehrer der Hohen Karlsschule gewesen war, in den Geheimen Rat. Dieser Pommer sollte seines württembergischen Herrn treuester Helfer und der Baumeister des neuen, absolutistisch regierten Württembergs werden. Er war ein Fürstendiener im Sinne des Absolutismus, der keinen eigenen Willen hatte, wenn der Herr befahl, und für diesen nach seinem eigenen Wort zu „jedem Lumpenstreich" bereit. Friedrichs nächster Schritt hätte jetzt wohl der Landschaft gegolten, deren Einfluß er auf das frühere Maß zurückschrauben wollte, ohne an ihre Aufhebung zu denken. Aber es kam wieder einmal ganz anders.

Seit Anfang des Jahres 1800 war das Kriegsglück für die Franzosen. Schon Ende 1799 hatte sich Zar Paul, erbittert über die, wie er sagte, unerhörte Treulosigkeit seiner Verbündeten, England und Österreich, von der Koalition getrennt und politisch den bisherigen Gegner unterstützt. Am 25. April 1800 überschritt Moreau den Rhein und stieß bis München vor, acht Wochen später erschien nach einem militärisch großartigen Alpenübergang Bonaparte in Oberitalien und schlug die Österreicher bei Marengo. Ende des Jahres siegte Moreau nochmals über die Österreicher bei Hohenlinden unweit München. Nach weiteren zwei Monaten, am 9. Februar 1801, besiegelte der Friede von Lunéville die Niederlage des Kaisers, der jetzt, zusammen mit dem Reich, das linke Rheinufer an Frankreich abtreten mußte. Für Friedrich von Württemberg brachte dieser in der deutschen Geschichte unselige Tag die Wendung zum Besseren. Soweit die geschichtlich bedeutenden Daten dieser Zeit.

Herzog Friedrich war, vor den siegreichen Franzosen ausweichend, im April 1800 mit seinen nächsten Beratern nach dem preußischen und deshalb neutralen Erlangen gegangen. Was er von den neuaufgestellten Truppen zur Verfügung hatte, es waren nicht ganz achttausend Mann, konnte er gerade noch dem Kaiser zuschicken. Die Subsidien, die er für sein Kontingent bekam, waren alles, was er in dieser Zeit besaß. Die Monate (von April 1800 bis Mai 1801) bis zu seiner Rückkehr ins Land mögen die schwersten seines Lebens gewesen sein. Seine Politik war völlig gescheitert; macht- und mittellos lebte er in der Fremde, während in der Heimat die Landschaft, die jetzt die Erfüllung ihrer Wünsche in greifbarer Nähe sah, einträchtig mit Frankreich verhandelte und versuchte, alle Forderungen der Franzosen auf das herzogliche Kammergut abzuwälzen. Aber Friedrich war nicht der Mann, der unter Schicksalsschlägen zusammenbrach. Er zog das Fazit und fand, daß noch lange nicht alles verloren sei; er glaubte, Freunde zu haben. Der Erste Konsul hatte allen Grund, auf die Wünsche des Zaren, der ja jetzt zu Frankreich neigte, Rücksicht zu nehmen, und Friedrich konnte sich auf seinen Schwager verlassen. Die Anzeichen der Geisteskrankheit Pauls I., in der seine Schreckensherrschaft begründet war und die ein Jahr später zu seiner Ermordung führte, waren schon bemerkbar, aber die Instruktion des russischen Gesandten in Paris lautete nach wie vor, alle Schritte des Herzogs von Württemberg bei dem Ersten Konsul seien nachdrücklich zu unterstützen. Auch wurde die Garantie für den Fortbestand Württembergs ausdrücklich für den Landesherrn, nicht für die Stände verlangt. Ein weiteres günstiges Vorzeichen konnte Friedrich darin sehen, daß mit dem Staatsstreich vom 18. Brumaire (9. November 1799) die revolutionäre Bewegung in Frankreich zum Stillstand gebracht war. Mit dem Sturz des Direktoriums war die württembergische Landschaft ihrer Stütze in Paris beraubt. Die Rheinbundpolitik warf ihre Schatten voraus. Bonaparte suchte sich die deutschen Fürsten für seine künftigen Auseinandersetzungen mit Österreich, und eines Tages auch mit dem bisher neutralen Preußen, zu verpflichten. Wollte er sich aber militärisch kräftige und zuverlässige Verbündete verschaffen, konnte ihm an einer vielköpfigen, ständischen Vertretung, deren Militärfeindlichkeit und neutralistische Friedenspolitik hinlänglich bekannt waren, wenig gelegen sein. Die Mittel zur Gewinnung ihm vorbehaltlos ergebener Statthalter glaubte Bonaparte in dem weltlichen Besitz der katholischen Kirche zu haben.

In Erlangen hatte Friedrich zunächst noch eigensinnig und gegen den Rat seines russischen Schwagers an der Koalition festgehalten und war sogar noch einmal im Herbst für mehrere Wochen nach Wien gegangen. Aber als er erkennen mußte, daß hier niemand für ihn, den Fürsten ohne Land, ein Ohr hatte, warf er das Steuer entschlossen herum und schlug sich wieder auf die Seite Frankreichs. Die ahnungslose Landschaft war sehr betroffen und sah ihre Pläne gefährdet, als Normann nicht für seinen Herrn um Gnade bettelte, sondern selbstbewußt als Vertreter eines Fürsten auftrat, der sich der Gunst und tatkräftigen Förderung einer mit Frankreich verbündeten Großmacht erfreute. Nach dem Friedensschluß räumten die Franzosen Württemberg, so daß Friedrich zurückkehren konnte. Er wurde vom Volk freudig willkommen geheißen, was selbst das verhärtete Herz des alten Skeptikers rührte. Nur ein tiefer Schatten trübte das Glück dieser Tage. Wenige Wochen nach seiner Rückkehr mußte Friedrich den Reichsgrafen Johann Karl von Zeppelin, den über alles geliebten Freund, zu Grabe geleiten.

Nach den Bestimmungen des Lunéviller Friedensvertrags hatte die Reichsdeputation, der Hauptausschuß des Reichstages in Regensburg, über die Einzelheiten der Entschädigung der abgetretenen linksrheinischen Gebiete zu beschließen. Außer den geistlichen Fürstentümern und Herrschaften und den meisten Reichsstädten sollten nach dem Wunsch der deutschen Fürsten auch noch die Besitzungen der Reichsritterschaft verteilt werden. Diese letztgenannte Absicht, für die der französische Außenminister Talleyrand schon gewonnen war, wurde zwar durch den Ersten Konsul noch einmal vereitelt. Schließlich war aber damit nur eine kurze Henkersfrist erreicht. Im Dezember 1805, um die Zeit des Preßburger Friedens, griffen die Fürsten mit brutaler Gewalt nach den reichsritterschaftlichen Besitzungen, und Napoleons Rheinbundakte vom 12. Juni 1806 bestätigte ihnen ihr Recht der Souveränität über die Ritter.

Der Reichsdeputationshauptschluß, das zusammenfassende Protokoll der langwierigen Verhandlungen, beendete einen wüsten Handel. Zugegeben, daß, politisch gesehen, die weltliche Herrschaft der Kirche, wie sie sich, abgesehen vom Kirchenstaat in Italien, nur in Deutschland befestigt hatte, einen Fremdkörper in der neuzeitlichen europäischen Staatenwelt darstellte und deshalb nicht mehr lebensfähig war, zugegeben ferner, daß dieser Gesichtspunkt weithin auch für die Souveränität der Reichsritter gelten mußte, so war doch das, was hier geschah, für jedes Moral- und Rechtsempfinden unerträglich. Die Staatsräson des Absolutismus, die in die Aufforderung mündete: nimm, was du kriegen kannst!, tobte sich aus. Noch schandbarer allerdings war das Verhalten der französischen Stellen. Das Schwergewicht der Verhandlungen lag nicht beim Reichstag in Regensburg, sondern im Pariser Außenministerium, wo eine Börse entstand, an der mit deutschen Herrschaften gehandelt wurde: jede Stadt, jedes Amt, jede Abtei hatte einen Preis, der an die Beamten des Außenministeriums, in erster Linie an den leitenden Minister, Charles Maurice de Talleyrand-Périgord, Bischof von Autun, zu zahlen war. Nie hat die Korruption giftigere Früchte getragen als damals. Zunächst bot auch die Landschaft mit, Normann hat sich in Stuttgart bitter über diesen ›unlauteren Wettbewerb‹ des ständischen Ausschusses beschwert. Als sich aber der Herzog, der zunächst diese Hintertreppenpolitik nicht mitmachen wollte, von seinem Gesandten überzeugen ließ, daß ohne Bestechung schlechterdings nichts zu erreichen war, konnte der herzogliche Gesandte mit den größeren Mitteln die landständischen Vertreter überspielen. Mit dem erzwungenen Rücktritt von Abel verlor die Landschaft ihren fähigsten Kopf und damit auch ihren Einfluß.

Am 20. Mai 1802 unterzeichnete Normann in Paris den französisch-württembergischen Vertrag, der dem Herzog den Besitz mehrerer kirchlicher Gebiete, darunter die Fürstpropstei Ellwangen und neun Reichsstädte zusicherte. Bei den anschließenden Verhandlungen in Regensburg kamen noch weitere Erwerbungen hinzu. Als der Reichsdeputationshauptschluß unterschrieben wurde, hatte Friedrich für die von ihm abgetretenen linksrheinischen Herrschaften das Zweieinhalbfache an Einwohnern und Flächeninhalt mit einem steuerlichen Aufkommen von etwa einer Million Gulden eingetauscht. Die Pläne des Herzogs waren freilich noch viel weiter gegangen, die Herrschaft über den Schwäbischen Kreis hätte seinen Ehrgeiz gestillt, aber so weitgehende Zugeständnisse lagen nicht in der Absicht des französischen Machthabers. In einem Punkt hat Friedrich sich als guter Württemberger erwiesen. Als bei dem Länderhandel ihm vorgeschlagen wurde, er könne Württemberg gegen Westfalen oder sogar die Cisalpinische Republik vertauschen, lehnte er jede derartige Anregung ab: er werde sich nie von seinem angestammten Land trennen lassen. Einen Erfolg erzielte der Herzog auch noch dadurch, daß die Reichsdeputation die von der Landschaft und den neuerworbenen fränkischen und schwäbischen Reichsstädten gemeinsam gestellte Forderung der Inkorporation der neuen Gebiete ablehnte. Friedrich war der unumschränkte Herr Neuwürttembergs. Aber auch der alte Reichspatriot regte sich noch einmal in ihm, er wollte den so lange erstrebten Kurfürstenhut nicht der ›französischen Obervormundschaft‹ verdanken, sondern diesen aus der Hand des Kaisers erhalten. Am 29. April 1803 bekam Friedrich aus Wien die Bestätigung seiner neuen Würde.

Diese außergewöhnlichen Erfolge verdankte der neue *Kurfürst* gewiß nicht nur seiner Staatskunst und seinem diplomatischen Geschick. Die Welle glücklicher Umstände trug ihn ans Ziel. Auch seine ausgezeichneten Familienbeziehungen zu England und Rußland halfen ihm. In Petersburg war es seine Schwester, die Kaiserin-Witwe Maria Feodorowna, die nach der Ermordung Pauls I. sich bei ihrem Sohn Alexander I. unermüdlich für ihren Bruder und die Heimat einsetzte. Dessen ungeachtet bleibt Friedrich die Anerkennung, daß er mutig, umsichtig und tatkräftig mit allen Winden, auch den widrigsten, zu segeln verstand.

Die Landschaft gab auch in den nun folgenden Jahren den Kampf um Stellung und Einfluß nicht auf; sie forderte immer wieder die Inkorporation der neuen Gebiete und suchte sowohl in Wien wie in Paris für ihren Standpunkt zu werben. Es war jedoch kein glücklicher Gedanke des engeren Ausschusses, aus einem Zwist in der herzoglichen Familie politisches Kapital schlagen zu wollen. Friedrichs Söhne, Wilhelm und Paul, die unter der harten und lieblosen Hand ihres Vaters litten, sprachen offen von ihrer Ablehnung der Politik des Kurfürsten. Wilhelm, der Kurprinz, der hinter dem Rücken seines Vaters freundschaftlich in der Familie des Landschaftskonsulenten Abel verkehrte, entzog sich durch die Flucht dem Einfluß seines Vaters, erbat und erhielt die finanzielle Hilfe des landständischen Ausschusses und trat im Ausland als Gegner des in Württemberg herrschenden Regiments auf; er wurde in Paris vom Ersten Konsul empfangen und mit Auszeichnung behandelt. Bonaparte und Talleyrand, der Leiter der französischen Außenpolitik, hatten ja immer gerne viele Eisen im Feuer, und so mögen sie es für nützlich gehalten haben, im Bedarfsfall den Sohn gegen den Vater, der durch seine Eigenwilligkeit der französischen Politik mehr als einmal lästig geworden war, auszuspielen. Als Wilhelm daran dachte, seine Geliebte, die schöne und ehrgeizige Tochter Abels, in Paris zu heiraten, fand er die Unterstützung der beiden leitenden Staatsmänner Frankreichs. Erst als Kurfürst Friedrich erreichte, daß der russische, der preußische und schließlich auch noch der österreichische Gesandte Vorstellungen bei der französischen Regierung gegen die Trauung erhoben, wurde diese vom Ersten Konsul verhindert. Die Lage, Kurprinz und Landschaft mit der Unterstützung Frankreichs gegen den Kurfürsten, war unerträglich und mußte irgendwie bereinigt werden. Die Gelegenheit dazu fand sich bei der Einberufung des Landtags im Frühjahr 1804, auf dessen Tagesordnung die Regelung der Kriegskosten obenan stand, aber wie vorauszusehen war, wollten die Landboten lieber über politische Fragen der Vergangenheit und Gegenwart sprechen. Darüber nun entzweiten sie sich und beschuldigten einander des Verrats an der geheiligten Sache des Alten Rechts. Graf Wintzingerode, auch ein persönlicher Freund des Kurfürsten und von diesem zum Geheimen Rat und leitenden Minister ernannt, verstand die Behandlung der Landtagsabgeordneten nicht schlechter als seinerzeit Graf Montmartin und erfuhr bald die Einzelheiten des Abkommens zwischen der Landschaft und dem Kurprinzen sowie die Höhe der diesem ausbezahlten Summen. Nun hatte Kurfürst Friedrich Oberwasser. Der Landtag wurde aufgelöst, eine Untersuchung gegen seine Führer eingeleitet und eine genaue Rechnungslegung des landständischen Finanzwesens angeordnet. Die Aktenbestände und Kassen wurden versiegelt. Diese Schritte des Kurfürsten verstießen gegen die Verfassung. Trotzig und tapfer wehrte sich der Ausschuß und lehnte die Herausgabe seiner Bücher ab. Als dann der erste Landschaftssekretär, Friedrich Amandus Stockmayer d. J., sich weigerte, die Schlüssel der geheimen Registratur abzuliefern, wurde er verhaftet. Auch seine mutige Frau, die deren Versteck kannte, lehnte standhaft bei scharfen Verhören der kurfürstlichen Räte jede Auskunft ab. Sie gab damit ein schönes, viel bewundertes Beispiel einer aufrechten charaktervollen Haltung, aber schließlich war es doch ein Kampf auf verlorenem Posten. Die Landschaft fand weder beim Reichstag noch im Reichshofrat oder in der kaiserlichen Kanzlei Gehör für ihre Beschwerden, aber auch die Schritte, die der Kurprinz in Paris für die beleidigte Landschaft unternahm, blieben erfolglos. Der Schwung, der die ständische Politik so lange getragen hatte, war erlahmt.

So kam das entscheidende Jahr 1805 heran. Kurz vor der Jahreswende hatte sich Napoleon Bonaparte zum Kaiser der Franzosen gekrönt. England, Rußland, Österreich und Schweden waren zur dritten Koalition verbunden. Napoleon verzichtete unter solchen Umständen auf seinen Plan einer Landung in England, löste das Lager in Boulogne auf und stürzte sich auf Österreich. Die Koalition mißtraute den süddeutschen Regierungen und ließ diese deshalb nicht in ihre Karten sehen. Napoleon aber teilte den Fürsten mit: wer nicht für ihn sei, sei gegen ihn. Kurfürst Friedrich, dem am ruhigen Ausbau seines Landes alles gelegen war, versuchte trotzdem neutral zu bleiben. Napoleon machte jedoch keine Zugeständnisse und beauftragte Talleyrand, den immer noch in Paris weilenden, mittlerweile zum französischen Generalmajor ernannten und mit dem großen Band der Ehrenlegion ausgezeichneten Kurprinzen Wilhelm zu fragen, ob er bereit sei, die Nachfolge seines Vaters anzutreten, in welchem Falle er mit einer erneuten, wesentlichen Gebietserweiterung rechnen könne. Wilhelm lehnte die offene Empörung gegen seinen Vater im Dienste einer fremden Macht ab. Kurfürst und Kurprinz verständigten sich, und im Oktober 1805 traf Wilhelm, kurz nach dem Besuch Napoleons in Ludwigsburg, wieder zu Hause ein.

Friedrich sah die Gefahren, die ihm von dem französischen Kaiser drohten, andererseits hatte er auch seine Erfahrungen mit dem österreichischen Herrscher im letzten Krieg nicht vergessen. Auf wiederholte, dringende Vorstellungen des französischen Gesandten antwortete er ausweichend. Nun wurde Napoleon ungeduldig und befahl seinen Generälen, bei dem Vormarsch des französischen Heeres durch Württemberg notfalls von der Waffe Gebrauch zu machen, entschloß sich aber dann doch zu einer persönlichen Verhandlung mit dem Kurfürsten. Am Abend des 2. Oktober 1805, dem Tag der Hochzeitsfeierlichkeiten des Prinzen Paul, traf der Kaiser in Ludwigsburg ein. Die Begrüßung vollzog sich von beiden Seiten in der verbindlichsten Form. Am anderen Tag verhandelten die beiden Monarchen unter vier Augen. Friedrich soll noch einmal versucht haben, seine Neutralität durchzusetzen, ließ aber dann seine Forderung fallen, als der Kaiser drohte, Württemberg als eroberte Provinz zu behandeln. Gegenüber den großen Ansprüchen Napoleons auf militärische Unterstützung wollte sich Friedrich offenbar auf die ablehnende Haltung seiner Stände berufen, worauf er die berühmte Antwort erhielt: „Chassez les bougres!" – schicken Sie die Burschen nach Hause! Was bei dieser Unterredung sonst an Einzelheiten zur Sprache kam, weiß man nicht, und ob dem Kurfürsten damals der Königstitel zugesagt wurde, ist ungewiß. In dem Vertrag, der anschließend aufgesetzt und unterschrieben wurde, steht nichts davon. Der Kurfürst sagte die Stellung eines Korps von acht- bis zehntausend Mann zu, dafür garantierte Napoleon den Bestand des Kurfürstentums. Außerdem versprach der Kaiser seine volle Unterstützung, wenn die Stände sich weigern sollten, die aus dem Vertrag entstehenden militärischen Lasten zu übernehmen. Kurfürst Friedrich erhielt die unumschränkte Souveränität über das Gebiet von Alt- und Neuwürttemberg.

An den Fortgang des Feldzugs sei nur in Stichworten erinnert. Am 17. Oktober fiel die Festung Ulm, vier Tage später siegte Nelson bei Trafalgar über die französisch-spanische Flotte, ein Ereignis, das auf dem europäischen Festland nicht genügend beachtet wurde. Die Entscheidung fiel bei Austerlitz am 2. Dezember. Am 26. dieses Monats wurde der Friede von Preßburg unterzeichnet, der Friedrich die versprochenen Landerwerbungen und die Königskrone brachte.

Nun hatte der *König* freie Hand gegen die Landschaft. Er hätte sie wohl auch jetzt noch in beschränktem Umfang aufrechterhalten, wenn sie nur in den kritischen Monaten der zweiten Hälfte des Jahres nicht das alte Spiel der Verweigerung aller militärischen Anforderungen getrieben hätte. Damit aber war nach Friedrichs Überzeugung bewiesen, daß mit diesen eigensinnigen, unbelehrbaren Männern keine Politik zu machen sei. Bei der Aufhebung der Stände ging es geschäftsmäßig und undramatisch zu, nicht so jedenfalls, wie es die Legende will, die von einem in der Abendstunde langsam schwankenden Zug dunkel gekleideter Männer mit gesenktem Blick erzählt. Es erschien vielmehr am 30. Dezember 1805, vormittags elf Uhr ein kurfürstlicher Geheimer Rat im Landschaftshaus und erklärte, die neue Souveränität mache den Fortbestand einer ständischen Vertretung unmöglich, nahm den anwesenden landständischen Beamten den Eid auf den Landesherrn ab und versiegelte Registratur und Kassen. Die Mitglieder der ständischen Ausschüsse, die am 15. Dezember in die Weihnachtsferien gegangen waren, wurden schriftlich von der Aufhebung der Verfassung verständigt. Niemand legte Verwahrung gegen den Gewaltakt ein, die ständischen Beamten traten in den königlichen Dienst über, die Ausschußmitglieder beugten sich der Gewalt und baten den König um eine angemessene Altersversorgung, die ihnen auch gewährt wurde. Man sollte diese Haltung der Unterlegenen, die doch nur menschlich war, nicht tadeln, sondern zu verstehen suchen.

Das war das Ende der Revolution in unserer Heimat. Am 1. Januar 1806 wurde unter dem Donner der Kanonen Württemberg als Königreich proklamiert. An ein weiteres Datum ist hier noch zu erinnern. Am 6. August 1806 legte Franz von Österreich, der zwei Jahre zuvor den Titel eines Kaisers von Österreich angenommen hatte, die deutsche Kaiserwürde nieder. Damit hatte das alte Deutsche Reich aufgehört zu bestehen.

So groß der Drang König Friedrichs nach Unabhängigkeit war, und so eifersüchtig er über seine Souveränität wachte, nach Lage der Dinge mußte er sich den Befehlen des französischen Kaisers fügen. In Einzelfällen jedoch setzte der trotzige Württemberger seinen Willen durch. Auf dem Fürstentag in Erfurt (Oktober 1808) zum Beispiel wich er der Forderung, zu dem spanischen Feldzug Napoleons Truppen zu stellen, erfolgreich aus. Sein Sträuben gegen den Rheinbund nützte ihm aber nichts, und auch der von Napoleon gewünschten Verheiratung seiner Tochter Katharina mit Jérôme Bonaparte, dem jüngsten Bruder des Kaisers, konnte er sich nicht widersetzen. Äußerst ungern und nur dem

Zwang gehorchend, stimmte der König zu. Die geliebte Tochter war ihm zu schade für den Emporkömmling. Nicht aus Gewissensgründen, aber aus Familienstolz paßte es dem eigenwilligen Vater nicht, daß seine Tochter einen jungen Mann heiraten sollte, dessen erste Ehe mit einer Amerikanerin nach kanonischem Recht nicht geschieden werden konnte. Als aber nach langen Verhandlungen der sorgfältig aufgestellte Ehekontrakt unterschrieben war, verstand es Friedrich ausgezeichnet, die Familienverbindung für politische Zwecke auszunützen. Wann immer sein harter Wille auf unerwünschte Forderungen des Kaisers stieß, mußte zum Schutz des württembergischen Throns der korsische Schwiegersohn einspringen. Katharina sagte später, Jérôme habe ihren Vater viermal vor der Thronentsetzung bewahrt. Das dürfte übertrieben sein, aber soviel steht fest, daß Württemberg und sein König vor den Gewaltakten Napoleons besser geschützt waren als andere Vasallen des großen Eroberers. Es spricht im übrigen für die menschlichen Werte dieser beiden Ehegatten, daß die Königin Katharina von Westfalen die Forderung ihres Vaters, sich nach dem Sturz des französischen Kaisers von ihrem Gatten zu trennen, ablehnte und den väterlichen Zorn auf sich nahm. Jérôme war besser als sein Ruf.

Außerordentlich waren die militärischen Leistungen des Landes in diesen Jahren. 1805 stellte das neugebildete Kriegsministerium etwa zehntausend Mann auf, die im folgenden Jahr nach dem preußischen Zusammenbruch im Verband der französischen Armee in Ostpreußen und Schlesien kämpften. Zwei Jahre darauf stand schon wieder eine württembergische Division in Stärke von dreizehntausend Mann gegen Österreich im Feld. Von den württembergischen Truppen, die im März 1812 auf den östlichen Kriegsschauplatz ausrückten, kehrten nach zehn Monaten nur wenige hundert Mann zurück. Bei den Kämpfen während des Vormarsches bis Moskau und auf dem Rückzug über die Beresina verlor diese Division fast ihren ganzen Bestand von über fünfzehntausend Mann. Glücklich war der Württemberger, der in russische Gefangenschaft geriet und dort sich der Fürsorge erfreuen durfte, die die Kaiserin-Witwe und ihr in russischen Diensten stehender Neffe, Herzog Eugen von Württemberg, ihren Landsleuten angedeihen ließen.

Es ist ein Beweis für die Tatkraft Friedrichs, aber auch für die Leistungsfähigkeit der neuen königlichen Verwaltung, daß nach solchem Aderlaß schon im Frühjahr 1813 eine neue Division von zwölftausend

Mann aufgestellt werden konnte. Es spricht aber auch für den politischen Scharfblick des Königs, daß er dem Führer dieser Division, dem General Graf von Franquemont, eine geheime Instruktion mitgab, nach der die württembergischen Verbände bei einem unglücklichen Verlauf des Feldzugs und einem Rückzug des französischen Heeres an der Landesgrenze anzuhalten seien und keinesfalls den Rhein überschreiten dürften.

Eine württembergische Reiterbrigade unter Oberst Graf Normann fand außerhalb des Verbands dieser Division Verwendung. So konnte es durch ein Verhängnis geschehen, daß württembergische Reiter bei der Vernichtung des Freikorps des preußischen Majors von Lützow bei Kitzen in der Nähe von Merseburg am 17. Juni 1813 beteiligt waren. Die von französischer Seite gegebene Darstellung, die den Grafen Normann mit der Verantwortung für diesen hinterlistigen Streich belasten will, ist geschichtlich unwahr. Der berechtigte Vorwurf, das Korps Lützow trotz des zwischen den feindlichen Parteien geschlossenen Waffenstillstands durch den Bruch des Ehrenworts in eine Falle gelockt zu haben, trifft einzig und allein die französischen Vorgesetzten des tapferen und vornehmen württembergischen Offiziers.

An der Schlacht bei Leipzig (16.–18. Oktober 1813) waren beide württembergischen Verbände, jedoch an verschiedenen Stellen, beteiligt. Die Division Franquemont stand, auf weniger als tausend Mann zusammengeschmolzen, am Stadtrand von Leipzig, die Brigade Normann war, noch voll kampfkräftig, bei Möckern eingesetzt. Kennzeichnend für das Verhältnis zwischen den Franzosen und ihren Verbündeten war, daß Normanns Korpsführer, Marschall Marmont, die Niederlage der Franzosen und den Erfolg der Preußen in dem blutigen Gefecht in der Tagesmeldung an seinen Kaiser wahrheitswidrig damit erklärte, daß, hätten die Württemberger ihre Pflicht getan, die Franzosen Sieger geblieben wären. Graf Normann stand vor der Frage, ob er die Regimenter im französischen Dienst opfern oder dem König erhalten sollte. Er tat nach seinem besten Wissen und Gewissen das letztere und führte am Morgen des 18. Oktober seine Brigade den Verbündeten zu, um sich dort als neutral zu erklären. Sein Entschluß mag von der Erbitterung über die Art, wie er bei Kitzen und Möckern von seinen französischen Vorgesetzten behandelt worden war und auch durch das Beispiel des preußischen Generals von York, der sich einige Monate zuvor bei Tauroggen an der preußisch-russischen Grenze beim Rückmarsch von Moskau von den Franzosen getrennt hatte, beeinflußt gewesen sein. König Friedrich sah in diesem Schritt, ohne die ehrenhaften Beweggründe eines erprobten Soldaten in einer äußerst schwierigen Lage zu würdigen, nur den militärischen Ungehorsam. Graf Normann, rechtzeitig von der Absicht des Königs, ihn verhaften und vor ein Kriegsgericht stellen zu lassen, unterrichtet, entzog sich dem landesherrlichen Richterspruch. Auch die beiden Regimenter bekamen die königliche Ungnade zu spüren. In der Heimat angekommen, wurden sie aufgelöst und ihre Offiziere vorübergehend verhaftet.

Lange hielt König Friedrich nicht mehr an dem Bündnis mit Frankreich fest. Acht Tage nach der Leipziger Schlacht schloß er eine Militärkonvention mit Österreich und kurz darauf in Fulda einen Vertrag mit Kaiser Franz, in dem der württembergische König seinen Austritt aus dem Rheinbund und die Vereinigung seiner Truppen mit der verbündeten Armee erklärte. Es entsprach dem Wesen Friedrichs, daß er seinen Beauftragten aufs schärfste tadelte, weil dieser in dem Vertrag von Fulda die Selbständigkeit des württembergischen Kontingents nicht klar genug betont habe. Die Verbündeten trugen dem herrischen Verlangen Friedrichs Rechnung. Kronprinz Wilhelm wurde zum Führer des vierten Korps der unter der Führung des Fürsten Schwarzenberg stehenden Hauptarmee der Verbündeten ernannt. Den Kern dieses Korps bildeten die Württemberger. Fast fünfundzwanzigtausend Mann brachte jetzt das Land nach fünf Feldzügen innerhalb von acht Jahren und bei außergewöhnlich hohen blutigen Verlusten auf. Der Kronprinz erwies sich als tüchtiger Truppenführer, und die württembergischen Regimenter hefteten frischen Lorbeer an die königlichen Fahnen. Ihre Ehrentage im Feldzug 1814 in Frankreich waren die Schlachten und Gefechte von La Rothière, Sens, Montereau, Arcis-sur-Aube, Fère Champenoise und Vincennes. Als ein Jahr später die Heere des verbündeten Europas nochmals gegen den von Elba zurückgekommenen Napoleon antreten mußten, waren die Württemberger nicht an der Entscheidung von Belle-Alliance beteiligt. Kronprinz Wilhelm jedoch operierte im Elsaß geschickt gegen französische Kräfte und schützte damit die Heimat.

Die verbündeten Mächte hatten sich beim ersten Pariser Frieden (30. Mai 1814) damit begnügt, durch die Rückführung des Hauses Bourbon in Frankreich geordnete Verhältnisse zu schaffen und die Lösung aller anderen Fragen einer späteren Beschlußfassung vorzubehalten. So trat im September dieses Jahres in Wien der Kongreß zusammen, dem es in zehnmonatiger Tätigkeit gelang, Europa eine neue Ordnung zu geben, die in ihren Grundzügen ein Jahrhundert lang bestand. Die beiden Hauptakteure dieser glänzenden Versammlung von Monarchen und Ministern waren Metternich und Talleyrand. Aber von ihnen haben wir hier nicht zu sprechen; wichtig für uns ist die Rolle, die König Friedrich spielte, der in Begleitung des Kronprinzen in den ersten Wochen des Kongresses in der Kaiserstadt erschien. Der Kronprinz zog aller Augen auf sich, wenn er bei den gesellschaftlichen Ereignissen des Kongresses, zusammen mit der verwitweten Herzogin von Oldenburg, Katharina, Großfürstin von Rußland, der Schwester des Zaren Alexander I., seiner Cousine und späteren Frau, auftrat. Alle Welt war bezaubert von diesem Paar, dem eine glänzende Zukunft vorausgesagt wurde. Politisch waren Vater und Sohn Nebenfiguren, die gekommen waren, um bei der Neuordnung Europas für sich und ihr Haus nach Möglichkeit Vorteile herauszuschlagen. Die geheimen Wünsche des württembergischen Königs gingen auf weitere, große Gebietserwerbungen bis zum Rhein hin, wovon er sich für Württemberg Vorteile wirtschaftlicher und verkehrspolitischer Art versprach. Erfolg hatte er nicht.

Das alte Deutsche Reich war tot; vorschnell hatte Franz I. auf den Titel eines Deutschen Kaisers verzichtet. Jetzt blieb nur übrig, die deutschen Staaten in irgendeiner Form zusammenzufassen. So beriet man über die Schaffung des Deutschen Bundes, der fünfunddreißig souveräne Fürsten und vier Freie Städte umfassen und seine oberste Behörde in dem Bundestag zu Frankfurt am Main finden sollte. In der alten Krönungsstadt hatten sich dann nach dem Entwurf die Gesandten der Bundesstaaten zu versammeln. Den Vorsitzenden stellte die Präsidialmacht Österreich. Verhindern konnte der auf seine Selbständigkeit so sehr bedachte König von Württemberg die Errichtung des Deutschen Bundes nicht, aber er wollte dessen Einfluß auf ein Mindestmaß herabdrücken. In dem Ausschuß für die Vorbereitung der Bundesverfassung vertrat Graf Wintzingerode die Forderungen seines Herrn mit solchem Nachdruck, daß es zum Bruch und zu einer mehrmonatigen Vertagung der Verhandlungen kam. Als dann Ende Mai 1815 die Beratungen wieder aufgenommen wurden, hielt sich Württemberg abseits. Die Bundesakte als Grundgesetz des Deutschen Bundes trägt das Datum vom 8. Juni 1815. Mit ihrer Anerkennung hat sich König Friedrich nicht beeilt. Die Urkunde, in der Württemberg seinen Beitritt zum Deutschen Bund erklärt, ist vom 1. September 1815, überreicht wurde sie in Frankfurt am 1. Oktober 1816.

Unter den geschilderten Umständen litt es den König nicht lange in Wien. Da er den Eindruck gewonnen hatte, daß die großen Mächte, in der Absicht, den mittleren und kleinen Fürsten Zügel anzulegen, die Einführung einer Verfassung mit einer repräsentativen Vertretung des Volkes für alle Bundesmitglieder zur gesetzlichen Pflicht machen wollten, entschloß er sich, um einem solchen Zwang zuvorzukommen, seinem Land selbst eine Verfassung nach seinem Sinn und Willen zu geben. In einem Dekret vom 11. Januar 1815 wurde diese Absicht der Bevölkerung bekanntgegeben und die neue Ständekammer auf den 15. März einberufen. Der König selbst legte in der Eröffnungssitzung den Regierungsentwurf vor, der dann von der Versammlung fast einstimmig abgelehnt wurde. Sie seien zusammengekommen, erklärten die Abgeordneten, um über eine Verfassung zu beraten, nicht aber, um einen königlichen Entwurf mit dem Ausdruck ihres untertänigsten Dankes anzunehmen. Der Unwille über eine zehnjährige despotische Regierung brach aus wie ein Vulkan. Eine Welle der Abneigung, ja des Hasses brandete dem König entgegen, die den kalten Menschenverächter fast überwältigte. Zugeständnisse, die der König auf Veranlassung des Kronprinzen machen wollte, wurden gleichfalls abgelehnt. Dabei war nach dem Urteil eines berufenen Kenners (Robert von Mohl) der so sehr geschmähte Verfassungsentwurf des Königs, der die Aufhebung aller Vorrechte und die Gleichberechtigung aller vor dem Gesetz aussprach und den beiden Konfessionen dieselbe staatsrechtliche Stellung einräumte, ein durchaus ernstzunehmendes, fortschrittliches Verfassungswerk. Der Kurator der Universität Tübingen, Karl August von Wangenheim, der Philosoph Georg Wilhelm Friedrich Hegel und der Buchhändler Johann Friedrich Cotta, der Verleger Goethes und Schillers und ein politisch sehr fähiger Kopf, bemühten sich, in diesem wild durcheinanderwogenden Streit der Gefühle und Stimmungen, der Staatskunst und der politischen Vernunft einen Weg zu bahnen. Mit dem Vorschlag eines Zweikammersystems, den Wangenheim machte, schien vollends alles verschüttet. Der unerwartete Tod König Friedrichs am 30. Oktober 1816 entspannte die ausweglos erscheinende Lage. Nun wurde alles Heil von dem neuen Herrn erwartet, dessen politische Anschauungen, wie man zu wissen glaubte, im schroffen Gegensatz zu denen seines Vaters standen. Es wird wohl wahr sein, daß die Alt- wie die Neuwürttemberger dem verstorbenen Herrscher keine Tränen nachweinten. Die Behörden sollen Mühe gehabt haben, Freudenkundgebungen über den Tod des Landesherrn zu unterdrücken. Dies wird verständlich, wenn man die Liste der Beschwerden ansieht, die für die Ständekammer aufgestellt wurde. Sie besteht aus Klagen ohne Zahl über die Willkürakte des Königs, die Anmaßung und Überheblichkeit seiner Beamten und Schreiber und hauptsächlich über den Mißbrauch des königlichen Jagdrechts. Was allerdings auf dem zuletzt genannten Schuldkonto stand, ist kaum zu glauben. Im Spätherbst 1812, als auf den Schlacht- und Schneefeldern Rußlands fünfzehntausend württembergische Soldaten vor dem Feind fielen, erfroren oder verhungerten, feierte König Friedrich in den Wäldern um Bebenhausen das ›Dianenfest‹, ein sogenanntes festin-Jagen, für das in wochenlangem Frondienst die Bauern aus dem halben Land unter Leitung der königlichen Forstbeamten das Wild zusammentreiben mußten. Gehorsame Maler und Dichter in Friedrichs Diensten haben solche Höhepunkte des höfischen Lebens gebührend verherrlicht.

Aber wenn dies alles gesagt und nichts verschwiegen oder beschönigt wurde, bleibt doch festzustellen, daß König Friedrich den neuen Staat Württemberg geschaffen hat, und das ist eine geschichtliche Leistung von Rang. Nur, was für den Bestand, die Vergrößerung und die Macht seines Hauses, seines Staates von Bedeutung gewesen sei, habe sein Tun und Lassen bestimmt, äußerte er einmal. Das ist die Maxime der Staatsraison, die Rücksicht auf das Glück und Wohlsein des einzelnen nicht kannte. Die Gründung des Königreichs Württemberg war ein Teil der deutschen ›Flurbereinigung‹, die, von der französischen Revolution beeinflußt, von Napoleon Bonaparte erzwungen, zwei Jahrzehnte (1795–1815) in Anspruch nahm. König Friedrich darum einen Soldknecht des französischen Despoten zu nennen, ist ungeschichtlich gedacht.

In einem Wirbel, der Herrschaft und Macht entstehen und vergehen ließ, schuf Friedrich von Württemberg sein „Reich" aus höchst ungleichen Bestandteilen. Da war zunächst sein Erbland, in dem er nach zehnjährigem Ringen mit den Ständen seine Macht durchsetzte. Der Kampf ums Alte Recht hatte Altwürttemberg und die Sonderart seiner Bewohner geprägt. Groß sind die Widersprüche im Wesen des Württembergers. Die heimatliche Enge und der Zug ins Weite, die Selbstgerechtigkeit, das Besserwissen und die Bereitschaft, Fremdes unbesehen in sich aufzunehmen, hatten nebeneinander Platz. Im Lande der Prälaten, der Ehrbarkeit und der Schreiber waren Luthertum und Pietismus neben- und gegeneinander mächtig; die Aufklärung war in der Hohen Karlsschule zu Hause. Diese war es, die dem ersten württembergischen König die Beamten lieferte, die zur unbedingten Bejahung des fürstlichen Absolutismus erzogen und im Besitz der Bildung ihrer Zeit, doch nie mehr wurden als die Sekretäre ihres Herrn, selbst wenn sie die Titel von Staatsministern hatten. Das ständische Wesen war, politisch gesehen, ein Unglück für das Land, es hemmte auch vielfach den Zusammenhang Württembergs mit der deutschen und europäischen Kulturwelt, andererseits förderte es innerhalb seiner engen Grenzen eine geistige Entwicklung, die beim Zusammentreffen mit dem erwachenden Geist der deutschen Klassik herrliche Früchte hervorbrachte. Es genügt, die Namen Schiller, Hölderlin, Hegel und Schelling zu nennen. Daß die Heimat ihre Söhne nicht auf die Dauer halten konnte, ändert nichts daran, daß sie am schwäbischen, am deutschen Geisteshimmel die Sterne erster Ordnung sind.

Ob man freilich dieser Geisteskultur, wie es geschehen ist und noch geschieht, nachrühmen kann, sie sei „nicht an einem Fürstenhof gezüchtet worden, sondern aus eigener, bürgerlicher Wurzel emporgewachsen", mag zweifelhaft sein. Die Landesuniversität war immer ein Organ des Staates und der herzoglichen Macht mit dem Auftrag, Staatsdiener zu erziehen, und dem Tübinger Stift lag es ob, für den Nachwuchs der württembergischen Staatskirche zu sorgen. Was über diese Zweckbestimmungen hinausging, wurde von den leitenden Stellen mit Mißtrauen betrachtet und oft genug abgelehnt. Die Ehrbarkeit – wenn es erlaubt ist, diesen Ausdruck um seiner eindrucksvollen Kürze willen hier, wo er zeitlich eigentlich nicht mehr am Platz ist, noch einmal zu gebrauchen – hat sich um Universität und Stift wohl nie viel gekümmert und künstlerische Neigungen vollends lagen ihr, von wenigen Ausnahmen abgesehen, fern. Man kann wohl weder Schiller noch Hegel für eine aus bürgerlicher Wurzel erwachsene Geisteskultur in Anspruch nehmen: die Hohe Karlsschule war rein dynastischen Ursprungs, und Herzog Karl Eugen hatte sich zum Rector Magnificus der Universität Tübingen wählen lassen, wenn er auch später seiner Lieblingsschöpfung wegen die so viel ältere Bildungsstätte schmählich vernachlässigte.

Lassen wir Schiller und Goethe zu diesem Thema sprechen: Schiller weilte von August 1793 bis April 1794 in der alten Heimat. So glücklich ihn das Wiedersehen mit Eltern und Geschwistern machte, so sehr enttäuschten ihn seine Jugendfreunde: manche von ihnen seien materiell geworden und verbauert. In Heilbronn, seinem ersten Aufenthalt auf schwäbischem Boden, findet sich „wissenschaftliches oder Kunstinteresse blutwenig", der Neckarwein allerdings schmeckte ihm desto besser, berichtet er. In Ludwigsburg sind des Dichters Eindrücke nicht viel günstiger. An Körner schreibt Schiller: „Von meinen alten Bekannten sehe ich viele, aber nur die wenigsten interessieren mich. Es ist hier in Schwaben nicht so viel Stoff und Gehalt, als Du Dir einbildest, und diesen wenigen fehlt es gar zu sehr an der Form." Einige Wochen später lähmt ihn, wie er gleichfalls an Körner schreibt, „der gänzliche Mangel einer geistreichen Konversation, wie sie mir jetzt Bedürfnis ist". In Stuttgart findet er dann zu seiner großen Genugtuung „gute Köpfe aller Art und Hantierung" und bereut nur, nicht schon früher von Ludwigsburg nach Stuttgart umgezogen zu sein. Mit dem Bildhauer Johann Heinrich Dannecker, dem Genossen froher Stunden in der Karlsschule, erneuert er die alte Freundschaft, in die auch Danneckers Schwager, Gottlob Heinrich Rapp, ein Kunstfreund und -kenner, einbezogen wird. Die nach dem Tode ihres Begründers aufgehobene Hohe Karlsschule – Schiller nennt sie mit ihrem alten Namen ›Militärakademie‹ – würdigt ihr ehemaliger Eleve mit den Sätzen: „Die Militärakademie ist jetzt aufgehoben, und dies wird mit Recht beklagt, obgleich sie nicht mehr in ihrer Blüte war. Außer den beträchtlichen Revenuen, welche Stuttgart daraus zog, hat dieses Institut ungemein viel Kenntnisse, artistisches und wissenschaftliches Interesse unter den hiesigen Einwohnern verbreitet, da nicht nur die Lehrer der Akademie eine sehr beträchtliche Zahl unter denselben ausmachen, sondern auch die mehresten subalternen und mittleren Stellen durch akademische Zöglinge besetzt sind. Die Künste blühen hier in einem für das südliche Deutschland nicht gewöhnlichen Grade; und die Zahl der Künstler, darunter einige keinem der Eurigen etwas nachgeben, hat den Geschmack an Malerei, Bildhauerei und Musik sehr verfeinert". Der Abschied von der alten Heimat ist Schiller nicht schwergeworden: „... es wird mir nach einer acht Monate langen Dürre wohltun, mich wieder unter denkenden Menschen zu befinden." Unmittelbar vor der Abreise betont er nochmals: „Herzlich sehne ich mich nach einer ruhigen und gleichförmigen Lebensart, und dieser Wunsch ist so mächtig, daß ich mein Vaterland mit erleichtertem Herzen verlassen werde."

Ein Jahr später wurde von Württemberg der Versuch gemacht, den Dichter wieder in die Heimat zurückzuholen. Im Auftrag der Universität Tübingen wurde Schiller von seinem früheren Lehrer an der Karlsschule, dem Professor Jakob Friedrich Abel, ein ordentlicher Lehrstuhl für Philosophie angeboten. Schiller lehnte ab mit der Begründung, sein Gesundheitszustand mache es ihm unmöglich, die Pflichten eines akademischen Lehrers zu übernehmen. Das war keine Unwahrheit, den ausschlaggebenden Grund jedoch nennt er in einem Brief an einen seiner Weimarer Vertrauten: „Meine Neigung steht ganz und gar nicht nach Tübingen." Er fühlt sich dem Herzog Karl August von Weimar verpflichtet „und ebenso verhält es sich auch mit meinen Freunden und Bekannten, die mir an keinem Ort der Welt würden ersetzt werden".

Als Goethe im Spätsommer 1797 über Süddeutschland in die Schweiz reist, begleitet Schiller in Gedanken seinen Freund und ist hocherfreut zu hören, daß es diesem auf seinem, Schillers vaterländischem Boden gefällt, „und daß die Personen, die ich Ihnen empfahl, mich nicht zum Lügner gemacht haben". Die Personen sind offenbar Dannecker und Rapp gewesen, denn Goethe äußerte sich in Briefen und Aufzeichnungen gerade über diese beiden Männer sehr anerkennend; unter anderem weiß er die Gemäldesammlung des Legationsrats Abel, des Gesandten des landständischen Ausschusses in Paris, zu rühmen und erwähnt auch andere Stuttgarter Künstler und Kunstfreunde. In Tübingen ist es Johann Friedrich Cotta, Schillers und dann auch sein eigener Verleger, von dem er einen günstigen Eindruck gewinnt. Sonst jedoch sieht Goethe Württemberg mit noch wesentlich kritischerem Auge als Schiller. Theater und Kunstpflege scheinen ihm vernachlässigt und das kulturelle Erbe des verstorbenen Herzogs fahrlässig vertan. „Wie schade ist es daher, daß man gegenwärtig nicht einsieht, welch ein großes Kapital man daran besitzt, mit wie mäßigen Kosten es zu erhalten und weit höher zu treiben sei." „Vielleicht", so fährt Goethe in einem Brief an den Herzog Karl August von Weimar fort, „nutzt man an anderen Orten diese Epoche und eignet sich, um einen leidlichen Preis, einen Teil der Kultur zu, die hier durch Zeit, Umstände und große Kosten sich entwickelt hat." Das klingt doch fast so, als wollte Goethe seinem Herzog empfehlen, sich an diesem Ausverkauf Stuttgarter Kultur zu beteiligen. Über das geistige Leben der Residenzstadt urteilt Goethe: „Eigentliche wissenschaftliche Richtung bemerkt man in Stuttgart wenig; sie scheint mit der Karls-Akademie, wo nicht verschwunden, doch sehr vereinzelt worden zu sein."

Ganz anders sah es in Neuwürttemberg aus. Die geistlichen Gebiete waren zu klein, um politisch selbständig sein zu können. Die unentbehrliche Stütze hatten sie beim Kaiser gefunden. Insoweit war ihr so gern betonter Reichspatriotismus Eigennutz gewesen. Kulturell dagegen hatten sie ein eigenständiges Leben. Was man heute gemeinhin das württembergische Oberland nennt, das Gebiet zwischen der oberen Donau und dem Bodensee, birgt Schätze der Kultur des Barock. Hier waren durch die sakralen Bauten der katholischen Kirche mit ihrem reichen Schmuck an Gemälden, Stuck und Bildwerken weiten Kreisen der Bevölkerung künstlerisches Verständnis vermittelt, Begabungen entdeckt und gefördert worden.

In der Zeit des Frühbarock (zweite Hälfte des siebzehnten und Anfang des achtzehnten Jahrhunderts) war hier im Auftrag der Äbte und Ordenskapitel die Vorarlberger Bauschule tätig, deren bedeutendste Vertreter Michael Thumb, Michael und Franz Beer und Kaspar Moosbrugger von Handwerkerfamilien aus Au an der Bregenzer Ach stammten. Sie schufen in rascher Folge die Wallfahrtskirche auf dem Schönenberg bei Ellwangen, die Klosterkirche der Prämonstratenser in Obermarchtal und die Konviktskirche in Ehingen. Die Krone dieser Schöpfungen aber ist die Klosterkirche der Benediktiner in Weingarten (erbaut 1715 bis 1724), die, neueren Forschungen zufolge, dem Baumeister Franz Beer (geb. 1659 in Au) zuzuschreiben ist.

Aber auch in der Epoche des Hochbarock, als in der Baukunst des heutigen württembergischen Oberschwabens die typisch alemannischen Einflüsse hinter die bayrisch-fränkischen zurücktraten, finden wir hier große Meister am Werke. Von Johann Balthasar Neumann, dem Würzburger Baukünstler und Offizier im fürstbischöflichen Dienst, der unter anderem dem jungen Herzog Karl Eugen einen Entwurf für das Stuttgarter Neue Schloß lieferte, stammen die Pläne, nach denen die Klosteranlage von Neresheim gebaut wurde. Johann Michael Fischer, der Erbauer des Münsters in Ottobeuren, der in München lebte und arbeitete, schuf die Klosterkirche in Zwiefalten und den Ostflügel des Klosters Wiblingen. Die Wallfahrtskirche in Steinhausen ist das Werk von Dominikus Zimmermann, der, 1685 in Wessobrunn geboren, in Wies bei Steingaden begraben ist, wo er sein Meisterwerk, die Wallfahrtskirche

(›in der Wies‹) erbaut hatte; auch der Bibliothekssaal des Klosters Schussenried, eine einmalige Leistung barocker Raumkunst, geht auf seinen Entwurf zurück.

Hinter dem Kunststil ist noch die Glaubens- und Geisteshaltung zu spüren, die den Barockbau des achtzehnten Jahrhunderts geschaffen hat. Es ist die sittliche und religiöse Kraft der Gegenreformation, die hier lebendig war und sich ein Denkmal setzte. Mochte sich die weltliche Herrschaft der katholischen Kirche überlebt haben, ihr inneres Leben war weder erlahmt noch im Zerfall begriffen, wie ihre Feinde zur Rechtfertigung der Säkularisierung ihres Besitzes behaupteten. Es ist den Bewohnern dieser Gebiete, die sich eines milden, in Notzeiten wohltätigen Regiments erfreuten und steuerlich nicht über Gebühr belastet waren, nachzufühlen, daß sie noch lange den Wechsel der Herrschaft beklagten.

Anders dagegen lagen die Dinge in den kleinen Reichsstädten. Hier war die Einwohnerschaft politisch aufgeweckt, aber dies führte nur selten zum Glück, sondern meist zu Streit zwischen der Bürgerschaft und dem Rat, dessen Sitze einige wenige Familien in ›Erbpacht‹ besaßen. Ausgetragen wurden diese Händel in endlosen, kostspieligen Prozessen vor dem Reichshofrat oder dem Reichskammergericht. Von diesen Reichsstädten war nur Heilbronn ein blühendes Gemeinwesen, die anderen hatten ihre frühere wirtschaftliche Bedeutung längst verloren. Der fürstliche Merkantilismus brachte die Volkswirtschaft weiter, die Stadtwirtschaft hatte ihre guten Zeiten hinter sich.

Rücksichtslos ging der König mit Reichsrittern, Grafen und Fürsten um. Sie bekamen die harte Hand des Alleinherrschers am meisten zu spüren. Im Namen der Gleichberechtigung aller vor dem Gesetz nahm der neue Landesherr ihnen viele Vorrechte und Freiheiten; diese großen Herren sollten Untertanen werden. Offenbar waren hier neben der Staatsraison auch persönliche Gefühle im Spiel. Was ist die Erklärung dafür, daß Friedrich vier ›Reichsämter‹ errichtete, deren Inhaber dem König beim festlichen Zug die ›Reichsinsignien‹ vorantragen sollten? Doch wohl die boshafte Genugtuung, die Fürsten, die bis zur Zeit des Rheinbundes seinesgleichen waren, nun an den Stufen des Throns stehen zu sehen. Mit solchen Anordnungen ging König Friedrich weit über das gebotene Maß hinaus, und nicht wenig von dem, was geschah, mußte später von seinem Nachfolger wieder gutgemacht werden. Bekannt wurde sein Streit um die Herrschaft Warthausen, die Graf Stadion, der Minister Kaiser Franz' I. und stärkster Gegner Napoleons am Wiener Hof war, als habsburgisches Lehen besaß. Hier unterlag Friedrich. Die Beschlagnahme der Herrschaft durch die württembergische Regierung wurde aufgehoben und dem Grafen Stadion eine große Entschädigung zugesprochen, die später König Wilhelm in Höhe von hunderttausend Gulden bezahlte. Die Erregung über solche Gewaltakte zitterte noch lange nach, und bis in die Neuzeit suchte der oberschwäbische Hochadel Anlehnung weit lieber bei seinen Vettern in Wien oder München als am königlichen Hof in Stuttgart.

Über die politische Geschichte der neuerworbenen Gebiete mag ein Überblick unterrichten. Sie waren grundverschiedener Herkunft und Herrschaftsform: Reichsstädte, kirchlicher Besitz, vorderösterreichische Gebiete und die hohenlohischen Herrschaften. Sie legen sich wie ein Kranz um den inneren Kern des Herzogtums Württemberg. Im Südwesten beginnt er mit dem Gebiet der einmal recht bedeutenden Reichsstadt Rottweil, deren Vergangenheit bis in die Römerzeit reicht, die österreichische Grafschaft Hohenberg schließt sich an. Im Norden und Nordosten folgen die Reichsstadt Heilbronn und das Hohenloher Land mit dem Deutschherrenbesitz von Mergentheim, wo Franken beheimatet sind. Ostwärts fügt sich die Fürstpropstei Ellwangen ein. Im Süden schließt Oberschwaben den Kreis. Hier finden wir kleine und große Reichsstädte, Reichsabteien und reichsunmittelbare Klöster, die vorderösterreichischen Donaustädte, die Landvogtei Schwaben in ihrer staatsrechtlichen Einmaligkeit, sowie die Herrschaften der oberschwäbischen Fürsten und Grafen. Ein buntes Gemisch von kleinen und kleinsten Bereichen, ein Ausschnitt aus der großen Landkarte Südwestdeutschlands, auf der nur Württemberg als größerer Block erscheint. Es bedarf keiner Phantasie, um sich vorzustellen, daß dieser Block, durch die Zeitereignisse magnetisch geworden, alles an sich zog, was in seinem Wirkungsbereich lag. Als im Kampf der europäischen Mächte sich die politischen Kräfte neu formierten, wurde an alle in diesem Raume liegenden staatlichen und staatsähnlichen Gebilde die Schicksalsfrage ihrer Lebensfähigkeit gestellt. Napoleons europäische Konzeption sah in der Mitte des Kontinents einige große, ihm gehorsame Machtgruppen. Damit war das Urteil über all die kleinen und großen Herren Südwestdeutschlands gesprochen.

1803–1810

Unter die Geschichte eines halben Jahrtausends war ein Strich gezogen. Alle diese Gebiete, von denen hier die Rede ist, von den kleinsten bis zu den größten, haben einen gemeinsamen Ursprung, der durch Jahrhunderte ihre Entwicklung bestimmte. Es war das Herzogtum Schwaben, das mit Konradin von Hohenstaufen dahinging. Mit dem Zerfall des Stauferreiches entstand im Herzogtum Schwaben ein leerer Raum, in dem dann eine Vielzahl von Machthabern sich ansiedelte, und jeder von ihnen suchte seinen Bereich auszudehnen und zu befestigen. Aus dem Interregnum, der kaiserlosen Zeit, erwuchs dann das Haus Habsburg. König Rudolf und seine Söhne bemühten sich um die Wiederherstellung des Herzogtums Schwaben als Grundlage ihrer Hausmacht, da ja die Bildung einer einheitlichen, standfesten Reichsgewalt nie gelungen war. Aber so zäh und zielbewußt die Habsburger an dieser ihnen vom Schicksal gestellten Aufgabe arbeiteten, der volle Lohn blieb ihnen versagt. Auch als sie längst im Osten festen Fuß gefaßt hatten, suchten sie mit Gewalt, Diplomatie und nicht zum wenigsten mit wirtschaftlichen Mitteln – das heißt durch Kauf und Tausch von Gütern – in Südwestdeutschland zu ihrem Ziel zu kommen. Aber die territorialen Kräfte waren nicht mehr zu überwinden. Die württembergischen Grafen und Herzöge hemmten den habsburgischen Ausdehnungsdrang und fanden ihrerseits manchen Helfer. Ganz erfolglos waren die Bemühungen des Erzhauses trotzdem nicht. Es war unter dem Namen Vorderösterreich ein Streubesitz in Südwestdeutschland entstanden. Kein Machtblock zwar, aber doch ein Stützpunkt von weitreichender, nicht nur politischer, sondern auch kultureller und geistesgeschichtlicher Bedeutung; es sei nur an Freiburg und seine Universität erinnert.

Aber ehe wir uns weiter mit den ›Vorderen Landen‹ beschäftigen, werfen wir einen Blick auf die Reichsstädte und die geistlichen Herrschaften, die zusammengefaßt ›Neuwürttemberg‹ wurden und in der zeitlichen Folge die ersten Erwerbungen Friedrichs von Württemberg waren.

Die Reichsstädte haben sich verfassungsrechtlich alle in der gleichen Weise entwickelt. Ihr weiterer politischer und wirtschaftlicher Werdegang hing von Glück und Zufall, aber auch von den Gegebenheiten des Standorts und der Verkehrslage ab. Weitab von Heerstraßen und Handelswegen konnten Buchhorn (das spätere Friedrichshafen) und Wangen nicht die Bedeutung von Ravensburg oder Ulm gewinnen. Aber daraus den Schluß zu ziehen, die Ulmer seien tüchtigere Leute gewesen als die

Buchhorner, wäre falsch. Reichsstadt zu werden und zu bleiben, konnte nur dem Gemeinwesen gelingen, das so lange vom Neid der Nachbarn verschont blieb, bis aus dem im Verborgenen blühenden Reis ein fester Stamm geworden war. Der in der Stauferzeit vom Reichslandvogt ernannte Ammann der königlichen Stadt mußte im Laufe der Entwicklung seine unbeschränkte Gewalt mit dem Rat der Bürger teilen, um schließlich dem von den Geschlechtern, den alteingesessenen Familien, gewählten Bürgermeister Platz zu machen. Der Ammann wurde zur Gerichtsperson, deren Einfluß davon abhing, wieweit die Stadt ihre Gerichtsbarkeit auszudehnen vermochte. Allmählich wuchs mit dem wirtschaftlichen Fortschritt der Einfluß der Zünfte, an deren Spitze der Zunftmeister stand, der vielfach auch der Anführer der aus den Zunftgenossen gebildeten militärischen Einheit war. Die Gefahr des Verlusts der Selbständigkeit bedrohte die Reichsstädte immer dann, wenn der Kaiser ihre Einkünfte an einen seiner Gläubiger verpfändete. Es hing also von dem Mut und der Umsicht der patrizischen Familien oder der Zünfte ab, ob es der Stadt gelang, ihre volle Unabhängigkeit zu erkämpfen und zu bewahren.

Durch das Erstarken der Fürstenmacht im ausgehenden Mittelalter wurde die politische Stellung der süddeutschen Reichsstädte geschwächt, und als mit Beginn der Neuzeit das Schwergewicht des Handels sich vom Mittelmeer zum Atlantischen Ozean verlagerte, schwand auch deren wirtschaftliche Bedeutung dahin. Mit ihrem Übergang an Württemberg wurden sie zu Landstädten, größer war ihre Bedeutung auch vorher nicht mehr gewesen. Von den oberschwäbischen Reichsstädten, die es über die politische Wirkung hinaus zu wirtschaftlicher und kultureller Bedeutung gebracht hatten, wie Ravensburg und Ulm, war schon an anderer Stelle die Rede.

Altwürttemberg war evangelisch-lutherisch, Neuwürttemberg und alle zwischen 1806 bis 1810 noch hinzugekommenen Erwerbungen waren mit Ausnahme einiger Herrschaften und Reichsstädte katholisch. Die Zahl der Abteien, Klöster, Propsteien und sonstigen kirchlichen Besitzungen ist zu groß, als daß sie hier einzeln behandelt werden könnten. Als ein Beispiel sei in Kürze nur die Geschichte der Reichsabtei Weingarten erzählt, da sie kirchen- und kulturgeschichtlich ihre besondere Bedeutung hat und manches zur Entwicklung des weltlichen Armes der Kirche im Mittelalter aussagen kann.

Weingarten ist eine Stiftung des Welfenhauses, dessen süddeutscher Zweig in Ravensburg saß. Seit mehr als neunhundert Jahren steht über dem Tal der Schussen die Benediktinerabtei des Heiligen Martinus und zeugt für den Ruhm ihrer Gründer, Welfs IV. Herzogs von Bayern und seiner Gemahlin Judith aus normannischem Geschlecht. Herzog Welf starb als Kreuzfahrer 1101 auf der Insel Cypern, sein Leichnam gelangte erst acht Jahre später in die Heimat zurück. Der Chronist des Klosters nennt Judith ›regina Angliae‹, was wohl als Prinzessin des königlichen Hauses von England zu deuten ist. Wenn sie, wie zu vermuten, Mitglied der Familie Wilhelms des Eroberers war, hatte sie Anspruch auf diesen Ehrentitel. Ihr großes Heiratsgut und die Beziehungen zu europäischen Herrscherhäusern mehrten den Glanz des Welfengeschlechts. Judith muß eine ungewöhnliche Frau mit großer Stärke des Herzens und des Verstandes gewesen sein, die auch noch in ihren Urenkeln, dem Staufer Friedrich Barbarossa und dem Welfen Heinrich mit dem Beinamen ›der Löwe‹, mächtig war. Geboren war Judith um 1027, als Gründungsjahr des Klosters gilt 1056.

Im ersten Jahrhundert ihres Bestehens flossen der Abtei Stiftungen und Schenkungen in reicher Menge zu, nicht nur in ihrer näheren und weiteren Umgebung, sondern auch in Vorarlberg und Südtirol nannte sie große und wohlgepflegte Güter ihr eigen. Ihr Besitz mehrte sich, brachte aber auch Sorgen. Ohne große Mittel sind Kirchen- oder Klosterbauten nicht möglich, die Pflege der Wissenschaften und der Kunst, mit der die Benediktiner unvergängliche Werte geschaffen haben, erfordert einen entsprechenden Aufwand. Werke der Barmherzigkeit setzen irdische Güter des Spenders voraus. Worte allein stillen keinen Hunger. Der Widerspruch zu dem Mönchsgelübde der Armut liegt nahe. Wohlhabenheit macht bequem, lockert die Klosterzucht, verführt zur Sünde und erweckt beim bösen Nachbarn Begehrlichkeit und Mißgunst. Alle diese Nachteile bekam Weingarten zu spüren. Als 1191 der süddeutsche Zweig des Welfenhauses ausstarb, ging sein Besitz an die Staufer über, die dem Kloster nicht weniger wohlwollten als ihre Vorgänger. Erst mit dem Sturz dieses Hauses begann für die Benediktiner des Heiligen Martinus die böse Zeit. Ihres starken Schutzes beraubt, mußten die Mönche zusehen, wie benachbarte weltliche Herren aus dem Klosterbesitz sich ein kostbares Stück ums andere aneigneten. Hilfe kam ihnen erst, als König Rudolf von Habsburg nach Beendigung des Interregnum versuchte, das Herzogtum Schwaben wieder zu errichten. Ein Stützpunkt wie die Abtei Weingarten in Verbindung mit dem festen Platz Ravensburg konnte dabei nur von Vorteil sein. So erschien im königlichen Auftrag Graf Hugo von Werdenberg, um im Lande zwischen Donau und Bodensee alle ehemaligen staufischen Güter einzuziehen und sie, straff zusammengefaßt, als Landvogt zu verwalten. Zum Sitz der oberschwäbischen Landvogtei wurde Ravensburg bestimmt.

Als der Abt die Lage seines Klosters überdachte, war das Ergebnis trübe, ohne den früheren Güterbesitz war es nicht lebensfähig. Wie war er zurückzugewinnen? Taten sich weltliche und geistliche Macht zusammen, erreichten sie vielleicht gemeinsam ihre Ziele. Nun brauchte aber der Landvogt zur Durchsetzung der Forderung des Klosters nicht nur den starken Arm der Macht, sondern auch einen unanfechtbaren Rechtsanspruch. Hier entstand eine neue Schwierigkeit. Die Freiheiten des Klosters beruhten auf Urkunden des Welfen- und des Stauferhauses; Angehörige dieser Familien hatten auch das Amt des Klostervogts ausgeübt. Aber wer fragte damals noch nach verstaubten und veralteten Urkunden? Die neuen Besitzer der früheren Klostergüter von Weingarten jedenfalls nicht. Hier konnte nur Reichsrecht helfen. Für das, was dann geschah, gab es Beispiele von der Reichenau und von Hirsau. Die schrift- und rechtskundigen Mönche von Weingarten faßten die alten Urkunden neu, und zwar so, daß die Klosterfreiheiten reichsrechtlich belegt schienen, jedenfalls genügten sie dem Landvogt für sein weiteres Vorgehen. Betrug? Fälschung? Hüten wir uns, vorschnell zu urteilen. Die Mönche taten, was sie nach ihrer Überzeugung als Gottes Gebot anzusehen berechtigt waren. Damit war Weingarten ›Reichsabtei‹, die nun (1274) durch ein ordentliches Gerichtsverfahren wieder in den Besitz der ihr weggenommenen Güter kam.

Die Zeiten ändern sich. Hatte die Abtei Weingarten damals in ihrer schweren Not den Deutschen König als sichere Stütze, so fand sie zweihundert Jahre später im Kaiserhaus einen erbitterten Gegner. Dies war so gekommen: Das Kloster stand auf dem Grund und Boden des ›Reichsfleckens‹ Altdorf, der dem Schicksal des gesamten Reichsbesitzes, im Laufe der Zeit für die Schulden des Kaisers verpfändet zu werden, nicht entging. Die Gläubiger wechselten zwar, aber die Verpfändung von Altdorf blieb. Pfandinhaber in der ersten Hälfte des fünfzehnten Jahrhunderts war das Haus der Truchsesse von Waldburg, die die Reichsfreiheit der Abtei nie anfochten. Die Äbte brauchten also für ihre Unabhängigkeit nicht zu fürchten. Das änderte sich, als der Regent Vorderösterreichs, Herzog Albrecht VI. von Österreich, Bruder Kaiser Friedrichs III., 1452 die als Ganzes verpfändete Landvogtei Schwaben und mit ihr auch den Reichsflecken Altdorf auslöste. Bald konnte der Abt von Weingarten nicht mehr im Unklaren darüber sein, daß Herzog Albrecht beabsichtigte, die Reichsabtei mit ihrem großen Besitz der Landvogtei Schwaben einzuverleiben. Es begann ein achtzigjähriger Kampf um Weingartens Reichsfreiheit, der zeitweise für die Benediktiner fast aussichtslos schien, da ja der Kaiser als oberster Richter in Reichssachen als Haupt der österreichischen Hausmacht auch Partei in diesem Streite war. Abt Gerwig Blarer, der sechsundvierzig Jahre seines Amtes waltete, schloß 1531 in weltmännischer Klugheit und Diplomatie einen Vertrag, der die Selbständigkeit Weingartens sicherte. Sein Vertragspartner war Truchseß Georg von Waldburg, der vielgenannte ›Bauernjörg‹. Der siegreiche Feldherr des Bauernkrieges war, wie hundert Jahre vorher sein Ahne, Pfandinhaber der Landvogtei.

Schwierigkeiten zwischen der Landvogtei und der Reichsabtei gab es auch später noch, Weingartens Reichsfreiheit war jedoch bis zur Säkularisation nie wieder gefährdet. Im Reichsdeputationshauptschluß wurde die Reichsabtei Weingarten dem Hause Nassau-Dillenburg zugesprochen, das sich aber des neuen Besitzes nicht lange erfreuen durfte. 1806 nämlich nahm ihm König Friedrich den Raub ab mit der Begründung, Nassau sei als Parteigänger Preußens ein Feind des mit Napoleon verbündeten Württemberg. Der Klosterbesitz wurde damals auf ein Gebiet von dreihundertundzwanzig Quadratkilometer mit etwa zwölfhundert Höfen und Gütern und rund zehntausend Einwohnern geschätzt. Bei dem doppelten Besitzwechsel wurde die kostbare Bibliothek des Klosters teils sinnlos vernichtet, teils in alle Welt zerstreut. Eine spätere Zeit hat versucht, den Schaden wenigstens einigermaßen wiedergutzumachen. Die Bücherschätze der Reichsabtei sind in den Katalogen der heutigen Klosterbibliothek erfaßt; von einigen der edelsten Perlen gibt es Faksimiledrucke. Wer freilich die Originale sehen will, muß unter Umständen nach New York und Leningrad reisen. Die jetzigen Besitzer, unter ihnen die Pierpont-Morgan-Bibliothek in New York, sind sich der Verantwortung als Hüter solcher Werte bewußt, und so bleibt uns Württembergern der Trost, daß selbst das, was wir verloren haben, auch fern der

Heimat für den Kunstsinn und den wissenschaftlichen Geist Schwabens zeugt.

Was hier zum Ruhme der Benediktiner von Weingarten gesagt wurde, gilt weithin auch für die von Ochsenhausen und Zwiefalten, für die Prämonstratenser von Schussenried, die Zisterzienser von Schöntal und all die anderen, die in diesem schönen Land zum Lobe Gottes und zur Ehre ihrer Kirche gebetet und gearbeitet haben.

Vorderösterreich fesselt unsere Aufmerksamkeit wegen seines kulturellen Eigenlebens und seiner besonderen politischen Lebensformen. Wir können es freilich hier nicht in seinem ganzen räumlichen Umfang betrachten, da es zur Zeit seiner größten Ausdehnung sich vom Lech über den Schwarzwald bis weit in das Elsaß hinein erstreckte und im Süden große Teile der heutigen Schweiz umfaßte. Wir beschränken uns deshalb auf diejenigen österreichischen Herrschaften, die zu Beginn des neunzehnten Jahrhunderts an Württemberg fielen. Der Wunsch des Hauses Habsburg, das Herzogtum Schwaben wieder zu errichten, führte, wie schon erwähnt, zur Entstehung Vorderösterreichs. Seine Erfüllung scheiterte am Widerstand der in der Zeit des Interregnums erstarkten Territorialgewalten. Mitgewirkt hat aber dabei auch eine immanente Schwäche Habsburgs, die von der ersten ›Linientrennung‹ zwischen den beiden Brüdern Albrecht und Leopold – der sich in der nächsten Generation eine zweite zwischen den beiden Söhnen des letzteren anschloß – herrührte (1379) und sich noch steigerte durch die Niederlage des Herzogs Leopold III. in der Schlacht bei Sempach durch die Eidgenossen (1386).

In der Folge wurden viele Ansätze einer kraftvollen Politik zunichte gemacht durch die Mängel der habsburgischen Finanzwirtschaft, die mit großartigen Plänen und immer steigenden Staatsausgaben nicht mehr Schritt halten konnte. Wieweit der Ausbau des Steuerwesens nach den Gegebenheiten der damaligen Zeit möglich gewesen wäre, steht dahin, jedenfalls wußten sich die Kaiser und die österreichischen Landesherren nur noch durch Kredite zu helfen. Zur Sicherung der Gläubigeransprüche wurden Hoheitsrechte verpfändet. Alles mußte herhalten: Steuern, Zölle, Grund- und Waldbesitz, Marktgerechtigkeiten, kurz, was irgendwie pfandgerecht war, selbst ganze Herrschaften. Diese Politik, finanziell von der Hand in den Mund zu leben, man kann auch sagen, ein Loch aufzureißen, um ein anderes zu stopfen, hemmte den inneren Ausbau neu erworbener Gebiete und die Bildung einer straffen Landesregierung. So geschah es, daß aus schon geschlossenen Hoheitsgebieten durch Verpfändung wertvolle Stücke herausgebrochen wurden. Eine schwache landesherrliche Regierung konnte ehrgeizige Pfandinhaber nicht hindern, aus einem reinen Finanzgeschäft Hoheitsansprüche abzuleiten.

Nachdem der landesherrliche Ammann durch Bürgermeister und Rat ersetzt war, konnten auch Städte auf diese Weise Hoheitsrechte erwerben und ausüben. Viele haben dies getan und damit ihr Stadtgebiet erweitert und ihre wirtschaftliche Stellung ausgebaut, manche kamen durch die Ablösung des Pfands aus eigenen Mitteln zu einer fast völligen Finanzhoheit. Geblieben war allerdings noch die Oberaufsicht des landesherrlichen Statthalters, der jedoch unter diesen rechtlichen und finanziellen Umständen kaum noch eine wirksame Einspruchmöglichkeit besaß. So konnte es kommen, daß für eine vorderösterreichische Landstadt die Reichsunmittelbarkeit kein erstrebenswertes Ziel mehr war. Stadt und Herrschaft Ehingen an der Donau sind dafür ein überzeugender Beweis. Die politische Bedeutung der Stadt wuchs, als sie zum Sitz der schwäbisch-österreichischen Landstände bestimmt wurde, und auch der Donaukanton der schwäbischen Ritterschaft hier seine Verwaltung einrichtete. Durch das vom Stift Zwiefalten gegründete und später zur Akademie erweiterte Gymnasium wurde Ehingen zum kulturellen Mittelpunkt des Gebiets südlich der Alb bis in die Bodenseegegend. Mit dem Übergang der Stadt und der Herrschaft an Württemberg sind wohl aussichtsreiche Entwicklungen verkümmert.

Erbteilungen, eine aufwendige Hofhaltung und die Geldabfindung von Erbtöchtern hatten die einst reiche und mächtige Familie der Grafen von Hohenberg an den Rand des Ruins geführt, der nur durch den Verkauf der Grafschaft an den Herzog Leopold III. von Österreich 1381 abgewendet werden konnte. Später gingen wertvolle Teile durch Verpfändung verloren, so daß Hohenberg, das in der Stauferzeit ein geschlossenes Hoheitsgebiet vom Oberlauf der Nagold bis zur Donau zwischen Tuttlingen und Beuron gewesen war, zum Streubesitz wurde. In der zweiten Hälfte des vierzehnten Jahrhunderts führte von ihrem Fürstensitz in Rottenburg am Neckar aus die Pfalzgräfin Mechthild, die in zweiter Ehe den Herzog Albrecht VI. von Österreich geheiratet hatte, ihr segensreiches Regiment. Wir haben sie schon kennengelernt (s. S. 40) als die Mutter des Grafen Eberhard V., mit dem Beinamen ›im Bart‹.

An ihrem Hofe wurde die spätmittelalterliche Ritterdichtung ebenso gepflegt wie der frühe Humanismus. Die hohe Frau durfte sich rühmen, innerhalb zweier Jahrzehnte an der Gründung der Universitäten von Freiburg und Tübingen maßgeblich beteiligt gewesen zu sein. Der Versuch der Herzogin Mechthild, die Grafschaft Hohenberg ihrem Sohn, Graf Eberhard, zu vererben, scheiterte an dem tatkräftigen Widerstand Österreichs.

Die Reformation hatte in der Grafschaft Hohenberg nie festen Fuß fassen können. Im Dreißigjährigen Krieg hatte das kleine Land entsetzlich zu leiden. Um den moralischen und wirtschaftlichen Wiederaufbau machten sich die aus Tübingen nach dem Westfälischen Frieden vertriebenen Jesuiten verdient; sie gründeten in Rottenburg ein Gymnasium und errichteten mehrere landwirtschaftliche Musterbetriebe. Rottenburg, das römische Sumelocenna, erwarb im Laufe der Zeit wesentliche Privilegien und damit eine fast reichsstädtische Freiheit. Als Hauptort der Grafschaft und deren einzige bedeutende Stadt wurde Rottenburg auch eine der vier Direktorialstädte der schwäbisch-österreichischen Stände, die erstmals ums Jahr 1500 zusammentraten. Anders als in Württemberg spielte unter ihnen der ritterschaftliche Adel immer eine besondere Rolle. Die Grafschaft stellte zwölf von insgesamt sechzig Landständen. Aufgehoben wurde das ständische Wesen um die Mitte des achtzehnten Jahrhunderts durch die vom Gedanken des Staatsabsolutismus getragene Verwaltungsreform der Kaiserin Maria Theresia. Während die Eingriffe des der Aufklärung zugewandten Kaisers Joseph II. in das kirchliche Leben bei der Bevölkerung auf heftigen Widerstand stießen, wurde die Staatsfürsorge aus der Hand verständiger und toleranter österreichischer Beamten wohltuend empfunden, so daß die Hohenberger nach dem Übergang der Grafschaft an Württemberg noch lange dem milden und menschenfreundlichen Regiment nachtrauerten. Bei dem ausgesprochen katholischen Charakter Rottenburgs und seiner weiteren Umgebung war es naheliegend, die Stadt zum Bischofssitz zu erheben, als 1828 die Verwaltung des neuen württembergischen Bistums geordnet wurde.

Die Landvogtei in Schwaben war ein einmalig rechtliches und historisches Gebilde. Der erste von Rudolf von Habsburg ernannte Reichslandvogt war ein absetzbarer königlicher Beamter. Er sollte die Reichsgüter und -privilegien verwalten, die entfremdeten und verlorenen Reichsgüter wiedergewinnen. Sein Verwaltungsbezirk war kein zusammenhängendes Hoheitsgebiet und er selbst nur zuständig für die Wahrung der Reichsrechte, von denen die hohe und niedere Gerichtsbarkeit, der Blutbann – das Kriminalgericht – und die Forsthoheit für die umliegenden Territorialgewaltigen die begehrtesten waren. Die Wahrung der Reichsrechte wurde für den Landvogt immer schwieriger und immer verlustreicher. Als 1523 ein energischer Landvogt die Zügel anziehen wollte und dazu einen Landtag nach Altdorf einberief, stieß sein Vorgehen bei den Prälaten, dem Adel und den Städten auf den stärksten Widerstand, der sich entweder in empörter Ablehnung oder in Hohngelächter äußerte. Demonstrativ wandten sich die Äbte der Klöster, die Herren von Waldburg und Königseck und die Bürgermeister an den Schwäbischen Bund, die damals stärkste Territorialgewalt Süddeutschlands. Wenn schon ein Landvogt sein mußte, sollte es einer der ihrigen sein, aber keinesfalls ein vom Kaiser ernannter, von ihnen unabhängiger Ministerialer.

Im Lauf ihrer langen Geschichte hatte die Landvogtei aber auch manchen Erfolg zu verzeichnen gehabt. Anfangs des 15. Jahrhunderts war es gelungen, den ehemals welfisch-staufischen Besitz in der Umgebung Ravensburgs zu einem Hoheitsgebiet zusammenzufassen. Auch „Die Freien auf Leutkircher Heide" mußten ihre Freiheiten, der Macht des Stärkeren weichend, hingeben. Sie waren reichsfreie Bauern gewesen. Die Kaiser hatten ihnen oftmals ihre Freiheiten bestätigt und mit Brief und Siegel zugesagt, sie würden nie verpfändet werden. 1443 zog Landvogt Georg von Waldburg als Pfandgläubiger widerrechtlich das Land der freien Bauern ein und nannte es »Amt Gebratshofen«. Der Kaiser nahm den Gewaltakt hin.

Verwaltungsmittelpunkt der Landvogtei war Altdorf, zunächst Reichsflecken, später Oberamt betitelt. Der Landvogt hatte seinen Amtssitz auf der Ravensburg, dem festen Schloß über der Stadt. Zwischen den Ravensburgern und dem Landvogt bestand nie Freundschaft. Davon zeugt auch der ›Mehlsack‹, der Wehrturm, den die Reichsstädter dem Landvogt vor die Nase setzten.

Seit dem sechzehnten Jahrhundert hatte die Landvogtei wie das übrige Vorderösterreich eine ›Landschaft‹ als Vertretung der Untertanen, die aber nur ein Steuerberatungs- (kein -bewilligungs-) Recht besaß. Ihr Ausschuß, bestehend aus einer einzigen Person, war mit der Umlage und der Einziehung der Steuern beauftragt, daneben vertrat diese auch die Landschaft bei den schwäbisch-österreichischen Ständen in Ehingen. Die Reformen der Kaiserin Maria Theresia machten auch hier dem Ständewesen ein Ende.

Die Verwaltung der Landvogtei Schwaben bezeichnet einer ihrer letzten Vögte als „eine Untermischung, die sich kaum denken läßt". War dem so, ist es ohne Zweifel eine Leistung ihrer österreichischen Beamten, sie, die Landvogtei nämlich, fünfhundertunddreißig Jahre lang am Leben erhalten zu haben. Am Ende ihrer Tage bestand sie noch aus vier Städten, zwei Märkten, einhundertundsiebenundvierzig Dörfern und elf Klöstern mit zusammen fünfundzwanzigtausend Einwohnern. Für den neuen Besitzer in Stuttgart ein schöner Gewinn.

Drei *Donaustädte* – Munderkingen, Riedlingen und Waldsee – wurden im Jahre 1750 durch kaiserliche Verordnung dem Oberamt Altdorf der Landvogtei Schwaben, zwei weitere Donaustädte – Mengen und Saulgau – dem Oberamt Stockach der Landgrafschaft Nellenburg zugeteilt. Jeder Württemberger fragt sich erstaunt, welche Bewandtnis es mit diesen fünf Donaustädten hat, da ja nur zwei von ihnen, nämlich Munderkingen und Riedlingen, an der Donau liegen, während das am Fluß gelegene Ehingen der österreichischen Verwaltung nie als Donaustadt gegolten hat. Auf die berechtigte Frage gibt es keine Antwort. Fest steht nur, daß diese Bezeichnung schon im fünfzehnten Jahrhundert aufkam und dann allmählich für die österreichischen Behörden zum festen Begriff wurde.

Während diese Ortschaften viel früher entstanden sind, stammen ihre Stadtrechte aus der Mitte des dreizehnten Jahrhunderts. Einige Jahrzehnte später gingen sie durch Kauf in den Besitz der österreichischen Herzöge über. Dann traf sie das leidige Schicksal der Verpfändung. Die Truchsesse von Waldburg, die, wo immer sie konnten, der Ausdehnung Österreichs in Oberschwaben entgegentraten, benutzten die Geldnot der habsburgischen Herren zur Erweiterung der eigenen Macht. 1384 kamen Mengen, Munderkingen und Riedlingen, zwei Jahre später Saulgau und Waldsee unter die Botmäßigkeit der Waldburger. Die Städte haben sich mit ihrem Los nie abgefunden. Bis zum Jahre 1680 wehrten sie sich, manchmal mit offenem, bewaffnetem Widerstand, gegen ihre Pfandherren. Es ging dabei um die bei der Verpfändung ausdrücklich entweder dem österreichischen Landesherrn oder den Städten selbst vorbehaltenen Hoheitsrechte. Wenn die Truchsesse die Huldigung verlangten, verwiesen die Städte darauf, daß diese einzig und allein Österreich gebühre, während sie die hohe und niedrige Gerichtsbarkeit sowie den Blutbann für sich auf Grund früher erteilter Freiheiten verlangten. Ein ewiger Zankapfel war die Ernennung des Ammanns. Hier freilich konnten die Waldburger erwidern, dieses Zugeständnis käme der freiwilligen Preisgabe der Herrschaft gleich und könne deshalb von ihnen nicht verlangt werden. In der ganzen Zeit wurden die eisern zusammenhaltenden Donaustädte nicht müde, den österreichischen Landesherren ihrer unverbrüchlichen Treue zu versichern. Demgegenüber versuchten die Truchsesse, die Pfandschaft zu verewigen, nachdem ihnen deren Umwandlung in ein Lehen nicht gelungen war. Als endlich der jahrhundertealte Streit durch einen Vergleich zwischen den Herzögen und den Truchsessen beigelegt war, wurden die Donaustädte aus der Pfandschaft gelöst. Den Pfandschilling bezahlten sie selbst. Man hätte erwarten dürfen, nunmehr werde zwischen dem Landesherrn und den Städtern eitel Friede und Freude herrschen. Dem war aber nicht so. Es sah aus, als habe der lange, erbitterte Widerstand die guten Geister erschöpft und nur die bösen am Leben gelassen. Viel Gutes erlebte Österreich nicht mehr von seinen Donaustädten. Intrigen und dauernder Streit im Rat, Verschwendung der Steuergelder und üppiges Leben der Honoratiorenfamilien führten zur völligen Zerrüttung des städtischen Finanzwesens. Eine erfreuliche Ausnahme machte Riedlingen; am stärksten waren die Mißstände in Waldsee. Die österreichischen Beamten konnten an den unerfreulichen Zuständen nichts bessern; auch die Aufhebung der Selbständigkeit der Donaustädte und deren strenge Beaufsichtigung durch die Oberämter blieben so gut wie wirkungslos. Die städtischen Verwaltungen verstanden es, jede amtliche Anordnung durch Beschwerden bei den Wiener Behörden zu durchkreuzen. Als dann die württembergischen Kommissare kamen, hatten sie wenig Erfreuliches nach Stuttgart zu berichten. Erst des Königs harte Hand schuf Ordnung.

Der Abrundung des Bildes wegen ist hier noch die letzte Erwerbung Österreichs in Oberschwaben zu erwähnen, deren sich das Erzhaus allerdings nur fünfundzwanzig Jahre erfreuen durfte. Es war die Grafschaft Tettnang, die 1780 von dem völlig verschuldeten Besitzer verkauft werden mußte. Was hier an Erinnerungen an alte Zeiten noch lebt, bezieht sich nicht auf die kurze Zeit österreichischer Herrschaft, sondern auf die ebenso lange wie arge Schuldenwirtschaft der Grafen von Montfort, die ein schönes Erbe gleichgültig vertan hatten. Aber das braucht die heutigen Bewohner und Besucher Tettnangs nicht mehr zu bekümmern: vor ihnen liegt an den Ufern des Bodensees angesichts der Schweizer und Vorarlberger Schneegipfel ein schönes, fruchtbares und wohlgeordnetes Land.

Zum guten Ende: *Württembergisch Franken*. Es ist weniger ein historischer als vielmehr ein geographischer Begriff, der sich mit den politischen Grenzen der früheren hohenlohischen Fürstentümer nicht deckt; im Süden gehört die Reichsstadt Schwäbisch-Hall, im Norden das Deutschherrenland um Mergentheim dazu. Hier fiel im Jahre 496 König Chlodwig mit seinen Franken ein und drängte die ansässigen Alemannen südwärts zurück. Wir stehen auf altem deutschem Kulturboden. Der Historiker findet freilich hierzulande weniger politische Delikatessen als im Oberland, doch hat er in Stuppach die Madonna von Matthias Grünewald und Tilman Riemenschneiders Marienaltar in der Herrgottskirche von Creglingen.

Das Kernstück von Württembergisch Franken ist das Hohenloher Land, das seinen Namen dem angestammten Grafen- und Fürstengeschlecht verdankt. Es ist ein wahres Gottesländchen zwischen Kocher, Jagst und Tauber mit seinen Städtchen, Schlössern, Klöstern und Kirchen, mit seinem gesegneten Boden, der in Fülle Getreide, Obst und Wein trägt. Weikersheim im Norden des Landes ist der Stammsitz des Hauses Hohenlohe, dessen weitverzweigte Linien sich gegenseitig im Bauen überboten. Wo immer sie einen schönen Fleck Erde fanden, errichteten sie sich ein Schloß und daneben eine Kirche als Grablege für ihre Toten: in Bartenstein, Ingelfingen, Langenburg, Neuenstein, Öhringen und wo es ihnen sonst noch gefiel, bald einfach, bald großartig, je nachdem es der Geldbeutel erlaubte; im Stil der Renaissance und dem des Barock. Aber auch die Haller Bürger setzten Künstler und Handwerker ins Brot zu ihrem Ansehen und zum Ruhme ihrer Stadt, in Schöntal bauten die Zisterzienser-Äbte, die Deutschmeister in Mergentheim. Die Franken nehmen wohl alles in allem genommen das Leben etwas leichter als die Schwaben. Ein Schaden ist das nicht für den Württemberger.

Damit hat sich der Kreis der Erwerbungen König Friedrichs geschlossen. Für die Krone Württembergs war es ein Perlenhalsband; für viele ihrer neuen Untertanen bedeuteten diese Perlen Tränen.

Das Urteil über die Staatskunst Friedrichs im allgemeinen und über die Verfassung Neuwürttembergs ist verschieden und vielfach ablehnend ausgefallen. Aber der berufenste Richter, Robert von Mohl, der bekannte Staatsrechtslehrer um die Mitte des vergangenen Jahrhunderts, meinte, man müsse der Regierung Neuwürttembergs das Lob der Kraft und der Intelligenz im Ordnen sehr verschiedenartiger und widerstreitender Bestandteile zuerkennen, und wenn sie auch nicht den Ruhm der Schonung, Milde und Versöhnung mit dem Neuen erworben habe, so sei sie doch in manchem zum Muster für das alte Land und schließlich zum Vorbild für die Verwaltung des Königreichs geworden.

So liegen in der einen Waagschale die Fehler eines Despoten, in der anderen die Tugenden eines Herrschers. Wer will sich vermessen, hier gerecht abzuwägen? Im Wesen König Friedrichs lebte, so widerspruchsvoll es klingen mag, neben seiner Selbstherrlichkeit der Sinn für Gerechtigkeit und ein religiöses Gefühl, beide nicht selten von jener überdeckt, aber doch nie verdrängt.

ZWÖLFTES KAPITEL

KONSTITUTIONELLE MONARCHIE

In Deutschland hatte das neunzehnte Jahrhundert von seinem Vorgänger den Ruf nach Freiheit übernommen und fügte diesem noch die Forderung der Einheit hinzu. Waren aber, so wurde gefragt, Freiheit und Einheit miteinander vereinbar, schlossen sie sich nicht gegenseitig aus?

Wenn nun aber Freiheit und Einheit ein unüberbrückbarer Gegensatz sein sollten, wie war dann die Wahl zu treffen? Freiheit ohne Einheit? oder Einheit ohne Freiheit? Ein junger Württemberger, Paul Pfizer, bemühte sich in seinem »Briefwechsel zweier Deutschen« (erschienen 1831), die beiden Standpunkte klar herauszuarbeiten. Von den beiden Freunden vertritt Wilhelm den Standpunkt, die Einheit aus der Hand des gewaltigsten Despoten sei der besten Verfassung ohne nationalen Zusammenschluß vorzuziehen; Friedrich aber, sein Korrespondent, denkt in den politischen Formen des Triasgedankens und ist bereit, die europäische Freiheit, wenn es sein muß, selbst im Bunde mit Frankreich gegen seine eigenen Landsleute zu verteidigen. Paul Pfizer kam zu keiner klaren Entscheidung zwischen den beiden Standpunkten, fand aber auch die Synthese nicht. Damit ist die geistige Lage vieler seiner Zeitgenossen gekennzeichnet.

Liberalismus, Demokratie und nationale Einigung erwuchsen gedanklich aus dem fruchtbaren Boden des gebildeten Bürgertums, das für alle geistigen Bewegungen aufgeschlossen war. Auf politischem Gebiet jedoch führten Mangel an historisch-politischer Einsicht und die Verkennung staatlicher Macht im Völkerleben zu zeitraubenden und steinigen Umwegen. Bis zum heutigen Tag fällt es den Deutschen schwer, ihre Umwelt so zu sehen, wie sie ist. Wie lange hat es gedauert, bis die Deutschen lernten, daß die Gestaltung ihres politischen Schicksals nicht allein von ihrem freien Entschluß, sondern auch wesentlich von der Haltung der auswärtigen Mächte abhing.

Die deutschen Regierungen betrachteten liberale und demokratische Gedanken und Wünsche mit starkem Mißtrauen. Hatte das Bürgertum die Idee, besaßen die Staatsmänner die überlegene Erfahrung und den geschulten politischen Willen. So ist es gewiß nicht erstaunlich, daß der österreichische Staatskanzler Fürst Clemens Metternich ein wachsames Auge auf alle fortschrittlichen Regungen hatte. Während des Wiener Kongresses hatte er sich für die Konstitutionen in den Mitgliedstaaten des Deutschen Bundes ausgesprochen, aber schon die ersten freiheitlichen Zeichen erschreckten ihn so, daß er von derartigen Plänen nichts mehr wissen wollte. Diese schroffe Ablehnung jedes politischfreiheitlichen Fortschritts trug ihm den Ruf eines starren, geistlosen Reaktionärs ein, dessen Name jahrzehntelang verächtlich gemacht wurde – vielfach zu Unrecht. Metternich war ein ›Europäer‹. Europa eine neue Ordnung zu geben und diese zu sichern, war seine Absicht. Ihm schwebte ein europäisches, in sich ausgewogenes Staatensystem vor, dessen Kern und innerer Halt eine mitteleuropäische Zentralmacht sein sollte: der Deutsche Bund als lebenskräftiger Nachfolger der kraftlos erloschenen Universalmonarchie des Römischen Reiches Deutscher Nation. Mit dem Deutschen Bund in der Gemeinsamkeit dynastischer Belange vereint sah er die europäischen Großmächte. Ein bestechender Friedensplan, eine wahre Lebensversicherung für die bestehenden Monarchien! Im Deutschen Bund hatte, so dachte sich Metternich die Verwirklichung des Gedankens, Österreich den Vorrang als Präsidialmacht, aber doch immer mit besonderer Berücksichtigung Preußens. Die beiden deutschen Großmächte sollten sich untereinander verständigen, ehe sie an den Bundestag herantraten. In der Tat lief dieses technische Verfahren, von Metternich gesteuert, im wesentlichen reibungslos bis in die Tage der Frankfurter Nationalversammlung. Es waren die Jahre, die Bismarck später als „eine Zeit, wo es nichts gab", kennzeichnete. Unter der künstlich in Ruhe gehaltenen Oberfläche jedoch war eine stete Unruhe, eine Gärung, die eines Tages aus der Tiefe nach oben durchbrechen mußte. Die deutsche Jugend, die nach der Niederwerfung Napoleons glaubte, den frischen

Wind einer neuen, besseren Zeit zu verspüren, war aufs tiefste enttäuscht und sah sich durch die Karlsbader Beschlüsse (1819) – mit der Wiedereinführung der Zensur, der Beaufsichtigung der Universitäten und dem Verbot der wenige Jahre zuvor gegründeten Burschenschaft – um alle Hoffnungen betrogen. Aber wie oft in der Geschichte war die Macht des Gedankens stärker als die Kette der Reaktion. Metternich war groß als Bewahrer der alten gesellschaftlichen Ordnung, die er durch die ungebändigte Kraft des Freiheitsgedankens gefährdet sah. Das war nicht unverständlich bei einem Diplomaten, der in seinen jungen Jahren die Sprengkraft der Ideen in der französischen Revolution unmittelbar verspürt hatte. Der Mann, der Europa den Weg in die Zukunft weisen konnte, war der österreichische Staatskanzler freilich nicht. Liberalismus und Nationalismus waren die tragenden Gedanken der Zeit; welche standfesten und zukunftsreichen Ideen hätte Metternich ihnen entgegenstellen können?

Ob König WILHELM I. von Württemberg je im Herzen liberal dachte, ist unwahrscheinlich, jedenfalls aber war er in seinem Widerspruchsgeist beim Regierungsantritt entschlossen, mit dem liberalen Wind zu segeln und versuchte deshalb in Fortsetzung der Bemühungen seines Vaters, dem Land eine Verfassung zu geben. Diese gute Absicht erschwerten ihm die Stände aufs äußerste. Der Adel und die Städte der neuwürttembergischen Gebiete verlangten die Wiederherstellung ihrer früheren Privilegien, die König Friedrich ihnen genommen hatte. Die Altwürttemberger versteiften sich auf den Buchstaben des guten Alten Rechts, für das Ludwig Uhland mit der Wucht seiner politischen Dichtung, der Lauterkeit seines Wesens und der Festigkeit seines Charakters eintrat. Der König berief Karl August von Wangenheim, den Kurator der Landesuniversität, zum Kultusminister. Dieser bemühte sich als Vertreter der Regierung bei den Sitzungen der Ständeversammlung, die Aussprache auf das eigentliche Thema zu beschränken. Es war vergeblich. Die Abgeordneten zogen lange Listen mit tausend Beschwerden aus der Tasche, um ihren bedrängten Herzen Luft und ihren Auftraggebern die Freude zu machen, der Regierung die Wahrheit gründlich gesagt zu haben. Darüber vergingen mehrere Jahre.

Der König und die Königin nahmen es ernst mit ihren Pflichten. Die Folgen jahrelanger Kriege, Mißwachs und Teuerung lasteten als schwere Not auf dem Württemberger Land. Einige Beschwerden der Landboten waren leicht abzustellen. Anders als sein Vater liebte König Wilhelm die Einfachheit der Lebensformen, und für die Jagd hatte er nichts übrig. Das hier bewiesene Entgegenkommen kostete den König wenig. Die Königin zeigte sich als ein Engel der Barmherzigkeit und erwarb sich die Liebe ihrer schwergeprüften Untertanen. Weite Kreise setzten nun, gestützt auf die Verurteilung der väterlichen Politik durch den Sohn, ihre ganze Hoffnung auf einen Systemwechsel, sahen sich aber darin bald enttäuscht. Der Unterschied zwischen den beiden Königen lag mehr in der äußeren Form des Auftretens als in der Auffassung des Herrscherberufs. Wilhelm hatte die selbstherrliche und schroffe Natur Friedrichs geerbt. Das zeigte sich früh schon in den persönlichen Entscheidungen des Kronprinzen. Dieser hatte gefürchtet, im Verlauf der Rheinbundpolitik eines Tages mit einem Heiratsplan Napoleons oder seines Vaters überrascht zu werden. Dem wollte er durch eine Schein-Ehe eigener Wahl zuvorkommen und heiratete 1808 Prinzessin Charlotte von Bayern, Tochter des Königs Max Joseph, in der Absicht, sich von der Fessel dieser Notehe zu befreien, sobald es ihm die Verhältnisse erlaubten. Sechs Jahre wartete die Prinzessin und mit ihr der bayrische Hof auf den Vollzug der Ehe, bis Kronprinz Wilhelm im August 1814 beim Papst deren Nichtigkeitserklärung durchsetzte. In Wilhelms Augen hatte damit diese Ehe überhaupt nie bestanden. Für den Stuttgarter Hof und die zeitgenössischen Chronisten war König Wilhelm I. nur zweimal verheiratet: in erster Ehe mit Katharina, Großfürstin von Rußland, die 1819 starb, in zweiter, 1820 geschlossener Ehe mit seiner Cousine Pauline, Prinzessin von Württemberg, der Tochter Herzog Ludwigs, des Bruders König Friedrichs. Da die Prinzessin Charlotte zwei Jahre später als Gattin Franz von Österreichs Kaiserin Caroline Augusta wurde, blieb das Verhältnis des württembergischen Königs zum Kaiserhaus mit diesem unerhörten Affront belastet.

Erschwert ist für uns die Beurteilung des Königs durch das Bild, das der Historiker Heinrich von Treitschke, von ihm und seinem Vater entworfen hat. Kein Wort ist Treitschke zu scharf, kein Spott zu ätzend, um die Politik der „Zaunkönige" und deren Beweggründe an den Pranger zu stellen. König Friedrich war ihm „der böseste und begabteste Sohn des Hauses Württemberg" und das liberale Verfassungswerk, das König Wilhelm seinen Ständen zur Entschließung vorlegte, in dem die Württemberger, wie Treitschke selbst sagt, voll Stolz das freisinnigste Grundgesetz Deutschlands sahen, kennzeichnet er als die Leistung „dieses Meisters der Falschheit" und als „eine politische Falle", in die der König seine Stände lockte. Eine Erklärung für solche und ähnliche Urteile kann man in einem Brief finden, den Treitschke am 11. Februar 1863 an Robert von Mohl, von dem noch zu sprechen sein wird, geschrieben hat. Darin heißt es: „Mein Urteil über König Friedrich von Württemberg finden Ew. Exzellenz vielleicht zu hart. Und wirklich, in diesem bedeutenden Menschen muß eine dämonische, den Nachlebenden kaum erklärliche Anziehungskraft gewohnt haben, und wir können uns nur schwer in jene napoleonischen Tage versetzen, wo die Mißachtung des bestehenden Rechts in der Luft lag. Ich bin nicht im Stande gewesen den Widerwillen zu unterdrücken, den mir solche despotische Naturen erregen." Sicherlich ist der erste württembergische König eine despotische Natur gewesen, der zweite, als Sohn seines Vaters, war es nicht minder. Es fiel Treitschke schwer, Menschen und Absichten, die sich der Einigung Deutschlands unter Preußens Führung widersetzten, sachlich zu beurteilen. Was immer sich dagegen stellte, war für Treitschke unverzeihliche Sünde. Dieser Standpunkt war ihm auch hinderlich bei der Beurteilung des Mannes, der zeitlebens für König Friedrich eintrat, Karl August von Wangenheim, den Treitschke, widerspruchsvoll genug, „diesen besten und gescheitesten aller Anhänger des Triasgedankens" nennt. Er hilft sich damit, daß er die Schuld den Nachfolgern Wangenheims auflädt, „deren Taten Spott und Unwillen so gebieterisch herausfordern". Schwerlich wäre der also Verteidigte, der in Frankfurt den Triasgedanken in einer Weise vertrat, daß er von König Wilhelm auf den Druck der Großmächte hin als Bundestagsgesandter entlassen werden mußte, mit dieser Entschuldigung einverstanden gewesen.

Zur Erklärung der ›Triasidee‹ ist zu sagen, daß mit diesem Wort eine politische Konzeption umschrieben ist, auf die König Wilhelm während seiner langen Regierung immer wieder zurückkam. Ihr Ziel war, neben den beiden deutschen Großmächten, Österreich und Preußen, ›das dritte Deutschland‹, die Mittel- und Kleinstaaten, zu einem entscheidenden Machtfaktor zusammenzufassen. Theoretisch hatte die Trias ihre Berechtigung. War der Gedanke einer dritten Macht im Deutschen Bund naheliegend, so hielt er doch in der politischen Praxis nicht, was seine Anhänger sich von ihm versprachen. Ein Bündnis von Mittel- und Kleinstaaten war von vornherein brüchig, denn die Vielfalt ihrer Belange machte es den Großmächten leicht, einzelne Glieder dieser nur lose gefaßten Kette auszubrechen. Trotzdem gab es im Frankfurter Bundestag für einen mittelstaatlichen Fürsten kaum einen anderen Weg, einen bestimmenden Einfluß auszuüben, als die Trias. König Wilhelm war viel zu klug, um nicht zu wissen, daß ein deutscher Mittelstaat aus eigener Macht nicht leben konnte. Er war deshalb auch kein Gegner der deutschen Einheit, vorausgesetzt, daß man ihn in diesem Gebilde eine maßgebliche Rolle spielen ließ. Als der preußische Bundestagsgesandte Otto von Bismarck dem Fürsten Metternich auf Schloß Johannisberg im Sommer 1851 seinen Antrittsbesuch machte, waren sich der alte und der junge Staatsmann darin einig, daß nach dem Scheitern der Frankfurter Nationalversammlung der wieder ins Leben gerufene Deutsche Bund die politische Führung Deutschlands zu übernehmen haben werde. Dieser Meinung muß auch König Wilhelm von Württemberg gewesen sein.

Die Gedanken des deutschen Bürgertums über Mittel und Wege zur Einigung waren im Vormärz so vielfältig und widerspruchsvoll, daß sich aus ihnen kein Staatsmann ein brauchbares Bild formen konnte. Es bedurfte des Mißerfolgs der Paulskirche, um den deutschen Bürger darüber zu belehren, daß auf Recht und Moral allein sich kein Staatswesen aufbauen läßt; dazu ist auch Macht unerläßlich. Ein Staatstheoretiker der sozialdemokratischen Partei, Paul Lensch, hat im ersten Weltkrieg diese Wahrheit einmal in den Satz gefaßt: „es ist von Politik die Rede, also von Macht". Bismarck hätte ihm gewiß nicht widersprochen. Macht ist immer in Gefahr, dämonisch zu wirken. Die Bismarcksche Politik erschien den Zeitgenossen oft genug, und nicht mit Unrecht, in diesem Licht. War aber, mutatis mutandis, den beiden württembergischen Königen nicht recht, was dem Gründer des Reiches billig war?

Die Verhandlungen über die so lang und schwer umstrittene württembergische Verfassung kamen schließlich unerwartet rasch zu einem guten Ende. Metternich hatte 1819 nach Karlsbad die Minister der deutschen Staaten zu einem Kongreß eingeladen, dessen Beschlüsse nicht anders als reaktionär ausfallen konnten. Das vermutete man auch in Württemberg und befürchtete deshalb Schlimmes für die liberale Verfassung. Wollte man diese noch unter Dach und Fach bringen, durfte keine Zeit vergeudet werden. Die Regierung machte den Ständen noch rasch einige Zugeständnisse, die Stände gaben an ihrem Teil in manchem nach, so wurde der Regierungsentwurf einer Volksvertretung mit zwei Kammern einstimmig angenommen. Die erste bestand aus Standesherren und vom König ernannten Mitgliedern, die zweite, die Volkskammer, aus gewählten Abgeordneten. Selbst Ludwig Uhland, der aufrechteste der Aufrechten, stimmte zu mit der Begründung, wenn auch nicht alle Wünsche erfüllt seien, das Wichtigste, das gute Alte Recht, bleibe erhalten. Diese Ansicht erscheint heute verwunderlich, denn einerseits hatte der neue Landtag nur eine oberflächliche Ähnlichkeit mit den Landständen des Tübinger Vertrags, andererseits entsprach die Wahl durch Wahlmänner und Urwähler, die eine erhebliche Steuerleistung nachzuweisen hatten, keineswegs dem liberalen Ideal.

Unter den Mitgliedern der zweiten Kammer befand sich auch ein junger Tübinger Professor, der in Reutlingen geborene Friedrich List (1789 bis 1846), von dem Robert von Mohl in seinen Erinnerungen sagt, Gott habe ihn im Zorn zum Hochschullehrer gemacht. Wangenheim hatte Lists Berufung auf den neugeschaffenen Lehrstuhl für Staatswirtschaft durchgesetzt, obwohl dieser keine wissenschaftliche Bildung im eigentlichen Sinn genossen hatte. Lists akademische Vorlesungen waren deshalb auch kein Erfolg. Es gab nicht viele Menschen damals, die ihm seine späteren hervorragenden Leistungen zugetraut hätten. Sein heftiges und unbeherrschtes Temperament verwickelte ihn bald in Schwierigkeiten. Schon bei seinem Eintritt in den Landtag wurde festgestellt, daß List das durch die Verfassung vorgeschriebene Mindestalter für Abgeordnete noch nicht erreicht hatte. Im Fortgang der Verhandlungen griff List dann die Regierung in so maßloser Weise an, daß er sich ein gerichtliches Verfahren wegen Beleidigung zuzog. Da verfassungsgemäß ein unter Anklage versetzter Abgeordneter sein Mandat nicht ausüben durfte, wurde List durch Mehrheitsbeschluß der Kammer von den Sitzungen ausgeschlossen. Nach Auffassung eines Kenners der damaligen württembergischen Verhältnisse war der Beschluß der Kammer rein rechtlicher, nicht politischer Art und von König Wilhelm unbeeinflußt, so daß hier der von Treitschke erhobene Vorwurf despotischer Willkür unberechtigt ist. Wenn auch offenbar das Verfahren gegen List vom Gericht mit einseitiger Strenge durchgeführt wurde, so war er doch gewiß nicht ohne Schuld. Das Urteil lautete auf eine Gefängnisstrafe, die ihm aber nach einer Haft von einigen Monaten gegen das Versprechen der Auswanderung erlassen wurde. List ist nicht mehr in seine Heimat zurückgekehrt. Nach einem Leben voll Unruhe und Rastlosigkeit, nach großen Leistungen und bitteren Enttäuschungen endete Friedrich List, der die wissenschaftliche Erkenntnis der Volkswirtschaft und des Verkehrswesens in einzigartiger Weise bereichert hat, sein Dasein durch eigene Hand.

In Württemberg also hatten König und Stände gemeinsam die Verfassung im letzten Augenblick in Sicherheit gebracht. Die Freude im Land war groß und überall jubelten die liberalen Geister. Die Großmächte aber mit ihren in Karlsbad gefaßten reaktionären Beschlüssen fühlten sich hintergangen.

Das bedeutungsvolle Jahr 1819 brachte für König Wilhelm einen harten Schlag: am 9. Januar starb Königin Katharina im vierunddreißigsten Lebensjahr. Ludwig Uhland betrauerte sie „in einem der schönsten Gedichte deutscher Zunge" (Treitschke) und mit ihm Hunderttausende treuer Württemberger. Die Gesundheit der Königin hatte schon längere Zeit zu wünschen übrig gelassen, daran war wohl auch ein tiefer Kummer mitschuldig, der am Herzen der hohen Frau nagte. Während die Tochter der Kaiserin Maria Feodorowna in streng moralischen Anschauungen erzogen war, galten dem König eheliche Treue und Familienrücksichten nicht als innere Verpflichtung. So stand auch des Königs zweite Ehe (s. S. 275) unter keinem guten Stern. Königin Pauline war den Kindern aus beiden Ehen eine fürsorgliche Mutter, aber mit Ausnahme der Prinzessin Sophie, der Lieblingstochter des Königs, verspürten jene kaum etwas von Vaterliebe.

König Wilhelm hatte sich, getrieben von seinem Ehrgeiz, „der konstitutionelle Musterkönig" zu sein, gegenüber dem Deutschen Bund und den Großmächten, von denen er als Souverän eines Mittelstaates weithin abhängig war, in eine recht schwierige Stellung hineinmanövriert. Am meisten reizte er seine reaktionären Gegner durch das »Manuskript aus Süddeutschland«. Diese anonym in London erschienene Streitschrift stammte zwar nicht von des Königs eigener Hand, aber er hatte sie angeregt und gefördert. Zweifellos gibt sie die damaligen politischen Auffassungen Wilhelms wieder. Sie enthält heftige Vorwürfe gegen die beiden deutschen Großmächte, in erster Linie gegen Österreich, dem schrankenloser Egoismus, Hausmachtpolitik und völlige Vernachlässigung seiner deutschen Aufgabe vorgeworfen wird. Aber auch der Deutsche Bund, so hieß es, vertrete nur die Belange der Großmächte, arbeite gegen die Lebensinteressen der Mittel- und Kleinstaaten und stelle für diese eine unerträgliche Bevormundung dar. Der politische Zusammenschluß des

„reinen Deutschlands", womit die süddeutschen Staaten gemeint sind, sei eine Lebensnotwendigkeit und die Sicherung des Fortbestandes der von der Reaktion bedrohten liberalen Verfassung ein politisches Erfordernis. Verschlössen sich die deutschen Großmächte diesen Gesichtspunkten, bliebe dem reinen Deutschland nur Frankreich als natürlicher Bundesgenosse. Viele Einzelheiten der Streitschrift wiesen unmißverständlich auf die Urheberschaft des württembergischen Königs hin. Bayern, dessen Zustimmung nicht gerade behauptet, aber doch angedeutet war, wehrte sich entrüstet gegen den Inhalt der Schrift. Die Souveräne von Bayern, Österreich und Preußen brachen ihre diplomatischen Beziehungen zum württembergischen König ab. Auf die Dauer mußte selbst dem starren Eigensinn Wilhelms dieser Zustand unerträglich erscheinen. Er ließ sich von seinem Minister, dem Freiherrn von Maucler, einem geschmeidigen Hofmann und geschickten Diplomaten, überzeugen und schickte diesen als Friedensbotschafter zum Fürsten Metternich, der sich im Sommer 1824 auf seinem Schloß Johannisberg am Rhein aufhielt. Der württembergische Diplomat erfüllte seine Aufgabe zur beiderseitigen Zufriedenheit. Schon vorher war Karl August von Wangenheim, der als württembergischer Bundestagsgesandter die Triaspolitik in Frankfurt vertreten hatte, als Opfer dieser Schwenkung seines königlichen Herrn aus dem Staatsdienst entlassen worden. Mit der Anerkennung der vom Deutschen Bund erneuerten Karlsbader Beschlüsse schloß dieses wenig glückliche Kapitel württembergischer Geschichte.

Von der deutschen Öffentlichkeit fast unbeachtet, für das Land jedoch zum Segen, befestigte sich dank der klugen und maßvollen Politik des Königs die konstitutionelle Monarchie, wobei allerdings die Führung nicht beim Landtag, sondern bei der Regierung lag. Wichtige und gute Gesetze, wie das Verwaltungsedikt des Jahres 1822 und die Gewerbeordnung von 1828, wurden in den Ministerien ausgearbeitet und dem Landtag vorgelegt. Der Departementschef und spätere Minister Christoph Friedrich Schmidlin erwarb sich hierbei viel Anerkennung. Die erste Kammer war bei dieser parlamentarischen Arbeit kaum beteiligt, da der hohe Adel (die ›Standesherren‹) seinen Groll gegen den Staat und den Monarchen noch nicht hatte überwinden können. Entgegen dem Bild, das Treitschke in seiner »Deutschen Geschichte im neunzehnten Jahrhundert« von Württemberg entwirft, weist Gustav Rümelin darauf hin, daß das Regiment der Schreiber im Land völlig ausgeschaltet war und daß „der bürgerliche Herrenstand", der sich nach Treitschke behaglich wieder eingerichtet haben sollte, längst der Vergangenheit angehörte. Die Stuttgarter ›ehrbaren Familien‹ waren nicht ausgestorben, aber politischen Einfluß hatten sie nicht mehr. Die staatswirtschaftliche Fakultät der Universität Tübingen erzog ein akademisch gebildetes Beamtentum, das die alten Schreiber ersetzte. Über die Laufbahn des Beamten entschied die Leistung, nicht die Protektion.

Eine arge Enttäuschung bereitete dem König die Landesuniversität. Die Studenten faßten die akademische Freiheit als Zügellosigkeit auf, so daß es zu wüsten Ausschreitungen und Schlägereien zwischen den studentischen Verbindungen kam. Vom burschenschaftlichen Schwung im guten Sinn, den der König gegen die Reaktion hatte schützen wollen, war nicht viel zu spüren. Der Rektor und die amtlichen Organe der Universität wollten oder konnten keine Ordnung schaffen, und so schickte der König 1824 einen juristischen Oberbeamten mit zwanzig Landjägern nach Tübingen. Nun war es aus mit der akademischen Freiheit, aber selbst jetzt noch blieb das Regiment in Württemberg liberaler als sonst in deutschen Ländern. Wurden anderswo gegen Burschenschafter langjährige Gefängnisstrafen, ja Todesurteile verhängt, kamen solche ›Übeltäter‹ in Württemberg unter der königlichen Polizeiherrschaft mit einem oder zwei Jahren Gefängnis davon, und häufig wurden auch diese Strafen noch im Gnadenwege abgekürzt. Dem König gelang es mit Beharrlichkeit, die Universität wieder zum geistigen Zentrum Württembergs zu machen. So gingen die Jahre vorüber. Selbst die Julirevolution 1830, die in Frankreich zu einem Thronwechsel führte, berührte Württemberg nur wenig. Der scharfe Wind aus Westen kräuselte wohl das Wasser, so daß es manchmal weiße Wellenköpfe gab, aber es war kein Sturm, der die Tiefen aufwühlte. Die württembergischen Liberalen bereiteten sich zum Angriff vor und meldeten alte, halbvergessene Forderungen wieder an, diese jedoch wandten sich mehr gegen den Deutschen Bund als gegen die württembergische Regierung. Bei einer Neuwahl zum Landtag wurden die Führer der Opposition wiedergewählt; zweien von ihnen, die Beamte waren, Ludwig Uhland und Albert Schott, wurde der zur Ausübung ihres Mandats nötige Urlaub von der Regierung nicht gewährt, worauf beide um ihren Abschied aus dem Staatsdienst baten. Weltbewegende Ereignisse waren dies nicht. Große und entscheidende Dinge bereiteten sich jedoch vor.

Ehe wir uns aber der Bewegung zuwenden, die zum ›tollen Jahr 48‹ führte, sprechen wir von Dingen, die noch mehr als die Politik das Gesicht des neunzehnten Jahrhunderts prägten, und von dem Anteil, den Württemberg daran hatte. Industrie, Technik und Verkehr waren es, die das neue Weltbild schufen. Wenn auch Württemberg, wie schon öfter in seiner Geschichte zunächst in der Enge seiner Grenzen hinter der allgemeinen deutschen wirtschaftlichen Entwicklung zurückblieb, so bildeten sich doch auch hier in der Tiefe die Kräfte, die, einmal zum Leben erweckt, das bisherige Versäumnis rasch aufholten. König Wilhelm gebührt das Verdienst, die Zeichen der Zeit erkannt zu haben. Die Binnenzölle, die Deutschland in achtunddreißig kleine und kleinste Wirtschaftsgebiete zerlegten, waren das Hindernis für jeden gesunden Fortschritt auf diesem Gebiet. Friedrich List hatte zum Angriff gegen die Binnenzölle aufgerufen, die Staatsmänner gaben dem großen Gedanken Form und Inhalt. Auf Betreiben König Wilhelms schlossen Bayern, die hohenzollernschen Fürstentümer und Württemberg einen Zollvereinsvertrag. Fünf Jahre später (1833) gelang der größere Schritt, der Zusammenschluß des süddeutschen mit dem preußisch-hessischen Zollverein zum Deutschen Zollverein, dem ein Jahr später auch Baden beitrat. 1845 fuhr zwischen Cannstatt und Untertürkheim die erste Eisenbahn. Zollverein und Eisenbahn sind Marksteine der deutschen Wirtschaftsgeschichte, die sich freilich den Augen der Zeitgenossen fast völlig verbargen. Alles in allem genommen war der ›Vormärz‹ in Württemberg eine Zeit des langsamen, aber sicheren wirtschaftlichen Fortschritts, der dem König in weiten Kreisen des Landes gedankt wurde. Dies kam beim Regierungsjubiläum Wilhelms I. 1841 in einer überwältigenden Kundgebung des württembergischen Volkes zum Ausdruck.

Der Umsturz des Jahres 1848 beweist, daß die Idee des Staates der Deutschen lebte, aber diese Idee war in den Köpfen der Zeitgenossen vielgestaltig, verworren und weit entfernt von der Möglichkeit ihrer Verwirklichung. Die wenigsten sahen die politischen Tatsachen, die durch die Großmächte Österreich und Preußen und deren Gegensätze bestimmt waren. Österreich, seiner universalistischen Vergangenheit verpflichtet, sah seine Aufgabe in der Schaffung eines mitteleuropäischen Reiches, Preußen wollte die Vereinigung der deutschen Staaten unter seiner Führung mit Ausschluß Österreichs. Die Habsburger waren gesättigt, die Hohenzollern begehrten Machterweiterung. Von solchen Gegebenheiten nahm das politische Schrifttum des Vormärz wenig Notiz. Man baute fröhlich seine Schlösser in die Luft. Großdeutsche und kleindeutsche Ziele standen einander gegenüber. Der eine dachte gesamtdeutsch und nationalistisch, der andere mitteleuropäisch; Großösterreich war des einen Ideal, Großpreußen der Traum des anderen. Dazu trat auch noch die Verschärfung des konfessionellen Gegensatzes. Theologisch-philosophische Streitgespräche wurden an der Universität Tübingen geführt, wo Johann Adam Möhler an der katholisch-, Ferdinand Christian Baur an der protestantisch-theologischen Fakultät lehrten und wirkten, dieser von Hegelscher, jener von Schellingscher Philosophie beeinflußt. Die beiden Tübinger Schulen behielten ihren Einfluß auf das geistige Leben Deutschlands auch nach dem Tode ihrer Schöpfer.

Die Württemberger als echte Schwaben hatten an ihrem Teil nicht wenig zur geistigen und künstlerischen Kultur Gesamtdeutschlands beigetragen, sie waren aber auch nicht arm an Einzelgängern und Eigenbrödlern. Scharfe Gegensätze bestanden zwischen den lutherischen Altwürttembergern und den katholischen Oberschwaben, aber auch zwischen jenen und den protestantischen Unterfranken, die politisch zu Österreich neigten. Oberschwaben war seiner Vergangenheit nach gut habsburgisch gesinnt. Großdeutsch-österreichisch dachten auch die katholischen Demokraten, ebenso die zahlenmäßig kaum ins Gewicht fallenden Konservativen und die starke protestantische, demokratische Partei, in der ein republikanischer Einschlag fühlbar war. Alle, Alt- wie Neuwürttemberger, waren stolz auf ihre schwäbische Eigenart, was aber ihrem Ideal von deutscher Größe und Freiheit keinen Eintrag tun sollte. Ihr nationales Gefühl war getragen von der Überzeugung, daß das Reich der Deutschen durch die Kraft der Idee, nicht durch eine Politik der Gewalt zu verwirklichen sei. Eine Lösung ohne Österreich wollten sie nicht, einig waren sie sich in der Forderung, daß Schwaben in diesem Reich ein Höchstmaß von Selbständigkeit haben müsse. Gutes erwarteten sie nicht von den jetzigen Regierungen der beiden Großmächte, am wenigsten von der preußischen. Das dritte Deutschland war ihnen der Hüter des wahren nationalen Gedankens. Das ergab einen recht bunten Strauß von Wünschen, Zielen und Träumen.

Die Nachrichten von den im Februar 1848 in Paris, Wien und München ausgebrochenen Unruhen machten natürlich auch in Württemberg großen Eindruck. König Wilhelm versuchte einer Revolution durch rechtzeitige Zugeständnisse zuvorzukommen. Er verabschiedete das bisherige Beamtenministerium und berief den Führer der Opposition in der zweiten Kammer, den Stuttgarter Rechtsanwalt Friedrich Römer, als Chef des sogenannten Märzministeriums. Römer war ein fähiger und loyaler Mann, furchtlos und tatkräftig, aber, obwohl liberal, auch seinen politischen Freunden gegenüber barsch und nicht selten gewalttätig. Er vertrat die alten liberalen Forderungen nach Pressefreiheit, Volksbewaffnung und – in erster Linie – nach einem deutschen Parlament; sie radikal durchzusetzen, bedeutete zweifellos verfassungsrechtlich einen Umsturz, den das württembergische ›Märzministerium‹ und der Stuttgarter (Reform-) Landtag vollzogen. Zunächst hatte König Wilhelm in Preußen den Retter der deutschen Dynastien vor dem Umsturz gesehen, aber die nachgiebige Haltung Friedrich Wilhelms IV. in den kritischen Märztagen in Berlin, die einer moralischen und politischen Niederlage der Monarchie gleichkam, zerstörte diese Hoffnung. In Württemberg verlief die revolutionäre Bewegung ruhiger als in den Nachbarländern.

Ein Unruheherd von nicht ungefährlichem Ausmaß hatte sich allerdings in den grundherrlichen Gebieten des Landes entwickelt. Wohl war die Leibeigenschaft und die Lehnbarkeit der Bauerngüter 1817 in Württemberg aufgehoben worden, aber die Grundherren hatten es vielfach verstanden, ihre ursprünglich leibeigenschaftlichen Ansprüche in Abgaben, die am Grund und Boden hafteten, umzuwandeln. Das System der Grundherrschaft war für die Bauern eine schwere und viel Erbitterung verursachende Belastung, wenn auch die Gerechtigkeit verlangt, anzuerkennen, daß viele Grundherren diese Dienstbarkeit patriarchalisch milde und rücksichtsvoll ausübten. Wirtschaftlich wirkte sich das Rechtsverhältnis insofern ungünstig aus, als jede Verbesserung der Bodennutzung in erster Linie dem Grundherrn zugute kam und damit jede Initiative des Landwirts lähmte. Weit verbreitet war die Grundherrschaft in den Gebieten der ehemals regierenden, dann aber ›mediatisierten‹ Fürsten- und Grafenhäuser; so kam es gerade hier zu Unruhen und Krawallen. Die sogenannten Standesherren erlitten in dieser Zeit viele Verluste an Besitz und Rechten und fühlten sich, nicht selten mit gutem Grund, in ihrer Sicherheit und an ihrem Leben ernsthaft bedroht. In Württembergisch Franken erklärten die wütenden Bauern ihren früheren Landesfürsten, sie zögen es vor, württembergisch anstatt hohenlohisch zu sein, denn zwei Herren könnten sie nicht dienen. Mit dem

Erlaß der sogenannten Antifeudalgesetze von 1848, die im übrigen für die württembergischen Grundherren ungünstiger waren als anderswo, trat bald Beruhigung ein, und die bäuerlich-konservative Einstellung gewann wieder die Oberhand. So gab es in den beiden Revolutionsjahren wohl manche bedrohlich aussehende Krise, aber ernsthaft in Frage gestellt war die konstitutionelle Monarchie in Württemberg nicht. Abgesehen von der den Extremen abgeneigten Wesensart des Württembergers kam dies von der Zuverlässigkeit der militärischen Verbände; diese ermöglichte es, württembergische Regimenter auch außerhalb der Landesgrenzen zur Bekämpfung von Aufständen einzusetzen.

Zu der am 18. Mai 1848 in der Paulskirche zu Frankfurt am Main eröffneten Nationalversammlung entsandte Württemberg achtundzwanzig Abgeordnete. Neben Friedrich Römer finden wir dort Ludwig Uhland, Friedrich Theodor Vischer, Robert Mohl und Gustav Rümelin. Dem großen schwäbischen Dichter geschieht kein Unrecht, wenn man ihm die politische Begabung abspricht; man darf auch sagen, daß Uhlands politische Dichtung, die das gute Alte Recht verherrlicht, kein Höhepunkt seines poetischen Schaffens war. Er hatte sich in den zwanziger und dreißiger Jahren auf dringende Bitten seiner Freunde in die württembergische Kammer wählen lassen und war eine Zierde dieser Körperschaft gewesen, nicht weil er mit politischen oder staatsmännischen Gedanken glänzte, sondern wegen seiner persönlichen Unantastbarkeit und seiner ethischen Auffassung der Pflichten eines Volksvertreters. Uhland war dankbar, als er mit Anstand die Bürde des Abgeordneten los wurde und sich in sein geliebtes Tübingen und zu seinen Büchern zurückziehen konnte. Als aber dann in den Tagen der Revolution seine Freunde wieder an ihn herantraten mit der Bitte, sich für die Frankfurter Nationalversammlung zur Verfügung zu stellen, glaubte er sich dem Rufe nicht versagen zu dürfen. Ihm ging es dabei nicht um parlamentarische Lorbeeren, sondern um sein Ideal des einigen Deutschlands. Daß die äußerste Linke in der Paulskirche, der sich Uhland anschloß, von allen Parteien die geringste Aussicht hatte, des Dichters Ziel zu erreichen, wollte er nicht glauben. Ihm stand die Gesinnung über der Partei.

Für Robert Mohl war das vom Frankfurter Parlament eingesetzte Reichsministerium „die Personifikation eines falschen Gedankens"; das war politisch gedacht. Mohl, von Mutterseite ein Urenkel Johann Jakob

Mosers, war in Stuttgart aufgewachsen, hatte in Tübingen und Heidelberg studiert, folgte dem Ruf als Professor der Staatswirtschaft an die Universität Tübingen, die ihm viel verdankte; er war auch zweimal ihr Rektor. Als ihn die Regierung wegen einer heftigen Kritik nach mehr als zwanzigjähriger Dozententätigkeit durch die Versetzung auf eine unbedeutende Beamtenstelle maßregeln wollte, nahm er seinen Abschied aus dem württembergischen Staatsdienst. Das Nachbarland Baden bot dem bekannten Staatsrechtslehrer gerne einen Lehrstuhl an der Universität Heidelberg an. Für Mohl ist es bezeichnend, daß er für diesen Bruch seiner Laufbahn weniger die Stuttgarter Regierung verantwortlich machte, als den unangebrachten Ehrgeiz, seine Wahl in die Kammer gegen den Wunsch der Regierung durchzusetzen. In seinen Erinnerungen gibt er zu, das Ziel sei eines solchen Einsatzes nicht wert gewesen. Im Frankfurter Parlament fiel Mohl mit seinem sicheren Urteil und seiner großen Arbeitskraft bald auf und wurde vom Reichsverweser zum Justizminister des Reichskabinetts ernannt. Die Beziehungen zwischen Mohl und Uhland waren nicht freundlicher Art. Als Dichter, meinte Mohl in seinen Erinnerungen, die übrigens in vielen Beziehungen für das neunzehnte Jahrhundert eine wahre Fundgrube sind, möge Uhland Verdienste haben, zum Politiker habe er jedenfalls nicht getaugt, als anständiger Mensch hätte er auch nicht seinen Platz auf der äußersten Linken des Frankfurter Parlaments einnehmen dürfen. Unwürdig sei es für einen Mann, sich mit Hilfe des Geldes seiner Frau das Leben leicht zu machen; auch brauche man Uhlands gerühmte Überzeugungstreue nicht so sehr zu bewundern, da es ihm ja in Tübingen dank seiner wohlhabenden Frau an nichts gefehlt habe. Mohl führte immer eine scharfe und nicht selten eine bissige Feder. Aber so sind die Württemberger: man sagt seine Meinung frei heraus, der andere kann es ja auch tun.

Gustav Rümelin war eine glückliche Mischung schwäbischer Eigenschaften, heimattreu und weltoffen, gemessen und schwungvoll, nüchtern, aber nicht ohne Phantasie; ein Politiker, der in Ausschußsitzungen sein Bestes gab, kein hinreißender Redner, aber überzeugend durch Sachlichkeit und die klare, logische Ausprägung seiner Gedanken. Seine Schlagfertigkeit bewies Rümelin, als die Abordnung der erbkaiserlichen Partei, der Rümelin angehörte, König Friedrich Wilhelm IV. von Preußen in Berlin Anfang April 1849 die Würde des Kaisers der Deutschen anbot. Im Gespräch mit den Abgeordneten fragte der König Rümelin nach seinem Geburtsort, und als dieser das Neckarstädtchen Nürtingen nannte, wollte Friedrich Wilhelm dessen Lage wissen. „Zwischen dem Hohenstaufen und dem Hohenzollern", antwortete der Gefragte. Später wollte man dieser knappen Antwort einen tieferen, entweder symbolischen oder dynastischen Sinn unterlegen; es war kurz und schlicht eine Ortsbezeichnung, in ihrer Art aber unübertrefflich. Bei anderer Gelegenheit hat Rümelin sich schützend vor seine Heimat gestellt. Nach dem Erscheinen des dritten Bandes der »Deutschen Geschichte im neunzehnten Jahrhundert« von Heinrich von Treitschke (1885) machte Rümelin, damals Kanzler der Universität Tübingen und weit über die Grenzen Württembergs hinaus bekannt und geachtet, den großen Historiker darauf aufmerksam, daß sein Bild Württembergs und König Wilhelms verschiedener Korrekturen bedürfe. Er tat es mit aller gebotenen Rücksicht und Verehrung, aber auch mit männlicher Offenheit. Die politische Entwicklung des Deutschen Bundes ist auch bei uns im Süden zum Nachteil der geschichtlichen Wahrheit einzig und allein vom preußischen Standpunkt aus gesehen worden.

Als der erste Überschwang der Hoffnungen mit dem Beginn der Arbeit in der Paulskirche dahinschwand, erkannten die mit politischem Verstand begabten Abgeordneten schnell, daß mit einem Parlament, in dem alle Spielarten politischen Denkens, vom Staatsmann bis zum Dilettanten, vom Monarchisten bis zum Barrikadenkämpfer, vertreten waren, nicht leicht zu arbeiten sein werde. Die Gegensätze prallten aufeinander: Volkssouveränität gegen Gottesgnadentum, die Tradition der Einzelstaaten gegen das nationale Einheitsstreben, altständisch-konservative Kräfte gegen liberale und demokratische Ideen. Um das Oberhaupt des Reiches der Deutschen wurde in der Paulskirche lange gestritten. Möglich und denkbar war entweder eine österreichische oder eine preußische Lösung; aber auch der Gedanke eines wechselnden Präsidiums mit Beteiligung des dritten Deutschlands wurde erörtert. Die Wahl des Erzherzogs Johann von Österreich zum Reichsverweser war dann ein Erfolg Österreichs über Preußen. Die Tragik des deutschen Parlaments ließ sich schon im Herbst 1848 erkennen; sie wurde immer deutlicher, je mehr sich die Stellung der beiden deutschen Großmächte nach den Schwächeanfällen beim Beginn der Unruhen wieder festigte, wobei sich aber auch deren Gegensätze mehr und mehr vertieften. Das System Metternichs, das Preußen und Österreich zusammengehalten hatte, zerfiel und ließ sich durch keine diplomatische Kunst wieder herstellen. In Preußen lebte ein starker Staatswille auf, der zur beherrschenden Stellung in Deutschland strebte.

Mit grausamer Deutlichkeit zeigte sich die Machtlosigkeit des Parlaments und des Reichsministeriums bei der Behandlung der schleswig-holsteinischen Frage. Der Streit um die beiden Elbherzogtümer war nicht neu. Die deutsche Bevölkerung lehnte sich auf gegen den Versuch, die beiden Staaten, die bisher nur in Personalunion mit der dänischen Krone verbunden waren und ihre Vorrechte eifersüchtig hüteten, dem Königreich Dänemark staatsrechtlich einzuverleiben. Die öffentliche Meinung in Deutschland machte die Sache der Schleswig-Holsteiner zur eigenen, und der Deutsche Bund sah in ihr eine nationale Aufgabe. Bundestruppen unter der Führung des preußischen Generals von Wrangel rückten siegreich nach der Erstürmung des Danewerks bei Schleswig in Jütland ein. Aber England und Rußland hielten den weiteren Vormarsch der deutschen Truppen an und erzwangen einen Waffenstillstand, der in Malmö geschlossen wurde. Als die machtlose Nationalversammlung widerwillig dem Abkommen zustimmte, benutzten radikale Elemente die allgemeine Empörung zu einem Aufruhr in der Stadt Frankfurt, bei dem zwei bekannte Abgeordnete, Fürst Lichnowsky und General von Auerswald, ermordet wurden. Ein Winter des Mißvergnügens und der Hoffnungslosigkeit folgte, aber noch war der ursprüngliche Schwung nicht ganz erlahmt. Der Eindruck, daß nur eine preußische Führung die deutsche Einigung herbeiführen werde, verstärkte sich. Aber auch in Österreich hatte die Regierung unter der Leitung des Fürsten Felix von Schwarzenberg die Zügel wieder fest in der Hand. Der junge Kaiser Franz Joseph konnte aufatmen. Schwarzenberg war entschlossen, die Stellung Österreichs im Deutschen Bund zu wahren und zu stärken. Zunächst freilich konnte er nicht hindern, daß sich in der Paulskirche die Partei der ›Erbkaiserlichen‹ bildete, die nach monatelanger Beratung der Grundrechte des deutschen Volkes schließlich die Annahme der deutschen Reichsverfassung durchsetzte. Dieser Beschluß bedeutete den Sieg der Klein- über die Großdeutschen. Auf dieser Seite hatten sich Österreicher, Süddeutsche und alles, was republikanisch dachte, zusammengefunden, dort standen die Kreise, die den Deutschen Bund unter Preußens Führung und unter Ausschluß Österreichs erstrebten. Nach der Verfassung stand an der Spitze des Reiches der erbliche Kaiser, die gesetzgebende Gewalt war dem Staatenhaus und dem Volkshaus anvertraut. Jenes bestand zur einen Hälfte aus den Beauftragten der Regierungen, zur anderen aus den Vertretern der Parlamente der Einzelstaaten; dieses sollte aus direkter und allgemeiner Wahl hervorgehen. Die Kaiserwahl fand am 28. März 1849 statt. Sie fiel auf König Friedrich Wilhelm IV. von Preußen, der die ihm angetragene Krone ablehnte. Mit der preußischen Ablehnung erlitt die erbkaiserliche Partei im Frankfurter Parlament einen argen Rückschlag, die republikanische Linke glaubte ihre Zeit gekommen. Aber die Dinge entwickelten sich anders. Die österreichischen und preußischen Abgeordneten wurden von ihren Regierungen in Wien und Berlin zurückgerufen und folgten zum überwiegenden Teil dieser Aufforderung. Damit war das Parlament arbeits- und beschlußunfähig geworden. Nur die radikale Linke wollte das Spiel noch nicht verloren geben. In Frankfurt freilich konnte ihres Bleibens nicht sein, und so verlegte sie in der Annahme, in Württemberg einen für die Politik des Umsturzes genügend vorbereiteten Boden zu finden, das ›Rumpfparlament‹ nach Stuttgart. Hier hatte im Laufe des Frühjahrs die revolutionäre Stimmung stark um sich gegriffen, und man hoffte, mit der Forderung nach Einführung der Reichsverfassung die Monarchie stürzen zu können; Julius Haussmann und Karl Mayer bereiteten einen gewaltsamen Umsturz vor. Vorübergehend hatte der König daran gedacht, das Land zu verlassen. Aber die Regierung unter dem unerschrockenen Minister Römer, gestützt auf die zuverlässige bewaffnete Macht, ließ sich nicht verblüffen. Der Versuch, das Rumpfparlament im Guten von seiner Absicht, nach Stuttgart zu gehen, abzubringen, mißlang. Römer ließ Uhland unter der Hand wissen, er möge doch die Verlegung nach Stuttgart verhindern, und wenn das nicht gelänge, wenigstens persönlich wegbleiben. Uhlands Antwort war: „Jetzt erst recht!"

Nicht unklug machte man in Stuttgart gute Miene zum bösen Spiel. Das Rumpfparlament tagte zunächst unbehindert einige Tage in dem Sitzungssaal des Landtags und beschloß, da Minister Römer die ihm angetragene Würde eines Reichsverwesers kurzerhand ablehnte, die Einsetzung einer fünfköpfigen Regentschaft. Damit war ein gefährlicher Weg, der zum Bürgerkrieg führen konnte, betreten. Als vollends das Rumpfparlament trotz der Warnungen gemäßigter Elemente, wie Uhland und Albert Schott, die württembergische Regierung aufforderte, die Aufstandsbewegung in Baden und der Pfalz militärisch zu unterstützen, war es mit der Geduld Römers zu Ende. Die Regierung verfügte die Einstellung der Sitzungen des Rumpfparlaments. Da auf diese Weise den Abgeordneten der Landtagssaal nicht mehr zur Verfügung stand, wollten diese sich – es war am 18. Juni 1849 – in geschlossenem Zug, an dessen Spitze in schwäbischem Trotz Uhland und Schott marschierten, zu einem anderen Versammlungsort begeben, was aber durch ein militärisches Aufgebot verhindert wurde. Der Entschluß Römers, die aufzüngelnde Flamme des Umsturzes zu zertreten, war staatsmännisch klug, aber für die schwäbischen Volksmänner war es – und Römer war doch einer der ihrigen gewesen – ein Tyrannenstreich. Der Minister wurde dieserhalb von seinem Schwager Sigmund Schott zum Duell herausgefordert. Auch dieser Sturm ging vorüber. Für Württemberg war die Revolution zu Ende. Kleinere Erhebungen im Lande konnten unschwer von der staatlichen Autorität unterdrückt werden.

Nachdem die preußische Regierung den Aufstand in Baden und der Pfalz durch ein Heer unter Führung des Prinzen Wilhelm, des späteren Königs und Kaisers, niedergeschlagen hatte, fühlte sie sich frei von allen Bindungen an den alten Deutschen Bund und verfolgte ihre Pläne einer Union der deutschen Staaten. Dem Freunde Friedrich Wilhelms IV., dem zum preußischen Außenminister ernannten General Joseph von Radowitz, gelang es, Sachsen und Hannover für den Unionsgedanken zu gewinnen. Dann aber griff Fürst Felix Schwarzenberg ein. Nach den glänzenden Siegen Radetzkis in Oberitalien (März 1849) und der Niederschlagung des ungarischen Aufstands mit Hilfe des Zaren Nikolaus I. (Sommer 1849) hatte Österreich freie Hand für seine deutsche Politik, deren Ziel es war, Österreich zur Vormacht des neuerrichteten Deutschen Bundes zu machen. Mit der moralischen Unterstützung des Zaren stellte Schwarzenberg an Preußen die ultimative Forderung auf Verzicht seiner Unionspläne, für die allerdings Friedrich Wilhelm nie das Schwert hatte ziehen wollen. In dem Vertrag von Olmütz (29. November 1850) verzichtete der preußische König auf seine stolzen Pläne einer Einigung Deutschlands. Auch in Schleswig-Holstein hatte Preußen einen Mißerfolg einstecken und an Dänemark die beiden Herzogtümer ausliefern müssen. Das preußische Ansehen hatte einen schweren Schlag erlitten. Die schleswig-holsteinische Frage wurde in dem Londoner Protokoll vom 8. Mai 1852 von den europäischen Großmächten durch die Ordnung der Erbfolge in Dänemark und in den beiden Herzogtümern – wie man in den

Kabinetten dachte: endgültig – geregelt. Uns wird sie noch einmal, vom württembergischen Standpunkt aus gesehen, beschäftigen (s. Seite 298/9).
Auf dem Hintergrund der oben geschilderten deutschen Ereignisse machte König Wilhelm württembergische Politik. Immer war er bemüht, den Triasgedanken durchzusetzen. Mit mißtrauischem Blick auf Paris und Wien, in steter Furcht vor Preußens Machtansprüchen, eifersüchtig auf Bayern, das allein von den mittelstaatlichen Königreichen selbständig in die europäische Politik eingreifen konnte, bemühte er sich, immer wendig, immer auf dem Posten, jeden Vorteil rasch erfassend – seine Gegner sagten: charakterlos, unzuverlässig, machiavellistisch – um die Erweiterung seines Einflusses und die Erhaltung seiner Souveränität. Zunächst, als der Gang der Dinge in Frankfurt noch nicht zu übersehen war und im Lande selbst Gefahr drohte, hielt sich der König vorsichtig zurück. Er anerkannte den Reichsverweser, stellte diesem bereitwillig ein württembergisches Truppenkontingent zur Verfügung und war mit dessen Verwendung gegen Dänemark einverstanden. Infolge des Waffenstillstands von Malmö unterblieb der Fronteinsatz der württembergischen Truppen, die jedoch anschließend bei der Niederwerfung des badischen Aufstandes Verwendung fanden. Als sich die Stellung der Regierungen in Wien und Berlin festigte und die Fronten erkennbar wurden, nahm König Wilhelm für Österreich Partei: den preußischen Bestrebungen wollte er sich unter keinen Umständen fügen. Schon nach der Kaiserwahl hatte er geäußert, abgesehen von der Frage des Oberhauptes wäre er bereit gewesen, die Reichsverfassung anzuerkennen, dem Hause Hohenzollern aber beuge er sich nicht, das sei er seinem Land, seiner Familie und sich selbst schuldig. „Dem Kaiser von Österreich, wenn er gewählt worden wäre, ... würde Ich Mich unterworfen haben." Als die revolutionären Wellen in Württemberg während des Sommers und Herbstes 1849 langsam verebbten, schwenkte der König wieder auf seine frühere Linie ein und berief an Stelle des sozusagen parlamentarischen Kabinetts Römer wieder ein Ministerium von Beamten. Römer, dem sich Wilhelm I. für seine Dienste verpflichtet fühlte, verzichtete auf die ihm angebotenen Ehrungen. Der ehemalige Minister war dann noch einige Jahre Präsident der zweiten Kammer.

Während der fünfziger Jahre wurden in Württemberg Verfassungsfragen hart umstritten. Die zweite Kammer bestritt der ersten die Rechtmäßigkeit ihres Bestandes. Drei verfassungberatende Landesversammlungen wurden nacheinander einberufen, zuletzt blieb es aber doch bei dem Zweikammersystem. Später trat die Rechtsstellung der beiden Kirchen im Staat in den Vordergrund des öffentlichen Interesses. Ein von der Regierung ohne Zustimmung der Kammern mit dem Vatikan abgeschlossenes Konkordat wurde von der zweiten Kammer abgelehnt. Gustav Rümelin, der als Staatsrat das Kultusministerium fünf Jahre lang geleitet hatte und deshalb für das Vertragswerk verantwortlich war, trat über dieser Sache von seinem Posten zurück (1861). Das Verhältnis zwischen Kirche und Staat in Württemberg wurde dann durch ein Staatsgesetz geregelt. Die evangelische Kirche erhielt 1869 ihr oberstes Verwaltungsorgan in der Landessynode.

Die auswärtige Politik hatte bei König Wilhelm den Vorrang. Der Krimkrieg (1854/56) gab seiner diplomatischen Phantasie reiche Nahrung. Die Frage, was das kleine Württemberg und sein Monarch in der europäischen Geschichte jener Tage zu suchen hatten, käme nicht unerwartet; es wird sich jedoch zeigen, daß König Wilhelm in einer besonderen Art mit dem diplomatischen Spiel der Großmächte verknüpft war. Der Drang nach dem Mittelmeer galt immer als ein besonderes Kennzeichen der russischen Politik, der Besitz Konstantinopels und der Meerengen war das stets erstrebte, nie erreichte Ziel der russischen Zaren. Nikolaus I. folgte also nur der alten Tradition, als er in einem ihm günstig erscheinenden Augenblick der Hohen Pforte die ultimative Forderung der russischen Schutzherrschaft über alle Christen im osmanischen Reich überreichen ließ. ›Der kranke Mann am Bosporus‹ setzte sich im Vertrauen auf die Hilfe Englands und Frankreichs zur Wehr, als Zar Nikolaus russische Truppen in die Donaufürstentümer einrücken ließ. Die Hauptschlagader des englischen Reiches lief durch das Mittelmeer, Grund genug für die Staatsmänner in London, den gefürchteten russischen Nebenbuhler von dort fernzuhalten. Kaiser Napoleon III., vor wenigen Jahren erst auf Frankreichs Thron gelangt, glaubte der Befestigung seiner neuerworbenen Macht am besten als Englands Bundesgenosse zu dienen. Auch Österreich war Balkanmacht und überzeugt, in jeder Machtverschiebung im Raum des Schwarzen Meeres eine Frage von lebenswichtiger Bedeutung sehen zu müssen. Unter solchen Umständen sah sich der Deutsche Bund in Frankfurt sehr stark umworben. Dort war Österreich ausschlaggebend und forderte die militärische Hilfe der Bundesmitglieder an. Der Zar ließ seine Beziehungen spielen, in erster

Linie zu Preußen, aber auch Württemberg, als Mittelstaat im Bundestag nicht ohne Einfluß, war ihm wichtig. Metternich war immer der Ansicht gewesen, der Kaiserstaat müsse seine durch die Vielzahl seiner Länder und Völkerschaften bedingte innere Schwäche nach außen durch eine kluge Bündnispolitik ausgleichen. Aber jetzt waren die österreichischen Staatsmänner dieser Aufgabe nicht gewachsen; unsicher zwischen Rußland und den verbündeten Weltmächten schwankend, verspielten sie ihre Aussichten und Möglichkeiten. Preußens Politik war anders: unter dem Einfluß seines Bundestagsgesandten Otto von Bismarck hielt König Friedrich Wilhelm IV. an seiner Neutralität trotz aller Versuche Wiens, ihn umzustimmen, fest und erwarb damit sich und seinem Nachfolger die russische Freundschaft. Dieser Entwicklung sah König Wilhelm von Stuttgart aus mit gespannter Aufmerksamkeit zu, verweigerte Österreich die militärische Unterstützung und erfüllte damit den Wunsch seines russischen Schwagers. Der Gang der Dinge führte zur Abwechslung Württemberg an die Seite Preußens. 1856 kam König Friedrich Wilhelm IV. im Sommer zum Staatsbesuch nach Stuttgart und König Wilhelm erwiderte diesen im Herbst in Hechingen.

Ein denkwürdiger Augenblick in der Geschichte Württembergs war es auch, als Bismarck auf einer Besuchsreise zu den süddeutschen Königshöfen am 17. Dezember 1855 von König Wilhelm in Audienz empfangen wurde. Wie groß muß der Eindruck gewesen sein, den der „gescheite alte Herr" auf den jungen Diplomaten machte, daß dieser noch nach vierzig Jahren in seinen »Gedanken und Erinnerungen« so lebendig von der mehrstündigen Unterredung erzählt hat. Am Kaminfeuer im Stuttgarter Schloß war viel von Politik die Rede. Die Kosten der Unterhaltung trug offenbar zum größeren Teil der König. Der absprechenden Kritik König Wilhelms an der österreichischen Politik dürfte Bismarck nicht widersprochen und keinen Hehl daraus gemacht haben, daß er es ablehne, „die schmucke, seefeste Fregatte Preußen an das alte, wurmstichige Orlogschiff Österreich zu koppeln". Dann aber malte Bismarck seinem Zuhörer aus, wie anders die europäische Lage für den Deutschen Bund aussehen würde, wenn Preußen seine neutrale Haltung durch den Aufmarsch seiner Armee in Oberschlesien, also angesichts der russischen und der österreichischen Grenze, nachdrücklich unterstreichen würde. Weder Österreich noch Frankreich könnten in ihrer „entblößten und gefährdeten Lage einen überlegenen Widerstand leisten". Begonnen hatte das Gespräch mit einem Überblick des Königs über die politische Lage Württembergs. Die deutschen Südstaaten, so sagte Wilhelm, könnten nicht gleichzeitig die Feindschaft Österreichs und Frankreichs auf sich nehmen, sie seien unter der Ausfallpforte Straßburg und vom Westen her okkupiert, bevor ihnen von Berlin Hilfe kommen könne. „Das württembergische Hemd ist mir näher als der Rock des Bundes." Das politisch-strategische Konzept beeindruckte den König, freilich ohne ihn zu überzeugen. Der Monarch fiel in den Berliner Dialekt und meinte: „Liebeken, das is sehr schöne, aber es is mich zu theuer. Solche Gewaltstreiche kann ein Mann von der Sorte Napoleon wohl machen, ich aber nicht."

Aufschlußreich ist es, diese Stelle der »Gedanken und Erinnerungen« mit dem Brief zu vergleichen, den Bismarck, von dieser Reise nach Frankfurt zurückgekehrt, am 21. Dezember 1855 an den General Leopold von Gerlach, den Generaladjutanten Friedrich Wilhelms IV., geschrieben hat. Der umfangreiche Briefwechsel der beiden Männer, die ein Altersunterschied von fünfundzwanzig Jahren trennte, ist nicht nur von persönlich-freundschaftlicher Art. Bismarck beabsichtigte, sich von seinem Korrespondenten über die Vorgänge am Berliner Hof unterrichten zu lassen. Ferner lag ihm daran, seine eigenen Auffassungen nicht nur auf dem Dienstweg, sondern auch über diesen Kanal in die nächste Umgebung des Königs und zu diesem selbst zu bringen. So wurde aus manchem Brief Bismarcks an Gerlach eine politische Denkschrift. Der hier zu besprechende Brief ist mehr persönlicher Art, denn an dessen Ende entschuldigt sich der Schreiber des Briefes beim Empfänger für „dieses lange confuse Schreiben", denn er habe keine Zeit, seine Gedanken zu ordnen, alles stürme ihm die Tür. Manches, was in den »Gedanken und Erinnerungen« als wesentlicher Inhalt der Unterredung erscheint, bleibt in dem Brief an Gerlach unerwähnt. Offenbar lag Bismarck daran, seinen Korrespondenten darüber zu unterrichten, was der König ihm erzählt hatte; was er, Bismarck, dem König auseinandersetzte, schreibt er nicht. Diese Zurückhaltung wird darin ihren Grund haben, daß das Thema Frankreich zwischen der preußischen Regierung und ihrem Bundestagsgesandten besonders heikel war. Bismarck sah bekanntlich in Louis Napoleon einen bündnisfähigen Partner, während Gerlach wie der ganze preußische Hof mit diesem Abenteurer und Usurpator nichts zu tun haben wollte. Mit dem württembergischen König jedoch glaubte der preußische Diplomat sich offen aussprechen zu können.

„Wenn man in München liebenswürdig für mich war", so beginnt Bismarck seinen Bericht über den Besuch in der württembergischen Residenz, „so trug man mich in Stuttgart auf Händen." Illusionen macht sich der Preuße nicht: „In Stuttgart wie in München ist man augenblicklich, jeder in seiner Weise, gut preußisch; ein ewiger Bund ist aber nicht mit ihnen zu flechten." Über Österreich, so geht es weiter, habe sich der König sehr bitter geäußert. Man könne mit Österreich nur verkehren, wenn es im Unglück sei; im Glück sei es treulos. Im Ausland sei gereiztes Mißtrauen gegen Österreich der Punkt, wo selbst die streitenden Parteien rasch einig würden, wie schon jetzt die Westmächte und Rußland nicht in Wien verhandeln wollten. König Wilhelm würde Österreich einen Gebietszuwachs in den Donaufürstentümern von Herzen gönnen; „mit Popen und griechischen Untertanen" wäre Wien ein weiteres Element von Schwäche und Zerfahrenheit sicher. Über Napoleon III. habe der König geäußert, seiner Stellung, seinem Charakter, seiner Gewöhnung nach werde der französische Kaiser nicht Frieden halten, Italien locke ihn viel mehr als der Rhein, denn in der Erwerbung der Rheingrenze würde stets der Keim einer europäischen Koalition gegen Frankreich liegen. Die Lage Napoleons beurteile König Wilhelm nicht zuversichtlich. In Paris traue man den Dingen gar nicht. Die Revolution habe Napoleon nicht in der Tasche, um sie nach Belieben seinen Gegnern an den Kopf zu werfen und selbst davon verschont zu bleiben. Dann kommt in dem Brief eine Stelle, die preußischen Ohren wohltun mußte: „Deutschland mit Preußen sei auch ohne Österreich stark genug, sich Frankreichs zu erwehren; im Kriege zwischen beiden werde der Angreifer unterliegen." Von dieser Äußerung sagt Gerlach in seinem Antwortbrief, sie sei vortrefflich und versöhne ihn wieder mit diesem einst (1814) von ihm geliebten Herrn. Sie spricht für die Achtung, die der württembergische Kronprinz im Feldzug gegen Frankreich im preußischen Heer genossen hatte. Auch von einer Bemerkung König Wilhelms über die Bundesverfassung berichtet Bismarck an Gerlach. Wolle man diese reformieren, habe der König gesagt, wäre es angemessen, ein Kollegium der Könige einzurichten, welches alle Beschlüsse insoweit vorbereite, daß die übrigen nur mit ja und nein darüber abzustimmen hätten. Das war nun ein Vorschlag im Sinne der Trias. „Da haben Sie im losen Haufen", so schließt dieser Teil des Briefes, „was mir aus meiner mehrstündigen Audienz erinnerlich ist, und was Seine Majestät, mit

Geist und Witz assaisonirt, mir zu hören gaben, nebst manchem Anderen." Auch von persönlichen Aufmerksamkeiten, die ihm in Stuttgart erwiesen wurden, erzählt Bismarck. Er wurde zur Tafel gebeten und dann zum Tee, „wo ich die Ehre hatte, mit der Frau Kronprinzessin (der späteren Königin Olga) Whist zu einem halben Kreuzer zu spielen, wobei es so heiter und harmlos zuging, daß ich mich namentlich von Zeit zu Zeit zur Ordnung rufen mußte". Eine besondere Auszeichnung war, daß der König seinem Gast die Villa Wilhelma zeigen und ihn dazu in der Hofequipage abholen ließ. „Diese Erlaubnis wird so selten gegeben, daß Seckendorff (der preußische Gesandte am württembergischen Hof) mir sagte, ich könne sie höher als ein Großkreuz anschlagen."

Auf der Höhe seines diplomatischen Einflusses auf die europäische Politik stand König Wilhelm im September 1857, an seinem sechsundsiebzigsten Geburtstag. Wenige Tage zuvor waren Zar Alexander II. und Kaiser Napoleon in Stuttgart zu einer politischen Aussprache eingetroffen. Die Anregung hierzu hatte der französische Herrscher gegeben, dem sehr viel an einer Klärung der russisch-französischen Beziehungen nach dem Krimkrieg lag. Er wollte den Feind von gestern zum Bundesgenossen von morgen machen. Das Bündnis, das Napoleon vorschwebte, hatte seine deutliche Spitze gegen Österreich. Als Vermittler schien ihm der württembergische König geeignet. So kam eines Tages im kaiserlichen Auftrag Prinz Napoleon, der Sohn des Königs Jérôme von Westfalen und der Prinzessin Katharina von Württemberg, der Schwester König Wilhelms, nach Stuttgart, um einen Fühler auszustrecken. Andererseits war König Wilhelm der Onkel des Zaren Alexander II., der zwei Jahre vorher seinem Vater Nikolaus I. auf den russischen Thron gefolgt war und sich nun bemühte, mit der schweren Erbschaft des verlorenen Krimkriegs fertig zu werden. Mit Rücksicht auf Preußen und den Deutschen Bund wollte König Wilhelm nur als Gastgeber – mehr war er in der Tat auch nicht –, keineswegs als politisch-diplomatischer Vermittler erscheinen. Dies ist ihm um so leichter gelungen, als die Unterredung der beiden Kaiser ohne sichtbaren Erfolg blieb. Es ist auch der Grund, daß die Stuttgarter Kaiserzusammenkunft in der deutschen Geschichtschreibung kaum, in der französischen dagegen ausführlich erwähnt wird.

Das übernächste Jahr brachte den Krieg zwischen Frankreich-Sardinien und Österreich. In dem kurzen Frühjahrsfeldzug 1859 siegte das vereinigte französisch-sardinische Heer bei Magenta und Solferino über die Österreicher. Dieser Krieg hatte weitgehende Rückwirkungen auf Deutschland. Österreich als Präsidialmacht des Deutschen Bundes erwartete auch jetzt wieder dessen Waffenhilfe. Weite Kreise, nicht nur in Preußen, sahen in der Unterstützung der österreichischen Sache sowohl eine nationale Verpflichtung als auch die Gelegenheit, den deutsch-französischen Gegensatz zu bereinigen.

Der württembergische König sah der Entwicklung mit Sorge und Mißtrauen zu. Er mochte die Sache betrachten, wie er wollte, stets war sein eigentliches Anliegen, die Sicherheit des Landes und seine Souveränität, bedroht. Im Bund mit Preußen einen französischen Angriff abzuwehren, war der alte Soldat jederzeit bereit und sah sich trotz seines Alters als Oberfeldherr der Bundestruppen; ein siegreicher Angriff gegen Frankreich mußte jedoch fast unvermeidlich mit der preußischen Vorherrschaft in Deutschland endigen. Auch die schwungvolle Stimmung, die in dem Kriegssommer zur Gründung des Deutschen Nationalvereins führte, war ihm verdächtig. Unter solchen Umständen gab Wilhelm, wenn auch sehr widerwillig, den Befehl zur Mobilmachung der württembergischen Truppen. Ehe es aber zu einer endgültigen Beschlußfassung in den deutschen Hauptstädten kam, lief aus Villafranca, wenige Tage nach der Schlacht bei Solferino, die Nachricht ein, daß der französische und der österreichische Kaiser Waffenstillstand geschlossen hatten. Die Gründe dieses allgemein überraschenden Beschlusses waren weniger geheimnisvoll, als die europäische Öffentlichkeit vermutet hatte. Die beiderseitigen Kräfte waren erschöpft. Napoleon hatte tatsächlich kein Heer mehr, das die französische Ostgrenze hätte schützen können, während Franz Joseph die Ansprüche eines siegreichen Preußens verhängnisvoller erschienen als der Verlust der Lombardei. König Wilhelm begrüßte diese Lösung mit einem Seufzer der Erleichterung.

Die nächsten Jahre verliefen in Württemberg ruhig. König Wilhelm versuchte alles, um die Ausbreitung des Nationalvereins, der die Einigung Deutschlands mit Ausschluß Österreichs unter preußischer Führung auf seine Fahne geschrieben hatte, zu erschweren. Allzu groß brauchte freilich seine Sorge nicht zu sein, denn es sah keineswegs so aus, als ob seine Württemberger sich gerade für diese Lösung begeistern ließen. Bismarck galt ihrer weit überwiegenden Zahl als der leibhaftige Gottseibeiuns. 1863 machte Österreich einen neuen Versuch, dem Deutschen

Bund durch eine Reform Kraft und inneren Zusammenhalt zu geben. Kaiser Franz Joseph berief zur Beschlußfassung über seinen Entwurf nach Frankfurt die deutschen Fürsten zusammen (16. August 1863). Sie folgten diesem Ruf zum Fürstentag alle bis auf den preußischen König. Bismarck als neuer Ministerpräsident hatte nach schweren Auseinandersetzungen mit seinem hohen Herrn die Absage durchgesetzt und damit den österreichischen Plan vereitelt. Wie in Stuttgart der König über dessen Aussichten in Wirklichkeit dachte, weiß man nicht. Nach außen gab er jedenfalls seine Zustimmung und schickte „mit Rücksicht auf sein hohes Alter" in seiner Vertretung den Kronprinzen Karl. Da der König nicht lange zuvor von einem längeren Aufenthalt im Süden gut erholt zurückgekommen war und sich auch den festlichen Empfang durch die Bevölkerung gerne hatte gefallen lassen, kann man wohl die Berufung auf das hohe Alter als Ausrede ansehen. Vielleicht bedeutete diese Zurückhaltung den Anfang einer letzten Schwenkung zu Preußen, die sich dann in der Stellungnahme des Königs zur schleswig-holsteinischen Frage fortsetzte.

König Friedrich VII. von Dänemark war am 15. November 1863 gestorben. Die dänische Thronfolge war von den Großmächten durch das Londoner Protokoll vom Jahr 1852 geregelt. Wie vorgesehen bestieg Prinz Christian von Sonderburg-Glücksburg als König Christian IX. den dänischen Thron. Mit seiner ersten Regierungshandlung bestätigte er die Gesamtstaatsverfassung Dänemarks, in der die Eingliederung Schleswigs in das Königreich ausgesprochen war. Dies bedeutete die staatsrechtliche Trennung von Holstein und eine offenkundige Verletzung des Friedensvertrags von 1850. Ein Sturm der Entrüstung ging durch Deutschland. Die öffentliche Meinung forderte gebieterisch das Eingreifen des Deutschen Bundes, der dann auch die Bundesexekution gegen Dänemark beschloß. Aber von einem Beschluß des Bundes bis zu dessen Ausführung war ein weiter Weg. Groß war auch im ganzen Deutschland die Sympathie für den Herzog Friedrich von Sonderburg-Augustenburg, der den allerdings nicht unangefochtenen Erbanspruch auf die holsteinische Herzogswürde erhob. Für die beiden deutschen Großmächte, die durch das Londoner Protokoll gebunden waren, entstand eine schwierige Lage. Bismarck sah in unbestimmter Ferne die Möglichkeit, die Frage mit der Eingliederung der beiden Herzogtümer in den preußischen Staat zu lösen. Er gewann zunächst Österreich zu einem gemeinsamen Vorgehen gegen Dänemark. Militärisch war dies überflüssig, denn die preußischen Kräfte waren den dänischen bei weitem überlegen, diplomatisch jedoch von größter Wichtigkeit mit Rücksicht auf England und Rußland, die unter diesen Umständen von einer Einmischung in den Konflikt absahen. Waffenstillstandsverhandlungen, die nach den ersten preußischen und österreichischen Siegen eingeleitet wurden, blieben erfolglos, ermöglichten aber Preußen die Lösung von dem Londoner Protokoll in einer staatsrechtlich nicht anfechtbaren Weise. Der Krieg, dessen Ausgang bei dem bestehenden Kräfteverhältnis nicht zweifelhaft sein konnte, begann aufs neue. Dänemark, dessen Hoffnungen auf englische und russische Hilfe enttäuscht wurden, mußte der Übermacht weichen und im Frieden von Wien die Herzogtümer an Österreich und Preußen abtreten (Oktober 1864). Damit fiel der Vorhang nach dem ersten Akt des Schauspiels, das zwei Jahre später im Prager Frieden zu Ende geführt wurde. In Stuttgart hatte König Wilhelm, wie gewohnt, den Gang der Dinge mit Aufmerksamkeit verfolgt. Entgegen der Volksmeinung hatte er für die Ansprüche des Herzogs Friedrich von Sonderburg-Augustenburg nichts übrig. Die liberalen Zugeständnisse, die der Holsteiner im Hinblick auf den Zug der Zeit großzügig machte, gingen Wilhelm zu weit, so daß der herzogliche Abgesandte in Stuttgart einen sehr kühlen Empfang fand. Wie eine Umkehr seiner bisherigen preußischen Politik sieht es aus, wenn König Wilhelm kurz vor seinem Tod äußerte, die beste Lösung der schleswig-holsteinischen Frage sei die Abtretung der beiden Herzogtümer an Preußen. Eine Auffassung, die die Erkenntnis von der Machtlosigkeit des Deutschen Bundes und der geschichtlichen Aufgabe Preußens in sich schloß.

König Wilhelm starb in seinem dreiundachtzigsten Lebensjahr am 25. Juni 1864 einsam auf dem von ihm erbauten Schloß Rosenstein. Die Einsamkeit war gewollt und verschuldet. Seiner Familie hatte er sich schon lange entfremdet. Der Grund dafür lag nicht nur in der Kälte seines Herzens und der Rücksichtslosigkeit seines Wesens, sondern auch in der Bindung an seine langjährige Mätresse, die Schauspielerin Amalie von Stubenrauch. Seiner Gemahlin, der Königin Pauline, die ihre Befriedigung in der Erziehung ihrer Kinder und Stiefkinder und in Werken der Barmherzigkeit fand, begegnete er mit kühler, unpersönlicher Höflichkeit. Sein Sohn und seine Töchter hörten wohl selten freundliche Worte von ihm. Auch mit anderen Familienangehörigen verband ihn kein freundliches Gefühl. Mit seinem jüngeren Bruder Paul lebte er in dauernder Zwietracht, was aber wohl kaum die alleinige Schuld des Königs war. Der damals angestellte Vergleich zwischen jenem und Philippe Egalité, dem Herzog von Orléans, der seine Umtriebe gegen Ludwig XVI. von Frankreich, seinen Vetter, damit krönte, daß er im Nationalkonvent für das Todesurteil über den König stimmte, spricht deutlich genug gegen den Prinzen Paul, der auch sonst wenig Freunde hatte. Die einzige Ausnahme machte die schöne, geist- und temperamentvolle Prinzessin Sophie, des Königs zweite Tochter aus der Ehe mit der Großfürstin Katharina, die spätere Königin der Niederlande; sie hatte des Vaters Leidenschaft für Diplomatie und Politik geerbt. Vater und Tochter pflegten ihre Ansichten über die europäischen Ereignisse in einem lebhaften Briefwechsel auszutauschen. Königin Sophie war frankophil und versuchte ihrem Vater seine Neigung zu Rußland und seine Befürchtungen vor der napoleonischen Rheinpolitik auszureden. Er möge doch, sprach sie ihm burschikos zu, sich endlich von seiner alten Mätresse Rußland trennen. Bismarck spricht in seinen »Gedanken und Erinnerungen« von Königin Sophie, die ihn in seiner Frankfurter Gesandtenzeit gesellschaftlich ausgezeichnet, später jedoch in den Jahren zwischen Königgrätz und Sedan nach Kräften gegen die preußische Politik gearbeitet und Mißtrauen gesät habe. Im ersten Fall vermutet Bismarck als Motiv die Abneigung der Königin gegen Österreich, im zweiten deren Vorliebe für das napoleonische Frankreich, erwähnt dabei aber auch dieses „unruhige Bedürfnis, überhaupt Politik zu treiben". Gerade dieses könnte väterliches Erbe sein. Der Geltungsdrang, bei allen Fragen europäischer Politik mitzureden, ohne seine Ansichten mangels tatsächlicher Macht durchsetzen zu können, vermöchte wohl, den häufigen Frontwechsel des Königs zwischen den Großmächten, aber auch seinen Wankelmut den unmittelbaren Nachbarn gegenüber zu erklären. Hier hätte man auch die Ursache des von seinen Zeitgenossen oft gerügten machiavellistischen Zuges zu suchen.

Große Politik ohne Macht zu treiben, war gerade um die Mitte des neunzehnten Jahrhunderts bei der Schwäche des Deutschen Bundes eine Versuchung für die Mittelstaaten. Die leitenden Minister von Sachsen und Bayern, Freiherr von Beust und von der Pfordten, konnten als tüchtige ›Trialisten‹ ihr ja auch nicht widerstehen. König Wilhelm hatte die Genugtuung, als eine Art von Großonkel Europas von vielen Seiten um seine politische Ansicht, manchmal auch um seinen diplomatischen Rat gefragt zu werden, aber sein Ehrgeiz ging doch weiter. Insofern ähnelt er seinem etwas jüngeren Zeitgenossen, dem Herzog Leopold von Sachsen-Koburg, dem späteren König der Belgier, der gleichfalls mit nimmermüdem Eifer politische Kombinationen ersann.

Abschließend ist wohl noch der Vorwurf mangelnder nationaler Einstellung zu prüfen. Glaubhaft überliefert ist die Äußerung König Wilhelms anläßlich der Gründung des Deutschen Nationalvereins: „Lieber der Bundesgenosse Frankreichs als der Vasall Preußens." Das ist selbst für uns heute noch ein hartes Wort. Aber versuchen wir einmal, die Dinge unbefangen mit den Augen der Zeitgenossen zu sehen. Was bedeutete damals die Forderung der nationalen Einigung der Deutschen? Jahrzehntelang war sie nach den Befreiungskriegen ein Schlagwort im Munde der Idealisten wie der skrupellosen Geschäftemacher, das jeder nach seiner Art verstehen konnte. So brauchte man kein Metternich zu sein, um nur Böses hinter dieser Forderung zu suchen, auch die fehlgeschlagene Mühe des Jahres 48 konnte nicht ohne weiteres vom Gegenteil überzeugen. Wer hatte denn vor dem Auftreten Bismarcks eine brauchbare Vorstellung von den Mitteln und Wegen der Verwirklichung uferloser Pläne? Luftschlösser zu bauen ist schließlich nicht Sache des Staatsmannes. Im übrigen widersprach der Triasgedanke nicht ohne weiteres der Idee der nationalen Einigung; erst im Raume stießen sich die Sachen.

Gut württembergisch zu sein und die von seinem Vater so schwer erkämpfte Souveränität als kostbares Erbe zu wahren, sind die politischen Leitgedanken König Wilhelms gewesen, die er gegen jede vermeintliche oder wirkliche Bedrohung, aufs schroffste freilich gegen Preußen, verteidigte. Er hat aber auch, und das ist sein bleibendes Verdienst, mit Umsicht, Tatkraft und, nicht zu vergessen, mit konfessioneller Toleranz das Werk seines Vaters vollendet und die so verschiedenartigen Teile des Königreichs zu einem wohlgeordneten Staatswesen zusammengefügt. Dabei förderte er Handel, Gewerbe, Verkehr und hauptsächlich die Landwirtschaft und ließ sich das Schulwesen und die Landesuniversität sehr angelegen sein. Dies zusammengenommen ist gewiß eines ehrenwerten Andenkens würdig. Daß er dabei von dem echten oder nur vorgespielten Liberalismus seiner jungen Jahre auf einen durch die Verfassung gezügelten Absolutismus zurückschwenkte, brauchen wir ihm heute nicht mehr übelzunehmen.

Die Einsicht, daß die Souveränität der Mittelstaaten der nationalen Einheit zum Opfer zu bringen sei, die er wohl dem Ablauf der schleswig-holsteinischen Krise verdankte, kam spät, aber doch noch früh genug, um ihn vor dem Vorwurf zu schützen, ein schlechter Deutscher gewesen zu sein.

Verwaltung und Verfassung des Königreiches

Ein Überblick

Man kann darüber streiten, ob als Schöpfer des neuzeitlichen württembergischen Staates König Friedrich oder sein Sohn anzusehen ist. Vielleicht ließe sich sagen, der erste habe den Rohbau errichtet, der zweite die Inneneinrichtung besorgt. Über den Anteil der beiden Herrscher an dem großen Werk soll ein kleiner Exkurs unterrichten.

In Alfred Dehlingers grundlegendem Werk »Württembergs Staatswesen« (1951) findet sich der Satz: „List hatte erkannt, daß eine gute Verwaltung dem Volk mindestens ebenso wichtig ist wie die Verfassung und drang deshalb in Wangenheim, vor der ständischen Verfassung die Verwaltung freiheitlich aufzubauen; damit sollte das Volk beruhigt und die widrige Stimmung beseitigt werden." Aus diesem Satz könnte man fast eine Rechtfertigung König Friedrichs herauslesen. Daß diesem beim Aufbau einer Verwaltung für Alt- und Neuwürttemberg die Anerkennung und der Dank seiner Untertanen versagt blieb, schließt nicht aus, daß seine Leistung, sachlich gesehen, aller Ehren wert ist. Es will doch etwas bedeuten, aus achtundsiebzig kleinen und kleinsten Landesherrschaften – soviel zählte man nämlich im Jahre 1792 auf dem Gebiet des heutigen Württemberg – innerhalb weniger Jahre ein einheitlich geordnetes Staatswesen zu machen.

Neuwürttemberg, das waren die Gebiete, die Herzog Friedrich als Ersatz für Mömpelgard und die elsässischen Herrschaften durch den Reichsdeputationshauptschluß erhielt. In dem Vertrag vom 20. Mai 1802, den die französische Regierung in Paris mit dem Herzog Friedrich von Württemberg, vertreten durch dessen bevollmächtigten Minister, den Vizepräsidenten des Geheimen Rates von Normann, abschloß, war der

Entschädigungsanspruch anerkannt worden. Die Durchführung des Vertrags war Sache des Reichstags in Regensburg, der seinen Hauptausschuß, die Reichsdeputation, beauftragte, die Bedingungen im einzelnen auszuarbeiten. Die Franzosen waren nicht kleinlich; mit fremdem Gut bezahlen ist einfach! Die Fürstpropstei Ellwangen, sieben Klöster und Stifter, dazu noch neun Reichsstädte wurden Württemberg zugesprochen. Eine Entschädigung, die etwa doppelt so groß war wie die Verluste auf dem linksrheinischen Ufer. Die Propstei bildete mit einem Teil der Klöster und mehreren Reichsstädten zusammen ein fast geschlossenes Gebiet, was dessen Wert beträchtlich erhöhte. Die anderen Stücke fügten sich in das bisherige Herzogtum ein. Zusammen mit dem Kurhut für den Herzog waren dies schöne Erfolge. Die neue Würde brachte die unbeschränkte Gerichtshoheit im Lande mit. Schon Eberhard im Bart hatte einst von Kaiser Maximilian das privilegium de non appellando erbeten, aber nicht erhalten (vgl. Seite 57).

Die zunächst amorphe Masse seiner Neuerwerbungen faßte der Kurfürst zu einem Staatsgebilde zusammen und trennte dieses völlig von seinem Stammland ab. Alt- und Neuwürttemberg waren zwei Staaten, die nur durch den Landesherrn miteinander verbunden waren. Dafür hatte Friedrich gute Gründe. Die in Altwürttemberg rechtsgültige ständische Verfassung mit ihren Einschränkungen der landesherrlichen Machtbefugnis sollte für das neue Gebiet keinerlei Geltung haben. In Ellwangen übernahm das ›dirigierende Staatsministerium‹ die ›Oberlandesregierung‹, deren erster Senat für die allgemeine Verwaltung zuständig war, den zweiten bildete das Oberappellationsgericht. Für das Finanzwesen wurden zwei Abteilungen geschaffen: die Hofkammer und das Forstdepartement. Als Mittelstufe der Verwaltung dienten drei Landvogteien in Ellwangen, Heilbronn und Rottweil, die beiden letztgenannten Orte waren ehemalige Reichsstädte. Die untere Stufe erhielt die altwürttembergische Oberamts- und Gemeindeverfassung. Den Anschauungen der Zeit entsprechend wurden Verwaltung, Rechtsprechung und Finanzwesen getrennt; die Behörden hießen Oberamt, Oberamtsgericht und Kameralamt.

Für die beiden Staaten gemeinsamen Fragen wurde schon Anfang 1803 ein kurfürstliches Staatsministerium eingesetzt. Es bestand aus den Präsidenten des Geheimen Rats und des Kriegsrats und dem leitenden Staatsminister für Neuwürttemberg, dem Herrn von Normann. Daß die kurfürstlichen Beamten in den geistlichen Gebieten und den Reichsstädten, wo man an ein bequemes Leben gewohnt war, nicht mit offenen Armen aufgenommen wurden, ist nicht verwunderlich. Aber die Verwaltung arbeitete trotz unvermeidlicher Kinderkrankheiten so befriedigend, daß Friedrich sie für Altwürttemberg fast unverändert übernahm, nachdem er in den letzten Dezembertagen des Jahres 1805 die alte, ständische Verfassung, einschließlich des ihm wegen seiner Doppelunterstellung unter den Landesherrn und die Landstände besonders unlieb gewordenen Geheimen Rats, mit einer herrischen Handbewegung unter den Tisch gefegt hatte. Der Vereinigung der beiden Landesteile zu einem einheitlichen Staatswesen stand nichts mehr im Wege. Mit dem Alten Recht ging auch die evangelische Landeskirche des Privilegs der selbständigen Verwaltung ihres Vermögens verlustig. Sonderrechte vertragen sich nicht mit dem absoluten Regiment. Es ist nicht schwer, auf dem Papier die Entwicklung einer Landesverwaltung zu beschreiben, stellt man sich aber vor, was es bedeutet, sie nicht nur zu ersinnen, sondern sie auch einer widerstrebenden Bevölkerung aufzuzwingen und dies in einer Zeit, da in Europa fast ununterbrochen Krieg geführt wurde, wird die Größe der Aufgabe klar. Sie zu lösen bedurfte es großer Organisationskunst, unerschöpflicher Arbeitskraft und eines rücksichtslosen Machtwillens.

Der Frieden von Preßburg, den Napoleon dem Kaiser Franz am 26. Dezember 1805 diktierte, brachte dem Kurfürsten Friedrich die Königskrone und die vorderösterreichischen Besitzungen, die Grafschaften Oberhohenberg mit Spaichingen, Niederhohenberg mit Rottenburg, sowie einige oberschwäbische Städte und Ämter. Als der französische Kaiser im Sommer 1806 die deutschen Fürsten zwang, dem Rheinbund beizutreten, fielen dem württembergischen König die Besitzungen der Fürsten von Hohenlohe, Truchseß-Waldburg, Thurn und Taxis und der oberschwäbischen Grafen zu. Einen nochmaligen Zuwachs brachte das Jahr 1809, in dem Napoleon im Wiener Frieden vom 14. Oktober 1809 König Friedrich Mergentheim, den Sitz des damals aufgelösten Deutschherren-Ordens, die Reichsstadt Ulm und noch weitere oberschwäbische Städte zusprach. Auch bei der Grenzregulierung der süddeutschen Staaten Baden, Bayern und Württemberg schnitt die Stuttgarter Regierung gut ab. In den Jahren 1803–1810 hatte sich Württemberg von 9 500 auf 19 500 qkm vergrößert, seine Einwohnerzahl stieg von 650 000 auf 1,34 Millionen, dementsprechend hob sich auch die Steuerkraft des Landes. Die nach 1806 eingegliederten Gebiete wurden ohne Schwierigkeiten in den nun schon erprobten Verwaltungsorganismus eingespannt.

Die Ständeversammlung hatte 1816 König Friedrich seinen Verfassungsentwurf zerrissen vor die Füße geworfen. Seinem Nachfolger ging es nicht besser. Daraufhin wurde die Ständeversammlung 1817 nach Hause geschickt. Aber König Wilhelm trat darum nicht grollend beiseite, spielte auch nicht den Diktator, sondern erließ nach sechsmonatiger Vorbereitung elf Organisationsedikte »Über die Veränderung und Umbildung der Grundsätze und Formen der Staatsverwaltung«. Jeder unvoreingenommene Beurteiler konnte erkennen, daß es der König mit dem Verfassungsentwurf ernst meinte und gesonnen war, auch ohne Ständevertretung so zu regieren, als ob diese vorhanden und arbeitsfähig wäre. Der Geist Wangenheims prägte, der Reichsfreiherr von und zum Stein billigte und Friedrich List beeinflußte die Organisationsedikte. Mehr konnte an Liberalismus dazumal in der Tat nicht aufgeboten werden. Den großen preußischen Staatsmann hatte 1817 der König nach Stuttgart eingeladen, um ihm die Organisationsedikte zur Begutachtung vorzulegen. Wangenheim hatte als Kultusminister den jungen List, den er von Tübingen her kannte, mit dem Titel eines Aktuars und Rechnungsrats als Gutachter in sein Ministerium geholt und kurz vor seinem Abgang aus diesem Amt noch Lists Berufung als Professor an die Universität Tübingen durchgesetzt.

Die Edikte beruhten ebenso wie später die Verfassung auf dem Gedanken der Trennung der staatlichen Gewalten in Gesetzgebung, Verwaltung und Rechtsprechung, wie sie der französische Staatsphilosoph Charles de Montesquieu gelehrt hatte. Der ersten Reihe von Edikten, die sich mit dem Aufbau der Ministerien, der Zentral- und Provinzialbehörden und der Staatsfinanzverwaltung befaßten, folgte ein Jahr später eine zweite, die die Verwaltung auf der unteren Stufe regelte. Beim Aufbau der Selbstverwaltung der Gemeinden war wohl Lists Einfluß am stärksten.

In der Verfassung stand nichts oder nur wenig über die Verwaltung des Staatswesens. Das entsprach dem Plan des Königs, der sich und seinen Ministern die Entscheidung über deren Aufbau und Gestaltung vorbehalten wollte. In dieser Absicht hatte der Entwurf, im Gegensatz zu der Kollegialverwaltung des Alten Rechts, an der von König Friedrich eingeführten Ministerialverwaltung festgehalten. Hier entschied nämlich der dem König allein verantwortliche Behördenleiter, dort war es das Kollegium der Räte gewesen.

Für die Beratung der neuen Verfassung blieben aus den früher geschilderten Umständen knappe zehn Wochen, während deren in der Ständeversammlung sehr viel von dem Alten Recht gesprochen wurde. Das kam daher, daß die bürgerlichen Abgeordneten Altwürttembergs, unterstützt von den Vertretern des fränkischen und oberschwäbischen Hochadels, nicht müde wurden, die Wiederherstellung der von König Friedrich einseitig aufgehobenen Landesfreiheiten zu fordern. Der König war so klug, hier weitgehende Zugeständnisse zu bewilligen. Sieht man jedoch näher hin, war das meiste davon Stimmungsmache. Der Name blieb, aber der Inhalt war geändert. So fand sich auch in der neuen Verfassung der Ständische Ausschuß wieder und ebenso die ständische Finanzverwaltung, der Geheime Rat und die Kollegialverfassung. Was aber war aus ihnen geworden? An Stelle eines oligarchisch gebildeten Ausschusses, der sich nach seinem Gutdünken aus für Lebenszeit angestellten Mitgliedern ergänzte, geheime Sitzungen hielt, seinen eigentlichen Auftraggeber, den Landtag, für Jahre, einmal sogar für drei Jahrzehnte, von jeder Tätigkeit abhielt und nach Willkür über die beträchtlichen Mittel der ›Geheimen Truhe‹ verfügte, trat jetzt ein für jede Wahlperiode neu gewähltes Gremium, das wohl den Landtag während der tagungsfreien Zeit vertrat, dann aber dem Landtag bei seinem jeweiligen Zusammentritt Rechenschaft abzulegen hatte. Auch die von der staatlichen Behörde abgetrennte und den Ständen unterstellte Staatsschuldenverwaltung, über die die Regierung ein Aufsichtsrecht hatte, und deren Beamte der königlichen Bestätigung bedurften, war etwas wesentlich anderes als die altständische Steuerkasse, in die weder der Landesherr noch seine Beamten ein gesetzliches Einsichtsrecht hatten. Vom Geheimen Rat war nur noch der Name übrig: im Alten Recht war er ein sowohl dem Landesherrn wie den Ständen verpflichtetes Organ der vollziehenden Gewalt, der in sich – nur zu oft erfolglos – den Gegensatz der beiden Souveräne des württembergischen Staatswesens zum Ausgleich bringen sollte. Jetzt hatte er nur noch eine beratende Stimme. Um auch die als Bollwerk gegen Fürstenwillkür so hochgepriesene Kollegialverfassung für den Augenschein zu retten, war in der neuen Verfassung den Behördenleitern aufgegeben, sich mit ihren Räten kollegial zu beraten, aber mit der bedeutsamen Einschränkung, daß der Vorsitzende nicht an das Votum des Kollegiums gebunden war.

Wie immer man die Einzelheiten der neuen württembergischen Verfassung beurteilen mag, eines darf festgestellt werden: als am 25. September 1819 im Ludwigsburger Schloß die Unterschriften eines zwischen dem absolut regierenden König und der Ständeversammlung frei ausgehandelten Vertrages vollzogen waren, fühlten sich beide Teile befriedigt. Sie waren überzeugt, Württemberg eine arbeitsfähige Regierung und eine zu wirksamer Aufsicht berechtigte und verpflichtete Volksvertretung gegeben zu haben. Eine große Aufgabe schien ihnen gelöst zu sein, und so wurde es auch weithin in Deutschland angesehen. Wieweit es den beiden Gewalten gelang, ihrer Pflicht und ihrem Recht Genüge zu tun, konnte nur die Zukunft erweisen.

Der neue Landtag durfte sich mit mehr Recht als sein Vorgänger eine Volksvertretung nennen, wenn auch nicht eine demokratische. Die erste Kammer war ständisch und von der zweiten ließe sich höchstens sagen, sie habe zwar siebzig demokratische, aber auch dreiundzwanzig ständische Bestandteile aufgewiesen.

Dies war die Zusammensetzung des jungen Parlaments: die Kammer der Standesherren bestand aus den königlichen Prinzen, den Standesherren, das waren die früher reichsunmittelbaren Fürsten, und erblichen und vom König auf Lebenszeit ernannten Mitgliedern. Die Kammer der Abgeordneten zählte dreiundzwanzig privilegierte Mitglieder, das waren die Vertreter der Ritterschaft, der evangelischen und katholischen Kirche und der Kanzler der Landesuniversität, außerdem entsandte jeder der dreiundsechzig Oberamtsbezirke einen gewählten Abgeordneten, wozu noch die Vertreter der ›Sieben Guten Städte‹ – Ellwangen, Heilbronn, Ludwigsburg, Reutlingen, Stuttgart, Tübingen und Ulm – traten. Den Zeitanschauungen jeweils angepaßt, erhielt sich in ihrer Grundstimmung die württembergische Verfassung über die drei Staatsumwälzungen von 1918, 1933 und 1945 hinweg bis in die Gegenwart.

DREIZEHNTES KAPITEL

EINGESCHRÄNKTE SOUVERÄNITÄT

Die konstitutionelle Monarchie kannte in ihren Anfängen eine Opposition, aber keine Parteien im eigentlichen Sinn. Im württembergischen Landtag gab es wie in der Paulskirche Klubs, in denen sich die Gesinnungsfreunde vereinigten. ›Reinsburgklub‹, so genannt nach einer in der Reinsburgstraße in Stuttgart gelegenen Gaststätte, war der Treffpunkt der Stuttgarter Kammeropposition. Er umfaßte die liberalen Abgeordneten des Landtags, es waren ihrer etwa vierzig. Ihnen gegenüber standen dreiundzwanzig Privilegierte. Der Rest waren Kammermitglieder, auf deren Unterstützung die Regierung rechnen konnte. Der Reinsburgklub war in Württemberg der Beginn der Parteienbildung, wie sie in der zweiten Hälfte des neunzehnten Jahrhunderts überall vor sich ging. Die Demokratie ging vom Südwesten Deutschlands, der Konservatismus von Ostelbien aus. Die katholische Partei, das Zentrum, erwuchs auf bayrischem und rheinischem Boden; das liberale Großbürgertum fand sich zuerst in den Städten des Nieder- und Mittelrheins zusammen. Es zeigte sich, daß unter dem Zeichen des Liberalismus recht verschiedene weltanschauliche und politische Strömungen zusammengetroffen waren, die bald zur völligen Trennung führten. Die radikale Linke bekannte sich zur republikanischen Staatsform, während die Großdeutschen, die gemäßigte Linke, die konstitutionelle Monarchie in demokratischem Sinn ausbauen wollten. Einig waren sie sich in ihrer Ablehnung Preußens. Als Karl Mayer in die Heimat zurückkam und die Schriftleitung des volksparteilichen Organs »Der Beobachter« (1863) übernahm, machte die Parteibildung rasche Fortschritte. Dieser Freiheitskämpfer von 1849 war wegen seiner Teilnahme am badischen Aufstand zu zwanzig Jahren Zuchthaus verurteilt worden und hatte nach geglückter Flucht im Exil in der Schweiz gelebt. Sein Vater, Karl Friedrich Mayer, war Oberamtsrichter in Waiblingen und gehörte dem Freundeskreis Uhlands an. Der Sohn, wie sein Vater Jurist, war in der Schweiz als Kaufmann tätig gewesen, aber sein Herz gehörte der Politik.

Angefangen hatte Karl Mayer als Liberaler, sich aber zum radikalen, republikanischen Demokraten entwickelt. Diesen Weg wollte er auch die Volkspartei führen. Seine nächsten Helfer waren Julius Haussmann und Ludwig Pfau. Jener trat in der Öffentlichkeit wenig hervor, war aber der eigentliche Gründer der Partei. Mit seiner außerordentlichen Organisationsgabe schuf er ihr die Grundlagen für alle späteren Erfolge. Ludwig Pfau war als Dichter zarter lyrischer Regungen fähig, als Publizist schrieb er eine scharfe und oft verletzende Feder. Seiner politischen Weisheit letzter Schluß war: Ceterum censeo Borussiam esse delendam. Für ihr Ideal der „deutschen Föderativrepublik" wollten die drei Männer Preußen zerschlagen. Die Gabe der Rede, die aus Mayer einen Agitator und Volkstribunen von fast dämonischer Wirkung machte, war Haussmann und Pfau versagt. Von Bismarck hatte sich »Der Beobachter« ein Bild abgrundtiefer Bosheit und satanischer Verderbnis gemacht, und Karl Mayer, der als alter Burschenschafter mit Säbel und Schläger umzugehen wußte, fand sein Vergnügen daran, allmorgendlich wenigstens mit der Feder gegen das von ihm geschaffene ›Phantom‹ zu fechten. Andererseits ist von diesen dreien und ihrem Freundeskreis viel Liebenswertes zu berichten. Sie waren ausnahmslos gescheite, gebildete Männer, künstlerisch, wissenschaftlich oder literarisch begabt, einige von ihnen philosophische Köpfe und jeder des anderen Freund. Der feinsinnigste von allen mag Sigmund Schott gewesen sein, von dem die Verse stammen:

> „Umsonst das Leben zu befragen,
> wozu es kam, wohin es eilt,
> es lehrt uns nur gemeinsam tragen,
> was uns gemeinsam zugeteilt."

Wenn Schott meinte, die Politik sei ein unsäuberliches Handwerk, sprach er aus, was viele in dem Freundeskreis dachten. Widersprüche in sich zu vereinigen, ist nun einmal die Leidenschaft des Württembergers.

Nicht alle Freunde aus den Anfängen des Reinsburgklubs wollten Karl Mayer auf seinen radikalen Wegen folgen. Es trennten sich von ihm die Großdeutschen. Rudolf Probst, aus dem katholischen Biberach, ein treuer Sohn seiner Kirche, schlug einen dritten Weg ein. Es lag ihm dabei ferne, seine demokratische Überzeugung zu verleugnen. Ihm schien es vielmehr möglich, demokratische Ziele mit dem hierarchischen Aufbau seiner Kirche zu verbinden. Nachdem Probst Württemberg mehrere Jahre im Zollparlament vertreten hatte, wurde er im neuen Deutschen Reichstag ein Führer des Zentrums und eine Stütze des politischen Katholizismus seiner engeren Heimat, der getreu der Überzeugung seines Begründers einen demokratischen Grundzug nie verleugnete. Karl Mayer fiel der Abschied von den alten Gefährten schwer, denn die Bindungen waren ja nicht nur politischer Art gewesen, aber Kompromisse waren seiner Natur zuwider.

Den Männern des »Beobachters« war es bitterer Ernst mit ihrem Grundsatz „Freiheit vor allem, das andere kommt von selbst". In der Zeit der Paulskirche hatte es ein anderer politischer Kopf, David Friedrich Strauss, gerade umgekehrt gesagt: „Einheit zuerst." Die württembergischen Republikaner, die ihr Vorbild in der Schweiz suchten, hätten, unbefangenen Auges, sehen müssen, daß die Eidgenossen kurz zuvor in ihrem Sonderbundskrieg das Schwert nicht für die Freiheit, sondern für die staatliche Einheit gezogen hatten. »Der Beobachter« wollte „Uhland-Politik" treiben, die darin bestand, dem unfehlbaren Volksgeist die schuldige Achtung zu erweisen und nach dessen Willen die Politik zu leiten. War der Volksgeist Allah, war »Der Beobachter« sein Prophet. August Österlen, das Haupt des großdeutschen Klubs, bemerkte zu dieser Uhland-Politik kurz, er verspräche sich mehr von einem parlamentarisch-sachlichen Kurs als von einem agitatorisch-idealistischen. Die Verpflichtung der deutschen Klein- und Mittelstaaten sah Pfau darin, „den Preußen ihren Großmachtkitzel auszutreiben". Den Kleinstaaten verdankte, nach Pfaus Überzeugung, Deutschland seine Bedeutung im europäischen Geistesleben, der gegenüber die mangelnde nationale Geltung nicht allzuschwer wog. Recht und Freiheit, die Lösung vom Joch des römischen Geistes und die wissenschaftliche und literarische Blüte seien nicht Preußen zu verdanken, das im Gegenteil den Fortschritt der kleinen Länder, wo immer es konnte, behindert habe.

Der preußische Sieg von Königgrätz und das Ausscheiden Österreichs aus dem Deutschen Bund waren Ereignisse, denen entgegenzuarbeiten der Volkspartei große Aufgabe war. Zunächst schienen die Aussichten hierzu gar nicht schlecht. Die Zukunft des Deutschen Zollvereins beschäftigte zu Beginn der sechziger Jahre die Öffentlichkeit. Ende 1865 lief der Vertrag ab. Preußen wollte ihn erneuern, gleichzeitig aber auch zum Freihandelssystem übergehen. Im Freihandel sah Württemberg eine große Gefahr für seine junge Industrie, die ohne Zollschutz nicht lebensfähig schien. Wortführer war Moriz Mohl, gewesener königlicher Obersteuerrat und vorzüglicher Kenner von Steuer- und Zollfragen, ein Mann von profundem Wissen, Schutzzöllner wie Friedrich List und von allen württembergischen Originalen das originellste. Statt einer Charakterbeschreibung eine kennzeichnende Episode: Als Julius Fröbel, bekannter Publizist im österreichischen Dienst und Vorkämpfer des großdeutschen Gedankens, sich mit Moriz Mohl über Freihandelsfragen unterhalten wollte, bemerkte der württembergische Schutzzöllner einleitend: „Sie werden mir darin beistimmen, daß ein Freihändler entweder ein Esel oder eine Kanaille ist." Einem Gegner guten Willen zuzugestehen, war für Mohl unmöglich, andererseits war seine Beweisführung auf seinem Spezialgebiet sachlich so gut begründet, daß man sich mit dem „verdammten Narren" auseinandersetzen mußte, ob man wollte oder nicht. Es paßte zu dem Mann, daß er in der württembergischen Kammer unabhängig blieb; er war eine Partei für sich. Trotzdem erreichte er manches, wenn auch sein Anfang nicht gerade vielversprechend war. Die Stuttgarter Regierung hatte ihn nämlich in den dreißiger Jahren nach Berlin geschickt, um Württemberg bei den Verhandlungen über den Zusammenschluß des preußischen Zollvereins mit dem württembergisch-bayrischen Zollverein zu vertreten. Der junge Fachmann kehrte unverrichteter Dinge in die Heimat zurück, nachdem er bei den Sitzungen durch seinen Eigensinn, seine Überheblichkeit und sein Besserwissen alles Porzellan zerschlagen hatte. Vorwürfe machten auf Mohl keinen Eindruck, er nahm Urlaub und ging jahrelang auf Reisen. Was er an Ergebnissen nach Hause brachte, war von so großem volkswirtschaftlichem und finanzwissenschaftlichem Wert, daß die Regierung auf seine Mitarbeit nicht verzichten wollte. Anderthalb Jahre arbeitete Mohl im Auftrag des Landtags an einer Denkschrift, die beweisen sollte, daß Württembergs Beitritt zum neuen Zollverein für die Industrie des Landes vernichtend sein werde. Sollte sich, meinte Mohl, Bayern nicht ent-

schließen können, seinem (Mohls) Standpunkt beizutreten, würde die
württembergische Wirtschaft für sich allein immer noch besser stehen als
im Deutschen Zollverein. Den Beweis der Richtigkeit seiner These zu
erbringen, blieb ihm erspart. Noch vor der Fertigstellung der Denkschrift entschieden sich Regierung und Landtag in Stuttgart trotz aller
Bedenken für den preußischen Vertragsentwurf, der unter anderen Reformen auch die Schaffung eines deutschen Zollparlaments vorsah. Gerade hier sollte die Volkspartei – eigentlich gegen ihren Willen – zu
ihrem größten politischen Erfolg kommen (1868). »Der Beobachter« lief
zunächst Sturm gegen das Zollparlament, diese neueste Teufelei Bismarcks, fand aber dabei nicht die Zustimmung der Wähler und stieß
auch bei den maßgebenden Leuten des fortschrittlichen Klubs auf
Widerstand.

Die württembergische Staatsregierung sah zwar in dem Handelsvertrag des Zollvereins mit Frankreich keinen Vorteil, wollte sich aber deshalb von der zollpolitischen Einigung Deutschlands nicht ausschließen
und unterstützte bei den Wahlen zu dem neuen Parlament die Volkspartei, die auch noch von den Großdeutschen und den Katholiken Zuzug erhielt. Das organisatorische Geschick von Julius Haussmann bewährte sich großartig, der Erfolg der Fortschrittspartei, wie sie damals
genannt wurde, übertraf alle Erwartungen. Verloren hatte die in diesem
Jahr gegründete Deutsche Partei unter ihren Führern Julius Hölder und
Robert Römer, Universitätsprofessor in Tübingen und Sohn des Märzministers. Auch diese beiden Politiker gehörten einst zum Reinsburgklub, jetzt aber waren sie die entschiedensten Förderer des Anschlusses
an Preußen. Von amtlicher Seite betrachtete man die Arbeit dieser Partei mit großem Mißtrauen und legte ihr alle möglichen Hindernisse in
den Weg. Nicht einen ihrer Kandidaten konnte die Deutsche Partei ins
Zollparlament bringen, ließ sich aber durch das Schlagwort ihrer Gegner, man habe bei dieser Wahl in Württemberg „154 000 Deutsche und
46 000 Preußen gezählt", nicht entmutigen. Der »Schwäbische Merkur«
und sein Besitzer und Hauptschriftleiter Otto Elben, der auch ursprünglich großdeutsch gedacht hatte, bekannten sich jetzt zu den
schwarz-weiß-roten Farben des Norddeutschen Bundes. Der Erfolg war
näher, als die größten Optimisten der Deutschen Partei glaubten. Bei
den nächsten Wahlen, die zum erstenmal nach demokratischem System
durchgeführt wurden, errang die Deutsche Partei vierzehn Sitze und

konnte noch mit dem Zuzug aus den Reihen der Privilegierten rechnen. Jetzt war die württembergische zweite Kammer ein Parlament im neuzeitlichen Sinn mit vier Fraktionen, der volksparteilichen, der großdeutschen, der deutschen und der konservativen. Die letztere, die Regierungspartei, bestand aus Staatsbeamten und zählte acht Mann; außerdem konnte sie auf etliche privilegierte Stimmen rechnen.

Der neue Landtag hatte als wichtigste Aufgabe die Beschlußfassung über »die Verträge«, den Schutz- und Trutzvertrag mit Preußen und den Handelsvertrag. Beide Themen gaben Veranlassung, das Generalproblem: für und wider Preußen – ausgiebig zu erörtern. »Der Beobachter« stand gegen den »Schwäbischen Merkur«, Karl Mayer gegen Hölder und Robert Römer. Für den Bund süddeutscher Staaten unter österreichischer Führung trat die Volkspartei ein. Das Deutsche Schützenfest in Wien im Sommer 1868 schien Karl Mayer die beste Gelegenheit, für den ›Südbund‹ zu werben. Schützen- und Sängerfeste, von den Regierungen mit Mißtrauen, von der nationalen Bewegung mit hoffender Zuversicht betrachtet, waren im neunzehnten Jahrhundert oft genug ein sicheres Barometer des politischen Luftdrucks gewesen. Für Mayers Auffassung war es bezeichnend, daß er in Wien nur vor der Masse der Festgäste unter freiem Himmel sprechen wollte, die Verbindung mit den führenden Männern der Donaumonarchie suchte er nicht. Graf Beust, der früher als sächsischer Ministerpräsident den Triasgedanken eifrig vertreten hatte, um dann als leitender Staatsmann in österreichische Dienste zu treten, hätte sich gerne mit dem württembergischen Volkstribunen über den Südbund unterhalten, wenn auch nur die geringste Möglichkeit gegeben gewesen wäre, diesen für eine österreichisch-französische Revanche gegen Preußen einzusetzen. Aber für solche Pläne waren in Süddeutschland weder die Bürger noch die Fürsten zu gewinnen. Zu Karl Mayers bitterer Enttäuschung fand sein Appell bei den Schützenbrüdern kein Echo.

In Stuttgart war die Lage der Regierung schwierig geworden. Wohl lehnte sie den Südbund ab, wollte sich aber auch nicht zu Preußen bekennen. Damit stand sie zwischen zwei Feuern, denn sowohl die Volkspartei als auch die Deutsche Partei beschuldigten sie der Unschlüssigkeit. Es nützte nicht viel, daß in der Thronrede des Königs bei der Eröffnung der Kammer die Selbständigkeit des Landes betont wurde. Das schmeichelte wohl dem württembergischen Selbstgefühl einen Augenblick, gab aber den auf Entscheidung drängenden Parteien keine Antwort. Die Gewichte in der Schale der Deutschen Partei wurden schwerer. Schon im Herbst 1867 wurde König Wilhelm von Preußen auf der Durchreise von Berlin nach Hechingen auf dem Bahnhof in Geislingen als ›der Schirmherr Deutschlands, der Kaiser der Deutschen‹ gefeiert. Ein Bauer von der Geislinger Alb sprach mit verschmitztem Humor aus, was Tausende seiner Landsleute dachten: „'nei in de Deutsche Bond müsse mer doch, vürsche oder hintersche (vorwärts oder rückwärts), i mein, vürsche ischt's fürnehmer."

Das Schicksalsjahr 1870 brachte auch für die Volkspartei und Karl Mayer die Entscheidung. Am 22. Juli stimmte die Kammer über die Kriegskredite ab. In der Aussprache über die geschäftsmäßige Behandlung der Regierungsvorlage lehnte Karl Mayer deren Überweisung an den Finanzausschuß ab und trat für sofortige Besprechung im Plenum ein, womit praktisch die Entscheidung für Preußen und die Teilnahme am Krieg gegen Frankreich gefallen war. Eine Neutralität, so führte er aus, sei unter den gegebenen Umständen unmöglich; schmerzlich empfinde er, daß der deutschen Verteidigung der linke Arm (womit Österreich gemeint war) fehle; in diesem Augenblick müßten auch die gerechtesten Vorwürfe gegen Preußen verstummen. „Wir haben nichts mehr zu beachten als die Waffenbrüderschaft, nichts mehr zu wünschen als den Sieg für die deutschen Fahnen, welche in diesem Augenblick die preußischen sind." Diese Stellungnahme ehrte Karl Mayer und seinen politischen Verstand, bedeutete aber auch das Ende seines politischen Führertums. Am 1. Januar 1871 legte er mit einer menschlich überzeugenden Geste die Schriftleitung des »Beobachters« nieder. Die Großdeutschen und die Demokraten beruhigten ihr Gewissen mit einer sogenannten motivierten Abstimmung. Ein einziger, der Abgeordnete für Vaihingen an der Enz, Franz Hopf, seiner Unbeugsamkeit wegen ›der Gradaus‹ genannt, blieb bei seinem Nein. Selbst Moriz Mohl stimmte zu, nicht ohne zu betonen, er wäre viel lieber neutral geblieben, wenn nur die bösen Bayern bei einer solchen Politik mitgemacht hätten. Offenbar wurde die Ansicht des Bauern von der Geislinger Alb, vürsche sei fürnehmer, nicht allgemein geteilt. Beim Württemberger steigert sich manchmal der Eigensinn, die Freude am Neinsagen zu einer wahrhaft antiken Größe, so dachten auch die Vaihinger, die ihren Hopf, die Aalener, die ihren Mohl durch vierzig Jahre immer wieder in den Landtag schickten; wer in Württemberg Nein sagt und dabei bleibt, ist ein rechter Mann.

Soweit die parteipolitische Entwicklung im Stuttgarter Halbmondsaal, und nun die Haltung des königlichen Hofes und der württembergischen Regierung in den Jahren vor der Reichsgründung.

Die selbstherrliche, gewalttätige Wesensart König Wilhelms von Württemberg lastete schwer auf seiner Umgebung, auf niemand schwerer als auf seinem Sohn und Nachfolger, dem Kronprinzen Wilhelm Karl Friedrich. Dem Sohn fehlte der harte Wille, der seinem Vater ermöglicht hatte, sich gegen die Erziehung König Friedrichs zu behaupten. Der Kronprinz war als Kind scheu und verschlossen, und auch in seinen Mannesjahren fühlte er sich seinem Vater gegenüber befangen und ging Entschlüssen gerne aus dem Weg. Seine Lebensgefährtin war anderer Art. Königin Olga war die Tochter des Zaren Nikolaus I. und der Prinzessin Charlotte von Preußen, der Tochter König Friedrich Wilhelms III. und Schwester des späteren Kaisers Wilhelm. Die engen Familienbeziehungen zwischen den Häusern Romanow (Holstein-Gottorp) und Württemberg wurden durch diese Ehe noch weiter gefestigt. Mitgesponnen an diesem Faden hatte eine weitere Württembergerin, die russische Großfürstin Helene Pawlowna, geborene Prinzessin Charlotte Marie von Württemberg, Tochter des Prinzen Paul, die für alles, was am Zarenhof deutsch fühlte, eine zuverlässige Stütze war. Bismarck und der langjährige preußische Militärbevollmächtigte und deutsche Botschafter in St. Petersburg, General von Schweinitz, sowie Kurd von Schlözer, der unter Bismarck Gesandtschaftsattaché in Petersburg war, wußten die Klugheit und die deutsche Gesinnung der Großfürstin sehr zu rühmen. Noch eines Württembergers am Zarenhof ist zu gedenken. Ein Enkel des Herzogs Friedrich Eugen fand den Weg zu seiner Tante, der Zarin Maria Feodorowna, die ihn erzog und für sein militärisches Fortkommen Sorge trug. Schon mit zwanzig Jahren war Herzog Eugen russischer Oberst. In den Kriegen gegen Napoleon führte er 1813 auf deutschem Boden ein russisches Korps und half mit an der Entscheidung des blutigen Tages von Dennewitz. Er erntete aber Undank, Neid und Eifersucht der russischen Generalität, die dem württembergischen Prinzen, dem Landfremden, Lob und Anerkennung seiner Taten nicht gönnen wollte.

Die Großfürstin Olga war schön, geistreich und ehrgeizig. Sie verehrte ihren Vater und liebte ihre Mutter, die miteinander ein vorbildliches Ehe- und Familienleben führten, ganz anders als die damalige

Welt glaubte. Der Zar aller Reußen, in den Augen Europas das Vorbild eines Gewaltherrschers, war ein treuer Gatte und liebevoller Vater, aber auch ein Fürst, der seinen Herrscherberuf ernst nahm und sich seiner Verantwortung vor Gott bewußt war, diese aber auch nicht mit anderen, am wenigsten mit gewählten Vertretern des Volkes teilen wollte. Eine Zarentochter konnte höhere Ansprüche stellen, als der württembergische Königsthron zu erfüllen in der Lage war. Aber die Versuche, für die Zarentöchter bei den ersten europäischen Herrschergeschlechtern große Partien zu finden, zerschlugen sich aus politischen und konfessionellen Gründen, und so fand die Bewerbung des württembergischen Vetters 1843 Gehör. Königin Olga hat in ihren Jugenderinnerungen ihre Ehe als Herzensbund geschildert. Vielleicht war aber doch auch bei dieser Heirat etwas Staatsraison dabei. Die persönlichen Aufzeichnungen der Königin, die zunächst nur für zwei sehr geliebte Nichten der hohen Frau bestimmt waren und erst fünfzig Jahre nach dem Tode der Königin veröffentlicht werden durften, sollten ja im Sinne ihrer Verfasserin ein Beweis fürsorgender Liebe, kein historisches Dokument sein. Zwanzig Jahre Kronprinzendasein unter dem Druck eines solchen Vaters bedeuteten für das junge Paar Entsagung und Verzicht auf äußere Geltung. Trotzdem versuchte die Kronprinzessin der Persönlichkeit und der Arbeit des Königs gerecht zu werden, und erreichte damit, daß ihr Verhältnis zu diesem unbefangener war als das des Kronprinzen. König Wilhelm wußte das politische und diplomatische Verständnis seiner Schwiegertochter zu schätzen und bediente sich gerne ihrer Dienste in seinem Verkehr mit der russischen Regierung.

Mit dem Tode König Wilhelms begann in Württemberg eine neue Ära. Das große diplomatische Spiel reizte den neuen Herrscher nicht. Die guten Beziehungen zu seinem Schwager, Zar Alexander II., sollten wohl dazu dienen, die Stellung Württembergs im Deutschen Bund zu erhalten und zu festigen, aber nicht um europäische Politik zu treiben. Wer erwartet hatte, der russische Gesandte werde nun die württembergischen Geschicke leiten, sah sich getäuscht. Alexander Michaïlowitsch Gortschakow, später ein großer Name in der russischen und europäischen Diplomatie, trat nicht mehr als bisher in Erscheinung, wurde bald nach Wien versetzt, war später, von seinem kaiserlichen Herrn in den Fürstenstand erhoben, russischer Außenminister und blieb ein gern gesehener Feriengast im Schloß Friedrichshafen. Das Verhältnis König Karls zu seinen Geschwistern war nicht frei von Spannungen. Die Königin Sophie der Niederlande, die zu Lebzeiten ihres Vaters regelmäßig die alte Heimat besucht hatte, mußte zu ihrem großen Kummer erfahren, daß ihre Anwesenheit in Württemberg nicht mehr erwünscht sei. Wieweit Königin Olga den Gang der Dinge beeinflußte, läßt sich nicht immer erkennen, jedenfalls hatte sie zuviel staatsmännischen Blick, als daß sie ihre Wirkungsmöglichkeiten überschätzt hätte. Fraglos hat der Verlust der württembergischen Souveränität und die Unterstellung unter das neue deutsche Kaisertum ihren dynastischen Stolz verletzt, aber nach außen trat dies nicht in Erscheinung. Ihre Neigung zum preußischen Königshaus war erkaltet. Ihren ritterlichen Onkel Wilhelm, den späteren deutschen Kaiser, liebte die Großfürstin Olga in ihrer Jugend, aber die Annexion Hannovers und Nassaus durch Preußen im Jahre 1866 hat sie ihm nie verziehen. Für ihr dynastisch legitimistisches Gefühl war dies ein unverzeihlicher Verstoß gegen jedes göttliche und menschliche Recht, und ihre Auffassung von dem Beruf des absoluten Monarchen erlaubte ihr nicht, mit der Verantwortung für einen solchen Schritt den Diener an Stelle des Herrn zu belasten.

Die nächsten Berater seines Vaters, die freilich von dessen Argwohn mehr zu spüren bekommen hatten als von dem königlichen Vertrauen, entließ König Karl sofort, wenn auch in allen Ehren. Zu seinem leitenden Minister machte er den Freiherrn Karl von Varnbüler, der als ritterschaftlicher Abgeordneter der zweiten Kammer und Fachmann auf wirtschafts- und verkehrspolitischem Gebiet hervorgetreten war. König Karl und sein leitender Minister waren sich über den einzuschlagenden Weg der württembergischen Außenpolitik einig. Mit der Abtretung der Elbherzogtümer durch Dänemark war deren Zukunft noch keineswegs geklärt. Niemand erwartete von dem 1865 in Bad Gastein geschlossenen Vertrag eine dauernde Lösung, wenn auch die Bestimmung, daß Preußen Schleswig, Österreich Holstein erhalten, Kiel Bundeshafen und Rendsburg Bundesfestung werden sollten, sich auf dem Papier vorteilhaft präsentierte. Die Spannung zwischen Österreich und Preußen verschärfte sich zusehends; bis zum Sommer des nächsten Jahres reiften die Dinge zur Entscheidung. Es war die Zeit, in der der preußische Ministerpräsident der meistgehaßte Mann in Deutschland war und in Württemberg die wenigen Preußenfreunde in Bismarcks Sturz die unumgängliche Voraussetzung eines Anschlusses sahen. Im »Beobachter« schrieb ein Arzt, der Bismarck aus der Nähe beobachtet haben wollte, sein Haß sei tiefem Mitleid gewichen, nachdem er erkannt habe, daß dieser Staatsmann nicht der Träger eines bösen Prinzips, sondern ein Schwerkranker sei. ›Der Gradaus‹, der Abgeordnete Hopf, fragte unbefangen, ob sich denn kein begeisterter, opferfähiger Jüngling fände, „diesen Räuber auf die Seite zu räumen". Varnbüler vertraute auf die russische Verwandtschaft und die von ihm nie bezweifelte militärische Überlegenheit Österreichs. Königin Olga fuhr nach St. Petersburg, um zur Erhaltung des Friedens ihren Bruder zu energischen Schritten gegen Preußen zu bestimmen; am russischen Hof erhob nur noch Großfürstin Helene ihre Stimme zugunsten der Hohenzollern. Als dann die württembergische Landesmutter, auf dem Weg über Wien – bezeichnenderweise nicht über Berlin – nach Stuttgart zurückkehrte, wurde sie bei ihrem ersten Erscheinen im Hoftheater jubelnd begrüßt und für ihren ›Friedensschritt‹ bedankt.

Im Frühjahr 1866 traf man in Württemberg Kriegsvorbereitungen. Vierzigtausend Mann glaubte Varnbüler für den Feldzug gegen Preußen auf die Beine bringen zu können. Der Kriegsminister, Freiherr von Wiederhold, warnte: das Kräfteverhältnis Preußen–Österreich spreche keineswegs eindeutig zugunsten des letzteren, auch werde im Ernstfall das württembergische Kontingent weit hinter der Varnbülerschen Schätzung bleiben. Der unbequeme Mahner wurde verabschiedet, und das Unheil nahm seinen Lauf. Die großdeutschen Politiker traten lebhaft für die österreichische Sache ein. Ihre Presse berief sich auf die staatsmännische Weisheit des verstorbenen Königs und bemühte sich um den Nachweis, daß das Einvernehmen der deutschen Mittelstaaten mit Frankreich auf die Dauer ein geringeres Übel sei als die preußische Herrschaft, denn gerade in dem Bündnis mit Frankreich würden sich die Württemberger erst richtig ihres Deutschtums bewußt werden. Zu einer unbefangenen Würdigung des preußischen Wesens und seiner geistigen und sittlichen Werte fühlte sich in diesem Lager niemand bewogen.

Bei der Aussprache über die Bewilligung der Kriegskredite im Landtag am 4. Juni 1866 trat Robert Römer tapfer für Preußen ein, gedämpfter sprach Hölder, auch er trat für ein – freilich liberales – Preußen ein; von der Politik des Grafen Bismarck setzte er sich weit ab; es werde ihm, so meinte er, wohl niemand zutrauen, daß er auf den preußischen Ministerpräsidenten irgendeine Hoffnung in nationalem Sinne setze; der Weg, den Preußen eingeschlagen habe, werde nimmermehr zur Einheit führen. Abschließend warnte Hölder auch vor Österreich, mit dem ohne weitgehende Sicherungen in den Krieg zu gehen, Deutschland nur Schaden und Württemberg den „Dank vom Haus Östreich" bringen werde. Moriz Mohl hielt – nur im eigenen Namen – eine leidenschaftliche, preußenfeindliche Rede, die mit den Worten schloß: „Zu den Waffen!" Der Abgeordnete Obertribunalrat Hermann Mittnacht, später württembergischer Ministerpräsident, führte aus, der Bund sei das letzte nationale Band, das Deutschland noch zusammenhalte. Es dränge sich also die Frage auf, was das Bundesrecht jetzt verlange. Die Unterstützung Österreichs oder Preußens? „Wer den Bundesfrieden bricht, ist unser Gegner, er mag sein, wer er will. Wer zum Bundesfrieden steht, ist unser Bundesgenosse, seine Regierung mag eine reaktionäre oder eine liberale sein, sie mag früher selbst die Autorität des Bundes mißachtet haben oder nicht." Das war unter den gegebenen Umständen eine unzweideutige Entscheidung für Österreich, die aber juristisch so geschickt formuliert war, daß aus ihr Mittnacht nie ein politischer Vorwurf gemacht werden konnte. Außerdem gab sie ihm die Möglichkeit, sich zu dem besseren Taktiker zu bekennen. Wer will denn entscheiden, wer der Angreifer und Friedensbrecher ist? Meist der Sieger. Für die Regierung sprach Minister von Varnbüler, in ungezwungener Haltung, etwas von oben herab, siegesbewußt: Die Regierung sei sich ihrer Verantwortung bewußt und bitte um die Unterstützung der Kammer. Die Einwände der Vorredner schob er mit leichter Hand beiseite, um sich dann gereizt gegen Römer zu wenden: Niemand denke daran, Preußen den Krieg zu erklären; wenn aber die Kriegswürfel geworfen seien „und das Kriegsglück gegen Preußen ist, dann wird auch der Herr Professor Römer nicht imstande sein, das vae victis! von seinem Lieblingsstaate abzuwenden". Die Rede des Außenministers wurde in der Kammer und später in der Öffentlichkeit dahin gedeutet, daß der Siegespreis für Württemberg in den hohenzollernschen Fürstentümern bestehen sollte. Alles in allem war die Meinung der Kammer weder einhellig für die Regierung noch hoffnungsfroh. Der Abgeordnete für Biberach, Rudolf Probst, sagte nüchtern, die Stimmung sei höchst unbehaglich, und von Begeisterung könne keine Rede sein. Die Kriegskredite wurden dann mit zweiundachtzig gegen acht Stimmen genehmigt. Varnbüler hatte, ohne es zu wissen, mit seinem vae victis! die absteigende, Mittnacht mit der Frage nach dem Bundesrecht die aufsteigende Bahn betreten.

Der Kampf um die Vorherrschaft in Deutschland wurde auf den böhmischen Schlachtfeldern entschieden. Der Feldzug am Main war für die Truppen des Deutschen Bundes keine ruhmreiche Sache. Schon die erste Voraussetzung des Erfolgs, die Vereinigung der hannoverschen mit den süddeutschen Kräften scheiterte an der Uneinigkeit der militärischen Führer, die daher rührte, daß die einzelnen Regierungen in erster Linie die Grenzen des eigenen Landes geschützt sehen wollten. Es klang wie ein Nachtusch auf die Kriegsposaune in Böhmen, daß, während in Nikolsburg schon über Waffenstillstand und Frieden verhandelt wurde, in der Gegend des Mains und der Tauber die Regimenter des VII. und VIII. Bundeskorps – aus den Kontingenten der süddeutschen Staaten zusammengesetzt – sich mit den Preußen herumschlugen. So konnte der Tag von Tauberbischofsheim (24. Juli 1866) keinen Ruhm an die württembergischen Fahnen heften. Es war nicht die Schuld der Truppe.

Unter dem Eindruck des Sieges von Königgrätz am 3. Juli 1866 schlug bei dem Minister von Varnbüler die Stimmung urplötzlich um. Er reiste in das preußische Hauptquartier nach Nikolsburg, um sich dort der Gnade des Siegers zu empfehlen. Aber Bismarck zeigte ihm die kalte Schulter. Der große Preuße vergab dem kleinen Württemberger sein vae victis! nicht so schnell. Das Angebot Württembergs, in den Norddeutschen Bund einzutreten, wurde hinhaltend behandelt. Bismarcks Schilderung über sein Verhältnis zu Württemberg lautete: „Die Einschätzung der württembergischen Politik in die Rheinbundkategorie bestimmte mich, den Empfang des Herrn von Varnbüler in Nikolsburg zunächst abzulehnen... Erst später in Berlin habe ich mit Herrn von Varnbüler verhandelt, und seine bewegliche Empfänglichkeit für die politischen Eindrücke jeder Situation betätigte sich dort darin, daß er der erste unter den süddeutschen Ministern war, mit dem ich einen Bündnisvertrag der bekannten Art abschließen konnte." Es war wohl nie Bismarcks Absicht gewesen, die süddeutschen Staaten für ihre Stellungnahme zugunsten Österreichs schwer büßen zu lassen. Preußen schloß am 2. August, acht Tage nach dem Gefecht bei Tauberbischofsheim, Waffenstillstand mit Württemberg und kurz darauf Frieden. Gebietsabtretungen wurden dem Unterlegenen nicht zugemutet, die geldlichen Forderungen waren mäßig. Mit Rücksicht auf den Zaren Alexander II. war Württemberg glimpflich davongekommen. Die »Schutz- und Trutzverträge« Preußens mit den süddeutschen Staaten Baden, Bayern und Württemberg wurden im allseitigen Einverständnis zunächst geheimgehalten. Zum Dank für die milde Behandlung schossen »Der Beobachter« und die anderen württembergischen Preußenfeinde aus allen Rohren Kritik, Verdächtigung und Beschimpfung. Der »Schwäbische Merkur« stellte nüchtern fest, der Norden könne auch ohne den Süden leben, wandte sich dann aber an die Preußen mit den Worten: „Wir aber brauchen Euch und lassen nicht von Euch." Das Echo des »Beobachters« kann man sich denken.

Die württembergische Staatsregierung tat den ersten Schritt in neuer Richtung. Im April 1867 verfügte König Karl einen Wechsel im Kriegsministerium. Die dringliche Frage nach den Gründen des militärischen Mißerfolgs ließ sich nicht überhören. Die Denkschrift eines jungen Generalstabsoffiziers, des Majors Albert von Suckow, in der offen auf militärische Mißstände und Unzulänglichkeiten hingewiesen wurde, gab den Anstoß zu einer durchgreifenden Reform des württembergischen Heerwesens nach preußischem Vorbild. General von Hardegg, der als Kriegsminister die württembergischen Truppen im Verband des VIII. Bundeskorps geführt hatte, trat zurück und wurde durch Oberst Freiherr von Wagner-Frommenhausen ersetzt, Suckow zu seinem Adjudanten, später zum Generalstabschef ernannt. Da auch der bisherige Justizminister Freiherr von Neurath den neuen Kurs nicht mitmachen wollte, wurde er durch den Landtagsabgeordneten Obertribunalrat Mittnacht ersetzt. Aber die militärpolitische Wendung bedeutete keineswegs die Bereitschaft zu einem engeren Anschluß an den Norddeutschen Bund. Wohl hatte Minister von Varnbüler im vertrauten Kreis geäußert, er sei bereit, sich von der öffentlichen Meinung ins preußische Lager treiben zu lassen, aber davon durfte der Hof nichts erfahren, am wenigsten Varnbülers hohe Gönnerin, die Königin Olga, von der man annehmen konnte, daß sie ihren Gemahl im Sinne einer möglichst weitgehenden Unabhängigkeit Württembergs beeinflußte. Auch der neue Justizminister war kein Freund Preußens. Nicht lange vor seinem Amtsantritt hatte er in der Kammer erklärt, jetzt sei der Anschluß nicht zu haben, wohl aber könne man gute Beziehungen mit Preußen pflegen und warten, bis dieses den Anschluß ermögliche und diejenigen Sicherheiten gebe, die Württemberg bei seinen konstitutionellen Gepflogenheiten verlangen müsse; unter dieser Voraussetzung werde man bereit sein. Das klang doch sehr viel anders als die Beschwörungen der Deutschen Partei. Mittnacht hatte großdeutsch gedacht und war auch nicht gesonnen, von dieser Auffassung abzugehen. Ihm dies zu verübeln, wäre verständnislos. Eine Zusammenarbeit der beiden deutschen Großmächte war ja keine Utopie, kein Hirngespinst einer ausschweifenden Phantasie, sie war in der Geschichte mehr als einmal Wirklichkeit gewesen, und gute Köpfe und heiße Herzen hatten versucht, auch jetzt noch eine Verteilung der nationalen Rollen Österreichs und Preußens aufzuzeigen. In Stuttgart war im Frühjahr 1866 eine Flugschrift des bekannten Publizisten Wolfgang Menzel »Preußen und Österreich 1866« erschienen, deren Gedankengänge einer friedlichen Zusammenarbeit der beiden deutschen Großmächte kein geringerer als der preußische Generalstabschef Helmuth von Moltke sich zu eigen gemacht hatte. Daß der preußische General auf den böhmischen Schlachtfeldern solche Träume begrub, war für den württembergischen Justizminister kein Grund, dieses Beispiel nachzuahmen. Bis auf weiteres sich beide Wege offenzuhalten, war für den süddeutschen Standpunkt eine durchaus verständliche Absicht. Zum erstenmal trat Mittnacht vor die große deutsche Öffentlichkeit beim Zollparlament in Berlin im Frühjahr 1868. Auf Grund umfangreichen Materials, das die hier nicht vertretene Deutsche Partei Württembergs gesammelt hatte, richteten hessische Nationalliberale in der öffentlichen Sitzung am 1. Mai 1868 einen heftigen Angriff gegen die württembergische Regierung. Justizminister Mittnacht erhob sich in seiner Eigenschaft als gewählter Vertreter des Zollparlaments, um die Vorwürfe zurückzuweisen. Kalt und sachlich, ohne Anzeichen von Erregung, ohne rhetorisches Pathos, begründete er mit wohl durchdachten, logisch aufgebauten rechtlichen Ausführungen das Verhalten des württembergischen Staatsministeriums. Sachlichkeit, kühle Distanz und geschliffene Beweisführung sicherten Mittnacht, wo immer er auftrat, den Erfolg. Wärme strahlte nie von ihm aus, Begeisterung erregte er nicht, Respekt jedoch war ihm sicher.

Der preußisch-österreichische Krieg hat der Politik der süddeutschen Staaten unrecht gegeben, und der Deutsch-Französische Krieg verurteilte deren Schaukelspiel zwischen 1866 und 1870. Wer sich aber in den Geist jener Zeit versetzt, wird trotzdem sein Urteil sorgfältig abwägen. Württemberg jedenfalls mußte in diesen Jahren zwischen europäischen Verwicklungen, die es mittelbar oder unmittelbar betrafen, seinen Weg selbständig suchen; das war nicht leicht. Schon 1867 zogen neue Gewitterwolken am europäischen Himmel auf. Der französische Kaiser, immer auf die Wahrung des Ansehens seiner Dynastie bedacht, wollte den politischen Fehlschlag, den die österreichische Niederlage auch für ihn bedeutete, durch einen sichtbaren Erfolg gutmachen. Dazu schien ihm der Erwerb der früheren Bundesfestung Luxemburg geeignet. Bismarck hat sich vielleicht, gewiß weiß man es nicht, mit dem Gedanken getragen, um des Friedens willen der französischen Forderung ganz oder auch teilweise zu entsprechen. Als von dieser Absicht etwas in die Öffentlichkeit drang, überhäufte »Der Beobachter« in Stuttgart den preußischen Staatsmann mit Vorwürfen und sprach ihm jede Berechtigung zur Führung der gesamtdeutschen Geschicke ab. Der Besitz Luxemburgs wäre also wohl Karl Mayer einen kleinen Krieg wert gewesen?

Napoleon III., der sich durch die Neutralisierung Luxemburgs um den erhofften Publikumserfolg betrogen sah, spann seine Fäden weiter und besuchte im folgenden Sommer den Kaiser von Österreich in Salzburg. Auf der Durchreise wurde der französische Monarch im Stuttgarter Bahnhof mit dem Ruf „Vive l'empereur!" begrüßt. Das gefiel dem hohen Herrn, der seine Genugtuung über solche Freundlichkeit dem Minister von Varnbüler, der zu seinem Empfang gekommen war, ausdrückte. Dieser, der trotz seiner mannigfachen Winkelzüge immer ein aufrechter deutscher Mann war, erwiderte dem Kaiser, daß diese Rufer nichtsdestoweniger bereit sein würden, in einem Krieg gegen Frankreich den letzten ›sou‹ und den letzten Sohn zu opfern. Napoleon berichtete diese Episode der ihm befreundeten Königin Sophie der Niederlande und fügte hinzu, ihm sei in der Heimat der Königin ein Minister begegnet, der ihm die Wahrheit gesagt habe und ein Mann von Geist und Herz zu sein scheine.

Noch während der Luxemburger Krise hatte Bismarck, um sich nach beiden Seiten zu decken, die Schutz- und Trutzverträge Preußens mit den süddeutschen Staaten bekanntgegeben. Das führte zu einer Aussprache in der württembergischen Kammer. Daß die Meinung über den Schutz- und Trutzvertrag geteilt sein würde, wußte man, doch war dessen Annahme zu erwarten, da für ihn nur die einfache Mehrheit benötigt wurde. Anders lag es bei dem gleichfalls zur Debatte stehenden Zollvereinsvertrag, der als verfassungsändernd einer Zweidrittel-Mehrheit bedurfte. Daß auch diese ohne Schwierigkeit erreicht wurde, spricht für die Bedeutung der wirtschaftlichen Beziehungen, die Württemberg an die deutsche Gemeinschaft banden. Ein Grund mehr zur Hoffnung für die Freunde des politischen Anschlusses an Preußen. Um Bedenken gegen den Schutz- und Trutzvertrag zu zerstreuen und Zweiflern die Zustimmung zu erleichtern, sprach Varnbüler in der Kammer, im übrigen im Einverständnis mit Mittnacht, über den Bündnisfall, „casus foederis". Ein halbes Jahr vorher hatte der zurückgetretene Justizminister Freiherr von Neurath in der Luxemburger Frage jede Bündnispflicht Württembergs gegenüber Preußen abgelehnt. Jetzt drückte sich Varnbüler, ziemlich gewunden und theoretisch, dahin aus, daß auch nach dem Schutz- und Trutzvertrag Württemberg von Fall zu Fall frei über den casus foederis entscheiden könne. Man versteht, daß von der Aussprache in der Kammer ein Bodensatz von Mißtrauen zurückblieb, nicht nur bei den württembergischen Anschlußfreunden, sondern auch in Preußen, wo man, von den Äußerungen des leitenden Ministers abgesehen, in dem Abstimmungsergebnis der württembergischen Kammer von 53 zu 37 Stimmen keine ausreichende Gewähr für das Bundesverhältnis sehen wollte. Dieses Mißtrauen bekam der württembergische Generalstabschef Oberst von Suckow sehr deutlich aus dem Munde Moltkes zu hören, als er im Mai 1868 im preußischen Generalstab über militärpolitische Fragen verhandelte. Er müsse, sagte Moltke, die württembergische Leistung nicht nur als schwach, sondern auch als unzuverlässig ansehen. Soweit haben es, schreibt Suckow verärgert und unsachlich in seinen Erinnerungen, Varnbüler und Mittnacht „mit ihrem zweideutigen Benehmen" gebracht.

Wie dem auch sei, in Stuttgart stellte man mit einem Seufzer der Erleichterung fest, daß ›die Verträge‹ glücklich unter Dach und Fach gebracht waren; fürs erste müsse das genügen. Darüber hinaus wollten weder der Hof, noch die Regierung, noch die Kammer gehen. „Bleiben wir, meine Herren, vorerst gute Württemberger!" hatte Varnbüler der Kammer zugerufen. Recht hatte es der Minister keinem gemacht, er blieb für alle der Opportunist. Daran änderte er auch nichts, als er Ende 1868 in einer Kammerdebatte den ›Südbund‹, für den Karl Mayer warb, schroff ablehnte. So blieben die Dinge in der Schwebe. Vorwärts ging es nur im Heerwesen. Hier arbeitete Suckow schwungvoll und zielbewußt nach preußischem Muster. Das wurde allseits mit Aufmerksamkeit verfolgt, von den einen mit Mißtrauen, von den anderen mit Beifall. »Der Beobachter« stellte bekümmert fest, daß das, was man unter gemütlich verstehe, dem heutigen Militärleben fast ganz fehle. Als der Ernstfall eintrat, stand – im Gegensatz zum Kriegsbeginn 1866 – die württembergische Felddivision pünktlich und mit allem versehen, was der Mobilmachungsplan vorsah, zum Einsatz bereit.

Das Jahr 1869 verlief in Süddeutschland politisch vergleichsweise ruhig. Nur ein Federkrieg erregte die Gemüter. In Zürich war eine Schrift erschienen mit dem Titel: »Der Anschluß Süddeutschlands an die Staaten der preußischen Hegemonie – sein sicherer Untergang bei einem französisch-preußischen Krieg«. Als Verfasser zeichnete ein sächsischer Offizier mit dem Decknamen ›Arkolay‹, eine altertümliche Bezeichnung für Artillerie. Die Lage eines mit Preußen verbündeten Süddeutschlands, so heißt es in der Schrift, ist aussichtslos. Österreich beherrscht die Lage südlich des Mains, während Preußen durch die von ihm kürzlich annektierten Gebiete nur geschwächt ist. Mit einem feindlichen oder auch nur neutralen Österreich im Rücken kann Preußen gegen Frankreich nicht angriffsweise vorgehen, ist sogar nicht einmal zu einer wirksamen Verteidigung fähig. Jede Hoffnung auf ein Eingreifen Rußlands gegen Österreich muß aber an der derzeitigen Schwäche des Zarenreiches scheitern. Soweit die Schrift, die großes Aufsehen machte und heftig diskutiert wurde. »Der Beobachter« druckte sie mit zustimmenden Kommentaren ab, nachdem er gerade vorher eine längere Folge Pariser Briefe von Ludwig Pfau, die in dieselbe Kerbe hieben, veröffentlicht hatte. Die Gegenseite war auch nicht müßig. Von den Entgegnungen war die von Oberst von Suckow verfaßte, anonym erschienene Abhandlung »Wo Süddeutschland Schutz für sein Dasein findet« die wirksamste. Suckow war durch den preußischen Generalstab gut genug unterrichtet, um die Behauptung wagen zu können, die preußische Armee sei der französischen überlegen und scheue, wenn es sein müßte, auch vor einem Zweifrontenkrieg nicht zurück. Über die etwaige Rolle Rußlands aber könne man mit gutem Grund anderer Meinung sein als ›Arkolay‹.

Der Anstoß zur Einigung Deutschlands konnte, das war die damals weitverbreitete Überzeugung, nur von außen her erfolgen. Darnach sah es aber um die Jahreswende 1869/1870 nicht aus. Trotzdem war die Stimmung im Landtag in Stuttgart recht gespannt. Der ›Bündnisfall‹ ließ die württembergischen Gegner Preußens nicht zur Ruhe kommen. Die aus den vereinigten Großdeutschen und Demokraten bestehende Kammermehrheit setzte daher zu einem Vorstoß gegen die Regierung an, als die »Norddeutsche Allgemeine Zeitung«, das halbamtliche Berliner Blatt, auf die früheren Äußerungen Varnbülers in dieser Sache zurückkam und schrieb, die preußische Regierung habe in jenen kritischen Tagen nur mit Rücksicht auf den leitenden württembergischen Minister geschwiegen, in Wirklichkeit gäbe es, heute wie damals, keinen Zweifel, daß der Schutz- und Trutzvertrag für beide Teile bedingungslos verpflichtend sei und eine jedesmalige freie Stellungnahme zum Bündnisfall dessen Aufhebung bedeuten müsse. Die daraufhin gegebene, recht gewundene Erklärung Varnbülers machte die Sache nur noch schlimmer. Die allgemein erwartete Ministerkrise brach zwar aus, aber die Entscheidung König Karls entsprach den Erwartungen der Opposition keineswegs. Varnbüler blieb im Amt, Kriegsminister wurde Oberst von Suckow. Das war gewiß nicht als ein offenes Bekenntnis für Preußen zu deuten, wohl aber als eine nicht mißzuverstehende Bestätigung der Heeresreform. Da der im Lande sehr beliebte Kultusminister von Golther als deren entschiedener Gegner galt, hatte der König dem Wunsch Suckows auf Golthers Verabschiedung entsprochen. Auch der Innenminister von Geßler mußte gehen, weil er der allzu großen Nachgiebigkeit gegen die Volkspartei verdächtig war. Nimmt man noch dazu, daß die Kammer vertagt wurde, so ist die Stellung des Königs gegen die Demokratie, aber für die Erhaltung und Stärkung der württembergischen Unabhängigkeit eindeutig. Offenbar entsprach diese Lösung der Krise auch der politischen Überzeugung Mittnachts. Der Zorn des »Beobachters« und ein Fackelzug zu Ehren Golthers änderten nichts mehr an dieser Lage. In der nationalliberalen »Kölnischen Zeitung« war zu lesen, solange das Paar Varnbüler-Mittnacht in Württemberg regiere, sei Mißtrauen die erste Pflicht, die Ernennung Suckows werde nichts an diesem Kurs ändern.

Wenige Wochen später brauste der Sturm über Europa hin. Begonnen hatte er mit der hohenzollernschen Thronkandidatur in Spanien. König Wilhelm von Preußen dämpfte die Erregung und war bereit, den französischen Forderungen mehr nachzugeben als seine nächsten Berater für vertretbar hielten. Die ›Redaktion‹ der Emser Depesche und was daraus folgte, ist bekannt und braucht hier nicht erzählt zu werden. In Stuttgart war für Otto Elben und seinen »Schwäbischen Merkur«, denen der nationale Aufschwung in Württemberg viel verdankte, die Stunde gekommen. Ohne solchen Antrieb, aber in der nüchternen Erkenntnis des politischen Erfordernisses ordneten König und Regierung die Mobilmachung an: der Bündnisfall stand keinen Augenblick im Zweifel. Varnbüler in seiner impulsiven Art schwenkte mit Begeisterung in die neue

Linie ein, mit allzu großer Begeisterung, dachte sein König, der nicht so rasch seine Vergangenheit vergessen wollte. So wenigstens wird man sich die am 30. August 1870 erfolgte Verabschiedung Varnbülers zu deuten haben. Der Monarch äußerte damals, er könne in seinem kleinen Land keinen Minister brauchen, der große Politik machen wolle. Ganz will diese Erklärung nicht einleuchten. Große Politik trieb Karl von Varnbüler damals ja nicht, er folgte nur willig – in den Augen des Königspaares allzu willig – den Spuren eines Größeren. Hermann Mittnacht machte es anders. Er trauerte dem gestürzten großdeutschen Ideal nicht nach, sein klarer, kühler politischer Verstand bejahte die Tatsachen. Er verleugnete seine Überzeugung nicht, aber er beugte sich der Wucht großer Entscheidungen. Das hatte Moltke bei seinem Einmarsch in Böhmen auch getan. Mittnachts politische Auffasung und sein Wesen entsprachen am besten der Art seines Königs, der ihn zum Nachfolger Varnbülers berief. Nach mehr als dreißig Ministerjahren hat Mittnacht in seiner nicht schwung-, aber schmucklosen Weise seinen und Württembergs Anteil an der Begründung des Deutschen Reiches geschildert (»Rückblicke«, 1909). Er versuchte dabei, seinem Vorgänger gerecht zu werden, führte den Anspruch des Kriegsministers von Suckow, den Löwenanteil der Arbeit geleistet zu haben (»Rückschau«, zunächst als Manuskript gedruckt, dann 1909 von W. Busch herausgegeben), auf das geschichtlich angemessene Maß zurück und berichtete über die Versuche, zusammen mit Bayern eine Sonderstellung der beiden süddeutschen Königreiche im neuen Reich zu begründen. Sie scheiterten daran, daß der größere Nachbar glaubte, allein mehr zu erreichen.

Mittnacht schildert, wie er und Suckow als Vertreter Württembergs in Versailles im Augenblick, wo sie glauben, am Ziel zu sein, von Stuttgart ein Telegramm erhalten, das sie veranlaßt, unverrichteter Dinge abzureisen. Groß sei, heißt es weiter, ihr Erstaunen gewesen über die Äußerung des Königs, das Telegramm sei auf Wunsch der „Damen" (Anm. d. Verf.: gemeint ist die Königin und deren Staatsdame) abgegangen und er, der König, habe nicht angenommen, daß die Minister dadurch zur Abreise veranlaßt würden.

Die Vorgeschichte des historischen Telegramms ist nie aufgeklärt worden. Mittnacht vermutet als Grund die Befürchtung der Königin, durch einen vorschnellen Vertragsabschluß könne die Möglichkeit, für Württemberg dieselben Vorrechte wie Bayern zu erhalten, verlorengehen. Das Rücktrittsgesuch, das die beiden Minister hatten vorlegen wollen, wurde zwar auf diese Weise hinfällig, aber für die Unterschrift des Vertrags in Versailles war es mittlerweile zu spät geworden, da der Bevollmächtigte des Grafen Bismarck, Präsident des Bundeskanzleramts von Delbrück, zu der Eröffnungssitzung des Reichstags nach Berlin hatte fahren müssen. So ging die Reise der beiden württembergischen Minister nach der preußischen Hauptstadt, wo dann die Unterschriften am 25. November 1870, einen Tag nach der Reichstagssitzung, vollzogen wurden. Es war für viele Württemberger mehr als ein Schönheitsfehler, daß ihre Regierung als letzte dem Deutschen Reich beitrat. Mittnacht und Suckow empfanden es als Kränkung, daß die Thronrede zur Reichstagseröffnung das Fernbleiben Württembergs ausdrücklich erwähnte. Die Nachricht von der Unterzeichnung des Vertrags rief in der Heimat Begeisterung hervor; ein Wermutstropfen allerdings fiel in den Freudenbecher, als bekannt wurde, daß die bayrischen Sonderrechte viel weitergingen als die württembergischen. Wie das so ist: der Ruf des Jubels tönt heller und lauter als der des Zweifels, aber ganz läßt sich auch dieser nicht unterdrücken. Als die Stimmen der württembergischen Landtagswahl vom 5. Dezember 1870 gezählt wurden, waren einhundertfünfzigtausend für und immerhin sechzigtausend gegen den Vertrag.

Der Jubel über Kaiser und Reich fand am württembergischen Hof kein volles Echo. Als König Karl dem neuen leitenden Minister seinen Dank und seine Anerkennung für dessen Bemühungen und Erfolge aussprach, meinte er, das Ziel der Einigung Deutschlands rechtfertige das große Opfer. Mittnacht verstand, was sein Monarch mit dieser resignierten Äußerung sagen wollte; das Opfer war der Verlust der württembergischen Souveränität, die, so problematisch sie sich oft in den vergangenen Jahrzehnten erwiesen hatte, doch dem König als kostbares Vermächtnis der Väter galt. Auch die Unterordnung unter den Kaiser war für den dynastischen Stolz des Königspaares verletzend. Wir werden annehmen dürfen, daß Mittnacht seinen hohen Herrn darauf aufmerksam machte, daß es ja noch weit schlimmer hätte werden können. Es waren recht einflußreiche Kreise – der Kronprinz des Deutschen Reiches und Generalfeldmarschall von Moltke standen ihnen nahe –, die über den föderalistischen Aufbau des neuen Reiches sehr enttäuscht waren, weil sie sich die Einheit der deutschen Nation nur unitarisch und unter Mediatisierung der deutschen Fürsten, einschließlich der verbündeten

Könige, vorstellen konnten. Solche Pläne scheiterten an Bismarcks Preußentum, der das geschichtlich festgegründete preußische Staatsbewußtsein nicht für den neuen, vagen Reichsgedanken herzugeben bereit war; Preußen sollte nicht im Reich aufgehen. Nur deshalb schonte der Reichsgründer den fürstlichen Partikularismus und erhielt die deutschen regierenden Häuser. Insofern mag Mittnacht gesagt haben, war der Preis der Souveränität doch nicht zu hoch. Königin Olga, des Zaren Nikolaus selbstbewußte Tochter, dachte in diesen Dingen gewiß nicht anders als ihr Gemahl und wollte deshalb in letzter Minute einen diplomatischen Schritt bei dem preußischen König zugunsten württembergischer Sonderrechte versuchen. In dieser Absicht veranlaßte sie während der Tage des Vertragsabschlusses in Berlin ein Telegramm an Mittnacht, um diesem eine Rücksprache mit dem russischen Vertreter am preußischen Hof nahezulegen. Die Depesche blieb unbeantwortet, und der Besuch in der russischen Botschaft erfolgte erst, als die Unterschrift des Vertrages vollzogen war. Der württembergische Minister wußte, daß jeder Schritt einer fremden Macht in dieser Sache nutzlos gewesen wäre und zudem die nationale Würde in den Augen der Deutschen aufs empfindlichste verletzt hätte.

Das Schicksal fügte es, daß König Karl von Württemberg am Tage der Unterzeichnung der Präliminarien des Friedensvertrags – es war ein Sonntag, der 26. Februar 1871 – im kaiserlichen Hauptquartier in Versailles weilte. So wurde er auch Zeuge der Beendigung des Zwistes, der seit dem Tage von Sedan zwischen Moltke und Bismarck – Feldherr gegen Staatsmann – im Gang gewesen war, Gegenstand der Auseinandersetzung war die Zuständigkeit der militärischen und der zivilen Gewalt, im tieferen Sinn aber ging es um die Gestaltung des Friedens. Diktat oder Verständigungsfrieden? War ein dauernder Friede nicht besser durch eine entscheidende Schwächung des ›Erbfeindes‹ gewährleistet als durch eine im besten Fall problematische Versöhnung? Niemand konnte diese Schicksalsfrage damals befriedigend beantworten. Achtung hatte sich die junge Großmacht überall erworben, aber keine Freunde. Moltkes Altersweisheit war: „Was wir in einem halben Jahr mit den Waffen errungen haben, das mögen wir ein halbes Jahrhundert mit den Waffen schützen, damit es uns nicht wieder entrissen wird."

Aber das waren Zukunftssorgen; zunächst verlangte der Alltag sein Recht. Nicht für die württembergischen Nationalliberalen, aber für den

Stuttgarter Hof war der Eintritt in das Deutsche Reich eine Vernunftehe, in die sich einzuleben auch bei gutem Willen nicht leicht fiel. Wer hatte denn die deutsche Einheit geschaffen? Der zielbewußte, zähe, wenn auch stille preußische Zwang oder ein spontaner Willensakt der im Nationalkrieg gegen Frankreich geeinten deutschen Stämme? War es machtpolitischer Realismus oder liberaler Idealismus gewesen? Am Stuttgarter Hof neigte man zur ersteren Ansicht. Wohl war Bismarck peinlich darauf bedacht, die landesherrliche Empfindlichkeit zu schonen, sich nicht in die inneren Verhältnisse der Bundesstaaten zu mischen und überhaupt das preußische Übergewicht möglichst wenig fühlbar werden zu lassen. Aber schon der überwältigende Jubel, der überall aufbrauste, wo das Reichsoberhaupt sich zeigte, wurde als Zurücksetzung des Landesherrn empfunden. Kaiserbesuche wurden an den deutschen Fürstenhöfen nicht immer freudig empfunden. Da die Eisenbahn, die Post, das Steuer- und Justizwesen und die ganze innere Verwaltung nach wie vor in württembergischer Hand blieben, waren auf diesen Gebieten Reibungen nicht wahrscheinlich; anders war es in der Armee. Durch eine Militärkonvention wurde die Einheitlichkeit der Bewaffnung, Ausrüstung, Ausbildung und des Ersatzwesens gewährleistet, wobei auch der Austausch von Offizieren, nicht zum Nachteil der württembergischen, geregelt war. Eine Anzahl der höheren Führerstellen, darunter die des kommandierenden Generals des XIII. (königlich württembergischen) Armeekorps, blieb zunächst Preußen vorbehalten. Die militärischen Leistungen der württembergischen Truppen im Kriege gegen Frankreich wurden, nachdem das anfängliche Mißtrauen geschwunden war, durchaus anerkannt. Die württembergische Felddivision unter der Führung des preußischen Generals von Obernitz war schon in der Armee des Kronprinzen von Preußen in den Grenzschlachten ins Feuer gekommen und auch bei der Einschließung von Sedan beteiligt gewesen. Die blutigen Tage von Champigny und Villiers (30. November und 2. Dezember 1870), an denen Ausfallversuche der Pariser Besatzung abgeschlagen wurden, bewiesen die kriegerische Tüchtigkeit des württembergischen Soldaten. Dies hatte das Selbstgefühl des Offizierskorps gehoben, vielleicht auch etwas empfindlich gemacht; ein ungewohnter, ›der preußische Ton‹, andere Auffassungen dienstlicher und gesellschaftlicher Art wirkten mitunter verletzend; manchmal fehlte es wohl auch auf beiden Seiten an Takt und Einfühlungsvermögen. Das Militärkabinett in Berlin war offenbar auch nicht immer glücklich in seiner Stellenbesetzung der bundesstaatlichen Kontingente. Manche Offiziere glaubten sich bei der Beförderung durch preußische, nach Württemberg kommandierte Kameraden benachteiligt und nahmen verbittert den Abschied. Für solche Zwischenfälle, die sich aus mangelndem Taktgefühl ergaben, wurde bei Hof wie im Offizierskorps General von Suckow, der, wie es hieß, die Preußen ins Land geholt hatte, verantwortlich gemacht. So kam es, daß Suckow schon 1874, noch nicht sechsundvierzig Jahre alt, seinen Abschied erbat und erhielt.

Es dauerte, zumal bei der älteren Generation, geraume Zeit – und zwar nicht nur auf militärischem Gebiet –, bis man sich aneinander gewöhnte, und ein Bodensatz von Abneigung oder, um es positiv auszudrücken, von sehr betonter Eigenart blieb bis auf den heutigen Tag. Es liegt nun einmal in der Art des Württembergers, gegen alles, was von außen kommt, mißtrauisch zu sein; wer nicht ›schwäbisch schwätzt‹, ist ihm verdächtig. Sein Deutschtum wird damit nicht in Frage gestellt, und mit seinen Reichspflichten nimmt er es ernst. Bald ging das Wort um, in Berlin würden die Gesetze gemacht, in Württemberg führe man sie aus!

Nach der Reichsverfassung war die Führung der auswärtigen Politik der Reichsregierung vorbehalten, und dort war sie auch in Bismarcks Hand am besten aufgehoben. Der Reichskanzler war ausschließlich dem Kaiser verantwortlich und keiner staatsrechtlichen Kontrolle unterworfen. Es gab zwar im Bundesrat einen auswärtigen Ausschuß, der aber keine verfassungsmäßige Zuständigkeit hatte. Im Herbst 1870 war er als ein Zugeständnis an Bayern, dem auch der Vorsitz zustand, in die Verfassung aufgenommen worden; in ihm vertreten waren von den Bundesstaaten nur die Königreiche. Bismarck, dem diese Einrichtung von vorneherein unsympathisch gewesen war, berief den Ausschuß nicht ein; Bayern vermied es, um den Kanzler nicht zu brüskieren. Zu Bismarcks Lebzeiten war die Sache von untergeordneter Bedeutung, während der Regierung Kaiser Wilhelms II. hätte eine verfassungsmäßige, außenpolitische Kontrollmöglichkeit der bundesstaatlichen Regierungen nützlich sein können.

In den Erinnerungen Mittnachts liest man, daß Bismarck im vertrauten Gespräch sich freimütig über außenpolitische Fragen geäußert hat, aber das waren Monologe; es scheint, daß der Besucher kaum zustimmend, geschweige denn kritisch antwortete. In innerpolitischen Fragen war es anders. Mittnacht jedenfalls berichtet über eingehende Erörterungen, bei denen der Kanzler ein aufmerksamer Zuhörer war. Jedenfalls hat Bismarck dem süddeutschen Staatsmann seine schroffe Ablehnung des Plans einer Reichseisenbahn nicht nachgetragen. Daß der bittere Streit zwischen der preußischen Regierung und der katholischen Kirche, der Kulturkampf unseligen Angedenkens, nicht auf Württemberg übergriff, ist wohl nicht nur einer glücklichen Fügung, sondern auch, mindestens teilweise, Mittnachts besonnener, zurückhaltender Art zu danken, für die es spricht, daß der preußische Ministerpräsident einmal die guten Dienste seines württembergischen Kollegen zur Vermittlung in dem Streit in Anspruch nahm.

Es ist nicht anzunehmen, daß das württembergische Königspaar, zumal die Königin, der Politik Lebensbedürfnis war, sich in diesen Jahrzehnten jeder Kritik der Bismarckschen Außenpolitik enthalten hat, um so weniger als die Entwicklung der europäischen Lage das junge Reich mehr als einmal an den Rand des Krieges brachte. Wir wüßten gerne, worüber Königin Olga und Fürst Gortschakow, der russische Staatskanzler, sich unterhielten, wenn dieser zum Sommerbesuch nach Friedrichshafen kam. Sie werden außer der Schönheit der Aussicht auf die Schweizer Berge und der Güte der Bodenseefelchen noch andere Themen gehabt haben, aber damals war man noch diskret und sparsam in der Abfassung von Memoiren. Ohne sichtbare Zwischenfälle und Aufregungen vergingen am Stuttgarter Hof die Jahre. Das königliche Paar hatte, da ihm Kinder versagt blieben, die Großfürstin Wera von Rußland, Tochter des Großfürsten Konstantin, des jüngeren Bruders der Königin Olga, als Pflegetochter angenommen. Großfürstin Wera heiratete 1876 den Herzog Eugen von Württemberg, Enkel jenes Herzogs Eugen, den wir als russischen Korpskommandeur in den Befreiungskriegen kennengelernt haben. Dem jungen Paar wurden Zwillingstöchter geschenkt, aber nach nicht dreijähriger Ehe starb unerwartet Herzog Eugen in Düsseldorf, wohin er zur militärischen Dienstleistung kommandiert war. Nach einem nie widerlegten, aber auch nie bestätigten Gerücht ist der Herzog im Duell gefallen. Die Folgen für die evangelische Linie des Königshauses zeigten sich erst, als auch König Wilhelm II. ein männlicher Erbe versagt blieb.

Der präsumtive Nachfolger König Karls war sein Neffe Prinz Wilhelm. Prinz Friedrich war sein Vater, seine Mutter Prinzessin Katharine, Tochter Wilhelms I., sein Großvater war Prinz Paul. Zusammen mit seinem Vetter, Freund, Studiengenossen und Kriegskameraden, Herzog Eugen, besuchte der junge Prinz die Universitäten von Göttingen und Tübingen. Das Studium wurde durch die Teilnahme am Feldzug des Jahres 1866 im Stab der württembergischen Felddivision unterbrochen. Den Krieg gegen Frankreich erlebte der württembergische Thronfolger im Stabe des Kronprinzen Friedrich Wilhelm von Preußen und später im kaiserlichen Hauptquartier in Versailles. Nach dem Krieg stieg er im preußischen Gardehusarenregiment vom Rittmeister und Eskadronchef zum Oberstleutnant und Regimentskommandeur auf, seine letzte aktive Dienststellung war die eines Generalmajors und Kommandeurs einer württembergischen Kavalleriebrigade (1882). In erster Ehe (1877) war Prinz Wilhelm mit Prinzessin Marie von Waldeck und Pyrmont verheiratet. Dieser Ehe entstammten eine Tochter, Prinzessin Pauline, die spätere Fürstin zu Wied, und ein Sohn, Prinz Christoph Ulrich Ludwig, der wenige Monate nach seiner Geburt starb. Prinzessin Marie wurde ihrem Gatten 1882 entrissen. Prinz Wilhelms zweite Ehe mit Prinzessin Charlotte zu Schaumburg-Lippe blieb zum Schmerz des prinzlichen Paares wie zum Kummer des protestantischen Württembergs kinderlos. Am 6. Oktober 1891 starb König Karl, die Königin Olga überlebte ihren Gemahl nur um ein Jahr. Siebenundzwanzig Jahre regierte König Wilhelm II. als ein Fürst und Landesherr nach dem Herzen seiner Württemberger. Als er die Herrschaft antrat, konnte niemand deren tragisches Ende ahnen.

VIERZEHNTES KAPITEL

STREIFZUG DURCH DIE WIRTSCHAFTSGESCHICHTE

Auf wirtschaftlichem Gebiet war das Herzogtum Württemberg weit hinter seinen Nachbarn zurückgeblieben. Gegenüber dem Handel und Gewerbe der Reichsstädte hatte es wenig vorzuweisen. Die Anfänge einer fürstlich-merkantilistischen Wirtschaft, die Herzog Friedrichs Tatkraft ins Leben gerufen hatte, erstickten in den Stürmen des Dreißigjährigen Krieges, und was die Barockfürsten in wirtschaftlicher Hinsicht weitschauend geplant hatten, scheiterte an der Eifersucht der Stände, die ökonomisch nur soweit dachten, daß sie in jeder Art von Staatswirtschaft eine Stärkung der herzoglichen Gewalt sahen, die zu verhindern ihr oberstes Gesetz war.

Bis tief in das neunzehnte Jahrhundert war Württemberg Agrarstaat. Da aber die Einwohnerschaft sich schneller vermehrte als die Erträge aus der landwirtschaftlichen Erzeugung, ließ sich der Bevölkerungszuwachs auf der heimatlichen Scholle nicht mehr unterbringen. Die fortgesetzte Erbteilung landwirtschaftlicher Güter schuf ein Zwergbesitztum, das volkswirtschaftlich zum Nachteil wurde. Das Ende der Befreiungskriege brachte keine Besserung der Verhältnisse. Die Regierungszeit König Wilhelms I. begann mit schwerer Not. Tausende von Württembergern verließen die Heimat, um sich anderswo Nahrung und Obdach zu suchen. Das waren die Jahre, in denen Friedrich List seine Tätigkeit mit einer scharfen Kritik an dem unbegründeten Optimismus amtlicher Kreise über die Besserung der wirtschaftlichen Lage des württembergischen Kleinbauerntums begann. Mit seiner Forderung, das gewerbliche Leben durch die Gründung von Fabriken zu entwickeln, predigte List tauben Ohren. Der königliche Finanzminister Ferdinand Weckherlin antwortete dem „Reutlinger Demagogen", gerade die Fabrik sei die schwerste Gefahr, denn sie erziehe den Menschen entweder zum Bettler oder zum Aufrührer. Mit solchen Anschauungen freilich ließ sich die Verschlechterung der wirtschaftlichen Lage des Landes nicht aufhalten. Der junge Finanzassessor Moriz Mohl wiederholte die Mahnung Lists und setzte auseinander, daß der Zwergbetrieb in Gewerbe und Landwirtschaft der eigentliche Grund des Übels sei und nur der Übergang zu größeren Wirtschaftseinheiten die Heilung verbürge. Damit verband er die Forderung nach fabrikmäßig hergestellten gewerblichen Erzeugnissen. Unter Mohls Einfluß entstand in Schwäbisch Hall der erste Gewerbeverein (1827). Ein Jahr später faßte der junge Reformer seine volkswirtschaftlichen Theorien in einer Preisschrift »Über die Mittel zur Förderung der Gewerbe in Württemberg« zusammen. Dem Gedanken des Deutschen Zollvereins, der die verkehrsbehindernden Binnenzölle niederlegen und gleichzeitig durch Einfuhrzölle das heimische Gewerbe gegen den Wettbewerb überlegener auswärtiger Industrien schützen wollte, hatte König Wilhelm schon früh zum Durchbruch verholfen (vergl. Seite 282).

Moriz Mohl (vgl. Seite 311) veröffentlichte seine volkswirtschaftlichen Studien in dem Werk »Aus den gewerbswissenschaftlichen Ergebnissen einer Reise nach Frankreich«. Es war eine bahnbrechende, nach Form und Inhalt vorzügliche Arbeit, die ihren Verfasser über die Grenze Württembergs hinaus bekanntmachte und ihren Rang in der Wirtschaftsliteratur der Frühzeit des Kapitalismus behalten wird. Mohls wissenschaftliche Leistung ist um so höher zu bewerten, als er mit seinen Forschungen Neuland betrat und sich kaum auf Autoritäten stützen konnte.

Gründliche Fachausbildung des Unternehmers, Aufhebung des Zunftwesens und Zollschutz für das aufstrebende Gewerbe waren die Hauptforderungen, die Moriz Mohl im Sinne Friedrich Lists erhob. Seine Kenntnisse des industriellen Lebens konnten nicht bestritten werden, seine Darstellung wirtschaftlicher Zusammenhänge war verständlich und durchsichtig, als Statistiker war er seiner Zeit voraus und verstand Ziffern und Zahlen sprechen zu lassen. Die volkswirtschaftliche Bedeutung der Eisenbahn erkannte Mohl frühzeitig. Sie sollte dem allgemeinen Nutzen dienen, weshalb er nur den Staatsbetrieb anerkannte und Privateisenbahnen ablehnte. Als leidenschaftlicher Schutzzöllner war er ein Gegner der Freihandelspolitik des Zollvereins und später des Reiches und blieb dabei der schroffste württembergische Partikularist. 1867 veröffentlichte er einen »Mahnruf zur Bewahrung Süddeutschlands vor den äußersten Gefahren«, dem er drei Jahre später eine Denkschrift »Für die Erhaltung der süddeutschen Staaten« folgen ließ. Als aber Bismarck 1879 das Steuer herumwarf und zur Erhaltung und Stärkung der deutschen Industrie ein System von Schutzzöllen einführte, machte Mohl seinen Frieden mit dem Deutschen Reich und bejahte im wesentlichen dessen wirtschaftliche Entwicklung. Viele Württemberger sind im Laufe der Jahrzehnte den Weg Moriz Mohls vom Partikularisten zum Reichsbürger gegangen; die meisten haben ihn sich leichter gemacht als dieser größte aller schwäbischen Dickköpfe.

Einer Denkschrift des württembergischen Finanzministeriums aus dem Jahre 1832 ist zu entnehmen, daß es damals im Lande zweihundertundfünfzig gewerbliche Betriebe mit zusammen viertausendfünfhundert Beschäftigten gab; einige „Großbetriebe" zählten bis zu zweihundert Arbeitern; für die gewerbliche Ausfuhr kamen die Bijouterie in Schwäbisch Gmünd und die Uhrenherstellung im Schwarzwald in Betracht. Vorherrschend aber blieb das vom Landvolk betriebene häusliche Handwerk. Es dauerte lange, bis die Forderungen von List und Mohl sich durchsetzten. Noch in den fünfziger und sechziger Jahren gab es in Württemberg für die junge Generation der sich stark vermehrenden Landbevölkerung nur drei Möglichkeiten: die Auswanderung, die in der Tat in diesen Jahrzehnten eine Massenerscheinung war, die immer weitergehende Erbteilung landwirtschaftlichen Besitzes, die zu dessen äußerster Zersplitterung führte, oder den Verzicht auf das Hausgewerbe und den Eintritt in die Fabrik. Die Entwicklung vom Agrarland zum Industriegebiet ist Württemberg nicht leicht gemacht worden. Der ›Standort‹ bot keine natürlichen Vorteile: das Land war rohstoffarm, Kohle fehlte ganz, Erze fand man nur wenig und von minderer Beschaffenheit, die Wasserläufe waren kaum schiffbar, und das hügelige Land bot dem Fuhrverkehr viele Hindernisse. Nur eine Voraussetzung war günstig: die unverdrossene Arbeitsamkeit der Bewohner und deren Neigung zum goldenen Mittelweg. Gewagte Experimente wirtschaftlicher und politischer Art liebt man in Württemberg nicht.

Man kann die Frage aufwerfen, woher es wohl gekommen ist, daß

das Land zwischen Main und Bodensee einstmals in den Reichsstädten
so viele Unternehmer, im Herzogtum Württemberg dagegen nur wenige
hervorgebracht hat. Es war doch derselbe Stamm, derselbe Menschen-
schlag. Die Antwort wird lauten müssen, daß jede Pflanze den für sie
passenden Boden braucht. Warum ökonomisches Denken und Handeln
im Zeichen des ewigen Gegensatzes zwischen Fürst und Ständen nicht
gedeihen konnte, haben wir nachzuweisen versucht. Es finden sich jedoch
in der Geschichte des Herzogtums Zeichen, daß Unternehmergeist
und Wagemut auch hier gedeihen konnten und nur auf ihre Stunde
warteten.

Ein Unternehmer großzügiger Art war der Löwenwirt von Königs-
bronn, Johann Georg Blezinger (1717–1795). Das Eisenerzvorkommen im
Tal der Brenz war schon seit Jahrhunderten von den württembergischen
Herzögen, teilweise auch von Ulmer Bürgern, ausgebeutet worden. Von
seinem Vater hatte Blezinger Hof und Gastwirtschaft geerbt. Aber den
jungen Mann trieb es hinaus in die Welt. Während der schlesischen Kriege
des Großen Königs verdiente er durch Heereslieferungen ein Vermögen.
In die Heimat zurückgekehrt betrieb Blezinger großzügige Geschäfte als
Weinhändler und Besitzer einer Ölmühle. Aber auch das genügte seinem
Tatendrang nicht. Er wurde zum Eisenhüttenmann, erwarb ein Hammer-
werk und Erzgruben. Dann pachtete er vom württembergischen Herzog
die staatseigenen Eisenwerke, die nun unter seiner Leitung einen großen
Aufschwung nahmen. Außer Stabeisen wurden Gußwaren, Öfen, Haus-
haltgeschirre und landwirtschaftliche Geräte hergestellt; nebenher lief die
Anfertigung von Kanonenrohren und -kugeln. Berühmt weit über Würt-
tembergs Grenzen hinaus war der Eisenkunstguß der Blezingerschen
Werke. Die Wasserkraft der oberen Brenz wurde in einem riesigen
Eisenbehälter gespeichert und dann in den Betrieben ausgenutzt. Diese
Anlage erregte die staunende Bewunderung der zeitgenössischen Fach-
leute. Für den Werkverkehr seiner verschiedenen Anlagen unterhielt der
große Organisator ein eigenes Transportunternehmen. Blezingers soziales
Verhalten wurde besonders gerühmt: er habe in Zeiten der Not, die ja
in der zweiten Hälfte des achtzehnten Jahrhunderts nicht selten waren,
für seine tausendköpfige Belegschaft wie ein Vater gesorgt.

Ein eigenartiges Unternehmerschicksal war auch dem Pfarrer und religiösen Schriftsteller Philipp Matthäus Hahn (1739–1790) zuteil geworden, der in dem Albdorf Onstmettingen seine erste kirchliche Amtsstelle

versah, dabei aber sich auf dem Gebiet der Feinmechanik durch den Bau von astronomischen Uhren, Waagen und Instrumenten so erfolgreich betätigte, daß er als technischer Erfinder weithin bekannt wurde. Hahn wurde so zum Gründer einer Industrie, die heute noch am alten Platz betrieben wird. Es wird berichtet, nicht nur Kaiser Josef II. sei auf den erfindungsreichen Pfarrherrn aufmerksam geworden, auch Goethe und sein Herzog hätten ihn besucht. Trifft diese Meldung zu, dann müssen eines Tages im Dezember 1779 Karl August von Weimar und sein Geheimer Rat Johann Wolfgang Goethe im Pfarrhaus in Kornwestheim bei Stuttgart, wohin Hahn 1770 versetzt worden war, vorgesprochen haben. Bei der Rückkehr von der Schweizerreise 1779 waren bekanntlich Karl August und Goethe Gäste des Herzogs Karl Eugen für einige Tage in Stuttgart.

Waren an der Brenz und am Kocher durch das, gemessen an den großen deutschen Eisenlagern, nur bescheidene Erzvorkommen günstige Standortbedingungen gegeben, so läßt sich dies für das Schwarzwaldstädtchen Calw in dem tief eingeschnittenen Nagoldtal nicht sagen, und doch war gerade hier im siebzehnten Jahrhundert der Mittelpunkt des württembergischen Gewerbes und Handels. Von da aus gingen die Erzeugnisse der Calwer Zeughandelskompagnie zu den deutschen und italienischen Messen, und da war auch der Sitz der Firma Notter und Stuber, die für fast achtzig Jahre den württembergischen Salzhandel in Händen hatte und daneben ausgedehnte Kredit- und Bankgeschäfte betrieb. Erzeugung und Absatz der Uracher Leinwand standen fast immer während ihrer zweihundertjährigen Geschichte unter dem Zeichen des fürstlichen Merkantilismus, in Calw aber regte sich echter, unabhängiger Unternehmersinn.

Die Herstellung von ›Zeugen‹ in Calw ging bis auf das Ende des sechzehnten Jahrhunderts zurück. Man sprach von der ›Engelsaitweberei‹. Dieses Wort ist wohl aus ›english satin‹ entstanden. Zeuge waren aus besserer Wolle gefertigt, feiner gesponnen und sorgfältiger gewoben als das damalige Tuch. Die Engelsaitweber wollten deshalb etwas Besseres sein als die Tuchmacher und erreichten auch, daß Herzog Ludwig von Württemberg ihnen eine eigene Zunftordnung gab. Einkauf der Wolle, Herstellung und Absatz der Zeuge erfolgten in der damals üblichen Wirtschaftsform des ›Verlags‹. Die ›Verleger‹ kauften die Rohstoffe, stellten sie den Spinnern, Webern und Färbern, die kleine Zunftmeister waren, zur Verfügung und besorgten den Absatz der Fertigware. Die Masse der Meister blieb in kärglichen Verhältnissen, einzelnen gelang der Aufstieg zum Verleger. Vor dem Ausbruch des Dreißigjährigen Krieges erlebte die Engelsaitweberei einen nie wieder erreichten Höhepunkt, bis Mitte der zwanziger Jahre des siebzehnten Jahrhunderts eine Münzverschlechterung, eine ›Inflation‹, das deutsche Wirtschaftsleben zerrüttete. Unter diesem Druck schlossen sich die Calwer Verleger zu einer Handelskompagnie zusammen, die aber den kriegsbedingten Niedergang des Gewerbes nicht aufhalten konnte. Nach der Schlacht bei Nördlingen (1634) wurde Calw sowohl von kaiserlichen wie von schwedischen Truppen aufs schwerste heimgesucht. Der Wiederaufbau des Städtchens war sehr erschwert. Moral und Ethik verschwanden völlig aus dem öffentlichen Leben; waren die Arbeiter nachlässig gewesen, so hatte sich die junge Generation der Verleger von Erwerbsgier besessen gezeigt. Die wohlwollende Regierung Herzog Eberhards III. suchte helfend einzugreifen. 1648 schlossen sich dann die Calwer Verleger zu der Zeughandelskompagnie zusammen, die fast hundertfünfzig Jahre bestand.

Der Verleger war seiner Art nach mehr Händler als Handwerker oder gar Fabrikant. Das hatte Vor- und Nachteile. Der Händler hatte die weltweite Beziehung, die der Ausfuhr der Zeuge zugute kam, aber Sorgen um verbesserte Herstellungsverfahren machte er sich nicht, die Weiterbildung des Arbeiters in technischer Beziehung vernachlässigte er, soziale Fürsorge lehnte er ab. Die Folge dieser Einstellung war, daß die Calwer Ware nicht so gut war wie die rheinischen und mitteldeutschen Zeuge. Das ließ sich ertragen, solange der italienische Markt, für den Calw verkehrsgünstig lag, für die württembergischen Zeuge aufnahmefähig und, was die Beschaffenheit anbelangte, nicht gerade anspruchsvoll war. So blieb die Calwer Zeughandelskompagnie, was sie von Anfang an war, eine reine Handelsgesellschaft, die von einem mehrköpfigen, aus den Teilhabern gewählten Vorstand geleitet wurde. Dem Handelsgeschäft wurde im achtzehnten Jahrhundert eine Bankabteilung angegliedert, an dem Verlagsystem wurde aber nichts geändert. Die Handelsherren wollten keine Fabrikbesitzer werden. Das Kapital, das in Fabrikgebäuden, Werkseinrichtungen und anderem mehr für die Spinnerei, Weberei und Färberei hätte angelegt werden müssen, verzinste sich nach ihrer Überzeugung weit besser im Handel als in der Fabrik. Daß die Verleger so zäh an einer überalterten Wirtschaftsform festhielten, führte das Ende der Zeughandelskompagnie herbei. Als die Kompagnie während der französischen Revolutionskriege den italienischen Markt verlor, wurde sie von den Teilhabern aufgelöst (1797). Mit den schönen Gewinnen war es vorbei, aber das Betriebskapital war nicht ganz verloren und ermöglichte auf anderem Gebiet einen neuen Anfang. So dürfte den Teilhabern ihr Entschluß nicht allzu schwergefallen sein. Die eigentlichen Leidtragenden waren die Zeugmacher, die schon lange nur noch der Form nach selbständige Handwerker gewesen waren, in Wirklichkeit aber längst verlernt hatten, auf eigenen Füßen zu stehen und sich selbst zu helfen.

Der Unternehmergeist in Calw erlosch damit nicht. Kaum war das Kriegsgeschrei verklungen, taten sich drei Familien Dörtenbach, Schill und Wagner zusammen, um nach alter Tradition Tuch zu erzeugen. Diesmal geschah es aber in fabrikmäßiger Herstellung. Die heutige Calwer Deckenfabrik geht auf diese Vorfahren zurück.

Man darf die Calwer Zeughandelskompagnie nicht von ihrem traurigen Ende her beurteilen. In ihrer zweihundertjährigen Geschichte hat sich das Verlagssystem als leistungsfähige Wirtschaftsform erwiesen. Der Kompagnie bleibt der Ruhm, für Generationen das größte gewerbliche Unternehmen Württembergs und „das Kleinod des Landes" gewesen zu sein. Daß das Beispiel dieses Textil-Großbetriebes in Calw nicht Schule für das Land gemacht hat, rührt offenbar daher, daß viele günstige Voraussetzungen zusammenkommen mußten, um dem vorhandenen Unternehmergeist freie Bahn zu schaffen. Die Regierung in Stuttgart hätte manches dazu tun können, aber wie sollte sie, zwischen der herzoglichen und der ständischen Zuständigkeit hin- und hergerissen, zielbewußte Wirtschaftspolitik treiben? Um einem Gewerbe auf die Beine zu helfen, muß man ihm entweder steuerlich oder, gegenüber einem auswärtigen überlegenen Wettbewerb durch einen Schutzzoll – List hat es ›Erziehungszoll‹ genannt – entgegenkommen. Preußen und Sachsen machten aus Zoll und Akzise wirksame Mittel der Gewerbeförderung; in Württemberg fehlte es nicht an der dazu nötigen Einsicht, aber am guten Willen.

Wo Geld sitzt, zieht es noch mehr an sich. Das war wohl der Grund, daß Calw im achtzehnten Jahrhundert zum Mittelpunkt des württembergischen Salzhandels wurde. Die Einfuhr von bayrischem Salz nach Württemberg entsprach ursprünglich einem praktischen Bedürfnis der Fuhrleute, die eine Rückfracht suchten, wenn sie die Weine vom Neckar und der Rems nach Bayern brachten. Weinausfuhr und Salzeinfuhr waren lange Zeit ein blühendes Geschäft, an dem sich auch – sehr zum Ärger der Landschaft – die württembergischen Herzöge beteiligten. Auch Süß Oppenheimer hatte seine Finger in der Sache und ließ sich sowohl von der Donauwörther Kompagnie, der bayrischen Salzhandelsorganisation, wie von der Calwer Salzhandelsfirma Notter und Stuber reichliche Provisionen zahlen. Die genannte Firma war in diesem Fall die Nutznießerin der ständischen Wirtschaftspolitik, die ein herzogliches Salzhandelsmonopol verhinderte. Aber mühelos floß den Herren Notter und Stuber der Gewinn nicht in die Kassen. Während noch in der Mitte des Jahrhunderts die Calwer Firma in der Lage war, der bayrischen Hofkammer Vorschüsse von Hunderttausenden von Gulden zu gewähren, schloß Herzog Karl Eugen sie rücksichtslos vom Salzhandel aus, weil Württemberg, vermutlich unter französischem Druck, lothringisches Salz abnehmen mußte. Das Handelshaus überwand jedoch den harten Schlag und konnte sich später wieder in den Salzhandel einschalten. In den siebziger Jahren des achtzehnten Jahrhunderts wurde das Tauschgeschäft Wein gegen Salz stark beeinträchtigt, als in den württembergischen Weinbergen minderwertige Rebensorten angepflanzt wurden, so daß die Bayern wissen ließen, die reichsstädtischen Heilbronner Weine seien ihnen lieber als die herzoglich württembergischen. Zu einem scharfen Konkurrenzkampf kam es, als die Landschaft, vertreten durch ihren Advokaten, Friedrich Amandus Stockmayer d. Ä., versuchte, gegen Notter eine andere Handelsfirma auszuspielen, wobei die Gegner der Landschaft nicht vergaßen, darauf hinzuweisen, daß Stockmayer zwar am Salzhandel nur indirekt, als großer Weingutbesitzer desto mehr am Weinhandel interessiert sei. Der württembergische Unterhändler in dieser Sache war der Schwiegersohn des Landschaftsadvokaten, Konradin Abel. ›Schwäbische Vetterleswirtschaft‹! Solche und andere Rückschläge erschütterten aber den herzoglich württembergischen Hofkammerrat Johann Martin Notter, einen Nachkommen des Firmengründers, nicht, denn er hinterließ, als er 1802 starb, seinen Erben ein Vermögen, das damals wohl das größte im ganzen Land war, in der Zeit der Befreiungskriege jedoch wieder verlorenging. König Friedrich nahm dann den Salzhandel als Monopol der Krone an sich und beauftragte mit dem Vertrieb das Handelshaus Kaulla, das er auch an der neugegründeten königlich württembergischen Hofbank beteiligte. Unabhängig vom bayrischen Salz wurde Württemberg durch die Anlage des Steinsalzbergwerks Friedrichshall bei Jagstfeld. Die staatliche Monopolverwaltung für Salz bestand bis 1867, wo sie in Auswirkung der zollpolitischen Einigung Deutschlands aufgegeben wurde.

König Wilhelm war der große Förderer der Landwirtschaft. Das Beste, was vom Getreide- und Obstbau, in Vieh- und Pferdezucht erzeugt wurde, führte man bei der vom König ins Leben gerufenen Jahresschau, dem landwirtschaftlichen Hauptfest, vor. Auf dem Cannstatter Wasen bei Stuttgart gab sich die ländliche Bevölkerung des Landes ein frohes Stelldichein und bei dem anschließenden Cannstatter Volksfest fühlten sich die Württemberger als eine große Familie. Aber auch Handel und Gewerbe verspürten dankbar des Landesherrn technisches und wirtschaftliches Verständnis.

Am Anfang der industriellen Revolution stand der Stahlguß, dessen Geheimnis lange Zeit England hütete. Auf der Weltausstellung in Paris 1855 stritten sich zwei deutsche Erfinder um die Ehre, diese Erfindung unabhängig von England gemacht zu haben. Alfred Krupp aus Essen, der von dem Ehrgeiz, den besten Gußstahl der Welt zu erzeugen, besessen war, glaubte im alleinigen Besitz des Geheimnisses zu sein. Aber es gab noch einen anderen, der selbständig und mit Erfolg sich um die Lösung dieses Rätsels bemüht hatte; es war ein Württemberger, Jacob Mayer (1813–1875), ein Bauernbub von der Schwäbischen Alb, eine Erfinder-, keine Unternehmernatur, der nach einem mißglückten Versuch der Selbständigkeit seine Begabung und seine Arbeitskraft dem Bochumer Hüttenverein zur Verfügung gestellt hatte. Hier war der in der Geschichte der Erfindungen nicht seltene Fall eingetreten, daß mehrere findige Köpfe, gleichzeitig und unabhängig voneinander, die technische Lösung fanden, die das Bedürfnis der Zeit erforderte.

Noch ein dritter hatte sich Gedanken über ein brauchbares Gußstahlverfahren gemacht. Seine beschränkten Mittel erlaubten ihm freilich nur Laboratoriumsversuche. Es war der königlich württembergische Bergrat Wilhelm von Faber du Faur (1786–1855), der für seine Erfindung den von König Wilhelm ausgesetzten Preis von zweitausend Gulden für die Lösung des Rätsels vom englischen Stahl erhalten hatte. Die großen Möglichkeiten, die sich einem Krupp für Kanonen und Eisenbahnschienen und einem Mayer für den Glockenguß eröffneten, blieben freilich in Württemberg dem kleinen, staatlichen Hochofenwerk in Wasseralfingen versagt. Dort machte man aus dem Stahl Schneidewerkzeuge aller Art. Mußte sich Faber du Faur bei dieser Erfindung mit anderen in den Ruhm teilen, so war der Gasgenerator, mit dem die im Schmelzprozeß entstehenden Gichtgase zur Erzeugung höchster Hitzegrade verwandt wurden, unbestritten sein alleiniges geistiges Eigentum. Mit dieser Leistung ging der Wasseralfinger Hüttendirektor in die Geschichte des deutschen Eisenhüttenwesens ein. Die beiden Erfindungen, der Stahlguß und der Gasgenerator, entstanden sozusagen am Rande einer Lebensarbeit, die aus der kleinen Hochofenanlage ein bedeutendes deutsches Eisenhüttenwerk machte. Der Bergrat von Faber du Faur war der Sohn eines württembergischen Kavallerieoffiziers, hatte in Tübingen Naturwissenschaften und Mathematik, das Bergfach in Freiberg in Sachsen studiert. Als Staatsbeamter war er kein Unternehmer im eigentlichen Sinn, aber er verband in glücklicher Weise technische Begabung mit kaufmännischem Geschick, war Erfinder, Fabrikant und Bankier in einer Person. Dies waren Eigenschaften, die in der Frühzeit der Industrie zu den unumgänglichen Voraussetzungen des wirtschaftlichen Erfolges gehörten. Alfred Krupp (1812-1887) und August Borsig (1804-1854), zwei der bedeutendsten industriellen Pioniere, waren Männer, die alles von ihrer Erfahrung und ihrer Tatkraft erwarteten; Wissenschaft war ihnen verdächtig. Faber du Faur war ein Mann der Wissenschaft, ein Vorläufer des Typs von Erfindern, wie ihn Werner von Siemens (1816-1892) darstellt, der zeitlebens wissenschaftlich gearbeitet hat.

Einen ähnlichen Weg war auch Ferdinand Steinbeis (1807-1893) gegangen, der aus dem Pfarrhaus in Ilsfeld, aus der Heilbronner Gegend stammte. Nach einer Lehrzeit in Wasseralfingen unter Faber du Faur und einer Studienzeit in Tübingen war Steinbeis praktischer Eisenhüttenmann bei den Fürstenbergschen Werken im Schwarzwald und dann an der Saar bei Stumm gewesen. 1848 folgte er einem Ruf in die Heimat an die neuerrichtete Zentralstelle für Handel und Gewerbe in Stuttgart. Dort entfaltete er von 1855 an als Präsident dieser Behörde eine großartige und segensreiche organisatorische Tätigkeit, die ihm den Ehrennamen des Vaters der württembergischen Industrie verschaffte. Die württembergische Gewerbeordnung von 1862, die die Reste der Zunftordnung beseitigte, ging auf Steinbeis zurück. Pflege und Förderung des Gewerbes, ohne Behinderung des schöpferischen Unternehmerwillens waren das große Verdienst dieses bedeutenden Mannes. Das Fachschulwesen, in dem Württemberg vorbildlich wurde, ist vorwiegend sein Werk. Er erkannte auch den außerordentlichen Wert großer Ausstellungen für die industrielle Entwicklung seiner Zeit und veranlaßte die württembergischen Unternehmer, ihre Erzeugnisse in den Jahren 1850 bis 1873 auf den Weltausstellungen in London, Paris und Wien zu zeigen. Steinbeis hatte auch in Paris 1855 als Schiedsrichter den Streit zwischen Krupp und Mayer mit der Feststellung entschieden, die Bochumer Glokken seien einwandfrei Stahlguß, dessen Verfahren der württembergische Erfinder in selbständiger Forschung entdeckt habe. Mayer war seiner Sache sicher gewesen und hatte eine seiner Glocken zerschlagen lassen, um an den Bruchstücken die von Krupp bezweifelte Schmiedebarkeit des Metalls nachweisen zu können.

So ersprießlich die Arbeit von Faber du Faur und anderen Männern war, hatte sie doch Württemberg nicht zu einem Industriegebiet machen können. Noch hielt die württembergische Volkswirtschaft den Vergleich mit dem rheinisch-westfälischen, dem sächsischen, schlesischen oder saarländischen Wirtschaftsgebiet nicht aus. Der Mangel an Bodenschätzen und die ungünstige Verkehrslage verhinderten die großräumige Entwicklung. Die gewerblichen Betriebe waren bei uns nicht viel mehr als vergrößerte Handwerkerstuben, aber ihre Meister waren fleißig und gewissenhaft, hatten dank der Anleitung von Steinbeis eine solide Ausbildung, einen klaren Blick für die Bedürfnisse der Zeit und Sinn für Qualität. Das verwies sie bei der Arbeitsteilung innerhalb der gesamtdeutschen Wirtschaft auf die Verarbeitung und Veredlung hochwertiger Grundstoffe. So kam ihre Stunde, als die Eisenbahn die ungünstige Verkehrslage weithin ausglich und mit der Steigerung des Volkseinkommens auch die Ansprüche des Verbrauchers stiegen. Wertarbeit wurde zum Kennzeichen des württembergischen Gewerbes. Es war zwar von der industriellen Hochkonjunktur der fünfziger und sechziger Jahre nur wenig berührt worden, aber ihm blieb auch der schwere Rückschlag nach den ›Gründerjahren‹ zu Beginn des nächsten Jahrzehnts erspart.

Der Unternehmer der industriellen Frühzeit war Individualist. Er verließ sich auf keinen anderen und erwartete alles nur von sich, seiner Tüchtigkeit und seinem Glück. Jeden staatlichen Eingriff in seinen privaten und wirtschaftlichen Bereich lehnte er ab. In sozialer Hinsicht duldete er keinen Widerspruch. „Die Ware Arbeit" war seine Sache, je billiger er sie haben konnte, desto besser. „Herr im Hause" wollte er sein! Der wirtschaftliche Grundsatz ›laissez faire, laissez aller‹ entsprach der Überzeugung des damaligen Unternehmers, und so war ihm die Freihandelspolitik, wie sie um die Mitte des Jahrhunderts in England aufkam, auch für Deutschland willkommen. Die Hochkonjunktur der Gründerjahre, die der goldene Regen der französischen Kriegsentschädigung üppig ins Kraut hatte schießen lassen, endete mit dem großen Krach, der eine sechsjährige Wirtschaftskrise einleitete. Hoffnungslos lagen Kohle und Eisen darnieder. Solche Umstände empfahlen den Versuch, die deutsche Industrie durch Zölle gegen die Überschwemmung des heimischen Marktes mit englischen und belgischen Gütern zu schützen. Bismarck entschloß sich zur Abkehr vom Freihandelssystem. Dabei war einer seiner besten Helfer im Reichstag der frühere württembergische Minister Freiherr von Varnbüler. Der Streit zwischen Zollschutz und Freihandel griff auch auf Württemberg über. Für diesen trat Steinbeis ein, jener fand neben Varnbüler in Moriz Mohl einen Verteidiger. Steinbeis hatte sich bei Beginn seiner Laufbahn zu Erziehungszöllen im Sinne Friedrich Lists bekannt, forderte aber später die Durchführung des Freihandelsgedankens, einer internationalen Arbeitsteilung, nach der jede Nationalwirtschaft das erzeugen sollte, was ihren geographischen und wirtschaftlichen Voraussetzungen am besten entsprach. Dabei berief er sich gleichfalls auf Friedrich List, der seine Ansichten, wie Steinbeis überzeugt war, im Laufe der Entwicklung ohne Zweifel in diesem Sinne berichtigt haben würde. Darüber kann man freilich auch anderer Meinung sein. Es ist durchaus möglich, daß Württemberg als verarbeitendes Land mit seinem wendigen Unternehmertum auch unter dem Freihandelssystem hätte bestehen können. Das Veredlungsgewerbe ist ja nicht in dem Maße vom Eisenpreis abhängig wie die Schwerindustrie an Rhein und Ruhr. Für die Bismarcksche Wirtschaftspolitik dieser Jahre war jedenfalls der Schutzzoll für Eisen zum Kernstück geworden.

Die Aussprache in der württembergischen Kammer zwischen Mohl und Steinbeis nahm schroffe persönliche Formen an. Damals trennten Schutzzoll und Freihandel die Menschen wie Weltanschauungsfragen oder religiöse Dogmen. Belehrt durch eine hundertjährige Wirtschaftsgeschichte denken wir ruhiger, sachlicher darüber. Handels- und Zollsysteme werden heute nach ihrer nationalökonomischen Nützlichkeit beurteilt, so wie es Bismarck als politischer Realist schon damals getan hatte. Der Schutzzoll ist wie ein Regenschirm: bei Sonnenschein kann man ihn zu Hause lassen, aber in der zweiten Hälfte der siebziger Jahre goß es in Strömen. Moriz Mohl fragte in der Kammer die Regierung, wie es komme, daß einer ihrer leitenden Beamten in der Öffentlichkeit einen Standpunkt vertrete, der reichsgesetzlich abgelehnt sei. Der Minister antwortete ausweichend. Steinbeis, der erwartet hatte, von Amts wegen voll gedeckt zu werden, nahm 1880 tief verbittert seinen Abschied aus dem Staatsdienst. Die Regierung konnte keinen anderen Standpunkt einnehmen. Persönlich mochte Steinbeis Freihändler bleiben, als Beamter mußte er entweder das Reichsgesetz achten oder gehen. Rudolf von Delbrück, der Präsident des Reichskanzleramts und Bismarcks vertrauter Mitarbeiter, auch er überzeugter Freihändler, hatte seine Entscheidung in diesem Sinne schon vier Jahre vorher getroffen.

Württemberg ging, langsamer zwar als andere deutsche Bundesstaaten und im ganzen immer etwas unter dem Reichsdurchschnitt, aber mit steter Sicherheit, seinen Weg vom Agrar- zum Industriestaat. Im Jahre 1907 überstieg zum erstenmal der in Gewerbe und Handel tätige Teil der Bevölkerung den der Landwirtschaft. Die Erzeugnisse der württembergischen Industrie fanden ihren Absatz in aller Welt. Dazu nur zwei Beispiele: In den Kraftwerken des Niagarafalls standen Voith-Turbinen aus Heidenheim an der Brenz, und in der Automobilstadt Detroit galt der Stuttgarter Bosch-Zünder als unübertroffen. Den steigenden Kapitalbedarf der heimischen Großbetriebe befriedigten die in Stuttgart tätigen württembergischen Banken. Im Jahre 1870 befand sich unter den Gründern der Deutschen Bank, Berlin, die Württembergische Vereinsbank. Ein besonderer Stolz Württembergs war sein Verlagsbuchhandel, auch im Privatversicherungswesen des Deutschen Reichs nahm unser Land eine führende Stellung ein; der Stuttgarter Versicherungsverein stand an der Spitze der Haftpflichtversicherer.

FÜNFZEHNTES KAPITEL

ENDE DER MONARCHIE

1891, BEI DER THRONBESTEIGUNG KÖNIG WILHELMS II. von Württemberg, stand das Deutsche Reich auf der Höhe seiner Macht. Die Vaterlandsfreunde bedauerten tief das Zerwürfnis zwischen Kaiser Wilhelm II. und seinem Kanzler. „Der Lotse war von Bord gegangen." Der junge Herr wollte sein eigener Kanzler sein. Nach einem Wort Bismarcks mußte sich jetzt zeigen, ob Deutschland, das er in den Sattel gesetzt hatte, werde reiten können.

Ein Jahr später begann ein Aufschwung der wirtschaftlichen Lage, der auch die Industrialisierung gewaltig vorwärts trieb. Aber der Himmel war nicht wolkenlos. Die Zusammenballung der Menschen in den Fabriken hatte schwerwiegende Folgen. Diesen rechtzeitig entgegenzuarbeiten war das Ziel des großen Werkes der Sozialversicherung, das Bismarck ins Leben gerufen hatte. Zwischen 1880 und 1890 wurden in rascher Folge die Versicherungsgesetze zum Schutz des Arbeiters gegen Unfall, Krankheit und die Schäden des Alters und der Arbeitsunfähigkeit erlassen. Aber damit war die innere Unruhe nicht zu beseitigen. Mit der Wucht einer Naturgewalt drängte die Arbeiterschaft zu politischem Einfluß. Neben der sozialdemokratischen Partei gewannen die Gewerkschaften an Bedeutung. Der soziale Gedanke verlangte im öffentlichen Leben der Nation sein Recht.

In Württemberg blieb zwar die politische Spannung immer unter dem Reichsdurchschnitt, aber auch so sprach die Landtagswahl 1895 von einem Wandel der Zeit. Die Deutsche, die Reichsgründungspartei, die Stütze des Bismarckkurses in Württemberg, erlitt eine arge Niederlage und verlor zwei Drittel ihrer Sitze. Der Sieg war bei der Volkspartei, die damit wieder einmal bewies, daß sich in ihr, mehr als in allen heimatlichen Parteien, württembergisches Wesen ausdrückt. Um es mit den Worten eines feinsinnigen Tübinger Historikers (Adolf Rapp) zu sagen: „Und doch muß der Schwabe, und wenn er sich dagegen sträuben will, in der Volkspartei sein eigen Fleisch und Blut erkennen." Erfolgreich war das Zentrum, die Partei der katholischen Bevölkerung, aber auch die Sozialdemokratie zog zum erstenmal in den Landtag ein. Dem Ministerpräsidenten von Mittnacht, der sich der Deutschen Partei nie verbunden gefühlt hatte, machte es keine Mühe, sich den neuen Parteiverhältnissen anzupassen. Das Ergebnis der nächsten Wahl, fünf Jahre später, änderte am Gesamtverhältnis der Parteien in der zweiten Kammer wenig. Die Sozialdemokratie gewann drei Sitze und hatte nun deren fünf. Der Streit um die Verfassung, der während des ganzen neunzehnten Jahrhunderts nie völlig geruht hatte, trat an dessen Ende erneut in den Vordergrund. Es ging zunächst um die Reste des guten Alten Rechts, die in die Verfassung von 1819 hineingerettet worden waren. Aber auch die ständischen Privilegien und der ständische Ausschuß, dem nicht viel von seiner früheren Macht geblieben war, schienen nicht mehr zeitgemäß. Die ›Privilegierten‹, die Abgeordneten der Ritterschaft und der ›sieben guten Städte‹, und die Prälaten wurden in der Volkskammer als Fremdkörper empfunden; aber bisher war die Reform immer an der Zweidrittelmehrheit, deren sie verfassungsgemäß bedurfte, gescheitert. 1906 gelang der große Wurf, der aus dem württembergischen Parlament die wahre Volkskammer machte, die nur aus Abgeordneten bestand, die nach dem ›gleichen Wahlrecht‹ gewählt waren.

Der parlamentarische Streit war lang und hart gewesen. Die Führung dabei hatte, als die nunmehr stärkste Fraktion, die Volkspartei, die auch den Landtagspräsidenten Friedrich Payer stellte. Berichterstatter für die Verfassungsrevision war Friedrich Haussmann, der Abgeordnete für Gerabronn, der, von der Fülle und Schwere seiner Aufgabe überwältigt, bei der abschließenden Kammersitzung, in der die Reform mit einer Zweidrittelmehrheit verabschiedet wurde, einen Schlaganfall erlitt; es war der Vorbote eines frühen Todes.

Im Zeitalter Kaiser Wilhelms II. wuchs ein neues Geschlecht heran, dem bei allen innerpolitischen Spannungen der Bestand des Reiches selbstverständlich war. Die Sorge um die Sicherung Deutschlands nach außen, gegen Eifersucht und Mißgunst der Nachbarn, die die Generation der Reichsgründung nie verlassen hatte, bedrückte niemand mehr. Vom „Alpdruck der Koalitionen", der Bismarck den Schlaf geraubt hatte, sprach man mit lächelnder Ironie. „Deutschem Fleiß und deutscher Tüchtigkeit stand die Welt offen, deutsche Kaufleute eroberten sich in allen Erdteilen neue Märkte" – so drückte sich der nationale Optimismus der Zeit nicht ohne Überheblichkeit gerne aus. Man war sich seines Wertes sehr bewußt und glaubte, überall mitreden zu sollen. Deutschland in der Welt voran! Im Fernen Osten wurde in Kiautschau ein Stützpunkt für die deutsche Wirtschaft geschaffen. In Kleinasien arbeitete deutsches Kapital, das den Schutz und die Förderung der Reichsregierung erwartete und auch erhielt. Die ›Alldeutschen‹, ein kleiner, aber lautstarker Verband, wurden nicht müde, für Deutschland einen Platz an der Sonne zu fordern. Auf der Gegenseite sah das Bild so aus: Frankreich hatte von seinem Vormachtanspruch nichts aufgegeben, sann auf Rache für Sedan – jamais en parler, toujours y penser –, suchte sich Bundesgenossen und fand sie. England sah das Wachsen des deutschen Handels und mehr noch der deutschen Kriegsflotte mit steigendem Mißtrauen, in Rußland breitete sich der deutschfeindliche Panslavismus immer weiter aus. Das von Bismarck geschaffene und erhaltene Bündnissystem verlor unter dessen Nachfolgern mehr und mehr an innerer Kraft. Italien ging vielfach eigene Wege und Österreich-Ungarn wurde durch den Nationalitätenstreit schwächer.

Um die Jahrhundertwende schlug England der deutschen Regierung ein Bündnis vor. Das Angebot war wohl ernst gemeint, allerdings unter der Voraussetzung, daß Deutschland als ›junior partner‹, als jüngerer Teilhaber in das Geschäft eintreten würde. Reichskanzler von Bülow, dem der junior partner mißfiel, zweifelte an der englischen Aufrichtigkeit und trat der Sache nicht näher. Unter dem Flottengesetz wurden die deutschen Hochseestreitkräfte wesentlich verstärkt, was England als Bedrohung ansah, jedenfalls vorgab es zu tun. Unter der Regierung König Eduards VII. von England und mit Hilfe der diplomatisch äußerst geschickten Hand des Monarchen machte die Einkreisungspolitik gegen Deutschland Fortschritte. Die persönlichen, sicherlich gutgemeinten Bemühungen Kaiser Wilhelms II. um eine Besserung der deutsch-englischen Beziehungen führten 1908 durch die sogenannte »Daily Telegraph«-Affäre zu einer schweren Vertrauenskrise in Berlin. Der Kaiser hatte bei einem Besuch in England sich im vertrauten Kreis versöhnlich über das Verhältnis der beiden Völker ausgesprochen. In der besten Absicht hatte der englische Gastfreund des Kaisers eine Niederschrift dieser Unterhaltung gefertigt und diese Wilhelm II. mit der Bitte um Prüfung und Genehmigung der Veröffentlichung vorgelegt. Staatsrechtlich korrekt wurde von dem kaiserlichen Kabinett die Niederschrift dem Reichskanzler in Berlin zur Begutachtung übersandt, eine Beanstandung erfolgte von dort aus nicht, und der Aufsatz erschien in der Londoner Zeitung »Daily Telegraph«. Die deutsche Öffentlichkeit geriet in die größte Aufregung, nicht eigentlich wegen des Inhalts der Veröffentlichung, sondern weil in der Sache ein weiterer Beweis für das „persönliche Regiment Wilhelms II." gesehen wurde. Fürst Bülow hatte den Aufsatz ungelesen an das Auswärtige Amt weitergeleitet. Dort hatten die Beamten in der Annahme, es handle sich bei der Veröffentlichung um einen Wunsch des Kaisers, ihre Bedenken zurückgestellt. Diesen Hergang und sein eigenes Versäumnis wollte der Reichskanzler in öffentlicher Reichstagssitzung nicht zugeben und beantwortete die Interpellation ausweichend. Der Kaiser, der in diesem Fall verfassungsmäßig gehandelt hatte, war über die gegen ihn gerichteten Angriffe tief verstimmt. Die »Daily Telegraph«-Affäre bewegte die deutsche Öffentlichkeit weit mehr, als es deren internationaler Bedeutung entsprach, weil sie den Eindruck hinterließ, daß der Reichsregierung die feste Hand und die gerade Linie fehlten, und zwar in einer Zeit, in der sich die weltpolitische Lage für Deutschland nicht schnell, aber unaufhaltsam weiter verschlechterte.

In Württemberg war auf das Ministerium Mittnacht das Ministerium Breitling von 1900 bis 1906 gefolgt. Carl von Weizsäcker (1853–1926), der – einer alten Tübinger Theologen- und Beamtenfamilie angehörend – die übliche Laufbahn des heimatlichen Staatsdienstes rasch und mit Auszeichnung durchmessen und unter Breitling das Kultusministerium geleitet hatte, wurde Ende 1906 zum Ministerpräsidenten ernannt. Weizsäcker, staatsklug und überlegen, sah diese Entwicklung, ohne irgendwie eingreifen zu können. Verfassungsrechtlich fehlte den bundesstaatlichen Regierungen jeder Einfluß auf die Leitung der auswärtigen Politik, die ausschließlich der Reichsregierung, genauer gesagt dem Kaiser und dem Reichskanzler, der dem Reichstag nicht verantwortlich war, vorbehalten blieb. Nach der Katastrophe des ersten Weltkriegs hat Weizsäcker die Sorgen jener Tage in seinen »Württembergischen Erinnerungen« (»Deutsche Revue«, 1919) geschildert. Die folgende Darstellung beruht auf diesen Erinnerungen, deren Wert für uns Württemberger darin liegt, daß hier einer der Unseren, ein Mann von politischem Verstand und erprobter Urteilsfähigkeit, unter dem frischen Eindruck seiner Erlebnisse Aufzeichnungen gemacht und Folgerungen daraus gezogen hat. Mag die spätere Geschichtsforschung das von Weizsäcker entworfene Bild auch nicht in allen Teilen bestätigen, an seiner und unserer Überzeugung wird sie nicht rütteln, daß die Deutschen im Sommer 1914 in den Krieg gezogen sind im Bewußtsein, eine gerechte Sache zu verteidigen.

Die Vorkriegsjahre seien, so stellt Weizsäcker fest, für den, der sie als nur mangelhaft unterrichteter Zuschauer erlebte, sehr schwer gewesen. Den Zustand, fern von allen großen Entscheidungen, habe man in Stuttgart, wenn auch frei von Verantwortung, nicht als ein schwäbisches Idyll empfinden können. Ein grelles Licht auf die gefährliche Lage sei durch die »Daily Telegraph«-Affäre gefallen. Im großen Spiel der Weltpolitik erzielte Deutschland, nach Weizsäckers Ansicht, seit der Jahrhundertwende noch manchen „Pointgewinn", aber seine Karten verschlechterten sich dauernd.

Der neue Reichskanzler, Theobald von Bethmann Hollweg, und sein Staatssekretär des Auswärtigen Amts, Alfred von Kiderlen-Wächter (1852–1912), machten sich keine Illusionen und trieben eine Politik, die auf die Vermeidung kriegerischer Konflikte zielte. Kiderlen-Wächter, geborener Stuttgarter, Freund und Studiengenosse Weizsäckers, äußerte sich diesem gegenüber skeptisch über Deutschlands Zukunft und sah das Reich nur in einer Verteidigungsstellung. Auch der viel getadelte, von Kiderlen veranlaßte ›Panthersprung‹ nach Agadir war nur als Parade, nicht als Hieb gedacht. Deutschland, so sah der Staatssekretär und mit ihm der württembergische Ministerpräsident die Lage, hatte sich in Marokko zunächst wirtschaftlich durch die Bergwerksunternehmung der Brüder Mannesmann, dann auch politisch zu weit vorgewagt. Gestützt auf das russische Bündnis, mit dem Rückhalt an England, war Frankreich in einer starken Position und wollte Deutschland auf keinen Fall in dem an Bodenschätzen reichen Land als Nebenbuhler dulden. Kiderlen-Wächter wußte das, aber er wollte sich den Verzicht auf Marokko wenigstens durch wirtschaftliche Vorteile in anderen Gebieten abhandeln lassen. Da

Frankreich gar kein Entgegenkommen zeigte, verlieh die deutsche Regierung ihrer Forderung nach Verhandlungen durch die Entsendung des Kanonenbootes »Panther« nach dem südmarokkanischen Hafen Agadir am 1. Juli 1911 besonderen Nachdruck. Kriegerische Gesten zur Erzielung wirtschaftlicher Erfolge sind ein zweischneidiges Schwert: Agadir wurde für die Reichsregierung zu einer diplomatischen Niederlage. Weizsäcker meinte mit einem Seufzer der Erleichterung, durch den Rückzug Deutschlands aus Marokko sei wenigstens ein Kriegsgrund aus der Welt geschafft.

Im Februar 1912 schien sich mit der Mission des englischen Kriegsministers Haldane nochmals eine Entspannung anzubahnen. An diesen Verhandlungen war der Staatssekretär des Auswärtigen Amts nicht beteiligt, während Admiral von Tirpitz, der Staatssekretär des Reichsmarineamts, sie zum Scheitern brachte. Weizsäcker meinte, in Anspielung auf ein Wort des hugenottischen Königs Heinrich von Navarra, „London wäre wohl eine Messe wert gewesen". Er wollte damit sagen, eine deutsch-englische Verständigung wäre mit dem Verzicht auf eine deutsche Flottenvermehrung nicht zu teuer bezahlt gewesen.

Mehr noch als die Flottenvorlage beschäftigte die Wehrvorlage des Jahres 1913 den württembergischen Ministerpräsidenten, denn hierfür war auch seine Regierung zur Mitarbeit berufen. In dieser Heeresvermehrung hätte nur Böswilligkeit Angriffsabsichten vermuten können. Das militärische Kräfteverhältnis der europäischen Großmächte habe ja durchaus zu Ungunsten Deutschlands gesprochen und die neuaufzustellenden Verbände hätten die Übermacht der vereinigten russischen und französischen Heere bei weitem nicht ausgeglichen. Die Stimmung, so versichert Weizsäcker, sei bei allen amtlichen deutschen Stellen in Berlin sorgenvoll und ganz gewiß nirgends übermütig gewesen. Selbst Tirpitz hätte gerne auf kriegerischen Lorbeer verzichtet. Auf Grund seiner Eindrücke in der Reichshauptstadt nahm der württembergische Staatsmann an, daß von Italien keine Bündnishilfe, vielleicht nicht einmal eine wohlwollende Neutralität zu erwarten sei. Aber auch Österreich-Ungarn gegenüber wären Vorbehalte berechtigt gewesen. Weizsäcker, sich selbst als den Württemberger bezeichnend, „der vielleicht in überlieferter Auffassung aus alten Zeiten mißtrauisch war", fragte im auswärtigen Ausschuß des Bundesrats, der aus „dem ungeborenen Kind" der Bismarckzeit unter Bethmann Hollweg zur „Auskunftsstelle" geworden war, den

Ausschußvorsitzenden Graf Hertling, „ob auch Österreich-Ungarn das Mögliche an militärischen Schutzmaßnahmen leiste". Graf Hertling sei ob dieser Frage verwundert gewesen, habe aber keine beruhigende Antwort gegeben. Die verehrungswürdige Erscheinung des greisen Kaisers und das Ansehen der österreichisch-ungarischen Diplomatie habe in Berlin zur Überschätzung der militärischen Leistungsfähigkeit unseres Bundesgenossen geführt, auch sei unser Verhältnis zur Wiener Regierung durch unsere eigenen Orientpläne beeinflußt und belastet gewesen.

Im Winter 1913/14 war die europäische Lage nicht beunruhigender als in den vorhergegangenen Jahren. In England sprach man von einer Aufhellung des internationalen Himmels. In Wien wurde mit Erleichterung festgestellt, die panslavistischen Umtriebe hätten sich abgeschwächt. In Stuttgart versicherte der russische Gesandte am württembergischen Hof, in Petersburg bestehe gegen Deutschland keine Mißstimmung, gegen Österreich-Ungarn allerdings ein geradezu fanatischer Haß. Dies alles konnte aber bei Weizsäcker den Eindruck einer zielbewußten Einkreisung Deutschlands nicht abschwächen. Auch in Berlin blieb in den leitenden Kreisen die Stimmung sorgenvoll.

Am 28. Juni 1914 wurde in Serajewo Erzherzog Franz Ferdinand von Österreich-Este, der Thronfolger, mit seiner Gemahlin ermordet. Überall rief die Nachricht Entsetzen hervor: Das war der Funke, der ins Pulverfaß fiel; und doch schienen noch einmal die Optimisten recht zu behalten. Es sah aus, als ließe sich der Konflikt auf Österreich-Ungarn und Serbien beschränken. Das amtliche Berlin zwar hüllte sich in tiefes Schweigen und ließ über seine Verhandlungen mit Wien und das österreichische Ultimatum an Serbien nichts verlauten. Wohl hatte der württembergische Ministerpräsident mit der Anregung einer Aussprache der leitenden Minister beim Bundesrat die Zustimmung seines badischen Kollegen, des Freiherrn von Dusch, gefunden, aber in Berlin wurde dieser Wunsch kühl aufgenommen, auch Bayern wollte von einer „Art offizieller Ministerkonferenz" nichts wissen, so etwas sei verfassungsmäßig nicht vorgesehen. Den inneren Zusammenhang der Dinge brachte Weizsäcker auf folgenden Nenner: Den Anlaß zum Krieg gaben die Serben, die tieferen Gründe lagen in Paris, London und Petersburg. Die treibende Kraft war Paris. „Frankreich legte die Minen, die Zündung überließ es anderen". England hielt sich absichtlich zurück, was der deutsche Botschafter in London, Fürst Lichnowsky, irrtümlich als neutrale Haltung deutete. Petersburg gab das Signal durch seine Hilfsstellung für Serbien. Die Rollen waren in der Tat so geschickt verteilt, daß Frankreich im Hintergrund bleiben konnte. Deutschland hatte von einem Krieg nichts zu erhoffen. Weizsäcker gibt zu, daß jeder leitende mittelstaatliche Minister, wäre er gefragt worden, zugunsten Österreichs den Bündnisfall ohne Einschränkung anerkannt haben würde, betont jedoch, Berlin hätte Wien gegenüber auf dem Recht der Mitsprache bestehen müssen. Dem österreichischen Außenminister Graf Berchthold einen Blankowechsel auszustellen, sei entweder Leichtsinn oder Schwäche gewesen. Aber alle Fehler der deutschen Außenpolitik könnten die Entente nicht von dem Vorwurf befreien, den Krieg absichtlich und wohlüberlegt hervorgerufen zu haben. Die Staatsmänner der alliierten Mächte seien nicht, wie es später hieß, in den Krieg „hineingetapert".

Mit dem Ausbruch des Krieges begann der Kampf um Italiens Stellung. Schon lange bestand der Verdacht, für Rom werde ein Balkankonflikt kein Bündnisfall sein. Das befreite den Oberbefehlshaber des französischen Heeres von der Sorge um seine Südostflanke. Schließlich aber wäre ein neutrales Italien immer noch besser gewesen als ein feindliches. Die italienische Regierung nannte auch einen Preis für ihre Neutralität, den nach Lage der Dinge Österreich hätte bezahlen müssen. Berlin glaubte auch, dem Bundesgenossen das Opfer einer Gebietsabtretung zumuten zu sollen, aber dieser war zunächst gänzlich abgeneigt. Es zeigte sich, daß die deutsche diplomatische Vertretung in Rom ihrer freilich sehr schwierigen Aufgabe nicht gewachsen war; sie fand keinen Weg, die italienische Presse in deutschfreundlichem Sinn zu beeinflussen. Nachrichten über diese Zustände, die auf nichtamtlichem Weg nach Stuttgart gelangt waren, gab der Ministerpräsident, obwohl diese Art bundesstaatlicher Einmischung in die Reichspolitik verpönt war, nach Berlin weiter. Vielleicht hat dieser Schritt zur römischen Mission des Fürsten Bülow, den man für den geschicktesten deutschen Diplomaten und den besten Kenner italienischer Verhältnisse hielt, beigetragen. Außerordentliche Verhältnisse erfordern außerordentliche Mittel: In Stuttgart wurde erwogen, die verwandschaftlichen Beziehungen der katholischen Linie des Hauses Württemberg – Herzog Albrecht war der Schwager des ermordeten Erzherzogs Franz Ferdinand – zu benützen, um die Wiener Regierung den italienischen Forderungen geneigter zu machen. Der Absicht, mit einem gemeinsamen Schritt der deutschen Bundesfürsten bei Kaiser

Franz Joseph im gleichen Sinne vorstellig zu werden, stimmte König Wilhelm zu. Beide Versuche unterblieben, weil Österreich schließlich nachzugeben bereit war. Als aber dem Quirinal das österreichische Angebot vorgelegt wurde, war es zu spät. Die italienische Regierung hatte sich schon den Ententemächten angeschlossen.

Die Untätigkeit der deutschen Flotte, die mit so vielen Opfern, mit so großer Begeisterung während der Regierungszeit Kaiser Wilhelms II. aufgebaut worden war, enttäuschte zu Beginn des Krieges das deutsche Volk in hohem Maß. Bethmann Hollweg, von Weizsäcker nach dem Grund dieser Zurückhaltung gefragt, antwortete, die Hochseeflotte müsse als Machtfaktor für das Kriegsende aufgespart werden! Mit seiner ganzen Tatkraft stemmte sich Weizsäcker gegen den uneingeschränkten U-Bootkrieg. Über dessen kriegsentscheidende Bedeutung mochten sich die Seestrategen streiten, der Staatsmann mußte sich über die Auswirkung auf die Haltung der Vereinigten Staaten klar sein. Hier war Weizsäcker durchaus einer Meinung mit Bethmann Hollweg, der aber mit seiner ablehnenden Stellung gegen das Große Hauptquartier nicht aufkam. Der Reichsregierung war es auch in diesem Falle, wie in so vielen anderen, nicht gelungen, die öffentliche Meinung für sich zu gewinnen. Das Schlimmste an der Auseinandersetzung war der Eindruck des Mangels einer zielbewußten Reichsführung, der urteilsfähige Beobachter zweifeln ließ, ob die Monarchie einen ungünstigen Ausgang des Krieges überleben werde. Für den dann gestürzten Reichskanzler einen Nachfolger zu finden, machte große Schwierigkeiten. Es ist ein erschütterndes Beispiel damaliger Personalpolitik, daß Ludendorff nach Bethmann Hollwegs Sturz, den er betrieben hatte, äußerte, über einen Nachfolger habe er sich keine Gedanken gemacht, in der Überzeugung, geeignete Anwärter für den Reichskanzlerposten würden sich in der Beamtenschaft genug finden. Bei dieser Suche nach einem Reichskanzler kam man auch einmal an den württembergischen Ministerpräsidenten, aber Weizsäcker lehnte schon bei der ersten Fühlungnahme ab. Staatsmann, der er war, hätte es ihn vielleicht gereizt, das Steuer des Reichsschiffs zu ergreifen, aber er kannte den Kapitän und war sich auch seiner eigenen Grenzen bewußt. Der Kampf gegen zwei Fronten, die Oberste Heeresleitung und den Reichstag, ging über seine Kraft.

In der politischen Geschichte jener Jahre fallen drei Abgeordnete des Reichstags auf: Die beiden Demokraten Friedrich Payer, ein Tübinger,

Conrad Haussmann, ein Stuttgarter, und Matthias Erzberger aus Biberach, Abgeordneter der Zentrumspartei. Payer, viele Jahre württembergischer Landtagspräsident, besonnen und ein Mann des Ausgleichs, saß schon als Vizekanzler im Kabinett des Grafen Hertling; Haussmann, der temperamentvolle Vorkämpfer des parlamentarischen Systems, trat als Staatssekretär ohne Portefeuille in das Kabinett des Prinzen Max von Baden ein. Als am 11. November 1918 die unabhängigen Sozialdemokraten eine Regierung ohne bürgerliche Abgeordnete forderten, traten Payer und Haussmann von ihren Ämtern zurück. Matthias Erzberger jedoch verstand, sich zu halten. Ein vielgewandter Mann, fleißig und sehr robust, seiner Partei durch seine Fachkenntnisse in den Parlamentsausschüssen unentbehrlich, dem rechten Flügel des Zentrums jedoch immer suspekt. Schließlich wurde er der erste Finanzminister der jungen Republik; die Finanzreform, die seinen Namen trägt, war eine Leistung von bleibendem Wert. Sein tragisches Ende ist bekannt.

Kein Bundésstaat schien so gegen revolutionäre Umtriebe gefeit zu sein wie Württemberg, und doch ist kein Kapitel unserer Landesgeschichte so leidvoll, wie das des gewaltsamen Umsturzes in den Novembertagen des Jahres 1918. Es ist eine unwiderlegte, geschichtliche Wahrheit, daß Revolutionen nicht durch die Stärke der Angreifer, sondern durch die Schwäche der Verteidiger siegen. Das deutsche Volk war durch Enttäuschung, Entbehrung und Hunger so zermürbt, so müde, daß es dem revolutionären Ansturm nichts entgegenzusetzen hatte. Man hat später die Revolution in Württemberg als das Werk Kieler Meuterer und hergelaufenen Gesindels hinstellen wollen, aber wo blieben die wackeren Schwaben? Nicht, daß in Württemberg die Monarchie der Republik weichen mußte, wird als Schande empfunden. Das Schicksal, das alle deutschen regierenden Fürstengeschlechter traf, konnte wohl dem Hause Württemberg nicht erspart bleiben, aber daß der geliebte König am 9. November 1918 in seinem eigenen Palast den Beleidigungen eines landfremden Pöbels ausgesetzt war, erbittert heute noch jeden echten Württemberger. Die Auseinandersetzung über die damaligen Ereignisse und die Frage, wer schuld daran gewesen sei, kamen jahrelang nicht zur Ruhe.

Noch im Frühjahr 1918 hatte die württembergische Kammer sich keineswegs einheitlich für ein parlamentarisches System ausgesprochen, sogar innerhalb der Parteien waren die Meinungen geteilt. Der Anstoß mußte also von außen kommen. Man sprach sich im Kreise der Minister und Volksvertreter in der zweiten Hälfte des Oktobers sachlich aus und erörterte in einer überraschend gelassenen Stimmung, zu der Weizsäckers überlegene Art viel beitrug, was nun in Anbetracht der Entwicklung im Reich zu tun sei. Die Nachrichten aus Kiel und Berlin brachten die Dinge in raschen Fluß. Am 8. November kündigte die sozialdemokratische Partei für den nächsten Morgen eine Massenkundgebung an, auf der die Arbeiterschaft Stuttgarts von ihren berufenen Führern Mitteilungen über die innerpolitische Lage entgegennehmen sollte. In diesem Aufruf hieß es: „Diese Versammlung will der ruhigen und geordneten Überleitung in andere staatsrechtliche Verhältnisse dienen!" Was es mit der Ruhe und Ordnung auf sich haben würde, blieb abzuwarten. Die Staatsregierung glaubte, mit Rücksicht auf die von der Reichsregierung ausgegebenen Anweisungen und Vorschläge diese Kundgebung nicht verbieten zu dürfen. Bei einer dienstlichen Besprechung im Innenministerium am Vorabend der Kundgebung erklärte der Polizeipräsident, seine Kräfte seien zu schwach, um die Ordnung aufrechtzuerhalten, der stellvertretende kommandierende General glaubte, der Truppe nicht mehr sicher zu sein. So ließ man resignierend den Dingen ihren Lauf, in der stillen Hoffnung, die sozialistischen Führer würden die Geister, die sie riefen, auch wieder loswerden. Blutvergießen zu vermeiden, war der allgemeine Wunsch. Diese Revolution hatte weder geistigen Schwung noch staatsbildende Kraft. Machtlos ließen die berufenen Führer der Arbeiterschaft die Massen gewähren. Der Pöbel drang in das Wilhelmspalais, den Wohnsitz des Königs ein, wo die Minister der neuen parlamentarischen Regierung zur Eidesleistung versammelt waren. Die militärische Wache wurde entwaffnet und niedergeschlagen, die Königsstandarte auf dem Dach heruntergerissen und durch ein rotes Tuch ersetzt. Unter wüstem Geschrei, Drohungen und Beschimpfungen trieb sich der Haufen in den Räumen des Palais umher, bis es einigen besonnenen Männern gelang, die Eindringlinge hinauszubefördern. Der König selbst war mit der Menge nicht in Berührung gekommen, körperlich ist ihm kein Leid geschehen. Am Abend des Unglückstages verließ König Wilhelm Stuttgart, um nie wieder seine ehemalige Residenzstadt zu betreten. Ungefährdet erreichte er nach kurzer Fahrt sein Jagdschloß Bebenhausen bei Tübingen, wo er dann bis zu seinem Ende lebte.

König Wilhelm II. von Württemberg war als Landesherr und Mensch verehrungswürdig, ein pflichtbewußter, vornehmer, ritterlicher Mann, freundlich, hilfsbereit und gütig, vielleicht zu gütig. Seine weiche Gemütsart ging soweit, daß er Taktlosigkeiten gegenüber, wo sie ihm begegneten, fast hilflos war. Diese Empfindsamkeit veranlaßte ihn auch in den kritischen Tagen wiederholt zu versichern, um seiner Person willen dürfe kein Blut vergossen werden. Es ist zu fragen, ob dies nicht des königlichen Amts wegen hätte in Kauf genommen werden müssen. Jedenfalls blieb diese Äußerung nicht ohne Wirkung auf die schon vorher schwankende Haltung der verantwortlichen Personen.

Was König Wilhelm in Erfüllung seiner Regentenpflichten, als Förderer der Kultur im weitesten Sinne, der Kunst und Wissenschaften, der Erziehung und sozialen Fürsorge zum Besten des Landes und seiner Bewohner getan hat, war wohl nicht mehr, als was andere Landesfürsten auch taten. Echt und tief war des Königs Neigung zu seinem Theater, Oper, Schauspiel und Ballett. Hier war er ein liebenswerter Freund und Förderer, dem auch die Nebensache noch wichtig war. Mit sicherem Blick fand Wilhelm II. in persönlicher Wahl den rechten Mann: Baron Joachim zu Putlitz, den späteren Generalintendanten, der damit seine große Begabung frei entfalten durfte. Das Werk lobte seinen Herrn und seinen Meister. Das Stuttgarter Hoftheater hatte seinen eigenen Rang unter den deutschen, ja europäischen Bühnen. Wilhelm II. war auch das Idealbild eines Sportsmannes. Seit seiner frühen Jugend gehörte sein Herz dem edlen Pferd. Als Vollblutzüchter stand er in hoher Achtung, und den Rennsport betrieb er in königlicher Art.

Ein menschlich herzliches Verhältnis verband König und Volk. Das kam an Festtagen zum Ausdruck, am meisten an dem Regierungsjubiläum im Jahre 1916. Die Landespresse, die sozialistische eingeschlossen, sprach damals von Liebe, Verehrung und gegenseitigem Vertrauen und drückte damit aus, was die Bevölkerung empfand. Der König war wohl berechtigt, solche Beteuerungen nicht als höfischen Wortschwall, sondern als Ausdruck echter Überzeugung anzusehen. Sein Dank jedenfalls kam aus der Tiefe seines Herzens. Deshalb trafen ihn die Ereignisse des 9. Novembers 1918 um so härter. Daß er auch aus seiner nächsten Umgebung Undank erfahren mußte, hat ihn wohl noch mehr verletzt. Rührend ist zu lesen, wie er denen dankte, die ihm treu blieben. Seine Enttäuschungen hat er nicht verwunden; er starb schon nach drei Jahren und fand seine letzte Ruhestätte auf dem ›Alten Friedhof‹ in Ludwigsburg.

SECHZEHNTES KAPITEL

WÜRTTEMBERGISCHE BETRACHTUNGEN ZUR ZEITGESCHICHTE

DER VERSUCH, EINE GESCHICHTE WÜRTTEMBERGS während der letzten vier Jahrzehnte zu schreiben, stößt auf Schwierigkeiten. Die deutschen Länder verlieren allmählich ihre individuellen Züge: Von einer Staatlichkeit der Bundesländer kann kaum mehr gesprochen werden, aber auch im Kultur- und Geistesleben verwischen sich die Profile der Stämme mehr und mehr. Die Frage drängt sich auf, wieviel echte, in Generationen im Lande verwurzelte Württemberger es wohl noch geben mag, nachdem der zweite Weltkrieg und die durch ihn verursachte ›Völkerwanderung‹ die Deutschen durcheinanderwirbelten wie der Herbststurm das welke Laub. Darum sei zum Abschluß nur die Rede von einigen Württembergern, die in die Geschicke des damaligen Deutschland eingegriffen oder sie beeinflußt haben und vom Widerschein der großen deutschen Dinge im kleinen Württemberg.

Wilhelm Groener und Walther Reinhardt sind württembergische Soldaten, denen in der Geschichte unseres Landes ein Platz gebührt. Man könnte fragen, was Generäle in einer politischen Landesgeschichte zu suchen haben. Viel, sehr viel, wenn sie politisch eine Rolle gespielt haben, und dies ist hier der Fall. Stand auch ein Politiker auf der Brücke des dem Sturm der Revolution preisgegebenen Reichsschiffes, so waren doch sie es, die zeitweise das Steuer führten: kein Württemberger hatte in diesen schicksalsschweren Tagen mehr politische Verantwortung zu tragen als sie.

Wilhelm Groener (1867–1939) war in Ludwigsburg als Sohn eines Zahlmeisters im dortigen Dragonerregiment geboren. Er kam, von den üblichen Frontkommandos abgesehen, im Großen Generalstab sehr rasch vorwärts und war 1914 Chef der Eisenbahnabteilung und im mobilen Verhältnis Feldeisenbahnchef. Als solcher leitete er die Eisenbahnbewegungen beim Aufmarsch des Feldheeres im Westen und Osten und später die Verschiebungen der Truppen von einer Front zur anderen. Als Leiter des Kriegsamts (1916/17) war er dann für die Beschaffung von Waffen und Munition verantwortlich. In dieser Tätigkeit forderte er in der Heimat die Verbesserung der Arbeiterschutzbestimmungen und die starke Besteuerung der Kriegsgewinne, was manchen einflußreichen Leuten nicht gefiel. Bei der Obersten Heeresleitung wurde darob „der süddeutsche Demokrat" schief angesehen. Im Oktober 1918, als die Lage an den Fronten immer aussichtsloser wurde, Ludendorff die sofortige Einleitung von Waffenstillstandsverhandlungen forderte, um einige Wochen später auch seine Entlassung zu ertrotzen, ernannte der Kaiser General Groener als Ludendorffs Nachfolger zum Ersten Generalquartiermeister. In dieser Eigenschaft war der württembergische Offizier dem Brennpunkt der politischen Ereignisse nahe. Unter dem Eindruck der höchst kritischen politischen Lage in der Reichshauptstadt war der Kaiser in das Hauptquartier nach Spaa zurückgefahren, wo sich der letzte Akt der Hohenzollerntragödie abspielte. Die Frage nach der Zuverlässigkeit der Feldtruppe war für die zu fassenden, innerpolitischen Entschlüsse von entscheidender Bedeutung. In diesem Zusammenhang äußerte Groener, Fahneneid und Oberster Kriegsherr seien in der nun einmal gegebenen Lage Illusionen. Aus diesem Wort machte man damals und später dem Generalquartiermeister die schwersten Vorwürfe, den des Hochverrats eingeschlossen. Was Groener sagen wollte, ist klar. Bei der Prüfung der Zuverlässigkeit der Frontsoldaten wurde als sichere Gewähr für die militärische Haltung der Fahneneid, der beschworene Gehorsam bis zum Tode, angeführt. Groener, klar und nüchtern denkend, gab sich Rechenschaft über die Zersetzungserscheinungen im Heer, in der Marine und in der Heimat und kam zu der Überzeugung, daß ein Appell an das Gewissen vielfach ungehört verhallen würde und in keinem Fall als Gewähr für die Mannszucht der übermüdeten, enttäuschten, durch die ungeheueren Verluste niedergedrückten Fronttruppe angesehen werden könne. Für ein Millionenheer gebe es eine Grenze der Anforderung, die nach einem mehr als vierjährigen Kampf gegen eine erdrückende Übermacht schon erreicht, ja überschritten sei. Wer nicht der Selbsttäuschung verfallen wolle, müsse sich darüber klar sein. Solchen Auffassungen offen Ausdruck zu geben, erforderte damals Mut. An diesem Mut fehlte es Groener auch nicht, als er während des Vortrags beim Kaiser am Morgen des 9. Novembers erklärte, das Heer werde unter seinen Führern und Kommandierenden Generälen in Ruhe und Ordnung in die Heimat zurückmarschieren, „aber nicht unter dem Befehl Eurer Majestät, denn es steht nicht mehr hinter Eurer Majestät". König Wilhelm von Württemberg soll später geäußert haben, General Groener habe mit seiner Ansicht recht gehabt, er hätte nur besser daran getan, die bittere Wahrheit dem Kaiser durch einen preußischen Offizier sagen zu lassen. Dem sei wie es will; das Wort von den Illusionen blieb an dem Württemberger hängen, auch dann noch, als ein Ehrengericht der Generäle ihm die Lauterkeit seiner Gesinnung ausdrücklich bestätigte.

Die verzweifelten Bemühungen der in Berlin unter dem späteren Reichspräsidenten Friedrich Ebert neugebildeten Regierung, festen Boden zu gewinnen, erhielten eine tragfähige Unterlage, als Groener aus Spaa in der Nacht vom 10. auf den 11. November 1918 durch den Fernsprecher die Hilfe der Obersten Heeresleitung mit den treugebliebenen Truppen in Aussicht stellte, unter der Voraussetzung, daß auch die Regierung ihr Ziel in der Bekämpfung der Anarchie und der Wiederherstellung der Ordnung sähe. Der Generalquartiermeister handelte hier formell im Auftrag des Generalfeldmarschalls, aber es ist kein Zweifel, daß Groener in dieser Zeit der führende Kopf war. Unter großen Schwierigkeiten sammelten sich die Elemente der Ordnung unter der Führung Friedrich Eberts, dessen Standhaftigkeit und ehrliches Streben ihm auch Achtung in politisch andersdenkenden Kreisen erwarb.

Immer noch drohte Deutschland die völlige Vernichtung. Woher sollte die Rettung kommen? Weiten Kreisen schienen die Bedingungen des Friedensvertrags unannehmbar. Die Auseinandersetzungen über Ablehnung oder Annahme des Diktats, an dem der französische Ministerpräsident Clémenceau nicht einen Federstrich ändern lassen wollte, erregte die öffentliche Meinung in Deutschland aufs tiefste und drohte den dürftigen, unfertigen Notbau der neuen Ordnung umzuwerfen. Vielen schien der bewaffnete Widerstand nicht nur ein Gebot der Ehre, sondern auch die einzige Rettung gegen den Vernichtungswillen der Feinde. Militärische Operationen im Westen waren freilich undenkbar, aber im Osten lagen die Verhältnisse nicht ganz so ungünstig. Die Aufgabe weiter Gebiete mußte hingenommen werden, aber die Hoffnung, die Feindmächte würden verhandlungswilliger werden, wenn sie fürchten müßten, nur durch neue Anstrengungen und Blutopfer zum Ziele zu kommen, schien nicht unberechtigt. Von Clémenceau war anzunehmen, daß er nur auf die Ablehnung des Diktats wartete, um vollends den letzten Stoß gegen Deutschland zu führen, aber vielleicht durfte man von den Vereinigten Staaten und England erwarten, daß sie sich der französischen Vorherrschaft in Europa in den Weg stellen würden. Der preußische Kriegsminister vertrat den Gedanken des bewaffneten Widerstands gegen das Feinddiktat. Zum erstenmal in der preußischen Heeresgeschichte stand ein württembergischer Offizier auf diesem Posten. Es war der württembergische Oberst im Generalstab Walther Reinhardt.

Reinhardt (1872–1930), aus einer württembergischen Offiziersfamilie stammend, war im Herbst 1918 zur Bearbeitung der Demobilmachung des Feldheers in das preußische Kriegsministerium versetzt und im Dezember dieses Jahres zum Minister ernannt worden. Seine Mühe galt in erster Linie der Wiederherstellung der Kommandogewalt der Offiziere, die durch die Wühlarbeit der Soldatenräte unwirksam gemacht war. Ohne Zugeständnisse an die Forderungen der Zeit ging das nicht ab. Den heftigsten Widerstand erregte beim alten Offizierkorps die Abschaffung der früheren Rangabzeichen und das Verbot des Tragens der Kriegsauszeichnungen. Der Verlust solcher ideeller Werte schmerzte den alten Offizier, aber sachlich ging es doch um Dinge, die in diesem Augenblick wichtiger waren als selbst die geheiligte Tradition. Reinhardt verfocht von Anfang an den Gedanken eines einheitlichen deutschen Heeres ohne die wehrpolitischen Sonderrechte der früheren Königreiche, andererseits widersetzte er sich dem vielfach geforderten deutschen Einheitsstaat. Dabei ging es ihm, dem Württemberger, in erster Linie um die Erhaltung Preußens, von dessen geschichtlich gewachsenem Gefüge und staatsbildender Kraft sein historischer Sinn tief beeindruckt war. Schritt für Schritt ging Reinhardt seinen Weg: schließlich verschafften ihm Selbstlosigkeit und seine unbestrittene Integrität auch unter seinen Gegnern Achtung.

Am 7. Mai 1919 wurden in Versailles der deutschen Delegation die Friedensbedingungen übergeben. Sie übertrafen in ihrer Härte alle Befürchtungen. Die Hoffnung, durch Gegenvorschläge die ärgsten Bestimmungen mildern zu können, erwies sich bald als trügerisch. Annahme oder Ablehnung des Diktats wurde für jeden zur Gewissensfrage, aber die Masse des Volks, das vier Jahre lang so tapfer gekämpft hatte, war erschöpft, hoffnungslos, gleichgültig gegenüber jeder staatsbürgerlichen Forderung. Nur der Lebenstrieb forderte unwiderstehlich sein Recht. Wollte, konnte, durfte man den Versuch machen, dieses Volk noch einmal zu einer übermenschlichen Anstrengung emporzureißen? Im Westen und Süden von Deutschland war das Echo unzweideutig: Annahme! Der Reichsminister der Finanzen, Matthias Erzberger, trat im Reichskabinett für die Annahme des Vertrages ein, mit dem inneren Vorbehalt, von diesem so wenig wie irgend möglich zu erfüllen. Wer, so sagte er, unter der vorgehaltenen Pistole sich zu einer unerfüllbaren Leistung bekenne, verstoße weder gegen die Ehre noch gegen die guten Sitten. Für die Entscheidung war auch die Meinung der Soldaten von Bedeutung; sie war geteilt. Der Erste Generalquartiermeister setzte sich für die Annahme des Diktats ein, auf dessen Milderung er bis zuletzt hoffte. Für ihn war Überleben die erste Voraussetzung für eine deutsche Zukunft. Der preußische Kriegsminister war für Ablehnung und bewaffneten Widerstand. Der sozialistische Abgeordnete und Reichswehrminister Gustav Noske teilte im Reichskabinett Reinhardts Standpunkt. Als dieser bei einer Sitzung von „sittlichen Werten" sprach, lehnte Groener solche Gesichtspunkte, wie schon vor einem halben Jahr, als Illusionen schroff ab. Am 19. Juni 1919 entschloß sich das Reichskabinett für die Annahme des Diktats, worauf der preußische Kriegsminister den vorläufigen Präsidenten des Deutschen Reichs, Friedrich Ebert, bat, ihn von der Teilnahme an den Sitzungen des Reichskabinetts zu entbinden. Die Nationalversammlung schloß sich am 23. Juni der Entscheidung der Regierung an, zwei Tage zuvor war die deutsche Kriegsflotte in der Bucht von Scapa Flow versenkt worden, am 28. dieses Monats wurden die Friedensdokumente im Spiegelsaal von Versailles unterzeichnet.

Der neue Bau des Reichs bot niemandem eine zusagende Unterkunft; dem einen war es ein Hohn, dem anderen eine Verlegenheit. Die rechtsstehenden Parteien der Nationalversammlung und des Reichstags, die das über die deutschen Monarchien gefällte Urteil der Geschichte nicht anerkennen wollten, lehnten diesen Staat völlig ab, aber auch die Parteien der Mitte und der Linken hatten an ihm, der sich nur auf den

Krücken der von alten Soldaten gebildeten Freikorps fortbewegen konnte, keine Freude. Parlament und Regierung fielen von einer Krise in die andere. Alles, was in anderthalb Jahren mühsam an staatlicher Autorität aufgebaut war, schien in Gefahr, als der Generallandschaftsdirektor Kapp und General von Lüttwitz, der Befehlshaber der in und um Berlin stehenden verwendungsfähigen Truppen, im März 1920 die Reichsregierung stürzen wollten. Um sich nicht ihrer Entschlußfähigkeit berauben zu lassen, gingen Reichspräsident und Reichsregierung von Berlin zunächst nach Dresden, dann nach Stuttgart. In der Reichshauptstadt waren die Verhältnisse völlig undurchsichtig. Militärisch beherrschten die dem General von Lüttwitz unterstellten Marinebrigaden des Kapitäns z.S. Ehrhardt, für wenige Tage die Lage. General Reinhardt als Chef der Heeresleitung wollte dem Putsch mit Waffengewalt entgegentreten. Andere, unter ihnen in erster Linie Generalmajor Hans von Seeckt, glaubten es deutschen Soldaten ersparen zu müssen, aufeinander zu schießen. Die Reichsregierung war auch dieser Ansicht und schickte die regierungstreuen Verbände in die Kasernen zurück, mit dem Befehl, sich jeden Eingriffs zu enthalten. Tatsächlich entwirrte sich die Lage ohne Gewaltanwendung. Die mangelnde Vorbereitung, die Entschlußlosigkeit der Leitung und der von den Gewerkschaften ausgerufene Generalstreik ließen den Putsch wie ein Strohfeuer in sich zusammenfallen. Die Führer der Umsturzbewegung flüchteten außer Landes. Reichswehrminister Noske mußte sein Amt niederlegen. General Reinhardt sah sich von der Entwicklung der Dinge widerlegt und bat um die Enthebung von seiner Stellung, stellte sich aber für eine andere Verwendung in der Reichswehr zur Verfügung. Er diente noch sieben Jahre als Befehlshaber der V. Division in Stuttgart und als Oberbefehlshaber des Reichswehrgruppenkommandos 2.

Der Rücktritt des zweiten Chefs der Heeresleitung wird hier erwähnt, weil bei ihm ein dritter württembergischer Soldatensohn eine Rolle gespielt hat. Otto Geßler (1875–1948), Sohn eines Artilleriewachtmeisters in Ludwigsburg, war Oberbürgermeister in Nürnberg und Reichstagsabgeordneter. Als Reichswehrminister erfreute sich Geßler der Achtung beider Reichspräsidenten, die seines Chefs der Heeresleitung blieb ihm versagt. Wenn auch der Reichswehrminister den Aufbau von Heer und Marine, deren guten Geist und Ansehen im In- und Ausland als eines Elitekorps zu einem wesentlichen Teil sich zuschreiben durfte, hat er doch darüber die Verdienste des Generals von Seeckt nie vergessen und in der

Öffentlichkeit stets betont. Das Übermaß der Arbeit und die vielen Schwierigkeiten persönlicher und sachlicher Art hatten den Minister vorzeitig amtsmüde gemacht, so daß er 1926 daran dachte, um die Enthebung von seinem schwierigen Posten zu bitten. Ein Politikum seltsamer Art vereitelte zunächst die Absicht. Der älteste Sohn des damaligen deutschen Kronprinzen hatte in Uniform an Reichswehrübungen in Münsingen teilgenommen. Das demokratische »Berliner Tageblatt«, das in Geßler immer nur einen verkappten Monarchisten und unechten Demokraten sah, wollte gerne die Gelegenheit benützen, dem mißliebigen Parteigenossen eins auszuwischen. Die im Grunde recht harmlose Reichswehrübung des jungen Prinzen wurde in der genannten Zeitung stark aufgebauscht. Aber es zeigte sich, daß der angegriffene Minister von der Sache gar nichts gewußt hatte. Seeckt hatte dem Kronprinzen, oder wahrscheinlicher noch der Kronprinzessin, die bei einer gelegentlichen Unterhaltung ausgesprochene Bitte, dem Prinzen eine militärische Übung zu erlauben, nicht abschlagen wollen, versäumte es aber, sich der Zustimmung des Ministers, an dem die parlamentarische Verantwortung schließlich hängenbleiben mußte, zu versichern. Geßler, der oft genug im Parlament die Reichswehr und ihr Offizierskorps deckte, ohne daß Seeckt es ihm je gedankt hatte, verlor dieses Mal die Geduld. Der Chef der Heeresleitung mußte seinen Abschied nehmen. Unter solchen Umständen konnte der Minister nicht an den Rücktritt denken: denn die ›Seeckt-Krise‹, die in der Tat kein Alltagsereignis war, durfte nicht in eine Krise der Reichswehr ausarten. Ein Jahr noch benötigte Geßler, um im Reichswehrministerium „seinen Schreibtisch aufzuräumen". Im Januar 1928 genehmigte der Reichspräsident das Abschiedsgesuch Geßlers. Zum Nachfolger wurde Generalleutnant a. D. Wilhelm Groener ernannt.

Groener war in mehreren Kabinetten während der zwanziger Jahre Reichsverkehrsminister gewesen und hatte als Fachmann überall Ansehen genossen. Reichspräsident von Hindenburg, der sich nie mit dem zivilen Reichswehrminister hatte befreunden können, wenn er auch Geßler persönlich gewogen war, sah in Groener in erster Linie den alten Soldaten. In diesem Sinne gedachte auch Groener die Ministergeschäfte zu führen; „die Politik soll mir Schleicher machen", äußerte er einmal seinem Vorgänger gegenüber, worauf dieser ihm riet, gerade diese Seite seiner Tätigkeit ja nicht aus der Hand zu geben. Groener sah in Kurt von Schleicher, der 1918 noch Major gewesen und dann nach rascher Karriere im Reichswehrministerium zum General aufgerückt war, einen aufrichtigen und selbstlosen jüngeren Freund, wurde aber in diesem Glauben aufs bitterste enttäuscht. Während Groener 1932 dem Nationalsozialismus entgegentrat und die SA- und SS-Verbände verbot, arbeitete General von Schleicher am Sturz seines Freundes und Gönners, der sich, ebenso wie der Reichskanzler Heinrich Brüning, beim Kampf gegen den Nationalsozialismus von Schleicher verraten und vom Reichspräsidenten im Stich gelassen sah.

In den stürmischen zwanziger Jahren wurde Württemberg im Reich vielfach als friedliche Insel gepriesen, und man rühmte seine Bewohner ihres gelassenen Wesens wegen. Diesen selbst kam ihr Glück nicht gerade überwältigend vor, sie glaubten vielmehr, ihren vollgemessenen Anteil an Schwierigkeiten, Tumult und revolutionärem Unwesen zu haben. Allerdings hat keine der schweren Krisen, die Deutschland in diesen Jahren erschütterten, ihren Ausgang von Württemberg genommen; es griff auch keine auf unser Land über. Kommunistischer Terror und Geiselmord, wie in München im April 1919, blieben ihm erspart. Man hörte mit Entsetzen von der in Sachsen mit dem Kapp-Putsch wieder aufflammenden Revolution, die sich an den Namen von Max Hölz knüpfte, und von den Greueln des kommunistischen Aufruhrs im Ruhrgebiet, der übrigens von einem Württemberger, General Freiherr von Watter, niedergeschlagen wurde. Nicht, als ob man solchen Gefahren gegenüber im Lande taub und blind gewesen wäre, aber man glaubte, mit einem tiefen Seufzer dankbarer Erleichterung sagen zu dürfen, daß es so schlimm bei uns doch nicht werden könne. Dies wiederholte sich 1923, dem gefährlichsten Jahr der Weimarer Zeit, als es zum Konflikt zwischen Bayern und dem Reich kam, der, von unseren Feinden unverhohlen mit Freude begrüßt, den Bestand des Reiches von innen her bedrohte. Dieser Erschütterung gegenüber wirkte die anschließende sogenannte nationale Revolution Adolf Hitlers und des Generals Ludendorff im Münchener Löwenbräukeller fast wie ein harmloses Strohfeuer. Natürlich bildeten auch bei uns diese Vorgänge das Tagesgespräch: Man bangte um das, was noch kommen würde, freute sich aber auch jeder Regung eines nationalen Gefühls. Die Abstimmungen in den Grenzländern, und der Volkszorn, der die Separatisten aus dem Rheinland und der Pfalz jagte, erregten Begeisterung. Wollte man sich aber über die Stimmung in Württemberg in den bösen Jahren nachträglich unterrichten und zu diesem Zweck die Sitzungsberichte des württembergischen Landtags im Stuttgarter Halbmondsaal zur Hand nehmen, so wäre man überrascht über den kühl sachlichen Ton, mit dem die Parteien ihre Stellungnahme zu diesen doch wahrlich aufwühlenden Begebenheiten begründeten.

Wenn Württemberg das Schlimmste erspart blieb, so ist dies zu einem wesentlichen Teil das Verdienst des aus der Sozialdemokratie stammenden Staatspräsidenten Wilhelm Blos (1849–1927), der tapfer, politisch maßvoll und geschickt in der Behandlung seiner Partei und der Gewerkschaften, nie zögerte, wenn es galt, in der Verfassunggebenden Versammlung die wankende Staatsautorität zu festigen. Es wurde ihm dies, damals jedenfalls, nicht überall nach Gebühr gedankt; auch brachte ihn seine staatsmännische Haltung in einen steigenden Gegensatz zu seiner Partei. Die sozialdemokratische Reichstagsfraktion war schon im Kriege in ›Mehrheitssozialisten‹ und ›Unabhängige‹ gespalten. Der gemäßigte Teil der Partei wollte die Revolution nicht, versuchte aber dann „zur Verhinderung größeren Übels" die Leitung der Umsturzbewegung in der Hand zu behalten. Diese Absicht gelang wenigstens insoweit, als die beiden feindlichen Brüder die Macht teilen mußten. Sehr bald erwies sich, daß die Unabhängigen aus Mangel an politischen Begabungen für die Staatsführung nicht in Betracht kamen. Aber was nützten den Mehrheitssozialisten guter Wille und bessere Einsicht, wenn ihnen die Radikalen bei den verhetzten Massen tagtäglich den Donner stahlen? Ein und ein halbes Jahr mühte sich Wilhelm Blos um die Aufgabe, seiner Partei zu zeigen, was staatliche Aufbauarbeit erfordere. In dieser Zeit war die neue württembergische Verfassung geschaffen worden. Sie war in Anbetracht der tumultuarischen Zeitverhältnisse eine sehr achtbare, parlamentarische Leistung, an der alle Parteien Anteil hatten, mit Ausnahme der Unabhängigen Sozialisten und der Kommunisten, die ja ein Gemeinwesen dieser Art und Gesellschaftsordnung nicht haben wollen.

In die letzten Wochen der Verfassunggebenden Versammlung fielen der Kapp-Putsch und die kurze Tagung der Weimarer Nationalversammlung im März 1920. Nachdem die Reichsregierung in Stuttgart Zuflucht gefunden hatte, wurde auch das vorläufige Parlament von seinem Präsidenten nach diesem Hafen, in dem die Wogen wenigstens nicht ganz so hoch gingen wie im sonstigen Deutschland, gerufen. Im großen Saal des Kunstgebäudes wurde eine Vollsitzung abgehalten. Im Mittelpunkt der

Verhandlungen stand die Rede des mehrheitssozialistischen Abgeordneten Scheidemann, der am 9. November 1918 von den Stufen des Reichstags in Berlin die Republik ausgerufen hatte. Daß Scheidemann in stärkster Erregung für den Umsturzversuch die Rechtsparteien verantwortlich machte, überraschte niemand. Als er aber anfing, den Reichswehrminister, seinen Parteifreund Noske, in maßloser Weise anzugreifen und sich zu der Behauptung verstieg, nur Noskes leichtgläubiges Vertrauen in das ›monarchistische Offizierskorps‹ habe den Putsch ausgelöst, stieß er auf den Widerspruch vieler seiner Parteifreunde. War es jetzt an der Zeit, im eigenen Haus Streit anzufangen, wo es galt, mit den verfügbaren Kräften der Ordnung – zu denen man die alten Soldaten rechnen durfte – den in mühsamer Arbeit aufgeführten Notbau zu stützen? Es ist möglich, daß während dieser Sitzung am Nachmittag des 17. März die Eingeweihten schon wußten, daß das Gewitter in Berlin bereits im Abzug war, der Fernstehende jedoch konnte in der Rede Scheidemanns nur ein Spiel mit dem Feuer sehen. Die Sache der Rechten, von der infolge des Generalstreiks, der Reisen unmöglich machte, nur drei Abgeordnete anwesend sein konnten, vertrat der langjährige Präsident der württembergischen Kammer, von Kraut. Die Deutschnationale Partei, so führte er aus, habe keinen Teil an dem aussichtslosen Unternehmen der Herren Kapp und Ehrhardt, die Kräfte, die die Novemberrevolution auf dem Gewissen hätten, trügen auch hierfür die Verantwortung. Mit solchen Ausführungen konnte er in diesem Kreise keine Zustimmung finden. Gelassen ließ der Redner die Zornesausbrüche und Zwischenrufe seiner Zuhörer über sich ergehen. Der Beifall der beiden anwesenden Parteifreunde ging im allgemeinen Tumult unter.

Die früheren politischen Parteien waren, in ihrem Wesen nur wenig verändert, wieder in den Halbmondsaal eingezogen. Die ländliche Bevölkerung fand in ihrer erprobten wirtschaftlichen Vereinigung auch ihre politische Vertretung, die Konservativen kehrten unter dem Namen Bürgerpartei zurück, die Nationalliberalen und die Volkspartei schlossen sich im Zeichen des Liberalismus zur Deutsch-Demokratischen Partei zusammen. Das Zentrum blieb, was es bisher gewesen war, die politische Vertretung des katholischen Volksteils. Die Sozialdemokratie trat in zwei organisatorisch und politisch selbständigen Fraktionen auf. Nachdem die Verfassunggebende Versammlung 1920 in anerkennenswerter Sachlichkeit ihre Aufgabe gelöst hatte, wurde der erste Landtag gewählt, in dem das bürgerliche Element über Erwarten stark vertreten war. Das Zentrum, das während der Weimarer Zeit in Württemberg seine staatserhaltende Seite stärker betonte als seine soziale, bildete mit der Deutsch-Demokratischen Partei eine Regierungskoalition. Die Mehrheitssozialdemokratie, die ihre Regierungstätigkeit mit einem schmerzlichen Stimmenverlust hatte bezahlen müssen, zog die Opposition vor. Zum Staats- (und Minister-) Präsidenten wurde Johannes Hieber (1862–1951), ein früherer Nationalliberaler, zum Innenminister der Abgeordnete Graf gewählt.

Ihre erste Bewährungsprobe legte die neue, ›bürgerliche‹ Regierung im Herbst 1920 ab. Linkssozialistische Kreise riefen zu einem Generalstreik „von der Hebamme bis zum Totengräber" auf. Den Anlaß dazu gab der Steuerabzug von den Löhnen, den sich die Arbeiter nicht gefallen lassen wollten. Der Innenminister trat energisch auf und ließ die Großbetriebe Bosch, Eisemann, Daimler und die Maschinenfabrik Eßlingen, in denen der Radikalismus die Arbeiterschaft beherrschte, schließen. Das Feuer sank in sich zusammen; rasch, wie sie gekommen, verschwand die Bedrohung der öffentlichen Ordnung wieder. Die Stimmen, die gemeint hatten, ein energisches Auftreten der Obrigkeit hätte auch im November 1918 die Massen zügeln können, schienen gerechtfertigt. Die großen Aufgaben, die dem ersten Landtag gestellt waren, betrafen das Beamten- und Kirchenrecht. Sie wurden auch im vollen Umfang gelöst. Das Berufsbeamtentum, das seine Stellung der Monarchie verdankt hatte, verlor mit der Revolution seine Stütze, die ihm, sollte es sein Ethos nicht verlieren, wiedergegeben werden mußte. Die evangelische Kirche hatte mit dem König den Landesbischof eingebüßt. Die neue evangelische Kirchenordnung war ein Gesetzeswerk, das weit über die Landesgrenzen hinaus anerkannt wurde und auch anderen Ländern als Beispiel diente. Kulturelle Fragen beherrschten auch jetzt das parlamentarische Leben der deutschen Länder. Den Parteien war damit die Möglichkeit gegeben, die Jugend für ihre Politik zu gewinnen. Dem Staatspräsidenten, der selbst alter Schulmann war, eröffnete sich hier ein Feld der Tätigkeit.

Die von der Regierung Hieber mit aller Kraft angestrebte württembergische Verwaltungsreform scheiterte am Widerspruch, der sich, teilweise auch in den Regierungsparteien, gegen die Vorlage erhob. Die Bevölkerung der kleinen und mittleren Oberämter, die, neuzeitlichen

Verwaltungsgrundsätzen entsprechend, zu größeren Bezirken vereinigt werden sollten, wehrten sich teils aus Gründen äußeren Ansehens, teils wegen befürchteter wirtschaftlicher Nachteile gegen die Reform und verlangten von ihren Abgeordneten die Vertretung ihrer Wünsche. So kam es zu einer Regierungskrise. Da die Rechtsparteien kurz vor Ablauf der Amtszeit die Verantwortung nicht übernehmen wollten, wurde eine Art von Beamtenkabinett gebildet. Es war das einzige Mal während der Weimarer Zeit, daß in Württemberg der ruhige Lauf des parlamentarischen Lebens unterbrochen wurde.

Bei den Wahlen vom Mai 1924 ging der Ruck noch weiter nach rechts. Die beiden konservativen Parteien, Bauernbund und Bürgerpartei, bildeten mit dem Zentrum die Regierung. Staatspräsident wurde der bürgerparteiliche Abgeordnete Wilhelm Bazille (1874–1934). Der neue Regierungschef war Beamter, besaß eine umfassende Bildung und einen eigenwilligen Charakter; er war ein schlagfertiger Redner, dessen politischer Ehrgeiz in den ersten Jahren nach der Revolution auf eine führende Stellung in der Reichspolitik gerichtet war. Als im Jahre 1922 nach der Ermordung des Reichsministers Walther Rathenau die Mehrheitsparteien des Reichstages ein Gesetz zum Schutz der Republik einbrachten, beauftragte die Deutschnationale Volkspartei Bazille mit ihrer Vertretung in der Plenarsitzung. Bazille lehnte das Gesetz ab und wies den Vorwurf, die Deutschnationalen trügen die moralische Schuld an Rathenaus Ermordung, mit größter Schärfe zurück. Das war sein gutes parlamentarisches Recht. Als er aber auf den Zwischenruf eines jüdischen Abgeordneten antwortete: „Sie, lieber Freund aus dem Alten Testament..." (der Rest des Satzes ging im allgemeinen Tumult unter), zog er sich einen verdienten Ordnungsruf zu, und mit seiner weiteren Bemerkung, das jüdische Volk habe, wie aus dem alttestamentlichen Buch Judith zu entnehmen sei, den politischen Mord in die Weltliteratur eingeführt, überschritt er auch in den Augen vieler seiner Parteifreunde die Grenze des Zulässigen. Es war das letzte Mal, daß Bazille im Reichstag öffentlich sprach, ohne damit seine Versuche einer nachdrücklichen Einwirkung auf die Reichspolitik seiner Partei aufzugeben. Darin unterschied er sich von den drei anderen württembergischen Staatspräsidenten der Weimarer Zeit, die, nicht zum Nachteil Württembergs, vorwiegend ihre Aufgaben innerhalb ihrer Heimat suchten. Dabei konnte Bazille in der Vertretung württembergischer Belange zu Zeiten als ausgesprochener Partikularist erscheinen. Gegenüber den häufigen Regierungskrisen und -wechseln im Reich verwies er auf die Stabilität der württembergischen und der süddeutschen Regierungen und behauptete, diese würden noch eines Tages das Reich vor Preußen zu retten berufen sein. Die Eigenstaatlichkeit Württembergs wollte er, selbst um den Preis einer, freilich nur vorübergehend gedachten Mainlinie, als Schutz gegen ein sozialistisches Norddeutschland aufrechterhalten. In dieser Auffassung sah er keinen Widerspruch zur Politik Bismarcks, den er aufrichtig bewunderte.

Als im Jahre 1924 die Ententemächte mit dem sogenannten Dawes-Gutachten den ersten Schritt einer Anpassung der unsinnigen wirtschaftlichen Bestimmungen des Versailler Friedensdiktats an die tatsächliche Leistungsfähigkeit Deutschlands machten, stimmte Bazille mit einer Anzahl seiner deutschnationalen Fraktionsgenossen für die Annahme der Vorlage im Reichstag. Mit dieser Haltung berührte Bazille den wundesten Punkt der deutschnationalen Politik während der Weimarer Ära. Man konnte die Erfüllungspolitik ablehnen und sich für einen Kurs auf Biegen oder Brechen aussprechen. Da diesem aber bei den bestehenden europäischen Machtverhältnissen kein Erfolg beschieden sein konnte, bedeutete er für die Partei, die ihn vertrat, die dauernde Opposition. Der Versuch in eine Koalitionsregierung zu gehen, um dort den starken Mann zu spielen, mußte scheitern. Trotzdem hat ihn die Deutschnationale Partei zweimal unternommen. Den unvermeidlichen Mißerfolg hat Bazille in aller Öffentlichkeit vorausgesagt. Noch einmal stemmte er sich beinahe als Einzelgänger gegen eine weittragende Entscheidung, und zwar als nach der Einführung der Rentenmark über die Aufwertung gesprochen wurde. Bazille vertrat den Standpunkt, eine grundsätzliche und einheitliche Regelung der Schuldverhältnisse müsse unvermeidlich zu großem Unrecht führen. Nur eine auf den Einzelfall abzustimmende Aufwertung könne dem Rechtsempfinden des Volkes genügen. Daß dies eine langwierige, vielleicht auf Jahrzehnte sich erstreckende Aufgabe sei, dürfe uns, wo es sich um eine unheilbare Wunde des rechtsstaatlichen Gedankens handle, nicht von dem rechten Wege abhalten. War dies auch für die damalige Zeit Utopie, spricht es doch für eine ethische Auffassung.

Das Ergebnis der nächsten Landtagswahl im Jahr 1928 war eine Absage der Wähler an die konservative Politik. In der neuen Regierung übernahm das Zentrum die Führung, Staatspräsident wurde der Abgeordnete Eugen Bolz (1881–1944), der schon früheren Kabinetten als Minister angehört hatte. Die Wahl hatte keine Aufregung, ihr Ergebnis keine Überraschung verursacht. Aber in der großen Welt sah es bald anders aus. Am politischen und wirtschaftlichen Horizont zogen schwarze Wolken auf. Es knisterte überall in dem Bau, den der Versailler Vertrag in Europa errichtet hatte. Die Krise der Weltwirtschaft kündigte sich an. Deutschland, vor wenigen Jahren erst in den Kreis der Völker wieder einbezogen, wurde rettungslos in den Strudel hineingerissen.

Der Friedensvertrag von Versailles, diktiert von Clémenceau mit dem Ziel, Frankreichs Vormachtstellung in Europa wieder herzustellen, war, staatsmännisch und wirtschaftlich gesehen, ein miserables Machwerk. So kam es, daß die Vereinigten Staaten den Friedensvertrag nie anerkannten, sich in England schon während der Verhandlungen warnende Stimmen erhoben und selbst in Frankreich allmählich die Sachverständigen hellhörig wurden. Dawesplan (1924), die Konferenz von Locarno (1925), der Eintritt in den Völkerbund (1926) und der Youngplan (1929) sind die Stationen auf dem Weg des deutschen Volkes gewesen. Trotz vieler schöner Reden und meist nicht eingelöster Zusagen der alliierten Staatsmänner waren die Deutschland tatsächlich gemachten Zugeständnisse gering, und doch waren diese spärlichen Ergebnisse echte Erfolge der Reichsregierung, wenn man bedenkt, welcher Mühe es bedurfte, um Stein um Stein aus der Mauer von Haß und Feindseligkeit herauszubrechen. Die Deutschen wurden auf diesem Weg nicht müde, aber ungeduldig. Sie würdigten die aufopfernde Arbeit ihrer Staatsmänner nicht und wiesen es von sich, die Ergebnisse der Konferenzen als Erfolg anzuerkennen, sie hörten viel lieber die demagogischen Versprechungen und die radikale Kritik nationalsozialistischer Politiker. Von 1928 an vermehrte sich die Anhängerschaft Adolf Hitlers sprunghaft, und bald waren dieser Flut keine Dämme mehr zu setzen. Das deutsche Volk in seiner Masse war der Demokratie überdrüssig und rief nach der Diktatur, von der es sich alles Heil versprach. Der starke Mann würde die Aufgabe lösen, an der die Politiker des Weimarer Staates gescheitert waren! Auch das Ausland sah mit steigender Sorge diese Entwicklung, an der es selbst nicht geringe Schuld trug. Ein Bruchteil der Zugeständnisse, die wenige Jahre später die Ententemächte bereitwillig Adolf Hitler anboten, hätte genügt, um den Kabinetten Stresemann und Brüning das Ansehen vor dem deutschen Volk zu verschaffen, das sie zur Leitung ihrer Politik so dringend gebrauchten.

Nach einem Zeugnis demokratischer Führer aus dem Jahr 1932 bewies die Geschichte des vergangenen Jahrzehnts, daß das Parlament wohl zur Kontrolle, nicht aber zur Führung der politischen Geschäfte fähig war. Der Keim des Übels lag in der Weimarer Verfassung, die mit ihrem Verhältniswahlrecht starke Mehrheiten unmöglich machte und damit die Bildung einer beständigen, zur Führung befähigten Regierung verhinderte. Die Staatsgewalt lag nach dieser Verfassung beim Reichspräsidenten und beim Reichstag. Da ja „irgendwie Deutschland regiert werden muß", das Parlament in seiner Zersplitterung dazu aber nicht fähig war, griffen Reichspräsident und Reichsregierung zur Notverordnung gemäß Art. 48 der Reichsverfassung. Dieser Zustand war unbefriedigend, da die Auslegung dieses Artikels durch die Politiker offenbar dem Willen des Gesetzgebers nicht voll entsprach. Trotzdem war der Weimarer Staat besser als sein Ruf, denn er hat Männer auf die politische Bühne gebracht, die durchaus Format besaßen und jedem Parlament Ehre gemacht hätten: Reichspräsident Friedrich Ebert, Reichskanzler Heinrich Brüning und Reichsminister Gustav Stresemann. Die Nachwelt sollte diesen Männern und noch manchen anderen, die zu nennen der Charakter dieses Buches verbietet, die Achtung erweisen, die ihnen die Zeitgenossen verweigert haben.

Unzweideutige Willensäußerungen des Volkes, die sich gegen den Radikalismus aussprachen, kamen unglückseligerweise nicht zur Auswirkung. Dazu gehörte die Reichspräsidentenwahl vom März 1932. Es war der persönliche Erfolg des Reichskanzlers Brüning, daß Feldmarschall von Hindenburg ein zweites Mal zum Reichspräsidenten gewählt wurde. Wenn auch die Parteien und Volksschichten, die jetzt für den greisen Präsidenten eintraten, andere waren als die, die ihn sieben Jahre vorher gewählt hatten, so lag doch in der Annahme der Wahl für den Präsidenten die Verpflichtung, den Auftrag seiner Wähler auszuführen. Der Mehrheitswille war damals noch ohne Zweifel auf die Abwehr des Radikalismus gerichtet, was ja auch in der Absicht Hindenburgs lag, der sich deutlich genug gegen den „Gefreiten des Weltkriegs" ausgesprochen hatte. Aber schon nach wenigen Wochen trennte sich Hindenburg zuerst von dem Reichsinnenminister Groener, der, im Reichtag wegen des SA-Verbots angegriffen, als schwacher Debatteredner versagt hatte, und zehn Tage später von Reichskanzler Brüning. Nach weiteren acht Monaten war der Weg für Adolf Hitler frei. Auch jetzt noch brauchte dieser, der immer wieder versicherte, er werde die Macht nur auf verfassungsrechtlichem Weg erstreben, die Unterstützung anderer Parteien. Sie wurde ihm zuteil durch Rechtskreise, deren motorische Kraft der Geheime Finanzrat Alfred Hugenberg war. Der Weimarer Staat hatte keinen größeren Feind als Hugenberg. Diese Einstellung machte den großartigen Organisator und tatkräftigen Unternehmer, den früheren Direktor von Krupp, „den Herrn über Film und Zeitung", politisch blind für die Gefahr, die Deutschland vom Nationalsozialismus drohte. Wie konnte sich soviel Geschäftssinn mit so wenig Menschenkenntnis verbinden? Hugenberg verkannte Adolf Hitler, als er glaubte, in der künftigen Koalition würden die Deutschnationalen den Generalstab, die Nationalsozialisten die Truppe stellen. Das Erwachen kam für Hugenberg schnell, nicht minder für die Politiker der Mitte, die sich mit billigen Hoffnungen hatten trösten wollen, die Praxis der Regierung und Verwaltung werde auch einem Hitler Fesseln anlegen, und schließlich werde keine Suppe so heiß gegessen, wie sie gekocht sei. Mit dem Ermächtigungsgesetz vom 24. März 1933, dem mit Ausnahme der Sozialdemokratie alle Parteien zustimmten, hatte Hitler die Hände frei; sein Ziel war auf ›legalem‹ Wege erreicht, wie er es dem Reichspräsidenten versprochen hatte!

Zum Verständnis der Entwicklung müssen wir noch einen Blick auf die deutsche Wirtschaftsgeschichte werfen, die im neunzehnten Jahrhundert drei Wendepunkte aufweist. Mit den napoleonischen Kriegen begann das Schwungrad des Wirtschaftslebens sich in Bewegung zu setzen. Anstoß und erste Hilfe gab die Regierung im Zeichen des Wirtschaftsliberalismus. Die Gewerbefreiheit, verkündet von der Obrigkeit, nicht vom Volk gefordert, schien den Handwerkern zunächst als zweifelhaftes Geschenk. Aber auch der Kaufmann ergriff die Möglichkeiten, die sich ihm mit der Beseitigung der Binnenzölle boten, nur zögernd. Er lehnte die Neuerungen nicht ab, wollte sich jedoch in seiner bedächtigen Ruhe nicht stören lassen. Sparsamkeit, Zurückhaltung und Bescheidung lagen in dem Lebensstil der Zeit. Der nächste Wendepunkt liegt im fünften und sechsten Jahrzehnt, der Epoche der technischen Erfindungen und der wagemutigen Unternehmer. Das Schwungrad beginnt sich schneller zu drehen, um mit der Einheit des Reiches – dem dritten

Wendepunkt – auf volle Touren zu kommen. Die Wirtschaftsphantasie sieht lockende Fernziele weit über die heimatlichen Grenzen hinaus, und der Wirtschaftswille wird härter. Hatte sich bisher der wirtschaftliche Mensch, tastend und abwägend, Schritt für Schritt bewegt, fing er jetzt an, weitausholend vorwärts zu eilen; das Wagnis zu stolpern, ja zu fallen, nahm er auf sich. Damit aber wurde auch seine Auffassung vom Wert der Arbeit anders. Es genügte nicht mehr, daß die Arbeit dem Leben einen befriedigenden Inhalt und der Familie ein auskömmliches Brot sicherte. Der Erwerb wurde zum Selbstzweck, die Lebensauffassung materialistischer. Aber noch war dieses Streben nicht allgemein. Es gab viele Berufe – Lehrer, Geistliche, Künstler, Beamte, Offiziere, Ärzte, Juristen – aber auch Geschäftsleute, denen die Freude und innere Befriedigung an ihrer Tätigkeit mehr galt als die höhere Vergütung in Geld. Der Aufstieg Deutschlands zu weltwirtschaftlicher Bedeutung um die Jahrhundertwende wurde noch getragen von der Pflichterfüllung und der Schaffenslust der Vorkriegsgeneration, die ein hohes Arbeitsethos für sich in Anspruch nehmen durfte.

Diese Entwicklung wurde durch den ersten Weltkrieg jäh unterbrochen. Deutschland hatte für eine wirtschaftliche und finanzielle Mobilmachung keine Vorsorge getroffen. Man war fest überzeugt, daß ein Krieg höchstens Monate dauern werde. So lange aber würden auch die Reserven der deutschen Wirtschaft reichen. Nun erhob sich die Frage, auf welchem Weg die Mittel zur Kriegführung aufzubringen seien: durch Steuern oder durch Anleihen? Der Reichsschatzsekretär Karl Helfferich entschied sich für Anleihen, und wurde dafür nach dem Kriege von dem damaligen Reichsfinanzminister Matthias Erzberger in der Weimarer Nationalversammlung als der „leichtfertigste aller Finanzminister" bezeichnet. Dem also Angegriffenen erstand in dem königlich württembergischen Finanzminister a. D. Theodor von Pistorius ein Verteidiger. Daß rückschauend die Beschaffung der nötigen Mittel durch Steuern als der bessere Weg erscheint, ändert nichts daran, sagte der Stuttgarter Finanzfachmann, daß bei Ausbruch des Krieges ihn kein Sachkenner vorgeschlagen hat. Es verbot sich dies schon dadurch, daß er eine völlige Umgestaltung der Finanzordnung der Bundesstaaten bedeutet hätte. Es darf noch erwähnt werden, daß es Pistorius gewesen ist, der als erster der bundesstaatlichen Finanzminister eine Kriegssteuer vorschlug und auch durchführte. Von den maßgebenden Berliner Stellen, gerade auch vom Reichsschatzamt, wurde dieses Vorgehen sehr begrüßt und anderen Bundesstaaten zur Nachahmung empfohlen.

Die Kriegsverluste Deutschlands waren ungeheuer; die Opfer auf dem Schlachtfeld und durch die Hungerblockade, die Gebietsabtretungen, der Verlust der Kolonien, der landwirtschaftlichen Überschußgebiete und wertvoller Rohstoffvorkommen schienen einen Wiederaufstieg Deutschlands in absehbarer Zeit unmöglich zu machen. Dazu kamen der durch den Krieg und die Revolution verursachte moralische Niedergang und die Verwilderung der Sitten. Die Inflation, die Geldentwertung, die durch das steigende Mißverhältnis zwischen Geld und Gütermengen immer schlimmer wurde, führte dazu, daß die Preise von Monat zu Monat, von Woche zu Woche und schließlich täglich um die Mittagszeit stiegen. Wirtschaftlich vernünftig zu handeln, war widersinnig. Die Rentenmark als wertbeständiges Zahlungsmittel brachte die Rettung, und es zeigte sich, daß alle Enttäuschungen, Entbehrungen und selbst die Friedensbedingungen den Wirtschaftswillen des deutschen Volkes nicht hatten brechen können. Man darf vielleicht sagen, daß weniger der politische als vielmehr der wirtschaftliche Wille das deutsche Volk aus der Tiefe der Niederlage herausgeführt hat. Der Weg des Leidens war freilich lang. Während des Krieges hatte die ganze deutsche Wirtschaft nur für die Rüstung gearbeitet, alle anderen Bedürfnisse mußten zurücktreten. In den Jahren der Inflation suchte jeder, so gut er konnte, sich über Wasser zu halten. Die vermeintlichen Riesengewinne zerflossen mit der Rentenmark zu nichts. Eine planmäßige Arbeit konnte erst mit der wertbeständigen Währung beginnen. Die Eröffnungsbilanz bot ein hoffnungsloses Bild. Der Landwirtschaft fehlte es an allem: an Kapital, an Pferden und Vieh, an Saatgetreide und Düngemitteln. Die Industrie hatte ihre Absatzmärkte im In- und Ausland verloren; das Handwerk glaubte den Wettbewerb der Großbetriebe nicht aushalten zu können; die Verschuldung des Reiches war gar nicht zu übersehen. Trotz allem: für die verlorenen Absatzmärkte fanden sich neue, die auf Anforderung der Gewerkschaften – übrigens zu Recht in Anbetracht der bisherigen Überforderung des Arbeiters – gekürzte Arbeitszeit wurde durch verbesserte Verfahren mehr als ausgeglichen, so daß die deutsche Wirtschaft allmählich den Friedensstand wieder erreichte und teilweise überschritt.

Wie freilich die Lasten des Versailler Diktats von Deutschland getragen werden sollten, vermochte niemand zu sagen. Einerseits waren die

Erleichterungen des Dawes- und des Youngplans für die deutsche Wirtschaft ungenügend, andererseits gelang es dem Generalagenten für die Reparationszahlungen nie, die Zahlungen und Sachlieferungen so in die Empfangsländer zu ›transferieren‹, daß sie dort keine wirtschaftlichen Störungen hervorriefen. Es kam allmählich soweit, daß die begünstigten Volkswirtschaften sich gegen die Annahme „derartiger Geschenke" sträubten. Später wurde berechnet, daß der Friedensvertrag von Versailles Deutschland ebensoviel gekostet hatte wie der Krieg. Die Wendung trat ein, aber ganz anders, als die Sachverständigen sie sich gedacht hatten. Im Oktober 1929 kam es an der New Yorker Börse zu einem Zusammenbruch der Wertpapierkurse. Damit kündigte sich eine Krise des Weltmarktes an, die um so bestürzender wirkte, als in den Vereinigten Staaten kurz zuvor noch jedermann überzeugt war, die störenden Schwankungen des Konjunkturzyklus seien endgültig überwunden. Für die deutsche Wirtschaft waren die Folgen dieses Rückschlages besonders hart. Ihre rasche Erholung in den Jahren zwischen Inflation und Weltwirtschaftskrise war auf ausländische, vorwiegend amerikanische Kredite zurückzuführen. Während der Verhandlungen über den Dawesplan hatten amerikanische Finanzleute sich bereit erklärt, der deutschen Wirtschaft Darlehen in großem Umfang zur Verfügung zu stellen. Reich, Länder, Städte, Landwirtschaft, Industrie und Handwerk, alle griffen in ihrer Geldnot zu und legten die kurzfristig gegebenen Mittel langfristig an. Die Summe dieser Kredite wurde auf etwa zwölf Milliarden Reichsmark geschätzt. Hatte der New Yorker Börsenkrach die amerikanischen Gläubiger unsicher gemacht, so stieg deren Sorge um ihr Geld noch mehr durch die Nachrichten von der wachsenden radikalen Stimmung in Deutschland. Die Kündigung der Kredite führte zur Krise der deutschen Wirtschaft. Im Juli 1931 stellte die Darmstädter- und Nationalbank in Berlin ihre Zahlungen ein; die Reichsbank, die durch die Hingabe ihrer Gold- und Devisenbestände die unheilvolle Entwicklung hatte bremsen wollen, war nicht mehr in der Lage, das weithin bekannte und angesehene Institut zu stützen. 1932 betrug die Zahl der Arbeitslosen in Deutschland über sechs Millionen. Die Reichsregierung kämpfte verzweifelt gegen die wirtschaftliche Entwicklung, aber ihre Sparmaßnahmen steigerten nicht nur ihre Unbeliebtheit, sondern schwächten auch die Konsumkraft weiter Kreise und vermehrten damit das wirtschaftliche Übel. Es sah aus, als hätten sich alle Schicksalsmächte verschworen, dem Nationalsozialismus zur Macht zu verhelfen. Zu dem politischen Mißbehagen über das Ungenügen des parlamentarisch-demokratischen Systems kam das wirtschaftliche Elend und die Arbeitslosigkeit, die der einzelne als Unglück, häufig auch als Schande empfand. So kam es, daß nicht nur der Arbeiter, sondern auch der Unternehmer, der Handwerker und die freien Berufe, kurz alle, die unter der Krise litten, in Adolf Hitler und seiner Wirtschaftspolitik die Rettung sahen und glaubten, dem Demagogen dafür Dank schuldig zu sein.

Württemberg, dessen Temperatur, auch bei Fieberanfällen, immer etwas niedriger war als die seiner Nachbarn, fand in seinem sozialen Gefüge gewisse Erleichterungen der wirtschaftlichen Lage. Die Veredelungs- und Verarbeitungsindustrie, wenig oder gar nicht an den Standort gebunden, hatte sich vielfach der billigen Arbeitskräfte wegen in ländlichen Gemeinden, auf der Schwäbischen Alb, im Schwarzwald und in den Tälern des Neckars und seiner Nebenflüsse angesiedelt. So besaß hier der Industriearbeiter einen Garten, ein Stück Feld, eine Ziege, ein Schwein. In der Zeit der Not war dies eine Hilfe und ein Rückhalt für die Familie, und was noch mehr wert war, eine nutzbringende, sinnvolle Beschäftigung, wo andere der demoralisierenden Arbeitslosigkeit überlassen waren. Die in Generationen wiederholte Erbteilung, die den verbreiteten Kleinbesitz entstehen ließ und für die landwirtschaftliche Nutzung des Bodens so nachteilig war, wurde hier zum Segen für viele.

Warum haben die Deutschen, ist man immer wieder versucht zu fragen, Adolf Hitler so lange geglaubt, bis er das Netz, das er ihnen arglistig über den Kopf warf, zuziehen konnte, daß es kein Entrinnen mehr gab? Vor der Machtergreifung klangen Hitlers schöne Phrasen echt und waren so geschickt auf die geistige Haltung eines schwer geprüften Volkes, dessen Geltungsbedürfnis und nationalistische Wünsche berechnet, daß Millionen im besten Glauben auf seine Ehrlichkeit geschworen haben. Warum las man nicht in seinem Buch »Mein Kampf« die Stellen, wo er mit zynischer Offenheit seinen Machthunger enthüllte? Es gab noch mehr Beweise seiner wahren Meinung, die die deutsche Öffentlichkeit hätten alarmieren müssen. Nur einer sei hier genannt: Im Sommer 1932, als die Gesetzlosigkeit einen Höhepunkt erreicht hatte und es fast täglich zu blutigen Zusammenstößen zwischen SA-Leuten und Kommunisten kam, verhängte am 9. August die preußische Regierung den Ausnahmezustand über das ganze Staatsgebiet und drohte für Gewalttaten mit tödlichem Ausgang durch Gesetz die Todesstrafe an. In der folgenden Nacht ermordeten fünf Hitleranhänger in einem oberschlesischen Dorf einen Kommunisten und wurden in einem Schnellverfahren zum Tode verurteilt. Hitler versicherte die Mörder telegraphisch „seiner Verbundenheit in restloser Treue".

Meisterhaft verstand Hitler die diabolische Kunst, mit Lob, Beförderung und Geschenken die Menschen bei ihren Schwächen und ihrem Ehrgeiz zu fassen. Sein Appell an die schlechten Instinkte fand immer Gehör. Er korrumpierte die Menschen, um sie an sich zu ketten. Durch seine Erfolge wurden Kritik und Wachsamkeit eingeschläfert, denn es gelang ihm in der ersten, größeren Hälfte seiner Herrschaft fast alles, was er anfaßte. War es nicht ein überzeugender Erfolg, wenn jetzt europäische Staatsmänner eine Ehre darin sahen, bei Hitler vorgelassen zu werden, während kurz zuvor die deutschen Vertreter mit der Bitte um Verständnis und Entgegenkommen vergeblich an verschlossene Türen gepocht hatten? Damals war Europa bereit, Adolf Hitler eine führende Rolle zuzugestehen. Es lag nur an ihm, Maß zu halten, aber gerade dies widersprach seiner Natur; jede Nachgiebigkeit des Gegners steigerte seine Begehrlichkeit. Als den Deutschen die Augen aufgingen, war es zu spät. Mittlerweile war der deutsche Einheitsstaat geschaffen, in dem nur sein Wille galt. Hitler war schlau genug, seinem Patienten die Arznei langsam einzugeben: Mit dem Tag von Potsdam, wo der neue Kanzler sich ehrfurchtsvoll vor dem Feldmarschall und Reichspräsidenten von Hindenburg verneigte, gewann er die Herzen aller, die an der alten Tradition hingen. Auch die Wehrmacht, von jeher ein Lieblingskind des deutschen Volkes, erfreute sich einer Vorzugsstellung, solange Hitler sie als Stütze seiner Herrschaft brauchte. Wie hätte sie ihm nicht dankbar sein sollen, da er ihr alles gab, was sie sich wünschen konnte? Im Frühjahr 1938 zeigte ihm die ›Fritsch-Krise‹, wieviel er der Wehrmacht und ihrem Führerkorps bieten konnte. Wie war es möglich, daß sich kein Widerspruch erhob, als der Oberbefehlshaber des Heeres, Freiherr von Fritsch, als Soldat und Mensch untadelhaft, widernatürlicher Neigung und Betätigung verdächtigt wurde und ihm nach einem ehrengerichtlichen Freispruch wegen erwiesener Unschuld die Wiederherstellung seiner Ehre vorenthalten wurde? Nach dieser Erfahrung fühlte sich Hitler jeder Rücksicht auf die Wehrmacht enthoben und konnte seiner Abneigung gegen die Generäle, die von Strategie mehr verstehen wollten als er, freien Lauf lassen. Wer über solche Willkür erbittert war und sich in der Sorge um das Schicksal Deutschlands in der Hand eines machtgierigen Diktators verzehrte, stand vor einer Gewissensfrage. Sollte er sich von jeder Verantwortung zurückziehen oder mit der abgestandenen Begründung, „um Schlimmeres zu verhüten" im Amt bleiben? Vielleicht trafen Unentschlossenheit, Scheu vor Verantwortung oder Feigheit die Entscheidung, nicht selten aber Mut und Verantwortungsbewußtsein. Wir sehen niemandem ins Herz: wer fühlt sich so frei von Schuld, daß er den ersten Stein wirft? Nicht der äußere Erfolg, nur die Lauterkeit des Charakters darf den Maßstab unseres Urteils bilden.

Auf diese Frage antwortet ein Zeugnis aus Württemberg. Es findet sich in den Erinnerungen des Freiherrn Ernst von Weizsäcker, des Sohnes des früheren Ministerpräsidenten. Weizsäcker war ursprünglich Seeoffizier gewesen, dann Diplomat, Gesandter in Bern und von 1938 an Staatssekretär im Auswärtigen Amt. Illusionen über die Grenzen, die seiner Arbeit unter Hitler gezogen waren, machte er sich nicht, auf Erfolg konnte er nicht hoffen. Als alter Seemann wollte er an Deck bleiben, ausharren, für den Frieden kämpfen. Mancher seiner alten Freunde trennte sich wegen dieser Haltung von ihm. „Erfolg und Verstandenwerden sind nicht die letzten Kriterien des Handelns. Stünde ich heute vor derselben Entscheidung, ich müßte sie wieder so fällen." Dies ist das Wort eines tapferen Mannes, an dem man nicht deuteln soll. Der württembergische Landesbischof Theophil Wurm stritt mutig, besonnen, unbeugsam, nie jedoch starr, gegen Unrecht und Übermut und für seinen evangelischen Glauben. Auf seinen Gegenspieler, den Reichsstatthalter Wilhelm Murr, zielte damals ein Wortspiel: „Den Murr wurmt's, daß der Wurm murrt."

1938 hatte sich im Auswärtigen Amt und im Generalstab eine Gruppe von Männern zusammengefunden, die in der Überzeugung, daß Hitlers Maßlosigkeit den europäischen Frieden gefährde, entschlossen waren, den Diktator „matt zu setzen". Dabei war auch den Großmächten eine wesentliche Rolle zugedacht. Die Londoner Regierung werde, so hoffte man in Berlin, Hitler unzweideutig sagen, daß Englands Geduld erschöpft sei, und Deutschland von jetzt an auf den bewaffneten Widerstand der europäischen Staaten stoßen werde. Aber der britische Ministerpräsident gab nach, und das Münchner Abkommen vom September 1938 wurde zu einem weiteren Erfolg Hitlerscher Politik.

Der Ausbruch des Krieges, der nach Goebbels' Propaganda Deutschland aufgezwungen worden war, veranlaßte die Deutschen, „die Reihen zu schließen". Wenn das Vaterland bedroht war, hatte die Kritik zu schweigen. Für Millionen Deutsche, die keinen Einblick in die tatsächlichen Vorgänge haben konnten, war jetzt deutsch und nationalsozialistisch ein und dasselbe. So taten sie ihre Pflicht in stummem Gehorsam an der Front und in der Heimat. Zwei Jahre lang schienen die erstaunlichsten Erfolge auf den europäischen Schlachtfeldern Hitler recht zu geben. Erst die Hiobsbotschaften vom russischen Kriegsschauplatz öffneten 1943 vielen, nicht allen, die Augen für die Aussichtslosigkeit des Krieges und den Wahnsinn der Hitlerschen Politik. Wollten die Widerstandskämpfer Deutschland vor dem Untergang retten, mußten sie jetzt handeln.

Tausende, Männer und Frauen, haben im Widerstand gegen Hitler ihr Leben gelassen. Diese Blutzeugen kamen aus allen Schichten der Bevölkerung und aus allen Parteien. Das ist ein tröstlicher Gedanke. Ihr Ziel und ihre Haltung sind über Lobesworte erhaben. Sie scheuten das Zwielicht des Verschwörers und den Vorwurf des Hoch- und Landesverrats, ja des Mordes nicht. Sie trifft keine Schuld, sondern den, der sie in die Lage gebracht hat, aus der sie keinen anderen Ausweg als die Gewalttat sahen. Uns aber bleibt die schmerzliche Erkenntnis, daß sich die Widerstandskämpfer mit den Vorbereitungen zur Beseitigung des verhaßten Systems der Geheimen Staatspolizei, ihrem Todfeind, ausgeliefert haben. Auch die Verschwörung, der geheime Widerstand gegen die herrschende Staatsgewalt, hat Gesetz und Technik. Auf diesem Boden entscheiden nur List, Täuschung und Verschlagenheit und nicht ehrliche, vornehme Gesinnung und persönlicher Mut.

Von Generaloberst Beck, dem ›Kopf‹ der Widerstandsbewegung wird zuverlässig berichtet, er habe seine Helfer angewiesen, jeden ihrer Schritte genauestens schriftlich festzuhalten, um sich später vor der Welt und der Geschichte rechtfertigen zu können. Im Kreise von Oberbürgermeister Goerdeler wurden Aufrufe, Denkschriften und Listen der für eine künftige Regierung in Aussicht genommenen Persönlichkeiten angefertigt und aufbewahrt. Viele von diesen belastenden Unterlagen sind als willkommene Hinweise in die Hände der Spürhunde der Gestapo gefallen. Ulrich von Hassell, der frühere Botschafter in Rom, vertraute jede Überlegung, jedes Gespräch seinem Tagebuch an, in dem seine Freunde und Gesinnungsgenossen mit Decknamen genannt waren, die jeder mühelos deuten konnte.

Unter den Württembergern, die auf solche Weise Hitlers Rache zum Opfer fielen, sind zu nennen: Der frühere württembergische Staatspräsident Eugen Bolz, dem eine Goerdeler-Liste zum Fallstrick wurde, der frühere Stuttgarter Bürgermeister Fritz Elsas, Oberstleutnant d. R. Cäsar von Hofacker, ein Vetter der Grafen Berthold und Claus von Stauffenberg und schließlich Generalfeldmarschall Erwin Rommel, den Hitler zum Selbstmord zwingen ließ, weil er es nicht wagte, dem populärsten Heerführer des Krieges öffentlich den Prozeß zu machen.

Oberst Claus Graf Schenk von Stauffenberg (geb. 1907) legte am 20. Juli 1944 in der ›Wolfsschanze‹, dem ostpreußischen Hauptquartier Hitlers, die todbringende Bombe, die durch Zeitzünder zur Explosion kam. Was bewog ihn dazu? Geboren als Sohn des Hofmarschalls des letzten württembergischen Königs, aufgewachsen in einem geistig und künstlerisch angeregten Familienkreis, eine gute männliche Erscheinung, war er innerlich und äußerlich ein Aristokrat. Schon in dem jungen Offizier wurde eine ungewöhnliche strategische Begabung erkannt, seine Kameraden nannten ihn ›den jungen Schlieffen‹ oder in Anspielung auf die berühmte Steinplastik im Dom seiner Garnisonstadt ›den Bamberger Reiter‹. Im Eberhard-Ludwig-Gymnasium in Stuttgart zum Humanisten gebildet, freundschaftlich dem Dichter Stefan George verbunden, mag ihm der im klassischen Altertum verherrlichte Tyrannenmord als letztes Mittel erlaubt, ja geboten erschienen sein. Nach dem mißlungenen Attentat starb er noch am selben Abend unter der Salve eines Exekutionskommandos im Hof des Berliner Kriegsministeriums. Sein Bruder Berthold wurde wenige Tage später hingerichtet.

Glücklicher als Stauffenberg war Hans Speidel, Generalleutnant und Stabschef von Rommel bei der Invasion der Normandie. Als Mitwisser und Mittäter der Verschwörung war er der Gestapo bekannt. Dieser Mann, der während seiner Ausbildung zum Generalstabsoffizier ›nebenher‹ an der Universität Tübingen studiert und sich ein Doktordiplom erworben hatte, verteidigte sich vor den Gestapo-Kommissaren mit eiskalter Ruhe und nie versagender Geistesgegenwart so geschickt, daß er seinen Peinigern zu deren großem Ärger das Nachsehen ließ. Wenn ihm auch nichts nachzuweisen war, wurde er doch nicht freigelassen, und sein Leben hing noch monatelang an einem Faden. Ein weiterer württembergischer

Widerstandskämpfer war der Stuttgarter Oberbürgermeister Karl Strölin. Ursprünglich der nationalsozialistischen Bewegung zugetan, fühlte er sich von ihrer weiteren Entwicklung abgestoßen, war ein Mitwisser Speidels und Rommels und in alle Geheimnisse der Widerstandbewegung eingeweiht, blieb aber nach dem Attentat unbelästigt. Warum hier der Gestapo-Apparat versagt hat, wurde nie aufgeklärt.

Die Frage liegt nahe, was die Folgen eines geglückten Attentats gewesen wären. Es ist zumindest nicht wahrscheinlich, daß die nationalsozialistischen Führer sich kampflos in ihr Schicksal ergeben hätten, auch war die Organisation der Verschwörer nicht so lückenlos, daß jeder Widerstand überzeugter, fanatisierter Hitleranhänger aussichtslos gewesen wäre. Für den, der die Staatsgewalt in Händen hält, ist vieles leichter, als für den, der sie ihm entwinden will. Ein Bürgerkrieg war also keineswegs ausgeschlossen. Das wußten die Widerstandskämpfer auch, aber sie waren überzeugt, daß alles, in der Tat alles, hinter dem Ziel der Beseitigung Hitlers zurücktreten müsse. Es hätte sich vielleicht auch zum Nachteil der Sache herausgestellt, daß die Kampfgenossen nur in diesem einen Ziel einig waren, sonst aber über die Zukunft Deutschlands recht gegenteilige Auffassungen hatten. Sicher dürfte sein nach allem, was wir heute darüber wissen, daß die Feindmächte auch einer anderen deutschen Regierung gegenüber von ihrer Hauptforderung der bedingungslosen Unterwerfung nicht abgegangen wären. Und nun die letzte Überlegung: Wäre Hitler der Bombe Stauffenbergs zum Opfer gefallen, hätte man Millionen von Deutschen zeitlebens nicht ausreden können, ›der Führer‹ hätte, wäre er nur am Leben geblieben, noch alles zum guten Ende gebracht, und viele glauben es heute noch. Man wende nicht ein, der gesunde Menschenverstand verbiete solchen Unsinn. Ist es nicht der verbreitetste Glaube unserer aufgeklärten Zeit, die Menschen träfen ihre Entscheidungen nach Sinn und Verstand? In Wirklichkeit richtet sich die große Masse wie eh und je nach ihren Wunschträumen, und darum mußte vielleicht alles kommen, wie es gekommen ist.

Für Deutschland schien mit dem Tage des Waffenstillstandes das Ende seiner Geschichte gekommen. Sein Schicksal lag in den Händen seiner Feinde, die versicherten, von einem „anderen Deutschland" keinerlei Notiz zu nehmen. Was konnten die verhungerten, enttäuschten, an Gott und der Welt verzweifelnden Deutschen tun? Sie waren, als die Waffen schwiegen, noch lange nicht am Ende ihres Elends. Aus ihrer Betäubung rafften sie sich auf und gingen an die Arbeit. Was sie dabei politisch und wirtschaftlich erreichten, ist aller Achtung wert. Sie bauten sich einen neuen Staat, der wieder, anders als das Hitlersche Einheitsreich, ein Bund deutscher Länder ist. Durch das Vertrauen der Vertreter des Volkes wurde Theodor Heuss zum ersten Präsidenten der Bundesrepublik Deutschland berufen. Wir Württemberger sehen in ihm mit Stolz die Verkörperung der besten Seiten unseres Stammes.

Ereignisse wie Churchills Züricher Rede, vor allem aber Trumans Entscheidung, sich die Gedanken des Hoover-Reports zu eigen zu machen und damit endgültig auf den Morgenthauplan zu verzichten, leiteten die wirtschaftliche Erholung Westdeutschlands ein, die über Erwarten schnell sich entwickelte. Wo früher der einzelne, der Unternehmer, mit Umsicht, Sachkenntnis und Wagemut auf dem Weg des wirtschaftlichen Erfolges voranging, führen heute die Verbände. Der Staat sieht sich dabei in einer seltsamen Lage: dieselben Stimmen, die ihn ob seiner Vielgeschäftigkeit angreifen, rufen nichtsdestoweniger unaufhörlich nach seiner Hilfe und seinem Eingreifen. Über diesem ganzen Leben herrschen nur noch der Grundsatz der Nützlichkeit und der Erwerbsinn. Auch künstlerische, wissenschaftliche, ja selbst karitative Verbände denken in dieser Kategorie. Erwägungen reiner Zweckmäßigkeit beherrschen auch das politische und staatsrechtliche Gebiet. Es ist noch nicht so lange her, daß man sich leidenschaftlich über die Frage Monarchie oder Republik stritt. Die Staatsform war eine Sache der Weltanschauung. Heute regt sich niemand darüber auf. Belehrt durch zwölf Jahre Diktatur, will sich das Volk gegen den Mißbrauch der Macht gesichert sehen. Die Macht ist nicht, wie oft gesagt wird, böse an sich, in moralischer Hinsicht vielmehr neutral, zum Guten verwendbar wie zum Bösen; nur lehrt die Erfahrung, daß die Versuchung zu ihrem Mißbrauch erschreckend groß ist. Absolute Sicherheit bietet auch das beste Gesetz nicht, und immer wird es wahr bleiben, daß eine schlechte Verfassung in der Hand eines guten Staatsmannes besser ist als umgekehrt. Einstweilen stellt man in der Bundesrepublik, weit entfernt von jeder idealistischen Staatsauffassung, fest, daß zur Kontrolle des staatlichen Apparates bis jetzt noch nichts Besseres erfunden ist als das demokratisch-parlamentarische System.

Im Massenzeitalter ist die Arbeit nicht mehr Inhalt und Befriedigung des Lebens, sondern nur noch das Mittel zur Sicherung und Verbesserung der Lebenshaltung. Daß es einmal ein Ethos der Arbeit gab, ist nur noch einer Minderheit bewußt. Augenscheinlich siegt der Materialismus auf der ganzen Linie. Vielleicht aber sieht es auch nur so aus? Bei anderen Völkern ist es wohl nicht besser; das dürfte das Erbe zweier Weltkriege und die Folge nie geahnter technischer Fortschritte sein. Vor uns liegt die Epoche der Atomkraft, von deren kriegerischer Verwendung wir bis jetzt leider viel mehr wissen als von ihrer friedlichen. Das ist keine schöne Aussicht. Aber wir müssen, da es kein Mittel gibt, sie wieder aus der Welt zu schaffen, mit der Atombombe leben. Es bleibt uns nur die Hoffnung, daß die Menschheit von dem ihr gegebenen Mittel der Selbstvernichtung keinen Gebrauch mache. Unter diesen Umständen steht es dem Menschen besser an, sein Schicksal in guter Haltung statt mit Angst und Zittern auf sich zu nehmen. Materialistisches Denken wird uns nicht helfen, die Zukunft zu formen und die Vergangenheit zu bewältigen.

Was aber bleibt dem einzelnen zu tun, der heute weniger als je Einwirkung auf den Lauf der Dinge hat? Er arbeite und helfe nach seinem besten Wissen und mit den ihm gegebenen Kräften.

„Getrost! Es ist der Tränen wert dies Leben,
Solang uns Pilgern Gottes Sonne scheint, ..." (Hölderlin)

Man sagt wohl, daß die Völker aus der Geschichte nichts lernen. Der einzelne aber kann, wenn er nur will, aus dem Anblick der Vergangenheit Hoffnung für die Zukunft gewinnen. In den Taten der Väter erkennen sich die Söhne. Auch jene haben gelebt, geliebt, gekämpft, geirrt, gelitten und schließlich den Kreislauf des Lebens vollendet. Solche Einsicht macht geduldig, Geduld aber schenkt Gelassenheit und ein festes Herz.

„Hie gut Württemberg allewege!"

BADEN-WÜRTTEMBERG – DER SÜDWESTSTAAT

Von Theodor Eschenburg

Baden und Württemberg – das eine bis 1918 Königreich, das andere Großherzogtum, beide in der Weimarer Republik Freistaaten – würden noch existieren, wenn sie nicht nach der bedingungslosen Kapitulation 1945 geteilt worden wären. Die Grenze zwischen amerikanischer und französischer Besatzungszone lief mitten durch die beiden seit 1815 in diesem Umfang bestehenden Länder. Die Amerikaner schlossen die Gebiete von Nordwürttemberg und Nordbaden zum Land Württemberg-Baden mit der Hauptstadt Stuttgart zusammen. Die Franzosen bildeten die neuen Länder Württemberg-Hohenzollern mit Tübingen und Baden mit Freiburg als Hauptstadt. Es waren provisorische Gebilde, aber zunächst auf unbestimmte Dauer. Was sollte aus ihnen einmal werden? Von Stuttgart ausgehend, setzten schon 1946 mit starker nordbadischer Unterstützung Bestrebungen ein, die drei neuen Länder zu vereinigen. Zentrum der gegnerischen Bewegung mit dem Ziel, die alten Länder wiederherzustellen, war Südbaden, aber mit einer nordbadischen Anhängerschaft.

Bis 1956 war eine Änderung von Ländergrenzen ohne Einwilligung der zuständigen Besatzungsmächte nicht möglich. Wie immer die endgültige Regelung aussehen mochte, im Falle der südwestdeutschen Länder war die Zustimmung Amerikas und Frankreichs erforderlich, denn die Gebiete der beiden alten, nunmehr geteilten Länder erstreckten sich über zwei Besatzungszonen. Die Neugliederung war also so oder so ein Problem der neuen Länder, zugleich ein interalliiertes und seit 1949 auch eines des Bundes. Das machte die Frage so kompliziert. Die Amerikaner neigten zur Vereinigung der drei Länder. Ihr widersetzten sich aber die Franzosen. Frankreich wäre allenfalls bereit gewesen, Nordbaden in die französische Zone einzubeziehen und dafür Südwürttemberg an die amerikanische abzugeben. Dann hätte Frankreich über ein wenn auch schmales, aber doch geschlossenes Besatzungsgebiet von Basel bis Trier verfügt, das nicht durch Nordbaden unterbrochen war. Ein so langgestrecktes französisches Zonengebiet, ein gleichsam rheinbundähnliches Gebilde, würde die Errichtung eines westdeutschen Staates, wie ihn Amerika und England erstrebten, erschwert haben und hätte dessen Existenz beeinträchtigen können.

Daß der Plan Frankreichs nicht verwirklicht wurde, war nur durch den Zusammenschluß der drei neuen Länder zu erreichen. Für die Gründung des südwestdeutschen Staates war dies ein wesentliches, aber nicht das einzige Argument. Doch über Gründe und Gegenstände für die eine oder andere Lösung ist genügend geschrieben worden. Nur soviel sei noch gesagt: die „Altbadener", wie man die badischen Anhänger der Wiederherstellung der alten Länder nannte – württembergische gab es nur wenige –, fürchteten ernstlich die Vereinigung ihres Landes mit dem an Gebietsumfang und Einwohnerzahl größeren Württemberg. Die Gegensätze zwischen Badenern und Württembergern waren spätestens seit Anfang des vergangenen Jahrhunderts aufgekommen und latent geblieben. Damals waren aus den kleinen Ländern des Herzogs von Württemberg und des Markgrafen von Baden-Durlach durch Napoleons reichliche Zuwendungen von deutschen Gebieten dritter Herren Mittelstaaten geworden.

Die Verwandtschaft zwischen der Bevölkerung der beiden benachbarten Gebiete war enger als die zwischen diesen und den Hessen oder den Bayern. Aber gerade das mochte Anlaß zu einer Art „Nächstenhaß" sein, wie das Tucholsky genannt hat. Doch die unterschiedliche, vielfach als gegensätzlich empfundene Mentalität ist schon reichlich beschrieben worden. Man stelle sich einmal vor, unter der Besatzungsherrschaft wäre der Plan einer Vereinigung Württembergs mit Bayern aufgekommen, wovon nie die Rede gewesen ist: Die Württemberger wären auf die Barrikaden gegangen. Der hypothetische Vergleich hinkt, denn die Unterschiede an Gebietsumfang und Bevölkerungszahl sind zwischen Bayern und Württemberg erheblich größer als zwischen Württemberg und Baden, der

Zentralismus ist traditionell in Bayern viel ausgeprägter als in Württemberg.

Vier Jahre lang, von 1948 bis 1952, hatten die Altbadener erbittert und leidenschaftlich gegen die Vereinigung gerungen. Sie fürchteten schwäbischen „Schaffensimperialismus" und württembergische Schlitzohrigkeit, obwohl sie es an Listigkeit (nur in verfeinerter Form) nicht fehlen ließen. Sie hatten Angst vor einer Stuttgarter Hegemonialpolitik, die ihr Land zu einem Satellitengebiet werden lassen könnte, das schwäbischer Unterdrückung und Ausnutzung preisgegeben wäre. Hier kannte eine erschrockene badische Phantasie keine Grenzen. Es entstand in dieser Zeit ein offenkundiges Freund-Feind-Verhältnis. Die Animosität war begreiflicherweise von Seiten der Altbadener ausgegangen; sie fühlten sich als die Schwächeren. Die Wechselwirkung der Streiterregung führte beiderseits zur Demagogisierung der Argumente, zur Übersteigerung der Kampfesparolen und -formen. Sie nahmen zu, je mehr die Termine der Entscheidung des Volkes, der Abstimmung und Wahlen heranrückte. Von Panslawismus leitete man „Panschwabismus" ab.

Jahrelange Verhandlungen der drei Regierungen hatten zu keinem Ergebnis geführt. Es bestand nur die Möglichkeit der dreiseitigen Einigung; diese war indes nicht zu erreichen. Aber es gab seit Herbst 1949 noch das Grundgesetz und damit den Bund als Schlichter, wenn nicht sogar als Schiedsrichter. Nach Artikel 118 des Grundgesetzes würde die Neugliederung im Südwesten, falls eine Vereinbarung zwischen den drei Ländern nicht zustande kommen sollte, durch Bundesgesetz geregelt, das eine Volksbefragung vorsehen müßte.

Im Dezember 1951 hatte aufgrund des Bundesgesetzes über die Neugliederung im Südwesten eine Volksabstimmung stattgefunden. Das Abstimmungsgebiet war in vier Bezirke eingeteilt: Nordwürttemberg und Nordbaden sowie Württemberg-Hohenzollern und (Süd-)Baden. Der Zusammenschluß sollte erfolgen, wenn sich die Mehrheit in drei Abstimmungsbezirken und im gesamten Abstimmungsgebiet dafür entschieden hätte. Im anderen Fall sollten die alten Länder wiederhergestellt werden. Die Volksabstimmung entschied mit knapper Mehrheit für die Vereinigung der drei Länder.

Nach dem Freiburger Vorschlag, der aber vom Bundestag abgelehnt worden war, hätte das Abstimmungsgebiet in zwei Bezirke, nämlich ganz Württemberg einerseits, ganz Baden andererseits, eingeteilt werden sollen. Würde nur in einem Abstimmungsbezirk die Mehrheit den Zusammenschluß verneinen, sollten die alten Länder wieder hergestellt werden. Dieses Ziel wäre erreicht worden, hätte man das Abstimmungsergebnis nach dem Freiburger Schema ausgewertet. Für das Abstimmungsverfahren nach vier Bezirken berief sich die Stuttgarter Regierung auf die Verfassung Württemberg-Badens von 1946. Nach dieser sollten Verfassungsänderungen aus Anlaß einer Vereinigung mit Südwürttemberg und Südbaden nicht mit Zweidrittel, sondern mit einfacher Mehrheit beschlossen werden können. Für die Wiederherstellung der alten Länder wäre also die Teilung Württemberg-Badens notwendig und dazu wäre eine Zweidrittelmehrheit erforderlich gewesen. Deshalb erklärte die Stuttgarter Regierung, sie könne nicht in die Auflösung des Landes Württemberg-Baden gegen den Willen der nordbadischen Bevölkerung einwilligen. Die Freiburger hingegen verlangten, daß die Bevölkerung in beiden alten Ländern, die von den Besatzungsmächten willkürlich geteilt worden seien, entscheiden sollte. Die Altbadener bestanden auf ihrem historischen Recht, die Anhänger des Zusammenschlusses beriefen sich auf ihr aktuelles Verfassungsrecht.

Daß unterschiedliche Abstimmungsverfahren bei gleichem Zahlenergebnis zu entgegengesetzten Entscheidungen führen können, ist bekannt. Gerade bei einem Volksentscheid empfindet der unterlegene Teil, der bei dem anderen Verfahren der obsiegende gewesen wäre, das geltende Verfahren als Unrecht. Schon vor der Abstimmung hatte die Freiburger Regierung das Bundesverfassungsgericht mit der Begründung angerufen, daß das Verfahren grundgesetzwidrig wäre. Diese Klage war abgewiesen worden.

Die Volksabstimmung hatte die rechtliche Grundlage für den Zusammenschluß der seit 1945 bestehenden drei Länder geschaffen. Die Wahlen zur verfassunggebenden Landesversammlung hatten am 9. März 1952 stattgefunden. Am 25. April war Reinhold Maier (FDP), der bisherige Regierungschef von Württemberg-Baden, zum Ministerpräsidenten des neuen Landes gewählt worden; er hatte unmittelbar danach die Minister bestellt. Damit waren nach der bundesrechtlichen Regelung die drei Länder zu einem Bundesland vereinigt.

Gleich nach der Volksabstimmung war gerade bei entschiedenen Anhängern des Zusammenschlusses die Sorge um die politische Integration des neuen Landes aufgekommen. Man sprach davon wenig in der Öffentlichkeit, um so mehr im vertrauten Kreis. Würde sich das neue Gebilde mit seinen durch die rechtsstaalich-demokratische Ordnung begrenzten Möglichkeiten gegen das Widerstreben einer so starken Minderheit, die bei der Abstimmung für die Wiederherstellung der alten Länder optiert hatte, auf die Dauer durchsetzen? Mußte man nicht mit Obstruktion der Altbadener in der verfassunggebenden Landesversammlung, mit passiver Resistenz in mannigfaltigen Erscheinungsformen von Stadt- und Kreisverwaltungen der altbadener Bezirke und mit Renitenz altbadener Beamter rechnen? Würde sich, nachdem die Entscheidung gefallen war, die badische Animosität legen, oder würde sich eine anhaltende badische Fronde bilden? Die Badener waren wendiger, eleganter und phantasievoller als die schwerfälligen Württemberger. Gerade deswegen fürchtete man die Effektivität ihrer rechtlich schwer angreifbaren Widerspenstigkeit.

Gewiß kannte man damals noch nicht die überraschenden und provozierenden Guerillamethoden aus der zweiten Hälfte der sechziger Jahre. Mit deren Hilfe hätten Minderheiten sich räumlich und zeitlich partiell zu Herren der Lage gemacht, Aktionen, denen der öffentliche Apparat mehr oder minder wehrlos gegenübergestanden hätte. Aber auch damals waren schon renitente Verhaltensweisen bekannt, die letztlich zu erheblichen Störungen und Lähmungen hätten führen können.

Bis zum Frühjahr 1950 hatte der französische Hohe Kommissar François-Poncet die Südweststaatziele zu verhindern versucht. Zwar war durch das Besatzungsstatut von 1949 die Okkupationsmacht stark eingeschränkt, aber deren Behörden saßen noch in den Zonen und deren einzelnen Gebieten. Würde Frankreich nicht vielleicht irgendeine Gelegenheit benutzen, um die Vereinigung rückgängig zu machen, oder versuchen, sie um ihre Wirkung zu bringen?

Bundeskanzler Adenauer war Gegner des Zusammenschlusses. Er hatte die Hohen Kommissare der drei Westmächte wissen lassen, daß auf Bundesebene an der südwestdeutschen Frage kein besonderes Interesse bestände. Einmal wollte er wegen dieser Frage einen Konflikt mit Frankreich vermeiden, zum anderen fürchtete er durch den Zusammenschluß eine Minderung der CDU-Stimmen im Bundesrat. Württemberg-Hohenzollern und Baden waren sichere CDU-Länder und verfügten zusammen über sechs Stimmen. Im Südweststaat konnte eine Regierung ohne die CDU gebildet werden, was dann auch zunächst eingetreten ist. Sie hatte fünf Stimmen und vermochte bei der damaligen Konstellation als Zünglein an der Waage zu wirken. Der Bund konnte zwar in die Angelegenheit des neuen Landes nicht eingreifen, aber er hätte es in prekären Situationen nicht zu stützen brauchen.

In Freiburg hat man sich zeitweise mit dem Gedanken getragen, nach bayerischem Modell eine besondere badische CDU, unabhängig von der Bundes- und Landes-CDU, zu gründen. Sie hätte wahrscheinlich auch Anhänger in Nordbaden gewonnen. Eine badische CDU hätte die Landes-CDU geschwächt und im Landtag unter Umständen nur gegen besondere Konzessionen mit ihr gestimmt.

Man kann heute rückblickend von übertriebenem Pessimismus reden, aber er bestand damals in der Tat. Für die gemäßigten Südweststaatanhänger sollten zwei Gefahren vermieden werden: Einmal mußte verfassungs- und verwaltungsorganisatorisch eine Aushöhlung des neuen Landes vermieden werden; andererseits durften die Altbadener nicht durch Provokation gereizt, im Gegenteil, ihnen sollte Entgegenkommen, soweit es nicht zur Aushöhlung führte, gezeigt werden.

An Vorschlägen zur Gestaltung des neuen Landes hatte es nicht gefehlt. Nur ganz wenige seien beispielhaft angedeutet. Ein Land von über sechs Millionen Einwohnern mit dreiundsechzig Landkreisen und neunzehn kreisfreien Städten kann schwerlich von einer Zentrale ohne Einschaltung von Mittelinstanzen verwaltet werden. Ein strittiges Problem war die Art der innerstaatlichen Gestaltung. Von altbadischer Seite bestand der Plan einer Einteilung in zwei Regierungsbezirke, die den Gebieten der alten Länder entsprechen müßten. Diese Einteilung sollte in der Verfassung festgelegt sein, um eine Änderung, die dann einer Zweidrittelmehrheit bedurfte, zu erschweren, wenn nicht zu verhindern. Nach einem weitergehenden Vorschlag sollten die beiden Regierungsbezirke eigene Bezirksregierungen und -parlamente, ausgestattet mit weitgehenden staatlichen Funktionen, erhalten. Es war daran gedacht, daß die Bezirksparlamente die Leiter der Bezirksregierungen wählen sollten und abberufen konnten. Das wäre auf eine Autonomie Württembergs einerseits, Badens andererseits und auf eine schwache Zentralgewalt des Gesamtlandes hinausgelaufen. Man hätte von einem Doppelstaat, einer Miniaturausgabe des alten Österreich-Ungarn, oder von einem Bundesstaat im Bundesstaat sprechen können. Es gab auch Überlegungen, daß die Regierungspräsidenten, dann allerdings von der Landesregierung bestellt, gleichzeitig Landesminister ohne Ressort sein sollten.

Faktisch war Württemberg-Baden ein Doppelstaat gewesen. Nordbaden hatte eine eigene Landesverwaltung mit Sitz in Karlsruhe. Der erste nordbadische Landesbezirkspräsident Heinrich Köhler war bis zu seinem Tode im Februar 1949 zugleich stellvertretender Ministerpräsident und Finanzminister. In Nordbaden bestimmte er weitgehend allein. Nur dank der Geduld und Geschicklichkeit Reinhold Maiers ist es zwischen beiden nicht zu ernsten Konflikten gekommen. Warum sollte man nicht in Analogie zu diesen Verhältnissen eine rechtliche Regelung für das neue Land treffen?

Wenn Altbadener an der rechtlich geschaffenen Existenz des neuen Landes kaum etwas hätten ändern können, so bestand ihr Bestreben darin, in dessen Rahmen die Selbständigkeit der alten Länder, soweit als irgend möglich, zur Geltung zu bringen. Die rechtlichen Voraussetzungen für eine partikulare, also badische Dynamik sollte geschaffen werden.

In der Verfassung wurde das Einteilungsprinzip nicht festgelegt, sondern einer gesetzlichen Regelung vorbehalten. Nach dieser bestehen vier Regierungsbezirke: Stuttgart, Karlsruhe, Tübingen und Freiburg, die zunächst den Gebieten von Nordwürttemberg, Nordbaden, Württemberg-Hohenzollern und Baden entsprachen. Das Prinzip der staatlichen Mittelinstanz mit ernanntem Regierungspräsident und ohne Bezirksparlament hat sich durchgesetzt.

Ein Plan, ausgehend von Anhängern des Südweststaats, war die Einsetzung eines Landesrates – aber nur für die Dauer von zwei Legislaturperioden. Er sollte dazu dienen, landsmannschaftliche Konflikte aufzufangen, um das Mißtrauen der Badener zu mindern, wenn nicht sogar zu überwinden. Vorgesehen war, daß je ein Viertel der Mitglieder auf jeden Regierungsbezirk entfallen sollte. Sie sollten von den Handelskammern, Gewerkschaften, Bauernorganisationen, Kirchen, Hochschulen, von kreisfreien Städten und Landkreisen gewählt werden. Der Landesrat sollte eine ähnliche Stellung wie der bayerische Senat, allerdings mit weitergehenden Befugnissen haben. So war vorgesehen, daß die Landesratsmitglieder im Parlament das Wort zur Erklärung und Begründung ihrer Voten ergreifen konnten. Die Regierung hätte die Verpflichtung zur Auskunfterteilung an den Landesrat gehabt, wie sie sie gegenüber dem Parlament hatte. Eine Anregung zu dieser Konstruktion hatte der Staatspräsident von Württemberg-Hohenzollern, Gebhard Müller, 1949 gegeben, wonach die verfassunggebende Landesversammlung paritätisch aus badischen und württembergischen Abgeordneten zusammengesetzt sein sollte. Das war aber nach dem inzwischen in Kraft getretenen Grundgesetz nicht mehr zulässig. Der Landesratplan ist nicht weiter verfolgt worden.

Wo Parlamente Verfassungen berieten, also verfassunggebende Landesversammlungen waren, bestanden wegen dieser Aufgabe meist Allparteienregierungen. Das war zunächst auch für den Südweststaat vorgesehen. Als präsumtiver Ministerpräsident des neuen Landes galt nach der Volksabstimmung Gebhard Müller (CDU), in der Öffentlichkeit weit über den eigenen Bereich seiner Partei hinaus angesehen. Die CDU hatte in den beiden kleinen Ländern die absolute Mehrheit, während sie in Württemberg-Baden an zweiter Stelle stand. Aller Voraussicht nach würde sie im neuen Land die größte Partei werden. Zudem war Müller Chef einer Allparteienregierung. In Württemberg-Baden hingegen stand die CDU in Opposition zu einer SPD/FDP-Regierung unter Reinhold Maier. Dieser schien als Mitglied der drittgrößten Partei keine Aussicht für das Amt des Regierungschefs zu haben. Zwar war Müller entschiedener Vorkämpfer des Südweststaats und damit Gegner der Altbadener, aber er war, zumindest in den Methoden und vor allem als Mittler zwischen den gegnerischen Fronten, sehr viel gemäßigter als Maier, der für die Altbadener als rotes Tuch wirkte.

Noch vor den Landtagswahlen hatten sich Reinhold Maier und Gebhard Müller zu einem Gespräch zwecks Beilegung politischer Differenzen in Oberlenningen getroffen. Schon daß die CDU in Stuttgart in Opposition stand, mag Anlaß zu Konflikten zwischen beiden geboten haben. Müller und Maier waren sich im Südweststaatziel prinzipiell einig, gingen aber vielfach unterschiedliche Wege, die sie dann auch gegenseitig mißbilligten. In diesem Gespräch sagte unter Zeugen Reinhold Maier aus eigener Initiative, ohne jegliche Anregung Müllers: Er werde für das Amt des Regierungschefs im neuen Land nicht kandidieren. Nach seiner Meinung sei Müller der geeignete Mann, und er würde für dessen Wahl mit allem Nachdruck eintreten. Das konnte mangels vorhergehender Billigung keine Zusage seiner Partei bedeuten, war aber eine eindeutige Absichtserklärung. Er nannte auch seine Gründe im einzelnen.

Zur allgemeinen Überraschung bildete Reinhold Maier aus SPD, FDP und BHE (Bund der Heimatvertriebenen und Entrechteten) am 25. April eine Regierung. Zwar war die CDU die stärkste Partei, aber die Parteien der neuen Koalition verfügten über die absolute Mehrheit. Maier hat im zweiten Band seiner Memoiren „Erinnerungen 1948 bis 1953" Gründe für seine Schwenkung dargelegt: Die CDU sei durch die große Zahl ihrer vor allem in Südbaden, jedoch vereinzelt auch in Nordbaden gewählten Abgeordneten, die kompromißlose Gegner des neuen Staates waren, gehandikapt gewesen. Das hätte weitere Angehörige der CDU-Fraktion zu einer neutralistischen Verhaltensweise verleiten können.

Vor allem waren zwei Ereignisse nach jener Unterredung zwischen Gebhard Müller und Reinhold Maier eingetreten: Fünf Tage nach der Volksabstimmung, deren Ergebnis Rechtsgrundlage für die Bildung des neuen Landes war, hatte im Bundestag eine große Anzahl von CDU-Abgeordneten, nicht nur altbadische, sondern auch aus anderen Ländern, den Antrag gestellt, das Neugliederungsgesetz bis zur Durchführung der Neugliederung des gesamten Bundesgebietes nach Artikel 29 des Grundgesetzes auszusetzen. Das hätte Vertagung auf unabsehbare Zeit bedeutet. Es war schon ein ganz ungewöhnliches parlamentarisches Verfahren, denn der Antrag verlangte, durch einfaches Gesetz einen vollzogenen Volksentscheid rückgängig zu machen. Nach Pressemeldungen soll der südbadische Staatspräsident Leo Wohleb gedroht haben, die CDU zu einer Badener Partei umzuwandeln, falls der Antrag nicht gestellt würde. Dieser Antrag wurde mit 190 gegen 120 Stimmen bei 15 Enthaltungen abgelehnt. Von den 120 Stimmen entfielen nach dem Sitzungsprotokoll 88 auf die Bundestagsfraktion der CDU/CSU. Von den 28 CDU-Bundestagsabgeordneten des Landes hatten nur fünf gegen den Antrag, 23 jedoch dafür gestimmt oder sich der Stimme enthalten.

Nach dem Neugliederungsgesetz war nach der Volksabstimmung bis zur Wahl des Ministerpräsidenten ein Ministerrat aus den drei Regierungen zu bilden, dem je ein Vertreter aus Württemberg-Baden, Württemberg-Hohenzollern und Baden angehörten. Zu den Aufgaben des Ministerrates gehörte es auch, Ernennungen und Beförderungen von Beamten, Stellenhebungen, Stellenvermehrungen und einmalige Ausgaben von mehr als einer Million Mark in letzter Minute zu verhindern. Reinhold Maier schreibt in seinen Erinnerungen: „Zwei Länder unterwarfen sich dieser Aufsicht. Südbaden ging darauf aus, sich dieser Kontrolle zu entziehen, oder sie zu umgehen." Diese wiederholte Nichtbeachtung des gemeinschaftlichen Ministerrats hätte dazu geführt, daß der südbadische Finanzminister aus Protest gegen seine eigene Regierung den Dienst aufkündigte.

Mit einem Wort: der CDU war nach der Vorstellung Maiers nicht zu trauen, da nur sie altbadener Abgeordnete stellte; daher war sie als Regierungspartei ungeeignet. In der völlig unerwarteten Bildung einer SPD/FDP/BHE-Koalition kam die Sorge um die Integration des neuen Landes deutlich zum Ausdruck. Mag sein, daß Reinhold Maier und die Koalitionspartner noch andere Gründe hatten. Das auch vor der Öffentlichkeit vertretene Hauptargument war die Integrationsfrage, die Sorge vor Störungen der Staatsbildung. In dem neuen Land hielten die Angehörigen der beiden großen Konfessionen sich die Waage. Von der Regierungsbildung war die Partei, die sicherlich die meisten Katholiken gewählt hatten, ausgeschlossen. Damals waren die Konfessionsgegensätze ausgeprägter als heute. In der CDU hatten die Katholiken die Mehrheit, und ungefähr entsprechend waren die Mandate zwischen den Angehörigen beider Konfessionen verteilt. Wegen der Unterschiede in der Kirchenstruktur und dem Glaubensbekenntnis war die Solidarität der Katholiken unvergleichlich viel größer als die der Protestanten. Die Sorge Maiers und seiner Anhänger war, daß die katholische Gruppe um der Geschlossenheit willen den Altbadenern erhebliche Konzessionen bei der Verfassungsberatung machen könnte, da diese sonst mit Abspaltung drohen würden. Würde aber der Ausschluß der relativ größten Partei von der Regierung während der Verfassungsberatung der Integration mehr dienen als schaden? Letzteres bejahte die CDU, aber auch innerhalb der Regierung und ihrer Koalition bestanden zumindest stellenweise erhebliche Zweifel über die Zweckmäßigkeit der Ausschaltung.

Reinhold Maier hatte sofort nach seiner Wahl die neuen Minister ernannt, wozu er rechtlich damals befugt war, und ihnen im Plenum die von ihm schon vor der Wahl unterzeichneten Ernennungsurkunden überreicht, denn erst mit der Regierungsbildung war nach dem neuen Gliederungsgesetz die Vereinigung der drei Länder vollzogen. Das Verhalten Reinhold Maiers war formalrechtlich ein Verstoß, änderte aber an der Sache überhaupt nichts. Die CDU veröffentlichte ein Telegramm an die Bundesregierung, in der sie diese um Wiederherstellung der öffentlichen Ordnung im neuen Bundesland ersuchte. Dabei berief sie sich auf Artikel 28, Absatz 1, Satz 1 des Grundgesetzes (die verfassungsmäßige Ordnung in den Ländern muß den Grundsätzen der republikanischen, demokratischen und sozialen Rechtsstaats im Sinne des Grundgesetzes entsprechen). Das unverhältnismäßige Verlangen mit weitreichenden

Konsequenzen, wenn es erfüllt worden wäre, war eine stark übertriebene und rechtlich unseriöse Demonstration. Sie verschärfte aber auch die ohnehin bestehende Spannung zwischen Regierungskoalition und Opposition. Was hier die Opposition von der Bundesregierung verlangte, lief auf Anwendung des Artikels 37, nämlich des „Bundeszwangs" hinaus. Dieser Artikel ist seit 1949 nicht ein einziges Mal in Anspruch genommen worden.

Die Verfassungsberatungen gingen schleppend voran. Gewiß hätte es auch schwer zu lösende Probleme für eine Allparteienregierung gegeben. Aber jetzt hemmte vor allem die Animosität zwischen Regierungskoalition und Opposition die Zusammenarbeit.

Am 6. September 1953 hatten die zweiten Bundestagswahlen stattgefunden. Reinhold Maier stand an erster Stelle der FDP-Landesliste. Ob Regierungschef und -mitglieder in den Ländern, da sie zumindest präsumtive Mitglieder des Bundesrats sind, gleichzeitig dem Bundestag angehören können, ist rechtlich umstritten. Faktisch ist die sinnvolle Inkompatibilität seit 1949 eingehalten worden. Trotzdem hatten gerade Länderregierungschefs sich wiederholt in den Bundestag wählen lassen, um dann aber ihr Mandat nicht anzunehmen. Nach Reinhold Maiers Memoiren habe er im Wahlkampf verbindlich erklärt, das Ergebnis der Wahl zum Bundestag gelte gleichzeitig als Entscheidung der Wähler über seine Landespolitik in den letzten eineinhalb Jahren: „Das hieß jedoch nichts anderes, als daß ich bei einem Obsiegen der landesoppositionellen CDU bei der Bundestagswahl auch in der Landespolitik die Konsequenzen ziehen werde." Förderalistischen Vorstellungen entsprach diese Auffassung nicht ganz. Hat es doch auch Fälle gegeben, wo Landtagswahlen ein wesentlich anderes Ergebnis hinsichtlich der Parteienstärke im Parlament gebracht haben, als Bundestagswahlen in dem betreffenden Land, ohne daß es irgendwelche Wirkungen auf die Landespolitik gehabt hätte.

Die Bundestagswahlen vom 6. September brachten der CDU einen starken Stimmenzuwachs, während die FDP erheblich verlor. Tatsächlich war von CDU-Seite Reinhold Maier die am schärfsten bekämpfte Figur gewesen. Maier berichtet: „Am Montag, dem 7. September, kurz nach 12 Uhr erschien Wolfgang Haussmann (Vorsitzender der württembergischen FDP) in der Villa Reitzenstein (Sitz des Staatsministeriums). Irgendein Parteigremium hatte sich an jenem Vormittag noch nicht äußern können. Er begann mit den Worten: ‚Wir müssen auf die große Koalition los.' Meine Antwort lautete: ‚Wenn du es meinst, ich bin einverstanden.' Haussmann ergriff 12.30 Uhr mein Telefon und ließ sich mit dem Süddeutschen Rundfunk verbinden. ‚Die FDP/DVP ist für die große Koalition', sagte er. Schon in den 12.30 Uhr-Nachrichten hörten wir beide diese Meldung. Ich sagte nur noch, warum unterblieb die Beifügung des Satzes: ‚Im Einvernehmen mit dem Ministerpräsidenten?' Das hatte er vergessen." War Reinhold Maier durch eine Rebellion seiner eigenen Partei oder zumindest deren Vorsitzenden zum Rücktritt gedrängt worden oder war die Rebellion zu spät gekommen, weil er schon vorher seinen unumstößlichen Entschluß gefaßt hat? Man weiß dies nicht genau.

Am 30. September wurde Gebhard Müller, der bisher in der verfassunggebenden Landesversammlung Vorsitzender der CDU-Fraktion gewesen war, zum Ministerpräsidenten einer Allparteienregierung (CDU, SPD, FDP und BHE) gewählt. Am 11. November wurde die Verfassung mit 102 von 114 Stimmen angenommen.

Als 1954 der erste Präsident des Bundesverfassungsgerichts, Höpker Aschoff, gestorben war, wurde Gebhard Müller dieses Amt angeboten. Auf Bitten aller Landesparteien lehnte er ab. Diese spontane Vertrauenskundgebung für ihn ist wohl bis heute ein einmaliger Akt geblieben. Müller wurde als Ministerpräsident zur bestimmenden Integrationsfigur des neuen Landes. Von der Aufgabe, als dessen Treuhänder zu wirken, war er, parteiorientiert, aber nicht parteiergeben, durchdrungen. Er fühlte sich, einer der fähigsten politischen Administratoren unter den Länderchefs, als der demokratisch bestellte erste Beamte seines Landes. Bei aller Entschiedenheit in der Zielsetzung hatte er sich in den Auseinandersetzungen wegen des badisch-württembergischen Problems um eine vermittelnde Rolle bemüht, im Gegensatz zu der mehr kämpferischen Reinhold Maiers. Durch seine Haltung konnte er manche unter den Altbadenern für den Südweststaatgedanken gewinnen. Wiederholt und nachdrücklich hatte Reinhold Maier von Württemberg-Baden als Kerngebiet des neuen Landes gesprochen. Wie immer man dies Wort verstehen mochte, Gebhard Müller wollte einen gleichberechtigten Zusammenschluß. Das bedeutete auch die Meidung eines irgendwie gearteten rechtlichen oder faktischen Unterordnungsverhältnisses der beiden kleineren Länder im Süden unter das größere Land im Norden. In diesen Gedanken traf er sich mit den Südbadenern. Gerade weil ein Teil der

Südbadener zu Müller ein gewisses Vertrauensverhältnis hatte, wurde er von Wohleb um so härter bekämpft. Denn dieser fürchtete, daß dessen vermittelndes Verhalten den Kampfeseifer in den eigenen Reihen schwächen würde. Jetzt konnte Müller dieses Vertrauen nützen.

1958 wurde Gebhard Müller zum drittenmal das Amt des Bundesverfassungsgerichtspräsidenten angeboten. Das erstemal war er 1952 für dies Amt nominiert worden. Damals hatte er abgelehnt, weil der Zusammenschluß der drei Länder kurz vor der Vollendung stand. Es schwebte auch gerade die Klage Badens wegen des Neugliederungsgesetzes. Gegen sie wollte er vor Gericht auftreten; über sie hätte er als dessen Mitglied nicht entscheiden können. Das dritte Anerbieten glaubte Gebhard Müller annehmen zu müssen, wenn er es auch schweren Herzens tat.

Unter seiner Regierung hatte die Konfliktstimmung im Lande offenkundig stark nachgelassen. Der Nachfolger Müllers, der Bundestagsabgeordnete Kurt Georg Kiesinger, übernahm die bisherige Regierung. Er fand eine völlig andere Situation vor, als sie noch bis zum Herbst 1953 bestanden hatte. Kiesinger, der sehr viel mehr parlamentarischer Politiker als politischer Administrator wie sein Vorgänger war, setzte dessen bewußte Befriedungstendenz fort. Als Kiesinger 1966 zum Bundeskanzler gewählt wurde, trat an seine Stelle in Baden-Württemberg Hans Filbinger. Er war von 1958 bis 1960 als Staatsrat (Minister ohne Ressort) Mitglied der Regierung, seitdem Innenminister gewesen. Filbinger war in Mannheim geboren und Rechtsanwalt in Freiburg. Die Wahl eines Badeners zum Regierungschef hätte im Frühjahr 1952 bei den Württembergern helle Empörung erregt. Von den elf Mitgliedern der Regierung Reinhold Maiers waren nur zwei Badener, je ein Nord- und ein Südbadener. Von den dreizehn Mitgliedern der Regierung Gebhard Müllers waren es vier. Dasselbe Verhältnis bestand im ersten Kabinett Kiesinger. In der ersten (neunköpfigen) Regierung Filbingers hatten hingegen die Badener die Mehrheit. Das alles hat keine Aufregung mehr hervorgerufen. Filbinger ist 1978 zurückgetreten. Ihm folgte Lothar Späth.

Sicherlich darf man dem landsmannschaftlichen Proporz in der Regierung keine übertriebene Bedeutung zumessen, aber als Symptom ist er doch bezeichnend. Von sehr viel einschneidenderer Bedeutung ist, daß seit Herbst 1953 in Baden-Württemberg ein wirklich ernsthafter Konflikt aus dem Gegensatz der alten Länder, der im Abstimmungskampf so vehement zum Ausdruck gekommen war, nicht mehr entstanden ist. Die 1967 beginnende Gesetzgebung zur Gebiets- und Verwaltungsreform, die inzwischen abgeschlossene Kreis- und Gemeindereform waren im Parlament, in der öffentlichen Meinung, vor allem in den betroffenen Kreisen und Gemeinden stark umstritten. Mehr als einhundert Verfahren waren beim Staatsgerichtshof anhängig, aber in dieser Kreis- und Gemeindereform, wo immer der Streit auch ausgetragen wurde, haben die alten landsmannschaftlichen Aspekte und Belange so gut wie keine Rolle gespielt.

In den ersten Jahren des neuen Landes galten die alten Landesgrenzen als unantastbar. Inzwischen sind wesentliche Änderungen vorgenommen worden. Für die badischen Landesteile, vor allem für Südbaden, hat das neue Land sehr viel getan. Das hatte schon Reinhold Maier eingeleitet und dessen Nachfolger fortgesetzt. Die Altbadenerbewegung ist, vor allem nachdem deren Führer Leo Wohleb, der frühere Staatspräsident, auf Veranlassung Adenauers zum deutschen Botschafter in Lissabon ernannt worden war, stark geschrumpft.

Aber noch immer hielt sich ein Kern im „Heimatbund Badener Land". Noch schienen nicht alle rechtlichen Möglichkeiten, den Zusammenschluß rückgängig zu machen und die alten Länder wieder herzustellen, erschöpft. Die Neugliederung im Südwesten war aufgrund des Artikels 118 im Grundgesetz erfolgt, eine Spezialbestimmung, die sich auf die Regelung im Südwesten beschränkte. Es gab noch eine weitere Bestimmung über Neugliederung in Artikel 29. Sie galt für jene Gebietsteile, die bei der Neubildung der Länder nach dem 8. Mai 1945 ihre Landeszugehörigkeit geändert hatten, also beispielsweise für Oldenburg, Braunschweig, Lippe-Detmold und die Pfalz.

Nach Artikel 29, Absatz 2 des Grundgesetzes können in diesen Gebieten Volksabstimmungen erfolgen. Von der Regelung waren die beiden alten Länder Baden und Württemberg, für die an sich Artikel 118 galt, nicht besonders ausgenommen worden. Nachdem Ende 1955 ein Bundesgesetz über Volksbegehren und Volksentscheid bei Neugliederungen des Bundesgebiets nach Artikel 29 erlassen worden war, hatte der „Heimatbund Badener Land" beim Bundesminister des Inneren beantragt, die Durchführung eines Volksbegehrens im Gebietsteil des alten Freistaates Baden, wie er bis 1945 bestanden hatte, anzuordnen; damit sollte die Wiederherstellung des alten Landes Baden, das die Regierungsbezirke

Nord- und Südbadens umfaßt, als selbständiges Bundesland begehrt werden. Diesen Antrag hatte der Bundesminister des Inneren abgelehnt. Dagegen hatte der „Heimatbund Badener Land" Beschwerde beim Bundesverfassungsgericht erhoben, das den Bescheid des Bundesinnenministers aufhob und die Durchführung des beantragten Volksbegehrens anordnete.

Im September 1956 hatte das Volksbegehren stattgefunden. Nach Artikel 29, Absatz 2 bedurfte es der Zustimmung eines Zehntels der wahlberechtigten Bevölkerung. 15 Prozent der Wahlberechtigten (8,7 in Nordbaden, 22,9 in Südbaden) schlossen sich dem Volksbegehren an. Erst am 26. Februar 1970 erließ der Bund ein Gesetz über die Volksabstimmung in Baden. Bei der Abstimmung selber, am 7. Juni 1970, entschieden sich bei einer Wahlbeteiligung von 62,5 Prozent nur 18,1 Prozent der Abstimmenden für die Wiederherstellung des alten Landes, dagegen 81,9 Prozent für den Verbleib beim Land Baden-Württemberg. Die Landesregierung hatte große finanzielle Anstrengungen mit erheblichem Aufwand zur propagandistischen Vorbereitung der Abstimmung unternommen. Das Abstimmungsergebnis zeigte, daß das gar nicht erforderlich gewesen wäre. Mit dieser Abstimmung war die letzte rechtliche Möglichkeit, den Zusammenschluß rückgängig zu machen, erschöpft. Die kleine Zahl, die für die Wiederherstellung der alten Länder stimmte, zeigt, daß diese Frage endgültig auch politisch obsolet geworden war.

Baden-Württemberg hatte mehr oder minder ähnliche Probleme gehabt und ähnliche Auseinandersetzungen zwischen den Parteien und Gruppen, zwischen Regierung und Parlamenten, Zentralgewalt und kommunalen Körperschaften erlebt wie andere Länder, die in etwa seiner Größenordnung entsprachen. Aber die ernsten, vielfach beängstigenden Sorgen, daß diese Probleme und Auseinandersetzungen sich durch landsmannschaftliche Gegensätze sehr verschärfen und zu anhaltenden Störungen führen würden, wurden nicht bestätigt. Nordwürttemberg mit Stuttgart war nicht zu einem Hegemonialland geworden. Von einer Unterdrückung der badischen Gebiete konnte man nicht sprechen und andererseits ebenso wenig von einer badischen Fronde. Wahl- und Abstimmungskämpfe neigen zu Übertreibungen. Das liegt im Wesen der Werbung. Aber in diesen Übertreibungen kann mehr oder minder ein Kern von Berechtigung stecken. Waren die beiderseitigen Befürchtungen nur Halluzinationen gewesen? Oder hat das Propagandagetümmel des erbitterten Abstimmungsstreites doch als Warnung nach beiden Seiten gewirkt? Reinhold Maier ist als erster Regierungschef im ganzen maßvoll verfahren. Bedeutendes in der Integration hat Gebhard Müller geleistet, und diese Politik haben auf ihre Art seine Nachfolger fortzusetzen vermocht. Das werden auch jene zugeben müssen, die unter parteipolitischen Aspekten deren Haltung in vielen Einzelfällen nicht billigen.

Aber es ist die Frage, ob das allein ausgereicht hätte. Die baden-württembergische Verfassung ist, wenn man von der saarländischen absieht, die jüngste unter den Länderverfassungen. Sie ist im dritten und vierten Jahr der Bundesrepublik entstanden, als reiche Erfahrungen über die Verfassungen von Bund und Ländern vorlagen. Die verfassunggebende Landesversammlung in Stuttgart hätte neue Wege finden können, um den zutage tretenden Bedürfnissen der Länder Rechnung zu tragen. Aber das gerade hat sie peinlich vermieden aus Sorge, Experimente mit nichterprobten Neukonstruktionen vermöchten den Integrationsprozeß zu hindern oder gar zu gefährden.

Beigetragen zur Integration hat auch die große deutsche Binnenwanderung der Vertriebenen und Flüchtlinge: 1950 waren in den Gebieten von Baden-Württemberg 1,1 Million Heimatvertriebene und Sowjetzonenflüchtlinge aufgenommen; das sind 17,8 Prozent der Gesamtbevölkerung. Ähnliches gilt für die wachsende Mobilität der Bevölkerung. Das stammesmäßige und landsmannschaftliche Bewußtsein in den Landesbevölkerungen hat schon unter der nationalsozialistischen Diktatur und auch unter dem Besatzungsregime nachgelassen und damit die imponderable Bindung an die früheren Gliedstaaten.

Dem Zusammenschluß kam aber auch der steile wirtschaftliche Aufstieg in den fünfziger Jahren und damit die Finanzkraft der Länder zugute. In einer solchen Gefühls- und Bewußtseinslage stieß eine Vereinigung von Gliedstaaten auf wesentlich geringeren Widerstand. Die schnelle und durchgreifende Integration war kein Wunder, sondern beruht auf festzustellenden und zu erklärenden Leistungen, Haltungen und Umständen.

ZEITTAFEL

EUROPÄISCHE GESCHICHTE	POLITISCHE ENTWICKLUNG IN WÜRTTEMBERG	GEISTIGES LEBEN IN WÜRTTEMBERG
Kaiser Gallienus (260–268) schlägt die Alemannen bei Mailand zurück Aufgabe des obergermanischen und rhaetischen Limes	um 260 Landnahme der Alemannen	Aus der Frühzeit der alemannischen Siedlung ist sehr wenig bekannt, da so gut wie gar keine Bodenfunde (nur Funde röm. Münzen)
482–511 Chlodwig Übertritt Chlodwigs zum Christentum (soll in der Alemannenschlacht den Übertritt gelobt haben)	um 500 Sieg der Franken unter Chlodwig über die Alemannen. Die nördliche Hälfte des Gebietes der Alemannen wird dem Frankenreich einverleibt	
493–526 Theoderich der Große	Schutzherrschaft Theoderichs über das restliche Alemannien	
	im Laufe des 7. Jhdts. zunehmender fränkischer Einfluß	Beginn des langsamen Prozesses der Christianisierung der Alemannen Erste alemannische Rechtsaufzeichnung, der sogenannte pactus alamannorum Alemannische Gesetzessammlung: lex alamannorum

EUROPÄISCHE GESCHICHTE	POLITISCHE ENTWICKLUNG IN WÜRTTEMBERG	GEISTIGES LEBEN IN WÜRTTEMBERG
714–741 Karl Martell; die Karolinger verdrängen die Merowinger	746 Einmarsch Karlmanns in Alemannien. Bei Cannstatt (sog. Blutbad von Cannstatt) wird ein Teil der versammelten Großen Alemanniens von den Franken umgebracht. Alemannien wird ein Teil des Frankenreiches. Ende des älteren Stammesherzogtums	
768–814 Karl der Große		
in der zweiten Hälfte des 9. Jhdts. Zerfall des Karolingerreiches	nach 900 Entstehung des jüngeren Stammesherzogtums. 918 setzt sich der Hunfridinger Burchard I. als Herzog in Schwaben durch (918–926)	Das Kloster St. Gallen und die Klöster auf der Reichenau Mittelpunkte der Bildung der Zeit
919–1024 die sächsischen Könige und Kaiser	Anerkennung von Burchards Herzogtum durch Heinrich I., Bestimmung seiner beiden nächsten Nachfolger Hermanns I. (926–948) und Liudolfs (948–954), nicht nach einem Erbrecht, sondern durch Eingreifen des Königs, aber Einheirat beider in die alte Herzogsfamilie	Vorstrittsrecht der Schwaben in der Schlacht (der Überlieferung nach seit der Zeit Karls des Großen; urkundlich sicher spätestens seit dem 12. Jhdt.). Dadurch Stärkung des Selbst- und Eigenbewußtseins des Stammes
919–936 Heinrich I.		
936–973 Otto der Große		
955 Sieg über die Ungarn auf dem Lechfeld		
962 Kaiserkrönung in Rom		
973–983 Otto II.	973–982 Herzog Otto von Schwaben, dank seiner Freundschaft mit Otto II. 976 auch noch Herzog von Bayern	
983–1003 Otto III.	Herzog Hermann II. (997 bis 1003) tritt nach dem Tod Ottos III. als Thronanwärter auf	Teilnahme von Schwaben an der Missionierung und Besiedlung Böhmens
1024–1125 die fränkischen oder salischen Kaiser 1024–1039 Konrad II. 1033 Burgund kommt ans Reich	Herzog Ernst II. (1015 bis 1030) erhebt Ansprüche auf Burgund. Er verliert Herzogtum und Leben im Aufstand gegen Konrad II.	

EUROPÄISCHE GESCHICHTE	POLITISCHE ENTWICKLUNG IN WÜRTTEMBERG	GEISTIGES LEBEN IN WÜRTTEMBERG
1056–1106 Heinrich IV. 1073–1085 Papst Gregor VII.	Herzog Rudolf 1057 bis 1079/80 als Gegenkönig Heinrichs IV. im Kampf gegen denselben die Staufer Herzöge von Schwaben: Friedrich I. 1079–1105, Schwiegersohn Heinrichs IV.	Unter Abt Wilhelm, einem eifrigen Parteigänger des Papsttums im Investiturstreit, wird Hirsau ein Mittelpunkt der von Cluny ausgehenden Reformbewegung. Auch in Schwaben in dieser Zeit Gründung zahlreicher neuer Klöster. – Unter dem Einfluß der Reformbewegung tritt die Pflege der Wissenschaften in den Klöstern stark zurück
Gegensatz Welfen–Staufer 1138–1254 Könige und Kaiser aus dem Haus der Staufer		
1152–1190 Friedrich I. Barbarossa		Der romanische Baustil entsteht und erreicht seine Vollendung.
1180 Sturz Heinrichs des Löwen 1190–1197 Heinrich VI. 1212–1250 Friedrich II.		Blüte der ritterlichen Dichtkunst. Minnesang: Friedrich von Hausen, Reinmar der Alte, Hartmann von der Aue, Gottfried von Straßburg
1256–1273 Interregnum in Deutschland	1268 Konradin, der letzte Herzog von Schwaben und der letzte Staufer wird in Neapel enthauptet	Aufblühen der Städte; Gründung zahlreicher neuer Städte
	Die ersten Württemberger: Konrad (urkundlich erwähnt 1079–1092) gehört im Investiturstreit zur päpstlichen Partei	Konrad der vermutliche Erbauer der Stammburg Württemberg im Neckartal bei Cannstatt
	Seine Enkel Ludwig und Emicho Parteigänger der Staufer. Ludwig erscheint um 1140 als Graf	
	1246 Übergang der Württemberger zur antistaufischen Partei. Der Untergang des staufischen Hauses begünstigt den raschen Aufstieg der Württemberger	Aus Schwaben stammt der Philosoph Albert von Bollstädt (1193–1280), als Dominikanermönch Albertus Magnus

EUROPÄISCHE GESCHICHTE	POLITISCHE ENTWICKLUNG IN WÜRTTEMBERG	GEISTIGES LEBEN IN WÜRTTEMBERG
	Eigentlicher Beginn der württembergischen Geschichte mit Ulrich mit dem Daumen (der Stifter) 1241 bis 1265	
1273–1291 Rudolf I. (Graf von Habsburg) 1308–1313 Heinrich VII. (aus dem Haus Luxemburg) 1314 Doppelwahl: 1314–1347 Ludwig der Bayer 1314–1330 Friedrich von Österreich	Ihm folgen seine Söhne: Graf Ulrich II. 1265–1279 und Graf Eberhard der Erlauchte 1279–1325 Kampf mit Rudolf von Habsburg. 1286 Belagerung von Stuttgart 1310 Reichskrieg Heinrichs VII. gegen Eberhard. Diesen rettet Heinrichs Tod	1274/75 in Augsburg entsteht der Schwabenspiegel, eine Aufzeichnung des Gewohnheitsrechts Aufblühen der am Fernhandel beteiligten Städte Eberhard der Erlauchte verlegt das Chorherrnstift Beutelsbach nach Stuttgart. Starker Ausbau Stuttgarts
	1325–1344 Graf Ulrich III. Er erwirbt die Herrschaft Teck und beginnt im größeren Stil durch Kauf sein Gebiet zu erweitern (1342 die Stadt Tübingen mit dem Schönbuch). 1336 endgültige Erwerbung Markgröningens mit der Reichssturmfahne	
1347–1378 Karl IV. (aus dem Haus Luxemburg) 1348 Gründung der Universität Prag 1356 Goldene Bulle (Reichsgrundgesetz): 7 Kurfürsten (3 geistliche, 4 weltliche); Bestimmungen über den Landfrieden; den Städten wird die Bildung besonderer Städtebündnisse und die Aufnahme von »Pfahlbürgern« (die außerhalb der Stadt ansässig sind) untersagt	1344–1362 Graf Ulrich IV. und 1344–1392 Graf Eberhard der Greiner 1377 Niederlage vor Reutlingen durch Schuld seines Sohnes Ulrich 1378 Belagerung von Stuttgart 1388 Schlacht bei Döffingen; Sieg Eberhards über die Städte, sein Sohn Ulrich fällt 1392–1417 Graf Eberhard der Milde	1347 Baubeginn der Stuttgarter Stiftskirche 1377 Baubeginn des Ulmer Münsters Gotischer Baustil Beginnender Niedergang der politischen Macht der Städte. Wirtschaftliche und kulturelle Blüte der schwäbischen Reichsstädte

EUROPÄISCHE GESCHICHTE	POLITISCHE ENTWICKLUNG IN WÜRTTEMBERG	GEISTIGES LEBEN IN WÜRTTEMBERG
1410–1437 Kaiser Sigismund (aus dem Haus Luxemburg) 1414–1418 Konzil von Konstanz		
	1417–1419 Graf Eberhard der Jüngere Nach Eberhards Tod regiert seine Gemahlin Henriette von Mömpelgard für ihre unmündigen Söhne: 1419/26–1450 Graf Ludwig I. 1419/33–1480 Graf Ulrich V., der Vielgeliebte	
seit 1438 Kaiser aus dem Hause Habsburg um 1450 Erfindung des Buchdrucks	1442 Teilung des Landes in den Stuttgarter (Ulrich) und den Uracher Landesteil (Ludwig) 1462 läßt sich Ulrich V. zum schweren Nachteil seines Landes in die »Pfälzer Fehde« verwickeln 1450 Vormundschaftsregierung für Ludwigs unmündige Söhne: 1450–1457 Graf Ludwig II. 1450–1496 Graf Eberhard V., später Eberhard im Bart 1459 Eberhard für volljährig erklärt	Der künstlerisch begabte Ulrich läßt den Bau der Stuttgarter Stiftskirche fortsetzen. Beginn des Baues der Leonhards- und Hospitalkirche in Stuttgart. Baumeister: Hänslin Jörg, Gründer der Stuttgarter Bauhütte und sein Sohn Aberlin Jörg
1493–1519 Kaiser Maximilian I.	1482 Wiedervereinigung der beiden Landesteile durch den Münsinger Vertrag; der gleichnamige Vetter Eberhards im Bart verzichtet auf die Regierung des Stuttgarter Landesteils, er soll Nachfolger Eberhards im Bart werden, der keine legitimen Kinder hat 1492 Eßlinger Vertrag, Sicherung der Unteilbarkeit des Landes	1477 Eberhard im Bart gründet unter dem Einfluß seiner Mutter Mechthild von der Pfalz und seines Lehrers und Ratgebers Vergenhans (Nauclerus) die Universität Tübingen Verlegung des Sindelfinger Chorherrnstiftes nach Tübingen

EUROPÄISCHE GESCHICHTE	POLITISCHE ENTWICKLUNG IN WÜRTTEMBERG	GEISTIGES LEBEN IN WÜRTTEMBERG
1495 Reichstag zu Worms (ewiger Landfriede, Reichskammergericht) allmähliche Einführung des Römischen Rechtes das Rittertum verliert seine militärische Bedeutung	1495 Eberhard im Bart zum Herzog erhoben 1496–1498 Herzog Eberhard II. 1498 Eberhard II. wird durch die Landstände abgesetzt Regentschaft der Stände für Eberhards Neffen: 1498–1550 Herzog Ulrich, Sohn des geisteskranken Grafen Heinrich 1503 Ulrich wird vom Kaiser für volljährig erklärt 1504 bedeutender Landgewinn Ulrichs im Krieg zwischen Kurpfalz und Bayern um die Erbschaft Herzog Georgs des Reichen von Bayern-Landshut	1425–1510 Johannes Vergenhans, weit über Württemberg hinaus bekannter Gelehrter, erster Rektor und später Kanzler der Universität Tübingen 1495 Landesordnung (erste einheitliche Gesetzgebung für das ganze Land) 1455–1522 Johannes Reuchlin, galt als Haupt der deutschen Humanisten, Rat der Herzöge Eberhard im Bart und Ulrich, Professor des Griech. und Hebr. an der Universität Tübingen (1521 bis 1522)
1517 Beginn der Reformation durch Martin Luther 1519–1556 Kaiser Karl V., sein Bruder König Ferdinand I., 1556–1564 Kaiser 1524–1525 Bauernkrieg	1514 Aufruhr des »Armen Konrad« und Tübinger Vertrag, der das Grundgesetz Altwürttembergs wird 1515 Ulrich ermordet seinen Stallmeister Hans von Hutten 1519 Ulrich annektiert die Reichsstadt Reutlingen 1519 Vertreibung Ulrichs aus seinem Herzogtum durch den Schwäbischen Bund 1520–1534 Württemberg Besitz des Hauses Habsburg	Melanchthon in Tübingen (1512–1518), Aufblühen humanistischer Schulen in Schwaben
1546–1547 Schmalkaldischer Krieg	1534 Ulrich erobert Württemberg mit Hilfe Philipps von Hessen zurück. Vertrag von Kaaden: Ulrich erhält sein Land zurück, aber nur als österreichisches Lehen 1547 Heilbronner Unterwerfung;	Einführung der Reformation im Herzogtum Württemberg. Reformation der Universität Tübingen gegen den Widerstand vieler Professoren durch Blarer und Brenz, Berufung eines neuen akademischen Lehrkörpers, Umwandlung der Universität aus einer kirchlichen in eine landesherrliche Anstalt.

EUROPÄISCHE GESCHICHTE	POLITISCHE ENTWICKLUNG IN WÜRTTEMBERG	GEISTIGES LEBEN IN WÜRTTEMBERG
	Ulrich soll sich vor seinem Lehnsherrn König Ferdinand I. rechtfertigen	Neuordnung des Kirchenwesens durch Erhard Schnepf und Ambrosius Blarer
1555 Augsburger Religionsfriede	1550–1568 Herzog Christoph, unter den europäischen Fürsten hochangesehen als Staatsmann und Diplomat 1552 Landesordnung 1553 Einigung mit Ferdinand I., der Ulrich als treubrüchigen Lehnsmann angeklagt hatte und das Herzogtum wieder an sich ziehen wollte	1552 Feststellung der Religion des Landes in der Confessio Virtembergica 1555 Verkündung des Württembergischen Landrechtes 1556 Umwandlung der Mannsklöster in Klosterschulen zur Vorbildung des geistlichen Nachwuchses. Errichtung des Tübinger »Stifts« 1559 Große Kirchenordnung
		Unter Herzog Christoph Bau des Stuttgarter Alten Schlosses durch Aberlin Tretsch
		Jakob Heerbrand (1521 bis 1600), Professor der Theologie und Kanzler der Universität Tübingen, Vertreter Württembergs beim Konzil von Trient
1564–1576 Kaiser Maximilian II.	1568–1593 Herzog Ludwig	Jakob Andreä (1528–1590), Professor der Theologie und Kanzler der Universität Tübingen, bedeutender Vertreter der lutherischen Orthodoxie, Verfasser der Konkordienformel
		Nikodemus Frischlin (1547 bis 1590), bedeutender humanistischer Poet von starker satirischer Begabung
1576–1612 Kaiser Rudolf II., Zuspitzung der konfessionellen Gegensätze		Unter dem kunstsinnigen Herzog Ludwig erbaut Georg Beer in Stuttgart das Lusthaus, Simon Schlör ge-

EUROPÄISCHE GESCHICHTE	POLITISCHE ENTWICKLUNG IN WÜRTTEMBERG	GEISTIGES LEBEN IN WÜRTTEMBERG
		staltet die Grafenstandbilder in der Stiftskirche zu Stuttgart
		Martin Crusius (1526–1607), Professor an der Tübinger Artistenfakultät schreibt »Schwäbische Annalen«
	1593–1608 Herzog Friedrich I. Da Ludwig kinderlos stirbt, folgt ihm der Sohn von Herzog Ulrichs jüngerem Halbbruder Georg	1592 Errichtung des bereits von Christoph geplanten Collegium illustre zu Tübingen als Erziehungsanstalt für weltliche Beamte 1596 Umwandlung des Collegium illustre in eine Fürsten- und Adelsschule
	Politischer und wirtschaftlicher Absolutismus. Friedrichs Kanzler ist Matthäus Enzlin 1599 Prager Vertrag (Ablösung des Lehnsverhältnisses zu Österreich) 1607 Änderung des Tübinger Vertrags, Zurückdrängung der Macht der Stände 1608–1628 Herzog Johann Friedrich Die Landstände gewinnen ihre Macht zurück. Enzlin wird enthauptet (1613)	Friedrich fördert sehr die Künste: Sein Baumeister Heinrich Schickhardt (1558–1634) legt die Stadt Freudenstadt an (1599) Schickhardt errichtet im Stil der Renaissance in Stuttgart den »Neuen Bau« Johannes Kepler (1571 bis 1630), im Tübinger Stift 1589, Hofastronom Rudolfs II. Johann Valentin Andreä (1584–1654), Vorläufer des Pietismus und vielseitiger Gelehrter
1618 Ausbruch des Dreißigjährigen Krieges 1619–1637 Kaiser Ferdinand II. 1620 Schlacht am Weißen Berge bei Prag 1629 Restitutionsedikt 1630 Eingreifen König Gustav Adolfs von Schweden zugunsten der Protestanten	1628/33–1674 Herzog Eberhard III. Für den unmündigen Eberhard führen zwei Brüder Johann Friedrichs als Her-	Der Dreißigjährige Krieg zieht auch die Universität Tübingen in Mitleidenschaft; zahlreiche Lehrstühle bleiben unbesetzt, Studenten gibt es nur noch wenige Die frühbarocke Dichtung ist in Württemberg durch

EUROPÄISCHE GESCHICHTE	POLITISCHE ENTWICKLUNG IN WÜRTTEMBERG	GEISTIGES LEBEN IN WÜRTTEMBERG
1634 Sieg der Kaiserlichen über die Schweden bei Nördlingen 1635 Frankreich greift unter der Führung Richelieus (1585–1642) in den Krieg ein	zöge-Administratoren die Regierung: 1628–1631 Herzog Ludwig Friedrich von Württemberg-Mömpelgard 1631–1633 Herzog Julius Friedrich von Württemberg-Weiltingen	Georg Rudolf Weckherlin vertreten, gestorben 1653 in London 1642 Einführung der Kirchenkonvente nach reformiertem Vorbild zur Ausübung der Kirchenzucht
1648 Friede zu Münster und Osnabrück 1643–1715 Ludwig XIV. von Frankreich	1633 Eberhard für mündig erklärt 1634–1638 Eberhard des Landes vertrieben Eberhard hat bedeutende Männer als Kanzler und Räte: Jakob Löffler (1583–1638) Andreas Burkard (gest. 1648) Konrad Varnbüler (1595 bis 1657)	1649 Einführung des grundsätzlich zwangsmäßigen Volksschulbesuchs
1658–1705 Kaiser Leopold I. Türkenkriege	1674–1677 Herzog Wilhelm Ludwig	
	1677/93–1733 Herzog Eberhard Ludwig; während seiner Minderjährigkeit führen die Regierung Herzog-Administrator Friedrich Karl von Württemberg-Winnenthal, ein Bruder Wilhelm Ludwigs, als Vormünderin die Herzoginwitwe Magdalene Sibylle von Hessen-Darmstadt	1699 Aufnahme von 3000 aus Piemont vertriebenen Waldensern unter ihrem Führer Henri Arnaud Seit 1704 läßt der Herzog von Johann Friedrich Nette, Giuseppe Frisoni und Paolo Retti Schloß und Stadt Ludwigsburg erbauen (Barock)
1701–1714 Spanischer Erbfolgekrieg	1693 Eberhard Ludwig volljährig	Kirchlicher Barock in Oberschwaben (Neuwürttemberg)

Kirchlicher Barock
Steinhausen (Pfarrkirche 1727–1733 von Domenicus Zimmermann und seinem Bruder Johann)
Siessen (Klosterkirche 1726–1733 von Domenicus Zimmermann und seinem Bruder Johann; Klostergebäude 1711 von Christian Thumb)

Schussenried	(Bibliothekssaal des Klosters 1754–1761 nach Plänen von Domenicus Zimmermann von Jakob Emele; Barockausstattung der Kirche 1710–1746)
Obermarchthal	(Klosterkirche 1686–1701 von Michael Thumb, Christian Thumb und Franz Beer; Klostergebäude 1686–1702 und der NO-Flügel 1747–1753 von G. G. Bagnato)
Weingarten	(Klosterkirche 1715–1724 nach Plänen Franz Moosbruggers von Franz Beer, Andreas Schreck, Christian Thumb und D. G. Frisoni)
Zwiefalten	(Klosterkirche 1739–1765 von Joseph und Martin Schneider und J. M. Fischer; Klostergebäude 1668–1690 von Thommaso Comacia, Michael Thumb, Heinrich Mayer und Franz Beer)
Weissenau	(Langhaus der Klosterkirche 1717–1724 von Franz Beer; Klostergebäude 1708–1717 von demselben)
Friedrichshafen	(Schloßkirche – ehemalige Benediktinerprioratskirche Hofen 1695–1701 von Christian Thumb; ehemalige Klostergebäude 1654–1661 von Franz Beer und 1697–1701 von Christian Thumb)
Ehingen	(Konviktskirche 1712–1719 wahrscheinlich von Franz Beer; Kollegiengebäude 1698–1706 von Franz Beer)
Wiblingen	(Klosterkirche 1772–1781 von Johann Georg Specht nach dem Vorbild der Kirche in St. Gallen von Peter Thumb; Klostergebäude 1714–1762 von Christian Wiedemann und Johann Michael Fischer)
Beuron	(Klosterkirche 1732–1738 von Matth. Scharpf)
Erbach	(Pfarrkirche 1767–1769 von Franz Kleinhans)
Ochsenhausen	(Klosterkirche 1725–1732 Barockfassade von Christian Wiedemann, barocke Ausstattung des Inneren der Kirche)
Wolfegg	(Schloßkirche 1733–1742 von Johann Georg Fischer)
Rot a. d. Rot	(Klosterkirche 1777–1786; Klostergebäude von 1682–1702)
Deggingen	(Pfarrkirche 1700; Wallfahrtskirche 1716–1718)

EUROPÄISCHE GESCHICHTE	POLITISCHE ENTWICKLUNG IN WÜRTTEMBERG	GEISTIGES LEBEN IN WÜRTTEMBERG
1711–1740 Kaiser Karl VI.		*Bedeutende Männer der Zeit:*
1740–1780 Maria Theresia, Königin von Böhmen und Ungarn, Erzherzogin von Österreich		Georg Bernhard Bilfinger (1693–1750), Philosoph aus der Schule von Leibniz und Wolff, württembergischer Konsistorialpräsident
1745–1765 Kaiser Franz I.		
1740–1786 Friedrich der Große, König von Preußen		Johannes Osiander (1657 bis 1724), Direktor des Konsistoriums und wirkl. Geheimer Rat, häufig als geschätzter Diplomat im Ausland tätig
1756–1763 Siebenjähriger Krieg		

EUROPÄISCHE GESCHICHTE	POLITISCHE ENTWICKLUNG IN WÜRTTEMBERG	GEISTIGES LEBEN IN WÜRTTEMBERG
	1733–1737 Herzog Karl Alexander, Sohn des Herzog-Administrators Friedrich Karl von Württemberg-Winnenthal	Christoph Matthäus Pfaff (1686–1760), Professor der Theologie und Kanzler der Universität Tübingen, bemüht sich um die Vereinigung von Lutheranern und Reformierten
	1737/44–1793 Herzog Karl Eugen	Johann Albrecht Bengel (1687–1752), Prälat und Konsistorialrat, man kann ihn den »Vater des schwäbischen Pietismus« nennen
	Bis zur Volljährigkeit Karl Eugens 1744 Vormundschaftsregierung durch: 1737–1738 Karl Rudolf von Württemberg-Neuenstadt 1738–1744 Friedrich Karl von Württemberg-Oels	Johann Jakob (v.) Moser (1701–1785), württ. Landschaftskonsulent, man nennt ihn »Vater des deutschen Staatsrechts«
		Friedrich Christoph Oetinger (1702–1782), Schüler Bengels, Mystiker und Theosoph (»Magus des Südens«), zuletzt Prälat in Murrhardt
		Christian Friedrich Daniel Schubart (1739–1792), Publizist, vertritt als Dichter in Württemberg den Sturm und Drang
		Philipp Matthäus Hahn (1739–1790), württembergischer Pfarrer, ein mechanisches Genie
		1775 Verlegung der Karlsschule von der Solitude nach Stuttgart
		1781 von Kaiser Joseph II. unter dem Namen Hohe Karlsschule zur Universität erhoben
1789 Beginn der französischen Revolution 1792–1805 Koalitionskriege gegen Frankreich	1793–1795 Herzog Ludwig Eugen, Bruder Karl Eugens 1795–1797 Herzog Friedrich Eugen, Bruder Karl Eugens	1793 von Herzog Ludwig Eugen wieder aufgehoben Friedrich Schiller (1759 bis 1805)

EUROPÄISCHE GESCHICHTE	POLITISCHE ENTWICKLUNG IN WÜRTTEMBERG	GEISTIGES LEBEN IN WÜRTTEMBERG
	1796 Sonderfriede mit der Französischen Republik	Johann Heinrich Dannecker (1758–1838), bedeutender Bildhauer der Zeit
	1797–1816 Friedrich II. (Herzog bis 1803)	Karl Friedrich (v.) Reinhard (1761–1837), seit 1793/95 französischer Diplomat, 1798 Außenminister der französischen Republik
1798 Napoleon, Erster Konsul der Französischen Republik	1799 Teilnahme am Krieg gegen Frankreich 1802 Friede mit Frankreich	
		Georg Wilhelm Friedrich Hegel (1770–1831)
1803 Reichsdeputationshauptschluß	1803 Friedrich wird Kurfürst; Neuwürttemberg	Friedrich Wilhelm Schelling (1775–1854)
1804–1814 Napoleon I., Kaiser der Franzosen	1805 Anschluß an Napoleon	Friedrich Hölderlin (1770 bis 1843)
1806 Ende des alten Deutschen Reiches	1806 Württemberg wird Königreich mit voller Souveränität 1806 Beitritt zum Rheinbund	
1813–1815 Befreiungskriege	1813 nach der Schlacht bei Leipzig Anschluß an die Verbündeten	
1814–1815 Wiener Kongreß; Errichtung des Deutschen Bundes	1815 Beitritt zum Deutschen Bund, nicht ohne Widerstreben Friedrichs I.	
	1815 Kampf um die Neugestaltung der Verfassung	Ludwig Uhland (1787 bis 1862), »Dichter, Gelehrter und Politiker in einer Person«
		Friedrich List (1789–1846), Nationalökonom, kämpft für ein einheitliches deutsches Wirtschaftsgebiet
		1817/18 Verlegung der 1812 errichteten katholisch-theologischen Universität Ellwangen als katholisch-theologische Fakultät nach Tübingen
		1828 Errichtung des Bistums Rottenburg

DEUTSCHE GESCHICHTE	POLITISCHE ENTWICKLUNG IN WÜRTTEMBERG	GEISTIGES LEBEN IN WÜRTTEMBERG
	1816–1864 König Wilhelm I.	*Als Dichter und Schriftsteller sind für diese Zeit zu nennen:*
	1819 Verkündung der Verfassung; Württemberg eine konstitutionelle Monarchie	Wilhelm Hauff (1802–1827)
		Wilhelm Waiblinger (1804 bis 1830)
		Eduard Mörike (1804 bis 1875)
		Justinus Kerner (1786 bis 1862), besonders bekannt durch seine Schriftstellerei auf okkultem Gebiet
		Friedrich Theodor Vischer (1807–1887), Professor der deutschen Literatur und Ästhetik, Schriftsteller
1848–1849 revolutionäre Unruhen in Deutschland	1849 das »Rumpfparlament« in Stuttgart (am 18. Juni von der württembergischen Regierung aufgelöst)	
1848 Deutsche Nationalversammlung in Frankfurt		Ferdinand Christian Baur (1792–1860), Professor der Kirchen- und Dogmengeschichte, Begründer der historisch-kritischen Schule Tübingens
		David Friedrich Strauß (1808–1874), Links-Hegelianer, Begründer der »Leben Jesu«-Forschung
		Johann Adam Möhler (1796 bis 1838), Professor der katholischen Theologie, Begründer der »Tübinger Schule«
	1864–1891 König Karl	
1866 Kampf zwischen Österreich und Preußen um die Vorherrschaft in Deutschland	1866 Teilnahme am Krieg gegen Preußen	Karl Joseph Hefele (1809 bis 1893), Kirchenhistoriker, 1869 Bischof von Rottenburg
1870–1871 Deutsch-Französischer Krieg	1870 Teilnahme am Krieg gegen Frankreich an der Seite des Norddeutschen Bundes	Robert Mayer (1814–1878) Arzt und Physiker, Entdecker des Gesetzes von der Erhaltung der Energie

DEUTSCHE GESCHICHTE	POLITISCHE ENTWICKLUNG IN WÜRTTEMBERG	GEISTIGES LEBEN IN WÜRTTEMBERG
		Erzähler: Hermann Kurz (1813 bis 1873) und der Ingenieur Max Eyth (1836–1906)
1871 Zusammenschluß der süddeutschen Staaten mit dem Norddeutschen Bund zum Deutschen Reich	1871 Das Königreich Württemberg wird ein Bundesstaat des Deutschen Reiches	
	Wenn auch Württemberg als Staat erhalten blieb, so endet damit doch eine selbständige württembergische Geschichte	*Wissenschaft – Rechtswissenschaft:* Karl Georg (v.) Wächter (1797–1880)
		Staatswissenschaft: Robert (v.) Mohl (1797 bis 1875)
		Historiker: Ludwig Friedrich Heyd (1792–1843) und Christoph Friedrich Stählin (1805–1873)
		protestantische Theologen: Tobias Beck (1804–1878) und Karl Weizsäcker (1822 bis 1899)
		Technik: Gottlieb Daimler (1834 bis 1900) Graf Ferdinand v. Zeppelin (1838–1917) Robert Bosch (1861–1942)
		1876 Erhebung des Polytechnikums in Stuttgart zur Technischen Hochschule
	1891–1918 König Wilhelm II.	
	1906 Verfassungsrevision	1909 Revision des Volksschulgesetzes von 1836 (Abschaffung der Schulaufsicht durch Geistliche)
		Malerei: Graf Leopold v. Kalckreuth (1855–1928), lehrte an der Stuttgarter Kunstakademie
1914–1918 erster Weltkrieg		
1918 Sturz der Monarchie im Reich und in den Bundesstaaten	1918 Abdankung König Wilhelms II. 1919 neue republikanische Verfassung	Adolf Hölzel (1853–1934) Willi Baumeister (1899 bis 1955)

DEUTSCHE GESCHICHTE	POLITISCHE ENTWICKLUNG IN WÜRTTEMBERG	GEISTIGES LEBEN IN WÜRTTEMBERG
1919 neue Reichsverfassung, das Reich eine Republik	Staatspräsidenten: 1919–1920 Wilhelm Blos (1849–1927) 1920–1924 Johannes Hieber (1862–1951) 1924–1928 Wilhelm Bazille (1874–1934) 1928–1933 Eugen Bolz (1881–1944)	*Architektur – Häupter der Stuttgarter Architektenschule:* Theodor Fischer (1862 bis 1938) Paul Bonatz (1877–1955) Paul Schmitthenner (geb. 1884)
1933 Übernahme der Macht im Reich und in den Ländern durch die NSDAP unter Adolf Hitler	Aufhebung des Amtes des Staatspräsidenten, Reichsstatthalter 1933–1945 Wilhelm Murr (1888–1945)	*Literatur:* Isolde Kurz (1853–1944) Ludwig Finckh (geb. 1876) Hermann Hesse (geb. 1877) August Lämmle (geb. 1876)
1934 die Hoheitsrechte der Länder gehen auf das Reich über		1924 Trennung von Kirche und Staat
1939–1945 zweiter Weltkrieg		*evangelische Theologie:* Adolf Schlatter (1852 bis 1938) Karl Heim (1884–1958)
1945 bedingungslose Kapitulation des »Großdeutschen Reiches«; Aufteilung Deutschlands in vier Besatzungszonen		*Geschichtswissenschaft:* Johannes Haller (1865 bis 1947) alle drei Professoren der Universität Tübingen
1949 Errichtung der Bundesrepublik Deutschland (umfaßt die drei westlichen Besatzungszonen)		*1934 Kirchenkampf:* evang. Kirche: Theophil Wurm (1868–1953), 1929 Kirchenpräsident, 1933 bis 1948 Landesbischof, 1945 bis 1948 Vorsitzender des Rates der evang. Kirche in Deutschland kath. Kirche: Johannes B. Sproll (1870–1949), Bischof von Rottenburg
	1945 Teilung Württembergs in eine nördliche und eine südliche Hälfte; Bildung der Länder Württemberg-Baden und Württemberg-Hohenzollern	
	1952 Vereinigung der Länder Württemberg-Baden, Württemberg-Hohenzollern mit dem Land Baden (südliche Hälfte) zum Land Baden-Württemberg	

REGISTER

Abel, Jakob Friedrich, Professor, Schillers Lehrer 199, 255
Abel, Konradin, württ. Diplomat 219, 221, 228, 237, 255, 341
Abschiede = amtliche Schlußprotokolle 103
Absolutismus, fürstlicher 126, 127, 134, 159, 239, 241
Adel, 25, 61, 76, 77, 180
Adalbert II., Graf von Calw 4
Adolf von Nassau, König 13
Albrecht Achilles Markgraf von Brandenburg 42–45, 51
Albrecht Alcibiades Markgraf von Brandenburg 96, 109, 110, 118, 119
Albrecht Herzog von Österreich, König 13
Albrecht VI. Herzog von Österreich 49, 51
Albrecht Herzog von Bayern 41
Albrecht Herzog von Württemberg, Feldmarschall 354
Alexander I., Russischer Zar 242
Alexander II., Russischer Zar 296, 316, 320
Altes Recht 128, 193, 285, 348, siehe auch Tübinger Vertrag
Andreä, Jakob, Theologe 121, 123
Andreä, Johann Valentin, Konsistorialrat 155
Anna Katharina von Salm, Gem. Herzog Eberhards III. 153

›Armer Konrad‹, Aufstandsbewegung 76–78
Asperg, Burg 15
Augsburg, Reichsstadt 31, 36, 90
Augsburger Bekenntnis 119, 120
Augusta Karoline von Braunschweig-Wolfenbüttel, Gem. Herzog Friedrichs II. 233, 234
Ausschüsse, Landständische 61, 195, 200, 208, 210, 218, 221, 230, 231, 241, 246
Ausschuß, auswärtiger, des Bundesrats 331, 352, 353

Baden-Württemberg, siehe Südweststaat
Barbara von Mantua a. d. H. Gonzaga, Gem. Eberhards im Bart 52
Barbara Sophia von Brandenburg, Mutter Herzog Eberhards III. 143, 147, 149, 150, 153
Barock, weltlicher u. kirchlicher Kunststil 183, 184, 256, 257
Basel, Friede von 1499 70, – von 1795 220, 221,
Bauernbund, Württ., politische Partei 368, 370
›Bauernkrieg‹ 88, 89
Baz, Christian Friedrich, Gesandter 231, 238
Bazille, Wilhelm, Politiker, Staatspräsident 370, 371

Bebel, Heinrich, Humanist 54
Bede siehe Steuern
Beer, Georg, Baumeister 121
Beobachter, Der, Zeitung 312, 314, 321, 323–325
Bernauer, Agnes, Augsburger Bürgertochter 41
Bernhard Herzog von Weimar 149, 150, 151, 153
Besold, Christoph, Rechtsgelehrter 144
Besserer, Eitel, Finanzmann 113
Besserer, Hans, Handelsherr 113
Besserer, Heinrich, Feldhauptmann 21
Besserer, Konrad, Feldhauptmann 23
Bethmann Hollweg, Theobald von, Reichskanzler 351, 352, 355
Beutelsbach, Gräfliches Erbbegräbnis 16
Biel, Gabriel, Theologe 54, 59
Bilfinger, Georg Bernhard, Philosoph, Professor der Theologie 183, 200, 203
Bismarck, Otto von 273, 277, 293, 309, 317, 318, 323, 330, 331, 332, 347, 349
Blarer, Ambrosius, Theologe 95
Blezinger, Johann Georg, Unternehmer 337
Blos, Wilhelm, Politiker, Staatspräsident 367
Böblinger, Baumeister 37
Böhmisches Lehen der württ. Grafen 39, 40
Bolz, Eugen, Politiker, Staatspräsident 372, 382
Brenz, Johannes, Reformator Württembergs 96, 99, 109
Brenz, württemb. Herrschaft 142
Breuning, Konrad, Vogt von Tübingen 68, 76, 78, 80, 85
Breuning, Sebastian, Bruder des Vor. 80
Brüning, Heinrich, Reichskanzler 366, 372, 373, 374
Broll, Ulrich, Landschaftskonsulent 135
Bülow, Bernhard Fürst, Reichskanzler 349, 354, 355
Büren, Graf von, kaiserlicher Heerführer 97
Bürgerpartei, Württ. 368, 370,
Bundesräte 103
Burchard I. Herzog von Schwaben 2
Burkard, Andreas, Kanzler 151, 156, 160

Calvinismus = Lehre des Reformators Joh. Calvin in Genf, Gründer der Reformierten Kirche 117, 126, 128, 131, 167, 217
Calw und seine wirtschaftl. Bedeutung 338–341
Casus foederis (Bündnisfall) 324–326
Charlotte, Königin von Württemberg 333
Charlotte Mathilde von England a. d. H. Hannover, Gem. König Friedrichs 229
Charlotte Marie von Württemberg, Großfürstin Helena Pawlowna 315, 318
Cluny, Kloster 3
Collegium illustre 121, 125, 158
Commercia, Freiheit der 122, 123
Commercienrath 182
Confessio Virtembergica 109
Cotta, Johann Friedrich, Buchhändler und -verleger 251, 255

Dannecker, Johann Heinrich, Bildhauer 254, 255
Dehlinger, Alfred, Finanzminister 302
Deutsch-englische Beziehungen 349, 352
Deutsche (Nationalliberale) Partei 312, 313, 314, 321, 347, 348
Deutscher Bund 250, 273, 279, 281, 290, 292, 294, 296, 298
Deutsch-Demokratische Partei 368
Deutschnationale Volkspartei 371, 374; für Württemberg siehe Bürgerpartei
Döffingen, Schlacht bei 22, 28
Donaustädte 258, 268, 269

Eberstein, Grafen von 19
Ebert, Friedrich, Reichspräsident 361, 373
Ehrbarkeit 75, 76, 113, 114, 123, 185, 253, 281
Eidgenossen, schweizerische 1, 18, 23, 29, 43, 48, 50, 69, 74, 81, 86, 310
Elben, Otto, Schriftleiter, Politiker 312, 326
Elisabeth von Bayern, Mutter Graf Eberhards III. 24

Elisabeth Burggräfin von Nürnberg, Gem. Graf Eberhards III. 41
Elisabeth von Württemberg, Tochter Graf Eberhards III. 41
Elisabeth Königin von England 120
Elisabeth Friederike von Brandenburg-Bayreuth, Gem. Karl Eugens 202
Ellwangen, Fürstpropstei 116, 242, 258, 303
Enteignung weltlichen Besitzes der kath. Kirche (Säkularisation) 33, 231
Enzlin, Matthäus, Staatsrechtslehrer, württ. Geheimer Rat 129, 135, 136, 185
Erbfolgestreit, Bayrischer 71
Erbvergleich (von 1770) 209, 210, 221
Erlangen, Stadt 239
Ernst Herzog von Schwaben 2
Erzberger, Matthias, Politiker, Reichsminister 356, 363
Eßlingen, Reichsstadt 11, 14, 15, 16, 43, 114; Vertrag von 1492 67, 71
Esslinger, Georg, Landprokurator 136
Eugen Herzog von Württemberg 332
Eugen Herzog von Württemberg, russischer General 247, 315, 332

Faber du Faur, Wilhelm von, Bergrat 342, 343
Faut, Konrad, Vogt von Cannstatt 80
Felonie – Verletzung der Lehenspflichten 40, 94, 98, 108, 112
Ferdinand I. Erzherzog von Österreich, Herzog von Württemberg, König, Kaiser 40, 87, 93, 98, 101, 104, 109
Ferdinand II. Kaiser 137, 152, 157
Ferdinand III. Kaiser 156, 157
Finanzwesen des Herzogtums 60, 74, 114, 127, 180, 181, 189, 192
Fortschrittspartei (auch Volkspartei) 312, 314, 348
Frankfurter Nationalversammlung 282–289
Franquemont, Graf von, württ. General 248
Franz I. König von Frankreich 81, 86, 91, 93, 96, 105, 107

Franz Ferdinand von Österreich-Este, Erzherzog Thronfolger 353, 354
Franziska, Herzogin von Württemberg, Reichsgräfin von Hohenheim 212, 216, 217
Freiberg, Ludwig von, Pfarrherr 58, 59
Freie auf Leutkircher Heide 267
Freihandel 345, 346
Freudenstadt 130, 133, 134
Friedensexekution in Nürnberg (1649) 157
Friedrich, erster Herzog von Schwaben 4, 5, 6
Friedrich I. Barbarossa, Kaiser 6, 7
Friedrich II. Kaiser 7, 9, 10
Friedrich von Österreich, Gegenkönig 15, 27
Friedrich III. Kaiser 42, 64
Friedrich, Pfalzgraf 44, 49
Friedrich V. von der Pfalz ›Winterkönig‹ 137, 139
Friedrich II. König von Preußen 197, 200, 201, 209, 233
Friedrich August von W.-Neustadt 183
Friedrich der Weise, Kurfürst von Sachsen 82
Friedrich Wilhelm von Brandenburg, ›Der Große Kurfürst‹ 159, 163
Fritsch, Freiherr von, Oberbefehlshaber des Heeres 379
Froberger, Johann Jakob, Musiker und Komponist 162
Fürkauf = Kreditkauf 122
›Fürstbrüderlicher Vergleich‹ – württ. Hausgesetz 142
Fürstenberg, Egon Graf, kaiserlicher Heerführer 146
Fürstenberg, Wolfgang Graf, Landhofmeister 68
Fugger, Handelsherren in Augsburg 31
Fugger, Jakob der Reiche 32, 34, 35

Gadner, Ludwig, Rentkammerprokurator 121, 122
Gegenreformation 131
Geitzkofler, Ferdinand, Landhofmeister 155
Geniepromotion (Hegel, Hölderlin, Schelling) 214

419

Georg Friedrich von Baden-Durlach, Markgraf 138
Georg Herzog von Bayern 68
Georgii, Eberhard Friedrich, Gesandter 231, 237
Geroldseck, Hans Ritter von 50
Gessler, Otto, Politiker, Reichswehrminister 364, 365
Giengen a. d. Brenz, Schlacht bei 46
Göllheim, Schlacht bei 13
Goethe, Johann Wolfgang 197, 198, 213, 219, 255, 338
Gonzaga, Franz von, Kardinaldiakon, Schwager Eberhards im Bart 59
Graf, Eugen, Politiker, Innenminister 369
Grävenitz, Christiane Wilhelmine von 178, 181,
Granvella, Vater und Sohn, Räte Karls V. 105, 107
Gregor VII. Papst 3, 4, 9
Groener, Wilhelm, General, Reichsminister 359–363, 365, 366, 373
Großdeutsche 308, 310, 314, 318, 325
Großheppach i. Remstal 176
Grundherrschaft 284
Gustav Adolf, König von Schweden 118, 145, 148, 149
Gymnasium illustre 166

Hadwig, Herzogin von Schwaben 2
Hahn, Philipp Matthäus, Pfarrer und technischer Erfinder 337
Hauff, Wilhelm, Dichter 83, 185
Haussmann, Conrad, Politiker, Staatssekretär 356
Haussmann, Friedrich, Politiker 348
Haussmann, Julius, Politiker 289, 309
Hausverträge und -gesetze, württ. 62, 67, 71, 106, 107, 116, 142, 165
Heerwesen 56, 182, 247–249, 324, 330
Hegel, Georg Wilhelm Friedrich, Philosoph 214, 251, 253
Heidenheim, Herrschaft 43, 46, 75
Heilbronn, Reichsstadt 11, 14, 98
Heimsheim, Treffen bei 24
Heinrich IV. Kaiser 3, 4, 5, 6, 9
Heinrich VI. Kaiser 10
Heinrich Raspe, Landgraf 9

Heinrich VII. a. d. H. Luxemburg, König 14, 15
Heinrich II., König von Frankreich 108, 110
Helfenstein, Ulrich Graf von 20, 21
Henriette von Mömpelgard, Gem. Graf Eberhards IV. 39, 42
Héricourt, Mömpelgardische Herrschaft 116, 117, 161
Hermann, Bischof von Konstanz 58
Herrenalb, Kloster 67
Heuss, Theodor, Bundespräsident 384
Heyd, Ludwig Friedrich, Historiker 85
Hexenprozesse 141
Hieber, Johannes (von), Politiker, Staatspräsident 369
Hindenburg, Paul von, Reichspräsident 365, 373
Hitler, Adolf 366, 372, 374, 378–383
Höchstädt, Schlacht bei 177
Hölder, Julius, Politiker 312, 313, 318, 319
Hölderlin, Friedrich 214, 385
Hochstetter, Johann Heinrich, Landschaftskonsulent 219
Hohenberg, Grafschaft 51, 265, 266
Hohenheim, Reichsgräfin Franziska von, siehe Franziska
Hohenkrähen, Burg 51
Hohenlohe-Langenburg, Krafft Graf von, württ. Generalleutnant 137, 140
Hohenloher Land 270
Hohentwiel, Burg 2, 86, 88, 89
Holzinger, Konrad, Kanzler 68
Honorius III., IV., Päpste 7, 12
Hopf, Franz, Politiker 314, 318
Huber, Johann Ludwig, Oberamtmann 208
Hugenberg, Alfred, Politiker 374
Huldenreich, Jesaias, Unternehmer 132
Humpiss, Handelsherren in Ravensburg 31, 32
Humpiss, Onofrius 33
Huss, Johannes, Reformator 40
Hussitenkrieg 41
Hutten, Hans von, Stallmeister 78, 85
Hutten, Ulrich von, Schriftsteller 74, 79, 80, 85
Hutten, Ursula von 79

Innozenz III., Papst 7
Interim, kaiserliches 99, 112
Interregnum, ›die kaiserlose Zeit‹ 9

Jäger, Melchior, Geheimer Rat 123, 129, 130
Jérôme Bonaparte, König von Westfalen 246, 247
Jörg, Aberlin, Baumeister 48
Johann, Erzherzog von Österreich, Reichsverweser 287
Johann, Herzog von Österreich gen. Parricida 14
Johann, König von Böhmen 15
Johann Friedrich, Kurfürst von Sachsen 97
Johann Georg, Kurfürst von Sachsen 144
Johanna Elisabeth von Baden-Durlach Gem. Eberhard Ludwigs 175
Jomelli, Niccolo, Kapellmeister und Komponist 202
Joseph II., Kaiser 213
Judenverfolgung 18, 30
Jungingen, Konrad von, Hochmeister 23

Kaaden a. d. Eger 94, 98, 129
Kaiserwahl (1519) 81, 82
Kammer, Erste und Zweite, in Stuttgart siehe Landtag
Kapp-Putsch 364, 366, 367
Karl von Anjou 7
Karl IV., a. d. H. Luxemburg, Kaiser 18, 19, 21, 28, 29, 30, 40
Karl der Kühne, Herzog von Burgund 48, 69
Karl V., Kaiser 81, 86, 87, 91, 93, 96–99, 105, 109, 110
Karl August, Herzog von Weimar 213, 255, 338
Karl Gustav von Zweibrücken, Pfalzgraf, schwedischer Generalissimus 157
Karl, Erzherzog von Österreich, Feldmarschall 227, 238
Karl VII. a. d. H. Wittelsbach, Kaiser 201
Karlsbader Beschlüsse 274, 277, 279

Karlsschule, Hohe 212–216, 217, 253
Katharina II., russische Zarin 233, 234
Katharina von Rußland, Gem. König Wilhelms I. 250, 274, 275, 279
Katharina von Württemberg, Gem. König Jérômes von Westfalen 234, 246, 247
Katzenellenbogen, Gräfin Anna, Schwester der Grafen Ludwig I. und Ulrich V. 42
Kaulla, Handelshaus 341
Kerner, Johann Georg, Bürgermeister 219
Kiderlen-Wächter, Alfred von, Staatssekretär 351
›Kirschenkrieg‹ 146
Konrad II., König 2
Konrad III., König 6
Konrad IV., König 9
Konrad, Graf, Erbauer der Feste Wirtemberg 9
Konrad von Weinsberg, Landvogt 15
Konradin, Herzog von Schwaben 7, 9
Konstanz, Bistum, Reichsstadt 29, 36, 40, 58, 72
Kraut (von), Kammerpräsident 368
Kreditwesen 30, 34, 35, 181, 189
Krumhaar, Peter, Kommandant der festen Stadt Schorndorf 169
Kulpis, Johann Georg, württ. Geheimer Rat 173–175
Kulturkampf 332
Kurfürsten 27, 45, 81, 82, 94
Kurverein zu Rhense 27
Kyburg, Werner von, 3

Lamparter, Gregor, Kanzler 68, 71, 80
Landfriedensordnung 6, 11, 17, 31
Landhofmeister 56
Landmiliz 220
Landschaden siehe Steuern
Landschaft 61, 77, 115, 127, 130, 155, 209, 218, 235, 237, 240, 243, 245
Landschreiber 75
Landstände siehe Stände
Landtag (seit 1819) 278, 280, 284, 290, 291, 306–308, 312, 318, 321–323, 325, 345, 347, 369
Landvogtei Niederschwaben 14, 17

Landvogtei Schwaben 258, 263, 266, 267, 268
Lauffen am Neckar, Schlacht bei 93, 104
Lechfeld, Schlacht auf dem 1
Lehenswesen 2
Leibniz, Gottfried Wilhelm, Philosoph 158, 167
Leopold, Herzog von Österreich 22, 24
Leopold Eberhard von Mömpelgard 190
Liga, Bündnis kath. Reichsstände, gegr. 1609 137, 138
List, Friedrich, Publizist 278, 279, 305, 334, 340, 345
Liudolf, Sohn Kaiser Ottos I. 2
Löffler, Jakob, Kanzler 137, 143, 144, 149, 152
Lorch im Remstal, Kloster 4
Ludendorff, Erich, General 355, 366
Ludovico Moro, Herzog von Mailand, 33
Ludwig der Bayer, Gegenkönig, Kaiser 15, 17, 27
Ludwig, Herzog von Bayern, Herzogin Sabinas Bruder 101, 107
Ludwig XIV., König von Frankreich 162, 167, 168, 175
Ludwig XV., König von Frankreich 203
Ludwig von Württemberg-Winnenthal 169
Ludwig Wilhelm, Markgraf von Baden ›Türken-Louis‹, Reichsfeldherr 171, 172, 185
Luther, Martin, Reformator 92, 95, 117, 164
Lutheraner 126, 131, 201

Mägdeberg im Hegau 51
Magdalene Sibylle von Hessen-Darmstadt, Mutter Eberhard Ludwigs 163, 165, 168, 170
Magnus von Württemberg 138, 139
Mandelsloh von, Gesandter 228
Marchfeld, Schlacht auf dem 11
Margarete von Cleve, Gemahlin Ulrichs V. 41
Margarete von Österreich, Statthalterin der Niederlande 82

Maria von Burgund, Gem. Maximilians I. 69
Maria Anna von Brandenburg-Ansbach, Gem. Herzog Christophs 107
Maria Augusta von Thurn und Taxis, Gem. Herzog Karl Alexanders 194, 200
Marie, Königin von Ungarn, Schwester Karls V. 105, 108, 119
Marie, Prinzessin von Württemberg 333
Markgröningen, Stadt 20, 39
Maucler, Freiherr von, württ. Diplomat 280
Maulbronn, Abt von 122
Maximilian I., Kaiser 65, 67, 69–73, 80
Maximilian, Erzherzog von Österreich 119
Maximilian, Herzog, später Kurfürst von Bayern 130, 131, 137, 148
Mayer, Jacob, Erfinder des Gußstahls 342
Mayer, Karl, Politiker 289, 308, 309, 313, 323
Mechthild, Pfalzgräfin, Mutter Eberhards im Bart 40, 41, 43, 49, 53, 59, 266
Medici, Katharina, Königin von Frankreich 120
Melanchthon, Philipp, Reformator 54, 95
Merkantilismus 126, 131, 182, 257
Metternich, Clemens, Fürst, österreichischer Staatskanzler 250, 273, 277, 287, 293
Metz, Stadt und Festung 111
Mittnacht, Hermann (Freiherr von), Staatsminister 319, 321, 326–328, 331, 332, 348
Mömpelgard (Montbéliard) 38, 41, 42, 47, 88, 93, 106–108, 125, 167, 190, 221, 229
Mohl, Moriz, Publizist 311, 312, 314, 319, 335, 345
Mohl, Robert (von), Staatsrechtslehrer 251, 276, 278, 285, 286
Moltke, Helmuth von, Feldmarschall 322, 324, 327–329
Montmartin, Friedrich Samuel, Graf von 203, 204, 207, 209, 243

Moreau, Jean Victor, franz. General 226, 227, 239
Moritz, Herzog von Sachsen 96, 109, 110, 118
Moser, Johann Jakob, Landschaftskonsulent 202, 207, 210
Mühldorf, Schlacht bei 16
Münsingen, Vertrag von 62
Münster, Westf., Friedenskongreß 155
Münzprivileg für Württemberg 21
Murr, Wilhelm, Gauleiter 380

Napoleon Bonaparte, franz. Kaiser 223, 231, 239, 243, 244, 245
Napoleon III., franz. Kaiser 292, 295, 322, 323
Napoleon, Prinz, Neffe König Wilhelms I. 296
Nationalsozialismus 378, 380, 383
Nauklerus siehe Vergenhans
Neustadt a. d. Linde, württ. Fürstensitz 195
Neuwürttemberg 242, 257–270
Nikolaus I., russischer Zar, Schwager König Wilhelms I. von Württemberg 292, 315
Nördlingen, Reichsstadt 14
Nördlingen, Schlacht bei 149
Normann, Graf von, württ. Oberst 248, 249
Normann, Philipp Christian von, Staatsminister 238, 241, 242
Noske, Gustav, Politiker, Reichswehrminister 363, 364
Notter, Johann Martin, württ. Hofkammerrat 341
Notter und Stuber, Salzhandelsfirma 341
Nürtingen, herzoglicher Witwensitz 102

Österlen, August, Politiker 310
Oetisheim, Gefecht bei 170
Olga, Königin 315–318, 321, 327, 329
Opfer des Nationalsozialismus, württembergische 382
Osiander, Johannes, Prälat 168, 180, 203
Osiander, Lukas, Hofprediger 123, 129
Osnabrück, Friedenskongreß in 155
Otto I. der Große, Kaiser 1, 2

Otto von Braunschweig 10
Oxenstierna, Graf Axel, schwedischer Reichskanzler 149–152, 154

Parler, Baumeister 37
Parteien, politische 308, 313
Passauer Vertrag 110, 143
Paul I., russischer Zar, Schwager von König Friedrich I. 214, 236, 239, 240
Paul, Prinz von Württemberg, Bruder König Wilhelms I., 300
Pauline von Württemberg, Gem. König Wilhelms I. 275, 279, 299
Pauline, Fürstin zu Wied, Tochter König Wilhelms II. 333
Paulskirche, siehe Frankfurter Nationalversammlung
Payer, Friedrich (von), Landtagspräsident, Vizekanzler 348, 356
Pfälzer Fehde 45, 60
Pfau, Ludwig, Publizist 309, 310, 325
Pfirt, Gräfinnen von 19
Pfizer, Paul, Publizist 272
Philipp, Herzog von Burgund, ›der Gute‹ 42
Philipp, Herzog von Schwaben, König 7, 10
Philipp, Landgraf von Hessen 90, 91, 94, 97, 106
Philipp, Pfalzgraf 68
Piccolomini, Aeneas Sylvius, Kardinal = Papst Pius II. 41
Pistorius, Theodor (von), Staatsminister 375
Prager Vertrag (1599) 129
Preßburg, Friedensschluß 245, 304
Probst, Rudolf, Politiker 310, 319
Protestanten 90, 97, 99, 109, 117, 146
Protestantische Union 137, 138
Protestantismus, politischer 117, 118

Rapp, Gottlob Heinrich, Kaufmann 254
Ravensburg, Reichsstadt 29, 31, 260, 262, 267
Ravensburger Handelsgesellschaft 32, 33
Rechtswesen 57, 136, 303
Reformation in Württemberg 95
Reformierte Kirche, siehe Calvinismus
Reformlandtag (1797) 230
Regensburg, Reichstag in 96

Regnum scribarum et pharisaeorum 173
Reichenau, Kloster 4
Reichenweiher Vertrag 107
Reichsdeputation 241, 242
Reichsdeputationshauptschluß 241, 242, 263
Reichsfriedensordnung 6, 8
Reichskrieg gegen Württemberg 15
Reichslehen der württ. Grafen 39
Reichspatriotismus 171, 173
Reichsreform 45, 173
Reichsstädte, politische Entwicklung 257–260
Reichsstädte, wirtschaftliche Blüte 28, 29
Reichssturmfahne 39
Reinhardt, Walther, General 359, 362, 364
Reinsburgklub 308
Religionsfrieden (1555), Augsburger von 118
Religionsgespräch, Marburger 92
Religionsübung, freie 193
Restitutionsedikt 143, 148
Restitution des Herzogtums 157
Retti, Leopoldo, Baumeister 202
Reuchlin, Johannes, Humanist 54, 59, 68
Reutlingen, Schlacht bei 21
Reutlingen, Reichsstadt 21, 72, 81
Reversalien 188, 209
Rheinbund 240, 246, 257, 275, 304
Rheinische Allianz 159
Richelieu, Kardinal 148, 154
Rieger, Friedrich Philipp, Oberst 203, 205
Rijswijk, Friede von 173
Ritterschaft siehe Adel
Römer, Friedrich, Rechtsanwalt, Minister 284, 285, 290, 291
Römer, Robert, Professor, Politiker 312, 318, 319
Rottenburg am Neckar 51, 53, 265, 266
Rottweil, Reichsstadt und Hofgericht 50
Rudolf, König von Burgund 2
Rudolf von Habsburg, König 11–13, 259, 261
Rudolf von Schwaben, König 5
Rudolf IV., Herzog von Österreich 19

Rümelin, Gustav (von) 200, 280, 286, 287
Rumpfparlament 289, 290

Sabina von Bayern, Gem. Herzog Ulrichs 71, 79, 84, 85, 93, 101, 102
Säkularisation siehe Enteignung
Salzhandel siehe Calw
Sattler, Regierungsrat, Historiker 49, 199
Schatzung siehe Steuern
Scheidemann, Philipp, Politiker, 368
Schelling, Friedrich Wilhelm Joseph, Philosoph 253
Schenk, Konrad von Limburg, Minnesänger 8
Schenk, Walther von Limburg, Sangesrichter 8
Schiller, Friedrich 197, 198, 204, 215, 253, 254
Schlegler, Rittergesellschaft der 24
Schlör, Simon, Bildhauer 121
Schmalkalden, ›Verständnis‹ von 90
Schmalkaldener Bund 95, 97
Schmidlin, Christoph Friedrich, Staatsminister 280
Schnepf, Eberhard, Theologe 95
Schönborn, Friedrich Karl, Graf von, Reichsvizekanzler, Bischof von Würzburg 186, 194
Schorndorf, Stadt 20, 78, 169
Schott, Albert, Politiker 281, 290
Schott, Sigmund, Politiker 290, 309
Schubart, Christian Friedrich Daniel, Dichter 204, 216
Schulte, Aloys, Historiker 34
Schulwesen 112, 113 siehe auch Gymnasium, Stift, Universität
Schutzbar von Milchling, Wolfgang, Deutschmeister 116
Schutzzölle 345, 346
Schwaben – Grenzen und Nachbarn 1
Schwaben – Handel und Gewerbe 27–37
Schwaben, Herzogtum 3, 6, 9, 11, 19, 259
Schwabenspiegel, Rechtssammlung 8
Schwäbischer Bund 64, 69, 72, 81, 83, 86, 91, 92, 103
Schwäbischer Kreis 130, 165, 169, 173, 176, 225, 242

Schwäbischer Merkur, Zeitung 312, 321, 326
Schwäbischer Städtebund (1331) 18, 20–22, 28
Schweiz, siehe Eidgenossen
Schweizer Krieg 69, 70, 71
Schweizer Landsknechte 81, 83, 88
Seckenheim am Neckar, Gefecht bei 46
Seeckt, Hans von, General, zweiter Chef der Heeresleitung 364, 365
Sempach, Schlacht bei 22, 28
Sibylle von Württemberg-Mömpelgard 161
›Sieben gute Städte‹ 307, 348
Sigismund, König 38, 40
Sigmund von Tirol, ›der Münzreiche‹ 50, 51, 60, 62
Sixtus IV., Papst 59
Sonnenberg, Otto, Graf von, Truchseß von Waldburg 59
Sophie von Württemberg, Königin der Niederlande 279, 300, 323
Sophie Dorothee von Württemberg, als Gem. Zar Pauls I. Maria Feodorowna von Rußland 214, 224, 233, 242, 315
Sozialdemokratische Partei 347, 348, 357, 368, 374
Spät, Albrecht von, Landhofmeister 43, 44
Speyer, Hoftag in 14
Spittler, Ludwig Timotheus, Professor, Geheimer Rat 199, 230, 238
Staatsbankrott 75
Städtekrieg 28
Stände 60, 61, 75, 114, 123, 127, 130, 143, 145, 155, 159, 162, 170, 188, 209, 236, 274, 277–279, 334
Stain, vom, kommand. General des Schwäb. Kreiskorps 225
Standesherren 280, 284, 307
Stauffenberg, Claus, Graf Schenk von, Oberst 382, 383,
Stauffenberg, Berthold, Graf Schenk von 382
Stein, Jörg, Bildhauer 59
Stein, Karl, Reichsfreiherr von und zum 305

Stein, Markward von, Landvogt 48
Steinbeis, Ferdinand, Präsident 343, 345
Steuern 60, 75, 77
Stickel, Hans, Bürgermeister von Stuttgart 80
Stockmayer d. Ä., Friedrich Amandus, Landschaftsadvokat 218, 341
Stockmayer d. J., Friedrich Amandus, Landschaftssekretär 244
Stockmayer, Frau 244
Stresemann, Gustav, Politiker, Reichsminister 372, 373
Stuttgart 10, 12, 15, 16, 83, 91, 183, 214, 254, 258, 357, 367
Südweststaat 386
Sühnevertrag (vom 10. Nov. 1286) 12
Suckow, Albert von, Kriegsminister 321, 324, 327, 331
Summenhard, Konrad, Theologe 54
Süß Oppenheimer, Joseph, Hoffaktor 185, 189–192, 195, 196, 341
Sulz am Neckar, Stadt und Herrschaft 50

Tauberbischofsheim, Gefecht bei 320
Talleyrand-Périgord, Prinz von, franz. Staatsmann 241, 243, 244, 250
Teck, Herzogtum, Reichslehen der württembergischen Grafen 39
Teck, Herzöge von, Grafen von Württemberg — Titel und Namen der Nachkommen eines nicht ebenbürtig verheirateten Bruders König Friedrichs
Tettnang, Grafschaft 269
Thumb, Konrad von, Erbmarschall 79, 85
Tiffernus siehe Tybein
Tilly, Graf Johann 138, 145, 148
Tirpitz, Alfred von, Admiral, Staatssekretär 352
Trautmannsdorf, Maximilian Graf von, kaiserlicher Gesandter 156, 157
Treitschke, Heinrich von, Historiker 275, 278, 280
Triasidee 276, 277
Trient, Kirchenversammlung in 98, 109
Tübingen 37, 41, 52, 53, 54
Tübinger Schloß 81

Tübinger (theologische) Schulen 283
Tübinger Stift 113, 182, 183, 214, 253
Tübinger Universität 52, 55, 96, 121, 134, 142, 155, 158, 213, 218, 253, 281, 283
Tübinger Vertrag 77, 95, 115, 128, 129, 134, 135, 193, 231, 243
Tybein, Michael von 102, 103, 105

Uhland, Ludwig, Dichter, Politiker 3, 19, 274, 278, 281, 285
Ulm, Festung 245
Ulm, Reichsstadt 11, 14, 21, 22, 28, 29, 34, 260
Ulmer Barchent 34
Ulrich, Prinz von Württemberg 333
Umgeld siehe Steuern
Union, Bündnis protest. Reichsstände, gegr. 1608 137, 138
Urach, gräfliche Residenz 43, 52
Urach, Herzöge von, Grafen von Württemberg – Titel der Nachkommen eines nicht ebenbürtig verheirateten Bruders König Friedrichs
Uracher Bleichsozietät 192
Uracher Leineweberei 132, 133, 338
Urbare = Ämterverzeichnisse aus der Grafenzeit 25

Varnbüler, Johann Konrad, herzoglicher Rat und Gesandter 151, 155, 156, 160
Varnbüler, Karl, Freiherr von, Staatsminister 317, 319, 321, 323, 326, 345
Verfassung, im Herzogtum Schwaben 6
Verfassung in Württemberg 61, 158, 160, 185, 188, 193, 209, 221, 230, 251, 275, 280, 292, 302–307, 368; siehe auch Tübinger Vertrag
Vergenhans, Johann, Rektor der Universität Tübingen 49, 52, 54, 59, 68
Verkehrswege, württ. im Mittelalter 30
Verwaltung im Herzogtum Schwaben 6
Verwaltung in Württemberg 25, 55, 56, 61, 87, 112, 113, 180, 181, 189, 190–192, 280, 302–307, 369
Vischer, Friedrich Theodor, Professor 285
Visconti, Antonia von, Gem. des Grafen Eberhard III. 24
Visconti, Barnabo von 24
Volland, Ambrosius, Kanzler 80, 85, 86, 92, 104, 185
Vorderösterreich 259, 264–266
›Vormärz‹ 277, 282

Waiblingen, Stadt 15, 16
Waiblinger (Ghibellinen) 3
Waldburg, Georg, Truchseß von, ›Bauernjörg‹ 88, 89, 263
Waldburg, Truchsesse von 268, 269
Wallenstein, Albrecht von, Herzog von Friedland 144, 145, 149
Wangenheim, Karl August von, Kurator 251, 274, 280, 305
Weimarer Staat 374
Weil der Stadt, Reichsstadt 72, 141
Weiltingen, württ. Herrschaft 142
Weingarten, Reichsabtei 261, 262, 263
Weißenburg, Burg 15
Weizsäcker, Carl (Freiherr von), Ministerpräsident 350–355, 357
Weizsäcker, Ernst Freiherr von, Staatssekretär 380
Welf, Herzog von Bayern 5, 261
Welser, Handelsherren in Augsburg 31, 32, 93
Wenzel, Könige von Böhmen 13, 14, 21–23
Wera, Großfürstin von Rußland, Gem. Herzog Eugens 332
Werdenberg, Johann, Graf von 41
Westfälischer Friede 155, 156
Widerstandsbewegung 381–383
Wiederhold, Konrad, Oberst, Kommandant der Feste Hohentwiel 139, 151, 152, 160
Wiener Kongreß 249, 250
Wiesensteig, Herrschaft 178
Wildbad in Württemberg 19
Wilhelm, Abt von Hirsau 3
Wilhelm II., Deutscher Kaiser 347, 348, 350, 360, 361
Wilhelm, Herzog von Bayern, Herzogin Sabinas Bruder 102, 107
Wintzingerode, Georg Ernst, Reichsgraf von, Staatsminister 243, 250
Wirtschaftsgeschichte 113, 114, 122, 123, 131, 132, 141, 334–346, 374–378

Wittlingen, Burg 12
Wöllwarth, von, Geheimer Rat 228, 237
Worms, Reichstag in 65
Würben, Graf von, Kaiserlicher Rat 179
Württemberg, *Grafen:*
Eberhard I. ›Der Erlauchte‹ 11–16
Eberhard II. ›Der Greiner‹ 17–23
Eberhard III. ›Der Milde‹ 23–26
Eberhard IV. 25, 38
Eberhard V. ›im Bart‹ 45, 48–65
Eberhard der Jüngere 62
Georg, Stammvater des herzogl. und königl. Hauses 48, 105, 106, 116, 125
Heinrich von Mömpelgard 47, 62
Konrad, Erbauer der Feste Wirtemberg 9
Ludwig von Württemberg-Urach 39, 41–43
Ulrich I. ›Der Stifter‹ 9, 10
Ulrich II. 11
Ulrich III. 17
Ulrich IV., Bruder Eberhards II. 18
Ulrich V. von Württemberg-Stuttgart ›Der Vielgeliebte‹ 39, 43–48
Ulrich, Sohn Eberhards II. 21, 23, 28
Württemberg, *Herzöge:*
Christoph 86, 91, 92, 101–120
Eberhard I. ›im Bart‹ 65
Eberhard II. 67, 68
Eberhard III. 142, 143, 150–161
Eberhard Ludwig 142, 163, 168, 171–184
Eberhard Friedrich, Enkel Eberhard Ludwigs 184
Friedrich I. 124, 125–135
Friedrich II., der spätere König 221, 227, 232–242
Friedrich Eugen 207, 218, 221–232
Friedrich Ludwig, Sohn Eberhard Ludwigs 184
Friedrich Karl von Württemberg-Winnenthal, Administrator 165–171
Heinrich Friedrich, Bruder Karl Alexanders 188
Johann Friedrich 135–142
Julius Friedrich von Württemberg-Weiltingen, Administrator 145

Karl Alexander 127, 184–194
Karl Eugen 197–217, 235, 253, 338, 341
Karl Friedrich von Württemberg-Oels, Vormünder 200
Karl Rudolf von Württemberg-Neustadt, Administrator 194, 200
Ludwig 120–124, 158
Ludwig Eugen 217–221, 235
Ludwig Friedrich von Württemberg-Mömpelgard, Administrator 143, 145
Ulrich 68, 71–100
Wilhelm Ludwig 162, 163
Württemberg, *Kurfürst:*
Friedrich 223, 242–245
Württemberg, *Könige:*
Friedrich 246–252, 257, 271
Wilhelm I. 243, 244, 249, 274–302, 316, 335, 342
Karl 298, 315, 316–331
Wilhelm II. 332, 333, 356–358, 361
Württemberg, die Nebenlinien des Hauses (teilweise mit eigenen Hoheitsrechten):
Württemberg-Mömpelgard siehe Mömpelgard
Württemberg-Neustadt 183, 194, 200
Württemberg-Oels 200
Württemberg-Weiltingen 142
Württemberg-Winnenthal 165
Württembergisch Franken 270
Wunnenstein, Wolf von 19
Wurm, Theophil, Landesbischof 380

Zavelstein, Burg 19
Zentrumspartei 310, 348, 356, 368, 370
Zeppelin, Johann Karl, Reichsgraf von, Staatsminister 234, 236, 240
Zeughandelskompagnie siehe Calw
Zevenbergen, Maximilian van 82, 83, 86, 87, 93
Zollern, Friedrich, Graf von 39
Zollparlament 312, 322
Zollverein, deutscher 311, 335
Zollverein, süddeutscher 282
Zwiefalten, Kloster 52
Zwingli, Ulrich, schweiz. Reformator 88, 91, 95, 117

LITERATUR

Auf eine Zusammenstellung der für diese Arbeit benutzten Literatur wurde verzichtet. Alle darauf bezüglichen Angaben und Unterlagen finden sich bei: Wilhelm Heyd »Bibliographie der Württembergischen Geschichte«, Band I-VIII, erschienen 1895 bis 1953, und in den Veröffentlichungen der ›Württembergischen Kommission für Landesgeschichte‹ und der ›Kommission für geschichtliche Landeskunde in Baden-Württemberg‹, insbesondere in den »Württembergischen Vierteljahrsheften für Landesgeschichte« (bis 1936) und (ab 1937) in der »Zeitschrift für Württembergische Landesgeschichte« mit den Beiheften »Württembergische Geschichtsliteratur« (seit 1952).